Buch-Updates
Registrieren Sie dieses Buch
auf unserer Verlagswebsite.
Sie erhalten dann
Buch-Updates und weitere,
exklusive Informationen
zum Thema.

Und so geht's
> Einfach **www.galileodesign.de** aufrufen
<<< Auf das Logo **Buch-Updates** klicken
> Unten genannten **Zugangscode** eingeben

**Ihr persönlicher Zugang
zu den Buch-Updates**

108923010441

Tobias Hauser, Armin Kappler, Christian Wenz

Das Praxisbuch ActionScript 3

Galileo Press

Liebe Leserin, lieber Leser,

ActionScript 3 war ein gewaltiger Schritt nach vorne, hin zu einer »echten«, objekt-orientierten Programmiersprache. Mit all den Verbesserungen und Vorteilen geht aber leider auch ein gewisser Lernaufwand einher, denn die neue Sprache ist auch etwas komplizierter als die Vorgängerversionen.

Dieses Buch ist für alle geschrieben, die sich im Startdialog der Software für »Flash-Datei (ActionScript 3.0)« entscheiden. Egal, ob Sie bereits mit ActionScript 1 oder 2 gearbeitet haben oder ganz neu einsteigen – in diesem umfassenden Handbuch erfahren Sie, wie Sie mit der neuen ActionScript-Version zu ansprechenden und professionellen Ergebnissen gelangen.

Unsere Autoren Tobias Hauser, Armin Kappler und Christian Wenz sind nicht nur ausgewiesene Experten für ActionScript, Webprogrammierung und Flash, Sie ver-fügen auch über viele Jahre Erfahrung – sowohl in der Programmierpraxis als auch in der Vermittlung Ihres Wissens. Als erfahrene Dozenten und Autoren wissen sie, wo die Schwierigkeiten und Stolpersteine liegen und wie sie Ihnen erklären müs-sen, diese zu umgehen.

Schritt für Schritt führt Sie das Autorenteam in ActionScript 3 ein und zeigt Ihnen, was damit alles möglich ist: Sie steuern Ihre Flash-Filme, machen sie interaktiv, Sie lernen Animationstechniken und die neuen 3D-Funktionen kennen, binden Multi-mediainhalte ein, laden externe Filme nach und kommunizieren über Technologien wie XML, Webservices und Flex mit der Außenwelt.

Das Gelernte können Sie sofort in den zahlreichen Praxisbeispielen umsetzen. Alle dazu benötigten Beispieldateien liegen auf der DVD zum Buch für Sie bereit. Dort finden Sie übrigens auch das Buch der Autoren zu ActionScript 1 und 2 – komplett als HTML-Version. Alle, die doch noch einmal nachschlagen möchten oder alte Projekte pflegen und erweitern wollen, können sich hier bequem informieren.

Und wer ActionScript 3 einmal »live« erleben möchte, schaut einfach in die Video-Lektionen. Nun bleibt mir noch, Ihnen viel Freude beim Lesen und Lernen zu wün-schen. Über Lob, aber auch über kritische Anmerkungen, die helfen, dieses Buch besser zu machen, freue ich mich stets.

Ihr Jan Watermann
Lektorat Galileo Design

jan.watermann@galileo-press.de
www.galileodesign.de
Galileo Press · Rheinwerkallee 4 · 53227 Bonn

Auf einen Blick

Der Name Galileo Press geht auf den italienischen Mathematiker und Philosophen Galileo Galilei (1564–1642) zurück. Er gilt als Gründungsfigur der neuzeitlichen Wissenschaft und wurde berühmt als Verfechter des modernen, heliozentrischen Weltbilds. Legendär ist sein Ausspruch *Eppur se muove* (Und sie bewegt sich doch). Das Emblem von Galileo Press ist der Jupiter, umkreist von den vier Galileischen Monden. Galilei entdeckte die nach ihm benannten Monde 1610.

Gerne stehen wir Ihnen mit Rat und Tat zur Seite:
jan.watermann@galileo-press.de bei Fragen und Anmerkungen zum Inhalt des Buches
service@galileo-press.de für versandkostenfreie Bestellungen und Reklamationen
julia.bruch@galileo-press.de für Rezensions- und Schulungsexemplare

Lektorat Jan Watermann
Korrektorat Heike Jurzik, Köln
Cover Hannes Fuß, Berlin
Titelbild Hannes Fuß, Berlin
Typografie und Layout Vera Brauner
Herstellung Steffi Ehrentraut
Satz SatzPro, Krefeld
Druck und Bindung Bercker Graphischer Betrieb, Kevelaer

Dieses Buch wurde gesetzt aus der Linotype Syntax Serif (9,25/13,25 pt) in FrameMaker. Gedruckt wurde es auf chlorfrei gebleichtem Offsetpapier.

Bibliografische Information der Deutschen Bibliothek
Die Deutsche Bibliothek verzeichnet diese Publikation in der Deutschen Nationalbibliografie; detaillierte bibliografische Daten sind im Internet über http://dnb.ddb.de abrufbar.

ISBN   978-3-8362-1258-8

© Galileo Press, Bonn 2009
1. Auflage 2009

Inhalt

TEIL II ActionScript

TEIL III Filme steuern

TEIL IV Ein- und Ausgabe

TEIL V Animation

TEIL VI Multimedia

TEIL VIII Kommunikation

TEIL IX Praxis

Anhang

Workshops

Komponenten anpassen

Formulare und Daten versenden

Warenkorb

Video-Lektionen

Flash-Programmierung mit ActionScript 3

Kapitel 1: Ein- und Ausgabe

Kapitel 2: Multimedia

Kapitel 3: Externe Daten

Adobe Flash CS4 Praxis-Workshops

Kapitel 1: Adobe AIR

»Blitz mickrig, Donner gewaltig!«
– Manfred Hinrich

»Donner ist gut und eindrucksvoll, aber die Arbeit leistet der Blitz.«
– Mark Twain

Vorwort

Flash startete als Designer-Tool, aber die enormen Möglichkeiten bieten es geradezu an, die Technologie auch für »richtige« Anwendungen einzusetzen. Mehrere Punkte sprechen für Flash: Die Verbreitung des Flash Players liegt auch für neuere Versionen schon wenige Monate nach der Veröffentlichung bei etwa 90 % oder hoher. Und was zurzeit mühsam mit HTML und JavaScript unter dem Schlagwort »Ajax« gemacht wird, kann Flash schon lange.

Neu und besser?

Dennoch ist es ein schmerzhafter Umstieg von einem Designer-Werkzeug zu einer Entwicklungsumgebung für Programmierer. Flash versucht beides zu sein und bekommt den Spagat recht gut hin. Doch es stellte sich schon vor einiger Zeit heraus, dass die Sprache ActionScript nicht für alle professionellen Programmieranforderungen optimal geeignet ist, vor allem wenn man auf einige der Konkurrenten schielt.

Deswegen wird ActionScript schon seit einigen Flash-Versionen aufgebohrt: Neue Features kommen hinzu, einige Dinge ändern sich auch. Doch die Kritik an fehlenden Sprachfeatures ebbte nicht ab.

Mit Flash CS3 hat Adobe einen mutigen Schritt gewagt: Dort gibt es die neue ActionScript-Version 3. Und die hat es in sich: Viele Profi-Entwicklungsfeatures, allerdings auch viel Haare raufen – vor allem, wenn man bereits mit alten ActionScript-Versionen vertraut war. Zahlreiche, lieb gewonnene Features aus ActionScript 1 und 2 wurden in großem Stil geändert oder auch komplett entfernt. Kaum eine alte Flash-Anwendung auf Basis von ActionScript 1 oder 2 läuft ohne Modifikation unter ActionScript 3.

Wenn Sie nach Erscheinen von Flash CS3 die Blogs und Foren verfolgt haben, horten Sie dennoch kaum Klagen über den Bruch der Abwärtskompatibilität. Adobe hat mehrere Mittel eingesetzt, um sein Klientel auf diesen Schritt vorzubereiten. Zum einen gab es ActionScript 3 auch schon vor Flash CS3, nämlich zusammen mit dem Flash Player 8.5. Dazu gibt es keine korrespondierende Version von Flash (dem Editor), aber Entwicklern wurde die Möglichkeit geboten, sich schon einmal mit der neuen Version vertraut zu machen.

Außerdem unterstützen Flash CS3 und CS4 weiterhin die alten ActionScript-Versionen. Sie konnten also, wenn Sie bereits mit Flash und Action-Script 1 oder 2 gearbeitet haben, weiter entwickeln wie bisher. Sollten Sie aber nicht. Denn es ist abzusehen, dass Adobe in der Zukunft die älteren ActionScript-Versionen abschaffen will und wohl auch wird. Nüchtern betrachtet, ist ActionScript 3 ein deutlicher Fortschritt im Vergleich zu ActionScript 1 und 2. Aus diesem Grund haben wir uns schon früh entschieden, bei diesem Buch ausschließlich auf die neue ActionScript-Version 3 zu setzen. Für Einsteiger erscheint uns das als die beste Wahl, und auch wenn man in die Zukunft blickt, ist nur die Beschäftigung mit der aktuellsten ActionScript-Version sinnvoll – man will ja sein mühsam erworbenes Wissen nicht schon mit der nächsten Flash-Version wegwerfen müssen.

Konzept

Allerdings gibt es bei diesem Ansatz einige Stolperfallen. Unter den Autoren kursierte beim Arbeiten an diesem Buch folgendes Bonmot: ActionScript 3 ist super – wenn man kein ActionScript kann. Hat man dagegen schon Erfahrung mit den Vorgängerversionen, ist der Umstieg auf die neue Version hart, sehr hart sogar. Viel Liebgewonnenes ist anders oder gar nicht mehr da, zahlreiche Details haben sich geändert, und auch die Art und Weise, wie Flash-Anwendungen programmiert werden, ist nicht mehr dieselbe. Wir sind zwar der Meinung, dass alle Änderungen zum Besseren hin waren, aber die Migration einer alten ActionScript-Anwendung hin auf die neue Version ist hart und frustrierend – und Flash ist dabei nicht immer besonders hilfreich. Die Flash-Entwicklungsumgebung geht einen gefährlichen Spagat zwischen den drei ActionScript-Versionen, und so passiert es immer wieder einmal, dass man ein Feature verwendet, nur um den Hinweis zu erhalten, dass ActionScript 3 das nicht mehr unterstützen würde.

Obwohl alle Autoren jahrelange Projekterfahrung im Bereich Flash und Action-Script sowie zahlreiche Bücher zu diesem und verwandten Themen auf dem Buckel haben, mussten wir uns vieles komplett neu erschließen. Dabei sind wir natürlich auf viele verwirrende oder frustrierende Punkte gestoßen, die wir Ihnen gerne ersparen würden. Deswegen wagen auch wir mit dem Buch einen Spagat.

Wir setzen zwar überhaupt kein Vorwissen im Bereich ActionScript und in der Programmierung voraus, nur in Flash sollten Sie einigermaßen sicher sein. Haben Sie allerdings bereits Erfahrungen mit ActionScript gemacht, finden Sie an vielen Stellen Hinweise zur Migration alter Anwendungen und zu Unterschieden zwischen den verschiedenen Versionen. Wir erwarten, dass wir damit sowohl Einsteigern als auch Aufsteigern viele wertvolle Informationen für die tägliche Arbeit liefern können. Wenn Sie bisher nur wenige Ausflüge in die Programmierwelt gemacht haben, kommen noch ein paar Hintergrundinformationen dazu. Die Programmierung ist eine Wissenschaft für sich. Zwar ist alles sehr logisch aufgebaut und exakt definiert, aber auf der anderen Seite verzeiht keine Programmiersprache Unsauberkeiten bei der Arbeit. Stellen Sie sich vor, Sie sind im Urlaub und möchten Ihr Abendessen in der Landessprache ordern. Der Ober ist jedoch ein großer Anhänger seiner Sprache und bedient Sie nur, wenn Sie Ihre Bestellung grammatikalisch absolut korrekt formulieren (es soll Urlaubspläne geben, in denen das so oder so ähnlich passiert, aber wir nennen natürlich keine Namen). Das erfordert also genaues Nachdenken und sauberes Arbeiten – genau wie die Programmierung mit ActionScript (oder den meisten anderen Programmiersprachen). Doch das ist gar nicht so schwierig, wie Sie denken: Der Sprachschatz und auch die Anzahl der Grammatikregeln sind eingegrenzt, und die Flash-Entwicklungsumgebung hilft auch an der einen oder anderen Stelle, Fehler zu vermeiden. Ein gewisses Faible für die Programmierung sowie die Bereitschaft, sich damit auseinanderzusetzen, sind allerdings unabdingbar.

Aufbau

Die Grundlagen zu ActionScript und dem Zusammenspiel mit Flash werden im ersten Teil des Buches kompakt dargestellt. Dort erfahren Sie, was Sie aus Action-Script-Sicht über Flash wissen müssen und wie Sie ActionScript einsetzen. Der zweite Buchteil schließlich führt Sie in die Programmierung mit ActionScript 3 ein. Das »dickste« Kapitel ist dabei Kapitel 4 über die »Grundlagen der Programmierung«. Hier lernen Sie Syntax und Programmierelemente von Flash kennen. Ebenfalls unverzichtbar ist Kapitel 5 über das Programmierkonzept OOP – objektorientierte Programmierung. Es behandelt einige der Stellen, an denen Action-Script 3 im Vergleich zu den Vorgängerversionen am deutlichsten zugelegt hat. Der dritte Buchteil behandelt verschiedene Möglichkeiten, Flash-Filme zu steuern und dabei auch Einfluss auf Features wie Drucken und das Kontextmenu zu nehmen. Buchteil IV befasst sich mit der Ein- und Ausgabe von Daten: Sie lernen unter anderem, wie Sie Textfelder mit ActionScript einsetzen und mit Datumswerten und Tastatureingaben umgehen. Laut und bunt wird es in den nächsten beiden Buchteilen: Teil V behandelt Animationen und nimmt sich die wichtigen Themen Drag & Drop, Kollisionstests und Maussteuerung vor. Teil VI zeigt, wie

Sie Multimedia mit ActionScript einsetzen und steuern können – inklusive Audio-
und Videodaten. In Buchteil VII dreht sich alles um Formulare: Sie sehen die UI-
Komponenten von Flash im Einsatz und verschicken Formulardaten per Action-
Script an einen Webserver, auf dem eine spezielle Technologie wie beispielsweise
PHP läuft. Buchteil VIII steht unter dem Oberbegriff Kommunikation und zeigt,
wie Sie mit ActionScript XML-Daten verarbeiten und Webservices ansteuern können. Außerdem erhalten Sie einen Crashkurs in sicherer Programmierung, damit
Sie nicht durch Unachtsamkeit schwere Sicherheitslücken in Ihre Anwendungen
einbauen. Buchteil IX wirft einen Blick auf die Praxis. Wir entwickeln eine kleine
Warenkorbanwendung und stellen verschiedene Möglichkeiten zur Fehlersuche
und -behebung in Flash-Anwendungen vor. Außerdem behandeln wir das immer
wichtiger werdende Thema Barrierefreiheit aus Flash-/ActionScript-Sicht. Im letzten Buchteil schließlich, dem Anhang, stellen wir nützliche Websites und anderen
Quellen vor, die Sie bei Ihrer Arbeit mit Flash zusätzlich unterstützen können.

Extras

Auf der DVD zum Buch liegen Ihnen alle Beispiele aus dem Buch vor. Sie benötigen zur Ausführung Flash CS4 (viele Beispiele laufen auch unter CS3); eine 30-
Tage-Testversion für Mac und Windows liegt bei. Apropos Mac und Windows:
Die Autoren setzen beide Betriebssysteme in ihrer täglichen Arbeit ein. Aus pro-
duktionstechnischen Gründen sind fast alle Screenshots unter Windows entstanden; das soll aber keine Diskriminierung von Mac OS X sein. Im Gegenteil: Gibt
es wichtige Unterschiede zwischen den Betriebssystemen, weisen wir darauf hin.
Außerdem finden Sie auf der DVD das komplette Buch zu Action-Script 1 und 2
(von denselben Autoren, ebenfalls bei Galileo Press erschienen) als exklusives
Openbook. Wenn Sie also doch nicht auf die neue ActionScript-Version setzen
können (oder dürfen), finden Sie hier noch viele Informationen zu früheren Versionen. Wenn Sie die Autoren auch einmal (fast) live erleben möchten: Tobias
Hauser und Armin Kappler haben für Galileo Press ein Video-Training zum
Thema ActionScript 3 aufgenommen, das ein ähnliches Konzept wie dieses Buch
verfolgt; ein paar Schnuppervideos daraus finden Sie auf der DVD.

Hilfe

Wenn Sie einmal nicht weiterwissen, einen Fehler bemerken oder irgendein anderes Problem haben, wenden Sie sich an uns. Wir freuen uns auch sehr über Lob
und Kritik zum Buch. Die Support-Seite zum Buch ist unter *http://www.hauser-
wenz.de/support* zu erreichen. Dort finden Sie auch ein Kontaktformular, um uns

bei Fragen zum Buch zu kontaktieren. Fragen außerhalb der Buchthemen und Support für Ihre eigenen Flash-Anwendungen können wir leider – aus Rücksicht auf unsere Kunden – nicht unentgeltlich anbieten. Bei Interesse zu Rat und Tat rund um ActionScript erreichen Sie uns und unser Team aus weiteren Web-Experten bei Arrabiata Solutions GmbH (*http://www.arrabiata.de*). Zusätzlich betreibt Galileo Press unter *http://www.galileo-press.de* eine umfangreiche Website. Im Bereich BuchUpdate können Sie sich für dieses Buch registrieren. Die entsprechende Nummer finden Sie auf der Innenseite der Buchklappe.

Danke!

Wir danken besonders der Lektorin unseres ersten ActionScript-Buchs, Judith Stevens-Lemoine, die den Grundstein gelegt hat. Mit ebenso großem Elan hat Thorsten Mücke die zweite Auflage übernommen. Katharina Geißler hatte die mühsame Aufgabe, mit uns den Schritt zu ActionScript 3 zu gehen – inhaltlich und auch vom Umfang her ein komplett neues Buch. Jan Watermann hat die Erweiterung für CS4 begleitet. Jens Peter Knall hat einige der schönsten Grafiken für dieses Buch gezaubert. Zahlreiche Kunden haben uns Anregungen und Wünsche zum Buch zukommen lassen und uns durch spannende Projekte einen großen Erfahrungsschatz aufbauen lassen, der sich in diesem Buch wiederfindet. Der persönliche Dank von Armin Kappler geht an Simone. Bleibt uns nur noch, Ihnen viel Spaß und Kreativität mit Action Script 3 zu wünschen!

Tobias Hauser, Armin Kappler und Christian Wenz
München

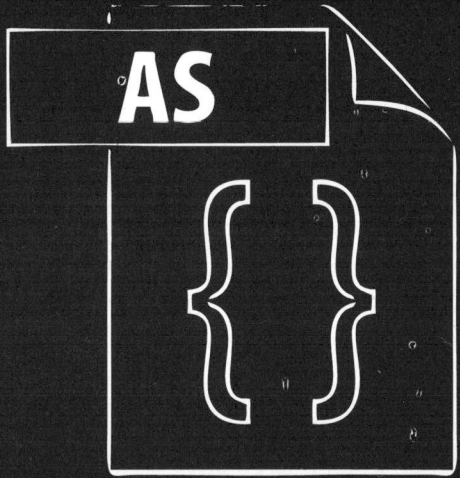

TEIL I
Einfacher Einstieg

»Dem Himmel entriss er den Blitz und das Zepter den Herrschern.«
– An Franklins Bildsäule

1 Flash für ActionScript

Flash hat seinerzeit eine Revolution in Gang gebracht: Vektorgrafik wurde im Internet salonfähig. Ursprünglich war Flash als Vektorgrafikprogramm für einen frühen Tablet PC gedacht. Nachdem das Tablet-PC-Experiment scheiterte, wurde daraus ein Vektor-Animationsprogramm, aus dem Macromedia dann ein Plug-in für den Webbrowser machte. Mittlerweile wurde Macromedia von Adobe, dem zweitgrößten Softwarehersteller der Welt, aufgekauft und ist trotz einiger Konkurrenten aus dem Web nicht mehr wegzudenken.

[«]

Kurze Flash-Geschichte

Einen interessanten Abriss über die frühe Geschichte von Flash liefert der Flash-Erfinder Jonathan Gay unter *http://www.adobe.com/macromedia/events/john_gay/*.

In diesem Buch geht es vornehmlich um ActionScript, die Skriptsprache für Flash. Um mit ActionScript produktiv und erfolgreich zu arbeiten, müssen Sie Flash beherrschen. Dieses Kapitel beleuchtet Flash aus dem Blickwinkel eines Action-Script-Programmierers. Obwohl wir die wichtigsten Themen ansprechen, können unsere wenigen Seiten ein Flash-Buch nicht ersetzen. Sie helfen aber, eine gemeinsame Sprache zu finden, sodass Sie immer wissen, wovon wir reden.

1.1 Zeitleiste

Flash ist ein klassisches Animationswerkzeug: Der produzierte Film läuft Bild für Bild ab, die Animation steuern Sie über die Zeitleiste. Was bedeutet das für ActionScript? Der Abspielkopf läuft in Flash ausschließlich über die Bilder der Zeitleiste; mit ActionScript können Sie ihn steuern und darauf reagieren. Weiteres lesen Sie in Kapitel 6, »Einfache Filmsteuerung«. Mit ActionScript lassen sich aber auch Flash-Filme mit viel Funktionalität schaffen, die nur aus einem einzigen Bild bestehen.

Abbildung 1.1 In Kapitel 15, »Kollisionstest und Mausverfolgung«, treffen Sie auf einen Herrn, den Sie per Drag & Drop mit neuem Bart und Haarteil ausstatten können – alles in nur einem Schlüsselbild.

Wenn Sie in der Zeitleiste ActionScript einfügen, gibt es dafür nur eine geeignete Bildart: das Schlüsselbild. Nur ein Schlüsselbild kann ActionScript enthalten. Mehr dazu in Abschnitt 2.1, »Wo ist ActionScript möglich?«.

1.2 Symbole

Ein *Symbol* umfasst eine oder mehrere Vektorformen. In Flash gibt es drei Arten von Symbolen:

▶ *Grafik-Symbole* sind eine Sammelstelle für Formen. Die Zeitleiste des Grafik-Symbols läuft parallel zur Hauptzeitleiste. Über Grafik-Symbole werden Sie in diesem Buch wenig lesen, denn sie sind mit ActionScript nicht steuerbar und erlauben keinen ActionScript-Code. Allerdings können Sie mit den Zeichenfunktionen von ActionScript eigene Grafik-Symbole erstellen.

▶ *Schaltflächen-Symbole* besitzen vier Zustände: UP (Normalzustand), DARÜBER (Mauspfeil über Schaltfläche), GEDRÜCKT und AKTIV. Diese Zustände sind grafisch, sie enthalten keinen ActionScript-Code. Allerdings können Sie auf Schaltflächen per ActionScript bestimmte Ereignisse abfangen. Die Zustände von Schaltflächen lassen sich ebenfalls per ActionScript ändern.

▶ *Movieclip-Symbole* besitzen eine eigene Zeitleiste, die ActionScript-Code erlaubt. Sie haben die Möglichkeit, auf Movieclips per ActionScript zuzugreifen und die Movieclips nach Belieben in Größe, Position und Aussehen zu verändern. Movieclips sind das flexibelste und wichtigste Element eines Flash-Films, wenn es um die Steuerung mit Flash geht.

[«]

Anzeigeobjekte

In Flash selbst hat sich in Sachen Symbole wenig getan, wohl aber im Hintergrund bei ActionScript. In ActionScript 3 steht nicht mehr der Movieclip allein im Vordergrund, sondern die `MovieClip`-Klasse (siehe hierzu auch Kapitel 5, »Objektorientierung«). Diese Klasse ist eine Unterklasse von `DisplayObject` (einem Anzeigeobjekt) und `InteractiveObject` (einem interaktiven Element). Die anderen Elemente, die es hier gibt, wie beispielsweise ein `Sprite` (ein Movieclip ohne Zeitleiste), können Sie nicht direkt in Flash erzeugen, sondern nur per ActionScript. Mehr dazu lesen Sie in Kapitel 13, »Animationsgrundlagen«.

Sie erstellen ein Symbol aus bestehenden Objekten mit dem Befehl IN SYMBOL KONVERTIEREN. Diesen finden Sie im Menü MODIFIZIEREN oder im Kontextmenü der Objekte (rechte Maustaste, beim Mac: ⎇Strg + Maustaste). Mit dem Befehl EINFÜGEN • NEUES SYMBOL fügen Sie ein neues Symbol (noch) ohne Inhalt hinzu.

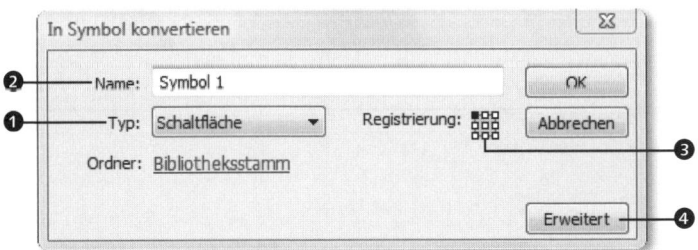

Abbildung 1.2 Das Dialogfeld zum Konvertieren des Symbols

Die Dialogfelder zum Konvertieren beziehungsweise zum Anlegen neuer Symbole gleichen sich wie ein Ei dem anderen – bis auf den Namen. Hier haben Sie mehrere Wahlmöglichkeiten:

- ▶ Bei TYP ❶ wählen Sie die Symbolart.

- ▶ Im Feld NAME ❷ geben Sie dem Symbol einen Bezeichner. Dies ist der Name des Symbols in der Bibliothek. Er ist für ActionScript nicht relevant.

- ▶ REGISTRIERUNG ❸ teilt Ihnen mit, an welcher Position das Symbol seinen Null-punkt des Koordinatensystems hat. Dazu müssen Sie wissen: Jedes Symbol hat ein eigenes Koordinatensystem, das dem Koordinatensystem des Haupt-films untergeordnet ist. Dieses kommt vor allem bei Movieclips und anderen komplexen Anzeigeobjekten zum Tragen; mehr dazu im Abschnitt 1.3, »Koor-dinatensystem und Bühne«.

Vielleicht ist Ihnen die Schaltfläche ERWEITERT ❹ aufgefallen. Sie enthüllt weitere Optionen, die für ActionScript-Programmierer von Bedeutung sind. Wenn Sie das Kontrollkästchen EXPORT FÜR ACTIONSCRIPT ❺ anklicken, kann ein Zugriff auf das Symbol über ActionScript erfolgen. Sobald Sie eine KLASSE angeben, lässt sich der Movieclip per Instantiierung eines Objekts mit ActionScript auf die Bühne bringen. Mehr dazu lesen Sie in Kapitel 13, »Animationsgrundlagen«.

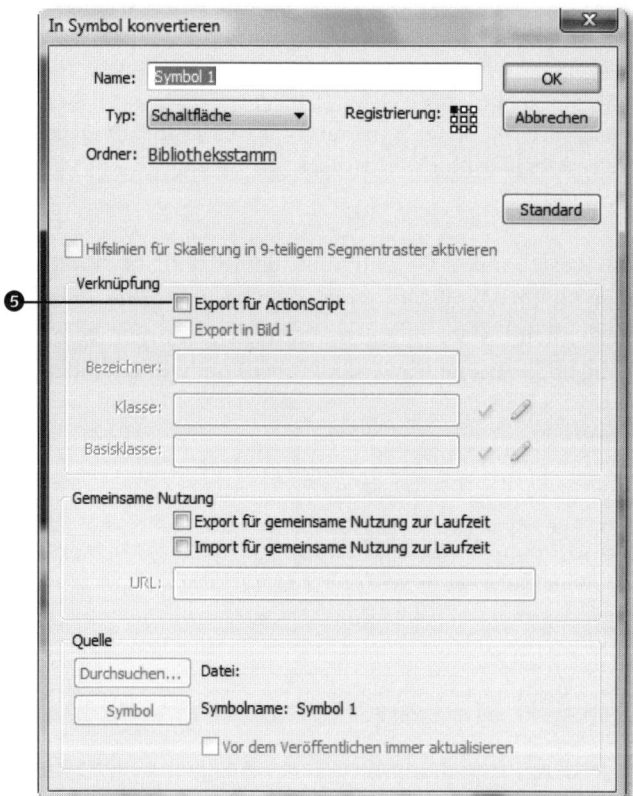

Abbildung 1.3 Die erweiterte Variante des Dialogfelds

Verwaltet werden die Symbole in der Bibliothek ([F11]). Ein Symbol auf der Bühne, dem zentralen Arbeitsraum von Flash, ist die *Instanz* des Symbols in der Bibliothek. Ein Symbol in der Bibliothek kann mehrere Instanzen haben. Die Instanzen lassen sich in Position, Größe und Farbe verändern. Flash spart mit Symbolen Dateigröße ein, da ein Symbol nur einmal gespeichert werden muss. Für die Instanzen benötigt Flash dann kaum mehr Platz, da nur noch die Koordinaten und Änderungen gegenüber dem Originalsymbol zu speichern sind.

Sie können übrigens für Instanzen die Symbolart ändern. Diese Änderung, die Sie im Eigenschafteninspektor vornehmen, gilt allerdings nur für die jeweilige Instanz. Aus diesem Grund ist eine solche Änderung meist nicht sinnvoll.

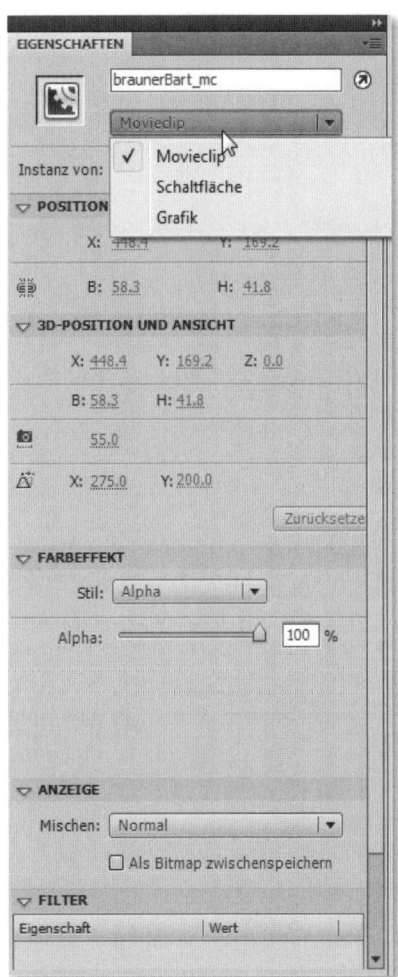

Abbildung 1.4 Im Eigenschafteninspektor ändern Sie die Art der Instanz, nicht die Art des Symbols.

Sie haben schon den ersten Anknüpfungspunkt für ActionScript kennen gelernt: EXPORT FÜR ACTIONSCRIPT. Der zweite und wichtigere Punkt ist der Instanzname. Ihn vergeben Sie für jede Instanz auf der Bühne im Eigenschafteninspektor. Grafik-Symbole besitzen natürlich keinen Instanznamen, da sie über ActionScript nicht steuerbar sind. Alle anderen Elemente, Movieclips, Schaltflächen, aber auch Textfelder und Komponenten, können einen Instanznamen haben.

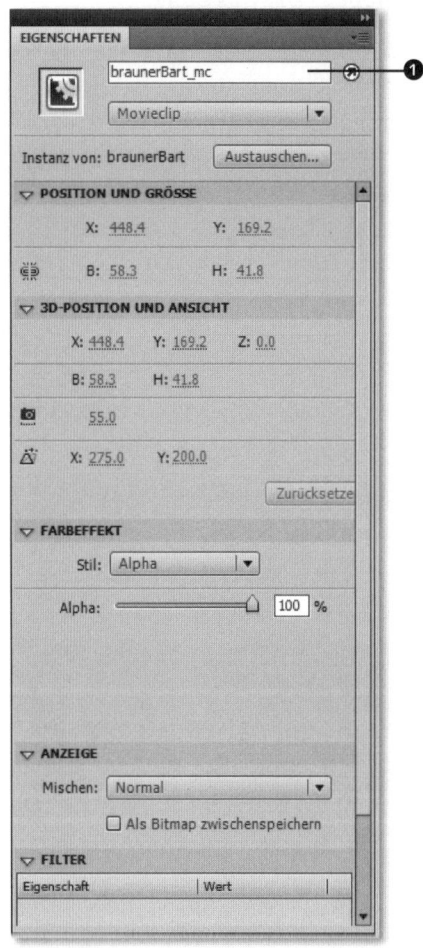

Abbildung 1.5 Die Instanznamen ❶ vergeben Sie im Eigenschafteninspektor.

Namensgebung

In Abbildung Abbildung 1.5 sehen Sie, dass der Instanzname des Movieclips auf _mc endet. Schaltflächen fügen wir meist ein _btn an. Wir greifen ein wenig voraus: Diese Endungen sorgen im AKTIONEN-Bedienfeld für Codehinweise, die Ihnen Tipps geben, welche Befehle für die Schaltfläche oder den Movieclip zur Verfügung stehen.

1.3   Koordinatensystem und Bühne

In Flash ziehen Sie die Objekte beliebig über die Bühne. Um Koordinaten müssen Sie sich dabei nicht unbedingt kümmern. Das Positionieren übernehmen Positionshilfen oder das Bedienfeld AUSRICHTEN. Wenn Sie mit ActionScript per Programmierung die Position eines Movieclips verändern, geht es aber nicht mehr ohne Koordinaten.

Die Grundlage des Koordinatensystems ist die Dokumentgröße. Sie ändern diese im Eigenschafteninspektor nach einem Klick auf GRÖSSE.

Abbildung 1.6   Die Größe der Bühne ist die erste wichtige Einstellung.

Sehen Sie sich das Koordinatensystem etwas genauer an:

▸ Das Koordinatensystem der Bühne hat seinen Ursprung in der linken oberen Ecke der Bühne. Sie blenden es mit dem Befehl ANSICHT • LINEALE ein.

▸ Die x-Achse verläuft horizontal vom Ursprung nach rechts (positive Werte). Auf der linken Seite außerhalb der Bühne befinden sich negative x-Koordinaten.

▸ Die y-Achse verläuft vertikal vom Ursprung nach unten (positive Werte). Die negativen Werte befinden sich oberhalb der Bühne.

Die Koordinaten, die Sie für Elemente wie Formen und Gruppen (nicht Symbole) im Eigenschafteninspektor sehen (Feld x und Feld y), beziehen sich auf das Koordinatensystem der Bühne, wenn die Elemente direkt auf der Bühne liegen. Sie werden von der linken oberen Ecke des Elements gemessen. Vorsicht, der Rand ragt zur Hälfte hinein, und die Begrenzung ist bei ungruppierten Formen nicht sichtbar.

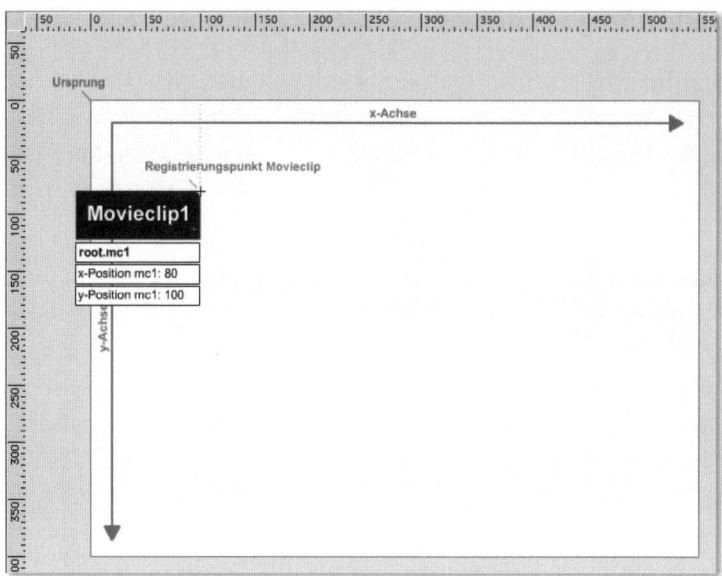

Abbildung 1.7 Das Koordinatensystem der Bühne

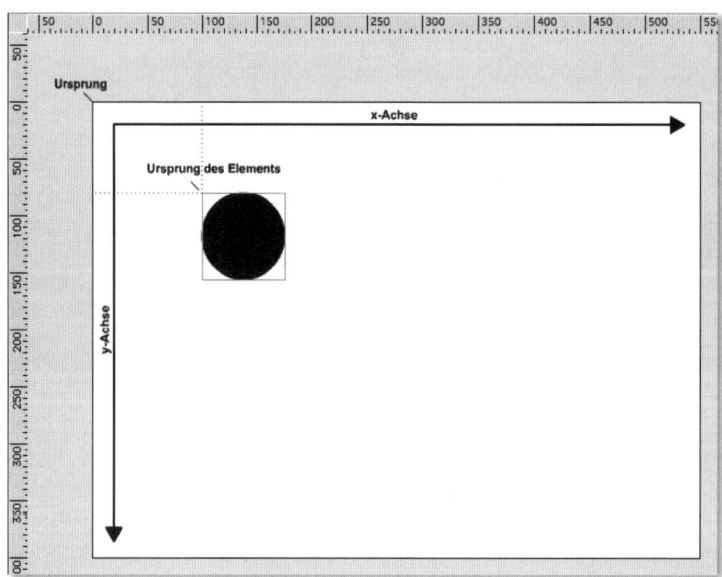

Abbildung 1.8 Der Ursprungspunkt einer Gruppe oder Form, der im Eigenschafteninspektor die Koordinate bildet, liegt immer in der linken oberen Ecke der Begrenzung.

Symbole haben ein eigenes Koordinatensystem, das seinen Ursprung im Registrierungspunkt hat. Entsprechend werden die Koordinaten eines Symbols auf der Hauptbühne auch vom Registrierungspunkt aus gemessen – und zwar unabhängig vom Inhalt des Symbols. In Abbildung 1.9 hat der Movieclip in beiden Fällen die gleichen Koordinaten, da die Position seines Registrierungspunkts gleich ist. Allerdings sind die Elemente jeweils völlig anders angeordnet.

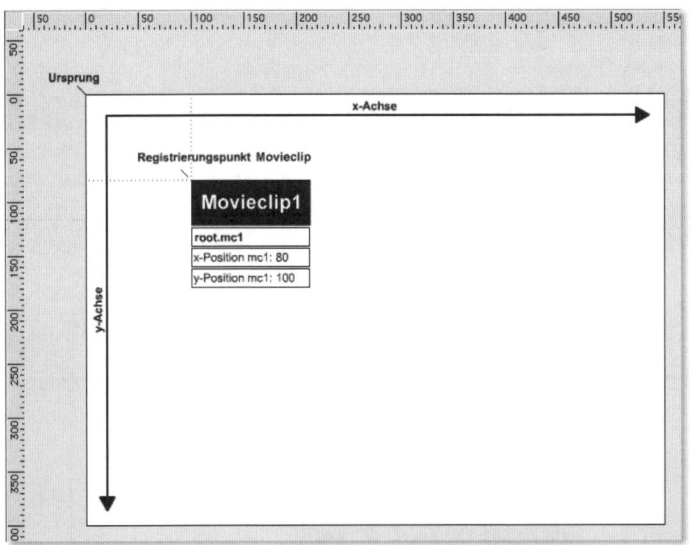

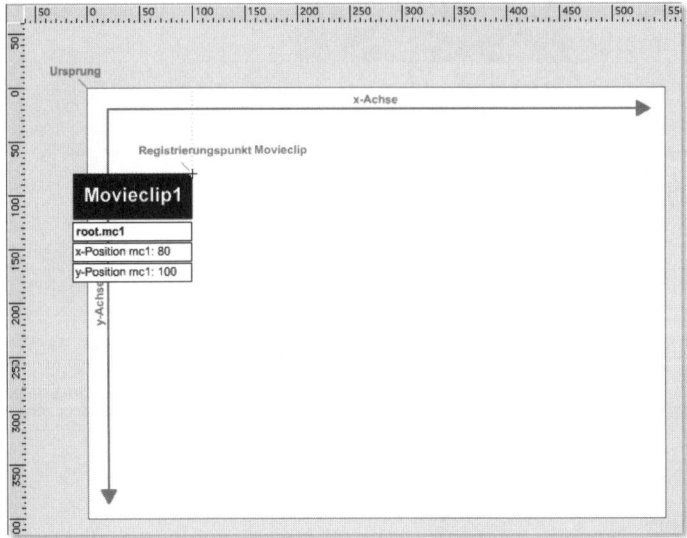

Abbildung 1.9 Die Koordinaten eines Symbols werden von seinem Registrierungspunkt aus gemessen – deswegen hat der Movieclip in beiden Abbildungen die gleichen Koordinaten.

Wenn Sie ein Symbol erstellen, wählen Sie die Position des Registrierungspunkts. Selbstverständlich lassen sich die Formen, die das Symbol bilden, jederzeit verschieben. Sie können sich den Registrierungspunkt wie einen Dreh- und Angelpunkt vorstellen: Da das Koordinatensystem von Symbolen aufgebaut ist wie das Koordinatensystem der Hauptbühne, bildet der Registrierungspunkt den Ursprung. Von ihm aus verläuft die x-Achse horizontal und nimmt nach rechts positive Werte an; die y-Achse geht vertikal nach unten, ebenfalls mit positiven Werten.

Umwandeln

Das Koordinatensystem eines Symbols bezeichnet man auch als lokales Koordinatensystem. ActionScript bietet Methoden für Anzeigeobjekte, um von diesem lokalen auf das globale Koordinatensystem und umgekehrt umzuwandeln (`globalToLocal()` und `localToGlobal()`). Weiteres lesen Sie in Kapitel 15, »Kollisionstest und Mausverfolgung«.

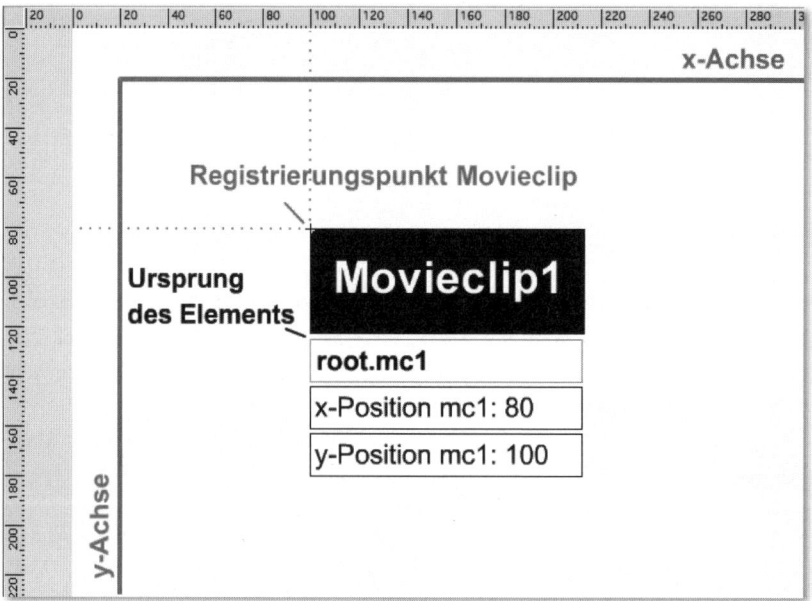

Abbildung 1.10 Das Koordinatensystem eines Symbols – das Element (Textfeld) hat die Koordinaten 0 (x) und 45 (y), da sein Ursprung auf der x-Achse genau auf dem Registrierungspunkt des Movieclips liegt und auf der y-Achse um 45 Pixel nach unten verschoben ist.

1.4   Verhalten

Das AKTIONEN-Bedienfeld ist der Ort, wo ActionScript programmiert wird. Nähere Informationen dazu erhalten Sie in Kapitel 2, »ActionScript in Flash«. Allerdings ist es auch mit der SKRIPTHILFE nicht einfach, ActionScript-Code zu schreiben. Dementsprechend hat Adobe lange Zeit auf die Verhalten gesetzt, vorgefertigten ActionScript-Code. Für ActionScript 3 gibt es allerdings keine Verhalten mehr. Die Verhalten sind zwar noch in Flash enthalten, gelten jedoch nur für ActionScript-2-Anwendungen. Verhalten kommen in diesem Buch nur noch bei Präsentationen und Formularanwendungen zum Einsatz, da diese nicht kompatibel zu ActionScript 3 sind.

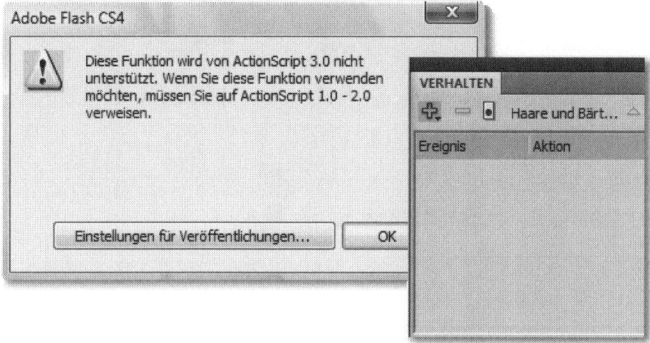

Abbildung 1.11   In ActionScript 3 sind Verhalten nicht möglich.

1.5   Veröffentlichen und testen

Flash ist eine Entwicklungsumgebung, in der Sie SWF-Filme produzieren. SWF ist eigentlich eine eigene Sprache und steht mittlerweile für *Flash File Format*. Die Bezeichnung hat sich einige Male geändert. Ursprünglich hieß SWF *Shockwave Flash* in Anlehnung an das Shockwave-Format von Macromedia Director. Macromedia benannte es dann in *Small Web Format* um. Mittlerweile spricht auch Adobe auf der eigenen Website von Flash File Format.

Wenn die Entwicklungsumgebung Flash einen SWF-Film produziert, dann nennt Adobe diesen Vorgang *Kompilieren*. SWF wird anschließend vom Flash Player interpretiert. Flash verwendet also eine Mischung aus Kompilieren und Interpretieren.

Alternativen

Nicht nur Flash produziert SWF-Dateien. Eine bekannte Alternative ist SWiSH *(http:// www.swishzone.com/)*. Da der Flash Player und sämtliche Neuerungen in SWF von Adobe entwickelt werden, hinkt die Konkurrenz immer einen Schritt hinterher – ein Grund, warum Adobe seine Bemühungen mit LiveMotion eingestellt und mittlerweile Macromedia übernommen hat. Auch bieten Alternativen wie SWiSH kein ActionScript, sondern eine eigene Skriptsprache, nämlich SWiSHScript.

Das Kompilieren von der Entwicklungsumgebung in SWF heißt bei Flash *Veröffentlichen*. Sie finden den entsprechenden Befehl im Menü DATEI. Aus Sicht des

ActionScript-Entwicklers ist hier besonders wichtig, für welchen Flash Player ❶ er veröffentlicht und ob er ActionScript 3 oder eine Vorversion ❷ verwendet. Änderungen bei diesen Punkten können Sie in den EINSTELLUNGEN FÜR VERÖFFENTLICHUNGEN im Menü DATEI vornehmen. Das Register FLASH enthält alle Optionen für den SWF-Film.

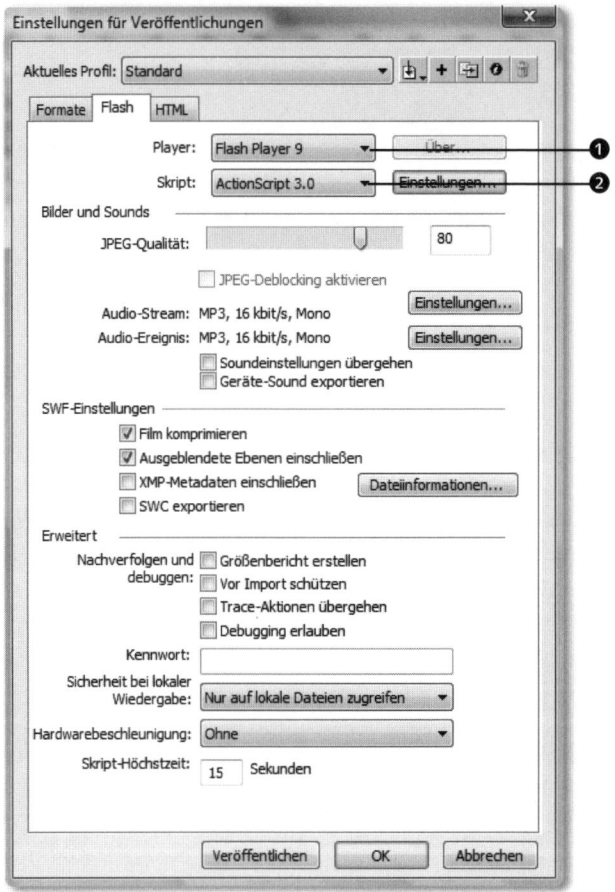

Abbildung 1.12 Die EINSTELLUNGEN FÜR VERÖFFENTLICHUNGEN steuern, wie die SWF-Datei erstellt wird.

Mit den EINSTELLUNGEN FÜR VERÖFFENTLICHUNGEN arbeiten Sie auch, wenn Sie den Flash-Film testen. Sie können den Flash-Film zwar im Menü STEUERUNG abspielen, ActionScript kommt allerdings nur zum Tragen, wenn Sie den Befehl STEUERUNG • FILM TESTEN verwenden. Dann erstellt Flash nämlich automatisch einen SWF-Film und spielt ihn im Flash Player ab. Für die Fehlersuche besteht dabei immer noch Anbindung an die Entwicklungsumgebung. Näheres dazu lesen Sie im nächsten Kapitel, »ActionScript in Flash«.

> **Flex**
>
> In diesem Buch wird hauptsächlich in der Entwicklungsumgebung Flash gearbeitet. Allerdings können Sie SWF-Filme auch serverseitig generieren. Adobes Lösung heißt Flex. ActionScript 3 wurde ursprünglich hauptsächlich für Flex eingeführt. Grundlegende Informationen zu Flex erhalten Sie in Kapitel 28, »Flex«.

1.6 Flash-Versionen

Die Abbildungen in diesem Buch sind unter Flash CS4 Professional entstanden. Da ActionScript 3 komplett auf Flash CS4 ausgelegt ist, werden ältere Flash-Versionen in diesem Buch nicht berücksichtigt. Sie finden allerdings als Service auf der DVD zum Buch das Vorgängerwerk zu ActionScript 1 und 2.

> **Deutsch und Englisch**
>
> Einige Leser teilten uns mit, dass sie eine englische Version von Flash besitzen; deswegen baten sie uns, die Menübefehle deutsch und englisch anzugeben. Schweren Herzens haben wir uns dagegen entschieden, da uns das sprachliche Mischen einzelner Befehle zu unübersichtlich und störend für den Lesefluss erscheint. Allerdings ist der Aufbau der Menüs exakt gleich, die Umstellung dürfte Ihnen nicht schwer fallen.
>
> Bei der Programmierung stellt die Sprache dankenswerterweise keine Barriere dar, da alle Klassen, Methoden, Eigenschaften und Befehle in ActionScript sowieso englisch und in allen Flash-Versionen gleich sind.

Windows und Mac OS X

Die Abbildungen dieses Buchs entstanden nicht nur mit Flash CS4, sondern auch unter Windows. Eingefleischte Mac-Fans mögen nun vermuten, die Autoren seien Mac-Gegner. Dem ist aber nicht so, ganz im Gegenteil. Einer der Autoren verwendet ausschließlich Mac, die anderen beiden sind Mac-erfahren. Grund für unsere Entscheidung war, dass die für die Produktion des Buchs verwendete Vorlage für Windows optimiert ist.

Ein zweiter Grund, warum wir uns auf ein Betriebssystem beschränken, ist sehr einfach: Es gibt kaum Unterschiede zu anderen Systemen. Die wenigen, die vorhanden sind, wollen wir im Folgenden kurz nennen.

Wenn Sie unter Mac OS X einen Blick auf Flash werfen (siehe Abbildung 1.13), sehen Sie genau dieselben Bedienfelder, dieselbe Bühne, den Eigenschafteninspektor, die Zeitleiste, kurz: viele alte Bekannte. Auch im Handling von Action-Script finden Sie keine Unterschiede.

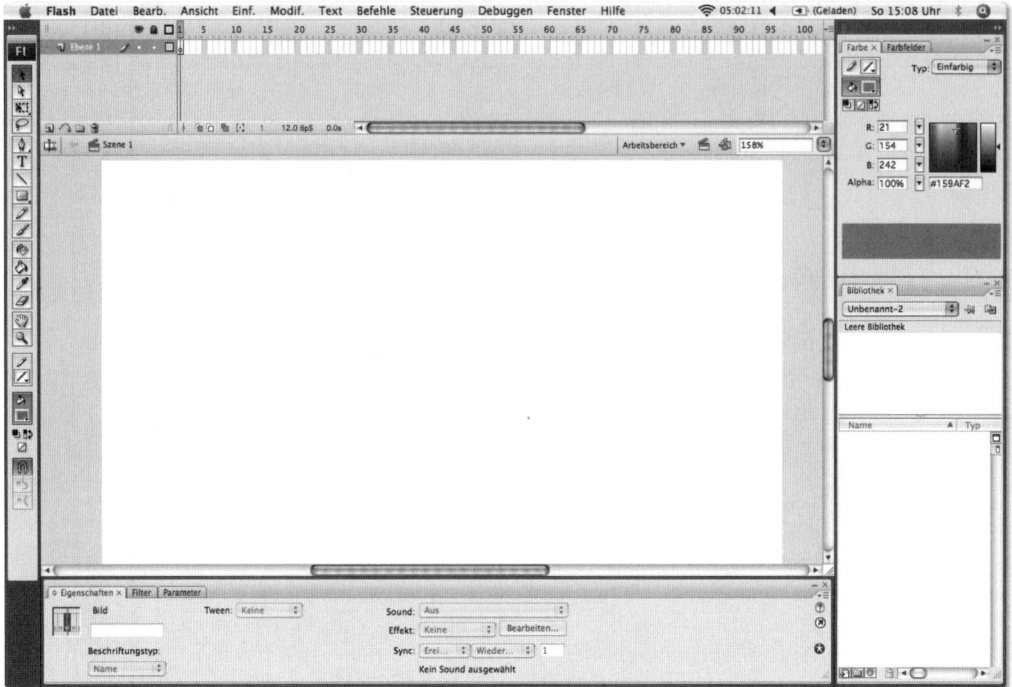

Abbildung 1.13 Flash CS4 unter Mac OS X

Eine Besonderheit in der Oberfläche gibt es allerdings: Unter Mac OS X hat sich das Programmmenü als Standard eingebürgert. Diese Neuerung heißt bei Flash natürlich FLASH (siehe Abbildung 1.14). Sie finden dort als wichtigste Einstellungen die VOREINSTELLUNGEN und TASTENKOMBINATIONEN, die vorher unter BEARBEITEN verborgen waren. Wenn wir also im Verlauf dieses Kapitels und des Buchs von VOREINSTELLUNGEN im Menü BEARBEITEN reden, wissen Mac-Anhänger, dass sie im Programmmenü fündig werden.

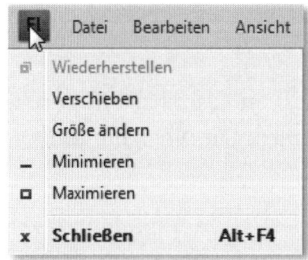

Abbildung 1.14 Das Programmmenü FLASH

Den letzten etwas größeren Unterschied zwischen Mac OS X und Windows bilden die Tastenkürzel. Für ActionScript-Fans fällt der Unterschied nicht so stark ins Gewicht, da es für sie sowieso nicht sehr viele Kürzel gibt, wie der Anhang zu Tastenkürzeln zeigt. Dennoch seien hier die verschiedenen Tasten erwähnt:

▸ Die ⌜Strg⌝-Taste heißt am Macintosh ⌘ (Apfel-Taste). Wenn Sie also ⌜Strg⌝ im Buch sehen, drücken Sie den Apfel (sieht aus wie ein Propeller oder Doppelkreuz).

▸ Die ⌜Alt⌝-Taste entspricht am Macintosh der ⌥, die ein bisschen an eine Badewanne oder Weiche erinnert. Auf neueren Tastaturen findet sich hier auch oft die Windows-Bezeichnung.

▸ Das Kontextmenü erreichen Sie am Macintosh mit einer Ein-Tasten-Maus, indem Sie die ⌜Strg⌝-Taste drücken und an die gewünschte Stelle mit der Maus klicken. Anschließend können Sie einen Befehl wählen.

▸ Die ⌜Entf⌝-Taste ist am Mac nur bei erweitertem Tastaturlayout vorhanden. Sonst arbeiten Sie stattdessen mit ⌜←⌝.

1.7 Aktionen-Bedienfeld

Innerhalb der Flash-Entwicklungsumgebung schreiben Sie ActionScript-Code im Aktionen-Bedienfeld. Sie erreichen es über Fenster • Aktionen oder über das Tastenkürzel ⌜F9⌝ bzw. ⌥ + ⌜F9⌝ am Mac.

Ursprünglich gab es in Flash zwei verschiedene Ansichten für das Aktionen-Bedienfeld: den Normalmodus und den Expertenmodus. Der Normalmodus war für Programmieranfänger gedacht, die dort ihre Aktionen zusammenklicken und Parameter in Textfelder eingeben konnten. Der ActionScript-Code selbst war nur in einem kleinen Ausschnitt sichtbar. Dieser Modus ist dann in MX 2004 verschwunden und ab Flash 8 als Skripthilfe wieder aufgetaucht. Diese ist auch in Flash CS4 über eine Schaltfläche rechts oben ❶ im Aktionen-Bedienfeld verfügbar (siehe Abbildung 1.15).

In diesem Buch werden Sie allerdings meistens in der normalen Ansicht arbeiten. Daher steht diese auch bei allen folgenden Beschreibungen im Vordergrund.

Aktuelle Aktion

Das Register unter dem Skriptfenster zeigt, für welches Schlüsselbild und auf welcher Ebene Sie gerade programmieren: Zuerst erscheint das grafische Zeichen für ein Schlüsselbild, dann der Ebenenname und die Bildnummer.

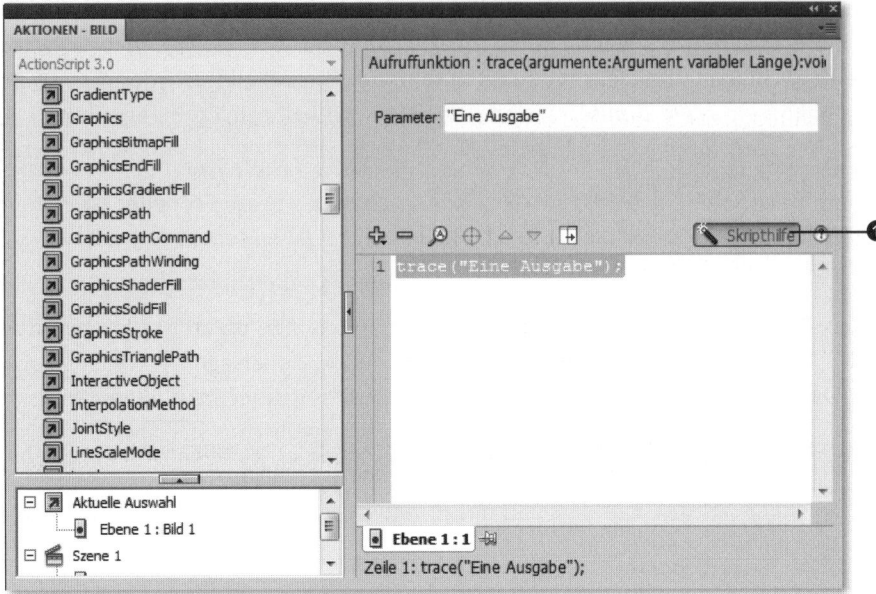

Abbildung 1.15 Die Skripthilfe ist aktiviert.

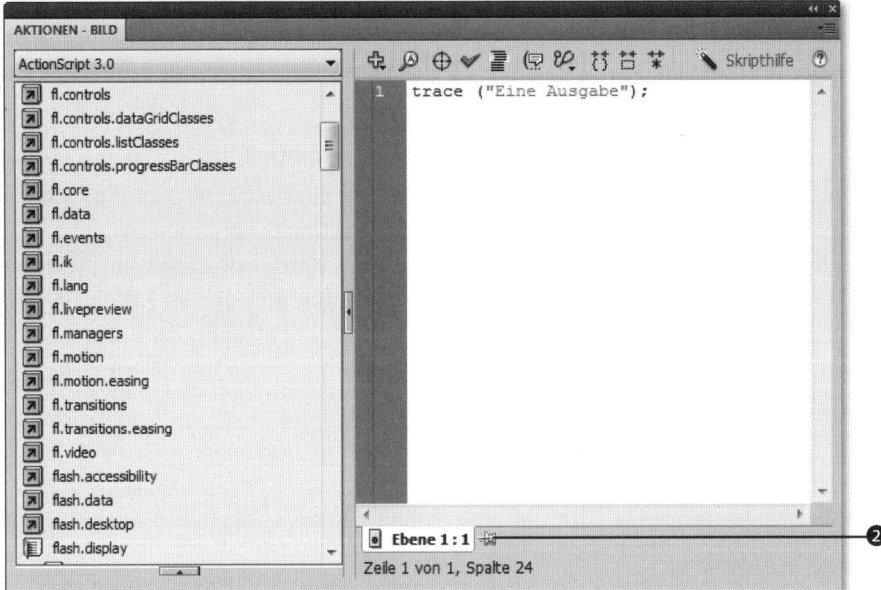

Abbildung 1.16 Das AKTIONEN-Bedienfeld ohne Skripthilfe

Die Nagel-Schaltfläche neben dem entsprechenden Namen ❷ zeigt an, ob die aktuelle Aktion fixiert ist. Wenn der Nagel (manchmal auch Pin genannt) nach unten zeigt, haben Sie das entsprechende Skript nach vorne gestellt. Das heißt, es bleibt eingeblendet, selbst wenn Sie zu anderen Elementen wechseln. Dies ist besonders praktisch, falls Sie an einem bestimmten Skript weiterschreiben möchten, währenddessen aber auch an anderen Elementen arbeiten.

Abbildung 1.17   Der Nagel ist eingeschlagen: Das Skript der Ebene ACTIONSCRIPT steht im Vordergrund, obwohl gerade die EBENE 1 aktiviert ist.

Die Möglichkeiten gehen sogar noch weiter: Sie können mehrere Aktionen mit dem Nagel fixieren; sie erscheinen alle rechts neben dem Nagel als eigene Register. Damit lässt sich flexibel zwischen mehreren Elementen hin- und herschalten.

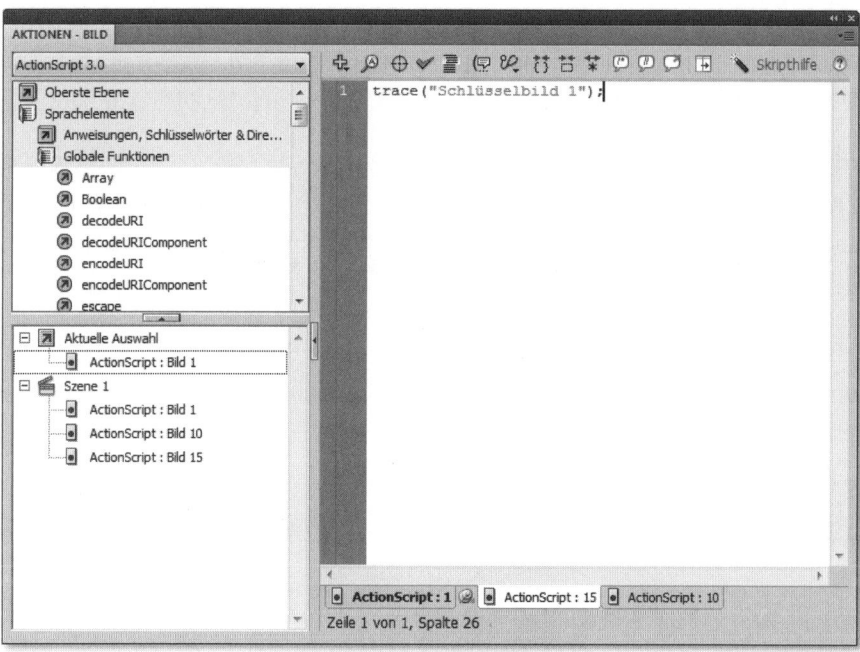

Abbildung 1.18   Fixiert ist der Code für das erste und zehnte Schlüsselbild, der für das fünfzehnte ist gerade ausgewählt.

Das Aktionen-Bedienfeld und ActionScript 3   [+]

In ActionScript 3 können Sie Movieclips und Schaltflächen nicht direkt Code zuweisen. Dennoch reagiert das AKTIONEN-Bedienfeld, wenn Sie einen Movieclip oder eine Schaltfläche anklicken. Sie erhalten die Information, dass für die aktuelle Auswahl keine Aktionen hinzugefügt werden können. Das ist – gelinde gesagt – lästig. Daher empfehlen wir Ihnen hier, mit dem Nagel-Symbol Ihre Skripte aus den wichtigsten Schlüsselbildern immer zu fixieren, damit Sie diese jederzeit im Griff haben.

Schnellzugriff

Im Bereich links unten im AKTIONEN-Bedienfeld haben Sie die Möglichkeit, schnell auf einzelne Stellen im Flash-Film zuzugreifen, die ActionScript-Code besitzen. Sie sehen dort die aktuelle Auswahl, sprich die Stelle, an der Sie gerade Code schreiben, und alle anderen Stellen, an denen Code vorhanden ist. Durch Klick auf eine dieser Stellen können Sie dorthin springen. Sie sehen natürlich auch bei jedem Schlüsselbild, das Code enthält, das a-Symbol in der Zeitleiste.

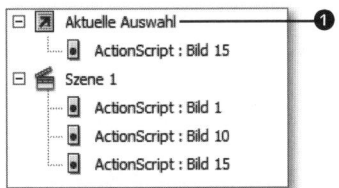

Abbildung 1.19 Schlüsselbild 15 ist die aktuelle Auswahl, Code gibt es noch in anderen Schlüsselbildern.

Skriptfeld

Das Skriptfeld zeigt den ActionScript-Code für die aktuelle Aktion. Hier schreiben und bearbeiten Sie den Code. Das Skriptfeld funktioniert wie ein einfacher Texteditor: Sie klicken hinein und schreiben los.

Zeile und Spalte

Unter dem Skriptfeld steht die Zeilen- und Spaltennummer. Beides ist abhängig von der Position des Textcursors im Skriptfeld.

> Zeile 1 von 1, Spalte 26

Abbildung 1.20 Sie befinden sich in Zeile 1 ganz am Ende.

1.7.1 Werkzeugleiste

Die Werkzeugleiste auf der linken Seite enthält alle Sprachbestandteile von ActionScript. In der Auswahlliste ❶ wählen Sie die ActionScript-Version. Dieses Buch wird Ihnen helfen, sich dort im ActionScript-3-Bereich zu orientieren.

Kategorien erkennen Sie an einem blauen, viereckigen Buchsymbol 🔲. Kategorien können aus objektorientierter Sicht (siehe Kapitel 5, »Objektorientierung«) Klassen, Namespaces usw. sein. Wenn Sie eine Kategorie anklicken, klappt das Buch auf, und die Unterkategorien und Befehle erscheinen. Befehle haben ein rundes blaues Symbol mit Pfeil 🔵.

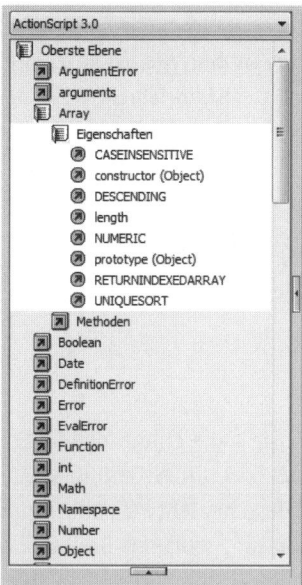

Abbildung 1.21 Die Werkzeugleiste im AKTIONEN-Bedienfeld

Wenn Sie auf einen Befehl doppelklicken, erscheint dieser an der aktuellen Cursorposition im Skriptfeld. Befehle können sehr unterschiedliche Programmierkonstrukte sein. Sie sind aus objektorientierter Sicht Eigenschaften und Methoden. Im Bereich SPRACHELEMENTE sind die Befehle Sprachkonstrukte wie beispielsweise eine Fallunterscheidung oder eine Schleife. Hier eine kurze Übersicht über die einzelnen Teilbereiche:

▶ Die OBERSTE EBENE enthält zentrale Klassen von ActionScript, die beispielsweise die Datentypen darstellen (mehr zu den Datentypen in Kapitel 4, »Grundlagen der Programmierung« und zur Objektorientierung in Kapitel 5, »Objektorientierung«).

▶ Sprachelemente sind, wie bereits erwähnt, Sprachkonstrukte wie Schleifen und Fallunterscheidungen.

▶ Anschließend folgen die Klassen von ActionScript, die den Hauptteil der Funktionen, Ereignisse usw. enthalten:

▶ Alle FL-Pakete sind für Komponenten, Übergänge und andere vorgefertigte Möglichkeiten.

▶ Die FLASH-Pakete sind Basispakete für den Zugriff auf Elemente, Texte und grundlegende Ereignisse.

▶ Im INDEX am Ende der Werkzeugleiste finden Sie alle Befehle in alphabetischer Reihenfolge. Der Index besteht aus gelben statt blauen Symbolen.

Skriptobjekt hinzufügen

Das Plus-Symbol öffnet eine Liste, die genauso aufgebaut ist wie die Werkzeugleiste für Skriptelemente. Sie suchen hier einen Befehl aus, der an der Position des Textcursors im Skriptfeld erscheint.

Suchen

Die Schaltfläche SUCHEN öffnet ein Dialogfeld, in dem Sie nach einem beliebigen Codestück im Skriptfeld suchen können. Vorsicht, Flash bietet im Menü BEARBEITEN zusätzlich eine SUCHEN-UND-ERSETZEN-Funktion. Diese bezieht sich allerdings auf den Text und die Elemente von Flash. Die Funktion im AKTIONEN-Bedienfeld betrifft nur den gerade im Skriptfeld angezeigten Code.

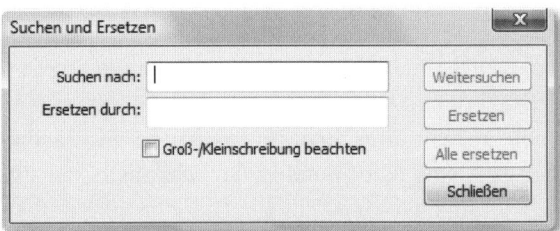

Abbildung 1.22 Suchen Sie nach einem bestimmten Codestück und achten Sie darauf, ob Sie Groß-/Kleinschreibung unterscheiden möchten oder nicht.

Ersetzen

Im geöffneten Dialogfeld lässt sich ein Codestück aus dem Skriptfeld suchen und durch ein anderes ersetzen. Mit ERSETZEN ❶ wird nur das aktuell aktivierte Codestück ausgewechselt, mit ALLE ERSETZEN ❷ tauschen Sie alle Bereiche aus, die im Skriptfeld vorkommen (siehe Abbildung 1.24).

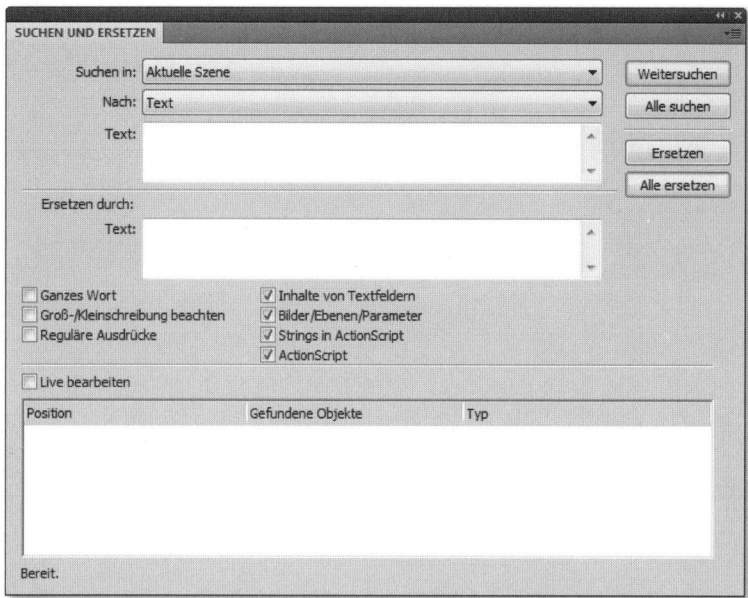

Abbildung 1.23 Das globale SUCHEN UND ERSETZEN erlaubt die Suche speziell in ActionScript-Code.

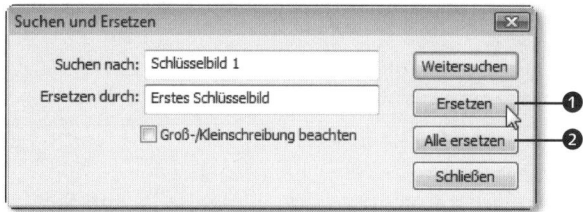

Abbildung 1.24 So ersetzen Sie »Schlüsselbild 1« durch »Erstes Schlüsselbild«.

Zielpfad einfügen

Diese Schaltfläche ruft den ZIELPFAD-Editor auf. Mit ihm greifen Sie auf einen Movieclip oder eine Schaltfläche zu und erhalten damit die ActionScript-Adresse des jeweiligen Elements. Die Adressierung können Sie auch von Hand vornehmen. Das grundlegende Prinzip erfahren Sie im nächsten Kapitel, »ActionScript in Flash«.

Syntax überprüfen

Ein Klick auf diese Schaltfläche überprüft, ob Ihr Skript syntaktisch korrekt ist. Damit können Sie so manchen Tippfehler ausschließen. Fehler zeigt Flash im COMPILER-FEHLER-Fenster, das automatisch eingeblendet wird.

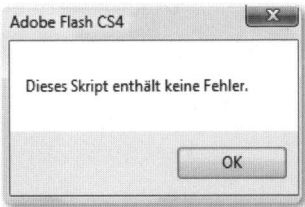

Abbildung 1.25 Diese Meldung ist zwar erfreulich, sie zeigt aber nur, dass Sie sich nicht vertippt haben. Logische Fehler erkennt die Syntaxprüfung nicht.

Auto-Format

Hier wird der Quellcode automatisch und ordentlich formatiert; auch für vernünftige Abstände ist gesorgt. Dabei wird gleichzeitig eine Syntaxprüfung durchgeführt. In den VOREINSTELLUNGEN unter AUTO-FORMAT können Sie einige Angaben für die automatische Formatierung treffen.

Codehinweise zeigen

Dieser Aufruf fordert Flash auf, an einer bestimmten Stelle einen Codehinweis zu zeigen. Ein Codehinweis sagt Ihnen, welche Befehle an der jeweiligen Stelle möglich sind oder welche Parameter ein Befehl annehmen kann.

Abbildung 1.26 Der Codehinweis für eine einfache Ausgabe

In der Standardeinstellung zeigt Flash automatisch Codehinweise. Wenn Sie das nicht möchten, können Sie diese Funktion in den Voreinstellungen deaktivieren. Dann benötigen Sie aber die Schaltfläche, um Codehinweise zu erzwingen. Sie ist außerdem praktisch, wenn Sie schon Parameter in eine Funktion geschrieben haben und nachträglich Codehinweise erhalten möchten. Dann klicken Sie einfach hinter die öffnende Klammer und blenden den Codehinweis ein.

Debug-Optionen

Das nächste Symbol enthält DEBUG-OPTIONEN, die es Ihnen erlauben, verschiedene Einstellungen für den ActionScript-Debugger von Flash vorzunehmen. So lassen sich Haltepunkte aktivieren, an denen der Debugger das Testen des Flash-Films anhält, damit Sie Werte überprüfen können. Um Haltepunkte zu setzen, klicken Sie links auf die Leiste neben dem Code. Mehr dazu erfahren Sie in Kapitel 32, »Fehler finden«.

Code ein- und ausblenden

Die nächsten drei Schaltflächen dienen dazu, Abschnitte ein- und auszublenden. Dies ist gerade bei umfangreicherem Code praktisch. Das erste Symbol klappt Bereiche innerhalb von geschweiften Klammern, sogenannte Anweisungsblöcke, ein. Das zweite Symbol klappt den aktuell ausgewählten Code ein und das dritte Symbol klappt alles wieder aus.

Kommentare

Die folgenden drei Schaltflächen mit der Sprechblase stehen für ActionScript-Kommentare. Ein Kommentar wird bei der Programmausführung ignoriert und dient zur Dokumentation. Mit der ersten Schaltfläche packen Sie den Auswahlbereich in einen mehrzeiligen Kommentar:

```
/*
Mehrzeiliger Kommentar
*/
```

Mit der zweiten Schaltfläche erzeugen Sie einen einzeiligen Kommentar:

```
//Einzeiliger Kommentar
```

Die dritte Schaltfläche entfernt Kommentare wieder.

Werkzeugleiste ein- und ausblenden

Das Symbol blendet die Werkzeugleiste auf der linken Seite ein und aus. Dies können Sie auch mit dem Pfeilsymbol auf der Leiste zwischen Werkzeugleiste und Code erreichen.

Hilfe

Diese Schaltfläche ruft die HILFE auf. Wenn Sie eine Funktion, Eigenschaft oder Methode markiert haben, landen Sie in der Hilfe direkt an der richtigen Stelle. Die Hilfe öffnet sich in Flash CS4 in einem neuen Browserfenster. In Flash CS3 ist die Hilfe direkt in ein eigenes Bedienfeld integriert.

1.7.2 Menü

Zum Menü des AKTIONEN-Bedienfelds gelangen Sie über das Menüsymbol rechts oben. Im Menü finden Sie viele Befehle wieder, die Sie auch direkt über Symbole erreichen. Daneben gibt es andere Befehle wie GEHE ZU ZEILE, um in eine bestimmte Zeile zu springen. Sie können mit ZEILENNUMMERN (ANZEIGEN) eine Zeilennummerierung aktivieren, was recht praktisch ist. Mit ZEILENUMBRUCH sorgen Sie dafür, dass lange Codezeilen umgebrochen werden. Außerdem haben Sie die

Möglichkeit, ⬚Esc⬚-Tastenkombinationen anzuzeigen: Für viele Befehle gibt es einen schnellen Shortcut, der die ⬚Esc⬚-Taste mit zwei anderen Tasten kombiniert. Drücken Sie beispielsweise ⬚Esc⬚+⬚T⬚+⬚R⬚, wenn sich der Textcursor im Skriptfeld befindet, erscheint die trace-Anweisung – ein Befehl zur Anzeige einer Meldung im Ausgabe-Fenster. Die Tastenkombinationen funktionieren immer, und wenn Sie Esc-Tastenkombinationen aktiviert haben, steht in der Action-Script-Werkzeugleiste neben den Befehlen der jeweilige Shortcut (sofern einer vorhanden ist).

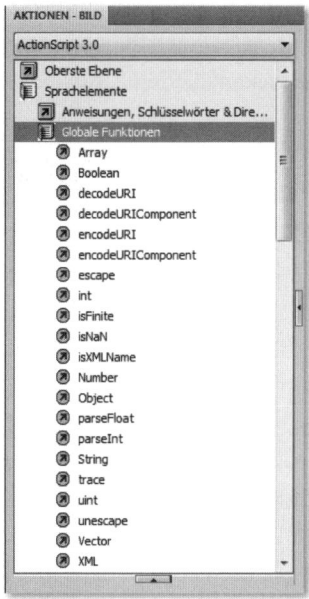

Abbildung 1.27   Die Tastenkombination erscheint in der Werkzeugleiste neben dem Befehl.

Außerdem haben Sie die Möglichkeit, Ihr Skript als Textdatei zu exportieren oder eine Textdatei mit einem Skript zu importieren. Sie finden hier auch die Option, um Ihr Skript auszudrucken.

[+]

> ### Externer Code
>
> Skripte, die Sie über das Menü im- und exportieren, stehen in keiner Verknüpfung zum SWF-Film, das heißt, sie sind kein externer Code, den Sie in Ihrer Programmierung einsetzen können. Um externen Code einzubinden, verwenden Sie den Befehl include und geben die Skriptdatei an:
>
> `#include "skript.as"`
>
> Der Code landet an der Stelle, an der Sie diese Anweisung einfügen, und wird normal ausgeführt. Besser ist es allerdings, externen Code in externen Klassen vorzuhalten und über import einzubinden. Mehr dazu lesen Sie in Kapitel 5, »Objektorientierung«.

1.8   Skriptbedienfeld für externe Klassen

Externe ActionScript-Dateien (Dateiendung *.as*) werden nicht im AKTIONEN-Bedienfeld geöffnet, sondern die gesamte Oberfläche enthält statt Bühne und Zeitleiste eine Skripteingabemöglichkeit. Funktional gibt es allerdings kaum Unterschiede zum AKTIONEN-Bedienfeld. Einige Dinge fehlen allerdings, unter anderem die SKRIPTHILFE und natürlich jede Angabe, wo man sich im Flash-Film befindet.

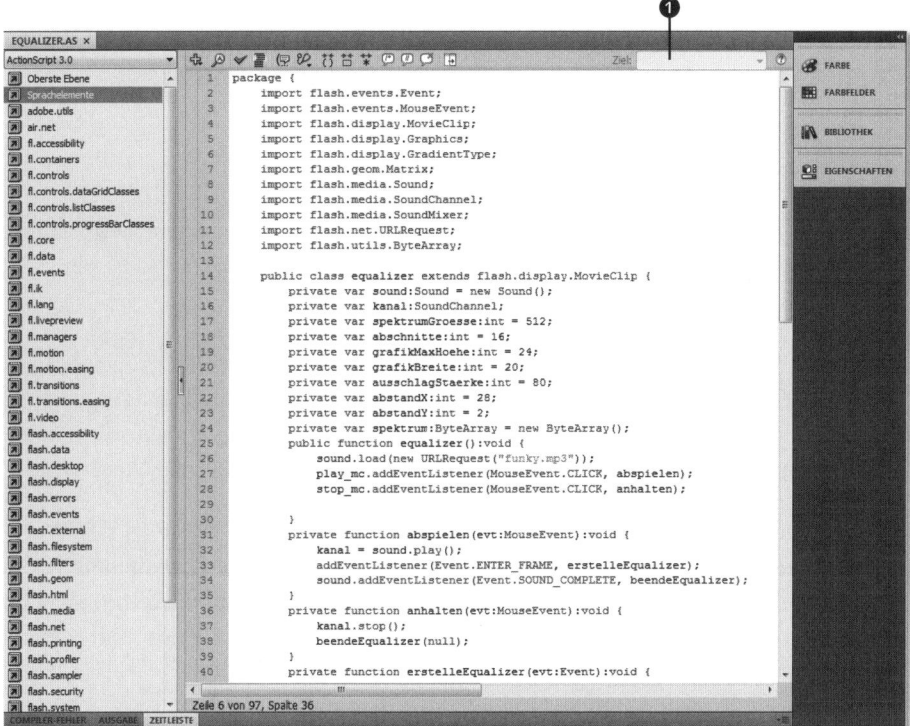

Abbildung 1.28   Eine externe ActionScript-Datei

Dafür gibt es in externen ActionScript-Dateien die Angabe ZIEL ❶. Das ist die Flash-Datei, die beim Testen des Films ausgeführt werden soll.

1.9   Hilfe

Die Programmhilfe ([F1]) ist in Flash CS4 in den Browser gewandert. Sie erreichen die HILFE über den Menübefehl HILFE • FLASH-HILFE. Im Webbrowser haben Sie die Möglichkeit, in den einzelnen Themengebieten zu surfen oder über die direkte Eingabe eines Suchbegriffs etwas zu suchen.

Abbildung 1.29 Das Hilfe-Bedienfeld öffnet die Programmdokumentation im Webbrowser.

Wenn Sie zu einem Befehl schnelle Hilfe benötigen, klicken Sie in der Werkzeugleiste des Aktionen-Bedienfelds mit der rechten Maustaste auf einen Befehl und wählen Sie Hilfe anzeigen. Die Hilfeseite zu dem Befehl öffnet sich im Hilfe-Bedienfeld. Alternativ markieren Sie einen Befehl im Code und klicken dann auf das Hilfe-Symbol oder drücken [F1].

[»] Qualität der Hilfe

Die ActionScript-Hilfe ist in den letzten Versionen qualitativ immer besser geworden. Die Informationen werden auch aus dem Web aktualisiert. Manchmal gibt es allerdings noch ein paar Lücken. Außerdem ist die Hilfe teilweise sehr programmierlastig. Die Beispiele erfordern meist eine externe Klassendatei.

[!] Ordnung schaffen

Wenn Sie die Bedienfelder so angeordnet haben, wie es Ihnen beim Entwickeln praktisch erscheint, sollten Sie das Ganze als eigenes Bedienfeld-Layout speichern. Dazu dient der Menübefehl Fenster • Arbeitsbereich • Aktuelle speichern. Sie haben über Fenster • Arbeitsbereich dann jederzeit Zugriff darauf. Eine Alternative ist der Arbeitsbereich Entwickler, der allerdings die doch häufiger benötigte Zeitleiste nicht anzeigt.

1.10 Einstellungen

Nachdem Sie das AKTIONEN-Bedienfeld schon gut kennen, zeigen wir Ihnen weitere Optionen, mit denen Sie den Code und das Bedienfeld ändern können. Sie finden diese in den Voreinstellungen unter BEARBEITEN • VOREINSTELLUNGEN. Hier sind zwei Register für ActionScript-Entwickler von Interesse: ACTIONSCRIPT und AUTO-FORMAT. Daneben gibt es noch EINSTELLUNGEN BEIM VERÖFFENTLICHEN.

1.10.1 ActionScript-Voreinstellungen

In den ACTIONSCRIPT-Voreinstellungen finden Sie einige Konfigurationsmöglichkeiten für die Darstellung im AKTIONEN-Bedienfeld.

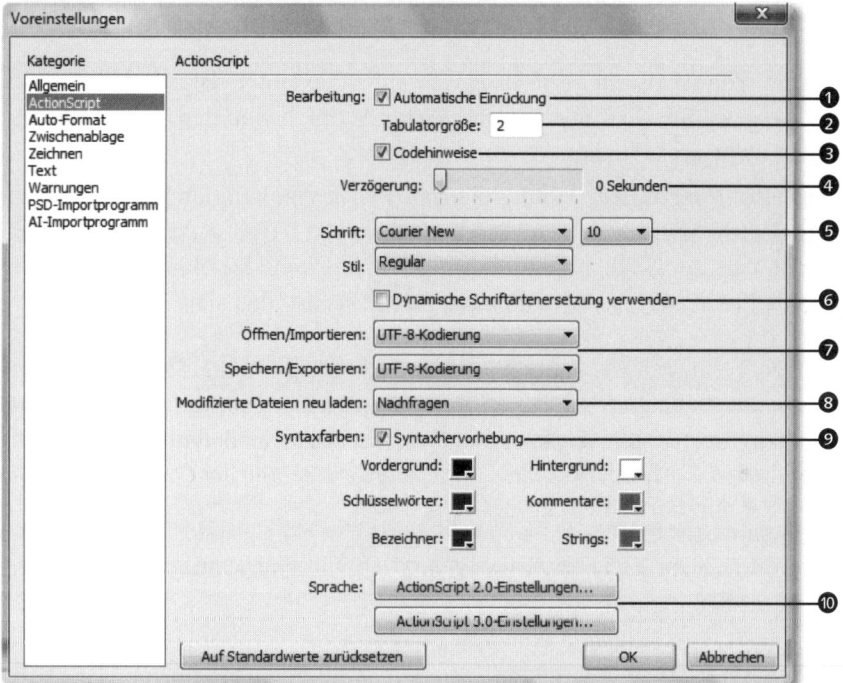

Abbildung 1.30 Die Voreinstellungen für den ActionScript-Editor

Folgende Voreinstellungen sind für Ihre weitere Arbeit wichtig:

❶ Die AUTOMATISCHE EINRÜCKUNG sorgt dafür, dass der Quellcode eingerückt wird. Damit werden beispielsweise Anweisungen in einer if-Kontrollstruktur eingerückt.

❷ Die Größe der Einrückung wird durch die TABULATORGRÖSSE definiert. Sie gibt an, wie viele Leerzeichen ein Tabulator zur Einrückung haben soll.

❸ Das Kontrollkästchen CODEHINWEISE aktiviert die Codehinweise dauerhaft, während das Symbol im Expertenmodus des AKTIONEN-Bedienfelds nur für die aktuelle Anweisung Codehinweise einblendet.

❹ Der Schieberegler für die VERZÖGERUNG besagt, wie viel Zeit vergehen soll, bis ein Codehinweis angezeigt wird.

❺ Im Bereich SCHRIFTART können Sie Schriftart, Schriftstil und Schriftgröße des Codetextes festlegen.

[»] **Schriftart für den Editor**

Als Schriftart sollten Sie eine diktengleiche Schrift verwenden, bei der alle Zeichen gleich breit sind. Dadurch werden die Zeilen mit ihren Zeichen sauber untereinander angeordnet. Die bekannteste diktengleiche Schrift ist Courier oder Courier New, die normalerweise für Skripte verwendet wird.

❻ Dynamische Schriftartenersetzung verwenden bedeutet, dass Flash überprüft, ob die gewählte Schriftart alle für ActionScript benötigten Zeichen kennt. Wenn nicht, werden diese dynamisch ersetzt.

❼ Bei ÖFFNEN/IMPORTIEREN und SPEICHERN/EXPORTIEREN finden Sie den verwendeten Zeichensatz für den Quellcode; Standard ist UTF-8. Achten Sie vor allem darauf, dass der Zeichensatz richtig gewählt ist, wenn Sie einen externen Editor wie FlashDevelop für ActionScript-Code verwenden.

[+] **Externe Editoren**

Hand aufs Herz – die Programmierumgebung innerhalb von Flash ist nicht gerade brillant und kann sich beispielsweise nicht mit dem Flex Builder für die ActionScript-Arbeit mit Flex messen. Glücklicherweise gibt es einige andere Editoren für ActionScript-Code. Bekannt ist der FDT von den Powerflashern (*http://fdt.powerflasher.com/*), der mit ca. 300 € zu Buche schlägt. Eine kostenfreie Alternative ist der Open-Source-Editor Flash-Develop (*http://www.flashdevelop.org/*), den wir auch erfolgreich in unserem Entwicklerteam einsetzen.

❽ MODIFIZIERTE DATEIEN NACHLADEN steuert, was mit außerhalb von Flash geänderten, aber gerade in Flash geöffneten Dateien geschieht.

❾ Das Kontrollkästchen SYNTAXHERVORHEBUNG aktiviert oder deaktiviert, ob im ActionScript-Code bestimmte Elemente eine eigene Farbe erhalten. SYNTAXHERVORHEBUNG sollten Sie prinzipiell immer einschalten, da sie nicht nur optisch hübsch, sondern auch nützlich ist. Allerdings ist die Frage, ob die Vorgabewerte in Grau und Blau das Richtige sind, da sie sich teilweise zu wenig voneinander unterscheiden. Wenn Sie möchten, können Sie die Farben ändern.

⑩ In den ACTIONSCRIPT 3.0-EINSTELLUNGEN können Sie Klassenpfade angeben. Das sind Orte, an denen Flash beim Erstellen von SWF-Dateien nach Action-Script-Klassen sucht. Mehr dazu lesen Sie in Kapitel 5, »Objektorientierung«.

1.10.2 Auto-Format-Optionen

Die AUTO-FORMAT-OPTIONEN finden Sie in einem eigenen Register in den Vorein-stellungen. Prinzipiell sollten Sie sich, wenn Sie mit mehreren Mitstreitern an einem Projekt arbeiten, auf gemeinsame Einstellungen verständigen. Das macht Ihren Code ordentlich, übersichtlich und gut verständlich.

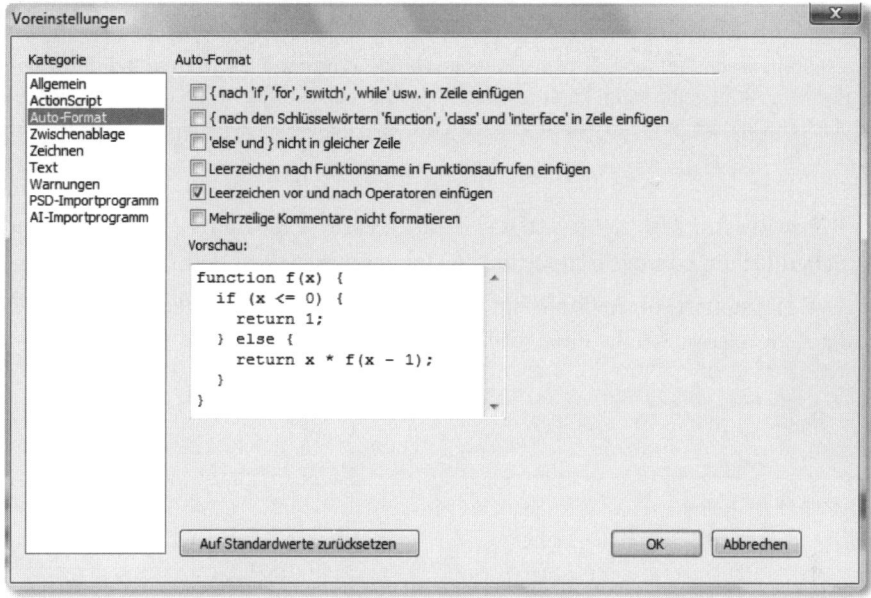

Abbildung 1.31 Wir erzwingen einen Leerraum um die Operatoren herum.

1.10.3 ActionScript-3.0-Einstellungen beim Veröffentlichen

Die Einstellungen für die ActionScript-Version finden Sie unter DATEI • EINSTEL-LUNGEN FÜR VERÖFFENTLICHUNGEN und dort auf dem Register FLASH. Alternativ öffnen Sie diesen Dialog auch direkt über den Eigenschafteninspektor für die Bühne. Hier gibt es neben der ActionScript-Version noch eine Schaltfläche EIN-STELLUNGEN. Sie öffnet ein eigenes Fenster, in dem Sie einige wichtige Informa-tionen finden:

▶ DOKUMENTKLASSE gibt eine externe Klassendatei an, die beim Starten des Films verwendet wird. Mehr dazu lesen Sie in Kapitel 5, »Objektorientie-rung«.

▶ KLASSEN IM BILD EXPORTIEREN enthält die Nummer des Bilds, für das Klassen bereitgestellt werden. Normalerweise ist das das erste Bild.

▶ FEHLER steuert, was als Fehler angezeigt wird:

    ▶ STRIKTER MODUS hält die Kompilierung auch bei einfachen Warnungen an. Diese Fehler müssen also erst beseitigt werden, bevor die SWF-Datei erzeugt wird.

    ▶ WARNMODUS meldet zusätzlich Kompatibilitätsprobleme bei der Migration von ActionScript 2 auf 3. Hier wird z. B. moniert, wenn noch Code auf Schaltflächen vorhanden ist.

[+]   **Empfehlenswerte Warnungen**

Sie sollten, wenn Sie neue Dateien erstellen, beide Warnmodi aktivieren. Bei der Migration von Altanwendungen kann es allerdings sinnvoll sein, die Kompilierung nicht bei einfachen Warnungen anzuhalten, da sonst zu viele Fehler bis zur Kompilierung beseitigt werden müssen.

▶ BÜHNENINSTANZEN AUTOMATISCH DEKLARIEREN exportiert Movieclips und Schaltflächen von der Bühne für die Dokumentklasse.

▶ DIALEKT steuert, ob ActionScript 3.0 oder ECMAScript verwendet wird. Hier ist ActionScript 3.0 die einzig richtige Wahl.

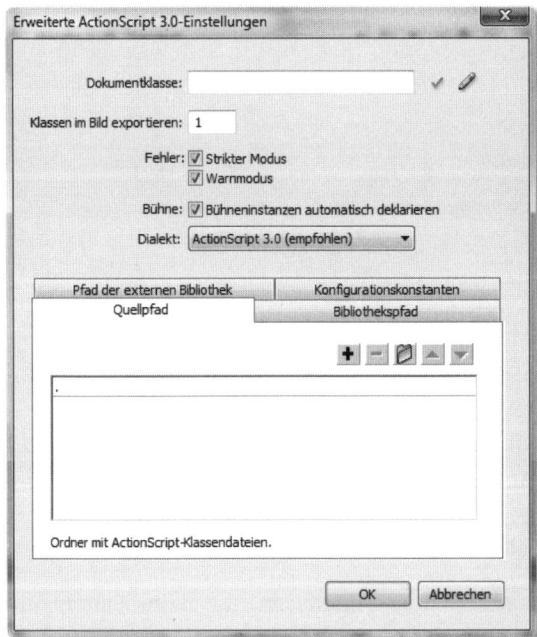

Abbildung 1.32 Erweiterte Einstellungen für ActionScript 3.0

Zum Schluss können Sie noch zusätzlich zu den Voreinstellungen weitere Klassenpfade für die Datei angeben, in denen nach Klassendateien gesucht wird (QUELLPFAD). Außerdem greifen Sie hier auf sogenannte SWC-Dateien zu. Das sind vorkompilierte Dateien mit Code, Komponenten und Bibliothekselementen. Die Konfigurationskonstanten sind Angaben für die Kompilierung, sprich für das Erstellen der SWF-Dateien.

»Die heutige Presse hat nichts so nötig,
wie einen Geistesblitzableiter.«
– Ephraim Kishon

2 ActionScript in Flash

In diesem Kapitel geht es richtig los: Wir zeigen Ihnen, wann, wie und wo Sie ActionScript (kurz AS) sinnvoll einsetzen. Dabei erfahren Sie, wie Sie Ereignisse abfangen und mit Elementen im Flash-Film interagieren. Die hier vorgestellten Konzepte sind die Basis aller folgenden Kapitel.

2.1 Wo ist ActionScript möglich?

Die Frage, wo ActionScript möglich ist, geht eigentlich schon einen Schritt zu weit. Zuerst sollte man sich klarmachen, wann ActionScript möglich ist. Holen wir ein wenig aus: ActionScript ist ereignisorientiert. Das heißt, es kann nur dann ActionScript-Code ausgeführt werden, wenn ein Ereignis eintritt. Ereignisse gibt es natürlich eine ganze Menge, und Sie werden viele in diesem Abschnitt kennen lernen. Grundsätzlich aber können Sie festhalten, dass es in Flash drei Hauptarten von Ereignissen gibt:

1. Der Benutzer nimmt eine Handlung vor: Er klickt mit der Maustaste eine Schaltfläche an, fährt über einen Movieclip, drückt eine Taste auf der Tastatur und vieles mehr – schon haben Sie ein Ereignis.

2. Durch das Voranschreiten des Abspielkopfs in der Zeitleiste können ebenfalls Ereignisse ausgelöst werden, z. B. wenn der Abspielkopf auf ein Schlüsselbild trifft.

3. Ein Element, wie beispielsweise ein Movieclip, Sound oder Video, löst ein Ereignis aus. Das Ereignis kann darin bestehen, dass der Movieclip geladen wird, der Sound beendet ist oder dass ein Cue Point im Video erreicht wird.

[+] **Merkregel**

»Ohne Ereignis kein ActionScript.« Diese Merkregel hilft Ihnen beim Programmieren. Bevor Sie damit beginnen, sollten Sie immer überlegen, bei welchem Ereignis Ihr Code ausgelöst wird. Allein das Nachdenken darüber beugt vielen Problemen und Fehlern vor.

Gehen Sie gedanklich einen Schritt weiter: Wenn es diese drei Arten von Ereignissen gibt, wo können Ereignisse dann auftreten? Ereignisse entstehen bei jedem beliebigen Element. Um in ActionScript darauf zu reagieren, müssen Sie das entsprechende Ereignis abfangen. Dafür gibt es – unabhängig von der Art des Ereignisses – nur einen einzigen Weg: einen *Event-Listener*. Der Event-Listener funktioniert sehr einfach: Sie vergeben mit der Methode `addEventListener(Ereignis, Ereignis-Handler)` für ein Element ein Ereignis und geben dazu eine ActionScript-Funktion an, die aufgerufen wird, wenn das Ereignis eintritt:

```
element.addEventListener(TypEvent.EVENT_NAME, eventhandler);
```

Sehen Sie sich die Bestandteile genauer an:

▶ `element` ist das Quellelement, das das Ereignis auslöst. Das kann eine Schaltfläche sein, ein Video oder ein `URLLoader`.

▶ `TypEvent` ist eine Klasse mit dem Ereignistyp. `MouseEvent` ist beispielsweise die Klasse für alle Ereignisse, die mit der Maus ausgelöst werden können. Zu finden sind diese Ereignisse unter `flash.events`.

▶ `EVENT_NAME` ist der Ereignisname, der immer in Großbuchstaben geschrieben wird. Er ist eine Konstante der jeweiligen Ereignistyp-Klasse. Für ein Mausereignis wäre das beispielsweise `CLICK` für einen Mausklick.

[»] **Konstanten für Ereignisse**

Die Konstanten für Ereignisse sind eigentlich nur festgelegte Strings. Das heißt, `Mouse-Event.CLICK` liefert nur den String `"click"`. Den könnten Sie auch genauso gut direkt statt des Konstrukts `TypEvent.EVENT_NAME` als ersten Parameter einsetzen. Der Vorteil an der Langversion ist, dass Sie gleich wissen, um welchen Ereignistyp es sich handelt und dass auch bei eventuell geändertem String Ihr Code immer noch gültig bleibt.

▶ `eventhandler` ist die Funktion, die beim Eintreten des Ereignisses aufgerufen wird. Sie heißt auch Event-Handler, da sie sich um das Ereignis kümmert. Diese Funktion besitzt immer die gleiche Signatur, das heißt die gleichen Elemente. Übergeben wird ein Objekt der `EventTyp`-Klasse. Je nach Ereignisart kann dieses Objekt sehr unterschiedliche Informationen enthalten. Bei einem Mausklick beispielsweise enthält das Objekt als Ziel (in der `target`-Eigenschaft) den angeklickten Movieclip.

```
function eventhandler(evt:TypEvent):void {
    //Anweisungen
}
```

Die Event-Handler-Funktion selbst liefert nichts zurück, deswegen ist die Rückgabe `void`.

> **DOM3** [«]
>
> Das Ereignismodell von ActionScript basiert auf dem Standard DOM3 vom W3C, dem World Wide Web Consortium. Der Standard ist aktuell noch in der Entwurfsphase (*http://www.w3.org/TR/DOM-Level-3-Events/*).

Das Ereignismodell führt zur Beantwortung der Hauptfrage: Wo ist ActionScript-Code möglich? In ActionScript 1 und 2 gab es dafür mehrere Stellen: auf Schaltflächen, auf Movieclips und in Schlüsselbildern. In ActionScript 3 reduziert sich das auf die Schlüsselbilder. Nur in Schlüsselbildern im Hauptfilm oder in untergeordneten Movieclips kann ActionScript-Code stehen. Dort schreiben Sie dementsprechend Ihre Event-Listener.

> **Eigene Ebene** [+]
>
> Sie sollten Ihrem ActionScript-Code in der Zeitleiste gewohnheitsmäßig eine eigene Ebene zuweisen, die Sie sinnvollerweise AS oder ACTIONSCRIPT nennen. Die Ebene hilft Ihnen, schnell auf den Code zuzugreifen und immer den Überblick zu bewahren. Außerdem können Sie, wenn sich sonst nichts in der Ebene befindet, Schlüsselbilder für den Code in jedem beliebigen Frame der Animation einfügen.

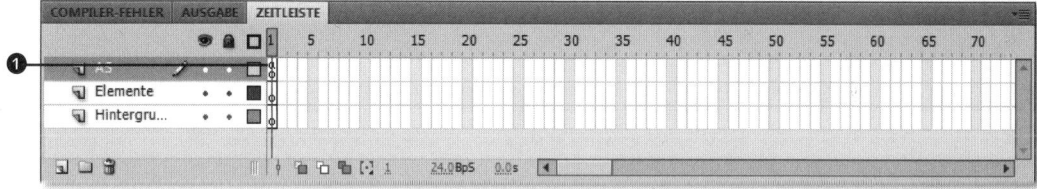

Abbildung 2.1 Das kleine a ❶ im ersten Schlüsselbild der Ebene AS zeigt, dass dort ActionScript-Code vorhanden ist.

2.1.1   Ein einfaches Beispiel

Das folgende Beispiel zeigt, wie Sie einen Event-Listener für einen Movieclip schreiben. Sie können mit einem leeren Flash-Film starten und selbst ein Movieclip-Symbol anlegen, oder Sie verwenden das vorgefertigte Beispiel *eventlistener.fla* von der DVD. Im vorgefertigten Beispiel sehen Sie eine Sonne vor einem Hintergrund. [○]

■ *Schritt-für-Schritt: Event-Listener erstellen*

1 *Movieclip-Symbol erzeugen*

Sollten Sie nicht mit der Beispieldatei arbeiten, müssen Sie einen neuen Movieclip erzeugen. Sie können dazu einfach ein Rechteck aufziehen und es über Modifizieren/In Symbol konvertieren in ein Movieclip-Symbol verwandeln.

2 *Instanzname vergeben*

Vergeben Sie für den Movieclip – egal, ob Sonne oder selbst gezeichnet – im Eigenschafteninspektor einen Instanznamen. Sollte er nicht eingeblendet sein, erreichen Sie ihn über den Menübefehl Fenster • Eigenschaften.

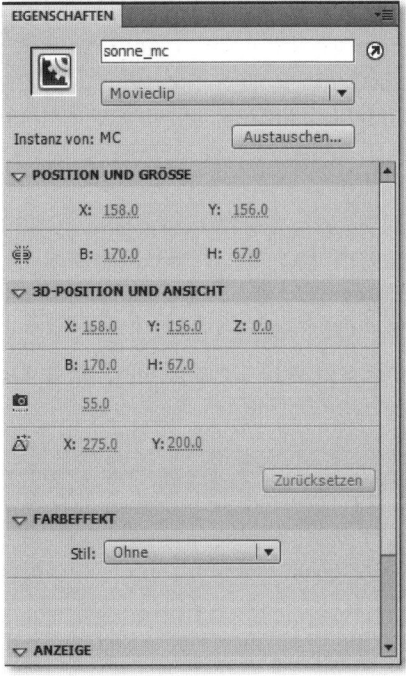

Abbildung 2.2 Im Eigenschafteninspektor vergeben Sie einen Instanznamen.

3 *Auf Movieclip zugreifen*

Anschließend öffnen Sie das Aktionen-Bedienfeld mit F9 bzw. ⌥ + F9 und schreiben Ihren Code in das erste Schlüsselbild in eine neue Ebene AS. Im vorgefertigten Beispiel ist die Ebene bereits vorhanden. Greifen Sie mit dem Instanznamen auf den Movieclip zu:

```
sonne_mc
```

Mehr Informationen zum Zugriff auf Elemente erhalten Sie in Abschnitt 2.2, »Was lässt sich mit ActionScript steuern?«.

4 *Event-Listener hinzufügen*

Fügen Sie anschließend nach dem Namen des Movieclips und durch einen Punkt getrennt mit `addEventListener()` einen Event-Listener zu dem Movieclip hinzu. Dieser Event-Listener ist nun genau für diesen Movieclip zuständig:

```
sonne_mc.addEventListener( … );
```

5 *Ereignis auswählen*

Wählen Sie für `addEventListener()` als ersten Parameter ein Ereignis aus. Eine Übersicht über mögliche Ereignisse finden Sie im AKTIONEN-Bedienfeld auf der linken Seite unter `flash.event`. Im vorliegenden Fall soll das Ereignis eintreten, wenn der Nutzer die Sonne anklickt. Aus diesem Grund ist die Klasse `MouseEvent` für ein Mausereignis zuständig, und das Ereignis selbst heißt `CLICK` für einen Mausklick:

```
sonne_mc.addEventListener(MouseEvent.CLICK, … );
```

Die Kurzform wäre hier:

```
sonne_mc.addEventListener("click", … );
```

6 *Funktionsname einsetzen*

Nun fehlt nur noch die Funktion, die beim Mausklick aufgerufen wird. Ihren Namen ergänzen Sie als zweiten Parameter für `addEventListener()`:

```
sonne_mc.addEventListener(MouseEvent.CLICK, sonneAngeklickt);
```

7 *Event-Listener-Funktion schreiben*

Als Nächstes schreiben Sie die Funktion `sonneAngeklickt()`. Sie reagiert auf den Mausklick:

```
function sonneAngeklickt(evt:MouseEvent):void {
    //Anweisungen
}
```

8 *Meldung ausgeben*

Für den Anfang reicht es uns, eine einfache Meldung auszugeben:

```
function sonneAngeklickt(evt:MouseEvent):void {
    trace("Die Sonne scheint!");
}
```

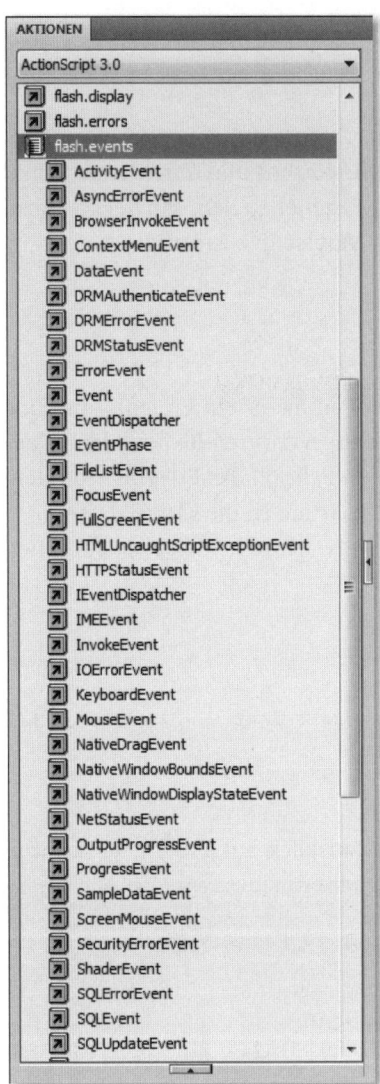

Abbildung 2.3 Verschiedene Ereignistypen im Aktionen-Bedienfeld

trace() ist eine Funktion, die alles, was in den runden Klammern steht, als Meldung an das Ausgabe-Fenster (einblendbar mit F2) übergibt.

Nach dem hier gezeigten Schema werden alle Event-Listener eingesetzt. In den folgenden Abschnitten lernen Sie einige Ereignistypen und Ereignisse kennen, für die Sie Event-Listener definieren können. Weitere Ereignisse finden Sie dann in den verschiedenen Praxisteilen in diesem Buch. Zu Tastaturereignissen findet sich beispielsweise noch mehr in Kapitel 10, »Tasten«.

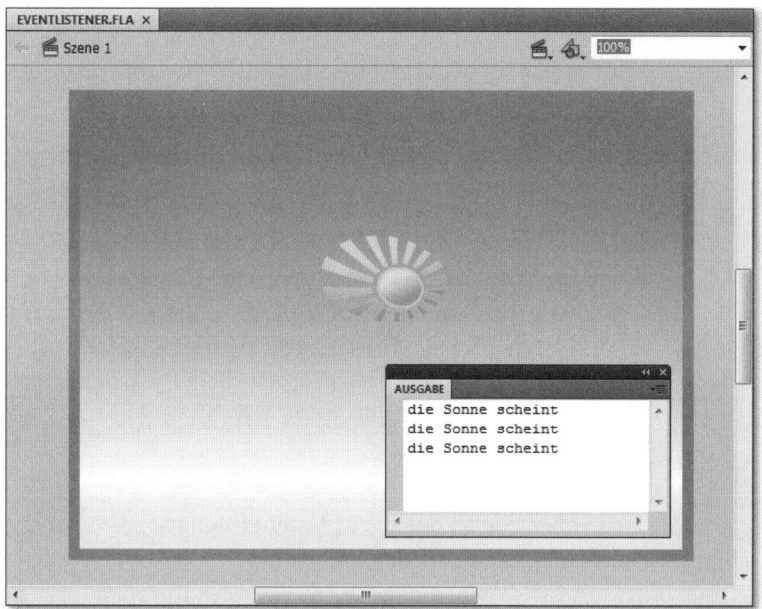

Abbildung 2.4 Der Benutzer hat dreimal auf die Sonne geklickt.

Auf der DVD finden Sie die fertige Datei mit dem Code unter *eventlistener_* **[⊙]** *AS3.fla*.

2.1.2 Mausereignisse

Zu den wichtigsten Ereignissen gehören die Mausereignisse, die in der Klasse MouseEvent zusammengefasst sind.

Ereignis	Beschreibung
CLICK	Klick mit der linken Maustaste
MOUSE_DOWN	Drücken der linken Maustaste. Entspricht bei Schaltflächen dem Drücken-Zustand.
MOUSE_UP	Loslassen der linken Maustaste
DOUBLE_CLICK	Doppelklick mit der linken Maustaste. Vorsicht, der Doppelklick wird nur abgefangen, wenn für das Anzeigeobjekt die Eigenschaft doubleClickEnabled aktiviert ist.
MOUSE_MOVE	Der Benutzer bewegt den Mauszeiger.
MOUSE_OVER	Der Benutzer bewegt den Mauszeiger über das Zielelement, das das Ereignis auslöst.

Tabelle 2.1 Mausereignisse

Ereignis	Beschreibung
MOUSE_OUT	Der Benutzer verlässt mit dem Mauszeiger das Zielelement des Ereignisses.
ROLL_OVER	Der Benutzer bewegt den Mauszeiger über das Zielelement. Im Gegensatz zu MOUSE_OVER wird kein Bubbling unterstützt, sprich, das Ereignis kann nicht in übergeordneten Elementen abgefangen werden (siehe Abschnitt Nr. 2.1.5 »Event-Bubbling und Ziele«).
ROLL _OUT	Der Benutzer verlässt mit der Maus das Zielelement. Im Gegensatz zu MOUSE_OUT wird kein Bubbling unterstützt.
MOUSE_WHEEL	Der Benutzer betätigt das Mausrad. Im MouseEvent-Objekt der Event-Listener-Funktion können Sie mit der Eigenschaft delta auslesen, wie schnell und in welche Richtung der Bildlauf geht.

Tabelle 2.1 Mausereignisse (Forts.)

Bei einem Mausereignis können Sie in der Event-Listener-Funktion die Art des Ereignisses abfangen. Dies geschieht mit der Eigenschaft type. Der Typ wird dabei mit kleinem Anfangsbuchstaben für das erste Wort und großem für das zweite aneinandergeschrieben. Aus dem Ereignis MOUSE_MOVE wird also beispielsweise mouseMove. Ein entsprechender Event-Handler, der auch den Typ ausliest, könnte so aussehen:

```
function ereignisse(evt:MouseEvent):void {
    trace("Ereignisobjekt: " + evt);
    trace("Ereignistyp: " + evt.type);
    trace("Mauskoordinaten: " + evt.stageX + " und " + evt.stageY);
    trace("Lokale Mauskoordinaten: " + evt.localX + " und " +
      evt.localY);
}
```

Hier werden zusätzlich mit den Eigenschaften stageX und stageY die aktuellen Mauskoordinaten auf der Bühne ausgelesen. localX und localY liefern zusätzlich die Mauskoordinaten, allerdings relativ zum Registerpunkt des jeweiligen Elements.

Andere Informationen werden ebenfalls über Eigenschaften mitgeliefert:

- ▶ buttonDown gibt an, ob die Maustaste gedrückt ist (true). Das ist vor allem bei den Rollover-Ereignissen interessant.
- ▶ ctrlKey gibt an, dass zusätzlich die [Strg]-Taste gedrückt ist.
- ▶ altKey liefert die Information, ob [Alt] gedrückt ist.
- ▶ shiftKey gibt an, ob gerade [⇧] gehalten wird.

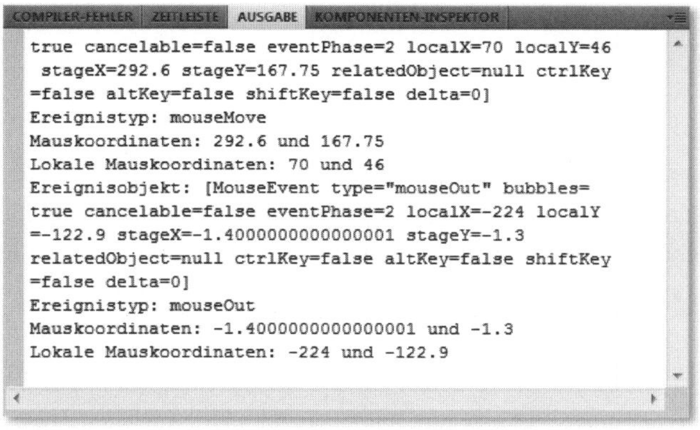

```
COMPILER-FEHLER  ZEITLEISTE  AUSGABE  KOMPONENTEN-INSPEKTOR
true cancelable=false eventPhase=2 localX=70 localY=46
 stageX=292.6 stageY=167.75 relatedObject=null ctrlKey
=false altKey=false shiftKey=false delta=0]
Ereignistyp: mouseMove
Mauskoordinaten: 292.6 und 167.75
Lokale Mauskoordinaten: 70 und 46
Ereignisobjekt: [MouseEvent type="mouseOut" bubbles=
true cancelable=false eventPhase=2 localX=-224 localY
=-122.9 stageX=-1.4000000000000001 stageY=-1.3
relatedObject=null ctrlKey=false altKey=false shiftKey
=false delta=0]
Ereignistyp: mouseOut
Mauskoordinaten: -1.4000000000000001 und -1.3
Lokale Mauskoordinaten: -224 und -122.9
```

Abbildung 2.5 Informationen zu Ereignissen

2.1.3 Allgemeine Ereignisse

Neben den Mausereignissen gibt es noch einige allgemeine Ereignisse, die Sie kennen sollten. Sie sind in der Klasse Event zu finden. Die wichtigsten stellt die folgende Tabelle kurz vor.

Ereignis	Beschreibung
ENTER_FRAME	Ereignis tritt in der Bildrate des Films regelmäßig ein. Eine häufig verwendete Animationstechnik (siehe Kapitel 13, »Animationsgrundlagen«).
ADDED	Element wurde hinzugefügt, allerdings zu jeder Art von Anzeigeliste.
ADDED_TO_STAGE	Element wurde zu einer aktiven Anzeigeliste, z. B. der aktuellen Hauptbühne, hinzugefügt.
REMOVED	Element wurde aus einer beliebigen Anzeigeliste entfernt.
REMOVED_FROM_STAGE	Element wurde von der aktiven Anzeigeliste entfernt.
COMPLETE	Ein Vorgang wurde abgeschlossen.

Tabelle 2.2 Allgemeine Ereignisse

2.1.4 Anonyme Funktionen

Bisher haben wir für den Event-Listener immer eine eigene Funktion geschrieben und diese in addEventListener() als Verweis angegeben. Sie können allerdings auch direkt in addEventListener() eine sogenannte anonyme Funktion schreiben. Anonym bedeutet, dass die Funktion keinen Namen besitzt. Syntaktisch sieht das Ganze so aus:

```
element.addEventListener(TypEvent.EVENT_NAME,
    function(evt:TypEvent):void {
    //Anweisungen
    });
```

Anonyme Funktionen sind schnell geschrieben. Deswegen setzen wir sie in diesem Buch gerne ein. Allerdings haben sie auch zwei Nachteile: Zum einen ist die Funktion nicht mehrmals verwendbar, da sie ja keinen Namen zum Aufrufen besitzt, und zum anderen kommt die automatische Codeformatierung des AKTIO-NEN-Bedienfelds leider nicht mit anonymen Funktion zurecht, die über mehrere Zeilen verteilt sind. Sie fügt stattdessen hinter jede Zeile einen Strichpunkt ein, was dann zu einem Syntaxfehler führt.

[+] **void oder nicht void**

Der Wert `void` hinter einem Doppelpunkt und den runden Klammern gibt an, dass eine Funktion nichts zurückliefert. Er ist bei sehr streng interpretierter strikter Typisierung (siehe auch Kapitel 4, »Grundlagen der Programmierung«) notwendig, allerdings kann er auch weggelassen werden. Negative Auswirkungen hat das Weglassen nicht, deswegen können Sie das selbst entscheiden.

2.1.5   Event-Bubbling und Ziele

Viele Ereignisse in ActionScript 3 sind nicht allein auf das Element beschränkt, bei dem sie auftreten. Ein Beispiel: Wenn Sie auf einen Movieclip klicken, der auf der Bühne liegt, wird dieses Ereignis `MouseEvent.CLICK` zuerst in eine Aufnahmephase geschickt, dann für den Movieclip ausgelöst, anschließend das Ereignis an das übergeordnete Element, den Hauptfilm, weitergegeben. Dieser Weg von unten nach oben heißt *Bubbling* – nach Seifenblasen, die aufsteigen. Auf diesem Weg kann das Ereignis über Event-Listener jederzeit abgefangen werden. Sie können es auch an jeder anderen Stelle abfangen.

Weitergabe von Ereignissen

Erweitern Sie dazu das Beispiel mit dem anklickbaren Movieclip ein wenig – die Hintergrunderklärungen zu diesen Konzepten finden Sie in den folgenden Abschnitten in diesem Kapitel. Zum Event-Listener für den Movieclip selbst kommt einer für den Hauptfilm hinzu. Dafür wird `addEventListener()` einfach ohne Instanznamen in das Schlüsselbild des Hauptfilms geschrieben. Der dritte Event-Listener gilt für die gesamte Bühne. Dafür greifen Sie mit der `stage`-Eigenschaft des Hauptfilms auf die Bühne zu:

```
sonne_mc.addEventListener(MouseEvent.CLICK, ereignisse);
addEventListener(MouseEvent.CLICK, ereignisse);
stage.addEventListener(MouseEvent.CLICK, ereignisse);
```

Nun schreiben Sie noch die Event-Listener-Funktion. Sie gibt den schon bekannten Ereignistyp aus. Außerdem verwendet sie zwei weitere Eigenschaften des Ereignisobjekts, `target` und `currentTarget`:

▶ `target` liefert das direkte Ereignisziel, das heißt, das Element, das angeklickt wurde.

▶ `currentTarget` liefert dagegen das Element, für das der Event-Listener registriert wurde – quasi die Zielebene des Event-Listeners.

```
function ereignisse(evt:MouseEvent):void {
    trace("Ereignistyp: " + evt.type);
    trace("Ereignisziel: " + evt.target.name);
    trace("Aktuelles Ziel: " + evt.currentTarget.name);
    trace("");
}
```

Nun testen Sie den Film mit Strg + ↵. Wenn Sie auf die Sonne klicken, wird die Event-Listener-Funktion dreimal aufgerufen, zuerst für den Movieclip `sonne_mc` selbst. Hier stimmen `currentTarget` und `target` überein, beide sind die Sonne. Beim zweiten Aufruf ist es der Hauptfilm `root1`, der das `currentTarget` darstellt. Angeklickt wurde aber die Sonne, daher ist sie das `target`. Erst der dritte Aufruf ist für die Bühne, die allem übergeordnet ist. Hier gibt es keine `name`-Eigenschaft für `currentTarget`, da die Bühne keinen Instanznamen besitzt. `currentTarget` ist hier ein `Stage`-Objekt, und für `name` wird null geliefert.

Übrigens, die Reihenfolge im Code ist unerheblich. Hier zählt nur die Reihenfolge der Ereignisse. Wenn Sie neben die Sonne klicken, wird das Klickereignis für die Sonne nicht ausgeführt, wohl aber die Klickereignisse für den Hauptfilm und die Bühne.

Nicht jedes Ereignis wird an übergeordnete Elemente weitergereicht. `ENTER_FRAME` gilt beispielsweise nur für das angewiesene Element, und auch `ROLL_OVER` und `ROLL_OUT` werden im Gegensatz zu `MOUSE_OVER` und `MOUSE_OUT` nicht weitergegeben. Ob ein Ereignis weitergereicht wird, steht in der Eigenschaft `bubbles`. Sie ist nur lesbar. Allerdings finden Sie auch in der Hilfe zu jedem Ereignis eine entsprechende Information, welchen Wert diese Eigenschaft und die `target`-, `currentTarget`-Eigenschaften annehmen können.

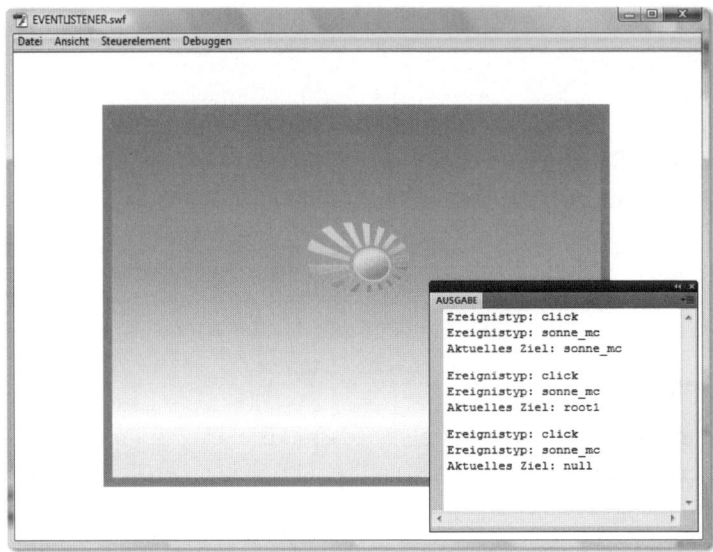

Abbildung 2.6 Die verschiedenen Event-Listener werden nacheinander ausgeführt, wenn Sie auf die Sonne klicken.

Abbildung 2.7 `ENTER_FRAME` erlaubt kein Bubbling.

Weitergabe stoppen

Sie können die Weitergabe von Ereignissen allerdings auch selbst stoppen. Dazu dient die Methode `stopPropagation()`. Sie hält das Bubbling an:

```
evt.stopPropagation();
```

Im obigen Beispiel würde nun nur noch das erste Ereignis direkt auf der Sonne ausgeführt werden. Mit `stopImmediatePropagation()` wird ebenfalls die Weitergabe angehalten, allerdings auch für alle anderen Event-Listener des aktuellen Elements.

2.1.6 Event-Phasen

Im vorigen Abschnitt haben Sie schon erfahren, dass es drei Phasen für ein Ereignis gibt. Für die erste Phase, die Aufnahme vor dem Erreichen des Ziels, müssen Sie in der Methode `addEventListener(TypEvent.EVENT_NAME, eventlistener, capture)` den dritten Parameter auf `true` setzen. Standardwert ist `false`, das bedeutet, dass nur Zielerreichung und Bubbling aktiv sind. Wollen Sie die Aufnahme und die Zielerreichung bzw. Bubbling-Phase verwenden, müssen Sie zwei Event-Listener schreiben.

Die zweite Phase ist das Erreichen des Ziels, sprich, wenn der Nutzer auf das Ziel direkt klickt. Die dritte Phase ist das Bubbling. Alle drei Phasen sind in der Klasse `EventPhase` als Eigenschaften abgebildet:

▶ `CAPTURING_PHASE` für die Aufnahmephase
▶ `AT_TARGET` für das Erreichen des richtigen Ziels (sprich, `currentTarget` entspricht dem `target`)
▶ `BUBBLING_PHASE` für das Bubbling

In welcher Phase Sie sich befinden, wird einem Event-Objekt in der Event-Listener-Funktion mit der Eigenschaft `eventPhase` mitgegeben. Die Phasen sind dabei durchnummeriert. Die Nummer entspricht dem Wert der Eigenschaft in der `EventPhase`-Klasse. Dementsprechend können Sie einfach prüfen, ob eine bestimmte Phase erreicht ist:

```
evt.eventPhase == EventPhase.BUBBLING_PHASE
```

2.1.7 Standardverhalten

Für einige Ereignisse liefert Flash bereits ein Standardverhalten. Dabei handelt es sich nur um Ereignisse, die vom Flash Player ausgelöst werden, nicht um von Ihnen per ActionScript ausgelöste Ereignisse. Ein Beispiel ist die Eingabe von Text in ein Textfeld. Dabei wird ein `TextEvent`-Objekt erzeugt, das den Text im Textfeld ausgibt. Dieses Verhalten können Sie mit der Methode `preventDefault()` anhalten und eigene Event-Listener schreiben. Allerdings können nicht alle Standardverhalten verhindert werden. Beispielsweise erzeugt ein Doppelklick auf ein Wort im Textfeld ein `MouseEvent`-Ereignis, das dann das Wort markiert. Dies ist nicht verhinderbar. Ob ein Standardverhalten unterbunden werden kann, erfahren Sie mit der Eigenschaft `cancable`. Ob es verhindert wird, liefert `isDefault-Prevented()`.

2.1.8 Weitere Parameter von addEventListener()

Die Methode `addEventListener()` kennt neben dem Ereignis, der Event-Listener-Funktion und dem Parameter zur Phase noch zwei weitere Parameter: Der vierte Parameter definiert die Priorität des Event-Listeners gegenüber anderen Listenern. Die Standardpriorität ist 0, höhere Werte setzen einen Event-Listener darüber.

Der fünfte Parameter gibt an, ob der Event-Listener von der Garbage-Collection des Flash Players entfernt werden kann (`true`). Der Standardwert ist, dass das nicht passieren kann.

[»] | **Garbage-Collection**

Die Garbage-Collection sorgt im Flash Player dafür, dass nicht mehr benötigte Elemente automatisch entfernt werden. Im Normalfall müssen (und können) sie deswegen keinen Einfluss auf die Garbage-Collection nehmen. In diesem speziellen Fall ist das aber möglich.

2.1.9 Mehrere Event-Listener

Sie können einem Element problemlos auch mehrere Event-Listener für ein einziges Ereignis zuweisen. Die Event-Listener-Funktionen müssen nur unterschiedliche Namen besitzen:

```
sonne_mc.addEventListener(MouseEvent.CLICK, ereignisse);
sonne_mc.addEventListener(MouseEvent.CLICK, ereignisse2);
```

[+] | **Platz sparen?**

In ActionScript 1 und 2 ist es bei Schaltflächen- und Movieclip-Aktionen möglich, in der `on()`-Syntax mehrere Ereignisse durch Kommas getrennt einzufügen. Dies geht bei Event-Listenern (wie übrigens auch schon bei Ereignis-Prozeduren in AS 1 und 2) in ActionScript 3 nicht. Sie müssen für jedes Ereignis einen eigenen Event-Listener-Aufruf tätigen. Aber selbstverständlich können mehrere Event-Listener-Aufrufe dieselbe Event-Listener-Funktion verwenden.

2.1.10 Event-Listener entfernen

Event-Listener, die Sie hinzugefügt haben, können Sie jederzeit wieder entfernen. Dies funktioniert mit der Methode `removeEventListener(TypEvent.EVENT_NAME, eventlistener)`. Sie erhält als Parameter dieselbe Signatur wie zuvor bei der Erstellung des Ereignisses:

```
sonne_mc.removeEventListener(MouseEvent.CLICK, ereignisse);
```

Mit `hasEventListener()` können Sie vorab überprüfen, ob ein Event-Listener vorhanden ist.

2.1.11 Eigene Ereignisse erzeugen

Die von Flash zur Verfügung gestellten Ereignisse sind für viele Anwendungsfälle ausreichend. Manchmal gibt es aber Konstellationen, in denen Sie eigene Ereignisse abschicken möchten. Dies geschieht in ActionScript mit der Methode `dispatchEvent()`. Sie erwartet als Parameter ein Ereignis. Dies muss ein Objekt einer Event-Klasse sein. Sie können dabei die Basisklasse `Event` verwenden, aber auch ein Mausereignis mit `MouseEvent` erzeugen oder gar eine eigene Event-Klasse programmieren, die von der Basisklasse erbt:

```
sonne_mc.dispatchEvent(new Event("Typ", true, false));
```

Der erste Parameter des Ereignisses gibt den Typ an. Das ist ein String, den wiederum der Event-Listener verwenden muss, um das Ereignis anzusprechen. Der zweite Parameter gibt an, ob das Ereignis in den Bubbling-Ablauf gerät, sprich, ob es von übergeordneten Elementen abgefangen werden kann. Der dritte Parameter bestimmt, ob das Ereignis beendet werden kann.

Saubere Trennung [!]

Ein Ziel von eigenen Ereignissen ist, dass Elemente in einer Hierarchie, also beispielsweise verschachtelte Movieclips, nicht mehr über die Filmsteuerung aufeinander zugreifen müssen, sondern der untere Movieclip einfach per Bubbling ein Ereignis nach oben schickt. Der obere Movieclip (oder die Bühne) hat dann nur einen Event-Listener implementiert, der auf dieses Ereignis wartet. Wenn Sie möchten, können Sie auch eigene Ereignis-Klassen erstellen, die beispielsweise von der Basisklasse `Event` erben.

Das Abfangen erfolgt ganz normal mit `addEventListener()`. Die Identifikation für das richtige Ereignis ist der Typ:

```
sonne_mc.addEventListener("Typ", handler);
```

Das folgende Beispiel verwendet ein eigenes Ereignis, um nur jeden zweiten Mausklick weiterzugeben. Dazu wird zuerst einmal klassisch das `Mouse-`

Event.CLICK abgefangen. Außerdem zählt eine Variable klicks die Menge der Mausklicks. In einer Fallunterscheidung wird geprüft, ob der Rest beim Teilen durch 2 gleich 0 ist – dies identifiziert eine gerade Zahl an Klicks. Ist das der Fall, wird mit dispatchEvent() ein eigenes Ereignis mit dem Typ mausklickGerade aufgerufen:

```
sonne_mc.addEventListener(MouseEvent.CLICK, ereignisse);
var klicks:int = 0;
function ereignisse(evt:MouseEvent):void {
  klicks++;
  if (klicks % 2 == 0) {
    evt.target.dispatchEvent(new Event("mausklickGerade", true));
  }
}
```

Wichtig ist, dass das Bubbling aktiviert ist, denn nur so kann das Ereignis dann von der Bühne abgefangen werden. Dies geschieht mit der normalen Event-Listener-Syntax:

```
stage.addEventListener("mausklickGerade", eigenesEreignis);
function eigenesEreignis(evt:Event):void {
  trace("Gerade Klickzahl: " + klicks);
}
```

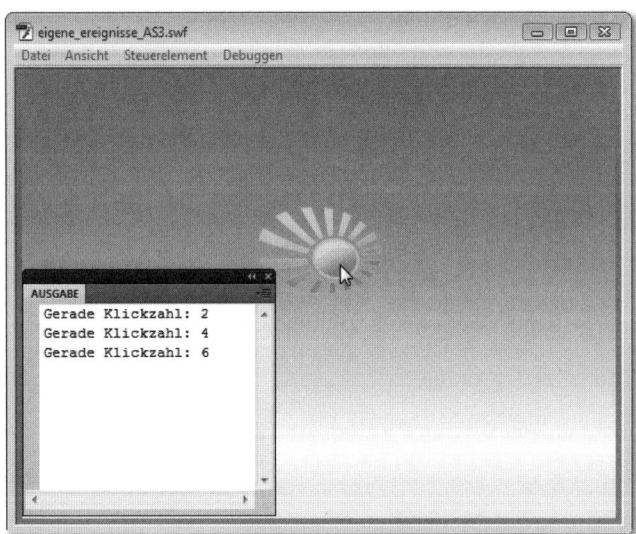

Abbildung 2.8 Nur die geraden Klicks werden gezählt.

[o] Auf der DVD finden Sie die fertige Datei mit dem Code unter *eigene_ereignisse_ AS3.fla*.

2.2   Was lässt sich mit ActionScript steuern?

Auf diese Frage gibt es eigentlich nur eine Antwort: so gut wie alles. Die Liste ist entsprechend lang und hier nicht einmal vollständig. Mit ActionScript lassen sich die folgenden Dinge steuern:

- ▶ Movieclips und andere Anzeigeobjekte
- ▶ Schaltflächen
- ▶ Textfelder (siehe Kapitel 9, »Textfelder«)
- ▶ Komponenten (siehe Kapitel 22, »Formulare und UI-Komponenten«)
- ▶ Bilder (siehe Kapitel 20, »Bitmaps, Filter und Pixel Bender«)
- ▶ Eigenschaften des Flash-Films (siehe Kapitel 6, »Einfache Filmsteuerung«)
- ▶ die Kommunikation nach außen (siehe Kapitel 24, » Formulare und Daten versenden«, bis Kapitel 27, »Remoting«)

Ein Blick auf die Liste zeigt, dass Sie einige Elemente, die sich mit ActionScript steuern lassen, erst in späteren Kapiteln kennen lernen werden. Die wichtigsten Elemente, die als Grundlage für fast jedes Beispiel dienen, treffen Sie allerdings schon in diesem Kapitel: Anzeigeobjekte und – im Speziellen – Movieclip- und Schaltflächen-Symbole.

Anzeigeobjekte

Im SWF-Film sind Schaltflächen, Textfelder, Komponenten, der Hauptfilm und viele andere Elemente Anzeigeobjekte, nur eben teilweise mit besonderen Fähigkeiten. Dies merken Sie bei Ihrer Arbeit beispielsweise daran, dass Schaltflächen ähnliche Steuerungsmöglichkeiten besitzen wie Movieclips, aber Movieclips zusätzlich eine Zeitleiste haben. Sie müssen auf Anzeigeobjekte zugreifen, um sie zu verändern oder um Ereignisprozeduren aufzurufen. Wie das geht, verraten die nächsten Abschnitte.

2.2.1   Anzeigehierarchie

Flash hat schon immer die Objekte in einer Hierarchie vorgehalten. In Action-Script 3 wurde das Konzept von einer reinen Movieclip-Hierarchie allerdings in Richtung einer Anzeigehierarchie geändert. Das Konzept ist einfach erklärt. Es gibt eine aktive Anzeigeliste mit der Bühne als oberstem Anzeigeobjekt-Container. Alle anderen Elemente darunter sind Anzeigeobjekte oder wieder Anzeigeobjekt-Container. Das oberste Anzeigeobjekt ist in diesem Fall der Hauptfilm.

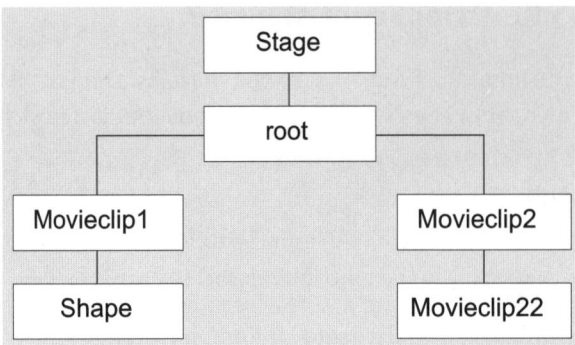

Abbildung 2.9 Hierarchie der Elemente auf der Bühne

Außerdem kann es weitere Anzeigelisten geben. Wenn diese nicht zur Hauptanzeigeliste mit der Bühne hinzugefügt wurden, sind sie nicht aktiv. Solche Listen lassen sich dynamisch per ActionScript erstellen.

Anzeigeklassen

Die Grundlage dieser Namen und der kompletten Funktionsweise sind die Anzeigeklassen, die Sie in der Werkzeugleiste des AKTIONEN-Bedienfelds unter FLASH.DISPLAY finden. Sie sind in einer festgesetzten Hierarchie angegeben. Ausgangspunkt für ein Anzeigeobjekt ist zum Beispiel `DisplayObject`. Ein Anzeigeobjekt-Container ist dagegen ein `DisplayObjectContainer`. Von dem `Display-Object` erben alle wichtigen Anzeigeklassen, wie z. B. `MovieClip` oder `SimpleButton`, für eine Schaltfläche.

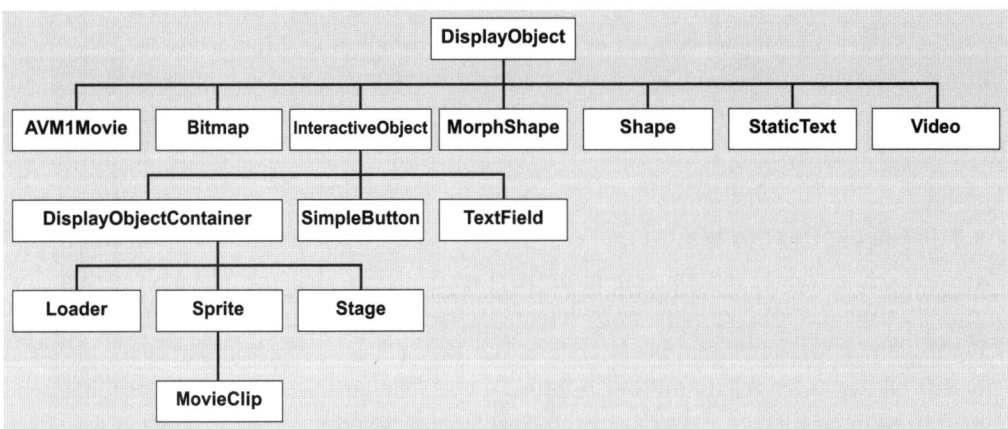

Abbildung 2.10 Abhängigkeiten der Anzeigeobjekt-Klassen

> **Movieclips und Anzeigeobjekte**
>
> In Vorversionen waren alle Elemente eigentlich Movieclips. Aus ActionScript-Sicht sind Movieclips heute nur noch eine Art von Anzeigeobjekten.

2.2.2 Zugriff auf Elemente

Um auf ein Element auf der Bühne mit ActionScript zuzugreifen, benötigt es einen Instanznamen. Diesen Namen vergeben Sie im Eigenschafteninspektor.

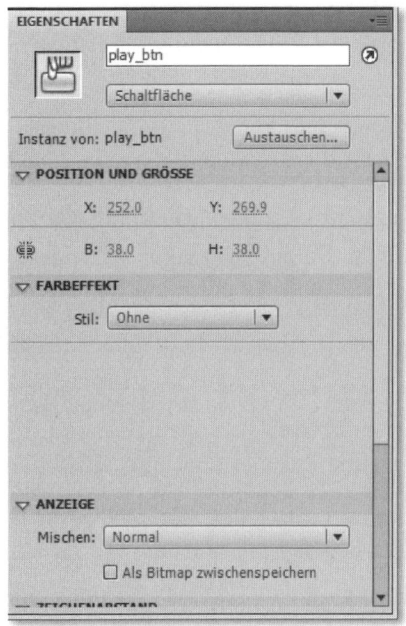

Abbildung 2.11 Der Instanzname ist der Schlüssel zum Zugriff auf ein Element.

Aus der Hauptzeitleiste können Sie nun direkt mit dem Instanznamen darauf zugreifen:

```
play_btn
```

Alternativ verwenden Sie die Adressierung mit `this`, ausgehend vom aktuellen Element, in diesem Fall dem Hauptfilm:

```
this.play_btn
```

Wollen Sie in der Zeitleiste eines untergeordneten Movieclips auf ein übergeordnetes Element zugreifen, erledigen Sie das mit `parent`. Bei der Adressierung können Sie sich auch vom Zielpfadeditor des AKTIONEN-Bedienfelds unterstützen lassen.

Intern ist das Element dann für ActionScript ein Objekt. Für dieses Objekt sind alle Methoden und Eigenschaften möglich, die die entsprechende Anzeigeobjekt-Klasse besitzen. Für einen Movieclip sind das also die Eigenschaften und Methoden von `flash.display.MovieClip`, für eine Schaltfläche dagegen `flash.display.SimpleButton`.

> **Anzeigeobjekte dynamisch verändern und erstellen**
>
> Sie können mit der Zeichen-API und den entsprechenden Klassen die Anzeigeobjekte natürlich auch dynamisch erstellen. Elemente lassen sich ebenfalls in der Anzeigehierarchie verschieben. Außerdem können Sie Elementen in der Bibliothek eine Klasse zuweisen und diese dann dynamisch auf der Bühne einblenden. Mehr dazu lesen Sie in Kapitel 13, »Animationsgrundlagen«.

2.2.3 Zugriff auf Bühne und Hauptfilm

Auf die Bühne können Sie nicht direkt zugreifen. Stattdessen erhalten Sie ein `Stage`-Objekt, wenn Sie auf die `stage`-Eigenschaft eines beliebigen Anzeigeobjekts zugreifen.

```
var buehne:Stage = play_btn.stage;
```

Vorsicht, das funktioniert nur, wenn die Anzeigeliste aktiv, sprich der Bühne überhaupt zugeordnet ist. Ebenfalls nur in einer aktiven Anzeigeliste klappt der Zugriff auf den Hauptfilm mit `root`. Das folgende Beispiel fügt dem Hauptfilm einen Event-Listener hinzu:

```
this.root.addEventListener(MouseEvent.MOUSE_MOVE, mausBewegen);
```

Die absolute Adressierung über `_root`, die noch aus ActionScript 2 üblich ist, wird in ActionScript 3 fast überhaupt nicht mehr eingesetzt. Meist wird in ActionScript 3 relativ auf Elemente zugegriffen.

2.2.4 Movieclips und Schaltflächen – Unterschiede und Gemeinsamkeiten

Rein funktional sind Movieclips und Schaltflächen nicht allzu unterschiedlich. Movieclips haben allerdings eine eigene Zeitleiste, während Schaltflächen vier Status besitzen. Außerdem verhält sich eine Schaltfläche standardmäßig etwas anders als ein Movieclip, denn beim Überfahren mit der Maus ändert sich der Mauszeiger. Mit einigen ActionScript-Eigenschaften können Sie einen Movieclip allerdings auch in eine Schaltfläche verwandeln bzw. das Verhalten des Movieclips steuern:

▶ `buttonMode` ändert das Verhalten eines Movieclips ins Verhalten einer Schalt-fläche.

▶ `useHandCursor` aktiviert den Mauszeiger. Die Einstellung hängt von `button-Mode` ab.

▶ `mouseEnabled` kann verhindern, dass ein Movieclip Mausklicks überhaupt empfängt.

Für Schaltflächen gibt es wesentlich weniger Steuerungsmöglichkeiten. Sie kön-nen allerdings mit `downState`, `overState`, `upState` und `hitTestState` für die ein-zelnen Zustände eigene Movieclips definieren. `enabled` aktiviert und deaktiviert sowohl Schaltflächen als auch Movieclips.

Diese Eigenschaften gelten übrigens auch für die `Sprite`-Klasse, die häufig für dy-namische Movieclips verwendet wird. Viele weitere Eigenschaften für Movie-clips und Schaltflächen werden Sie in den Praxisteilen dieses Buchs kennen ler-nen.

»Ändere die Welt, sie braucht es.«
–Bertolt Brecht

3 CS4 und ActionScript 3 – die Neuerungen

Die Einführung von ActionScript 3 in Flash CS3 stellte die Flash-Welt auf den Kopf. Flash CS4 brachte dann zwar keine einschneidenden Änderungen, aber viele spannende Neuerungen. Deswegen ist dieses Kapitel auch in zwei Teile unterteilt: Der erste Teil stellt die Neuerungen von ActionScript 3 gegenüber den früheren Versionen vor, der zweite die wichtigsten neuen Funktionen in CS4.

3.1 ActionScript 3 vs. ActionScript 1 und 2

Mit der neuen ActionScript-Version ist ein interessantes Phänomen verbunden: Je besser sich der ActionScript-Entwickler mit den alten Versionen 1 und 2 auskannte, desto schwerer fällt der Umstieg. Sollten Sie eher zu den Neueinsteigern gehören, können Sie dieses Kapitel also getrost überspringen und lernen Action-Script in den vielen folgenden Kapiteln von Grund auf kennen.

Dieses Kapitel kümmert sich dagegen um all diejenigen, die mit ActionScript 1 und 2 schon einiges gemacht haben, oder auch vor der Entscheidung stehen, mit welcher ActionScript-Version sie ihr neues Projekt beginnen.

Die Änderungen von ActionScript 1 und 2 zu ActionScript 3 sind gravierend. Aus technischer Sicht besitzt ActionScript 3 innerhalb des Flash Players einen völlig neuen ActionScript-Interpreter. Der alte für ActionScript 1 und 2 ist zwar auch noch vorhanden, aber beide arbeiten getrennt voneinander. Das heißt auch, dass Sie sich entscheiden müssen, welche Version Sie verwenden. Dazu die wichtigsten Fakten:

▸ ActionScript 3 ist nur für den Flash Player 9 (und aktueller) möglich, da nur diese Version den ActionScript-3-Interpreter enthält.

▸ ActionScript 1 und 2 lassen sich nicht mit ActionScript 3 in einer Datei mischen. Sie können in ActionScript 3 allerdings durchaus eine SWF-Datei mit

ActionScript 2 laden. Ein Zugriff auf die Variablen und Funktionen dieser Datei ist aber nicht möglich.

▶ Ereignismodell und Zugriff auf Elemente haben sich komplett gewandelt. Die Migration einer Altanwendung ist dementsprechend sehr aufwändig.

Die richtige ActionScript-Version

Die Entscheidung, für welche Flash-Player-Version man produzieren sollte, wurde lange Zeit über eine Faustregel gelöst: Eine Version unter der aktuellen sollte es sein. Das würde heute bedeuten, dass man für den Flash Player 9 produziert und ActionScript 3 verwendet. Viele Unternehmen scheuen im Moment allerdings noch den Wechsel auf ActionScript 3. Betrachtet man die Verbreitungszahlen (*http://www.adobe.com/products/player_census/flashplayer/version_penetration.html*), so ist das sicherlich nicht unbedingt nötig. Grundsätzlich gilt hier: Wegen der nicht vorhandenen Abwärtskompatibilität sollten größere Projekte heute auf keinen Fall mehr mit ActionScript 2 begonnen werden. Bei kleineren Aufgaben wie Bannern usw. ist dagegen die möglichst weite Verbreitung sicherlich das wichtigere Ziel.

Adobe Flash Player Version Penetration

Worldwide Ubiquity of Adobe Flash Player by Version - December 2008

	Flash Player 7	Flash Player 8	Flash Player 9	Flash Player 10
Mature Markets[1]	99.1%	99.0%	98.6%	55.9%
US/Canada	99.1%	99.1%	98.9%	54.5%
Europe[2]	99.1%	98.9%	98.2%	56.5%
Japan	99.0%	98.8%	98.3%	59.3%
Emerging Markets[3]	98.7%	98.6%	98.1%	55.9%

Worldwide Ubiquity of Adobe Flash Player by Version - September 2008

	Flash Player 7	Flash Player 8	Flash Player 9
Mature Markets[1]	98.6%	98.3%	97.7%
US/Canada	98.7%	98.3%	98.1%
Europe[2]	99.1%	98.9%	98.0%
Japan	97.5%	97.3%	96.3%
Emerging Markets[3]	Not surveyed in this wave		

Abbildung 3.1 Die Flash-Player-Verbreitung ist ein guter Anhaltspunkt für die Versionsentscheidung.

Nun aber zu den Neuerungen in ActionScript 3. Die folgenden Abschnitte sind jeweils nur ein kurzer Abriss. Mehr Informationen finden Sie in den einzelnen Kapiteln.

3.1.1 Sprachkern

Der Sprachkern von ActionScript basiert ursprünglich auf ECMAScript, dem Standard des JavaScript-Sprachkerns. Daran hat sich grundlegend nur wenig geändert. Mit ActionScript 2 kam die strikte Typisierung hinzu:

```
var datum:Date = new Date();
```

Diese ist auch in ActionScript 3 gleich geblieben. Allerdings wird die *strikte Typisierung* nun nicht wie in ActionScript 2 beim Kompilieren, sprich beim Erstellen des SWF-Films, weggeworfen, sondern bleibt auch für den ActionScript-Interpreter erhalten. Das bedeutet, die strikte Typisierung ist nun noch sinnvoller. Mehr dazu lesen Sie in Kapitel 4, »Grundlagen der Programmierung«.

Fehlerfindung

Insgesamt hat sich die Fehlerfindung deutlich geändert: ActionScript besitzt nun *Compiler-Fehler*, die beim Kompilieren auftreten und in einem eigenen Bedienfeld gemeldet werden. Sie sind zwar nicht wesentlich aussagekräftiger als in ActionScript 2, bringen aber schon einen kleinen Fortschritt. Interessant wird es im Zusammenspiel mit den *Laufzeitfehlern*. ActionScript meldet im AUSGABE-Bedienfeld, wenn während des Testens von SWF ein Fehler auftritt, z. B. eine extern geladene Datei nicht vorhanden ist. Solche Fehler können mit dem neuen *Error-Handling* auch abgefangen und verarbeitet werden. Das heißt auch, das ursprünglich schon vorhandene `try-catch` ist nun endlich sinnvoll.

Datentypen und Sprachkonstrukte

Eine weitere Neuerung im Sprachkern sind die neuen Datentypen `int` und `uint` für Integer und unsignierten Integer. Ein Integer ist eine Ganzzahl.

```
var i:int = 0;
```

Bisher kannte ActionScript nur `Number` als Datentyp. `Number` kann sowohl Ganzzahlen als auch Fließkommazahlen enthalten. Der Einsatz von Integern bringt bei Berechnungen vor allem Performancegewinne. Unsignierte Integer sind Ganzzahlen ohne Byte für das Vorzeichen. Sie werden z. B. für Pixelangaben eingesetzt. Weitere Neuerungen betreffen kleine Änderungen bei den Standardwerten. Hier wurde eine undeklarierte Variable für die meisten Datentypen auf `null` gesetzt.

Bei den Sprachkonstrukten ist die `for-each`-Schleife neu. Sie arbeitet analog zur `for-in`-Schleife, aber liefert als Rückgabe nicht den Index, sondern den Wert des jeweiligen Array- bzw. Objektelements.

Reguläre Ausdrücke

Endlich hinzugefügt wurden reguläre Ausdrücke. Sie dienen dazu, Muster in Zeichenketten zu finden. Sie sind in allen wichtigen Websprachen vom Client (Java-Script) bis zum Server (Perl, PHP, ASP.NET usw.) schon lange Standard. Die Implementierung der regulären Ausdrücke in ActionScript 3 basiert auf der Spezifikation ECMAScript 3. Beispiele zu den regulären Ausdrücken finden Sie in Kapitel 10, »Tasten«.

XML

Die Neuerungen im XML-Bereich kann man ebenfalls zum Sprachkern zählen. ActionScript 3 verwendet nun *E4X* (siehe hierzu auch Kapitel 24, »XML«). Genau wie der Sprachkern geht dieser Standard auf die ECMA zurück (*http://www.ecma-international.org/publications/standards/Ecma-357.htm*). Er erlaubt sehr einfachen Zugriff auf ein XML-Dokument, indem auf Knoten im Dokument per Objektorientierung zugegriffen wird.

3.1.2 Objektorientierung

Die in ActionScript 2 eingeführte Objektorientierung mit externen Klassen wurde grundsätzlich beibehalten. Allerdings ist Adobe in ActionScript 3 den Weg hin zur vollständigen Objektorientierung noch konsequenter gegangen. Intern wurden die Klassen vollständig umgestellt. Sie sehen das mit einem Blick in das AKTIONEN-Bedienfeld.

Hier sind alle Klassen mittlerweile in *Paketen* organisiert. Dies ist neu in Action-Script 3 – Paketnamen werden nicht mehr für eine Klasse vergeben, sondern über das Schlüsselwort `package`. Innerhalb von einer Flash-Datei müssen Sie nur Komponentenklassen mit `fl` importieren, deren zugehörige Komponenten nicht auf der Bühne vorhanden sind. In externen Klassendateien müssen Sie alle Klassen importieren.

Außerdem wurden *Namespaces*, also Namensräume, eingeführt, die Klassen und Eigenschaften identifizieren. Sie kommen auch in der XML-Schnittstelle *E4X* zum Einsatz.

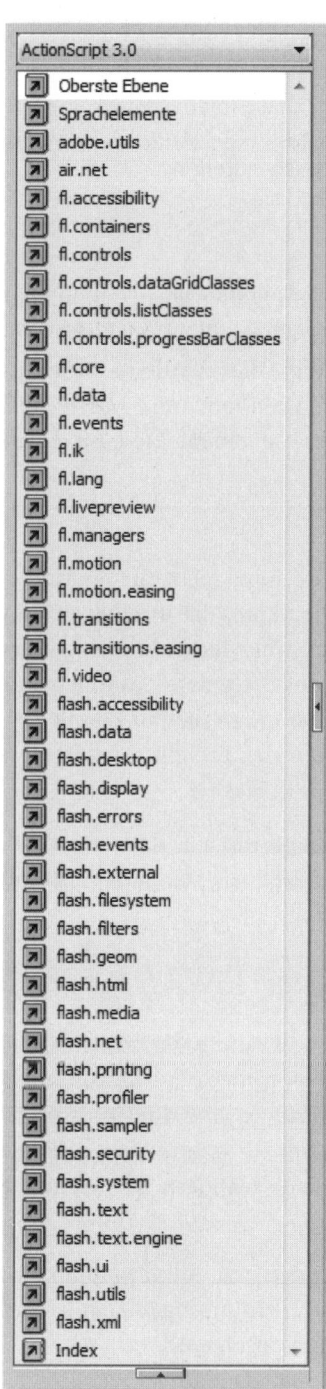

Abbildung 3.2 Die in Flash verfügbaren Klassen

Eine weitere Neuerung sind die *versiegelten Klassen*. Einer versiegelten Klasse können Sie nicht nachträglich Eigenschaften zuweisen. `SimpleButton`, die Klasse für ein Schaltflächensymbol, ist beispielsweise versiegelt, `MovieClip` kann dagegen erweitert werden, ist also dynamisch. Für Ihre eigenen Klassen können Sie mit dem Schlüsselwort `dynamic` eine dynamische Klasse erstellen.

3.1.3 Ereignisse

In ActionScript 3 gibt es nur noch eine Möglichkeit, Ereignisse abzufangen: über *Event-Listener*. Das Event-Listener-Konzept ist ActionScript-2-Entwicklern vielleicht schon von den Komponenten her bekannt. Allerdings wurde das Konzept noch einmal leicht geändert und gilt nun für alles: Komponenten, Movieclips, Schaltflächen, Sounds, Videos usw. Zuerst weisen Sie einem Element einen Event-Listener zu:

```
element.addEventListener(MouseEvent.CLICK, eventhandler);
```

Die Methode `addEventListener()` gibt es dementsprechend nicht nur für Movieclips und Schaltflächen, sondern für nahezu alle Elemente, die in einem Flash-Film vorkommen können. Das Ereignis besteht aus einer Event-Klasse, gefolgt von dem Ereignis in Großbuchstaben. Je nach Art des Ereignisses kommen verschiedene Klassen zum Einsatz. Als zweiten Parameter erhält die Funktion einen Funktionsnamen für die Funktion, die bei Eintreten des Ereignisses ausgelöst wird. Mehr dazu lesen Sie in Kapitel 2, »ActionScript in Flash«.

Dieses Ereigniskonzept basiert auf dem *DOM3*-Ereignismodell, das vom W3C, dem wichtigsten Standardisierungsgremium für das Web, als Standard verwaltet wird.

3.1.4 Zugriff auf Elemente

Der Zugriff auf Elemente wurde in ActionScript 3 vollständig überarbeitet. Die wichtigste sichtbare Auswirkung ist, dass aus `_root` nur noch `root` wurde. Auch bei den Eigenschaften von Movieclips, wie `_width` und `_x`, sind die Unterstriche verschwunden. Das ist allerdings nur vordergründig. Im Inneren hat sich die komplette Hierarchie und Anordnung von Elementen geändert. Die Elemente sind in einer *Anzeigeliste* hierarchisch verankert.

Auch die dahinterstehenden *Klassen* sind *neu organisiert*. Ausgangspunkt ist nicht mehr der Movieclip, sondern ein `DisplayObject`, ein Anzeigeobjekt. Dieser Klasse sind alle anderen Klassen für visuelle Elemente untergeordnet.

Die Aufteilung von dynamisch hinzugefügten Elementen in *Tiefen* wurde in ActionScript 3 *automatisiert*. Das heißt, der ActionScript-Interpreter kümmert sich jeweils selbst um die korrekte Tiefe.

3.1.5 Funktionale Neuerungen in ActionScript 3

Die bisher genannten Änderungen beziehen sich hauptsächlich auf interne Reorganisationen, die zwar einen konsistenteren Zugriff auf Elemente erlauben, aber dem erfahrenen ActionScript-2-Entwickler zumindest nicht sofort Vorteile bringen.

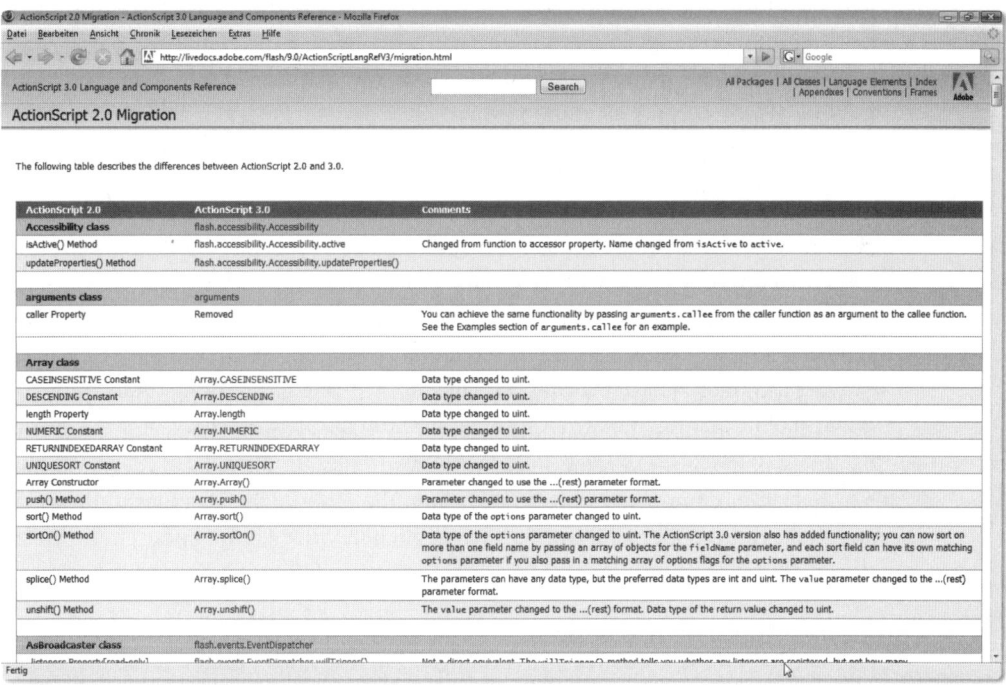

Abbildung 3.3 Die Übersicht gibt Unterstützung bei der Migration.

Migration und Hilfe　　　　　　　　　　　　　　　　　　　　　　**[+]**

Da Adobe alle alten Zöpfe abgeschnitten hat und unter anderem das Ereignismodell komplett in neuem Glanz erstrahlt, fällt die Migration entsprechend schwer bzw. ist sie bei vielen Projekten unsinnig. Allerdings liefert die Flash-Hilfe eine gute Übersicht über die Änderungen in den Klassen. Sie finden diese unter *http://livedocs.adobe.com/flash/9.0/ActionScriptLangRefV3/migration.html*.

Wesentlich verbessert wurde der *Zugriff auf serverseitige Daten*. Bilder und externe SWF-Dateien lädt man konsistent mit dem Loader. Daten und XML werden mit dem URLLoader geöffnet und verschickt. Vor allem im Fehlermanagement sind hier auch neue Funktionen hinzugekommen, und die XML-Schnittstelle vereinfacht das Leben deutlich.

Im *Multimedia*-Bereich gibt es einige interessante Neuerungen: Beispielsweise lassen sich Sound-Rohdaten auslesen und in einen Equalizer verwandeln. Das Arbeiten mit Video-Cue-Points (Sprungmarken im Video) ist ebenfalls problemlos möglich. Und für Bitmap-Bilder gibt es verschiedene innovative Steuerfunktionen wie Filter und Überblendmodi.

Bei den *Animationen* hat sich ebenfalls sehr viel getan. Die lange versteckten Tween-Möglichkeiten per ActionScript sind nun Standard. Außerdem lassen sich Tweens kopieren und als XML-Format auch per ActionScript bearbeiten. Dazu kommt mit der Timer-Klasse eine neue Methode für zeitversetzte Änderungen als flexiblere Alternative zu setInterval() und ENTER_FRAME.

3.2 Neue Funktionen in CS4

Mit Flash CS4 hat die zweite Flash-Version das Licht der Welt erblickt, die ActionScript 3 unterstützt. An der Sprache selbst wurde dabei nichts geändert. In Anbetracht der immensen Umwälzungen beim Wechsel von ActionScript 2 auf 3 ist das auch nicht weiter verwunderlich. Die Änderungen, die Adobe vorgenommen hat, betreffen dementsprechend zum einen die Oberfläche von Flash, die an die anderen Produkte der Creative Suite angeglichen wurde, zum anderen die vielen neuen grafischen Funktionalitäten.

ActionScript selbst beeinflussen die Änderungen in der Oberfläche nicht. Das AKTIONEN-Bedienfeld ist nahezu unverändert. Bei den Funktionalitäten gibt es allerdings schon Auswirkungen. Dankenswerterweise sind die wichtigen Neuerungen alle auch komplett per ActionScript steuerbar.

Sprachfunktionen

ActionScript 3 hat sich in Flash CS4 wie schon erwähnt nicht entscheidend verändert. Dazugekommen ist allerdings ein weiterer Datentyp: Vector. Dieser komplexe Datentyp speichert ähnlich wie ein Array mehrere Datenwerte, die allerdings alle denselben Datentyp besitzen. Er wird u. a. in den neuen grafischen Funktionen von CS4 häufig eingesetzt.

Text

Wie eigentlich auch in jeder Vorgängerfunktion wurde in Flash CS4 an der Textdarstellung gearbeitet. Diese Änderungen spielen sich eher unter der Haube ab und sind nicht direkt per ActionScript steuerbar. Wohl aber steuerbar ist eine neue Funktionalität für *mehrspaltigen Text*. Die `TextBlock`-Klasse erlaubt die zeilenweise Ausgabe eines Absatzes. In Kapitel 9, »Textfelder«, finden Sie eine Einführung in das Thema.

Grafisches

Die *Erstellung von Grafikelementen* per ActionScript wurde um einige neue Methoden erweitert, sodass das Zeichnen nun noch leichter geworden ist. Einige davon sind auch die Basis für 3D-Techniken.

Die *inverse Kinematik* ist eigentlich – ähnlich wie die neuen objektbasierten Animationen und der Bewegungseditor – kein reines ActionScript-Thema. Sie benötigen dafür das Bone-Werkzeug. Allerdings lässt sich die inverse Kinematik auch sehr gut mit ActionScript steuern, wie Kapitel 21, »Inverse Kinematik, Zeichnen und 3D«, beweist.

Bitmaps und Filter

Bei den Bitmaps und Filtern ist vor allem die Einbindung von PixelBender-Filtern als wichtige Neuerung zu nennen. Mehr dazu lesen Sie in Kapitel 20, »Bitmaps, Filter und Pixel Bender«.

3D

Zum ersten Mal gibt es nativ in Flash eine dritte Dimension. Diese z-Achse erlaubt z.B. Rotationen. Und auch andere 3D-Techniken wie die perspektivische Projektion haben Einzug gehalten. Vieles davon ist zwar »nur« ein optischer Trick, bietet aber vielfältige neue Möglichkeiten. Eine Einführung in die komplexe Thematik enthält Kapitel 21, »Inverse Kinematik, Zeichnen und 3D«.

Videos

Im Videobereich ist vor allem die *H.264-Konvertierung* als wichtige Neuerung zu nennen. H.264 ist ein Komprimierstandard für hochwertige Videos, der u.a. bei Blu-ray zum Einsatz kommt und hochauflösende Darstellung möglich macht. Dies hat natürlich keine direkten Auswirkungen auf die ActionScript-Arbeit mit Videos.

AIR

Die Unterstützung der *Adobe Integrated Runtime* ist eigentlich keine Neuerung von Adobe CS4. Das AIR SDK arbeitet auch mit CS3 und mit Flex zusammen. Dennoch wird AIR zu Recht als neue Möglichkeit gesehen, Flash-Filme noch näher an den Desktop des Benutzers zu bringen. Die Grenzen zwischen Desktop und Web verschwimmen in diesem Buch in Kapitel 28, »AIR«.

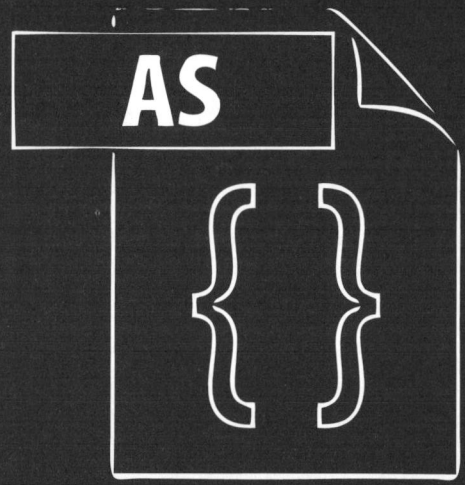

TEIL II
ActionScript

»Gewissheit ist die Grundlage,
nach der die menschlichen Gefühle verlangen.«
– Honoré de Balzac

4   Grundlagen der Programmierung

Welcher Gestalter, welcher Flasher beschäftigt sich schon gerne mit Theorie? So gesehen ist es bedauerlich, dass ActionScript eine echte Programmiersprache ist. Eine Programmiersprache besitzt nämlich eine Syntax und Sprachkonstrukte, vergleichbar mit einer normalen gesprochenen oder geschriebenen Sprache. Um die Programmiersprache flüssig sprechen beziehungsweise programmieren zu können, müssen Sie diese theoretischen Grundlagen kennen. Da unser Buch ein praktisches Buch über ActionScript ist, halten wir die Grundlagen kurz, ganz ersparen können und wollen wir Ihnen diese allerdings nicht, denn nur so können Sie auch vollen Nutzen aus ActionScript ziehen.

Es gibt zwei Wege, wie Sie dieses Kapitel und das nächste Kapitel zur Objektorientierung optimal nutzen: Entweder Sie arbeiten es sofort komplett durch und ziehen gewappnet in die Praxis, oder Sie schauen sich zuerst die praktischen Beispiele im Buch an und kommen immer dann, wenn Sie Schwierigkeiten mit der Syntax und den Sprachkonstrukten von ActionScript haben, wieder hierher zurück. Welchen Weg Sie bevorzugen, hängt von Ihrer persönlichen Lern- und Arbeitsweise ab. Die Wahl liegt also bei Ihnen.

4.1   Variablen

Eine *Variable* ist ein Wertspeicher. Sie ist Ausgangspunkt und Herzstück der Programmierung. Wann benötigen Sie eine Variable in Flash? Eigentlich immer, egal, ob Sie Ihren Film mit Schaltflächen lenken oder eine zufallsgesteuerte Animation realisieren.

Der ActionScript-Interpreter, der im Flash Player ActionScript ausführt, muss erkennen, dass es sich bei einem Element um eine Variable handelt. Daher sollten Sie die Variable zuerst *deklarieren*, und zwar mit dem *Schlüsselwort* `var`. Die folgende Zeile deklariert also eine Variable mit dem Namen `a`:

```
var a;
```

Der Variablenname a folgt nach einem Leerzeichen hinter dem Schlüsselwort var. Beachten Sie den Strichpunkt nach dem Variablennamen; er zeigt an, dass eine *Anweisung* geschlossen wird. Er steht hinter jeder ActionScript-Anweisung.

[+]

> **Schlüsselwort**
>
> Ein Schlüsselwort ist ein von der Programmiersprache verwendetes Wort, das für sie reserviert ist und dort eine feste Bedeutung hat.

Sobald Sie die Variable deklariert haben, ist sie im Speicher des Computers vorhanden. Allerdings besitzt sie noch keinen Wert – oder genauer gesagt: Ihr aktueller Wert ist undefined, also noch nicht definiert. Um der Variablen einen Wert zuzuweisen, verwenden Sie das Ist-Gleich-Zeichen (=). Es wird in dieser Funktion auch *Zuweisungsoperator* genannt.

```
var a = 5;
```

Nun besitzt die Variable den Wert 5. In unserem kleinen Beispiel hat die Variable den Wert direkt beim Deklarieren erhalten; man nennt diesen Vorgang auch *Initialisieren* einer Variablen.

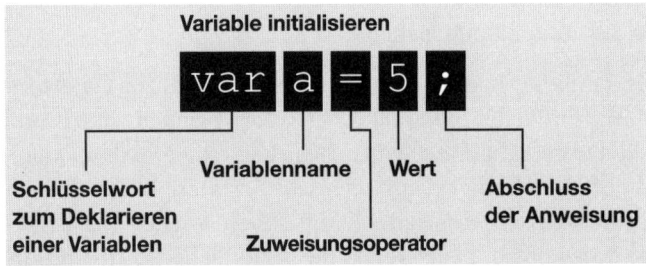

Abbildung 4.1 Eine Variable initialisieren – die Bestandteile als optische Übersicht

Eine Variable wäre nicht variabel, wenn Sie den Wert der Variablen nicht jederzeit ändern könnten. Probieren wir das gleich einmal aus: Erstellen Sie eine neue Flash-Datei und wechseln Sie in das erste und einzige Schlüsselbild. Nun zu ActionScript im AKTIONEN-Bedienfeld:

Schritt-für-Schritt: Variablenwerte ändern

1 Variable initialisieren

Zuerst initialisieren Sie eine Variable in Flash mit dem Wert 5.

```
var a = 5;
```

2 *Wert der Variablen ausgeben*

Anschließend geben Sie den Wert der Variablen aus, indem Sie den Variablennamen in der `trace`-Anweisung einsetzen. Der Variablenname ist also ein Platzhalter für den Wert.

```
trace(a);
```

3 *Wert ändern*

Im nächsten Schritt ändern Sie den Wert der Variablen x.

```
a = 10;
```

4 *Änderung testen*

a besitzt nun den Wert 10. Der alte Wert 5 wurde überschrieben. Diesen Vorgang können Sie mit einer zweiten `trace`-Anweisung testen:

```
trace(a);
```

Abbildung 4.2 Das Ausgabe-Fenster zeigt die zwei verschiedenen Werte, die x angenommen hat. ∎

Unser Beispiel mag Ihnen banal erscheinen, aber überlegen Sie einmal, was Variablen alles speichern könnten. 5 und 10 sind unbedeutende Zahlen – beliebige Werte, die wir eingesetzt haben. Sie könnten allerdings Mauskoordinaten oder andere Messdaten verwenden. Auch ganze Texte ließen sich in Variablen speichern und dann flexibel abändern. Bevor Sie aber in Praxisbeispielen mit Variablen jonglieren, sollten Sie einige Grundlagen kennen.

trace()	[«]
In den einfachen Beispielen zu den Programmiergrundlagen verzichten wir auf »Flash-Ballast« und beschränken uns auf die `trace()`-Anweisung, die Ihnen erlaubt, eine Meldung im Fenster Ausgabe anzuzeigen.	

Zuerst verraten wir Ihnen, was Sie bei Variablennamen beachten müssen. Anschließend zeigen wir Ihnen, wie Sie die Art des Werts von einer Variablen, den sogenannten Datentyp, berücksichtigen. Es ist nämlich nicht gleichgültig, ob Sie eine Zahl oder einen Text in einer Variablen speichern. In ActionScript 3 kommt noch hinzu, dass Sie Datentypen explizit angeben können. Wenn Sie im strikten Modus arbeiten, ist das sogar Pflicht (siehe Abschnitt 4.1.2, »Datentyp«).

4.1.1 Variablennamen

ActionScript definiert einige Regeln für Variablennamen:

1. Variablennamen dürfen nur mit einem Zeichen oder einem Unterstrich (_) beginnen.

2. Ab dem zweiten Zeichen sind auch Ziffern gestattet, allerdings keine Sonderzeichen, Punkte, Doppelpunkte oder Kommas.

3. ActionScript unterscheidet in Variablen Groß- und Kleinschreibung: a und A sind also zwei verschiedene Variablen. Programmierer bezeichnen das als *case sensitive*. Case kommt aus dem Englischen und steht dort (neben anderen Bedeutungen) für den Setzkasten und einzelne kleinere (lower) oder größere (upper) Buchstaben daraus.

4. Variablennamen dürfen keine Schlüsselwörter von ActionScript enthalten. Schlüsselwörter aus älteren Flash-Versionen wie beispielsweise `float` oder `ifFrameLoaded` sind zwar möglich, Sie sollten allerdings darauf verzichten. Tabelle 4.1 listet alle Schlüsselwörter von ActionScript auf.

   Außerdem gibt es noch einige syntaktische Schlüsselwörter wie `final` und für die Zukunft reservierte Wörter wie `long`. Diese und auch sonst in ActionScript benötigte Wörter sind nicht explizit verboten, sollten aber in der Praxis nicht verwendet werden. So können Sie beispielsweise `int` – eigentlich ein Datentyp – für einen Variablennamen verwenden, sinnvoll ist das allerdings nicht. Eine Liste erhalten Sie in der Hilfe, wenn Sie nach »Reservierte Wörter« suchen.

5. Variablennamen dürfen nicht aus Namen von Klassen und anderen ActionScript-Konstrukten bestehen.

Schlüsselwörter			
as	break	case	catch
class	const	continue	default
delete	do	else	extends
false	finally	for	function
if	implements	import	in

Tabelle 4.1 Schlüsselwörter in ActionScript

Schlüsselwörter			
instanceof	interface	internal	is
native	new	null	package
private	protected	public	return
super	switch	this	throw
to	true	try	typeof
use	var	void	while
with			

Tabelle 4.1 Schlüsselwörter in ActionScript (Forts.)

Die Regeln für Variablennamen gelten in ActionScript auch für andere *Bezeichner*, die Sie einsetzen. Ein Bezeichner ist beispielsweise der Name einer Funktion oder eines selbst definierten Objekts.

Testen Sie gleich einmal in der Praxis, ob Sie die Regeln für Variablennamen schon verinnerlicht haben. Welche der folgenden Schreibweisen funktioniert wohl?

▶ `var 2press` funktioniert nicht, da der Name mit einer Zahl beginnt.

▶ `galileo10` klappt, da die Ziffern nicht am Anfang stehen.

▶ `_position` funktioniert auch, da ein Unterstrich am Anfang in Ordnung ist.

▶ `räder` funktioniert ebenfalls. Umlaute sind in Flash möglich, allerdings sollten Sie darauf verzichten, da nur der erweiterte Zeichensatz von Flash Umlaute enthält. Bekanntermaßen verbieten die meisten Programmiersprachen aber Umlaute.

Sie können die verschiedenen Variablennamen natürlich direkt in Flash testen, indem Sie die Variable in einem Schlüsselbild des Hauptfilms deklarieren. Die Fehlermeldung bei nicht korrektem Variablennamen erscheint im Fenster COM-PILER-FEHLER.

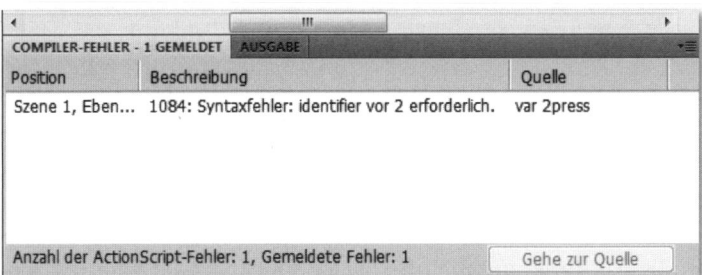

Abbildung 4.3 Fehlermeldung, weil der Variablenname nicht korrekt ist

Wenn Sie die Regeln für Variablennamen beachten, erhalten Sie keine Fehlermeldungen. Allerdings sind Sie nicht immer auf der sicheren Seite, vor allem dann nicht, wenn Sie sich eine Anwendung mit 20 oder gar 100 Variablen vorstellen. Sollten Sie hier nicht alle Variablen einigermaßen logisch benennen, verlieren Sie als Programmierer schnell den Überblick. Was aber bedeutet logisch? Sie sollten einige hilfreiche Regeln beachten:

▶ Geben Sie Ihren Variablen im wahrsten Sinne des Wortes sprechende Namen: Angenommen, eine Variable soll die Mausposition speichern. Heißt die Variable `mp`, ist das nur bedingt aussagekräftig; verwenden Sie besser gleich `mausposition`.

▶ Da Variablennamen case sensitive sind, sollten Sie sich für eine Art entscheiden: entweder für Groß- oder für Kleinschreibung. Im Programmiererjargon wird deutlich unterschieden zwischen:

  ▷ Camel Case: Wortanfänge sind immer groß (z. B. `MausPosition`).

  ▷ Pascal Case: Variablennamen sind am Anfang klein, in der Mitte groß (`mausPosition`).

  ▷ Variablen enthalten nur Kleinbuchstaben oder sind durch Unterstrich und Ähnliches getrennt (`maus_position`).

▶ Zusätzlich erhalten Variablennamen oft eine aus drei Buchstaben bestehende Vorsilbe mit dem Datentyp, z. B. `numMausPosition`. ActionScript geht hier einen anderen Weg: Wenn Sie den Datentyp als Präfix nach einem Unterstrich (_) anfügen, sehen Sie im AKTIONEN-Bedienfeld Codehinweise. Die Variable heißt dann also `mausPosition_num`.

Machen Sie sich Folgendes bewusst: All diese Regeln werden nicht von Action-Script vorgeschrieben, sie sind aber als Hilfe absolut zu empfehlen. Sie sollten auf jeden Fall in einem Projekt einheitliche Variablennamen verwenden. Dadurch erleichtern Sie sich und anderen den Einstieg in Ihre Programmierung.

Konventionen in diesem Buch

Dieses Buch verwendet Pascal Case. Die Datentypen werden nur bei Movieclips, Textfeldern und Buttons verwendet, die über den Eigenschafteninspektor mit einem Instanznamen versehen wurden.

4.1.2 Datentyp

Eine Variable speichert, wie bereits erwähnt, einen Wert. Dieser Wert ist nichts Abstraktes, sondern etwas Konkretes, beispielsweise eine Zahl oder eine Zeichenkette, also eine beliebige Dateneinheit. Es macht durchaus einen Unterschied, welche Art von Wert (Datentyp) eine Variable speichert. ActionScript kennt einfache und komplexe Datentypen.

Zu den *einfachen Datentypen* gehören:

▸ `Number`, der Datentyp für Zahlen, kann sowohl eine Ganzzahl als auch eine Fließkommazahl enthalten. Vorsicht, Fließkommazahlen werden immer mit Punkt statt mit Komma geschrieben.

▸ `int`, der Datentyp für eine Integerzahl, eine Ganzzahl wurde neben `Number` in ActionScript 3 eingeführt. Sie ist für Ganzzahlen schneller in der Verarbeitung als `Number`.

▸ `uint` steht für eine unsignierte Integerzahl. Das ist eine Ganzzahl ohne Bit für das Vorzeichen. Dieser Datentyp wird beispielsweise bei Pixelangaben benötigt, da diese das Vorzeichen-Bit nicht vertragen.

▸ `String` für Zeichenketten. Einen String erkennen Sie immer an den einfachen oder doppelten Anführungszeichen, in die er eingeschlossen ist.

▸ `Boolean` für einen Wahrheitswert mit einer Entweder-Oder-Entscheidung Entweder ist etwas wahr (`true`) oder falsch (`false`). In der Programmierung steht manchmal stellvertretend die 1 für `true` und die 0 für `false`.

▸ `Null` steht für »keinen Wert«. Eine Variable mit dem Wert `Null` hat also keinen Wert. Diesen Datentyp verwenden Sie beispielsweise, um zu testen, ob ein Objekt oder Ähnliches existiert.

▸ `Undefined`: Dieser Datentyp trat in ActionScript 2 auf, wenn eine Variable noch keinen Wert besaß. In ActionScript 3 ist er intern immer noch vorhanden, wurde aber für den genannten Fall durch `Null` ersetzt.

▸ `void` ist ein Datentyp für einen Rückgabewert von Funktionen und Methoden. Er bedeutet: keine Rückgabe. Vorsicht, in ActionScript 2 wurde er noch mit einem großen V geschrieben.

Neben den einfachen Datentypen beinhaltet ActionScript auch *komplexe Datentypen*. Komplex sind sie deshalb, weil die einfache Zuordnung »eine Variable ein Wert« nicht mehr klappt. Zu den komplexen Datentypen gehören:

▸ `Object`: Alle Elemente des Flash-Films, die Sie in ActionScript steuern können, sind Objekte, z. B. Movieclips, Textfelder oder das Datum. Für jedes dieser Objekte gibt es einen eigenen Datentyp, der jeweils so heißt wie das dazugehörige Objekt. Mehr zu diesen und zu eigenen Objekten lesen Sie im nächsten Kapitel »Objektorientierung«.

▸ `Array`: Ein Array erlaubt Ihnen, mehrere Werte in einer Variablen zu speichern (mehr dazu in Abschnitt 4.8, »Arrays«).

So weit, so einfach. In ActionScript 2 und 3 gilt nun allerdings, dass beim Kompilieren (beim Umwandeln in SWF) der Datentyp durchaus eine Rolle spielt. Sehen Sie sich folgendes Beispiel an:

```
var a = "Alle meine Entchen";
a = 12;
```

Die zwei Zeilen ändern den Datentyp von einem `String` auf `Number`. Dieses Vorgehen heißt *lose Typisierung*, da der Datentyp nicht exakt festgelegt wird und automatisch gewechselt werden kann. Der Kompiler, also Flash, und der Interpreter, der Flash Player, suchen sich die Datentypen heraus. Der Vorteil an der losen Typisierung: Sie ist sehr einfach zu programmieren.

Der große Nachteil ist die hohe Fehleranfälligkeit. Wenn man von sauberer Programmierung redet, geht man davon aus, dass eine Variable eben nicht einfach den Datentyp ändern sollte. Wer so programmiert, riskiert bei umfangreichen Skripten Fehler durch falsch zugewiesene Objekte und Ähnliches. Deswegen hat Macromedia ab ActionScript 2 die *strikte Typisierung* (engl. strong typing; oft auch als strenge Typisierung übersetzt) eingeführt.

Dabei erhält die Variable explizit den Datentyp zugewiesen und zwar durch einen Doppelpunkt hinter dem Variablennamen:

```
var a:String = "Alle meine Entchen";
```

Nun ist es nicht mehr möglich, einfach den Datentyp zu wechseln. Folgendes erzeugt eine Fehlermeldung:

```
var a:String = "Alle meine Entchen";
a = 12;
```

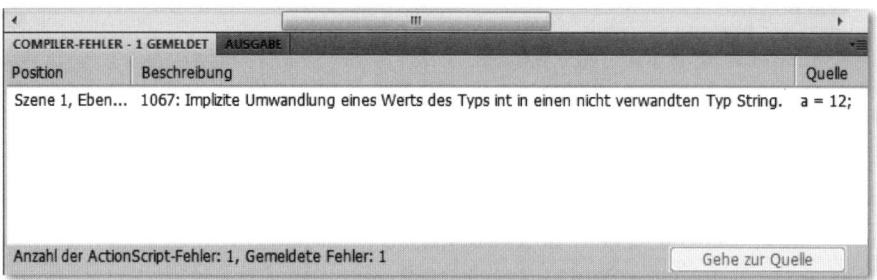

Abbildung 4.4 Die Fehlermeldung deutet auf eine falsche Datentyp-Konvertierung hin.

Wenn Sie die strikte Typisierung verwenden, aber den Datentyp noch nicht kennen, können Sie auch den Stern (*) als Datentyp angeben. Er steht für einen beliebigen Datentyp, der noch bestimmt werden muss:

```
var a:*;
```

4.1.3 Codehinweise für Datentypen

Eines der Hauptargumente für strikte Typisierung sind die Codehinweise, die Sie so erhalten. Wenn Sie den Datentyp für eine Variable angeben, zeigt Flash im AK-TIONEN-Bedienfeld automatisch dazugehörige Eigenschaften und Methoden für die Variablen an. Und auch bei der Wahl des Datentyps gibt es Codehinweise: Wenn Sie einen Doppelpunkt nach dem Variablennamen schreiben, erscheint automatisch eine Auswahl der verfügbaren Datentypen.

Alternative Codehinweise

Neben den Codehinweisen per Typisierung gibt es noch die Möglichkeit, Codehinweise über den Variablennamen zu erhalten. Dazu muss an den Variablennamen, wie bereits erwähnt, nach einem Unterstrich die passende Endung zum jeweiligen Datentyp angehängt werden. Für eine Zeichenkette sieht das also so aus:

```
var text_str = "Text";
```

Diese Konvention für Variablennamen ist äußerst ungewöhnlich und aus keiner anderen Programmiersprache bekannt. Wir verwenden sie hier dennoch bei Objekten, die nicht per Programmierung und damit nicht mit strikter Datentypisierung angelegt werden: Dazu zählen vor allem Movieclips (_mc) und Schaltflächen (_btn), die mit Instanznamen arbeiten.

In der folgenden Tabelle finden Sie trotzdem eine Übersicht über die Endungen für unterschiedliche Datentypen. Datentypen, für die es keine Suffixe für automatische Codehinweise gibt, versehen wir mit einer eigenen Endung (Number: num; Boolean: boo), um sie jederzeit zu erkennen. Hier ist Flash ein wenig inkonsistent: Wenn Sie für diese Datentypen die strikte Typisierung verwenden, erhalten Sie Codehinweise; es gibt dennoch kein Suffix, das Codehinweise auslöst.

Endung	Datentyp
_mc	MovieClip
_array	Array
_str	String
_btn	Button

Tabelle 4.2 Datentyp-Endungen

Endung	Datentyp
_txt	TextField
_fmt	TextFormat
_date	Date
_pj	PrintJob
_err	Error
_cm	ContextMenu
_cmi	ContextMenuItem
_xml	XML
_xmlnode	XMLNode
_xmlsocket	XMLSocket
_color	Color
_cam	Camera
_mic	Microphone
_ns	NetStream
_nc	NetConnection
_so	SharedObject
_sound	Sound
_video	Video
_lc	LocalConnection

Tabelle 4.2 Datentyp-Endungen (Forts.)

[»]

Eigene Codehinweise

Wenn Ihnen zu bestimmten Objekten die Codehinweise fehlen, können Sie diese auch selbst nachrüsten. Öffnen Sie dazu die Datei *ActionsPanel_3.xml*. Sie finden diese im Programmordner von Flash CS4 unter *de\First Run\ActionsPanel\ActionScript_3*. Nach dem ersten Start wird die Datei in die DOKUMENTE UND EINSTELLUNGEN verlegt. Suchen Sie dort einfach nach dem Dateinamen. In der Datei sind alle Codehinweise und das zugehörige Objekt hinterlegt. Suchen Sie dazu einfach nach typinfo. Um beispielsweise die Variablenendung boo für Booleans oder num für Zahlen hinzuzufügen, ergänzen Sie folgende Zeilen und starten Flash neu:

```
<typeinfo pattern="*_boo" object="Boolean" />

<typeinfo pattern="*_num" object="Number" />
```

Mit dieser Methode können Sie natürlich auch beliebige eigene Codehinweise erschaffen oder gar den Datentyp ordentlich vor den Variablennamen schreiben. Dazu führen Sie einfach ein Muster der folgenden Art ein:

```
<typeinfo pattern="num*" object="Number" />
```

4.1.4 Datentyp feststellen und wechseln

Um herauszufinden, welchen Datentyp eine Variable hat, können Sie die von ActionScript zur Verfügung gestellte Funktion `typeof(Variablenname)` verwenden. Das ist vor allem zum Testen sinnvoll, um damit sicherzustellen, dass Sie nicht aus Versehen den Typ einer Variablen geändert haben. Hier ein Beispiel:

```
var test_str = "Eingabe";
test_str = 4;
trace(typeof(test_str));
```

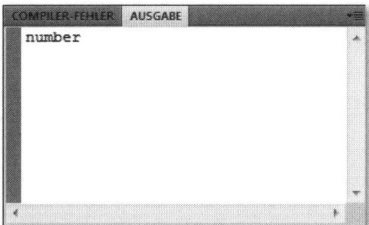

Abbildung 4.5 Ein schneller Test mit `typeof()` ergibt, dass der Datentyp gewechselt wurde.

Sollte doch einmal die Änderung des Datentyps notwendig sein, bietet ActionScript einige Funktionen dafür an. Die Funktionen gibt es schon seit Flash 4, bei automatischer Typänderung waren sie allerdings nicht so wichtig wie in ActionScript 3. Die folgende Tabelle gibt eine Übersicht:

Funktion	Beschreibung
`Number(Wert)`	Wandelt in eine Zahl um.
`int(Wert)`	Wandelt in eine Ganzzahl um.
`uint(Wert)`	Konvertiert in eine Ganzzahl ohne Vorzeichen.
`parseInt(Wert)`	Wandelt einen String in eine Ganzzahl um. Der Unterschied zur Konvertierung mit `int()` ist, dass die Funktion versucht, Zahlen vom Anfang des Strings zu extrahieren, bis ein Zeichen folgt, das keine Zahl ist.
`parseFloat(Wert, Radix)`	Wandelt einen String in eine Fließkommazahl um. Als Kommatrennzeichen wird der Punkt verwendet.
`String(Wert)`	Konvertiert in einen String.
`Wert.toString()`	Zur Umwandlung in einen String gibt es die Methode `toString()`, die Sie für die Variablen mit einem anderen Datentyp als String einsetzen können. `Mittag_num.toString()` wandelt beispielsweise die in der Variablen `mittag_num` gespeicherte Zahl in einen String um.

Tabelle 4.3 Funktionen zum Ändern des Datentyps

Funktion	Beschreibung
Boolean(Wert)	Konvertiert in einen Wahrheitswert. Dies klappt nur, wenn der umzuwandelnde Wert die Zahl 0 (false) oder 1 (true) ist. Strings werden beispielsweise immer in true verwandelt, auch wenn der String "false" heißt.
Object(Wert)	Wandelt in ein Objekt um.
Array(Wert)	Wandelt in ein Array um.

Tabelle 4.3 Funktionen zum Ändern des Datentyps (Forts.)

Diese Funktionen ändern den Datentyp des Werts, sie ändern aber nicht den Datentyp der Variablen selbst. Ein Beispiel: Die folgenden Zeilen wandeln den in der Variablen mittag_str gespeicherten Wert »12« von einem String in eine Zahl um und weisen diesen Wert der Variablen mittag_num zu.

```
var mittag_str:String = "12";
var mittag_num:Number = Number(mittag_str);
```

Wichtig ist, dass die Variable mittag_str ein String bleibt. Number(Wert) wandelt also nur den Wert in den runden Klammern um; dieser Wert ist eben der Wert der Variablen mittag_num.

Eine Alternative zum Umwandeln ist das sogenannte *Casten*. Dazu wird der Datentyp nach dem Schlüsselwort as angefügt:

```
var mittag_str:String = "12";
var mittag_num:Number = mittag_str as Number;
```

Funktional ist diese Variante gleichbedeutend mit der Typkonvertierung.

4.1.5 Standardwerte

Häufig wird eine Variable bereits bei der Deklaration mit einem Wert versehen. Man spricht wie erwähnt von der Initialisierung. Allerdings kann es auch vorkommen, dass man die Variable leer lässt. In diesem Fall hat sie automatisch je nach Datentyp einen Standardwert.

```
var mausPositionX:Number;
```

erzeugt beispielsweise eine Variable mit dem Datentyp Zahl. Da er noch nicht belegt ist, ist der Standardwert NaN – Not a Number. Mit einer einfachen trace()-Ausgabe können Sie dies testen.

Die folgende Tabelle gibt einen Überblick über die Standardwerte.

Datentyp	Standardwert
Boolean	false
Number	NaN
int	0
uint	0
String	null
Array	null
Object	null
*	undefined

Tabelle 4.4 Standardwerte für verschiedene Datentypen

4.1.6 Kurzformen für Variablen

Manchmal treffen Sie in Skripten auf kryptische Kurzformen der Variablendeklaration. Auf zwei wollen wir Sie besonders hinweisen. Bei der ersten Alternative können Sie mehrere Variablen hintereinander deklarieren:

► `var mausPositionX:Number, mausPositionY:Number;`

Die Variablennamen werden dabei durch Kommas getrennt, das Schlüsselwort `var` muss nur am Anfang stehen.

► `var mausPositionX:Number = 20, mausPositionY:Number = 30;`

Die zweite Alternative: Variablen lassen sich direkt nacheinander deklarieren und mit einem Wert versehen (also initialisieren).

Empfehlenswert sind diese Kurzformen vor allem, wenn zwei oder mehrere Variablen sinngemäß direkt zusammengehören. Ist dies nicht der Fall, erscheint es oft praktischer, die Variablen übersichtlich untereinander anzuführen.

4.1.7 Gültigkeit von Variablen

Eine Variable in Ihrem Code steht nicht zwangsläufig überall zur Verfügung. Sie hat vielmehr einen Gültigkeitsbereich, in dem sie verwendet werden kann.

► *Lokale Variablen* sind Variablen, die innerhalb einer Funktion (siehe Abschnitt »Funktionen«) oder einer Methode (siehe nächstes Kapitel »Objektorientierung«) deklariert wurden. Sie haben nur innerhalb der Funktion bzw. Methode Gültigkeit.

▶ *Globale Variablen* sind alle Variablen, die außerhalb einer Funktion deklariert wurden. Aus Sicht der Programmierung sind sie global. Allerdings sind sie innerhalb von Flash nur innerhalb der Zeitleiste gültig.

[+]

> **_global**
>
> Variablen, die über _global als global über Zeitleisten hinweg gekennzeichnet werden, sowie der zeitleistenübergreifende Zugriff auf Variablen mit dem normalen Movieclip-Zugriff funktionieren in ActionScript 3 nicht mehr. Sie müssen solche Variablen stattdessen als Eigenschaft in eine Klasse packen und diese z. B. als statische Eigenschaft einsetzen (siehe nächstes Kapitel »Objektorientierung«).

Und noch ein Tipp zum Schluss: Immer, wenn Sie auf eine nicht definierte Variable stoßen oder die Variable einen anderen Wert hat als den erwarteten, sollten Sie überprüfen, ob es Probleme mit dem Gültigkeitsbereich der Variablen gibt.

4.2 Kommentare

Bei umfangreichen Flash-Anwendungen möchten Sie sicher Zusatzinformationen speichern, damit Sie später wissen, wie und warum Sie einen bestimmten Action-Script-Code geschrieben haben. Ähnlich ist es, wenn Sie eine Flash-Datei an Kollegen oder Bekannte weitergeben. In beiden Fällen können Sie natürlich extra eine Textdatei anlegen und diese mitschicken. Praktischer ist es aber, solche *Kommentare* direkt in den Quellcode zu packen.

Für diese Zwecke hält ActionScript Kommentarzeichen bereit:

▶ // steht für einen einzeiligen Kommentar,

▶ /* und

▶ */ schließen einen mehrzeiligen Kommentar ein.

Die Funktionsweise der Kommentarzeichen ist denkbar einfach: Der Action-Script-Interpreter ignoriert alles, was nach // oder zwischen /* und */ steht. Im AKTIONEN-Bedienfeld wird dieser Teil hellgrau dargestellt.

Hier ein Beispiel für einen einzeiligen Kommentar.

```
var a:Number = 2; //Variable a deklariert
```

Mehrzeilig geht es auch:

```
var xAchse:Number = 2, yAchse:Number = 4;
/*Variablen für die
Koordinaten*/
yAchse = 6;
```

4.3   Operatoren

Mit Variablen alleine bewegt sich in Ihren Programmen nicht viel. Sie benötigen zusätzliche Arbeitsmittel, um mit mehreren Variablen oder Werten arbeiten zu können. Genau dafür eignen sich die *Operatoren*.

4.3.1   Arithmetische Operatoren

Arithmetische Operatoren dienen, wie der Name schon sagt, zum Rechnen. Entsprechend finden Sie hier die vier Grundrechenarten: Addition, Subtraktion, Multiplikation und Division. Dazu kommt der Modulo-Operator, um den Rest einer Division zu berechnen. Ein Beispiel:

```
var a:Number = 4, b:Number = 5;
var erg:Number = a + b;
```

Die Variable erg hat den Wert 9.

Neben dieser Schreibweise gibt es Kurzformen, die die Rechnung mit dem Zuweisungsoperator kombinieren.

```
var a:Number = 4, b:Number = 5;
a += b;
```

Hier erhält a den neuen Wert 9. Die zweite Zeile oben entspricht der folgenden Langversion:

```
a = a + b;
```

Noch kürzer geht es mit *Inkrement* (++) und *Dekrement* (--). Das Inkrement erhöht den Wert einer Variablen um 1, das Dekrement verringert es um 1:

```
var a:Number = 4;
a++;
```

Nach diesen Zeilen hat a den Wert 5. Bei Inkrement und Dekrement ist allerdings entscheidend, ob der Operator vor oder nach der Variablen kommt. Steht er vor der Variablen, gilt der Operator für die aktuelle Zeile (bzw. Anweisung):

```
var a:Number = 4, b:Number = 5;
var erg:Number = a + ++b;
```

In diesem Beispiel erhält `erg` den Wert 10, `b` den Wert 6.

Wenn der Operator nach der Variablen folgt, sehen die Zeilen so aus:

```
var a:Number = 4, b:Number = 5;
var erg:Number = a + b++;
```

In diesem Fall trägt `erg` den Wert 9, `b` erhöht sich dagegen nach der zweiten Zeile (also nach der Anweisung) auf den Wert 6.

Die folgende Tabelle fasst alle arithmetischen Operatoren übersichtlich zusammen:

Operator	Beispiel	Beschreibung
+	2 + 3 ergibt 5	Addition von Zahlen oder Verbindung von Strings.
++	2++ ergibt 3	Zählt um 1 nach oben. Wird auch als Inkrement bezeichnet und häufig bei Zählern eingesetzt (siehe »Schleifen«).
+=	var a:Number = 4; a += 5; ergibt a gleich 9	Addition zum aktuellen Wert der Variablen. Das Ergebnis wird der Variablen wieder zugewiesen.
-	3 − 2 ergibt 1	Subtraktion von Zahlen. Negative Zahlen erhalten ebenfalls ein Minus-zeichen vorangestellt.
- -	3- - ergibt 2	Zählt um 1 nach unten. Wird auch als Dekrement bezeichnet und bei Zählern eingesetzt (siehe »Schleifen«).
-=	var a:Number = 5; a -= 4; ergibt a gleich 1	Subtraktion vom aktuellen Wert der Variablen. Das Ergebnis wird der Variablen wieder zugewiesen.
*	2 * 3 ergibt 6	Multiplikation von Zahlen. Wird bei Angabe ohne Klammern immer vor Addition und Subtraktion ausgeführt (»Punkt vor Strich«).
*=	var a:Number = 5; a *= 4; ergibt a gleich 20	Multiplikation mit aktuellem Wert der Variablen. Das Ergebnis wird der Variablen wieder zugewiesen.
/	4 / 2 ergibt 2	Division von Zahlen.
/=	var a:Number = 10; a /= 2; ergibt a gleich 5	Aktueller Wert der Variablen wird dividiert. Das Ergebnis wird der Variablen wieder zugewiesen.

Tabelle 4.5 Arithmetische Operatoren in ActionScript

Operator	Beispiel	Beschreibung
%	3 / 2 ergibt 1	Ganzzahliger Rest einer Division wird angegeben. Dieser ganzzahlige Rest heißt auch Modulo.

%=	var a:Number = 10;
	a %= 3;
	ergibt a gleich 1
		Aktueller Wert der Variablen wird dividiert. Modulo wird als Ergebnis zurückgegeben und der Variablen wieder zugewiesen.

Tabelle 4.5 Arithmetische Operatoren in ActionScript (Forts.)

4.3.2 Vergleichsoperatoren

Wie der Name schon sagt, vergleichen diese Operatoren zwei Werte miteinander. Das Ergebnis ist immer ein Wahrheitswert (Boolean) und liefert entweder wahr (true) oder falsch (false) zurück. Das klingt einfach, und das ist es dankenswerterweise auch. Hier ein kleines Beispiel für Vergleichsoperatoren:

1. Zwei Variablen mit Werten, die dritte für das Ergebnis:

   ```
   var a:Number = 4, b:Number = 5, erg:Boolean;
   ```

2. Der Vergleich zwischen Variablen erfolgt mit einem Vergleichszeichen, das Sie sicher aus der Schule kennen: kleiner als (<).

   ```
   erg = a < b;
   ```

Welches Ergebnis erhalten Sie? In diesem Fall true, da 4 wirklich kleiner als 5 ist. Möchten Sie ein Ergebnis nachprüfen, geben Sie im letzten Schritt das Ergebnis aus:

```
trace(erg);
```

»Kleiner als« ist nur eines der möglichen Vergleichsmittel in ActionScript. Die folgende Tabelle zeigt die übrigen Operatoren.

Operator	Beispiel	Beschreibung
==	2 == 3 ergibt false	Ist-Gleich: Überprüft, ob zwei Werte gleich sind.
>	2 > 3 ergibt false	Größer als: Überprüft, ob der erste Wert größer als der zweite ist.
>=	2 >= 3 ergibt false 4 >= 4 ergibt true	Größer gleich: Überprüft, ob der erste Wert größer oder gleich dem zweiten ist.
<	2 < 3 ergibt true	Kleiner als: Überprüft, ob der erste Wert kleiner als der zweite ist.

Tabelle 4.6 Vergleichsoperatoren in ActionScript

Operator	Beispiel	Beschreibung
<=	2 <= 3 ergibt true 4 <= 4 ergibt true	Kleiner gleich: Überprüft, ob der erste Wert kleiner oder gleich dem zweiten ist.
!=	2 != 3 ergibt true	Ungleich: Überprüft, ob zwei Werte ungleich sind.

Tabelle 4.6 Vergleichsoperatoren in ActionScript (Forts.)

[!] **Fehlerquellen**

Im Unterschied zur Schulmathematik ist der Vergleichsoperator für Gleichheit nicht das einfache Ist-Gleich (=), sondern zwei Ist-Gleich-Zeichen hintereinander (==). Der Grund: Das einfache Ist-Gleich wurde für den Zuweisungsoperator reserviert. Visual Basic (auch .NET) ist übrigens eine der wenigen Programmiersprachen, die im Gegensatz zu Action-Script das einfache Ist-Gleich auch (!) für Vergleiche verwendet.

Die einfachen Vergleiche von Zahlen sind nicht die einzige praktische Anwendung. Sie verwenden Vergleiche unter anderem, um zu überprüfen, ob Variablen und Movieclip-Instanzen existieren. Wir zeigen Ihnen außerdem Beispiele, die Nutzereingaben per Vergleich testen. Auch ActionScript-Animationen sind ohne Vergleichsoperatoren (und alle anderen Operatoren) nicht denkbar.

4.3.3 Logische Operatoren

Logik klingt nach einem eher wissenschaftlichen Thema oder einem philosophischen Teilgebiet, aber so schlimm ist es nicht: Logische Operatoren verknüpfen Wahrheitswerte. Und wie Sie aus dem letzten Abschnitt wissen, sind Wahrheitswerte das Ergebnis von Vergleichen. Folgerichtig können Sie mit logischen Operatoren auch Vergleiche verknüpfen; dies ist in der Praxis die häufigste Anwendung.

1. Mit logischen Operatoren arbeiten Sie folgendermaßen: Zunächst instantiieren Sie zwei Variablen mit Zahlen und deklarieren eine dritte für das Ergebnis:

   ```
   var a:Number = 4, b:Number = 5, erg:Boolean;
   ```

2. Nun verknüpfen Sie zwei Vergleiche mit dem logischen UND (&&). Das logische UND ergibt immer dann true, wenn beide Seiten (Operanden) true liefern.

   ```
   erg = (a < b) && (a != 3;)
   ```

Das Ergebnis ist in diesem Fall true, da beide Vergleiche true liefern. Variieren Sie diese Zeile ein wenig, bekommen Sie schnell false:

```
erg = (a < b) && (a != 4);
```

In dieser Codezeile ist `a` zwar kleiner als `b`, der zweite Vergleich liefert aber `false`, da die instantiierte Variable `a` 4 ist und hier aber behauptet wird, sie sei ungleich 4. Die Klammern sind übrigens nicht unbedingt notwendig, da immer zuerst die Vergleichsoperationen und erst dann die logischen Operationen durchgeführt werden. Sie erhöhen allerdings die Übersicht ungemein. Die folgende Tabelle gibt einen Überblick über die logischen Operatoren.

Operator	Beispiel	Beschreibung
`&&`	`(2 < 3) && (3 < 4)` ergibt `true`	Logisches UND. Ergibt nur `true`, wenn beide Vergleiche `true` liefern.
`||`	`(2 < 3) || (3 > 4)` ergibt `true`	Logisches ODER. Ergibt `true`, wenn nur einer der Vergleiche `true` liefert. Sobald dieser Fall eintritt, wird die Überprüfung beendet, da das das Ergebnis `true` schon feststeht.
`!`	`!(2 == 3)` ergibt `true`	Logisches NICHT. Ändert das Ergebnis des Vergleichs in das Gegenteil. Aus `true` wird `false`, aus `false` wird `true`.

Tabelle 4.7 Logische Operatoren

Entweder – oder	[!]
Vorsicht, im allgemeinen Sprachgebrauch steht »oder« meist für »entweder – oder«. Zweimal `true` wäre aus dieser Sicht falsch; das logische ODER dagegen akzeptiert zweimal `true` als `true`.	

4.3.4 Bitweise Operatoren

Die bitweisen Operatoren sind teilweise den arithmetischen Operatoren und teilweise den Vergleichsoperatoren ähnlich; im Gegensatz zu diesen ändern sie allerdings einzelne Bits. Ein Bit ist die kleinste Einheit eines Computers, nämlich der Zustand 0 oder 1. Bitweise Operatoren kommen zwar eher selten zum Einsatz, aber finden sich doch in manchen fortgeschrittenen Beispielen. Um mit den bitweisen Operatoren zu arbeiten, müssen Sie das Bitmuster von Zahlen kennen. Das Bitmuster besteht aus Nullen und Einsen. Es liest sich von rechts nach links. Die einzelnen Stellen stehen dabei jeweils für eine Zahl. Rechts beginnt es mit der 1, daneben die 2, dann 2 hoch 2, also 4. Dann 2 hoch 3, also 8, und so weiter. Sehen Sie sich als Beispiel einfach mal zwei Zahlen an:

```
var a:int = 5;
var b:int = 12;
```

Die 5 hat folgendes Bitmuster:

```
0101
```

Das heißt also, dort steht:

```
8*0 + 4*1 + 2*0 + 1*1 = 5
```

Die 12 hat ein anderes Bitmuster:

```
1100
```

Dies steht für:

```
8*1 + 4*1 + 2*0 + 1*0 = 12
```

Die bitweisen Operatoren wirken nun direkt auf das Bitmuster. Das bitweise UND wird als kaufmännisches Und (&) geschrieben. Das Ergebnis dieses Operators ist ein Bitmuster, das überall dort Einsen besitzt, wo beide Operanden eine 1 haben.

```
trace(a & b);
```

ergibt also das folgende Bitmuster:

```
0100
```

Dies steht für die Zahl 4.

Das bitweise ODER setzt dagegen Einsen an alle Stellen, wo in einem der beiden Operanden eine 1 vorkommt. Als Symbol kommt ein Pipe-Zeichen (|) zum Einsatz.

```
trace(a | b);
```

In unserem Beispiel sieht das Bitmuster folgendermaßen aus:

```
1101
```

Dies ergibt die Zahl 13.

Das bitweise XOR setzt im Gegensatz zum ODER nur an die Stellen im Ergebnis eine 1, an denen in nur einem Operanden (und nicht in beiden oder keinem) eine 1 vorkommt.

```
trace(a ^ b);
```

ergibt also:

```
1001
```

Dies entspricht der Zahl 9.

Die bisher genannten Operatoren ähneln eher den Vergleichsoperatoren. Die folgenden sind den arithmetischen Operatoren etwas ähnlicher. Die Verschiebung nach links entspricht einer Multiplikation des linken Operators mit 2 hoch dem rechten Operator. Das folgende Beispiel heißt also a mal 2 hoch 2:

```
trace(a << 2);
```

Das Ergebnis ist also 5 mal 4 gleich 20.

Die Verschiebung nach rechts entspricht der Division des linken Operators durch 2 hoch dem rechten Operator. Im folgenden Beispiel also b durch 2 hoch 2:

```
trace(b >> 2);
```

Dies ergibt 12 durch 4 gleich 3.

4.3.5 Operatorpräferenz

Werden in einem Ausdruck mehrere Operatoren eingesetzt, muss Flash entscheiden, welcher Operator bevorzugt wird. Dies ist die Operatorpräferenz oder auch Rangfolge. Bei arithmetischen Operatoren erscheint sie aus Sicht der Schulmathematik selbstverständlich: Punkt vor Strich. Bei Vergleichen und Berechnungen ist das aber unter Umständen nicht mehr offensichtlich.

Die folgende Tabelle gibt einen Überblick über alle verfügbaren Operatoren. Hier sind auch einige Konstrukte enthalten, die erst später in diesem Buch oder im Falle der bitweisen Operatoren gar nicht behandelt werden.

Rangfolge	Operatoren
1	`[] {x:y} () f(x) new x.y x[y] <></> @ :: ..`
2	`x++ x--`
3	`++x --x + - ~ ! delete typeof void`
4	`* / %`
5	`+ -`
6	`<< >> >>>`
7	`< > <= >= as in instanceof is`
8	`== != === !==`
9	`&`
10	`^`

Tabelle 4.8 Operatorenpräferenz

Rangfolge	Operatoren
11	|
12	&&
13	||
14	?:
15	= *= /= %= += -= <<= >>= >>>= &= ^= |=
16	,

Tabelle 4.8 Operatorenpräferenz (Forts.)

Wenn zwei Operatoren denselben Rang besitzen, wie beispielsweise * und /, entscheidet die sogenannte *Assoziativität*. Linksassoziativität bedeutet, dass ein Operator auf der linken Seite einem auf der rechten vorgezogen wird. Steht also zuerst * und dann /, wird zuerst multipliziert, dann geteilt. Die Rechtsassoziativität ist deutlich seltener, gilt aber beispielsweise für die Zuweisungsoperatoren +=usw. Hier wird zuerst der Ausdruck auf der rechten Seite des Operators ausgeführt, dann die Zuweisungsoperation selbst.

[+] **Klammern**

Klammern sind übrigens auch Operatoren. Sie bestimmen die Ausführungsreihenfolge anderer Operationen. Das heißt, sie sind Operatoren, die mit höchster Präferenz, sprich als Erstes, ausgeführt werden.

4.4   Fallunterscheidungen

Ein Programm muss Entscheidungen treffen: Soll die Schaltfläche rot oder grün werden, bewegt sich ein Objekt nach links oder rechts, nach oben oder unten. Die Fülle an Entscheidungsmöglichkeiten ist groß; daher gibt es Fallunterscheidungen.

4.4.1   if-Fallunterscheidung

Die bekannteste und am häufigsten eingesetzte Fallunterscheidung ist die if-Fallunterscheidung. In ihrer einfachsten Form überprüft sie eine Bedingung und führt sie aus, wenn die Bedingung zutrifft:

```
if (Bedingung) {
    Anweisungen;
}
```

Diese Syntax ist einfach und lässt sich direkt in die deutsche Sprache übertragen:

1. Wenn (engl. `if`)
2. Bedingung (in geschweiften Klammern)
3. zutrifft (Ergebnis `true`),
4. führe Anweisungen aus (in geschweiften Klammern).

Kontrollstrukturen [«]

Fallunterscheidungen und Schleifen werden oft als Kontrollstrukturen bezeichnet.

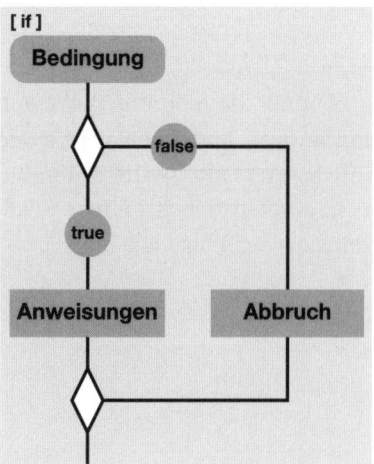

Abbildung 4.6 Die Wirkung von `if`, hier visuell veranschaulicht

Klammern oder nicht? [+]

Sie können die geschweiften Klammern weglassen, wenn nur eine Anweisung folgt. Das ist allerdings nicht sehr übersichtlich. Wenn Sie mit Klammern arbeiten, bleibt ihr Code besser lesbar. Deswegen setzen wir in diesem Buch die geschweiften Klammern immer ein.

Eine Bedingung prüfen

Die Theorie ist klar, testen Sie nun die `if`-Fallunterscheidung in der Praxis. Im folgenden Beispiel instantiieren Sie eine Variable und testen dann deren Wert. Beträgt dieser 4, gibt ActionScript eine Meldung im Fenster Ausgabe aus.

```
var raeder:Number = 4;
if (raeder == 4) {
    trace("Sie fahren ein Auto!");
}
```

In diesem Fall wissen Sie natürlich genau, welchen Wert die Variable hat. Sinnvoll wird eine solche Überprüfung beispielsweise, wenn der Nutzer den Wert in ein Textfeld eingibt.

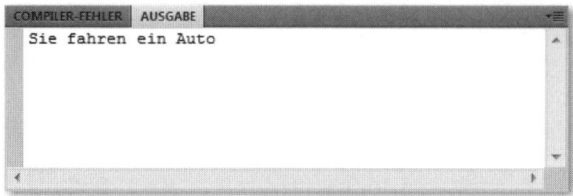

Abbildung 4.7 Die Bedingung ist erfüllt, deswegen erfolgt die Ausgabe.

Mehrere Bedingungen überprüfen

Wollen Sie mehrere Bedingungen überprüfen, könnten Sie mehrere if-Anweisungen nacheinander schalten. Das ist aber umständlich und sollte vermieden werden. Stattdessen nehmen Sie else if zu Hilfe. else if überprüft Bedingungen, aber nur dann, wenn die if-Bedingung nicht eingetroffen ist. Eine if-Fallunterscheidung kann immer nur ein if enthalten, aber beliebig viele else if.

```
if (Bedingung) {
    Anweisungen;
} else if (Bedingung) {
    Anweisungen;
}
```

Werfen Sie einen genauen Blick auf die Syntax ab else if:

1. Wenn die if-Bedingung oder die vorhergehende else-if-Bedingung nicht eingetroffen ist (else if),

2. überprüfe Bedingung (in geschweiften Klammern).

3. Falls sie zutrifft (Ergebnis true),

4. führe Anweisungen aus (in geschweiften Klammern).

Mit diesem Wissen können Sie das Beispiel zur Überprüfung der Anzahl von Rädern eines Gefährts etwas ausbauen:

```
var raeder:Number = 2;
if (raeder == 4) {
    trace("Sie fahren ein Auto!");
} else if (raeder == 2) {
    trace("Motorrad oder Fahrrad ist Ihr Untersatz!");
} else if (raeder == 1) {
    trace("Einrad-Fahrer?");
}
```

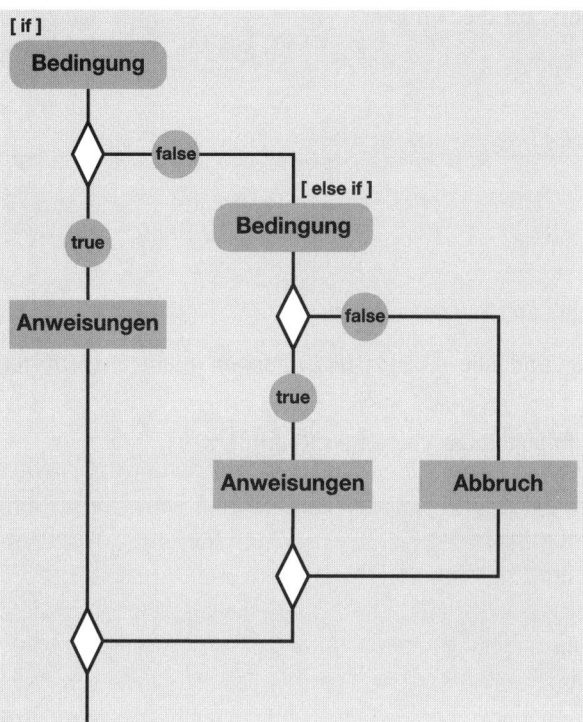

Abbildung 4.8 Der Ablauf von else if

Das Ergebnis dieser Überprüfung ist die Ausgabe »Motorrad oder Fahrrad ist Ihr Untersatz!«, da die Zahl der Räder in der Variablen raeder auf 2 steht.

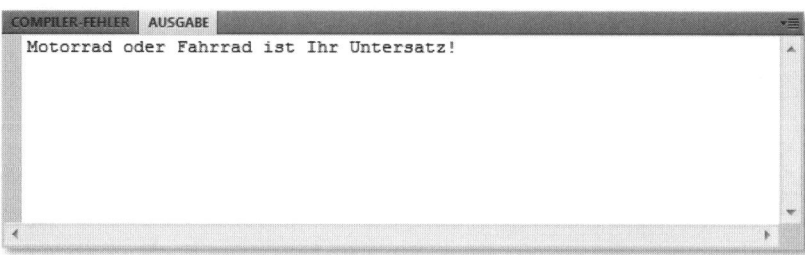

Abbildung 4.9 Die erste else-if-Bedingung hat ins Schwarze getroffen.

Der letzte Bestandteil einer if-Fallunterscheidung ist else, eine Art Auffangbecken. Die Anweisungen nach else werden immer ausgeführt, wenn keine der Bedingungen vorher erfüllt war. else selbst hat keine Bedingung und eine if-Fallunterscheidung kann nur ein else enthalten. Eine if-Fallunterscheidung mit else benötigt übrigens nicht unbedingt eine else-if-Anweisung.

Zuerst der obligatorische Blick auf die Syntax:

```
if (Bedingung) {
   Anweisungen;
} else if (Bedingung) {
   Anweisungen;
} else {
   Anweisungen;
}
```

Jetzt sehen Sie sich die Syntax ab else genauer an:

1. Wenn die if-Bedingung und alle else-if-Bedingungen nicht eingetroffen sind (else),

2. führe Anweisungen direkt aus (in geschweiften Klammern).

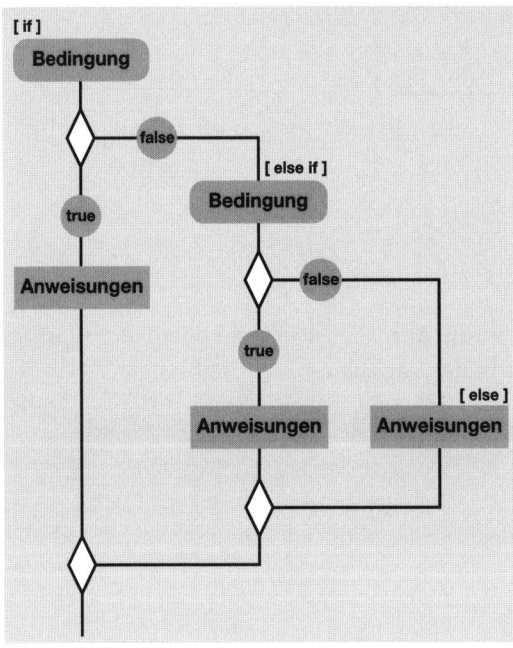

Abbildung 4.10 Die um else erweiterte Fallunterscheidung

Erweitern wir das Beispiel mit den Rädern und filtern alle Eingaben heraus, die mit keiner der if- bzw. else-if-Bedingungen übereinstimmen:

```
var raeder:Number = 8;
if (raeder == 4) {
   trace("Sie fahren ein Auto!");
} else if (raeder == 2) {
```

```
    trace("Motorrad oder Fahrrad ist Ihr Untersatz!");
} else if (raeder == 1) {
    trace("Einrad-Fahrer?");
} else {
    trace("Keines, drei, fünf oder mehr Räder. Und damit fahren Sie?");
}
```

An diesem Beispiel sehen Sie, warum `else` sehr praktisch ist: Die Anweisung fängt sämtliche Fälle ab, also kein Rad, drei Räder und fünf oder mehr Räder. Unsinnige Angaben wie negative Zahlen und Kommazahlen werden ebenfalls von `else` abgefangen. Müssten Sie die sinnvollen Fälle einzeln mit einer Bedingung abdecken anstatt `else` einzusetzen, wäre deutlich mehr Aufwand notwendig:

```
raeder == 0 || raeder == 3 || raeder >= 5
```

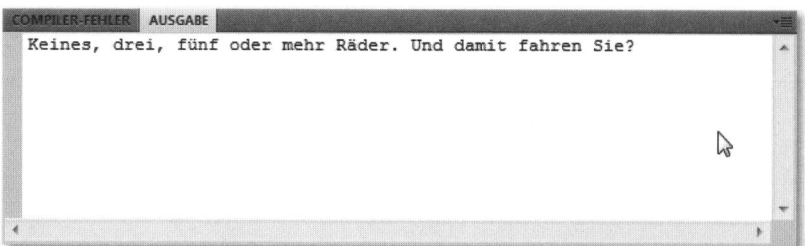

Abbildung 4.11 Wenn keine der vorherigen Bedingungen zutrifft, muss der Nutzer wohl ein komisches Fahrzeug besitzen.

Fehlerquellen [+]

Fallunterscheidungen sind im Grunde einfach zu handhaben. Einzige Fehlerquelle ist die Syntax. Dort vergisst jeder gelegentlich eine runde oder geschweifte Klammer oder schreibt eine Klammer zu viel. Prüfen Sie also zuerst die Syntax! Die entsprechende Fehlermeldung lautet entweder `Syntax Error`, oder sie meldet ein `Unexpected`, also ein unerwartetes Symbol. Ausgegeben wird die Fehlermeldung vom Syntaxprüfer des AKTIONEN-Bedienfelds.

Bedingungsoperator

Eine Kurzform für eine `if`-Fallunterscheidung liefert der Bedingungsoperator, der neu in ActionScript 3 ist. Webentwickler kennen ihn vielleicht aus PHP. Die Syntax sieht folgendermaßen aus:

```
var wert:Typ = Bedingung ? Wert : else-Wert;
```

Das heißt also, eine Variable erhält einen Wert in Abhängigkeit von einer Bedingung. Hier ein Beispiel:

```
var a = 5;
var wert:String = a < 10 ? "Kleine Zahl" : "Große Zahl";
trace(wert);
```

Die Variable wert erhält hier den String "Kleine Zahl" als Wert.

4.4.2   switch-case-Fallunterscheidung

Die switch-case-Fallunterscheidung vereinfacht manche Überprüfung im Vergleich zur if-Fallunterscheidung. Allerdings kommt sie in der Praxis nicht besonders oft zum Einsatz; sollten Sie switch case nicht verwenden, überspringen Sie den Abschnitt und lesen Sie weiter im nächsten Abschnitt 4.5, »Schleifen«.

Mit switch case legen Sie zuerst eine Variable fest, deren Werte dann in einzelnen Fällen (wie engl. case = Fall) überprüft werden. Hier die Syntax:

```
switch (Variable) {
case Wert1 :
   Anweisungen;
   break;
case Wert2 :
   Anweisungen;
   break;
default :
   Anweisungen;
}
```

Folgende Bedeutung haben die einzelnen Angaben:

1. Überprüfe Variable (switch (Variable))

2. in Bezug auf Block (in geschweiften Klammern),

3. ob Wert1 (case Wert1).

4. Wenn Wert1, dann führe Anweisungen aus (Doppelpunkt)

5. und beende Fallunterscheidung (break).

6. Wenn nicht, überprüfe Fall 2,

7. ob Wert2 (Wert2).

8. Wenn keiner der Fälle (default),

9. führe Standardanweisungen aus.

Besonders wichtig ist die break-Anweisung. Wenn Sie diese weglassen, werden alle Anweisungen nach dem Fall, dessen Wert eingetroffen ist, ausgeführt.

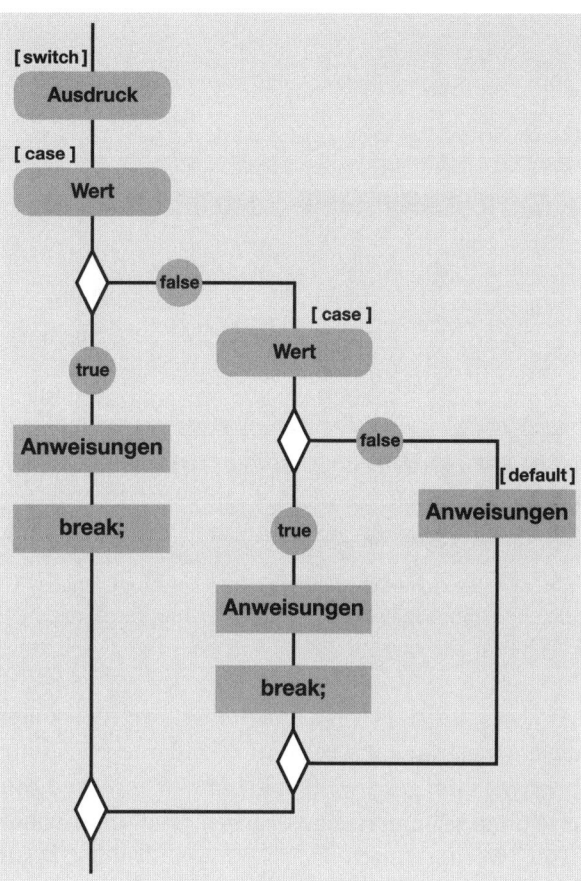

Abbildung 4.12 Die Wirkung von switch case visuell dargestellt

Das bei if gezeigte Beispiel, das die Anzahl der Räder an einem Fahrzeug überprüft, lässt sich einfach in switch case »übersetzen«. Da dort nur verschiedene
Werte einer Variablen getestet werden, handelt es sich geradezu um einen Para-
defall für switch case:

```
var raeder:Number = 1;
switch (raeder) {
case 4 :
    trace("Sie fahren ein Auto!");
    break;
case 2 :
    trace("Motorrad oder Fahrrad ist Ihr Untersatz!");
    break;
case 1 :
    trace("Einrad-Fahrer?");
```

```
      break;
default :
      trace("Keines, drei, fünf oder mehr Räder. Und damit fahren Sie?")
;
}
```

Abbildung 4.13 switch case erreicht hier dasselbe Resultat wie eine if-Fallunterscheidung.

[»]

Fehlerquelle break

Der häufigste Fehler bei switch case ist sicherlich, aus Versehen break wegzulassen. Fast ebenso fehlerträchtig ist die ungewöhnliche Syntax: Gerade die Doppelpunkte werden leicht vergessen.

Wenn in der Praxis sowohl if als auch switch case funktioniert, welches sollten Sie dann bevorzugen? Im Allgemeinen raten wir eher zur if-Fallunterscheidung, da Sie hier die gewohnte Blocksyntax mit geschweiften Klammern einsetzen können. Doppelpunkte und Werte ohne Klammern sind dagegen etwas ungewohnt. Wichtig ist nur, dass Sie wissen, worum es sich bei switch case handelt, wenn Sie die Fallunterscheidung gelegentlich in einem Beispiel sehen.

4.5 Schleifen

Eine *Schleife* läuft so lange, wie eine Bedingung erfüllt ist. Die Konsequenz: Es lassen sich mit einer Schleife bestimmte Anweisungen beliebig oft wiederholen. Dieses Grundprinzip gilt für alle Schleifenarten in ActionScript, Unterschiede gibt es nur bei der Syntax.

In der Praxis können Sie beispielsweise eine Schleife einsetzen, um 20 Instanzen eines Movieclips zu erzeugen und diese zufällig auf der Bühne zu platzieren. Das ist natürlich nur eine von vielen Anwendungsmöglichkeiten.

4.5.1 for-Schleife

Die `for`-Schleife ist die komfortabelste aller Schleifen. Um sie zu verstehen, werfen Sie zuerst einen Blick auf ihre Syntax:

```
for (Startanweisung; Bedingung; Durchlaufanweisung) {
    Anweisungen;
}
```

Chronologisch läuft die Schleife so ab:

1. Zuerst wird die `Startanweisung` ausgeführt; dies geschieht nur einmal zu Beginn der Schleife.

2. Anschließend wird die `Bedingung` überprüft.

3. Ist diese erfüllt, werden die `Anweisungen` in den geschweiften Klammern einmal ausgeführt. Ist die Bedingung nicht erfüllt, wird die Schleife sofort verlassen.

4. Nach den `Anweisungen` kommt die `Durchlaufanweisung` einmal zur Ausführung.

5. Anschließend wird wieder die `Bedingung` überprüft.

6. Ist diese erfüllt, werden die `Anweisungen` erneut ausgeführt und so weiter …

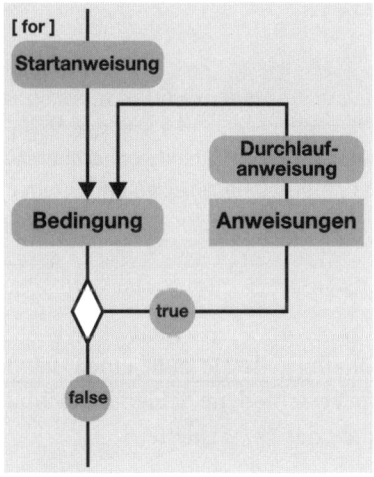

Abbildung 4.14 Der Ablauf einer `for`-Schleife

---

for-in- und for-each-in-Schleife [«]

Die for-in-Schleife und die `for-each-in`-Schleife sind eine Abwandlung der for-Schleife und dienen dazu, Objekte oder Arrays zu durchlaufen. Die Grundlagen lesen Sie in Abschnitt 4.8, »Arrays«.

Erkennen Sie schon den Sinn hinter den einzelnen Elementen? Aus Startanweisung, Bedingung und Durchlaufanweisung lässt sich ein einfacher Zähler erzeugen:

```
for (var i:int = 1; i < 15; i++) {
    trace(i);
}
```

Die Variable i wird in der Startanweisung mit dem Wert 1 initialisiert.

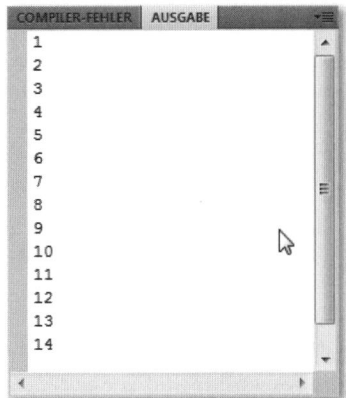

Abbildung 4.15 Die Schleife gibt die Zahlen von 1 bis 14 aus.

[+] **Zählervariablen**

Zählervariablen heißen oft i, j, k usw. Wenn Sie Schleifen ineinander verschachteln, müssen Sie unterschiedliche Zählervariablen verwenden. Stehen Schleifen aber hintereinander, reicht es, immer nur einen Variablennamen (meist i) einzusetzen und in jeder Schleife den Anfangswert zurückzusetzen.

4.5.2 while-Schleife

Die while-Schleife heißt oft »Mutter aller Schleifen«, da sie zum einen schon lange existiert und da sich zum anderen mit ihr verschiedene Schleifen nachbilden lassen. Ihre Syntax ist einfacher als die Syntax der for-Schleife:

```
while (Bedingung) {
    Anweisungen;
}
```

Das einzige festgelegte Element ist die Überprüfung der Bedingung. Nur wenn sie erfüllt ist, führt der ActionScript-Interpreter die Anweisungen im Block (geschweifte Klammern) aus.

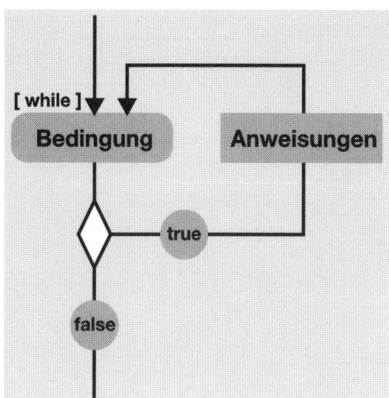

Abbildung 4.16   Bei der while-Schleife ist nur die Bedingung festgelegt.

Fehlerquellen

Achten Sie genau auf den Startwert und die Bedingung für Ihre Zählervariable. Eine der möglichen Fehlerquellen: Die Schleife wird einmal zu wenig durchlaufen, weil in der Bedingung ein »kleiner als« anstelle von »kleiner gleich« steht.

Was geschieht aber, wenn die Bedingung immer, also vor jedem Schleifendurchlauf, zutrifft? Wir zeigen Ihnen einen solchen Fall – bitte testen Sie den Code *nicht*!

```
var i:int = 1;
while (i < 15) {
    trace(i);
}
```

Hier handelt es sich um eine *Endlosschleife*. Da die Schleife nie endet, frisst sie Systemressourcen und führt im schlimmsten Fall zum Systemabsturz. Der Flash Player besitzt für solche Fälle eine Sicherheitsbremse, die nach einer Weile eine Warnmeldung zeigt.

Um eine Endlosschleife zu vermeiden, benötigen Sie wie bei der for-Schleife für den Zähler eine Durchlaufanweisung. Da diese Anweisung bei while nicht in die runden Klammern gehört, fügen Sie sie einfach als letzte Anweisung in den Anweisungsblock ein:

```
var i:int = 1;
while (i < 15) {
    trace(i);
    i++;
}
```

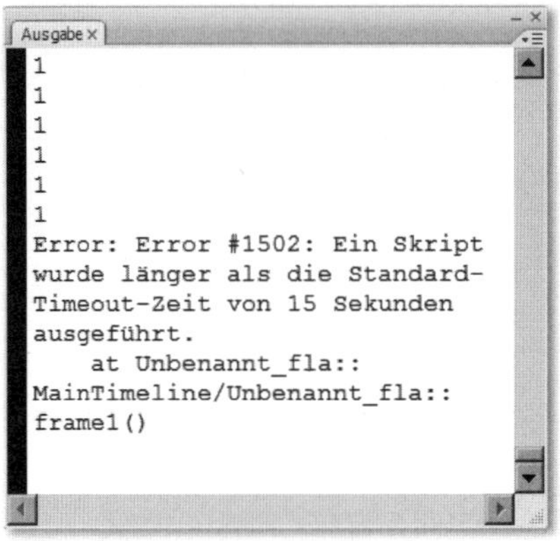

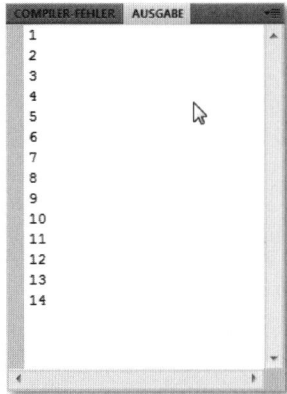

Abbildung 4.17 Diese Fehlermeldung deutet auf eine Endlosschleife hin.

Abbildung 4.18 Sie sehen dieselbe Wirkung wie im letzten Abschnitt, nur dieses Mal mit `while`.

Auch hier stellt sich wieder die Frage, wann `for` und wann `while` sinnvoll sind. Pauschalaussagen sind schwierig: `for` ist etwas komfortabler und erfordert weniger Zeilencode; `while` kann allerdings genauso eingesetzt werden. Die `while`-Schleife ist etwas flexibler, da Startanweisung und Durchlaufanweisung nicht vorgegeben sind. Schließlich und endlich ist die Wahl in den meisten Fällen Geschmackssache.

[»] **break und continue**

Die `break`-Anweisung kennen Sie bereits von `switch-case`. Sie können `break` aber auch jederzeit einsetzen, um eine Schleife zu verlassen. Alle Anweisungen nach `break` werden ignoriert und alle weiteren Schleifendurchläufe fallen weg. Eine ähnliche Wirkung hat `continue`. Damit werden allerdings nur die nachfolgenden Anweisungen nicht mehr ausgeführt, die Schleife selbst macht aber beim nächsten Schleifendurchlauf weiter.

4.5.3 do-while-Schleife

Die do-while-Schleife funktioniert genauso wie die while-Schleife, außer ... Sie sehen es bei einem Blick auf die Syntax:

```
do {
    Anweisungen;
} while (Bedingung)
```

Die Bedingung wird erst nach dem Schleifendurchlauf geprüft. do steht quasi für »mach erst einmal«. Gemeint ist damit die Schleife, die zuerst ihre Arbeit erledigen soll. Sie sehen dies in Abbildung 4.19.

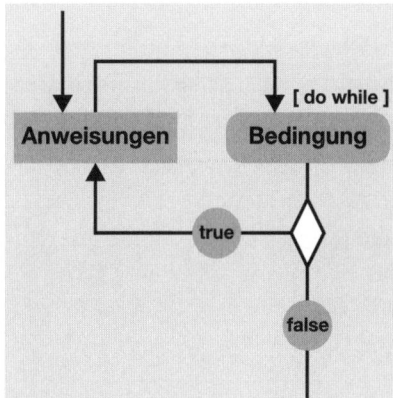

Abbildung 4.19 do while führt zuerst die Anweisungen aus und prüft dann die Bedingung.

do-while-Schleifen sind eigentlich kein Problem. Die while-Schleife aus dem letzten Abschnitt lässt sich damit ganz einfach nachbauen. Was geschieht aber, wenn die Bedingung vor dem ersten Schleifendurchlauf nicht erfüllt ist?

```
var i:int = 20;
do {
    trace(i);
    i++;
} while (i < 15)
```

In diesem Fall wird der Wert 20 nur einmal ausgegeben. Das ist in den meisten Fällen nicht erwünscht; aus diesem Grund kommt die do-while-Schleife in der Praxis kaum zum Einsatz. Und wenn doch, dann möchte der Entwickler genau dieses »komische« Verhalten erzeugen.

Abbildung 4.20 Meistens nicht gewünscht: do while führt die Anweisung einmal aus, obwohl die Bedingung nicht erfüllt ist.

4.6 Funktionen

Das Ziel von *Funktionen* ist es, Funktionalität, sprich eine Reihe von Anweisungen, zur Verfügung zu stellen. Der Vorteil besteht darin, dass Sie Funktionalität beliebig oft verwenden können. Ein Nebeneffekt liegt außerdem im besser strukturierten Code.

Erkennbar sind Funktionen an dem Schlüsselwort function:

```
function Funktionsname() {
    Anweisungen;
}
```

Diese Syntax deklariert eine Funktion, das heißt, die Funktion ist jetzt in Action-Script verfügbar. Passiert ist aber noch nichts, die Anweisungen in einer Funktion werden nicht automatisch ausgeführt. Um dies zu bewerkstelligen, benötigen Sie einen *Funktionsaufruf*:

```
Funktionsname();
```

> **Funktionsnamen**
>
> Funktionsnamen sind wie Variablennamen sogenannte Bezeichner. Daher gelten für sie dieselben Regeln wie für Variablennamen (siehe am Anfang dieses Kapitels im Abschnitt »Variablennamen«).

Schritt-für-Schritt: Einen Funktionsaufruf testen

1 *Schlüsselwort und Funktionsname eingeben*

Fügen Sie zuerst das Schlüsselwort function und den Funktionsnamen, gefolgt von runden Klammern und einer geschweiften Klammer, ein. Testen Sie das Skript am besten im ersten Schlüsselbild eines leeren Films.

```
function ausgabe() {
```

2 *Ausgabe-Anweisung ergänzen*

Fügen Sie jetzt die Ausgabe-Anweisung hinzu und schließen Sie den Anweisungsblock:

```
    trace("Diese Ausgabe stammt von einer Funktion!");
}
```

3 *Funktion aufrufen*

Nun rufen Sie die Funktion auf:

```
ausgabe();
```

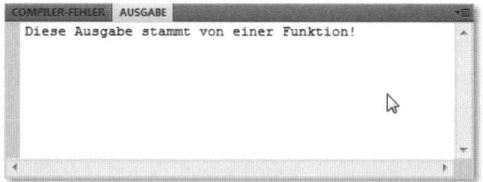

Abbildung 4.21   Die Ausgabe ist unspektakulär, stammt aber von einer Funktion. ■

Hier sehen Sie den großen Vorteil, Code wiederzuverwenden: Sie könnten den Funktionsaufruf mehrmals untereinander schreiben und bekämen immer dieselbe Ausgabe. Oder Sie arbeiten mit einer Schleife und rufen die Funktion in der Schleife als Anweisung auf. Eine Menge Möglichkeiten, die wir in den Anwendungsbeispielen dieses Buchs nutzen werden. Übrigens: Der Funktionsaufruf kann im Code auch vor einer Funktion stehen. Flash legt – etwas vereinfacht ausgedrückt – alle Funktionen gleich zu Anfang im Speicher ab und erlaubt dadurch jederzeit den Zugriff.

Ordnungswut

Wenn Sie Anweisungen in eine Funktion packen, sind diese gut aufgehoben. Um Ordnung zu gewährleisten, sollten Sie allerdings nur inhaltlich zusammenhängende Anweisungen in eine Funktion schreiben. Wenn Sie beispielsweise eine Summe berechnen und eine Information aus einem Textfeld ändern möchten, empfehlen wir, zwei getrennte Funktionen einzusetzen. Mit Klassen und Paketen erreichen Sie wesentlich mehr Ordnung als mit Funktionen. Mehr dazu lesen Sie im nächsten Kapitel, »Objektorientierung«.

4.6.1   Parameter

Bis jetzt ist unsere Funktion ein abgeschlossener Anweisungsblock ohne Kontakt zur Außenwelt. Das ist aber eher unpraktisch, falls Sie in der Funktion etwas berechnen oder unterschiedliche Informationen ausgeben möchten. Für solche

Zwecke gibt es Parameter. Das sind Platzhalter für Werte, die erst beim Aufruf der Funktion übergeben werden. Innerhalb von Funktionen arbeiten Sie mit Parametern genauso wie mit Variablen.

Eine Funktion kann beliebig viele Parameter besitzen. Diese werden in die runden Klammern nach dem Funktionsnamen geschrieben und durch Kommas getrennt:

```
function Funktionsname(Parameter1:Typ, Parameter2:Typ) {
    Anweisungen;
}
```

Beim Aufruf müssen die Werte für die Parameter mit übergeben werden:

```
Funktionsname(Parameter1Wert, Parameter2Wert);
```

Und so sieht das in der Praxis aus:

```
function ausgabe(ausgabe:String) {
    trace(ausgabe);
}
```

Die Funktion erwartet einen Parameter. Der Datentyp des Parameters folgt bei der strikten Typisierung nach dem Parameternamen. Nun rufen Sie die Funktion auf und übergeben einen String als Wert:

```
ausgabe("Wert für die Ausgabe");
```

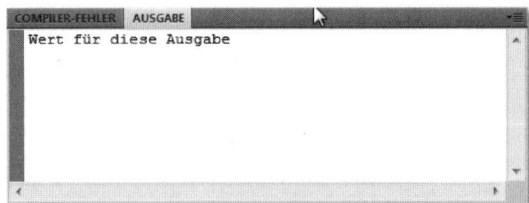

Abbildung 4.22 Der als Parameter übergebene String landet im AusGABE-Fenster.

4.6.2 Rückgabewerte

Bis jetzt haben wir durch Parameter nur Werte in eine Funktion hineingestellt. Eine Funktion kann aber auch etwas zurückliefern, und zwar mithilfe des Schlüsselworts return. Alles, was nach return als Rückgabewert folgt, wird zurückgegeben. Hier die dazugehörige Syntax:

```
function Funktionsname(Parameter1:Typ, Parameter2:Typ):Typ {
    Anweisungen;
    return Rückgabewert;
}
```

Beachten Sie: Alle Anweisungen, die Sie nach `return` schreiben, werden ignoriert. Hinter den runden Klammern geben Sie bei konsequent durchgeführter strikter Typisierung den Datentyp des Rückgabewerts der Funktion an.

Was passiert nun mit dem Rückgabewert? Er wird an den Funktionsaufruf weitergeleitet. Ihre Aufgabe ist es, den Rückgabewert zu speichern. Hierfür bietet sich natürlich eine Variable an. So sieht das in der Theorie aus:

```
var Variablenname:Datentyp = Funktionsname(Parameter1Wert,
    Parameter2Wert);
```

Mehrere Rückgaben [+]

`return` erlaubt nur die Rückgabe von einem Wert. Möchten Sie mittels Funktion mehrere Werte zurückgeben, stehen Ihnen zwei Wege offen: Sie liefern ein Array zurück, das die Werte enthält (siehe Abschnitt 4.8, »Arrays«), oder Sie arbeiten mit globalen Variablen und ohne Rückgabewerte (siehe nächster Abschnitt 4.6.3, »Gültigkeitsbereich«).

Nun werfen Sie einen Blick auf die praktische Anwendung von Rückgabewerten. Die folgende Funktion berechnet die Summe aus zwei Parametern und liefert sie zurück:

```
function summe(a:Number, b:Number):Number {
    var summe:Number = a + b;
    return summe;
}
```

Beim Funktionsaufruf werden die Parameter übergeben, der Rückgabewert landet direkt in der Variablen `erg`. Diese Variante, einen Funktionsaufruf einer Variablen zuzuweisen, sollten Sie sich merken, da sie in der Praxis sehr gebräuchlich ist. Zum Schluss geben Sie noch das `erg` mit `trace()` aus.

```
var erg:Number = summe(2, 3);
trace(erg.toString());
```

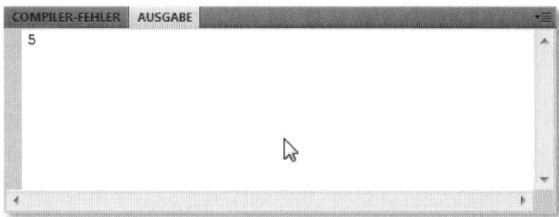

Abbildung 4.23 Die Funktion gibt das Ergebnis zurück, das jetzt weiterverarbeitet werden kann.

Das zuvor gezeigte Beispiel lässt sich auch in Kurzform darstellen. In der Funktion lassen Sie dazu einfach die Variable für die Summe weg:

```
function summe(a_num:Number, b_num:Number):Number {
    return a_num + b_num;
}
```

Den Funktionsaufruf schreiben Sie direkt in die `trace()`-Anweisung.

```
trace(summe(2, 3));
```

Damit haben Sie zwei Zeilen gewonnen. Allerdings ist das Skript ein wenig unübersichtlicher geworden, und der Rückgabewert der Funktion steht nicht mehr für andere Anweisungen zur Verfügung.

Stilfrage

Wie kurz Ihre Skripte werden, ist nicht zuletzt eine Frage des Programmierstils. Prinzipiell lässt sich aber sagen: Je kürzer, desto weniger Tipparbeit, aber auch umso unübersichtlicher. Wir pflegen in diesem Buch einen eher ausführlichen Stil nach dem Motto: lieber eine Variable zu viel als eine zu wenig. Ähnlich geht auch Flash vor, wenn Sie im AKTIONEN-Bedienfeld das AUTO-FORMAT wählen.

4.6.3 Gültigkeitsbereich

Bereits in Abschnitt 4.1, »Variablen«, wurde über den *Gültigkeitsbereich* gesprochen. Aber erst jetzt, nachdem Sie Funktionen kennen, wird dieses Thema richtig interessant. Eine Variable ist lokal, wenn sie innerhalb einer Funktion initialisiert wird. Eine globale Variable ist dagegen in ActionScript 3 nur innerhalb einer Funktion verfügbar, wenn keine lokale Variable mit dem gleichen Namen definiert ist.

Vorsicht, dies ist eine Änderung gegenüber den Vorgängerversionen: Dort wurde die globale Variable in der Funktion erst überschrieben, sobald eine lokale Variable deklariert wurde. In ActionScript 3 existiert die globale Variable nicht, wenn es eine lokale Variable gleichen Namens gibt – und zwar auch nicht, wenn auf sie zugegriffen wird, bevor die lokale Variable deklariert wird. Sehen Sie sich das in folgender Zeile an:

```
var test:String = "Ich bin eine globale Variable.";
ausgabe();
function ausgabe() {
    trace(test);
    var test:String = "Ich bin eine lokale Variable.";
    trace(test);
}
trace(test);
```

Zuerst wird innerhalb der Funktion `null` ausgegeben, da es noch keine lokale Variable gibt und die globale Variable in ActionScript 3 nicht innerhalb der Funktion gültig ist. Sobald eine gleichnamige lokale Variable existiert, wird sie innerhalb der Funktion eingesetzt. Die Ausgabe nach der Funktion verwendet immer die globale Variable, denn die lokale Variable gibt es außerhalb der Funktion gar nicht.

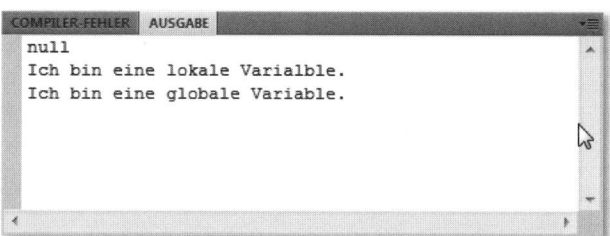

Abbildung 4.24 Innerhalb der Funktion überschreibt die lokale Variable die globale.

4.6.4 Rekursive Funktionen

Eine rekursive Funktion ruft sich selbst auf. Das klingt zunächst verrückt: Wer würde sich schon selbst anrufen oder eine SMS an die eigene Adresse schicken? In der Programmierung hilft dieser Trick aber manchmal, eine Aktion immer wieder mit jeweils geänderten Werten auszuführen. Wer den Abschnitt zu Schleifen aufmerksam gelesen hat, wird sicher sagen: Das ist doch die Aufgabe einer Schleife? Stimmt, und genau aus diesem Grund werden rekursive Funktionen selten verwendet. Schleifen erledigen dieselbe Aufgabe meistens schneller. Es gibt aber Fälle, in denen rekursive Funktionen sinnvoll sein können, beispielsweise bei komplexen Animationen.

Wir zeigen Ihnen gleich ein Beispiel:

```
function rekursiv(i:Number) {
   if (i < 15) {
      trace(i);
      rekursiv(++i);
   }
}
rekursiv(1);
```

Die Funktion `rekursiv()` besitzt einen Parameter und zwar die Variable `i`. Diese enthält eine `if`-Fallunterscheidung mit einer Bedingung: Nur, wenn `i` kleiner als 15 ist, wird `i` ausgegeben (`trace(i)`) und die Funktion erneut aufgerufen. Sie erinnern sich an das Inkrement, die zwei Pluszeichen hintereinander (++)? Diese erhöhen `i` um 1. Da sie hier vor dem Variablennamen stehen, wird `i` vor der Anweisung, also vor dem erneuten Aufruf der Funktion, um 1 erhöht. Stünde das Inkrement nach dem Variablennamen, würde i nicht mehr vor dem erneuten Funktionsaufruf hochgezählt. Sie würden damit eine Endlosschleife produzieren!

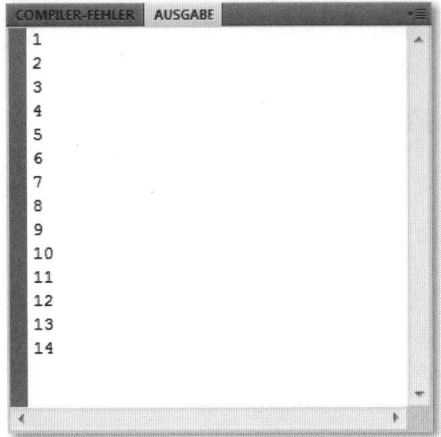

Abbildung 4.25 Die rekursive Funktion bewirkt dasselbe wie einige Schleifen zuvor.

4.6.5 Standardwerte und unbekannte Parametermenge

In ActionScript 3 müssen im Funktionsaufruf nicht alle Parameter einen Wert besitzen. Sie können den Parametern nämlich auch mit dem Ist-Gleich einen Standardwert zuweisen:

```
function summe(a:int = 1, b:int, c:int = 10) {
    return a + b + c;
}
trace(summe(10, 20));
```

In diesem Beispiel ergibt die Summe 40, da die Variable c den Standardwert 10 hat. Sie können einem oder mehreren Parametern Standardwerte geben. Allerdings dürfen nach Parametern mit Standardwert keine normalen Parameter mehr folgen. Die folgende Zeile führt also zu einem Fehler:

```
function summe(a:int = 1, b:int, c:int = 10, d:int) {
```

Wenn Sie nicht wissen, wie viele Parameter übergeben werden, können Sie mit dem Symbol ...(rest) alle noch folgenden Parameter in ein Array packen. Im folgenden Beispiel werden alle Parameter an dieses Array übergeben und dann mit einer Schleife addiert:

```
function summe(...parameter) {
    var summe:int = 0;
```

```
    for (var i:int = 0; i < parameter.length; i++) {
        summe += parameter[i];
    }
    return summe;
}
trace(summe(10, 50, 20));
```

Die Ausgabe ergibt 80.

Genauere Informationen zu Array erhalten Sie in Abschnitt 4.8, »Arrays«.

4.6.6 Fertige Funktionen in ActionScript

trace(), Number(), String() usw. sind Funktionen – allerdings sind sie nicht von Ihnen definiert, sondern werden von ActionScript zur Verfügung gestellt. Eine Übersicht über die vorhandenen Funktionen finden Sie direkt in Flash: im AKTIONEN-Bedienfeld in der Gruppe SPRACHELEMENTE/GLOBALE FUNKTIONEN.

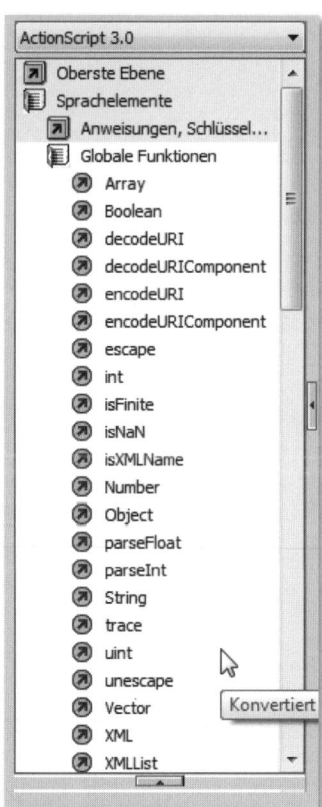

Abbildung 4.26 Im AKTIONEN-Bedienfeld befinden sich die globalen Funktionen in einem eigenen Bereich.

4.7   Strings und ihre Besonderheiten

Strings enthalten normalen Text. Daher werden Sie sicher fragen, was es da an Besonderheiten gibt. Und dennoch stellt ein String den Programmierer vor einige Herausforderungen. Bevor wir uns diesen im Einzelnen zuwenden, möchten wir festhalten: Ein String ist ein Objekt, genauer: Jede Variable ist automatisch ein Objekt und zwar abhängig vom Datentyp. Wenn eine Variable einen String als Wert zugewiesen bekommt, ist sie automatisch ein `String`-Objekt. Für jeden Datentyp existiert eine Klasse; Sie finden alle Klassen im AKTIONEN-Bedienfeld unter OBERSTE EBENE.

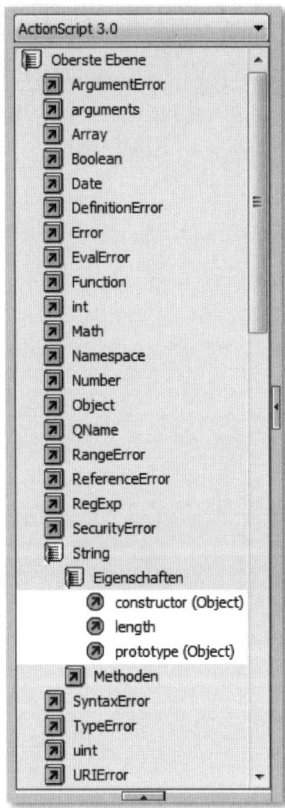

Abbildung 4.27   Für jeden Datentyp gibt es eine Klasse.
Eine Variable mit dem Datentyp ist ein Objekt dieser Klasse.

Der Vorteil der Klasseneinteilung liegt auf der Hand: Für den jeweiligen Datentyp gibt es Eigenschaften und Methoden, mit denen sich Informationen über das dazugehörige Objekt gewinnen oder Änderungen vornehmen lassen. Sehen Sie sich das am Beispiel eines Strings an:

```
var test:String = "ActionScript";
trace(test.length);
```

Der obige Code erzeugt zunächst einen String und speichert ihn in der Variablen test, die automatisch auch ein String-Objekt ist. Dadurch haben Sie Zugriff auf die Eigenschaft length, die Auskunft über die Anzahl der Zeichen eines Strings gibt.

Abbildung 4.28 Der String ist zwölf Zeichen lang.

Als Alternative zur Variablen-Zuweisung können Sie hier auch das Objekt verwenden.

```
var test:String = new String("ActionScript");
```

Die Wirkung ist dieselbe, aber für die meisten Programmierer beinhaltet diese Variante zu viel Tipparbeit. Mehr zu den Begrifflichkeiten erfahren Sie im nächsten Kapitel, »Objektorientierung«.

4.7.1 Sonderzeichen

Alle Zeichen in Strings werden von ActionScript übernommen, da ActionScript den Unicode-Zeichensatz beherrscht.

Unicode-Zeichensatz [+]

Im Gegensatz zum ASCII-Zeichensatz bzw. den 256 Zeichen von ISO-8859-1 (auch Latin-1) enthält der Unicode-Zeichensatz nicht nur eine beschränkte Menge an Zeichen, sondern so gut wie alle Zeichen aus den Sprachen dieser Welt. Um die Zeichen darzustellen, werden sie codiert. Die bekannteste Codiermöglichkeit für Unicode ist UTF-8. Dieses Format wird nicht nur für Websites, sondern auch in Flash verwendet.

Problematisch sind nur Anführungszeichen. Da sie eigentlich einen String begrenzen, führen Anführungszeichen innerhalb eines Strings zu einem Fehler:

```
var test:String = "Heraklit: "Alles fließt!"";
trace(test);
```

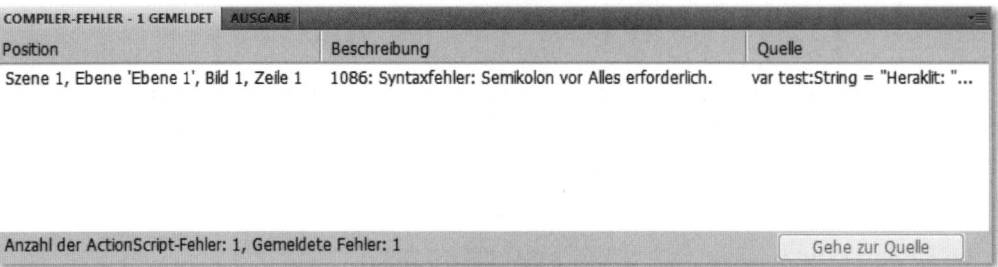

Abbildung 4.29 Der Fehler liegt in den Anführungszeichen um den Ausspruch »Alles fließt!«.

Um einen solchen Fehler zu vermeiden, gibt es zwei Möglichkeiten:

1. Sie verwenden für die Begrenzung des Strings einfache Anführungszeichen und für Wörter innerhalb des Strings doppelte.

```
var test:String = 'Heraklit: "Alles fließt!"';
```

Natürlich können Sie das ebenso umgekehrt realisieren, also außen doppelte und innen einfache Anführungszeichen:

```
var test:String = "Heraklit: 'Alles fließt!'";
```

2. Oder Sie entwerten die Anführungszeichen mit dem Backslash (\):

```
var test:String = "Heraklit: \"Alles fließt!\"";
```

Neben den Anführungszeichen gibt es noch weitere *Sonderzeichen*, die mit Backslash beginnen und eine besondere Bedeutung haben. Die folgende Tabelle gibt eine Übersicht:

Zeichen	Beschreibung
\\	Einfacher Backslash
\'	Einfaches Anführungszeichen
\"	Doppeltes Anführungszeichen
\n	Zeilenumbruch (vor allem in Textfeldern relevant)
\t	Tabulator
\u	Beliebiges Unicode-Zeichen in hexadezimaler Schreibweise. Der Code wird angehängt. \u00A9 steht beispielsweise für das Copyright-Zeichen (©).
\x	Hexadezimaler Wert
\b	Rückschritt
\r	Wagenrücklauf
\f	Seitenvorschub

Tabelle 4.9 Sonderzeichen

4.7.2 Strings zusammenfügen

Wenn Sie ein wenig auftrumpfen möchten, benutzen Sie im Zusammenhang mit ActionScript das Wort *konkatenieren*, das heißt »Strings zusammenfügen«. Dafür gibt es zwei Lösungen:

1. den Plus-Operator (+):

```
var teil1:String = "Alles ";
var teil2:String = "fließt!";
var zitat:String = teil1 + teil2;
trace(zitat);
```

2. 2.die Methode `concat(String)` des `String`-Objekts:

```
var teil1:String = "Alles ";
var teil2:String = "fließt!";
var zitat:String = teil1.concat(teil2);
trace(zitat);
```

Abbildung 4.30 Unterschiedliche Wege zur String-Konkatenation, aber dasselbe Ergebnis

In der Praxis wird Variante 1 wesentlich häufiger eingesetzt. Allerdings müssen Sie hier ein wenig vorsichtig sein: Wenn Sie Zahlen mit Strings addieren, ist das Ergebnis immer ein String. Der folgende Code ergibt also 72 und nicht 9:

```
var zahl_num:Number = 7;
var teil_str:String = "2";
var text_str:String = zahl_num + teil_str;
trace(text_str);
```

> **Fehlerquelle** [!]
>
> Achten Sie beim Verbinden von Strings auf Leer- oder Trennzeichen, sonst kleben Ihre Strings völlig ungewollt direkt aneinander. Eine weitere Fehlerquelle sind sehr komplexe String-Additionen. Hier ist die Performance oftmals nicht optimal. Gerade bei Textfeldern bietet es sich eher an, mit den integrierten Methoden zu arbeiten (z. B. `appendText`).

4.7.3 Strings vergleichen

Wenn Sie Vergleichsoperatoren bei Strings anwenden, wird Buchstabe für Buchstabe miteinander verglichen. Über die Größe des einzelnen Buchstabens entscheidet seine Position im Zeichensatz. Daraus lassen sich einige Regeln ableiten:

▶ Zeichen haben im Zeichensatz Latin-1 eine bestimmte Position. Das Zeichen mit der höheren Position ist größer.

▶ Die Position der Zeichen entspricht der alphabetischen Reihenfolge: a ist also kleiner als z.

▶ Großbuchstaben kommen vor Kleinbuchstaben. Das heißt, Großbuchstaben sind immer kleiner als Kleinbuchstaben.

▶ Ziffern kommen in Latin-1 vor Großbuchstaben, sind demnach kleiner als Großbuchstaben.

▶ Umlaute und Sonderzeichen befinden sich weiter hinten als normale Buchstaben, sind also größer.

▶ Strings werden von vorne nach hinten verglichen. Sobald ein unterschiedliches Zeichen entdeckt wird, ergibt sich daraus der Vergleich. Das erste unterschiedliche Zeichen zählt.

▶ Haben zwei Strings ausschließlich gleiche Zeichen, ist aber ein String länger als der andere, so ist der längere auch größer.

[+] | **Praxis**

In der Praxis vergleichen Sie Strings meist nur auf Gleichheit oder versuchen sie zu sortieren. Sollen Groß- oder Kleinbuchstaben keine Rolle spielen, wandeln Sie die beiden Strings entweder in Großbuchstaben (Methode `toUpperCase()`) oder Kleinbuchstaben (`toLowerCase()`) um.

4.8 Arrays

Ein Array gehört wie ein Objekt zu den komplexen Datentypen, da es mehrere Werte aufnehmen kann. Ein Objekt speichert die unterschiedlichen Werte in verschiedenen Eigenschaften; die Werte sind über den Namen der Eigenschaft zugänglich. Bei einem Array gibt es dagegen einen Index (auch Schlüssel genannt). Der praktische Vorteil von Arrays liegt darin, eine Menge an Daten speichern zu können, die zusammengehören. Eines unter vielen Beispielen sind Koordinaten zum Positionieren.

Die folgende Zeile zeigt eine Möglichkeit, ein Array zu definieren; Sie instantiieren ein `Array`-Objekt:

```
var tage:Array = new Array("Montag", "Dienstag", "Mittwoch",
"Donnerstag");
```

So liest sich die Syntax auf Deutsch:

1. Die Variable `tage` erhält den Datentyp `Array`,

2. und ihr wird ein neues `Array`-Objekt zugewiesen.

3. Das Array erhält die Strings »Montag«, »Dienstag« usw. als Werte (synonym auch Elemente) zugewiesen.

Der Index wird automatisch vergeben, er beginnt bei 0: »Montag« ist also 0, »Dienstag« 1 und so weiter.

> **Fehlerquelle**
>
> Der Index eines Arrays beginnt mit 0. Der Index eines Arrays beginnt mit 0! Der ... okay, genug wiederholt, aber dies ist wirklich eine tückische Fehlerquelle.

[!]

Sie benötigen den Index, um auf einen Wert im Objekt zuzugreifen. Die folgende Anweisung gibt das Element mit dem Index 1 aus:

```
trace(tage[1]);
```

Welches Element ist das? Richtig: »Dienstag« (Sie wissen ja: Der Index eines Arrays ...).

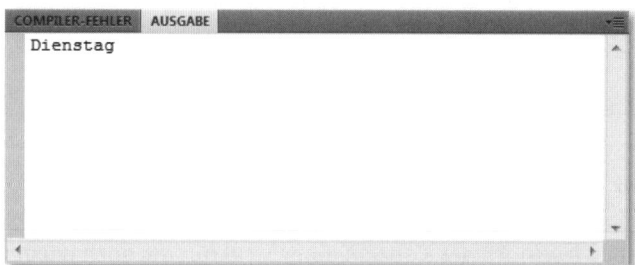

Abbildung 4.31 Das Element mit dem Index 1 ist das zweite Element im Array.

In den eckigen Klammern steht der sogenannte Array-Zugriffsoperator. Sie können ihn auch einsetzen, um ein neues Array zu erstellen:

```
var tage:Array = ["Montag", "Dienstag", "Mittwoch", "Donnerstag"];
```

Wir verwenden in diesem Buch allerdings die Variante mit Instantiieren eines neuen `Array`-Objekts.

4.8.1 Datentypen und Arrays

Das Array selbst hat, wie schon erwähnt, den Datentyp `Array`. Die Werte des Arrays können dagegen jeden beliebigen Datentyp annehmen. Hier stellt die automatische Typisierung von ActionScript den Datentyp fest. Strikte Typisierung für Array-Inhalte oder die Beschränkung auf einen Datentyp gibt es auch bei ActionScript 3 nicht.

Ein einfaches Beispiel zeigt, wie »tolerant« ActionScript ist:

```
var tage:Array = ["Montag", 13];
var tag:Number = tage[1];
trace(tag);
```

Das Array enthält ein Element mit dem Datentyp `String` und eines mit `Number`. Die Zahl landet anschließend in einer Variablen mit dem Datentyp `Number` und wird mit `trace()` ausgegeben. ActionScript würde allerdings tolerieren, wenn die Zahl einer Variablen mit dem Datentyp `String` zugewiesen wird:

```
var tag:String = tage[1];
```

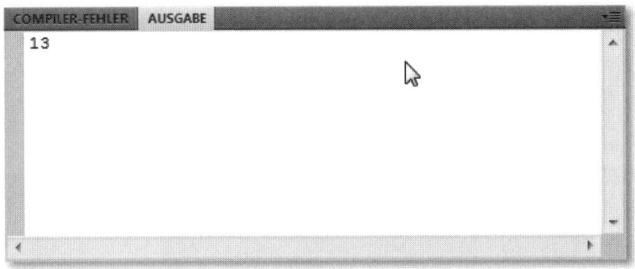

Abbildung 4.32 Die Zahl wird trotz des »falschen« Datentyps anstandslos ausgegeben.

Diese tolerante Haltung bei der Typisierung in Arrays hat Vorteile: Die Entwicklung geht schnell voran, und Sie müssen auf wenig achten. Andere Programmiersprachen, beispielsweise Java oder C#, interpretieren die strikte Typisierung wesentlich stärker: Dort darf ein Array überhaupt nur Elemente eines Datentyps besitzen. Dafür gibt es teilweise noch das Konzept einer Struktur, die doch wieder verschiedene Datentypen enthalten darf.

4.8.2 Mit Arrays arbeiten

Um mit Arrays richtig arbeiten zu können, benötigen Sie den Array-Zuweisungsoperator, also die eckigen Klammern, sowie die Eigenschaften und Methoden des `Array`-Objekts.

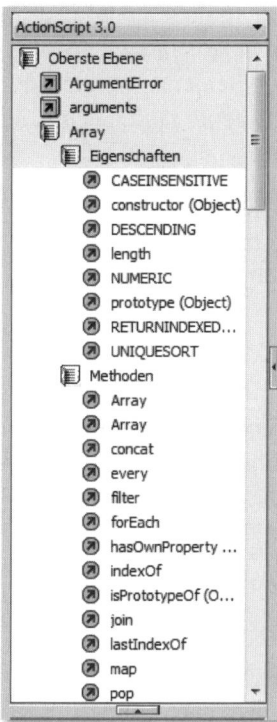

Abbildung 4.33 Das AKTIONEN-Bedienfeld bietet schnellen Zugriff
auf die Eigenschaften und Methoden des `Array`-Objekts.

Wir zeigen Ihnen im Folgenden einige Möglichkeiten, einfache Aufgaben mit Arrays zu erledigen. Grundlage ist das Array mit den vier Wochentagen »Montag« bis »Donnerstag«.

1. Um ein neues Objekt hinzuzufügen, schreiben Sie den Index in eckige Klammern und weisen den Wert zu:

```
tage[4] = "Freitag";
```

2. Um den Wert eines Array-Elements zu ändern, geben Sie den Index an und bestimmen einen neuen Wert. Die folgende Zeile ändert beispielsweise »Montag« in die englische Variante »Monday«:

```
tage[0] = "Monday";
```

3. Sie können ein Array auch leer definieren oder als Parameter beim `Array`-Objekt in Klammern die Zahl der Elemente angeben:

```
var tage:Array = new Array();
```

oder:

```
var tage:Array = new Array(7);
```

4. Wenn Sie ein Element am Ende hinzufügen möchten, können Sie mit der Eigenschaft `length` die Zahl der Elemente im Array herausfinden. Vorsicht, `length` ist um 1 größer als der Index des letzten Array-Elements, da der Index des ersten Elements bei 0 beginnt, `length` aber die Elemente zählt, beginnend mit 1.

```
tage[tage.length] = "Freitag"; //"Freitag" hat Index 4
```

Vorsicht: Ist ein Array leer definiert, hat aber eine bestimmte Zahl an Elementen, entspricht die Länge dieser Zahl der Elemente, obwohl die Elemente alle den Wert `undefined` haben.

5. Die Methode `push(Wert1, Wert2, …)` dient dazu, ein oder mehrere Elemente an ein Array anzufügen. Hier müssen Sie sich nicht um das Ende des Arrays kümmern. Die Methode liefert als Rückgabewert die geänderte Länge des Arrays; diesen Wert können Sie verwenden, wenn Sie ihn benötigen.

```
tage.push("Freitag", "Samstag");  //Index 4 und 5
```

6. Die Methode `unshift()` fügt am Anfang eines Arrays ein oder mehrere Elemente hinzu. Der Rückgabewert der Methode ist die Länge des Arrays:

```
tage.unshift("Samstag", "Sonntag");  //Index 0 und 1
```

7. Um das erste oder letzte Element eines Arrays zu löschen, verwenden Sie die Methode `shift()` beziehungsweise `pop()`. Als Rückgabewert liefern diese Methoden den Wert des Elements.

8. Die Reihenfolge der Elemente im Array ändern Sie mit der Methode `reverse()`:

```
tage.reverse(); //"Donnerstag" hat Index 0, "Montag" Index 3
```

[+] **Weitere Methoden**

Für Arrays gibt es noch weitere Methoden. Sie finden diese im AKTIONEN-Bedienfeld unter OBERSTE EBENE • ARRAY • METHODEN und von dort per Kontextmenü auch ganz einfach in der Hilfe.

4.8.3 Schleifen und Arrays

Wenn Sie sich um jedes Element eines Arrays einzeln kümmern müssen, ist ein Array nicht wesentlich praktischer als eine Vielzahl von Variablen. Arrays spielen ihre Stärke aus, wenn Sie die Elemente automatisiert durchgehen können. Das bewährte Mittel für diesen Zweck sind *Schleifen*.

for-Schleife

Das folgende einfache Beispiel gibt alle Elemente eines Arrays aus:

```
var tage:Array = new Array("Montag", "Dienstag", "Mittwoch",
"Donnerstag");
for (var i = 0; i < tage.length; i++) {
    trace(tage[i]);
}
```

Sehen Sie sich genauer an, wie die `for`-Schleife arbeitet:

1. In der Startanweisung wird eine Zählervariable `i` mit dem Wert 0 initialisiert.

2. Wenn die Zählervariable kleiner als die Zahl der Elemente im Array ist (`i <` `tage.length`, hier also kleiner 4),

3. wird das Element mit dem Index des aktuellen Werts der Zählervariablen ausgegeben. Im ersten Schleifendurchlauf ist der Wert von `i` 0, also gibt die Anweisung das erste Element des Arrays aus.

4. Dann erhöht sich die Zählervariable um 1,

5. und der nächste Schleifendurchlauf beginnt.

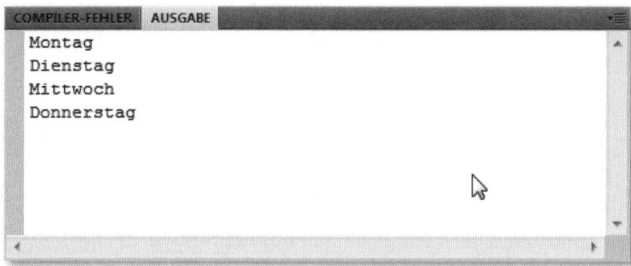

Abbildung 4.34 Mit einer Schleife durchlaufen Sie alle Array-Elemente und geben sie aus.

---

while-Schleife   **[+]**

Sie könnten in diesem Beispiel auch eine `while`-Schleife einsetzen. Lesen Sie dazu den Abschnitt »Schleifen«.

---

for-in-Schleife

Für Arrays und Objekte gibt es eine eigene Schleifenart: die `for-in`-Schleife. Sie liest die Schlüssel aller Elemente eines Arrays nacheinander aus und speichert sie in eine Variable (auch Iterator). Achten Sie auf das unscheinbare Schlüsselwörtchen `in`; es ist das Herzstück dieser Schleife. Die Schleife endet, wenn keine Elemente mehr vorhanden sind.

```
for (Variable in Array) {
    Anweisungen;
}
```

Die `for-in`-Schleife ist etwas einfacher einzusetzen als die `for-` oder `while`-Schleife:

```
for (var element in tage) {
    trace(tage[element]);
}
```

Abbildung 4.35   Die `for-in`-Schleife geht das Array durch.

Im Gegensatz zu ActionScript 2 geht die `for-in`-Schleife in ActionScript 3 das Array in der richtigen Reihenfolge durch. Hier hat Adobe das Verhalten deutlich geändert.

[»]

Vorteile der for-in-Schleife

Die `for-in`-Schleife verwöhnt bei Arrays und Objekten nicht nur mit sehr wenig Tipparbeit, sie ignoriert auch Array-Elemente, die den Wert `undefined` besitzen. Eine `for-` oder `while`-Schleife, die sich nur nach der Zahl der Elemente richtet, würde diese Elemente mit ausgeben.

for-each-in-Schleife

`for each in` erlaubt Ihnen, die Objekte und Werte einer Kollektion zu durchlaufen. Eine Kollektion kann ein Objekt oder Array sein. Hier unterscheidet sich die Funktionsweise nicht von `for in`. Es kann sich aber auch um ein XML-Dokument handeln, dessen Knoten mit `for each in` durchgegangen werden.

Der Unterschied zu `for in` liegt darin, dass `for each in` direkt die Werte und nicht die Indizes der entsprechenden Elemente übernimmt. Das folgende Beispiel gibt dementsprechend direkt alle Tage aus:

```
for each (var ele:String in tage) {
    trace(ele);
}
```

> **Syntaxhighlighting**
>
> Das AKTIONEN-Bedienfeld hebt normalerweise Schlüsselwörter von ActionScript farblich hervor. Bei `for each in` klappt das zumindest mit dem `each` nicht. Lassen Sie sich davon nicht stören, die Schleife funktioniert trotzdem.

4.8.4 Assoziative Arrays

Ein assoziatives Array verwendet keine aufsteigenden Zahlen als Index, sondern Strings. Sie können die Elemente auf zwei verschiedene Arten definieren:

▶ mit eckigen Klammern, also mit dem Array-Zuweisungsoperator:

```
var tage:Array = new Array();
tage["Januar"] = 31;
tage["Februar"] = 28;
```

▶ oder mit Punktsyntax, wie bei den Eigenschaften eines Objekts:

```
var tage:Array = new Array();
tage.Januar = 31;
tage.Februar = 28;
```

Der Zugriff erfolgt auf die gleiche Weise mit eckigen Klammern oder Punktsyntax. Beachten Sie allerdings einige Besonderheiten von assoziativen Arrays:

▶ Ein assoziatives Element wird von der `length`-Eigenschaft nicht gezählt. Um diese Elemente in einer Schleife auszugeben, benötigen Sie eine `for-in`-Schleife.

▶ Assoziative und per Index gezählte Elemente lassen sich mischen.

▶ Sortiermethoden funktionieren bei assoziativen Arrays nicht. Die Elemente werden in der Reihenfolge gespeichert, in der sie erstellt wurden.

4.8.5 Multidimensionale Arrays

Ein letztes Konzept in Zusammenhang mit Arrays möchten wir Ihnen hier präsentieren: multidimensionale Arrays. Hinter dem vielschichtigen Namen verbergen sich einfach nur ineinander verschachtelte Arrays.

Das folgende Beispiel zeigt, wie es funktioniert:

```
var tage:Array = new Array("Montag", "Dienstag", "Mittwoch",
"Donnerstag");
var days:Array = new Array("Monday", "Tuesday", "Wednesday",
"Thursday");
var multi_:Array = new Array(tage, days);
```

Zuerst definieren Sie zwei normale Arrays, die dann die Elemente eines weiteren Arrays bilden. Der Zugriff ist sehr einfach, da Sie lediglich zwei Indizes der verschachtelten Arrays hintereinander schreiben müssen:

```
trace(multi[0][3]);
```

Die obige Zeile greift zuerst auf das erste Element des multidimensionalen Arrays `multi` zu. Das ist das Array `tage`. Von diesem Array wird wiederum das dritte Element ausgelesen.

Abbildung 4.36 Das dritte Element des ersten Arrays ist `Donnerstag`.

Sie können ein multidimensionales Array übrigens auch schneller definieren:

```
var multi = ["Element1", ["Element21", "Element22"]];
```

Was ist in diesem Beispiel das Element `multi[1][1]`? Richtig: »Element22«. Das Beispiel können Sie genauso gut mit dem Konstruktor `new` realisieren:

```
var multi = new Array("Element1", new Array("Element21",
"Element22"));
```

[»] **Praxis**

In Kapitel 31, »Warenkorb«, finden Sie ein Beispiel für den Einsatz eines multidimensionalen Arrays.

4.9 Vector-Datentyp

Der Vector-Datentyp ist neu in Flash CS4. Er verhält sich ähnlich wie ein Array, speichert aber Elemente eines bestimmten festgelegten Datentyps, wohingegen Arrays jede Art von Datentyp aufnehmen. Der Datentyp wird nach einem Punkt in spitzen Klammern angegeben:

```
var vektor:Vector.<String> = new Vector.<String>();
```

Zum Hinzufügen von Elementen verwenden Sie einfach die normale Array-Syntax mit eckigen Klammern:

```
vektor[0] = "Montag";
vektor[1] = "Dienstag";
vektor[2] = "Mittwoch"
```

Hier kommt wie bei Arrays ein Indexsystem zum Einsatz, bei dem der erste Indexeintrag mit der 0 beginnt. Das Auslesen erfolgt analog:

```
trace(vektor[1]);
```

gibt beispielsweise `Dienstag` aus.

Es ist bei Vektoren auch möglich, den Datentyp unbestimmt zu lassen. Wie bei der Typisierung verwenden Sie dazu das Sternchen:

```
var vektor:Vector.<*> = new Vector.<*>();
vektor[0] = "Montag";
vektor[1] = "Dienstag";
vektor[2] = "Mittwoch"
vektor[3] = 4;
vektor[4] = true;
```

Auch die Methoden teilt ein Vektor mit dem Array. Mit `push()` lassen sich beispielsweise neue Elemente zum Vektor hinzufügen:

```
vektor.push("Donnerstag", "Freitag", "Samstag");
trace(vektor[5]);
```

Die Ausgabe ist in diesem Fall `Samstag`, denn der Samstag ist das sechste Element im Vektor und hat damit den Index 6.

Vector und Vektoren   [«]

Der `Vector`-Datentyp hat trotz seines Namens nicht direkt etwas mit Vektorgrafik zu tun. In anderen Programmiersprachen heißt er beispielsweise auch Struktur. Allerdings wird er in Flash oft verwendet, um Koordinatenpaare und andere Vektorgrafik-relevanten Informationen zu speichern – eine kleine Namensverwandtschaft ist also durchaus vorhanden. Sie finden den `Vector`-Datentyp z. B. in Kapitel 21, »Inverse Kinematik, Zeichnen und 3D«, im Einsatz.

»Objektivität: Alles hat zwei Seiten.
Aber erst wenn man erkennt,
dass es drei sind, erfasst man die Sache.«
– Heimito von Doderer

5 Objektorientierung

ActionScript ist über die Versionen hinweg eine immer stärker objektorientierte Sprache geworden. In ActionScript 3 sehen Sie in der Werkzeugleiste fast ausschließlich Pakete und darin entsprechende Klassen, das heißt Elemente, die streng objektorientiert aufgebaut sind. Jeder Movieclip und jedes andere Anzeigeobjekt ist auch im Programmiersinn ein Objekt. Zeit also, sich über die Hintergründe der Objektorientierung Gedanken zu machen. Eine Einführung sowohl für Neustarter als auch für bisher ohne Objektorientierung arbeitende Entwickler finden Sie im Abschnitt »Grundlagen«. Danach erfahren Sie, wie Sie eigene Klassen und Pakete anlegen. Anschließend folgen fortgeschrittene Konzepte, wie Sichtbarkeit, Getter- und Setter-Methoden sowie Vererbung.

5.1 Grundlagen

Ein *Objekt* ist etwas Reales, Greifbares – genauso wie ein Kaktus oder ein Stuhl, ein Auto und so weiter. In Flash ist beispielsweise ein Movieclip ein Objekt oder eine UI-Komponente.

Ein Objekt hat einen Namen, der allein aber nicht viel über das Objekt aussagt. Mit ihm können Sie noch wenig anfangen, daher sollte ein Objekt in der Programmierung *Eigenschaften* und *Methoden* besitzen. Eine Eigenschaft hat für jedes Objekt einen Wert – ähnlich wie eine Variable. Eine Methode bewirkt etwas, sie hat also Anweisungen zur Folge – ähnlich wie eine Funktion. Um bei den praktischen Beispielen zu bleiben: Das Objekt `Auto` besitzt die Eigenschaft `sitze`. Der Wert dieser Eigenschaft kann je nach Auto 1, 2, 4 oder 5 betragen. Ein Objekt in Flash ist ebenfalls mit Eigenschaften und Methoden ausgestattet: Ein Movieclip besitzt beispielsweise die Eigenschaft `height` für seine Höhe und die Methode `play()` für das Abspielen. Eigenschaften und Methoden werden getrennt durch einen Punkt hinter das Objekt geschrieben, daher die Bezeichnung *Punktsyntax*:

```
movieclip_mc.height;
movieclip_mc.play();
```

Eine Methode erkennen Sie an den runden Klammern. Innerhalb dieser Klammern können je nach Methode ein oder mehrere Parameter folgen. Auch hier lässt sich die Verwandtschaft zu Funktionen erkennen.

[+]

Instanznamen

Der Name eines `MovieClip`-Objekts oder einer Schaltfläche auf der Bühne ist für Action-Script der Instanzname. Mit diesem Instanznamen greifen Sie auf das Objekt zu. Sie vergeben ihn über den Eigenschafteninspektor.

Wie bereits erwähnt, ist ein Objekt etwas Reales. ActionScript definiert Eigenschaften und Methoden für Objekte: So gehört beispielsweise zu jedem Movieclip die Eigenschaft `height`, nur dass jeder Clip einen anderen Wert für die Eigenschaft besitzt. Die übergeordnete Struktur, die die Eigenschaften und Methoden festlegt, heißt *Klasse*.

In Flash 5 und Flash MX hießen die integrierten Klassen noch Objekte. Dies wurde mit Flash MX 2004 und damit in ActionScript 2 geändert. ActionScript 3 erweitert die Objektorientierung noch einmal um neue Funktionen wie Pakete und Namespaces.

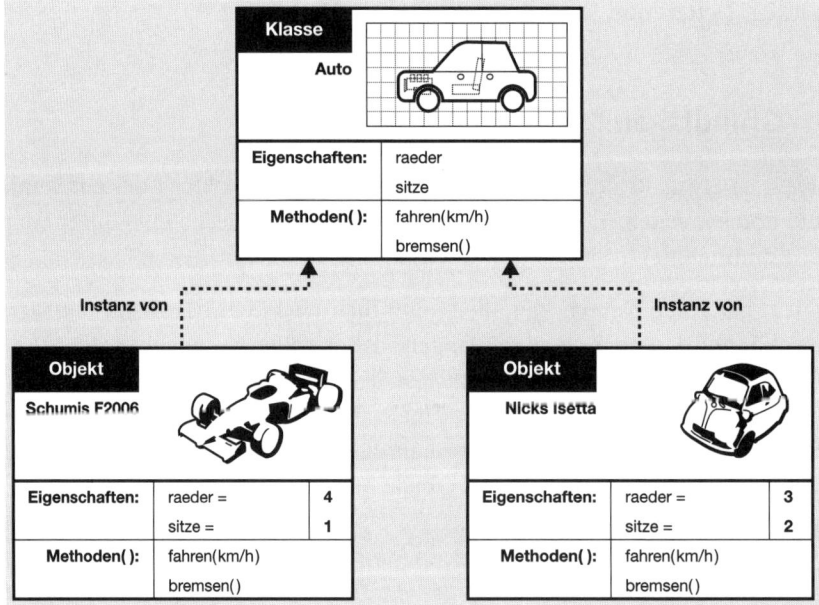

Abbildung 5.1 Die Klasse `Auto` gibt eine Struktur vor, und die instantiierten Objekte haben Werte für die Eigenschaften und übernehmen die Methoden der Klasse.

Die Klasse für den Movieclip finden Sie beispielsweise unter `flash.display.MovieClip`. Dort findet sich auch die Eigenschaft `height`. Allerdings ist sie nicht direkt der Klasse `MovieClip` zugewiesen, sondern einer übergeordneten Klasse `DisplayObject`. `MovieClip` erbt also von `DisplayObject` die Eigenschaft. Mehr zum Konzept der Vererbung lesen Sie im gleichnamigen Abschnitt weiter unten in diesem Kapitel.

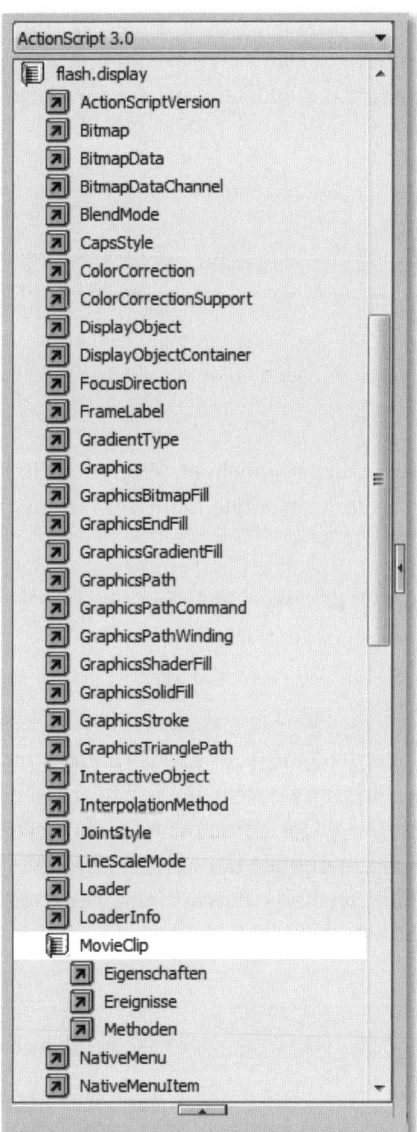

Abbildung 5.2 Die Klasse `MovieClip` im AKTIONEN-Bedienfeld

Objekte erzeugen

Ein `MovieClip`-Objekt entsteht, indem Sie einen Movieclip auf der Bühne zu Ihrem Film hinzufügen. Sie müssen in diesem Fall nur einen Instanznamen vergeben, dann ist das Objekt vorhanden. Es gibt noch eine Alternative, um Movieclips dynamisch aus der Bibliothek oder durch Programmierung zu erstellen. Mehr dazu lesen Sie in Kapitel 13, »Animationsgrundlagen«.

Es gibt noch andere Klassen, beispielsweise die Klasse `Date` für einen Datumswert. Um ein Objekt dieser Klasse, also konkret ein Datum, zu erhalten, müssen Sie das Objekt *instantiieren*. Dafür steht Ihnen das Schlüsselwort `new` zur Verfügung:

```
var aktuell:Date = new Date();
```

Übertragen wir die Syntax kurz ins Deutsche:

1. Die Variable `aktuell`
2. mit dem Datentyp `Date`
3. erhält ein neues Objekt (`new`)
4. der Klasse `Date` (`Date()`).

Der Datentyp entspricht dem Objekt, das Sie erzeugen möchten. Wollen Sie beispielsweise einen Loader zum Laden externer Filme erstellen, heißt der Datentyp `Loader`.

Testen Sie einfach, wie das Datum aussieht, und geben Sie es mit `trace()` aus:

```
trace(aktuell);
```

Statische Klassen

Andere Klassen müssen nicht instantiiert werden, um ihre Eigenschaften und Methoden zu nutzen. Bei ihnen gibt es also kein Objekt; sie heißen auch *statische Klassen*. Eine solche Klasse ist beispielsweise `Math`, die Klasse für mathematische Funktionen. Der Zugriff auf Eigenschaften und Methoden der Klasse erfolgt über den Klassennamen und die Eigenschaft oder Methode durch einen Punkt getrennt. Das folgende Beispiel liefert direkt die Kreiszahl:

```
trace(Math.PI);
```

[+] Statisch und nicht statisch

Eigentlich ist in ActionScript nicht die Klasse statisch, sondern die Eigenschaft oder Methode. Deswegen erlaubt ActionScript auch die Mischung von statischen Eigenschaften und Methoden mit normalen Eigenschaften und Methoden innerhalb einer Klasse.

Klassen und Objekte

Wenn Ihnen der Unterschied zwischen einer Klasse und einem Objekt klar geworden ist, sind Sie schon ein gutes Stück weiter. Sollten Sie noch unsicher sein, helfen Ihnen bestimmt die vielen Beispiele in den nächsten Kapiteln, die wir Ihnen zeigen und erklären. Haben Sie ein wenig Geduld, bald werden Sie wie selbstverständlich mit den Klassen sowie mit ihren Eigenschaften und Methoden hantieren.

5.2 Klassen und Pakete

In ActionScript haben Sie nicht nur Zugriff auf die vielen Klassen des Flash Players, sondern können auch eigene Klassen anlegen und dorthin Funktionalität auslagern. Zum Definieren von Klassen verwenden Sie das Schlüsselwort `class`. Allerdings gibt es eine wichtige Regel: Klassen können Sie nur in externen ActionScript-Dateien anlegen.

5.2.1 Eine erste Klasse

In diesem Abschnitt erstellen Sie eine erste eigene Klasse. Als Ausgangsbasis benötigen Sie eine leere Flash-Datei und eine leere ActionScript-Datei.

Schritt-für-Schritt: Eine eigene Klasse

1 *ActionScript-Datei anlegen*

Als Erstes erstellen Sie die ActionScript-Datei. Sie muss denselben Namen wie die Klasse besitzen, in unserem Fall also `meineKlasse`. Außerdem legen wir sie in dasselbe Verzeichnis wie die Flash-Datei. Dieses Verzeichnis ist automatisch Teil des sogenannten Klassenpfads, wird also bei Erstellen der SWF-Datei gefunden. Mehr zum Klassenpfad lesen Sie im gleichnamigen Abschnitt 6.2.2.

Editorwahl [+]

Eine ActionScript-Datei ist eine einfache Textdatei. Dementsprechend können Sie diese in jedem beliebigen Texteditor erstellen.

2 *Paket hinzufügen*

Legen Sie anschließend ein Paket an. Jede externe Klassendatei muss ein Paket besitzen. Dieses Paket gibt an, in welchem Unterverzeichnis sich die aktuelle Klasse befindet. Für dieses Beispiel reicht ein Paket ohne Namen:

```
package {
    //Öffentliche Klasse
}
```

Das Konzept von Paketen lernen Sie im Abschnitt 5.2.3, »Pakete«, näher kennen.

3   Klasse hinzufügen

Anschließend fügen Sie eine Klasse hinzu:

```
package {
    public class meineKlasse {
    }
}
```

Die Klasse innerhalb eines Pakets ist immer öffentlich (public). In ActionScript 2 hat man den Paketnamen noch in den Klassennamen eingearbeitet. Mittlerweile ist das getrennt, und unterhalb des Pakets sind auch noch weitere Klassen möglich.

4   Eigenschaft schreiben

Nun folgt die Eigenschaft innerhalb der Klasse:

```
package {
    public class meineKlasse {
        public var eigenschaft:String = "Wert";
    }
}
```

Eine Eigenschaft wird wie eine Variable deklariert. Allerdings erhält sie hier zusätzlich die Angabe public, das heißt, sie ist von außerhalb der Klasse zugänglich. Mehr zu dieser Sichtbarkeitseinstellung lesen Sie im Abschnitt 5.5, »Sichtbarkeit«.

[+]   Praxisbeispiele

Die Beispiele in diesem Kapitel sind sehr einfach und generisch gehalten. Praktische Beispiele finden Sie in sehr vielen anderen Kapiteln, beispielsweise 16, »Sound«, und 17, »Video«.

5   Methode anlegen

Anschließend folgt noch eine Methode. Sie wird wie eine Funktion deklariert, erhält aber zusätzlich auch ein Sichtbarkeitsattribut:

```
package {
    public class meineKlasse {
```

```
    public var eigenschaft:String = "Wert";
    public function methode(para1:String):String {
        return "Rückgabe der Methode: " + para1;
    }
  }
}
```

6 *Klasse in Flash-Datei importieren*

Nun müssen Sie die Flash-Datei öffnen und dort in einem Schlüsselbild der Hauptzeitleiste die Klasse importieren:

```
import meineKlasse;
```

7 *Objekt instantiieren*

Anschließend instantiieren Sie ein Objekt Ihrer Klasse:

```
var meinObjekt:meineKlasse = new meineKlasse();
```

Das Objekt erhält als Datentyp den Namen der Klasse.

8 *Auf Eigenschaft zugreifen*

Anschließend können Sie auf die Eigenschaft eigenschaft zugreifen:

```
trace(meinObjekt.eigenschaft);
```

Sie könnten für diese nun auch einen anderen Wert setzen:

```
meinObjekt.eigenschaft = "Neuer Wert";
```

Dieser Wert gilt dann für das aktuelle Objekt, nicht aber für die Klasse selbst.

9 *Auf Methode zugreifen*

Danach greifen Sie auf die Methode zu und übergeben auch einen Parameter:

```
trace(meinObjekt.methode("Parameter"));
```

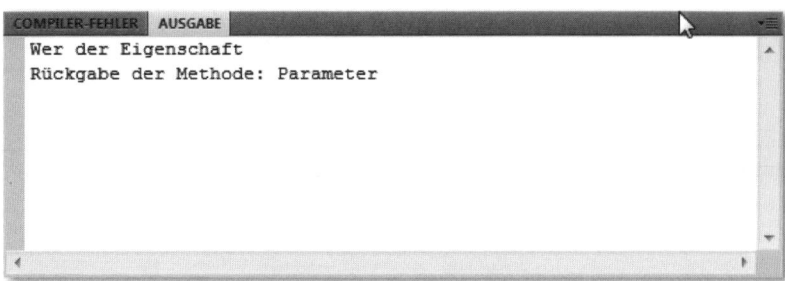

Abbildung 5.3   Die Ausgabe der eigenen Klasse ■

5.2.2 Klassenpfad

Das Konzept des Klassenpfads ist schnell erklärt: Klassen landen in externen ActionScript-Dateien mit der Dateiendung *.as*. Sobald aus der Flash-Datei, die die externen ActionScript-Klassen einbindet, aber ein SWF-Film werden soll, wird alles in eine SWF-Datei kompiliert. Die externen Klassen werden hier ebenso in die SWF-Datei mit eingebunden und müssen nicht auf dem Webserver vorhanden sein. Für diesen Vorgang muss Flash natürlich wissen, wo sich die externen ActionScript-Klassen befinden. Und genau das legt der Klassenpfad fest. Sie können den Klassenpfad an zwei Stellen in Flash festlegen:

▶ Zentral in den Voreinstellungen unter BEARBEITEN • VOREINSTELLUNGEN • ACTIONSCRIPT und dort ACTIONSCRIPT 3.0-EINSTELLUNGEN. Der hier angegebene Klassenpfad gilt für alle Flash-Dateien. Sie finden hier das aktuelle Verzeichnis mit einem Punkt symbolisiert und das CLASSES-Verzeichnis von Flash. Ein weiteres Verzeichnis fügen Sie mit dem Plussymbol ❶ hinzu oder suchen es mit dem Ordnersymbol ❷. Außerdem können Sie hier die Reihenfolge der Verzeichnisse ändern. Das spielt dann eine Rolle, wenn eine Klasse in verschiedenen Pfaden vorhanden ist. In diesem Fall wird die erste verwendet.

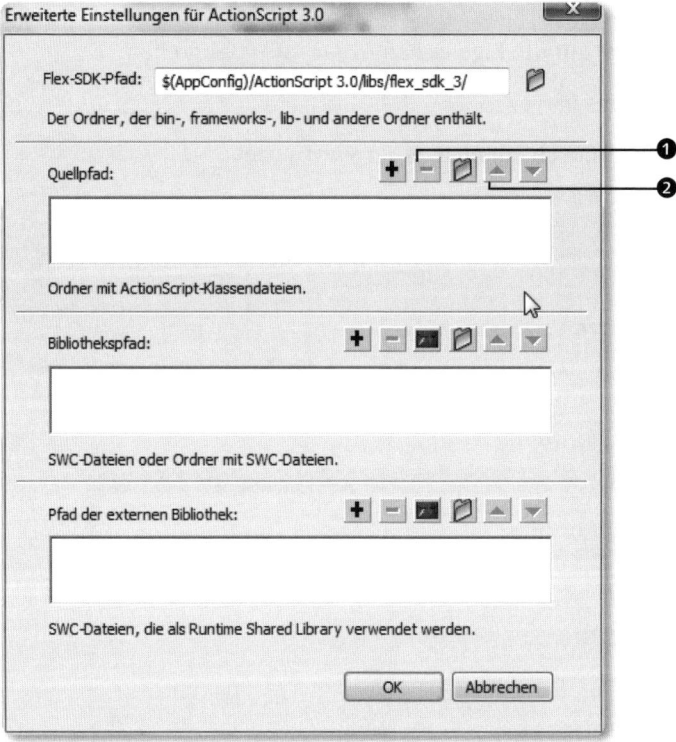

Abbildung 5.4 Zentraler Klassenpfad für alle Flash-Dateien

- Für die aktuelle Datei unter Datei • Einstellungen für Veröffentlichungen im Register Flash und dort Einstellungen neben ActionScript 3.0. Diese Einstellung gilt nur für die aktuelle Flash-Datei (siehe Abbildung 5.5).

Sie können den Klassenpfad nutzen, wenn Sie zentrale Hilfsklassen beispielsweise auf einem Netzlaufwerk vorhalten oder allgemein die ActionScript-Dateien von den Flash-Dateien trennen möchten. Sollte der Klassenpfad nicht korrekt sein, das heißt, sollte Flash keine Klasse mit dem Namen finden, erhalten Sie eine Fehlermeldung im Compiler-Fehler-Bedienfeld. Relevante Fehler können sein:

- Definition Klassenname wurde nicht gefunden: Das bedeutet, dass die Klasse mit dem Namen Klassenname nicht vorhanden ist. Hauptursache ist, dass die Klasse sich nicht im Klassenpfad befindet.

- Der Name der Definition 'Klassenname' gibt nicht den Speicherort der Datei wieder: Der Klassen- und Dateiname der externen ActionScript-Datei stimmen vermutlich nicht überein.

- Andere Fehler, wie Typ nicht gefunden oder undefinierte Methode, weisen oftmals ebenfalls auf ein grundlegendes Problem hin.

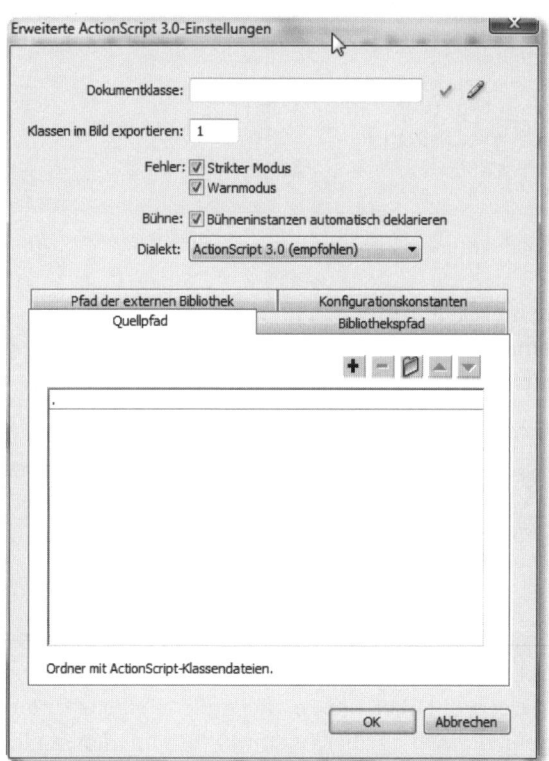

Abbildung 5.5   Klassenpfad für die aktuelle ActionScript-Datei

[!] | **Immer speichern vor dem Testen!**

Eine Flash-Datei muss nicht unbedingt gespeichert werden, bevor sie mit `Strg` + `↵` getestet wird. Da die ActionScript-Datei aber von der Flash-Datei über den Umweg Klassenpfad/Dateisystem eingebunden werden muss, muss eine ActionScript-Datei auf jeden Fall gespeichert sein, bevor Sie Änderungen beim Testen feststellen. Dies gilt auch, wenn Sie in der ActionScript-Datei die Flash-Datei als ZIEL angegeben haben.

5.2.3 Pakete

Sie haben schon gelernt, dass eine Klassendatei in ActionScript mindestens aus einer öffentlichen Klasse besteht, die wiederum selbst Teil eines Pakets ist. Wenn dieses Paket keinen Namen trägt, heißt das, dass die Klasse sich auf der obersten Ebene im Klassenpfad befindet. Sie liegt beispielsweise direkt im Verzeichnis des Flash-Films.

Benennung von Paketen

Nun gibt es aber noch die Möglichkeit, Paketen einen Namen zu geben. Das folgende Beispiel legt eine Klasse `meineKlasse` im Paket `hilfsklassen` an:

```
package hilfsklassen {
    public class meineKlasse  {
        public var eigenschaft = "Wert der Eigenschaft";
        public function methode(para1:String) {
            return "Rückgabe der Methode: " + para1;
        }
    }
}
```

Diese Klassendatei liegt nun also im Klassenpfad im Unterverzeichnis `hilfsklassen`. Das heißt, der Paketname entspricht immer einem Unterverzeichnis gleichen Namens. Um die Klasse in der Flash-Datei zu importieren, schreiben Sie:

```
import hilfsklassen.meineKlasse;
```

Nun können Sie die Klasse direkt mit dem Klassennamen verwenden:

```
var meinObjekt:meineKlasse = new meineKlasse();
```

Überblick bewahren

Der Sinn von Paketen mit verschachtelten Unterverzeichnissen ist, auch bei komplexen Anwendungen noch den Überblick zu behalten. Wenn Sie eine oder zwei externe Klassen verwenden, wäre es wohl übertrieben, diese alle in eigene Unterverzeichnisse aufzuteilen. Interessant wird es aber, wenn in verschiedenen Unterverzeichnissen mehrere Klassendateien zu finden sind. Sie können dann auch alle Klassen eines Pakets importieren, indem Sie statt des Klassennamens einfach ein Sternchen angeben:

```
import hilfsklassen.*;
```

[«]

ActionScript 2

In ActionScript 2 gab es das Konzept der Pakete schon, allerdings wurden die Paketnamen in den Klassennamen eingebaut. Die Klasse hieß also `hilfsklasse.meineKlasse`, und das `package`-Schlüsselwort existierte noch nicht.

Ein einzelner Paketabschnitt gibt dabei immer ein Unterverzeichnis wieder. Sie können auch mehrere Verzeichnisse verschachteln. Das bedeutet,

```
package hilfsklassen.mathe {
    //Öffentliche Klasse
}
```

verweist auf das Verzeichnis *hilfsklassen/math*.

import-Anweisungen

Sie sehen nun, dass Sie eigene Klassen in Paketen organisieren können. Und nun wird auch klar, dass die von Flash verwendeten Klassen ebenso in Paketen organisiert werden. `flash.display` ist nichts anderes als ein Paket. In Flash-Dateien ist es schon vorhanden, und alle Klassen daraus können ohne Import verwendet werden. Anders ist das in externen ActionScript-Dateien. Dort müssen Sie jede Klasse importieren, die Sie verwenden:

```
import flash.display.MovieClip;
```

Oder Sie importieren alternativ das komplette Paket:

```
import flash.display.*;
```

5.2.4 Dokumentklasse

Die Dokumentklasse ist eine Klasse, von der Sie kein Objekt instantiieren müssen. Stattdessen wird die Klasse beim Erstellen des Dokuments erzeugt. Sie erweitert die Hauptzeitleiste um die in der Klasse angegebenen Eigenschaften und Methoden. Sie wählen die Dokumentklasse ❶ im Eigenschafteninspektor für die Bühne aus.

Die Dokumentklasse muss dann von `flash.display.MovieClip` erben, da sie für die Hauptzeitleiste gilt. Sie besitzt meist einen *Konstruktor*, das heißt eine Methode, die wie die Klasse heißt und bei erstem Erstellen eines Objekts aus der Klasse ausgeführt wird.

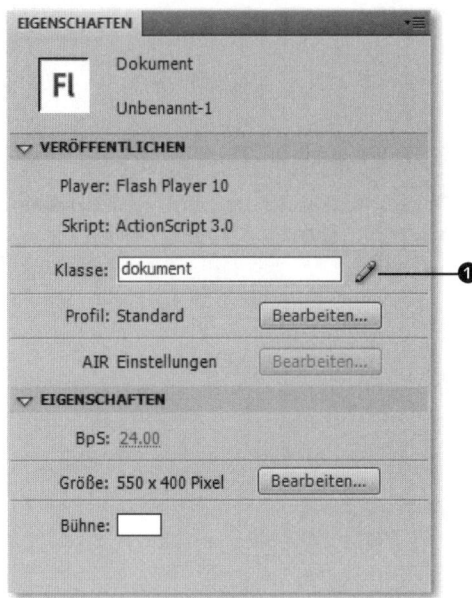

Abbildung 5.6 Im EIGENSCHAFTENINSPEKTOR vergeben Sie die Dokumentklasse.

```
package {
   import flash.display.MovieClip;
   public class dokument extends flash.display.MovieClip {
      public function dokument():void {
         trace("Der SWF-Film wurde aufgerufen.");
      }
   }
}
```

Eine Dokumentklasse wird oft dazu verwendet, Einstellungen und Steuerungen vorzunehmen, die beim Laden eines Films ausgeführt werden müssen. Diese werden dann vom Konstruktor angestoßen. Dies ist auch ein guter Ort, um beispielsweise Event-Listener zu definieren, die für den gesamten Film gelten. Sie finden in diesem Buch einige Praxisbeispiele, unter anderem im Abschnitt 16.4, »Equalizer und Soundrohdaten«.

[+] | **Klassen für Bibliothekselemente**

Für Movieclips, Sounds und andere Elemente in der Bibliothek können Sie in den erweiterten Einstellungen oder bei VERKNÜPFUNG einen Klassennamen vergeben. Zu diesem Namen kann es eine Klasse geben, oder Flash erstellt die Klasse als leere Klasse automatisch. Sobald dann ein Objekt dieser Klasse instantiiert wird, wird das entsprechende Element aus der Bibliothek in ActionScript nutzbar und kann beispielsweise zur Bühne hinzugefügt werden. Mehr dazu lesen Sie in Kapitel 13, »Animationsgrundlagen«.

5.3 Besondere Methoden

Einige Methoden in einer Klasse sind besondere Methoden. Das heißt, sie haben eine besondere Funktion. Die wichtigste ist der Konstruktor, der ausgeführt wird, wenn Sie ein Objekt der Klasse instantiieren. Andere sind die Getter- und Setter-Methoden, die Eigenschaften setzen und lesen können.

5.3.1 Konstruktor

Der Konstruktor ist die Methode, die genauso heißt wie die Klasse. Er wird ausgeführt, wenn Sie ein Objekt der Klasse instantiieren. Der Konstruktor kann auch einen oder mehrere Parameter übernehmen. Hier sehen Sie ein einfaches Beispiel:

```
package {
    public class meineKlasse {
        public function meineKlasse(para1:String):void {
            trace("Hallo " + para1);
        }
    }
}
```

Die Werte für die Parameter werden dann in den runden Klammern beim Erstellen des Objekts mitgegeben:

```
import meineKlasse;
var meinObjekt:meineKlasse = new meineKlasse("Welt");
```

Abbildung 5.7 Die bescheidene Ausgabe des Konstruktors

Gerade bei Klassen, die optische Aufgaben erledigen, ist der Konstruktor in ActionScript oft von großer Bedeutung, denn hier werden die Werte initialisiert und Event-Listener definiert. Oftmals setzt man über den Konstruktor auch bereits Eigenschaften in einer Funktion. Ein Beispiel sehen Sie in Kapitel 16, »Sound«, beim Groovemixer.

5.3.2 get- und set-Methode

Die get- und set-Methoden heißen auch Accessoren. Sie erlauben den Zugriff auf Eigenschaften, ohne direkt die Eigenschaft zu verwenden. Damit erfüllen sie ein objektorientiertes Paradigma: Eigenschaften sollten normalerweise nicht selbst geändert oder von außen zugänglich sein. Deswegen definiert man Eigenschaften auch oft als private, also nur innerhalb der Klasse zugänglich (siehe Abschnitt 6.5, »Sichtbarkeit«):

```
private var _eigenschaft:String = "Wert der Eigenschaft";
```

Würden Sie versuchen, diese Eigenschaft von außen, das heißt über ein Objekt der Klasse, zu ändern, erhielten Sie eine Fehlermeldung. Damit das Ändern trotzdem möglich wird, gibt es die Möglichkeit, mit der get-Methode die Eigenschaft auszulesen und mit der set-Methode zu setzen. Hier sehen Sie ein Beispiel:

```
public function get eigenschaft():String {
    return _eigenschaft;
}
public function set eigenschaft(para:String):void {
    _eigenschaft = para;
}
```

[+] | **Mögliche Namenskonventionen**

Private Eigenschaften werden in der Praxis oft anders geschrieben, beispielsweise mit vorangestelltem Unterstrich, so wie hier. Damit kann man sie besser erkennen und vermeidet den Zugriff von außen.

Nach den Schlüsselwörtern get und set folgen immer die Eigenschaftennamen. Die get-Methode liefert die Eigenschaft zurück. Der Rückgabe-Datentyp ist dementsprechend meist der Datentyp der Variablen. Allerdings können Sie innerhalb der Methode auch noch weitere Operationen einfügen und so z. B. auch den Datentyp ändern. Die set-Methode besitzt keine Rückgabe, erhält aber einen Parameter, der dann als Wert der Eigenschaft festgelegt wird.

Im Objekt greifen Sie auf die zwei Methoden so zu:

```
trace(meinObjekt.getEigenschaft());
meinObjekt.setEigenschaft("Neuer Wert");
```

5.4 Vererbung

Wenn die Anwendung komplexer wird, kann es sinnvoll sein, wenn Klassen zueinander in Beziehung stehen. Dafür gibt es die Vererbung. Vererbung bedeutet, dass eine Klasse die Eigenschaften und Methoden einer anderen Klasse übernimmt.

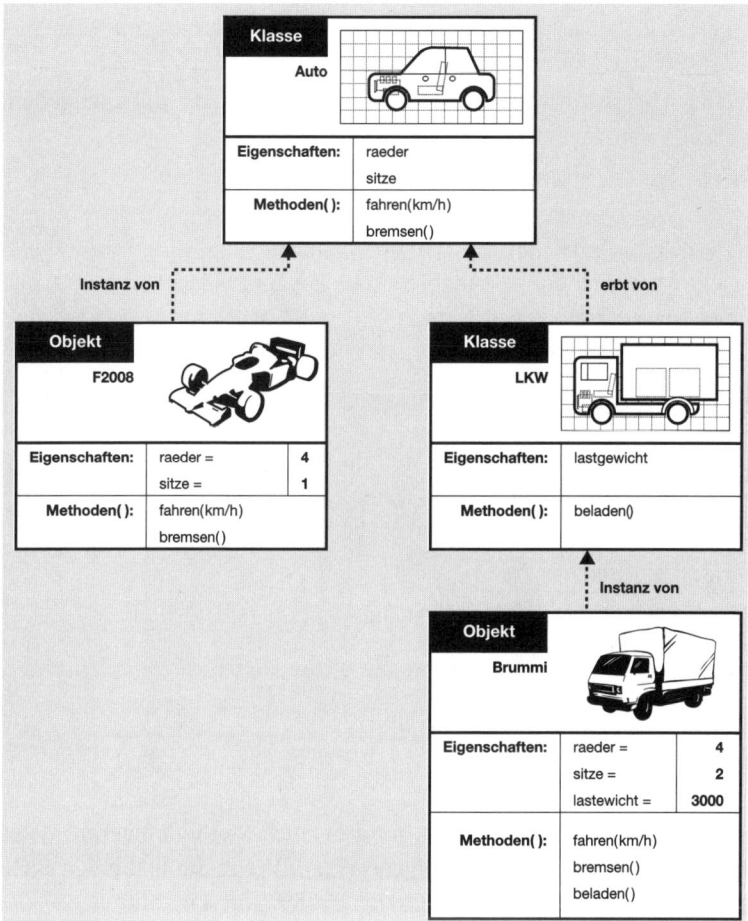

Abbildung 5.8 Das Konzept der Vererbung

Ein Beispiel für die Vererbung ist die schon erwähnte Dokumentklasse. Sie erbt von der ActionScript-internen Klasse `flash.display.MovieClip`. Das heißt also, diese Klasse besitzt alle Eigenschaften und Methoden, die jeder andere Movieclip auch besitzt. Dazu zählen beispielsweise die Methoden der Filmsteuerung wie `play()` und `stop()`.

5.4.1 Ein einfaches Beispiel

Das folgende Beispiel besteht aus zwei Klassendateien. Die Datei *meineKlasse.as* besitzt eine Eigenschaft:

```
package {
   public class meineKlasse {
      public var eigenschaft = "Wert in der vererbenden Klasse";
   }
}
```

Die Klasse erbendeKlasse verwendet das Schlüsselwort extends, um anzugeben, dass erbendeKlasse von meineKlasse erbt:

```
package {
   public class erbendeKlasse extends meineKlasse {
      public function methode() {
         return "Ausgabe der Eigenschaft in der erbenden Klasse: "
            + eigenschaft;
      }
   }
}
```

Diese Klasse enthält eine Methode, die auf die Eigenschaft der vererbenden Klasse meineKlasse zugreift. In der Flash-Datei können Sie diese Methode nun aufrufen:

```
import erbendeKlasse;
var meinObjekt:erbendeKlasse = new erbendeKlasse();
trace(meinObjekt.methode());
```

Die Ausgabe ist dann:

```
Ausgabe der Eigenschaft in der erbenden Klasse: Wert in der vererbend
en Klasse
```

Natürlich können nicht nur Eigenschaften, sondern auch Methoden vererbt werden. Sie kennen das schon von den Anzeigeobjekten. Wenn Sie mal einen Blick in die Werkzeugleiste des Aktionen-Bedienfelds werfen und dort zum MovieClip in flash.display blättern, sehen Sie Eigenschaften und Methoden, die in runden Klammern dahinter die Klasse angegeben haben, von der jeweils geerbt wird.

Der Vorteil der Vererbung liegt auf der Hand: Eine Eigenschaft oder Methode muss nur einmal zentral definiert werden und kann dann von mehreren erbenden Klassen verwendet werden. height und width vom DisplayObject erbt beispielsweise nicht nur der MovieClip, sondern auch ein Sprite – ein Movieclip ohne Zeitleiste, die Schaltfläche (SimpleButton) und einige andere.

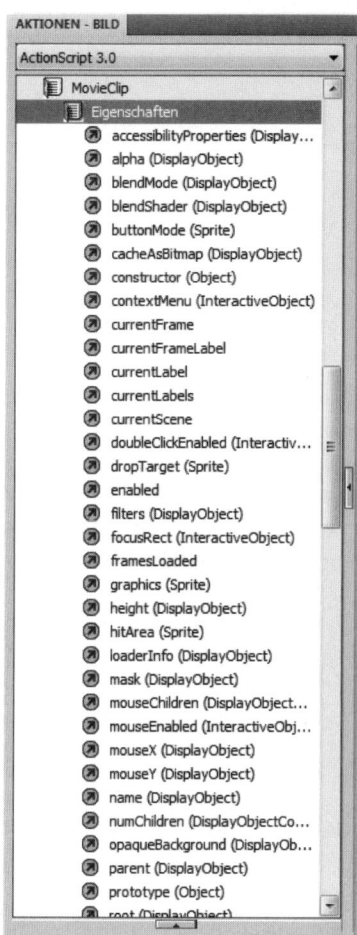

Abbildung 5.9 `DisplayObject`, `Object` und `InteractiveObject`,
so heißen die Vererber des `MovieClip`.

5.4.2 Mehrere Klassen in einer Datei und Methoden überschreiben

Sie können in einer ActionScript-Datei auch mehrere Klassen definieren und
diese sogar noch mit Vererbung voneinander abhängig machen. Allerdings kann
die öffentliche Klasse nur von anderen öffentlichen Klassen in anderen Dateien
erben, nicht von Klassendateien in derselben ActionScript-Datei. Von solchen Dateien müssen Sie entsprechend ein Objekt erstellen. Das folgende Beispiel zeigt
das; in der öffentlichen Klasse wird ein Objekt der erbenden Klasse erstellt:

```
package {
    public class oeffentlicheKlasse {
        public function ausgabe() {
```

```
var nObjekt:erbendeKlasse = new erbendeKlasse();
nObjekt.ausgabe2();
    return nObjekt.b;
    }
  }
}
```

Die Basisklasse enthält eine Eigenschaft und eine Methode:

```
class basisKlasse {
   public var b:String = "Basisklasse";
   public function ausgabe2():void {
      trace("basisKlasse");
   }
}
```

Die Methode wird anschließend von der erbenden Klasse überschrieben. Das heißt, nur die Anweisungen der überschreibenden Klasse werden ausgeführt. Dies geschieht mit dem Schlüsselwort `override` vor dem entsprechenden Methodennamen:

```
class erbendeKlasse extends basisKlasse {
   override public function ausgabe2():void {
      trace("erbendeKlasse");
   }
}
```

Übrigens: Eigenschaften können nicht überschrieben werden, nur Methoden. Wenn Sie nun in einer Flash-Datei die öffentliche Klasse instantiieren (denn nur diese ist dort als Klasse verfügbar) und die Methode `ausgabe()` aufrufen, wird zweierlei ausgegeben: Zum einen der String »erbendeKlasse«, der von der Methode `ausgabe2()` kommt und die gleichnamige Methode in der Basisklasse überschreibt, zum anderen der Wert der Variablen `b`, der von der Basisklasse vererbt wird.

```
import oeffentlicheKlasse;
var oObjekt:oeffentlicheKlasse = new oeffentlicheKlasse();
trace(oObjekt.ausgabe());
```

5.5 Sichtbarkeit

Sie haben bereits das Attribut `public` kennen gelernt. Es bedeutet, dass ein so bezeichnetes Element von außerhalb der Klasse zugänglich ist. Das heißt, wenn Sie ein Objekt instantiieren, können Sie darauf zugreifen. Das Gegenstück dazu ist `private`:

```
private var _eigenschaft:String = "Wert der Eigenschaft";
```

Dies bedeutet, dass der Zugriff von außen nicht möglich ist. Eine mit `private` gekennzeichnete Eigenschaft lässt sich nur innerhalb der Klasse aufrufen. Der folgende Aufruf in der Flash-Datei führt dementsprechend zu einem Compiler-Fehler:

```
var meinObjekt:meineKlasse = new meineKlasse();
trace(meinObjekt._eigenschaft);
```

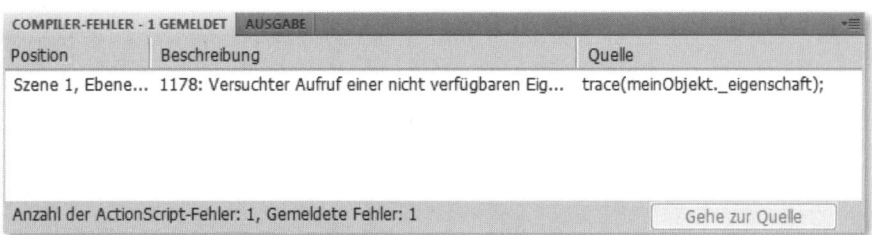

Abbildung 5.10 Der Zugriff auf eine private Eigenschaft scheitert.

Öffentliche Pflicht [!]

Der Konstruktor selbst muss öffentlich sein. Dasselbe gilt für die Klasse innerhalb von `package`. Funktionen für Event-Listener können Sie allerdings als `private` deklarieren, wenn der Aufruf des Event-Listeners in derselben Klasse erfolgt.

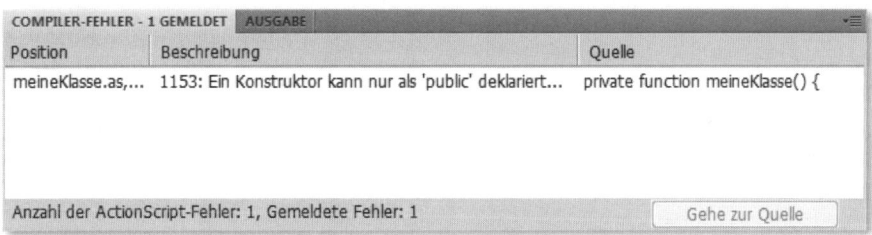

Abbildung 5.11 Der Konstruktor muss immer öffentlich sein.

Neben den zwei genannten gibt es noch einige andere Sichtbarkeitsattribute:

▶ `protected` arbeitet wie `private`, nur dass eine per `protected` definierte Eigenschaft noch in erbenden Klassen zur Verfügung steht, während `private` nur in der aktuellen Klasse verfügbar ist.

▶ `interal` erlaubt den Zugriff innerhalb des gleichen Pakets. Dies ist der Standardwert, wenn nichts anderes angegeben ist.

▶ `static` definiert eine Eigenschaft oder Methode als statisch, das heißt, auf sie kann zugegriffen werden, ohne dass ein Objekt instantiiert wird.

```
public static var statisch:String = "Statisch";
public static function methode(para1:String) {
   return "Rückgabe der Methode: " + para1;
}
```

Der Zugriff erfolgt dann direkt über den Klassennamen:

```
trace(meineKlasse.statisch);
trace(meineKlasse.methode("Test"));
```

Neben der statischen Variablen gibt es auch noch die statische Konstante. Eine statische Konstante ist, wie der Name schon sagt, nicht veränderbar. Eine Konstante ist beispielsweise `Math.PI`. Wer sollte schon die Kreiszahl verändern wollen?

```
public static const statisch:String = "Statisch";
```

[+]

Praktischer Datenspeicher

Statische Konstanten und Variablen sind innerhalb einer umfangreichen Anwendung ein guter Speicher für Konfigurationseinstellungen und sonstige Daten. Sie sind innerhalb einer Objekthierarchie auch dann verfügbar, wenn Objekte nicht direkt miteinander in Beziehung stehen.

Namespaces

Neben den hier genannten Sichtbarkeitsattributen können Sie auch eigene definieren. Dies sind sogenannte Namespaces. Diese arbeiten ähnlich wie XML-Namespaces. Der Standard-Namespace ist `internal`. Wenn Sie möchten, können Sie daneben eigene Namespaces definieren. Dies geschieht für ein Paket in einer eigenen Namespace-Datei:

```
package {
   public namespace n1;
}
```

Ein Namensraum kann zusätzlich einen eindeutigen Identifikator erhalten:

```
public namespace n1 = "http://www.arrabiata.de/namespace1/";
```

Dieser Identifier ist eine *URI (Uniform Ressource Identifier)*. Wenn Sie keinen angeben, verwendet ActionScript intern einen selbstgenerierten eindeutigen Identifikator.

Die Angabe `public` besagt, dass der Namespace auch außerhalb des Pakets verwendbar ist.

Anschließend wird in einer Klasse der Namespace eingesetzt:

```
package {
   public class meineKlasse {
      n1 var eigenschaft = "Wert der Eigenschaft.";
   }
}
```

Der Sinn dahinter: Wenn Sie mehrere Eigenschaften oder Methoden desselben Namens haben, können Sie so differenzieren. Sie können allerdings auch nur einen Namespace pro Deklaration verwenden. Um den Namespace zu nutzen, verwenden Sie das Schlüsselwort use:

```
import meineKlasse;
var meinObjekt:meineKlasse = new meineKlasse();
use namespace n1;
trace(meinObjekt.eigenschaft);
```

Sollten Sie den Namespace nicht einsetzen, erhalten Sie einen Compiler-Fehler mit einer Zugriffsverletzung. Das verhindert, dass Sie die Eigenschaft ohne den Namespace verwenden können und schafft damit eine eindeutige Zuordnung zwischen Namespace und Eigenschaft.

5.6 Dynamische und versiegelte Klassen

Ein Objekt ist im Normalfall nicht mit eigenen Eigenschaften zu erweitern. Dies gilt aber zum Beispiel nicht für ein MovieClip-Objekt. Hierfür können Sie eigene Eigenschaften definieren und damit Werte in dem Objekt speichern. Außerdem haben Sie die Möglichkeit, Methoden zur Laufzeit zum Objekt hinzuzufügen. Eine Klasse, die das für ihre Objekte erlaubt, nennt man *dynamisch*. Diese Klassen müssen extra mit dem Schlüsselwort dynamic definiert werden:

```
package {
   public dynamic class meineKlasse {
   }
}
```

Im nächsten Schritt greifen Sie auf die Klasse zu, instantiieren ein Objekt und weisen diesem eine neue Eigenschaft zu:

```
import meineKlasse;
var meinObjekt:meineKlasse = new meineKlasse();
meinObjekt.eigeneEigenschaft = "Neuer Wert";
trace(meinObjekt.eigeneEigenschaft);
```

Eine eigene Methode definieren Sie so:

```
meinObjekt.eigeneMethode = function() {
   //Anweisungen
};
```

Die dynamisch hinzugefügte Methode hat allerdings keinen Zugriff auf über private definierte Eigenschaften und Methoden.

Das Gegenstück zu einer dynamischen Klasse ist eine *versiegelte Klasse*. Dazu zählt beispielsweise SimpleButton für eine Schaltfläche. Jede Klasse, die Sie erstellen und die Sie nicht explizit mit dem Schlüsselwort dynamic versehen, ist eine versiegelte Klasse. Das heißt auch, es gibt kein Schlüsselwort für eine versiegelte Klasse.

5.7 Schnittstellen

Schnittstellen definieren die Signatur von Methoden. Die Signatur gibt an, welcher Parameter übergeben und welcher Datentyp zurückgegeben wird. Die Signatur sehen Sie beispielsweise auch in der ActionScript-Referenz. Dort sind die Parameter und Rückgaben in einer einfachen Signaturschreibweise angegeben.

Die Schnittstelle wird mit dem Schlüsselwort interface angelegt. Sie verwendet keine spezielle Signaturschreibweise wie die Referenz, sondern schreibt natürlich direkt Code. Um die Schnittstelle einzubinden, verwenden Sie implements:

```
package {
   public class meineKlasse implements meineSchnittstelle {
      public function ausgabe(para1:String, para2:String):String {
         return para1 + para2;
      }
   }
}
interface meineSchnittstelle {
   function ausgabe(para1:String, para2:String):String;
}
```

Der Sinn von Schnittstellen ist, eine Struktur vorzugeben, die dann von verschiedenen Klassen verwendet werden kann. Sie enthalten alle Informationen, die man benötigt, um die Methode zu verwenden. Eine Schnittstelle selbst kann allerdings keine Implementierung der Klasse enthalten.

Der Grundsprachschatz von ActionScript verwendet selbst auch einige Schnittstellen. Ihre Namen beginnen mit dem Buchstaben I. Hier werden verschiedene

Vorgaben gemacht, um bestehende ActionScript-Objekte zu erweitern. Wer beispielsweise eigene Füllungen für die Methoden der Klasse `flash.display.Graphics` verwenden möchte, implementiert `IDrawCommand`. Wer die Darstellung von Zellen in einem DataGrid anpassen möchte, erstellt einen sogenannten Cell-Renderer, der die Schnittstelle `ICellRenderer` implementiert. ActionScript selbst besitzt eine Klasse `CellRenderer`, die `ICellRenderer` implementiert.

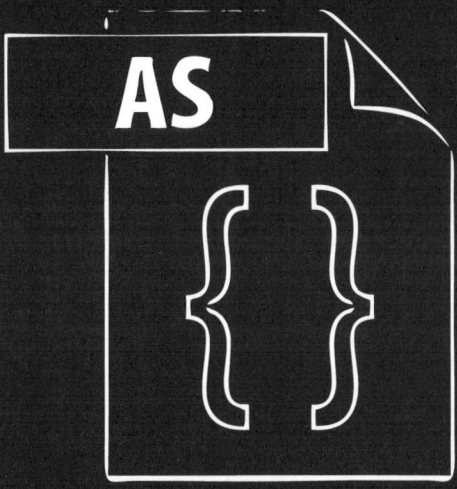

TEIL III
Filme steuern

»Du sitzt im selben Boot.«
– Cicero

6   Einfache Filmsteuerung

Die meisten Flash-Designer sitzen wahrlich, wie von Cicero beschrieben, im selben Boot: Sie benötigen nämlich eine vernünftige Steuerung für ihren Film. Der Ausgangspunkt ist die Zeitleiste von Flash. Auf ihr bewegt sich der Abspielkopf unerbittlich, es sei denn, Sie gebieten ihm mit ActionScript Einhalt.

Flash CS4 Professional und die älteren Professional-Varianten von Flash CS3, 8 und Flash MX 2004 Professional bieten als Besonderheit die Entwicklung von bildschirmorientierten Flash-Anwendungen. Zwei Arten lassen sich unterscheiden: Flash-Präsentationen und Flash-Anwendungen. Sie lassen sich allerdings nur mit ActionScript 2 steuern. Mehr dazu erfahren Sie in Kapitel 7, »Bildschirme und Präsentationen«.

6.1   Einfache Navigation

Die Befehle zur Steuerung des Abspielkopfs kennen Sie vermutlich schon. Da nur Movieclips in Flash eine Zeitleiste besitzen, ist die Zeitleistensteuerung folgerichtig der `MovieClip`-Klasse zugeordnet. Sie finden sie im AKTIONEN-Bedienfeld unter `flash.display.MovieClip`. Angenehmerweise sind die Namen der Befehle in verständlichem Englisch gehalten, sodass Sie gut erkennen können, welche Bedeutung die einzelnen Funktionen haben.

Anhand dieser Funktionen lassen sich sehr leicht die Hilfestellungen des AKTIONEN-Bedienfelds nachvollziehen: Wenn Sie auf eine der Funktionen doppelklicken, erscheint sie im Codefenster. Der Codehinweis zeigt an, welche Parameter verfügbar sind. Mit `gotoAndPlay()` können Sie beispielsweise auf ein bestimmtes Bild oder in eine Szene und dort auf ein Bild springen. Mit den kleinen Pfeilen im Codehinweis schalten Sie zwischen diesen möglichen Parameter-Einstellungen um.

Abbildung 6.1 Die Zeitleistensteuerung im Aktionen-Bedienfeld

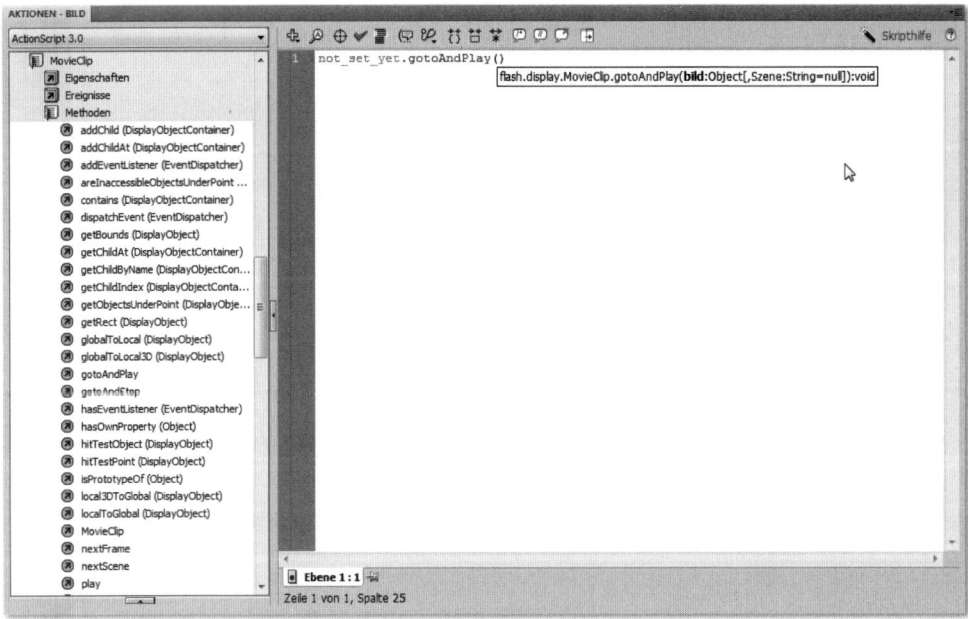

Abbildung 6.2 Die Codehinweise zeigen Ihnen die möglichen Parameter.

Die Methoden für die Filmsteuerung sind alle zur Steuerung des sogenannten Abspielkopfs gedacht. Der Abspielkopf ist in der Entwicklungsumgebung als rotes Element in der Zeitleiste zu sehen. Im eigentlichen SWF-Film gibt es ihn natürlich nur virtuell. Hier ein Überblick über die verschiedenen Auswirkungen der Methoden auf den Abspielkopf:

▶ `stop()`
hält den Abspielkopf an.

▶ `play()`
startet den Abspielkopf wieder ab der Stelle, an der er sich gerade befindet.

▶ `gotoAndPlay(Bild)`
springt auf ein bestimmtes Bild im Film. Der Abspielkopf läuft weiter.

▶ `gotoAndStop(Bild)`
springt auf ein bestimmtes Bild, und der Abspielkopf hält an.

▶ `nextFrame()`
springt zum nächsten Bild. Der Abspielkopf wird angehalten.

▶ `prevFrame()`
springt zum vorangegangenen Bild. Der Abspielkopf wird angehalten.

Sehen Sie sich nun die Funktionen zur einfachen Filmsteuerung in der Praxis an. **[○]** Startpunkt ist das Flash-Dokument *einfache_filmsteuerung.fla* auf der DVD zum Buch. Es enthält ein typisches Intro, das von 5 bis 1 herunterzählt. Als Steuerungsmöglichkeiten finden Sie mehrere Schaltflächen.

Schritt-für-Schritt: Einfache Filmsteuerung

1 *Film am Anfang anhalten*

Der Abspielkopf rennt einfach los. Deswegen müssen Sie ihn gleich im ersten Bild anhalten. Sie erinnern sich: ActionScript können Sie in der Zeitleiste nur in einem Schlüsselbild einfügen. Wechseln Sie also in die ActionScript-Ebene und klicken Sie das Schlüsselbild in Bild 1 an. Geben Sie nun im AKTIONEN-Bedienfeld den Befehl `stop();` ein.

Sie wissen ja, `stop()` ist wie alle Methoden zur Filmsteuerung eine Methode für einen Movieclip. Indem Sie hier keinen Instanznamen davor schreiben, greifen Sie direkt auf die Hauptzeitleiste zu, die selbst ein Movieclip ist. Alternativ könnten Sie auch schreiben:

```
this.stop();
```

Oder Sie verwenden:

```
root.stop();
```

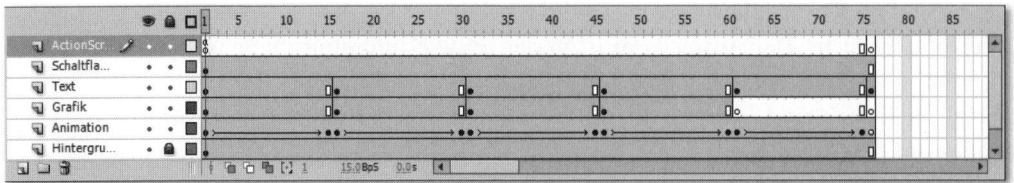

Abbildung 6.3 Das kleine a in der Ebene ACTIONSCRIPT zeigt an, dass zum ersten Schlüsselbild des Films ActionScript-Code gehört.

2 Film am Ende anhalten

Nun halten Sie den Film im letzten Bild (Bild 76) an. Wechseln Sie dazu in das Schlüsselbild in der Ebene ACTIONSCRIPT und geben Sie auch hier stop(); ein.

Dies ist nicht unbedingt notwendig, da der Film nach dem letzten Bild automatisch beendet ist. Allerdings handelt es sich hier um Vorsorge, falls Sie irgendwann noch Schlüsselbilder anhängen oder gar einen externen Film laden. Außerdem halten Sie den Film dann auch im Flash Player der Flash-Entwicklungsumgebung an, wenn dieser auf Abspielen in Schleifen eingestellt ist (Menü STEUERELEMENT • ENDLOSSCHLEIFE).

3 Schaltfläche zum Anhalten

Klicken Sie die Schaltfläche links unten an: Der Film soll pausieren. Die Schaltfläche ist ein Schaltflächen-Symbol, da nur ein solches Symbol über ActionScript gesteuert werden darf. Geben Sie in der ActionScript-Ebene den folgenden Code ein:

```
pause_btn.addEventListener(MouseEvent.CLICK,
    function(evt:MouseEvent){
        stop();
    });
```

Der Event-Listener wartet auf den Mausklick. Tritt dieser ein, wird die Funktion ausgeführt und hält den Hauptfilm mit stop() an. Hier kommt eine anonyme Funktion zum Einsatz. Alternativ könnten Sie auch schreiben:

```
pause_btn.addEventListener(MouseEvent.CLICK, anhalten);
function anhalten(evt:MouseEvent):void {
    stop();
}
```

4 Schaltfläche zum Abspielen

Die Schaltfläche zum Abspielen finden Sie rechts neben der Schaltfläche zum Anhalten; sie funktioniert ganz ähnlich. Fügen Sie folgenden Event-Listener ein:

```
play_btn.addEventListener(MouseEvent.CLICK,
   function(evt:MouseEvent){
      play();
   });
```

Was passiert? Wenn der Benutzer die Schaltfläche anklickt (beim Ereignis CLICK), setzt der Abspielkopf dank der Funktion play() seinen Weg fort, ausgehend von der Stelle, an der er sich gerade befindet.

5 *Vor- und Zurückspulen*

Vor- und Zurückspulen bedeutet, jeweils ein Bild vor- oder zurückzuspringen. Hierfür bietet ActionScript eigene Funktionen: nextFrame(), um ein Bild (engl. frame) nach vorne, prevFrame(), um ein Bild nach hinten zu springen. Beachten Sie, dass beide Funktionen den Abspielkopf anhalten. Wollten Sie weiterspielen, müssten Sie noch eine Funktion play() einfügen.

So sieht der Code für die Schaltfläche zum Vorspulen aus:

```
next_btn.addEventListener(MouseEvent.CLICK,
   function(evt:MouseEvent){
      nextFrame();
   });
```

Und so der Code zum Zurückspulen:

```
back_btn.addEventListener(MouseEvent.CLICK,
   function(evt:MouseEvent){
      prevFrame();
   });
```

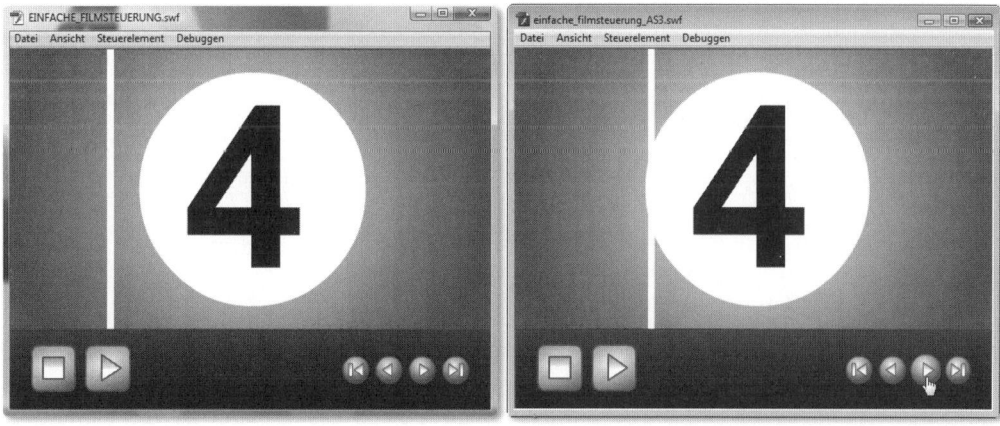

Abbildung 6.4 Ein Klick auf Vorspulen (links) bewegt die Animation um ein Bild weiter (rechts). Sie erkennen dies an der vertikalen Linie im Bild.

6 *Zum ersten Bild*

Um zu einem bestimmten Bild zu gelangen, müssen Sie den Abspielkopf springen lassen. Dafür gibt es die Funktionen `gotoAndPlay()` und `gotoAndStop()`. Der Unterschied: `gotoAndPlay()` springt und lässt dann den Abspielkopf weiterlaufen, `gotoAndStop()` springt und hält ihn an. Die zweite Funktion setzen wir für die Schaltfläche ein, die zum ersten Bild des Films (Bild 1) springen soll:

```
anfang_btn.addEventListener(MouseEvent.CLICK,
    function(evt:MouseEvent){
        gotoAndStop(1);
    });
```

Die Bildnummer ist der Parameter für die Funktion.

7 *Zum letzten Bild*

Das letzte Bild enthält in unserem Beispielfilm eine Markierung auf der Ebene ActionScript mit dem Namen ende. Eine solche Markierung für ein Bild geben Sie im Eigenschafteninspektor als Bildname ein. Das Praktische an der Markierung: Sie können mit ActionScript zu ihr springen:

```
ende_btn.addEventListener(MouseEvent.CLICK,
    function(evt:MouseEvent){
        gotoAndStop("ende");
    });
```

Der Name der Markierung ist ein String, also eine Zeichenkette. Deswegen steht er in Anführungszeichen. Den Namen können Sie beliebig wählen, wir haben uns für ende entschieden, da dies das Ende der Eröffnungsanimation ist.

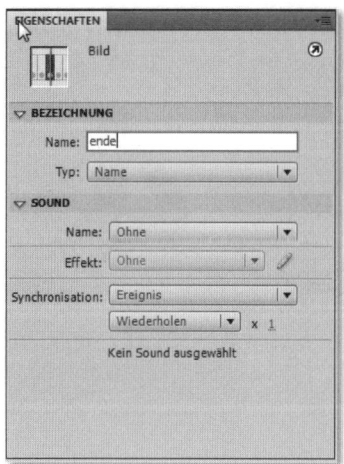

Abbildung 6.5 Im Eigenschafteninspektor geben Sie eine Bildmarkierung ein.

Die fertige Datei zum Nachvollziehen finden Sie auf der DVD unter *einfache_* **[O]**
filmsteuerung_AS3.fla.

6.1.1 Bildmarkierungen

Im Eigenschafteninspektor haben Sie die Wahl zwischen drei Beschriftungstypen
für Ihre Bildmarkierung. Diese drei unterscheiden sich folgendermaßen aus
ActionScript-Sicht:

▶ NAME ist die Standardeinstellung. Mit dem Namen einer Markierung können
Sie, wie in Schritt 7 gezeigt, zum gewünschten Bild mit ActionScript springen.
Einen Namen erkennen Sie in der Zeitleiste immer an dem roten Fähnchen,
wenn er nicht z. B. durch das a für ActionScript-Code überdeckt wird. Sie sollten übrigens einen Namen nie mehrmals vergeben, auch wenn Flash CS4 hier
keine Fehlermeldung liefert. ActionScript würde hier immer zur nächsten
Bildmarkierung springen.

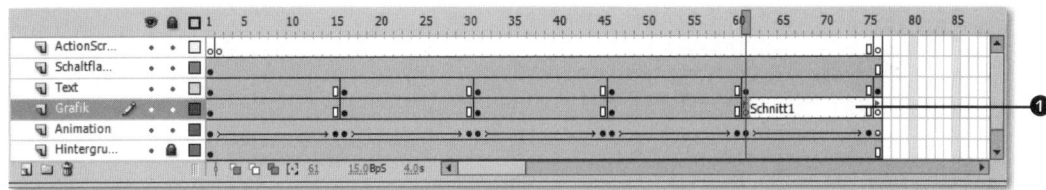

Abbildung 6.6 Ein Name erscheint in der Zeitleiste ❶.

▶ Eine Bildmarkierung vom Typ KOMMENTAR hat keine Funktion, außer zusätzliche Informationen anzugeben. Aus diesem Grund ist die Markierung nicht
von ActionScript aus ansprechbar. Flash stellt einem KOMMENTAR automatisch
zwei Schrägstriche voran, das sind die Kommentarzeichen von ActionScript.

▶ ANKER unterscheidet sich aus Sicht von ActionScript nicht vom Beschrif-
tungstyp NAME. Eine Bildmarkierung vom Typ ANKER lässt sich genauso einfach anspringen wie eine vom Typ NAME.

Zurück im Browser **[+]**

Ein benannter ANKER hat gegenüber einer normalen Bildmarkierung den Vorteil, dass er
für die Vor- und Zurück-Schaltflächen des Browsers erkennbar ist. Der Benutzer springt
beispielsweise bei einem Klick auf die ZURÜCK-Schaltfläche des Browsers zurück zum
letzten ANKER.

6.1.2 Aktuelles Bild und aktuelle Markierung

Wenn Sie feststellen wollen, auf welchem Bild sich der Abspielkopf gerade befindet, können Sie die Eigenschaft currentFrame der MovieClip-Klasse verwenden. Sie entspricht in ActionScript 2 und 1 der Eigenschaft _currentframe. Neu ist die Eigenschaft currentLabel, die den Namen der aktuellen Bildmarkierung liefert. Hier ein einfaches Beispiel, das in der Abspielfrequenz des Films jeweils Bildnummer und -markierung ausgibt:

```
addEventListener(Event.ENTER_FRAME,
    function(evt:Event){
        trace("Aktuelles Bild: " + currentFrame);
        trace("Aktuelle Markierung: " + currentLabel);
    });
```

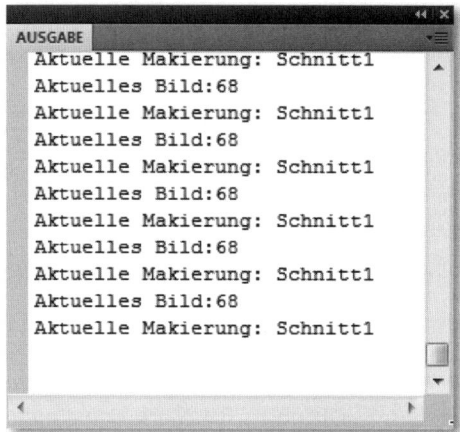

Abbildung 6.7 Die Funktion liefert das aktuelle Bild und die aktuelle Markierung, sofern vorhanden.

Die Gesamtmenge an Bildern in einem Movieclip erhalten Sie mit der Eigenschaft totalFrames. Das heißt, um ans Ende zu springen, können Sie auch den folgenden Code nutzen:

```
gotoAndStop(totalFrames);
```

Weitere Auslese- und Zugriffsmöglichkeiten bietet die Scene-Klasse für eine bestimmte Szene. Mehr dazu im nächsten Abschnitt.

6.2 Szenen

Szenen sind heute eher selten im Einsatz. Meist bringt man alles in einer Szene unter und strukturiert über verschachtelte Movieclips. Dennoch, Szenen können nach wie vor Ordnung in Ihren Flash-Film bringen: Eine Szene für das Intro – also den Vorspann –, eine Szene für den ersten Teil des Hauptfilms, eine für den zweiten Teil und so weiter. Damit Sie die Übersicht behalten, verwalten Sie die Szenen am besten im Bedienfeld SZENE (⍐+F2). Dort können Sie auch die Abspielreihenfolge per Drag & Drop ändern.

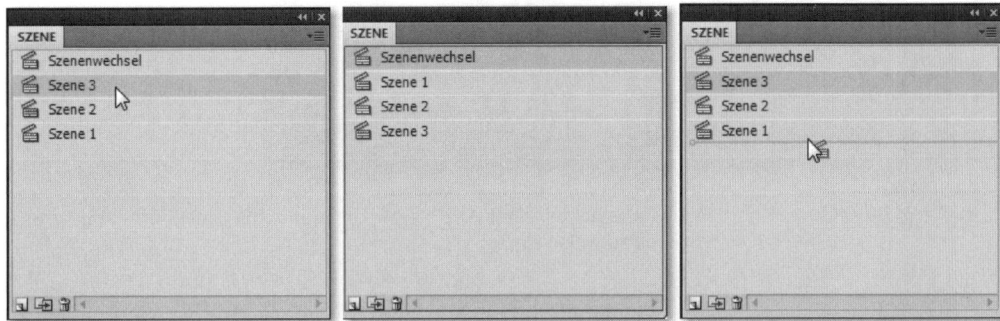

Abbildung 6.8 Im Bedienfeld SZENE haben Sie die Möglichkeit, die Reihenfolge der Szenen zu ändern.

[!]

Variablen und Szenen

Bevor Sie Szenen einsetzen, gilt es, Grundlegendes zu bedenken: Die Szenen sind alle auf derselben Hauptzeitleiste, das heißt ein Movieclip. Sie laufen nacheinander ab, ohne anzuhalten. Und Variablen, die auf der Hauptzeitleiste definiert sind, sind für alle Szenen im Film gültig. Dasselbe gilt für die Dokumentklasse. Sie wird mit der ersten Szene ins Spiel gebracht und ist dann vorhanden.

Wenn die vorgegebene Abspielreihenfolge nicht ausreicht und Sie lieber eine eigene Navigation zum Springen zu den verschiedenen Szenen einbauen möchten, benötigen Sie ActionScript.

Ein einfaches Beispiel illustriert den Einsatz von ActionScript für Szenen: Ausgangspunkt ist die Datei *szenenwechsel.fla*. Der Flash-Film besteht aus vier Szenen (Szenenwechsel und Szene 1 bis 3). Ohne ActionScript werden die Szenen direkt nacheinander angezeigt.

Sehen Sie sich die Übersicht aus Abbildung 6.10 an. Dort lässt sich erkennen, dass jede Szene Schaltflächen enthält, um zu den anderen Szenen zurückzuspringen.

Abbildung 6.9 Die Eingangsszene besitzt eine eigene Optik und drei Schaltflächen-Symbole, um zu den anderen Szenen zu wechseln.

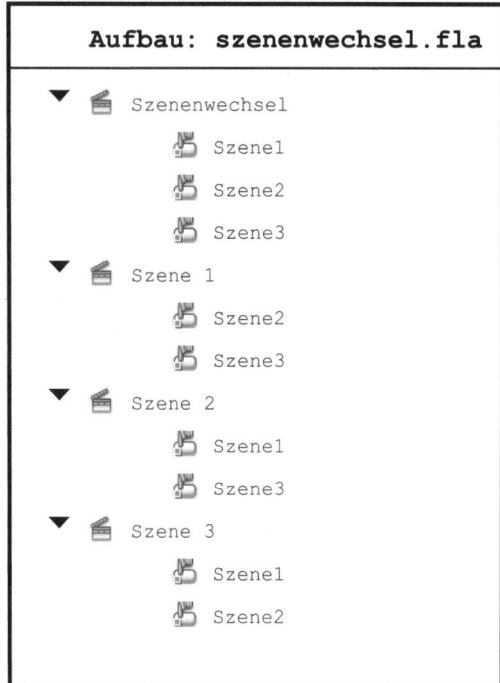

Abbildung 6.10 Der Filmaufbau in der Übersicht

Schritt-für-Schritt: Szenenwechsel

Mit ActionScript bauen Sie sehr schnell eine einfache Navigation ein:

1 *Abspielkopf anhalten*

Stoppen Sie den Abspielkopf: stop();

2 *Zu Szene 1 springen*

Fügen Sie in der Szene Szenenwechsel in der ActionScript-Ebene den Code für die Schaltfläche ein, die zu Szene 1 führen soll:

```
szene1.addEventListener(MouseEvent.CLICK,
    function(evt:Event){
        gotoAndStop(1, "Szene 1");
    });
```

gotoAndStop() kennen Sie bereits. Nur dieses Mal werden zwei Parameter eingesetzt: Zuerst der Name der Szene als String (und deswegen in Anführungszeichen), dann die Bildnummer des Bilds in der Szene.

3 *Zu Szene 2 springen*

Für die Schaltfläche zu Szene 2 müssen Sie nur den Namen der Szene anpassen:

```
szene2.addEventListener(MouseEvent.CLICK,
    function(evt:Event){
        gotoAndStop(1, "Szene 2");
    });
```

4 *Und so weiter ...*

Nach demselben Verfahren wandeln Sie auch die Schaltflächen in den anderen Szenen zu funktionierenden Navigationselementen um. Sie müssen dies in jeder Szene neu erledigen, da die Schaltflächen zwar gleich heißen, aber jeweils ein neues Schlüsselbild und eine neue Instanz sind.

5 *Szene 2*

In Szene 2 verwenden Sie zwei weitere Funktionen zum Szenenwechsel: nextScene() springt zur nächsten Szene in der Abspielreihenfolge, prevScene() zur vorhergehenden.

Allerdings bleibt hier der Abspielkopf im Gegensatz zu den Pendants nextFrame() und prevFrame() nicht automatisch stehen. Deswegen müssen Sie stop()-Befehle in den einzelnen Szenen ergänzen.

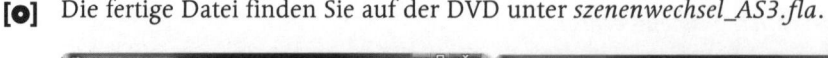

[**o**] Die fertige Datei finden Sie auf der DVD unter *szenenwechsel_AS3.fla*.

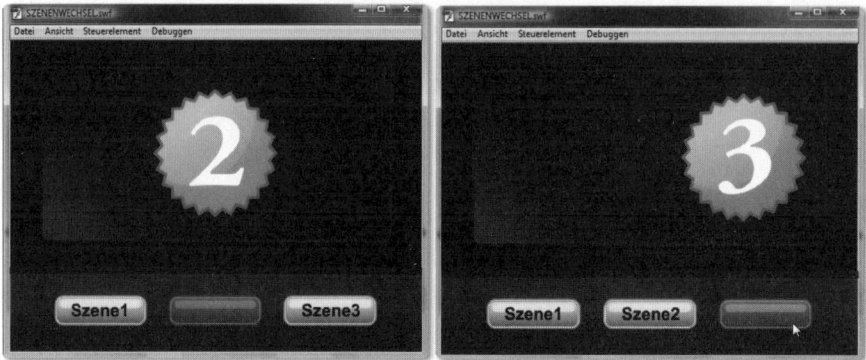

Abbildung 6.11 Der Benutzer springt von Szene zu Szene. ■

6.2.1 Weniger Code

Das Beispiel aus dem vorangegangenen Abschnitt ist aus Programmierersicht etwas unglücklich aufgebaut, denn es enthält Codewiederholungen für die einzelnen Schaltflächen. Hier ist es sinnvoll, nach Vereinfachungen zu suchen, um Code möglichst nur einmal schreiben zu müssen. Diese Sparsamkeit mit Codezeilen hat nichts mit sprichwörtlicher Knausrigkeit zu tun, sondern zielt vielmehr darauf ab, bei Änderungen schnell und flexibel zu sein.

Das folgende Beispiel geht bei der Codevereinfachung einen extremen Weg: Der Event-Listener für den Mausklick wird global für den Hauptfilm definiert und nicht für die Schaltflächen. Damit gilt er in allen Szenen, auch wenn er nur in der ersten Szene angegeben ist:

```
stop();
addEventListener(MouseEvent.CLICK, szeneWechseln);
```

Der Szenenwechsel erfolgt dann dadurch, dass in der Event-Listener-Funktion der Name des angeklickten Elements (name-Eigenschaft von evt.target) ausgelesen wird. Handelt es sich dabei um ein Element, das mit »szene« beginnt, wird die Zahl der Szene aus dem Instanznamen der Schaltfläche herausgeschnitten und das Skript springt zur entsprechenden Szene:

```
function szeneWechseln(evt:Event) {
    if (evt.target.name.substr(0, 5) == "szene") {
        gotoAndStop(1, "Szene " + evt.target.name.substr(-1, 1));
    }
}
```

Die Bedingung für diese extreme Form der Codeverkürzung ist, dass die Instanznamen einer eindeutigen Namenskonvention folgen und auch die Szenennamen
ins Schema passen. Außerdem sind hier nur weniger als zehn Szenen möglich, da
zweistellige Szenennummern nicht berücksichtigt werden.

Die dazugehörige Datei finden Sie auf der DVD unter *szenenwechsel_zentral.fla*. **[o]**

6.2.2 Scene-Klasse

In ActionScript 3 gibt es für die Szenen zusätzliche Informationen mithilfe der
Scene-Klasse, einer Unterklasse von flash.display. Jeder Movieclip besitzt die
Eigenschaft currentScene. Sie liefert ein Objekt der Scene-Klasse mit der aktuel-
len Szene zurück. Außerdem besitzt ein Movieclip die Eigenschaft scenes, die ein
Array mit verfügbaren Szenen liefert. Auch hier ist jede Szene ein Objekt der
Scene-Klasse.

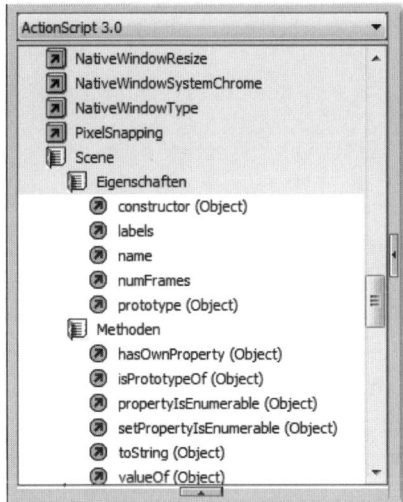

Abbildung 6.12 Die Scene-Klasse

Die Scene-Klasse bietet einige interessante Eigenschaften. numFrames liefert die
Zahl der in der Szene enthaltenen Bilder, name den Namen der Szene und labels
einen Array mit allen Bildmarkierungen innerhalb der Szene. Alle Eigenschaften
sind nur les- und nicht veränderbar, das heißt, Sie können beispielsweise keine
eigenen Bildmarkierungen dynamisch setzen.

Das folgende Beispiel liest alle Szenen der Hauptzeitleiste ein und gibt den dazugehörigen Namen aus:

```
var szenen:Array = this.scenes;
for each (var szene:Scene in szenen) {
    trace(szene.name);
}
```

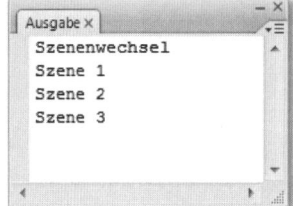

Abbildung 6.13 Alle Szenen werden ausgelesen und ausgegeben.

[+]

> **Ereignisse**
>
> Für Szenen gibt es keine Ereignisse. Das bedeutet, dass bei einem Szenenwechsel kein Ereignis ausgelöst wird. Sie müssen entsprechenden Code im ersten und letzten Schlüsselbild der Szene unterbringen.

6.3   Auswahl treffen

Der Abspielkopf in der Zeitleiste ist »gnadenlos«: Er läuft und läuft. Mit Action-Script können Sie ihn, wie zuvor gesehen, anhalten und an eine andere Stelle springen lassen. Das deckt aber nicht alle Anforderungen in der Praxis ab. Stellen Sie sich folgenden Fall vor: Sie haben einen Eröffnungsbildschirm, auf dem der Nutzer drei verschiedene Optionen über Schaltflächen-Symbole wählen kann. Je nach Option landet er auf einer anderen Seite. Allerdings soll er die Eröffnungsseite nicht sofort verlassen, sondern erst, wenn er auf eine vierte Schaltfläche klickt, die seine Auswahl bestätigt. Das heißt also, direkte Sprungbefehle funktionieren nicht. Stattdessen müssen Sie die Wahl des Anwenders zwischenspeichern; dazu bietet sich eine Variable als Datenspeicher an.

[o] Ein einfaches Beispiel (*bildauswahl.fla*) zeigt Ihnen, wie sich der oben dargestellte Fall realisieren lässt.

▟ *Schritt-für-Schritt: Ein Bild auswählen*

Ausgangspunkt ist die Datei *bildauswahl.fla* auf der DVD. Dort befinden sich im ersten Bild drei Schaltflächen zur Bildauswahl (2, 9, 16) und eine zum Bestätigen (Los). In den jeweiligen Bildern 2, 9 und 16 zeigt ein Textfeld, wo Sie sich gerade befinden. Nun kommen Sie als Programmierer ins Spiel, denn der ActionScript-Code fehlt noch:

1 *Film anhalten*

Halten Sie den Film im ersten Schlüsselbild mit `stop()`; an.

2 *Variable für die Auswahl definieren*

Definieren Sie eine Variable mit dem Datentyp `int`, die das vom Nutzer gewünschte Bild aufnimmt:

```
var bild:int = 1;
```

Diese Variable ist der Schlüssel zur Bildauswahl.

3 *Auswahl per Schaltfläche treffen*

Fügen Sie für die drei Schaltflächen-Symbole 2, 9 und 16 den Event-Listener hinzu. Er ändert jeweils den Wert von `bild` auf das Bild, das angesprungen werden soll. Für Bild Nummer 2 also:

```
b2_btn.addEventListener(MouseEvent.CLICK,
    function(evt:MouseEvent) {
        bild = 2;
    });
```

Für Bild 9:

```
b9_btn.addEventListener(MouseEvent.CLICK,
    function(evt:MouseEvent) {
        bild = 9;
    });
```

Und analog für 16:

```
b16_btn.addEventListener(MouseEvent.CLICK,
    function(evt:MouseEvent) {
        bild = 16;
    });
```

4 *Zum Bild wechseln*

Geben Sie für die Schaltfläche Los folgenden Event-Listener an:

```
los_btn.addEventListener(MouseEvent.CLICK,
    function(evt:MouseEvent) {
        gotoAndStop(bild);
    });
```

Was passiert? Der Nutzer klickt auf Los und springt zu dem Bild, das in der Variablen `bild` gespeichert ist.

Abbildung 6.14 Der Benutzer wählt Bild 2 aus (links), klickt auf Los (Mitte) und springt zu Bild 2 im Film (rechts). ■

[○] Die fertige Datei mit dem hier gezeigten Code finden Sie unter dem Namen *bildauswahl_AS3.fla* auf der DVD.

[+]

> ### Wann kommt der Code?
>
> Im fertigen Beispiel sehen Sie in den drei Schlüsselbildern für Bild 2, 9 und 16 Code für die ZURÜCK-Schaltfläche. Dieser Code kann nicht zentral in den Event-Listener für die Los-Schaltfläche gepackt werden, da zum Zeitpunkt des Event-Listeners für Los die ZURÜCK-Schaltfläche noch nicht existiert. Dies führt zu einer grundsätzlichen Lehre: Sie können Schaltflächen und Movieclips auf der Bühne nur ansprechen, wenn sie bereits geladen sind. Alternativ vergeben Sie für ein Element in der Bibliothek eine Klasse. Mehr dazu lesen Sie in Kapitel 13, »Animationsgrundlagen«.

Das hier gezeigte Beispiel ist nur eine von vielen Varianten für die Anwendung der Auswahltechnik. So ist es möglich, den Nutzer in Bild 1 wählen zu lassen, wohin er in Bild 50 springen möchte. Sie speichern seine Wahl in einer Variablen; in Bild 50 verwenden Sie den Wert dieser Variablen, um den weiteren Weg festzulegen.

Sie können statt der Bildnummer genauso gut einen String mit der Bildmarkierung eingeben. Wenn Sie in der Variablen einen Wert speichern, der kein möglicher Parameter für `gotoAndPlay()` oder `gotoAndStop()` ist, müssen Sie allerdings eine Fallunterscheidung einbauen:

```
if (unterscheidung == "on") {
    gotoAndPlay(20);
}
```

Dieser Weg ist meistens umständlicher, als direkt ein Bild oder eine Markierung anzugeben. Sie sind aber flexibler, falls das endgültige Bild oder der Name der Markierung bzw. Szene noch nicht feststeht.

6.4 Movieclips steuern

Jeder Movieclip besitzt eine eigene Zeitleiste. Folglich lässt sich diese Zeitleiste auch mit dem Befehl zur Filmsteuerung ansprechen. Wichtig ist nur, dass Sie korrekt auf den Movieclip verweisen.

[+]

Auf Movieclips verweisen

Movieclips ordnen sich hierarchisch in der Anzeigeobjektliste an. Der Ausgangspunkt ist die Hauptzeitleiste, die wiederum selbst ein Movieclip ist. Sie werden mit ihrem Instanznamen angesprochen. Mit dem ZIELPFAD-Editor können Sie einen Verweis auf einen Movieclip automatisch einfügen. Mehr dazu lesen Sie in Kapitel 2, »ActionScript in Flash«.

Sehen Sie sich folgendes Beispiel an: Die Datei *movieclip.fla* besteht aus einem Bild; dort hängt (auf der Ebene `Diode`) ein Movieclip mit einer Leuchtdiode, die das Ampelsignal darstellt. Der Instanzname des Movieclips ist `diode_mc`.

Die Zeitleiste des Movieclips besteht aus vier Schlüsselbildern. In jedem Schlüsselbild hat die Diode einen Verlauf mit einer anderen Farbe und teilweise auch eine andere Position. Wenn es Ihnen gelingt, vom einen zum anderen Schlüsselbild zu springen, können Sie die Diode umfärben. Diese einfache Methode wird in der Praxis häufig eingesetzt, um manuelle Änderungen per ActionScript steuerbar zu machen, ohne mit Verläufen und der ActionScript-Zeichen-API hantieren zu müssen.

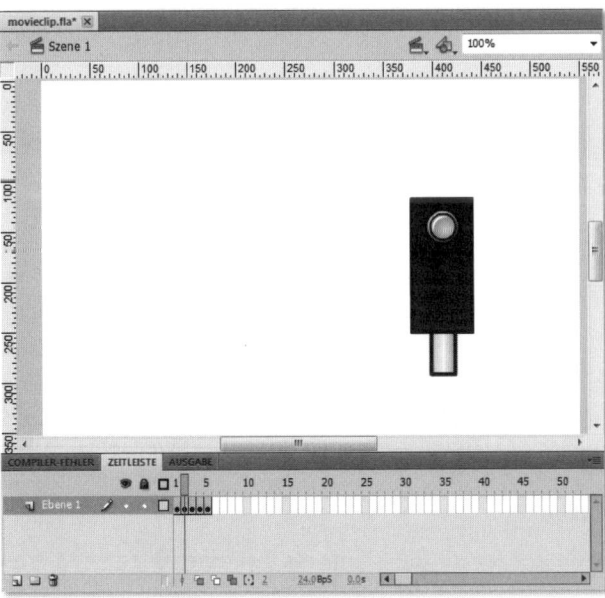

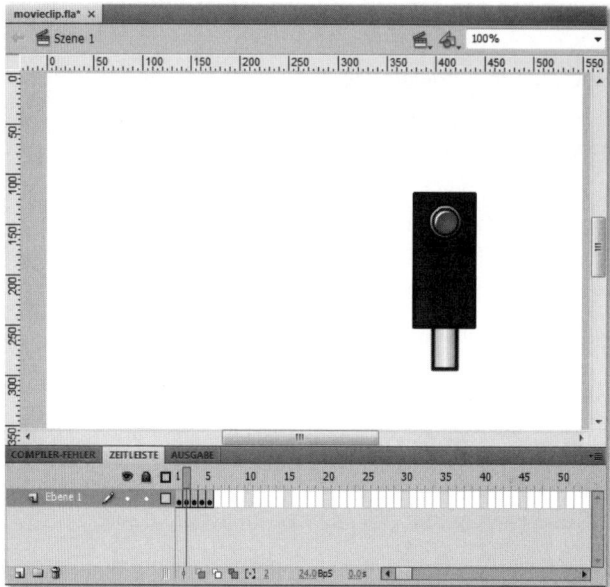

Abbildung 6.15 Jedes Schlüsselbild enthält die Diode der Ampel mit einem anderen Farbverlauf und teilweise auch mit anderer Position.

Schritt-für-Schritt: Umfärben mit Filmsteuerung

Haben Sie schon eine Idee, wie Sie die Diode umfärben? Die Arbeit ist in wenigen Schritten erledigt. Als Ausgangsbasis kommt hier eine Dokumentklasse zum Einsatz.

1 Grundgerüst

Erstellen Sie eine neue ActionScript-Datei *start.as*. Erzeugen Sie darin ein `package` ohne Paketnamen und eine Klasse `start`.

```
package {
    import flash.display.MovieClip;
    public class start extends flash.display.MovieClip {
    }
}
```

Die Dokumentklasse erbt immer von der `MovieClip`-Klasse. Diese muss wie alle Klassen bei externen ActionScript-Dateien zusätzlich importiert werden.

2 Dokumentklasse verlinken

Geben Sie im Eigenschafteninspektor für die Bühne als Dokumentklasse `start` an ❶.

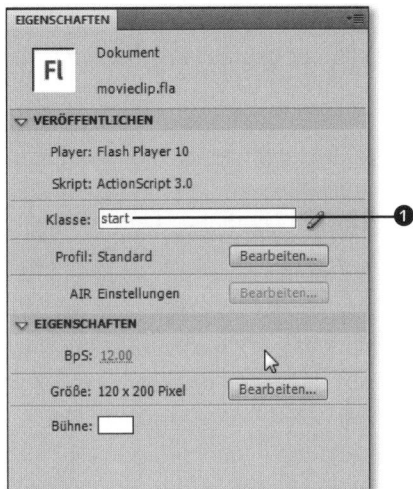

Abbildung 6.16 Wählen Sie die Dokumentklasse `start` im Eigenschafteninspektor.

3 *Movieclip für Dokumentklasse verfügbar machen*

Überprüfen Sie in den EINSTELLUNGEN FÜR VERÖFFENTLICHUNGEN aus dem Menü DATEI, ob in den ActionScript-Einstellungen im Register FLASH die Option BÜHNENINSTANZEN AUTOMATISCH DEKLARIEREN ❷ aktiviert ist. Nur wenn das der Fall ist, steht die `diode_mc` in der Dokumentklasse auch zur Verfügung.

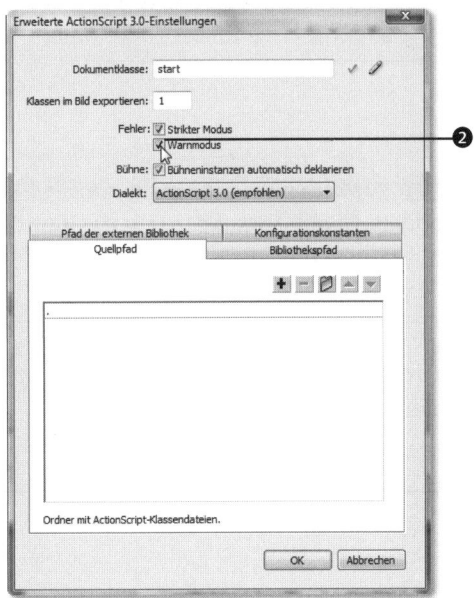

Abbildung 6.17 Stellen Sie sicher, dass der Movieclip in der Dokumentklasse verfügbar ist.

4 Eigenschaft für Bildnummer definieren

Die aktuelle Bildnummer für die Filmsteuerung landet in einer Eigenschaft:

```
private var bildnummer:int = 2;
```

5 Timer einfügen

Ein `Timer`-Objekt sorgt im Konstruktor dafür, dass die Dioden zeitversetzt angezeigt werden. Alternativ könnten Sie auch Bilder zwischen die Schlüsselbilder des Dioden-Movieclips einfügen.

```
public function start() {
    var timer:Timer = new Timer(1000, 4);
    timer.addEventListener(TimerEvent.TIMER, timerAufruf);
    timer.addEventListener(TimerEvent.TIMER_COMPLETE, timerFertig);
    timer.start();
}
```

Der hier vorliegende Timer wird viermal mit jeweils einem Abstand von einer Sekunde ausgeführt. Mehr zur `Timer`-Klasse lesen Sie in Kapitel 13, »Animationsgrundlagen«.

6 Per Filmsteuerung das Bild der Diode wechseln

Bei jedem Timer-Aufruf wird anschließend ein Bild weitergesprungen und die Bildnummer erhöht:

```
private function timerAufruf(evt:TimerEvent) {
    diode_mc.gotoAndStop(bildnummer);
    bildnummer++;
}
```

Die Filmsteuerung greift hier zuerst auf den gewünschten Movieclip zu: `diode_mc`. Da es sich um eine Dokumentklasse handelt, ist der Ausgangspunkt die Hauptzeitleiste. `diode_mc` ist ein untergeordnetes Anzeigeobjekt der Hauptzeitleiste.

7 Per Filmsteuerung zum Anfang

Ist der Timer nach vier Wiederholungen beendet, springt die Filmsteuerung zurück zum Anfang, und Sie setzen die Variable `bildnummer` zurück:

```
private function timerFertig(evt:TimerEvent) {
    diode_mc.gotoAndStop(1);
    bildnummer = 1;
}
```

Die fertige Datei auf der DVD heißt *movieclip_AS3.fla*.   **[o]**

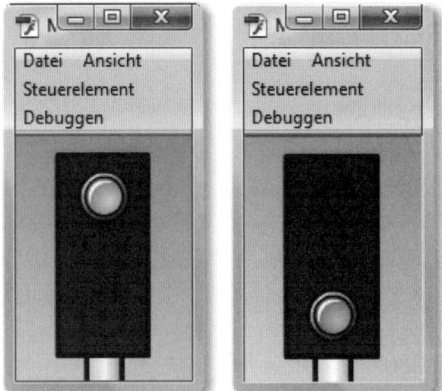

Abbildung 6.18   Die Ampel schaltet einmal durch
und geht dann zurück auf den Anfang. ∎

»Mutige Leute überredet man dadurch zu einer Handlung,
dass man dieselbe gefährlicher darstellt, als sie ist.«
– Friedrich Nietzsche

7 Bildschirme und Präsentationen

Eine interessante Funktion von Flash CS4 sind Bildschirme. Vor allem Präsentationen in Flash lassen das Grafikerherz höher schlagen. Kein umständliches Hantieren mehr mit Schlüsselbildern und Szenen. Allerdings reicht die eingebaute Navigation für Präsentationen meist nicht aus, und Formularanwendungen besitzen von Haus aus keine Navigation. Hier müssen Sie mit ActionScript nachrüsten. Allerdings gibt es für Bildschirme eine Einschränkung: Sie funktionieren nur mit *ActionScript 2*. Die Grundzüge sind bei Folienpräsentationen und Formularanwendungen identisch; als Anwendungsbeispiel beschränken wir uns in diesem Kapitel auf eine Präsentation.

Sollten Sie mit *ActionScript 3* arbeiten wollen, können Sie mit Flash dennoch hübsche Präsentationen erstellen. Wie das geht, zeigt Abschnitt 7.2, »Präsentationen ohne Bildschirme«.

Im Openbook »ActionScript 1 und 2« auf der DVD finden Sie außerdem entsprechende Beispiele für ältere Flash-Versionen. **[○]**

7.1 Bildschirme in ActionScript

Eine Präsentation kommt – wenn nötig – ohne ActionScript aus, da Sie die Leertaste und die Pfeiltasten für die Navigation durch die Folien benutzen können. Sobald Sie aber beispielsweise einen Pfeil einfügen möchten, der zur nächsten Folie springt, wenn er angeklickt wird, brauchen Sie ActionScript. Bei einer Formularanwendung kommen Sie, wie bereits erwähnt, nicht ohne ActionScript aus.

Ein Bildschirm ist in ActionScript ein Objekt, ähnlich wie ein Movieclip. Aus diesem Grund bietet ActionScript zwei übergeordnete Klassen. Diese enthalten Eigenschaften und Methoden für Bildschirme. Jeder Bildschirm ist ein Objekt der jeweiligen Klasse. Die eine Klasse ist für Folien ❶, die andere für Formulare ❷. Sie finden beide im AKTIONEN-Bedienfeld unter BILDSCHIRME.

[!]

Deutsch und Englisch

Vorsicht, die Klassen werden im AKTIONEN-Bedienfeld entweder FOLIE oder FORMULAR genannt. Dahinter verbergen sich aber die Klassen `Slide` und `Form`. Dies ist gut zu wissen, hat für Sie jedoch in der Praxis keine relevanten Auswirkungen, denn Sie werden meist auf Objekte der Klassen zugreifen, die ohnehin einen eigenen Namen besitzen (siehe nächster Abschnitt).

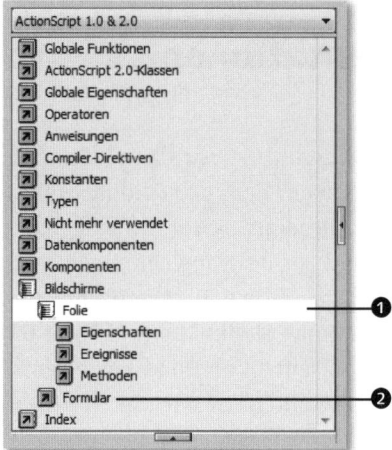

Abbildung 7.1 Die Klassen für Folien und Formulare enthalten alle benötigten Eigenschaften und Methoden.

7.1.1 Name und Zugriff auf Folien

Damit Sie die Eigenschaften und Methoden verwenden können, die die beiden Klassen für Folien und Formulare zur Verfügung stellen, benötigen Sie natürlich ein Objekt. Bei einer Präsentation ist das ein FOLIEN-Objekt, bei einem Formular ein FORMULAR-Objekt. Wir betrachten hier nur Folienobjekte; für Formulare erfolgt der Zugriff analog.

Die gute Nachricht: Jeder Bildschirm, den Sie anlegen, ist automatisch ein Objekt. Der Objektname ist der Name des Bildschirms. Diesen Namen können Sie wie gewohnt im Eigenschafteninspektor ändern; alternativ klicken Sie doppelt auf den Bildschirm.

Der Zugriff auf den Bildschirm erfolgt aus ActionScript über den Objektnamen. Das Schlüsselwort `this` steht dabei für den aktuellen Bildschirm.

Sehen Sie sich das an einem Beispiel an: Ausgangssituation ist eine einfache Präsentation mit einer übergeordneten Folie namens `praesentation` und zwei un-

[O] tergeordneten Inhaltsfolien `konzept` und `produkte` (unter dem Namen *zugriff.fla*

auf der DVD). In den beiden Inhaltsfolien befinden sich zwei Schaltflächen: Eine dient dazu, eine Folie nach vorne zu springen, die andere, um eine Folie zurück-zuspringen. Nun sollten Sie diese Schaltflächen mit Leben füllen. Dazu benötigen Sie zunächst Methoden, um eine Folie vor- bzw. zurückzuspringen. Im AKTIONEN-Bedienfeld werden Sie unter BILDSCHIRME • FOLIE • METHODEN fündig: Das FOLIEN-Objekt besitzt die Methoden `gotoNextSlide()` (zur nächsten Folie) und `gotoPreviousSlide()` (zur vorherigen Folie).

Die alles entscheidende Frage lautet: Wo landet der Code? In unserem Fall in der jeweiligen Schaltfläche. Um das zu zeigen, beginnen wir mit den zwei Schaltflä-chen in der Folie KONZEPT. Als Ereignis kommt `release`, also das Loslassen der Schaltfläche, zum Einsatz:

```
on (release) {
    this.gotoNextSlide();
}
```

Das Schlüsselwort `this` verweist auf die aktuelle Folie. Sie ist das Folienobjekt, quasi der Ausgangspunkt, von dem aus auf die nächste Folie gesprungen wird. `gotoNextSlide()` ist also eine Methode der aktuellen Folie. Natürlich besitzt jede Folie diese Methode (sie wurde ja in der Klasse für alle Folienobjekte definiert). In unserem speziellen Fall gehört die Methode aber zur aktuellen Folie KONZEPT. Wenn Ihnen das klar ist, haben Sie auf dem Weg zum Verständnis von Objekten eine kleine Hürde gemeistert.

Wenn Sie `this` weglassen, was durchaus erlaubt ist, verwendet Flash automatisch die aktuelle Folie als Ausgangspunkt:

```
on (release) {
    gotoNextSlide();
}
```

Wir halten allerdings den Verweis auf die aktuelle Folie für sinnvoll, damit nicht in Vergessenheit gerät, welches Objekt gerade gemeint ist.

Der Code für die ZURÜCK-Schaltfläche ist ähnlich wie der für die VORWÄRTS-Schaltfläche. Nur die Methode ist eine andere:

```
on (release) {
    this.gotoPreviousSlide();
}
```

Diesen Code müssen Sie nun in die Schaltflächen der Folie PRODUKTE kopieren. Umfasst Ihre Präsentation mehrere Folien, ist das natürlich umständlich. Deswe-gen zeigt Ihnen der nächste Abschnitt eine einfachere Methode.

[+] **Praktisch**

Die Methoden für das Springen auf die vorige beziehungsweise nächste Folie funktionieren bei der ersten und letzten Folie natürlich nicht, der ActionScript-Interpreter wirft aber dankenswerterweise keinen Fehler aus. Auf der letzten Folie ist es unter Umständen allerdings dennoch sinnvoll, die letzte Schaltfläche zu deaktivieren oder ganz verschwinden zu lassen, um den Nutzer nicht zu verwirren.

Abbildung 7.2 Die Navigationsschaltflächen führen durch die Folien einer Präsentation.

7.1.2 Hierarchie und Verschachtelung

Bildschirme befinden sich in einer Hierarchie. Der erste Bildschirm ist gleichzeitig der oberste und allen anderen übergeordnet. Dieser oberste Bildschirm hängt selbst direkt unter dem Hauptfilm (_root).

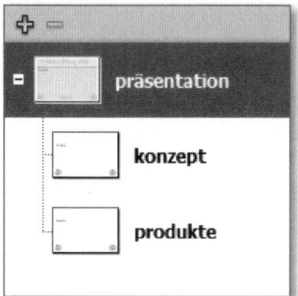

Abbildung 7.3 Der erste Bildschirm ist übergeordnet.

Um mit ActionScript auf darunterliegende Bildschirme zuzugreifen, müssen Sie diese korrekt adressieren. Das funktioniert relativ oder absolut – ähnlich wie bei Links in HTML:

▶ Relativ bedeutet: ausgehend von dem Bildschirm, in dem der ActionScript-Code steht. Der aktuelle Bildschirm wird mit `this` adressiert; `this` kann allerdings auch weggelassen werden. Der übergeordnete Bildschirm ist immer `_parent`, der untergeordnete wird mit seinem Namen angesprochen.

▶ Absolut geht vom Wurzelelement als Fixpunkt aus. Das Wurzelelement ist in diesem Fall der Hauptfilm (`_root` von engl. root = Wurzel) – in ActionScript-2-Nomenklatur noch mit Unterstrich. Unter dem Hauptfilm liegt der erste Bildschirm, der wie alle anderen untergeordneten Bildschirme mit seinem Namen bezeichnet wird.

Eltern und Kind [«]

Die Hierarchie wird auch als Eltern-Kind-Beziehung dargestellt: Der übergeordnete Bildschirm ist das Elternteil (engl. *parent*), der untergeordnete das Kind (engl. *child*). Vorsicht: In ActionScript 3 erfolgt dieser Zugriff ohne Unterstriche, aber das geht für Bildschirme leider nicht.

Sehen Sie sich die Adressierung an einem Beispiel an. Die Datei *zugriff_hierarchie.fla* ist ähnlich aufgebaut wie das Beispiel aus dem letzten Abschnitt. Einziger gravierender Unterschied: Die Schaltflächen zum Vor- und Zurückschalten befinden sich in der übergeordneten Folie PRAESENTATION. Das ist praktischer, denn so müssen die Schaltflächen nur einmal angelegt werden. Um mit ihnen aber zwischen den untergeordneten Folien KONZEPT und PRODUKTE durchzuschalten, müssen Sie die jeweils aktive untergeordnete Folie aus der übergeordneten Folie ansprechen. So sieht das für die Vorwärts-Schaltfläche aus: [●]

```
on (release) {
    this.currentChildSlide.gotoNextSlide();
}
```

Konkret bedeutet das:

▶ Ausgangspunkt ist das übergeordnete Folienobjekt `praesentation` (`this`).

▶ Dessen Kind ist das aktuelle Folienobjekt (Eigenschaft `currentChildSlide`),

▶ von dem aus die Präsentation zur nächsten Folie wechselt (mit der Methode `gotoNextSlide()`).

Der Zugriff erfolgt in diesem Beispiel relativ, alternativ könnten Sie auch absolut adressieren:

```
on (release) {
    _root.praesentation.currentChildSlide.gotoNextSlide();
}
```

[+] **Zielpfad-Editor**

Der ZIELPFAD-Editor im AKTIONEN-Bedienfeld erlaubt Ihnen, die Bildschirme auf angenehme Weise über eine grafische Hierarchie korrekt zu adressieren.

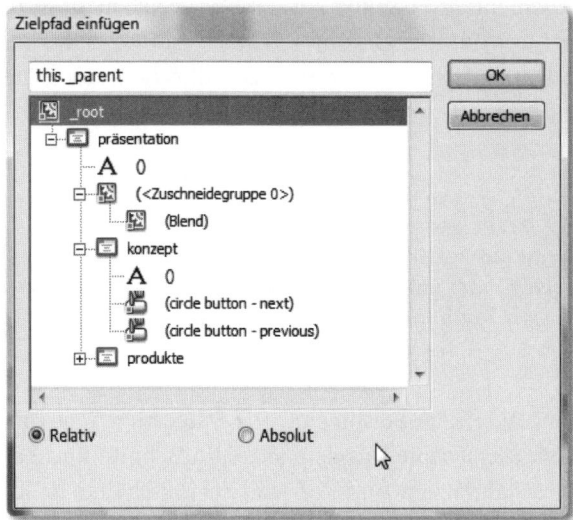

Abbildung 7.4 ZIELPFAD EINFÜGEN mit dem ZIELPFAD-Editor

7.1.3 Verhalten

Bis jetzt haben Sie Ihre Foliennavigation selbst programmiert. Dies ist zwar eingängig, aber manchmal zu umständlich. Daher bietet Flash einige vorgefertigte Verhalten, um Bildschirme zu steuern. Sie finden diese im VERHALTEN-Bedienfeld unter dem Punkt BILDSCHIRM.

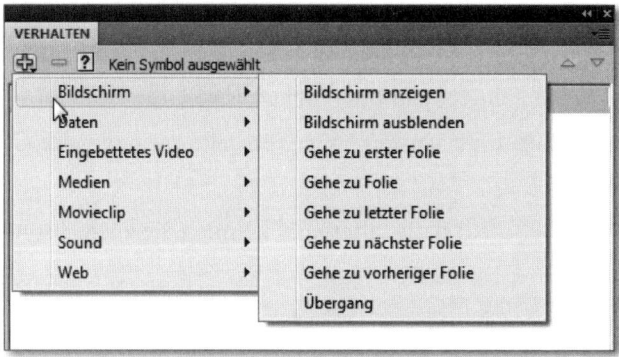

Abbildung 7.5 Der Zugriff auf Verhalten geht einfach und schnell.

Was aber sind Verhalten, und was bewirken sie? Ein Verhalten ist ein vorgefertigter ActionScript-Code, den Flash bereitstellt. Sie können Verhalten überall dort verwenden, wo ActionScript zum Einsatz kommt, nämlich an den folgenden drei Stellen: Schlüsselbilder, Schaltflächen und Movieclips. Es ergeben sich drei Schritte, um ein Verhalten anzuwenden:

Schritt-für-Schritt: Verhalten einsetzen

1 Aktivieren Sie ein Element

Sie müssen das Element (Schaltfläche, Schlüsselbild oder Movieclip) aktivieren, dem Sie ein Verhalten zuweisen möchten.

2 Fügen Sie das Verhalten hinzu

Über das Plus-Symbol blenden Sie eine Liste ein, aus der Sie ein Verhalten wählen.

3 Überprüfen Sie den Code

Im VERHALTEN-Bedienfeld können Sie Einstellungen des Verhaltens, wie beispielsweise das Ereignis, bei dem es eintritt, ändern. Der Code für das Verhalten steht nun im AKTIONEN-Bedienfeld. Er beginnt und endet mit einem einzeiligen Kommentar (//), der den Namen des Verhaltens enthält. Sie können den Code ändern, wobei das nur ratsam ist, wenn Sie ganz sicher sind, was Sie da tun.

Verhalten ändern [+]

Sobald Sie den Code des Verhaltens ändern, beispielsweise einen Variablennamen anpassen, steht das Verhalten nicht mehr im VERHALTEN-Bedienfeld zur Verfügung. Dies gilt auch, wenn Sie den einzeiligen Kommentar vor und nach dem Verhalten anpassen.

Sehen Sie sich einmal den Code eines Verhaltens näher an. Der folgende Action-Script-Code wird eingefügt, wenn Sie das Verhalten GEHE ZU NÄCHSTER FOLIE einsetzen:

```
on (release) {
    // GoTo Next Screen behavior
    var screen = null;
    var target = this;
    while ((screen == null) && (target != undefined) && (target !=
null)) {
        if (target instanceof mx.screens.Screen) {
            screen = target;
        } else {
            target = target._parent;
```

```
    }
  }
  if (screen instanceof mx.screens.Slide) {
    screen.rootSlide.currentSlide.gotoNextSlide();
  }
  // End GoTo Next Screen behavior
} ■
```

Ein wenig kompliziert, nicht wahr? Aber sehr sinnvoll: Das Verhalten ist nämlich so geschrieben, dass es für verschiedene Fälle gültig ist. Daher kommt es beispielsweise auch mit tiefer verschachtelten Bildschirmen zurecht und erleichtert Ihnen die Arbeit sehr. Das Verhalten geht mit einer `while`-Schleife so lange in der Bildschirmhierarchie nach oben, bis es den übergeordneten Screen gefunden hat. Dieser Screen ist dann der Ausgangspunkt, um auf das aktuelle Folienobjekt zuzugreifen und mit der Methode `gotoNextSlide()` eine Folie weiterzuschalten.

7.1.4 Präsentieren in wenigen Schritten

Zum Abschluss folgt ein Beispiel, in dem wir verschachtelte Bildschirme und Verhalten einsetzen, um schnell zu einer kleinen Präsentation zu gelangen. Das Ausgangsdokument heißt *praesentation.fla*. Es besteht aus einer übergeordneten Folie PRAESENTATION und mehreren, teils verschachtelten Folien für den Inhalt (siehe Abbildung 8.6).

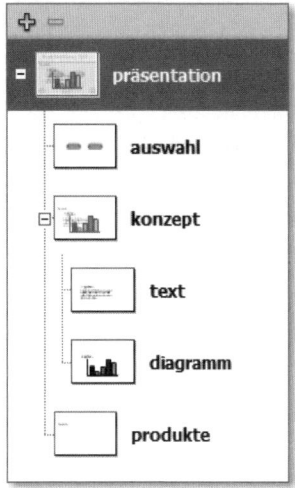

Abbildung 7.6 Die Präsentation besteht aus drei Hauptfolien. Unter der Folie KONZEPT sind zwei Unterfolien angeordnet.

Schritt-für-Schritt: Präsentieren mit Folien

Unser Ziel ist es, die Präsentation mit einer Navigation auszurüsten, die über das simple Foliendurchklicken per Tastatur hinausgeht.

1 Vorwärts- und Zurück-Schaltflächen einrichten

Aktivieren Sie die Folie PRAESENTATION und versehen Sie dort die VORWÄRTS- und ZURÜCK-Schaltflächen mit den Verhalten BILDSCHIRM • GEHE ZU NÄCHSTER FOLIE und BILDSCHIRM • GEHE ZU VORIGER FOLIE.

2 Zurück zur ersten Folie

Versehen Sie das Logo rechts oben in der Folie PRAESENTATION mit dem Verhalten BILDSCHIRM • GEHE ZU ERSTER FOLIE. Damit wechselt die Präsentation jederzeit zurück auf die erste Folie. Hinter dieser Funktionalität steckt die Methode `goto-FirstSlide()`, die Sie auch unabhängig von dem Verhalten einsetzen können. Kleine Zwischenfrage: Warum lässt sich das Logo mit ActionScript-Code versehen? Genau, weil es ein Movieclip ist.

3 Zur Folie »Konzept«

Die Folienauswahl enthält zwei Schaltflächen (aus UI-Komponenten). Mit der Schaltfläche KONZEPT soll der Nutzer auf die entsprechende Folie springen. Wählen Sie hierzu im VERHALTEN-Bedienfeld das Verhalten BILDSCHIRM • GEHE ZU FOLIE. Daraufhin erscheint das Dialogfeld BILDSCHIRM AUSWÄHLEN. Es zeigt – ähnlich wie der ZIELPFAD-Editor – eine hierarchische Übersicht der Folien im Dokument. Klicken Sie auf den Bildschirm, zu dem Sie möchten ❶. Außerdem müssen Sie entscheiden, ob der Bildschirm relativ oder absolut adressiert wird. Wir empfehlen die relative Variante, falls später neue Bildschirme in die Hierarchie eingefügt werden.

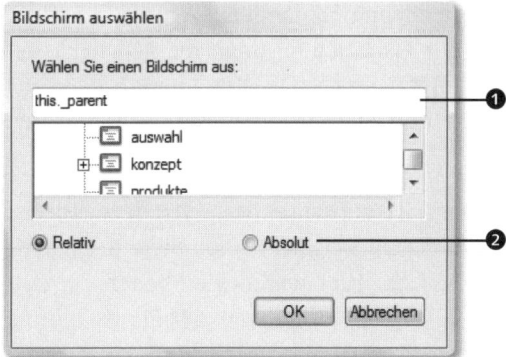

Abbildung 7.7 Wählen Sie den Bildschirm, zu dem gesprungen werden soll.

Übrigens, für diesen direkten Sprung auf eine Folie verwendet das Verhalten die Methode `gotoSlide(Folie)`. Die Folie wird dabei als Parameter mit der im Dialogfeld ausgewählten Adresse angegeben, in unserem Beispiel also:

```
screen.gotoSlide(this._parent._parent.konzept);
```

4 *Zur Folie »Produkte«*

Zum Einrichten der zweiten Schaltfläche, Produkte, gehen Sie genauso vor wie bei der ersten Schaltfläche, Konzept. Sie wählen das Verhalten und als Bildschirm im Dialogfeld die Folie Produkte.

[○] Fertig ist die einfache Formularsteuerung (*praesentation_AS2.fla*). Sie haben natürlich die Wahl, ob Sie mit vorgefertigten Verhalten arbeiten oder von Hand zwischen den Folien hin- und herspringen. Prinzipiell empfehlen wir die Verwendung von Verhalten, da sie einfach zu warten sind. Erst wenn Sie mehr Funktionalität (beispielsweise in Form einer umfangreichen Fallunterscheidung) benötigen, sollten Sie die Navigation von Hand programmieren.

Das Verhalten Bildschirm • Übergang sorgt für einen optisch ansprechenden Übergang von der einen zur nächsten Folie. Auch dahinter steckt ActionScript: Sie können bei Einblenden (Ereignis `reveal`) oder Ausblenden (Ereignis `hide`) eines Bildschirms Übergänge (engl. transitions) einfügen. Das funktioniert auch beim Ein- oder Ausblenden der untergeordneten Bildschirme (Ereignisse `reveal-Child` oder `hideChild`). Wir empfehlen hier die vorgefertigten Verhalten, da Sie Ihnen im Dialogfenster Übergänge eine Vorschau und viele Steuerungsmöglichkeiten für die Übergänge bieten.

7.2   Präsentationen ohne Bildschirme

Nicht jeder möchte die Bildschirme verwenden und damit auf ActionScript 2 setzen. Dennoch wären Präsentationen mit Flash schön, denn die Möglichkeiten von Flash sind bekanntermaßen sehr umfangreich: Die Präsentation ließe sich beispielsweise einfach ins Netz stellen und plattformübergreifend betrachten, und die Dateien blieben recht klein.

[○] Eine Präsentation ohne Bildschirme lässt sich auf tausenderlei Arten realisieren. Wichtig ist, dass Sie sie logisch aufbauen. Ein Beispiel finden Sie auf der DVD unter *praesentation_ohnebildschirme_AS3.fla*. Hier helfen die Ebenen der Zeitleiste und die aus dem letzten Kapitel bekannten Funktionen zur Filmsteuerung, um eine schlüssige Präsentation zu erstellen.

[+]

> **fscommand()**
>
> Wenn Sie steuern möchten, wie Ihre Präsentation im Flash Player erscheint, können Sie mit der Funktion `fscommand(Befehl, Parameter)` bestimmte Befehle für den Flash Player beziehungsweise den Standalone-Projektor setzen. `fullscreen` erlaubt beispielsweise beim Wert `true` Vollbildmodus, `allowscale` mit dem Wert `false` verhindert, dass der Nutzer den SWF-Film skaliert. Um `fscommand()` einzusetzen, schreiben Sie die Funktion einfach in eine beliebige Aktion. `fscommand()` kommt übrigens auch zum Einsatz, um ActionScript mit JavaScript kommunizieren zu lassen.

In dieser Präsentation ersetzen die Ebenen der Zeitleiste die verschachtelten Bildschirme. Die MASTER-Ebene erstreckt sich über die vier Bilder mit allen untergeordneten Folien. Sie enthält zwei Schaltflächen, um jeweils ein Bild weiter (`nextFrame()`) und zurück (`prevFrame()`) zu schalten. Die Hauptfolien liegen auf der Ebene HAUPTFOLIEN. Sie erstrecken sich über so viele Bilder, wie sie Unterfolien besitzen. Die UNTERFOLIEN schließlich enthalten die eigentlichen Inhalte. Jede Folie entspricht dabei einem Schlüsselbild.

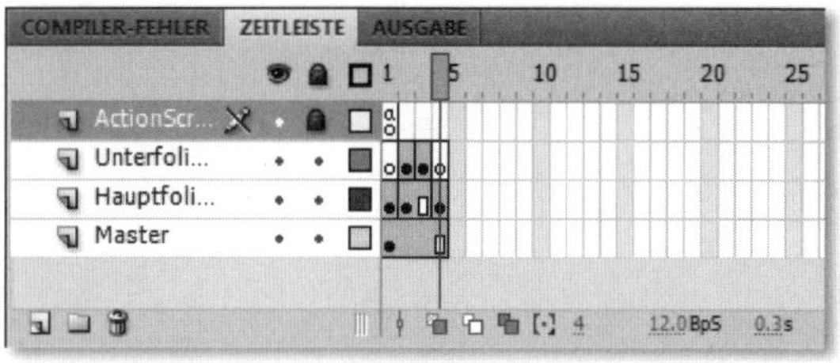

Abbildung 7.8 Ein logischer Aufbau ersetzt die Bildschirme.

In Schlüsselbild 1 auf der Ebene HAUPTFOLIE kann der Nutzer per Schaltfläche entscheiden, auf welcher Folie es weitergeht. Per `gotoAndStop()` springt er auf die Folie *Konzept* (Bild 2) oder *Produkte* (Bild 4).

Der Code befindet sich vollständig im ersten Schlüsselbild des Hauptfilms:

```
stop();
next_btn.addEventListener(MouseEvent.CLICK,
    function(evt:MouseEvent) {
        nextFrame();
    });
prev_btn.addEventListener(MouseEvent.CLICK,
    function(evt:MouseEvent) {
        prevFrame();
    });
konzept_btn.addEventListener(MouseEvent.CLICK,
    function(evt:MouseEvent) {
        gotoAndStop(2);
```

```
    });
produkte_btn.addEventListener(MouseEvent.CLICK,
    function(evt:MouseEvent) {
        gotoAndStop(4);
    });
```

In der Ebene ACTIONSCRIPT können Sie nun noch neuen Code zu eigenen Schlüsselbildern für die einzelnen Folien hinzufügen.

[»] **Tastensteuerung**

Wie Sie Ihre Präsentation zusätzlich mit einer Tastensteuerung versehen können, lesen Sie in Kapitel 10, »Tasten«.

»Die Presse ist für mich Druckerschwärze auf Papier.«
– Otto von Bismarck

8 Drucken und das Kontextmenü

Was geschieht eigentlich, wenn der Benutzer im Browser eine Webseite mit Flash-Film druckt? Er druckt das gerade aktuelle Bild. Allerdings muss er recht geschickt sein, um immer genau das Bild zu erwischen, das er zu Papier bringen möchte. Deswegen bietet ActionScript eine eigene Funktion zum Ausdrucken auf Knopfdruck, die Klasse `PrintJob`. Der zweite Teil dieses Kapitels dreht sich rund um das Kontextmenü, das erscheint, wenn der Nutzer mit rechts auf Ihren Flash-Film klickt.

8.1 Drucken – die Grundfunktionen

In ActionScript 3 ist für das Drucken ausschließlich die `PrintJob`-Klasse zuständig. Die in ActionScript 2 noch vorhandenen Funktionen zur Druckersteuerung wurden entfernt. Außerdem wurde die `PrintJob`-Klasse leicht umgestaltet. Sie finden diese im Aktionen-Bedienfeld unter `flash.printing` (siehe Abbildung 8.1). Hier finden sich übrigens auch die Klassen für das Seitenformat (`PrintJob-Orientation`) und für die Druckoptionen (`PrintJobOptions`). Mehr dazu lesen Sie in den Abschnitten 8.1.1, »Druckoptionen für addPage()«, und 8.1.2, »Papierformat und -größe«.

Wenn Sie drucken möchten, benötigen Sie ein Objekt dieser Klasse. Die eigentliche Arbeit übernehmen dann Methoden. Das Vorgehen erfolgt immer in derselben Reihenfolge:

1. Sie instantiieren ein neues `PrintJob`-Objekt mit dem Konstruktor `new`. Dieses Objekt speichern Sie in einer Variablen, die den Datentyp des Objekts, also `PrintJob`, besitzt.

   ```
   var ausdruck:PrintJob = new PrintJob();
   ```

2. Anschließend beginnen Sie die Aufnahme von Seiten zum Druck. Hierfür dient die Methode `start()`:

   ```
   ausdruck.start();
   ```

Die Methode liefert `false` zurück, wenn der Nutzer den DRUCKEN-Dialog abbricht. Dieses Abbrechen lässt sich aus Sicherheitsgründen selbstverständlich nicht verhindern. Sie können es allerdings überprüfen, bevor Sie eine Seite hinzufügen und den Druckauftrag senden:

```
if (ausdruck.start()) {
  //Seite hinzufügen
  //Druckauftrag starten
}
```

3. Mit der Methode `addPage(Ziel, Rechteck für Druckbereich)` fügen Sie eine neue Seite für den Druck hinzu:

```
ausdruck.addPage(root, new Rectangle(0, 0, 220, 200));
```

Sie können mehrere `addPage()`-Methoden aneinanderreihen, um mehrere Seiten auszudrucken. Die Reihenfolge richtet sich danach, wann eine Seite zum Druck hinzugefügt wurde.

4. Die Methode `send()` schickt alle hinzugefügten Seiten zum Drucker und startet den DRUCKEN-Dialog:

```
ausdruck.send();
```

5. Zum Schluss können Sie das `PrintJob`-Objekt auf `null` setzen, um den belegten Hauptspeicher wieder freizugeben:

```
ausdruck = null;
```

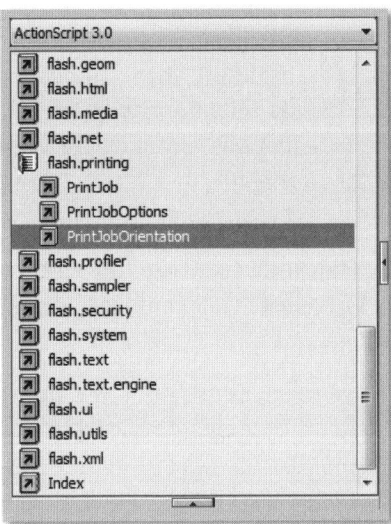

Abbildung 8.1 Die `PrintJob`-Klasse im AKTIONEN-Bedienfeld

8.1.1 Druckoptionen für addPage()

Die Methode `addPage()` ist das Herzstück für den Ausdruck mit dem `PrintJob`-Objekt. Hier legen Sie fest, welche und wie viele Seiten ausgedruckt werden.

Insgesamt besitzt `addPage(Ziel, Druckbereich, Optionen, Bildnummer)` vier Parameter, von denen Sie nur den ersten angeben müssen:

▶ Das Ziel kann ein beliebiger Movieclip sein und muss immer festgelegt werden:

```
ausdruck.addPage(root);
```

▶ Der Druckbereich ist ein `Rectangle`-Objekt. Das Rechteck selbst ist durch x- und y-Koordinate sowie Breite und Höhe definiert:

```
ausdruck.addPage(root, new Rectangle(0, 0, 220, 200));
```

▶ Der nächste Parameter bestimmt die Druckoptionen. Sie sind in ActionScript 3 in einer eigenen Klasse geregelt: `PrintJobOptions`. Allerdings gibt es dort aktuell nur eine Eigenschaft/Option: `printAsBitmap`. Druckstandard sind Vektordaten.

```
var pjo:PrintJobOptions = new PrintJobOptions();
pjo.printAsBitmap = true;
ausdruck.addPage(root, new Rectangle(0, 0, 220, 200), 1);
```

▶ Der letzte Parameter gibt optional an, welches Bild gedruckt werden soll. Fehlt dieser Parameter, druckt der Flash Player das aktuelle Bild des Movieclips.

```
ausdruck.addPage(root, new Rectangle(0, 0, 220, 200), pjo, 1);
```

Wenn Sie den dritten oder vierten Parameter setzen möchten, ohne den oder die optionalen Parameter davor zu verwenden, übergeben Sie für diese einfach `null` als Wert:

```
ausdruck.addPage(root, null, null, 2);
```

Obige Zeile besagt, dass im Hauptfilm Bild 2 gedruckt wird, aber keine Angaben zum Druckbereich oder zum Drucken als Bitmap gemacht wurden.

Bildmarkierungen   [+]

Die Bildmarkierungen #b und #p gab es in früheren Flash-Versionen, um einzelne Bilder im Film als für den Ausdruck relevant zu kennzeichnen. Sie haben bei der Arbeit mit einem `PrintJob`-Objekt keine Wirkung und werden einfach ignoriert.

8.1.2 Papierformat und -größe

Das `PrintJob`-Objekt besitzt noch einige Eigenschaften, um Papierformat und -größe auszulesen. Die Eigenschaft `orientation` liefert als Ergebnis, ob es sich um Hochformat (`PORTRAIT`) oder Querformat (`LANDSCAPE`) handelt. Die beiden Werte sind in der statischen Klasse `PrintJobOrientation` vorgehalten. Sie können sie nach dem Aufruf von `start()` direkt auslesen und darauf reagieren:

```
if (ausdruck.orientation == PrintJobOrientation.LANDSCAPE) {
    root.rotation = 90;
}
```

Sie sollten nach dem Druck natürlich eventuelle Änderungen wieder rückgängig machen.

Neben der Ausrichtung können Sie zusätzlich noch über Eigenschaften auf die Papiergröße reagieren. `pageHeight` und `pageWidth` liefern die Maße der Seite, `paperHeight` und `paperWidth` die Maße des Papiers.

Ganz wichtig ist, dass keiner der Werte von Ihnen per ActionScript änderbar ist. Diese Werte sind aus Sicherheitsgründen völlig unter Kontrolle des Benutzers. Sie können außerdem erst darauf zugreifen, wenn Sie mit `start()` den DRUCKEN-Dialog gestartet haben und der Anwender den Druck nicht abgebrochen hat.

8.2 Drucken auf Knopfdruck

Nun aber zu einem Beispiel, bei dem der DRUCKEN-Dialog auf Knopfdruck aufgerufen wird. Auf der DVD finden Sie die Datei *drucken_printjob.fla*. Sie besteht aus zwei Movieclips über Zahnräder, einer Stopp- und Abspiel-Schaltfläche und einer Druckschaltfläche rechts oben. Diese drei Schaltflächen sollen Sie nun zum Leben erwecken.

[!] **Testen**

Verwenden Sie zum Testen der Druckfunktion einen Druckertreiber, der ein digitales Druckerzeugnis, beispielsweise Pixelbilder oder PDFs, generiert. Wenn Sie einen echten Drucker verwenden, verschwenden Sie nur unnötig Papier.

◢ *Schritt-für-Schritt: Drucken mit Schaltfläche*

In diesem Beispiel landet der komplette Code im ersten Schlüsselbild des Hauptfilms.

1 *Stopp-Schaltfläche einrichten*

Fügen Sie im ersten Schlüsselbild des Hauptfilms folgenden Code auf einer eigenen ActionScript-Ebene ein:

```
stop_btn.addEventListener(MouseEvent.CLICK, function(evt:Event) {
    zahnRadK_mc.stop();
    zahnRadG_mc.stop();
});
```

Dieser Event-Handler versieht die Stopp-Schaltfläche (stop_btn) mit Code, der die zwei Movieclips mit Zahnrädern anhält, wenn der Nutzer auf die Schaltfläche klickt.

2 *Wieder abspielen*

Der Code für die Abspiel-Schaltfläche landet ebenfalls im ersten Schlüsselbild des Hauptfilms. Auch hier reagiert ein anonymer Event-Listener auf das Loslassen der Abspiel-Schaltfläche (play_btn) und setzt die Wiedergabe des Zahnrad-Movieclips fort:

```
play_btn.addEventListener(MouseEvent.CLICK, function(evt:Event) {
    zahnRadK_mc.play();
    zahnRadG_mc.play();
});
```

3 *PrintJob-Objekt instantiieren*

Instantiieren Sie das PrintJob-Objekt im Event-Listener für die Drucken-Schaltfläche drucken_btn und weisen Sie es einer Variablen zu:

```
drucken_btn.addEventListener(MouseEvent.CLICK, function(evt:Event) {
    var ausdruck:PrintJob = new PrintJob();
```

4 *Druckaufnahme starten*

Beginnen Sie mit der Methode start() die Aufnahme von Seiten zum Druck.

```
if (ausdruck.start()) {
    //Druckanweisungen
}
```

Die Methode start() liefert als Ergebnis einen Wahrheitswert, ob das Drucken möglich ist. start() liefert false, wenn der Nutzer den Drucken-Dialog beendet. Daher prüfen wir hier aus Sicherheitsgründen, ob das Starten geklappt hat, bevor die Seite hinzugefügt und der Druckauftrag gesendet wird.

5 Seite hinzufügen

Fügen Sie eine Seite mit addPage() hinzu:

```
ausdruck.addPage(root, new Rectangle(0, 0, 220, 200));
```

Der Druckbereich der Seite spart in diesem Fall die Navigationsleiste auf der rechten Seite aus.

6 Druck ausführen

Mit send() führen Sie den Druck aus:

```
ausdruck.send();
```

7 PrintJob-Objekt löschen

Löschen Sie das PrintJob-Objekt, indem Sie es auf null setzen:

```
    ausdruck = null;
});
```

Die Druckfunktion druckt hier den Hauptfilm (root). Vor dem endgültigen Ausdruck erhält der Nutzer das DRUCKEN-Dialogfeld des Betriebssystems. Ein Umgehen dieses Dialogfelds ist aus Sicherheitsgründen nicht möglich.

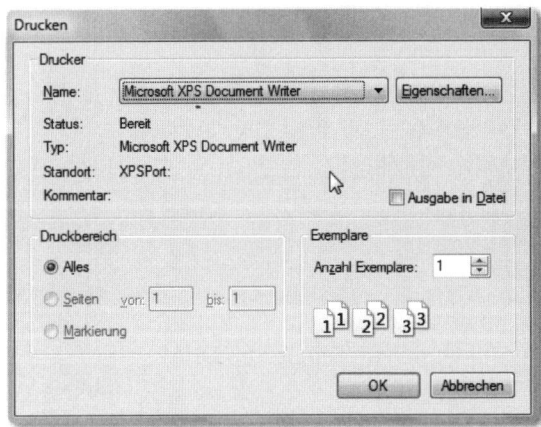

Abbildung 8.2 Das DRUCKEN-Dialogfenster hängt vom Betriebssystem ab und erscheint immer. ■

[○] Die Datei mit dem ActionScript-Code finden Sie auf der DVD unter *drucken_ printjob_AS3.fla*. Dort sehen Sie auch ein Beispiel für die Reaktion auf das Seitenformat und für die übrigen Optionen von addPage(). Diese Beispiele sind jeweils auskommentiert.

8.3 Kontextmenü steuern

Noch ein Ort, an dem das Drucken aus dem Flash-Film möglich ist, ist das Kontextmenü. Das Kontextmenü erscheint, wenn der Nutzer auf den Flash-Film mit der rechten (zweiten) Maustaste klickt. Mac-Nutzer müssen oftmals ohne zweite Maustaste auskommen. Sie drücken die Strg-Taste und klicken mit der einen Maustaste, um das Kontextmenü aufzurufen. Das Kontextmenü sieht je nach Flash-Player-Version leicht unterschiedlich aus, besitzt aber einige Standardeinstellungen, z. B. für das Drucken.

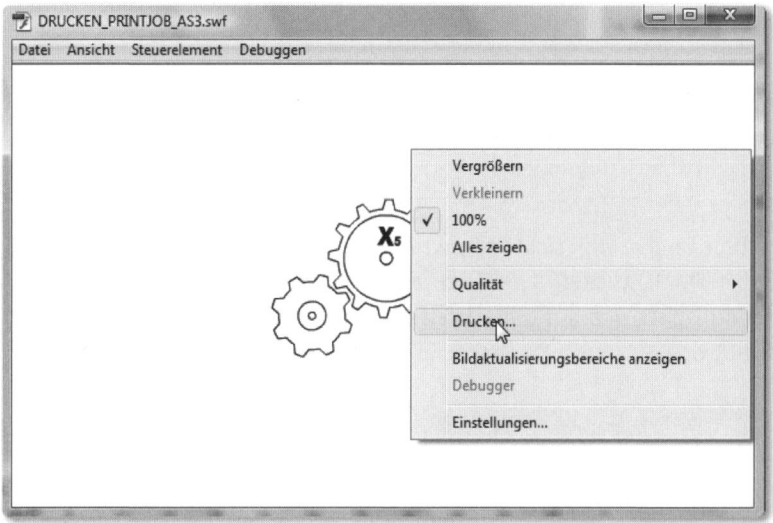

Abbildung 8.3 Das Kontextmenü – hier im Flash Player der Entwicklungsumgebung – enthält einige Befehle, um den SWF-Film zu beeinflussen.

Interessant ist beim Kontextmenü, wie sich das Drucken oder das gesamte Kontextmenü deaktivieren und beeinflussen lässt. Der nächste Abschnitt zeigt, wie Sie das Drucken für ältere Flash-Versionen unterdrücken; anschließend erfahren Sie, wie Sie das Kontextmenü generell unterdrücken, und zwar ohne und mit ActionScript. Zum Schluss lernen Sie die ContextMenu-Klasse kennen, die alle Kontextmenübefehle flexibel per ActionScript steuerbar macht.

8.3.1 Kein Drucken im Kontextmenü

Um das Drucken über das Kontextmenü zu deaktivieren, ohne es komplett zu sperren, vergeben Sie für ein beliebiges Schlüsselbild des Hauptfilms die Bildmarkierung !#p. Diese Anweisung gilt dann für den gesamten Hauptfilm. Der DRUCKEN-Befehl ❶ im Kontextmenü erscheint hellgrau, ist also deaktiviert.

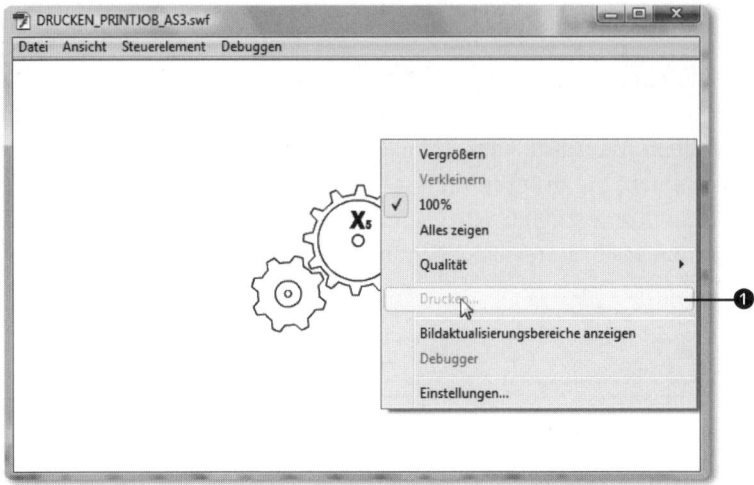

Abbildung 8.4 Der DRUCKEN-Befehl ist dank der Bildmarkierung !#p deaktiviert.

Das Angenehme an diesem Trick: Er funktioniert auch in älteren Flash-Versionen. Die Nachteile: Der DRUCKEN-Befehl ist lediglich ausgegraut (also immer noch sichtbar), und es lässt sich auf diese Weise auch nichts anderes außer dem Drucken steuern.

Drucken im Browser

Vorsicht, der DRUCKEN-Befehl des Browsers (meist Menü DATEI • DRUCKEN) lässt sich nie deaktivieren, da der Flash Player keine Kontrolle über den Browser besitzt.

8.3.2 Kontextmenü sperren

Wenn Sie das Kontextmenü nur noch mit absoluten Basisbefehlen sehen möchten, können Sie es direkt beim Veröffentlichen des Flash-Films ausschalten. Deaktivieren Sie dazu das Kontrollkästchen MENÜ ANZEIGEN ❶ im Register HTML über DATEI • EINSTELLUNGEN FÜR VERÖFFENTLICHUNGEN.

Wie macht Adobe das? Der SWF-Film wird bei der Veröffentlichung in eine HTML-Seite eingebunden. Um mit möglichst allen Browsern kompatibel zu sein, werden dabei die Tags `<object>` und `<embed>` eingesetzt. Bei beiden Tags gibt es jeweils einen Parameter bzw. ein Attribut `menu`, mit dem sich das Kontextmenü ausschalten lässt. Die Änderung erfolgt also nicht wie bei der Bildmarkierung in Flash und im Flash Player, sondern seitens des Browsers. Damit ist sie natürlich auch nicht per ActionScript steuerbar. Außerdem ist das Kontextmenü nur in der HTML-Seite nicht vollständig zu sehen, sehr wohl aber, wenn man die SWF-Datei direkt aufruft.

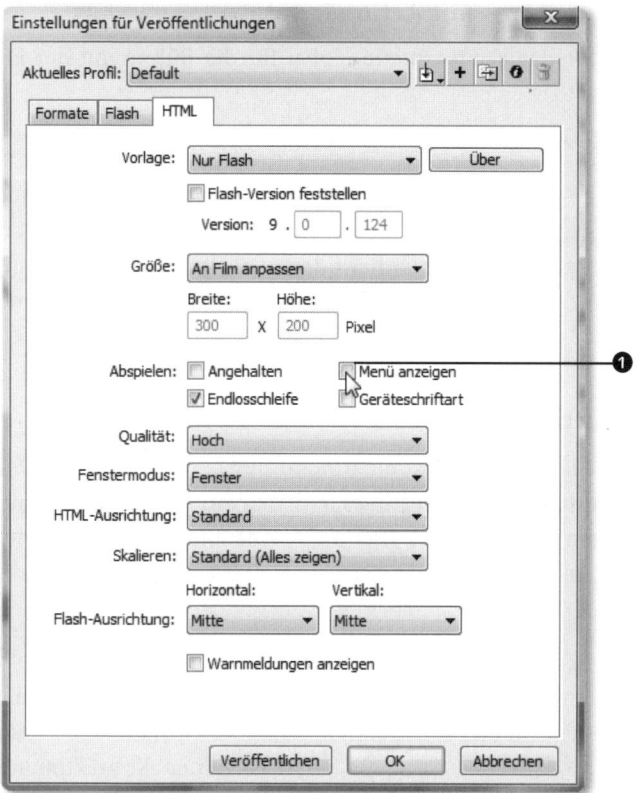

Abbildung 8.5 Versionsübergreifend: Wenn der Befehl MENÜ ANZEIGEN im Register HTML in den EINSTELLUNGEN FÜR VERÖFFENTLICHUNGEN deaktiviert ist, verschwindet das Kontextmenü.

Abbildung 8.6 Im Browser sind die meisten Kontextmenübefehle unsichtbar, wenn mit HTML aufgerufen (links). Ohne HTML ist alles sichtbar (rechts).

8.3.3 Kontextmenü sperren – mit ActionScript

Mit ActionScript sperren Sie das Kontextmenü global für die Bühne mit der Eigenschaft `showDefaultContextMenu`:

```
stage.showDefaultContextMenu = false;
```

Ist die Eigenschaft auf `false` gesetzt, werden nur die Einstellungen und die Infos über den Flash Player angezeigt. Vorsicht, bei verschachtelten Filmen müssen sich die Filme im selben Sicherheitsbereich befinden, z. B. innerhalb einer Anwendungsdomäne. Andernfalls lässt sich die Anweisung nicht auf verschiedene Filme anwenden.

8.3.4 ContextMenu-Klasse

In älteren Flash-Versionen lässt sich das Kontextmenü nur bedingt steuern. Der Drucken-Befehl ist abschaltbar, ansonsten gibt es lediglich die Wahl zwischen aktiviertem oder deaktiviertem Kontextmenü. Hier hat Adobe mit der `ContextMenu`-Klasse Abhilfe geschaffen, mit der Sie sogar einzelne Befehle des Kontextmenüs zusammenstellen können.

Die Funktionalität der `ContextMenu`-Klasse finden Sie im Aktionen-Bedienfeld unter `flash.ui`. Hier ist auch die Klasse `ContextMenuBuiltInItems` zu finden, die alle standardmäßig im Kontextmenü vorhandenen Elemente enthält. Außerdem sehen Sie hier die Klasse `ContextMenuItem` für einen einzelnen Kontextmenübefehl. Diese Klasse wird bei eigenen Kontextmenüeinträgen eingesetzt. Mehr dazu lesen Sie im nächsten Abschnitt.

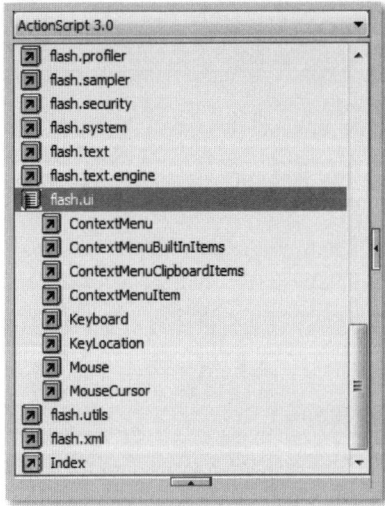

Abbildung 8.7 Die Klasse `ContextMenu` finden Sie im Aktionen-Bedienfeld.

Die Arbeit mit Kontextmenüs folgt immer einem vorgefertigten Muster. Sehen Sie sich das folgende Beispiel an; Grundlage ist die Datei *kontext.fla*:

Schritt-für-Schritt: Kontextmenü steuern

Der Code zum Steuern des Kontextmenüs landet im ersten Schlüsselbild des Hauptfilms auf einer eigenen ActionScript-Ebene.

1   Neues Objekt instantiieren

Zuerst instantiieren Sie ein neues `ContextMenu`-Objekt und weisen es einer Variablen zu:

```
var kontextMenue:ContextMenu = new ContextMenu();
```

2   Drucken-Befehl ausblenden

Blenden Sie den Befehl zum Drucken aus:

```
kontextMenue.builtInItems.print = false;
```

Die Einträge des Kontextmenüs befinden sich in dem Unterobjekt `builtInItems`. Sie sind Eigenschaften von `builtInItems` und basieren auf der Klasse `ContextMenuBuiltInItems`. Neben `print` finden Sie hier die Einträge für das Abspielen (`play`), Zurückspulen (`rewind`) und vieles mehr.

Bis jetzt steht das `ContextMenu`-Objekt sozusagen noch auf der grünen Wiese, da es noch nicht zum Einsatz kam.

3   ContextMenu-Objekt anwenden

Zum Schluss müssen Sie das Kontextmenü dem Hauptfilm zuweisen. Dazu dient die Eigenschaft `contextMenu` für den Hauptfilm oder einen Movieclip.

```
contextMenu = kontextMenue;
```

Diesen letzten Schritt sollten Sie gut durchdenken: Sie haben in den Schritten 1 und 2 ein `ContextMenu`-Objekt erstellt und ein Element daraus geändert. Das Objekt befindet sich zu diesem Zeitpunkt nur im Hauptspeicher des Rechners. Mit dem letzten Schritt sagen Sie dem Hauptfilm, dass er dieses Objekt als sein Kontextmenü verwenden soll. Erst jetzt kommt das Objekt wirklich zum Einsatz.

Die fertige Datei *kontext_AS3.fla* finden Sie auf der Buch-DVD.   **[o]**

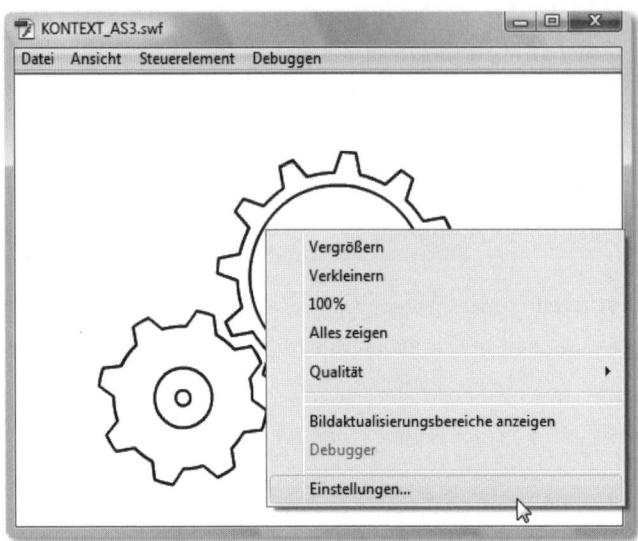

Abbildung 8.8 Der DRUCKEN-Befehl ist verschwunden. ∎

8.4 Kontextmenü erweitern

Dank der Klasse `ContextMenuItem` haben Sie auch die Möglichkeit, eigene Kontextmenüeinträge anzulegen und auf das Anklicken dieser Einträge zu reagieren. Die eigenen Elemente sind alle in der Eigenschaft `customItems` als Array enthalten. Um neue hinzuzufügen, verwenden Sie die Array-Methode `push()`. Ein Element, das zu diesem Array hinzugefügt wird, muss ein Objekt der Klasse `CustomMenuItem` sein.

```
var element:ContextMenuItem = new ContextMenuItem("Titel");
kontextMenue.customItems.push(element);
```

Für Kontextmenüs stehen außerdem zwei Ereignisse zur Verfügung, die Sie wie gewohnt über einen Event-Listener abfragen können. Sie sind beide in der Klasse `ContextMenuEvent` zu finden (unter `flash.events`):

▶ `MENU_ITEM_SELECT` wird für ein `ContextMenuItem` definiert und beim Auswählen des Kontextmenübefehls ausgelöst.

▶ `MENU_SELECT` gilt für das komplette Kontextmenü und tritt bei jedem Aufruf des Kontextmenüs ein.

Sehen Sie sich diese Möglichkeiten anhand eines Beispiels an. Das Beispiel basiert auf der schon bekannten Beispieldatei *kontext.fla*. Eines der beiden Zahnräder soll per Kontextmenübefehl angehalten werden.

Schritt-für-Schritt: **Eigene Elemente im Kontextmenü**

In Flash sollten Sie zuerst noch ein unsichtbares rundes Element um das Zahnrad legen. Andernfalls lässt sich per Kontextmenü nämlich nur der Rahmen des Rades anklicken.

1 *Kontextmenü erstellen*

Zunächst wird ein neues Kontextmenü erstellt. Anschließend blendet die Methode `hideBuiltInItems()` alle Standardelemente aus.

```
var kontextRadG:ContextMenu = new ContextMenu();
kontextRadG.hideBuiltInItems();
```

2 *Neuen Eintrag erstellen*

Anschließend erzeugen Sie einen neuen Eintrag:

```
var aniRadGAnhalten:ContextMenuItem = new ContextMenuItem("Großes
Zahnrad anhalten");
```

3 *Ereignis abfangen*

Dieser erhält einen eigenen Event-Listener. Wenn der Nutzer den Eintrag auswählt, wird die Funktion `anhalten()` aufgerufen:

```
aniRadGAnhalten.addEventListener(ContextMenuEvent.MENU_ITEM_
SELECT, anhalten);
```

4 *Zum Kontextmenü hinzufügen*

Nun muss der Eintrag noch zum Kontextmenü hinzugefügt werden. Dies geschieht durch Hinzufügen zum Array `customItems`:

```
kontextRadG.customItems.push(aniRadGAnhalten);
```

5 *Event-Listener für Kontextmenü*

Der Event-Listener für das Kontextmenü ist hier nicht unbedingt erforderlich, soll aber eine Meldung produzieren:

```
kontextRadG.addEventListener(ContextMenuEvent.MENU_
SELECT, menueGewaehlt);
```

6 *Kontextmenü zuweisen*

Ist alles definiert, muss das Kontextmenü noch dem entsprechenden Movieclip zugewiesen werden:

```
zahnRadG_mc.contextMenu = kontextRadG;
```

7 Event-Listener-Funktion für Menü

Die Event-Listener-Funktion für das Menü erhält nur eine Ausgabe:

```
function menueGewaehlt(evt:ContextMenuEvent) {
  trace("Kontextmenü gestartet");
}
```

8 Event-Listener für Menüeintrag

Hier greifen Sie mit der Eigenschaft CONTEXTMENUOWNER auf den Movieclip zu, dem das Kontextmenü zugewiesen ist. In diesem Fall ist es das Zahnrad, das Sie dann anhalten:

```
function anhalten(evt:ContextMenuEvent) {
  trace("Befehl " + evt.target.caption + " gewählt!");
  evt.contextMenuOwner.stop();
}
```

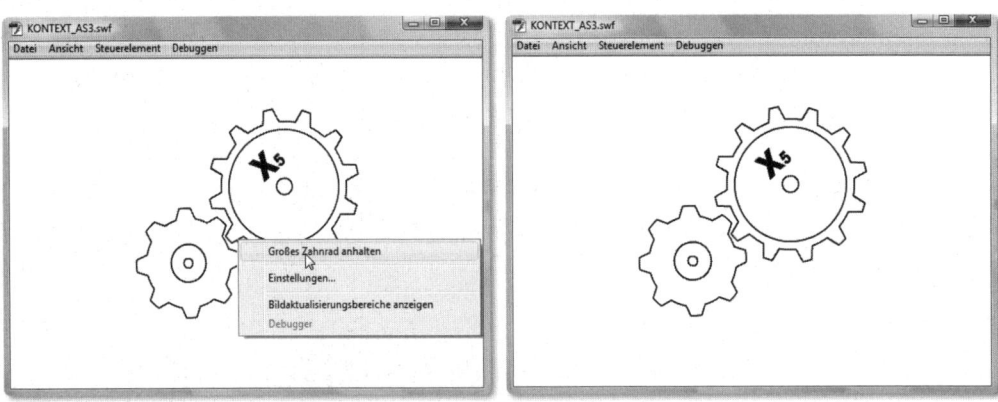

Abbildung 8.9 Über das Kontextmenü wird das große Zahnrad angehalten. ■

[○] Sie finden das Beispiel auf der DVD unter dem Namen *kontext_reagieren_AS3.fla*.

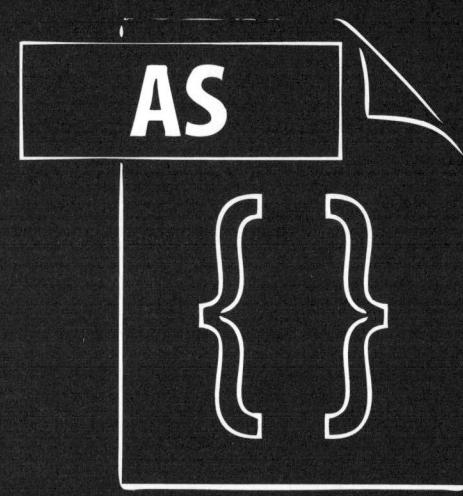

TEIL IV
Ein- und Ausgabe

»Die ersten vierzig Jahre unseres Lebens liefern den Text,
die folgenden dreißig den Kommentar dazu.«
– Arthur Schopenhauer

9 Textfelder

Das Textwerkzeug von Flash produziert beliebig große Textfelder. Sie lassen sich formatieren, skalieren und mit netten Schriften versehen. Natürlich kennen Sie das alles. Textfelder spielen aber auch bei der Arbeit mit ActionScript eine große Rolle. Mit Textfeldern können Sie Informationen ausgeben oder von den Benutzern Eingaben erhalten. Außerdem lassen sich Textfelder per ActionScript formatieren oder gar komplett dynamisch erzeugen.

Textfelder sind schon in Flash 5 ein integraler Bestandteil. Die Steuerung mit ActionScript funktioniert dort genauso wie mit der neuesten Flash-Version CS4. Allerdings sind über die Jahre weitere Möglichkeiten hinzugekommen, beispielsweise für das Formatieren von Textfeldern.

9.1 Textfelder und ActionScript

Flash bietet drei Arten von Textfeldern:

- statische Textfelder
- dynamische Textfelder
- Eingabetextfelder

Die Art eines Textfelds ändern Sie im Eigenschafteninspektor. Das statische Textfeld kann mit ActionScript nicht per Instanzname angesprochen, formatiert oder erstellt werden. Zum Einsatz kommen in diesem Kapitel also nur dynamische Textfelder und Eingabetextfelder. Allerdings sind statische Textfelder in der Anzeigeliste Objekte der Klasse `StaticText`. Ihr Inhalt kann auch mit der Eigenschaft `text` ausgelesen werden, wenn sie in der Anzeigeliste gefunden werden.

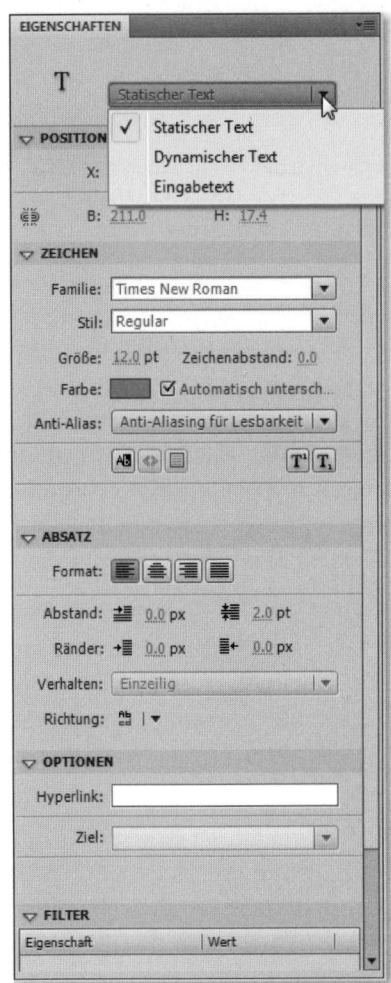

Abbildung 9.1 Im EIGENSCHAFTENINSPEKTOR wählen Sie zwischen den Textfeldarten.

[+] **Komponenten zur Texteingabe**

Eine Alternative zu den Textfeldern sind die Komponenten zur Texteingabe. Mehr über die Komponenten erfahren Sie in Kapitel 22, »Formulare und UI-Komponenten«.

9.1.1 Dynamische Textfelder

Dynamische Textfelder bieten denselben Ansatzpunkt für ActionScript wie alle anderen Anzeigeobjekte: Sie geben im Eigenschafteninspektor einen Instanznamen an, mit dem Sie auf das Textfeld selbst zugreifen, es formatieren und verändern können.

Das Feld Variable **[«]**

Das Feld VARIABLE bzw. VAR im Eigenschafteninspektor diente in den Vorgängerversionen ActionScript 1 und 2 dazu, auf den Inhalt von Textfeldern zuzugreifen und diese zu ändern. In ActionScript 3 ist das nicht mehr möglich. Hier geht der Zugriff nur noch über den Instanznamen. Vorsicht, wenn Sie eine alte Anwendung auf ActionScript 3 migrieren, müssen Sie die Variablennamen vorher entfernen. Sobald die Flash-Datei ActionScript 3 ist, können Sie leider nicht mehr auf das VARIABLE-Feld zugreifen, erhalten aber trotzdem im strengeren Warnmodus eine Meldung.

Abbildung 9.2 Im EIGENSCHAFTENINSPEKTOR geben Sie einen Instanznamen ❶ an.

Inhalte auslesen und zuweisen

Mit dem Instanznamen greifen Sie auf ein Objekt zu, das als Datentyp ein dynamisches Textfeld ist. Dieses Objekt ist ein Objekt der Klasse `TextField`. Für

Codehinweise verwenden Sie die Endung `_txt`. Ein dynamisches Textfeld besitzt zusätzlich den Typ `DYNAMIC`. Er ist in der Klasse `TextFieldType` festgelegt. Auf den Inhalt eines Textfelds greifen Sie mit der Eigenschaft `text` zu. Die Anweisung

```
trace(textfeld_txt.text);
```

gibt den aktuell im Textfeld vorhandenen Text aus. Um Text zuzuweisen, verwenden Sie einfach den Zuweisungsoperator und geben der Eigenschaft `text` einen Wert:

```
textfeld_txt.text = "Hallo!";
```

[+] **Ohne Endung**

Sie können natürlich bei Instanznamen auf die Endung mit dem Datentyp verzichten. Schließlich ist sie nur eine Hilfe, um Codehinweise zu erhalten. Diese sind allerdings gerade bei einer umfangreichen Klasse wie der `TextField`-Klasse sehr hilfreich.

9.1.2 Eingabefelder

Eingabefelder erlauben dem Benutzer, Text einzutippen. Wenn der Anwender darauf klickt, erscheint ein Textcursor, und er kann seine Eingaben machen. Aus ActionScript-Sicht bietet ein Eingabefeld die gleichen Ansatzpunkte wie ein dynamisches Textfeld: Der Instanzname erlaubt den Zugriff auf das Eingabefeld. Mit der Eigenschaft `text` gelangen Sie an die Inhalte. Dass es sich um ein Eingabetextfeld handelt, wird über die Eigenschaft `INPUT` der `TextFieldType`-Klasse bestimmt (siehe Abbildung 9.3).

Das Eingabefeld besitzt allerdings eine Interaktionsmöglichkeit mehr als das dynamische Textfeld: Sie können nicht nur den Inhalt des Textfelds setzen und auslesen, sondern auch die Eingaben des Benutzers per ActionScript in Ihren Code übernehmen. Das Einzige, was Sie dafür benötigen, ist ein passendes Ereignis, z. B. der Klick auf eine Schaltfläche. Mehr dazu in Abschnitt 9.2, »Mit Textfeldinhalten arbeiten«.

9.1.3 Textfelder dynamisch generieren

Textfelder werden, wie jedes andere Anzeigeobjekt auch, erstellt, indem ein Objekt der entsprechenden Klasse instantiiert wird. Ausführliches zu diesem Thema lesen Sie in Kapitel 13, »Animationsgrundlagen«. In diesem Fall ist das die Klasse `TextField`.

```
var textFeld:TextField = new TextField();
```

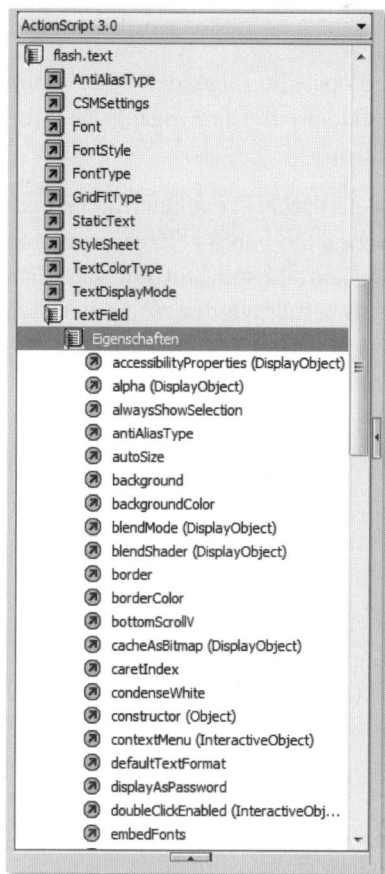

Abbildung 9.3 Die Klassen für Textfelder im AKTIONEN-Bedienfeld

Nach dem Instantiieren weisen Sie dem Textfeld mit der Eigenschaft `text` einen Inhalt zu:

```
var meinText:String = "Text mit AS3";
textFeld.text = meinText;
```

Nun müssen Sie es nur noch an die Anzeigeliste anfügen, damit es auf dem Bildschirm erscheint:

```
addChild(textFeld);
```

Da ein Textfeld auch ein Anzeigeobjekt ist, erbt es die Eigenschaften und Methoden, die auch ein Movieclip besitzt. Darunter sind alle Eigenschaften und Methoden der `DisplayObject`-Klasse. Beispielsweise `x` für die x-Koordinate oder `height` für die Höhe. Mehr zu den Formatierungsmöglichkeiten erfahren Sie in den folgenden Abschnitten.

9.2 Mit Textfeldinhalten arbeiten

Nach der Theorie erfolgt nun der Schritt in die Praxis. Im folgenden Beispiel setzen Sie Eingabetextfelder und dynamische Textfelder ein. Die Ausgangsdatei finden Sie unter *textfelder.fla* auf der DVD zum Buch.

[o]

Die Datei enthält bereits einige Textfelder. Die statischen Textfelder dienen zur Beschriftung. Neben dem Schriftzug Thema sehen Sie bereits ein dynamisches Textfeld mit dem Namen `begriff_txt`. Dieses Textfeld soll nun mit dem Text eines Eingabetextfelds im Bereich TEXTEINGABE ❶ befüllt werden. Außerdem soll die Schaltfläche bei NEU IM PROGRAMM ❷ ein dynamisches Textfeld erhalten, dessen Inhalt auf Knopfdruck in die Texteingabe übernommen wird.

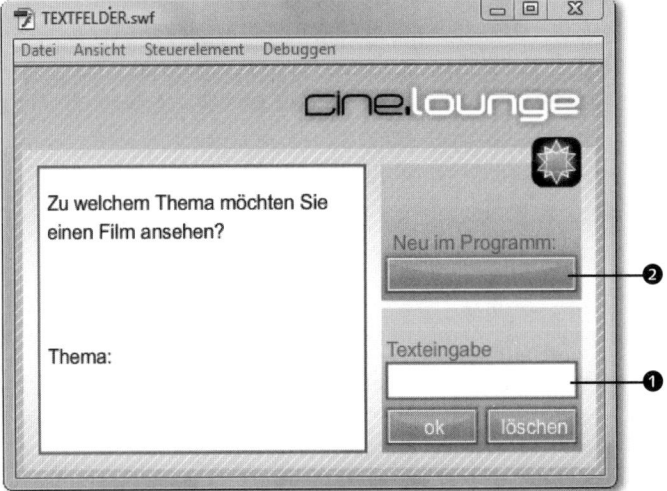

Abbildung 9.4 Bei TEXTEINGABE und NEU IM PROGRAMM sollen Textfelder erscheinen, das Textfeld neben *Thema* soll befüllt werden.

⬛ Schritt-für-Schritt: Textfelder zum Leben erwecken

Nun geht es los: Unsere Cinelounge wird dank ActionScript funktionstüchtig. Der Code landet hier wie gewohnt im ersten Schlüsselbild des Hauptfilms.

1 Dynamisches Textfeld erstellen

Als Erstes erstellen Sie das dynamische Textfeld für *Neu im Programm*. Es erhält als Starttext den Wert »Expedition«:

```
var auswahl:TextField = new TextField();
var auswahlText:String = "Expedition";
```

```
auswahl.text = auswahlText;
auswahl.x = 284;
auswahl.y = 145;
auswahl.width = 138;
auswahl.height = 30;
auswahl.mouseEnabled = false;
auswahl.selectable = false;
auswahl.name = "auswahl";
addChild(auswahl);
```

Sie sehen hier bereits einige Möglichkeiten, um Textfelder zu formatieren. `mouseEnabled` und `selectable` geben an, ob das Textfeld mit der Maus interagiert und ob der Text auswählbar ist. Wichtig ist hier außerdem der Instanzname für das dynamische Textfeld, denn Sie wollen ja später jederzeit auf den Inhalt zugreifen. Zum Schluss wird das Textfeld mit `addChild()` zur Anzeigeliste des Hauptfilms hinzugefügt.

2   Eingabetextfeld erstellen

Das Eingabetextfeld für die Genrewahl des Anwenders entsteht fast genauso wie das dynamische Textfeld:

```
var textEingabe:TextField = new TextField();
textEingabe.x = 284;
textEingabe.y = 222;
textEingabe.width = 138;
textEingabe.height = 30;
textEingabe.type = TextFieldType.INPUT;
addChild(textEingabe);
```

Der einzige Unterschied steckt in der Eigenschaft `type`. Sie wählt die Textfeldart. Standard ist hier `TextFieldType.DYNAMIC`. Für ein Eingabetextfeld ändern Sie das in `TextFieldType.INPUT`.

3   Textformat verwenden

Damit Flash nicht die Standardschriftart und -größe verwendet, definieren Sie zusätzlich ein `TextFormat`-Objekt. Dieses Objekt weisen Sie dann den zwei Textfeldern zu:

```
var format:TextFormat = new TextFormat();
format.font = "Arial";
format.size = 12;
auswahl.setTextFormat(format);
textEingabe.defaultTextFormat = format;
```

Die erste Zuweisung für das dynamische Textfeld erfolgt einfach mit der Methode `setTextFormat()`. Das Eingabetextfeld erhält das Format dagegen als Standardformat mit der Eigenschaft `defaultTextFormat`, damit jeder neu eingegebene Text dieses Format besitzt.

4 Text in Eingabetextfeld übernehmen

Als ersten Teil der Funktionalität übernehmen Sie den Text aus dem Auswahlfeld bei NEU IM PROGRAMM in das Texteingabefeld:

```
auswahl_btn.addEventListener(MouseEvent.CLICK, waehlen);
function waehlen(evt:MouseEvent):void {
    textEingabe.text = auswahl.text;
};
```

5 OK-Schaltfläche mit Funktion belegen

Anschließend übernehmen Sie beim Klick auf die OK-Schaltfläche den Text aus dem Eingabetextfeld in das schon bestehende dynamische Textfeld `begriff_txt`:

```
ok_btn.addEventListener(MouseEvent.CLICK, ok);
function ok(evt:MouseEvent):void {
    begriff_txt.text = textEingabe.text;
};
```

6 Löschen-Schaltfläche mit Funktion versehen

Das Löschen ist natürlich genauso einfach: Sie setzen einfach die Werte der Textfelder auf leere Strings zurück:

```
loeschen_btn.addEventListener(MouseEvent.CLICK, loeschen);
function loeschen(evt:MouseEvent):void {
    textEingabe.text = "";
    begriff_txt.text = "";
};
```

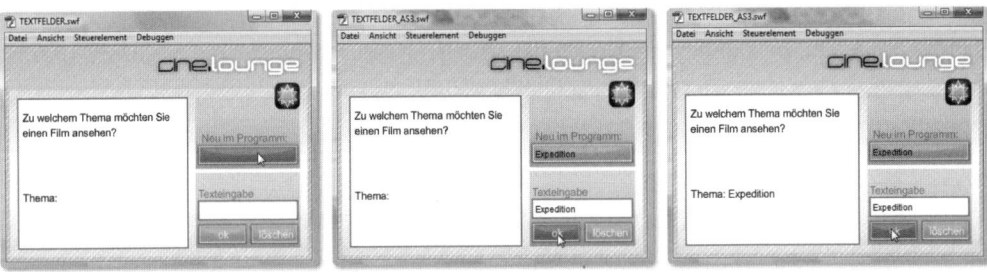

Abbildung 9.5 Der Text wechselt von Textfeld zu Textfeld. ∎

Die fertige Datei mit dem ActionScript-Code finden Sie auf der DVD unter **[o]** *textfelder_AS3.fla*. Dieses Beispiel hat gezeigt, wie Sie mit Inhalten von Textfeldern arbeiten und diese dynamisch erstellen. Im nächsten Abschnitt lernen Sie noch mehr Möglichkeiten kennen, um Textfelder zu formatieren und zu verändern.

9.3 Textfelder formatieren und verändern

In diesem Abschnitt geht es hauptsächlich um die `TextField`-Klasse und alle angrenzenden Klassen unter `flash.text`, denn diese sind es, die das Bearbeiten und Verändern von Textfeldern erlauben.

> **Ein Topf** **[+]**
>
> Dynamische Textfelder und Eingabetextfelder gelangen in einen Topf, sie sind beide `TextField`-Objekte. Die Eigenschaft `type` gibt an, ob es sich um ein dynamisches Textfeld (Wert `TextFieldType.DYNAMIC`) oder um ein Eingabetextfeld (Wert `TextFieldType.INPUT`) handelt. Interessanterweise können Sie diese Eigenschaft ändern und so ein Eingabetextfeld in ein dynamisches und umgekehrt verwandeln.

Die Fülle an Eigenschaften und Methoden, die die `TextField`-Klasse bereithält, ist sehr groß. Sie finden sie im AKTIONEN-Bedienfeld unter `flash.text`. Wenn Sie den Instanznamen des Textfelds mit der Endung `_txt` versehen, erhalten Sie außerdem im AKTIONEN-Bedienfeld Codehinweise mit den Möglichkeiten der `TextField`-Klasse (siehe Abbildung 9.6).

Der Zugriff auf eine Eigenschaft oder Methode eines Textfelds ist sehr einfach: Sie geben den Instanznamen an und schreiben die Eigenschaft oder Methode durch einen Punkt getrennt dahinter:

```
textfeld.backgroundColor
```

Sie sehen hier wieder ein Beispiel für die Punktsyntax. So können Sie beispielsweise problemlos die Hintergrundfarbe eines Textfelds ausgeben:

```
trace(textfeld.backgroundColor);
```

> **Rahmen und Hintergrund anzeigen** **[+]**
>
> Eine Hintergrundfarbe wird nur angezeigt, wenn RAHMEN ANZEIGEN im Eigenschafteninspektor aktiviert ist. Sie können allerdings mit der Eigenschaft `background` extra den Hintergrund einblenden, indem Sie den Wert der Eigenschaft auf `true` setzen. Erst dann wird die Hintergrundfarbe sichtbar.

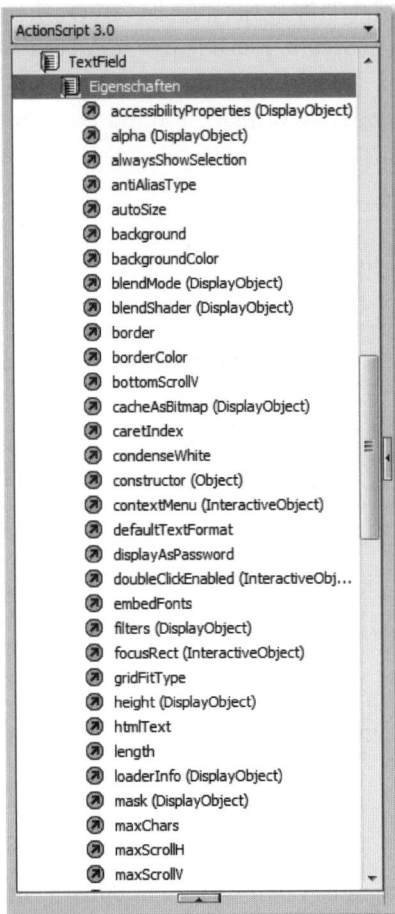

Abbildung 9.6 Die Klasse `TextField` enthält viele wichtige Befehle für Textfelder.

Wenn eine Eigenschaft änderbar ist, haben Sie auch die Möglichkeit, einen neuen Wert zuzuweisen:

```
textfeld.backgroundColor = 0xFF0000;
```

Das Textfeld erscheint nun mit rotem Hintergrund.

9.3.1 Inhalt des Textfelds

Die Eigenschaft `text` kennen Sie bereits. Sie gestattet Ihnen den Zugriff auf den Inhalt des Textfelds.

```
textfeld.text
```

Sie hat noch eine artverwandte Entsprechung: `htmlText`. Sie liefert in einem Textfeld auch HTML-Inhalte bzw. erlaubt das Setzen von HTML-Tags. Hier ein Beispiel:

```
var textFeld:TextField = new TextField();
```

```
var meinText:String = "Hier ein Link zu <a href='http://www.galileo-
design.de/'><u>Galileo</u></a>.";
```

```
textFeld.htmlText = meinText;
```

Der Text enthält einen Link zur Galileo-Design-Webseite. Der Link muss allerdings zusätzlich unterstrichen werden. Eine automatische Unterstreichung nimmt der Flash Player nicht vor. Vorsicht: Wenn Sie den Text statt mit `htmlText` mit `text` ausgeben, erscheinen die HTML-Tags mit in der Ausgabe.

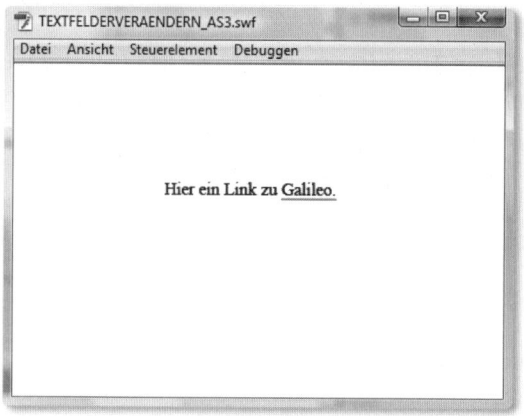

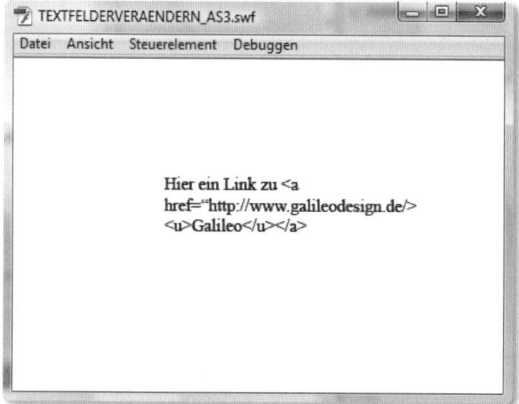

Abbildung 9.7 Ausgabe mit `htmlText` (oben) und nur mit `text` (unten)

Für einen Link können Sie in ActionScript 3 sogar einen Event-Listener definieren, der das Klicken auf den Link abfängt. Dazu vergeben Sie im ⟨a⟩-Tag einfach ein event: vor dem Namen des Linkziels:

```
var meinText:String = "Hier ein Link zu <a href='event:http://
www.galileodesign.de/'><u>Galileo</u></a>.";
```

Hier werden für das HTML-Attribut einfache Anführungszeichen verwendet, da der gesamte String schon in doppelten Anführungszeichen steht. Sie könnten auch doppelte verwenden und diese mit vorangestelltem Backslash entwerten.

Anschließend schreiben Sie einen Event-Listener:

```
textFeld.addEventListener(TextEvent.LINK, linkGeklickt);
function linkGeklickt(evt:TextEvent):void {
    trace("Link: " + evt.text);
}
```

Dieser erhält bei Klick auf den Link den Text hinter event, in diesem Fall also die URL von Galileo. Sie könnten nun z. B. eine Überprüfung einfügen und dann erst mit navigateToURL() zu Galileo verlinken.

Abbildung 9.8 Ein event-Link lässt sich in ActionScript verarbeiten.

HTML-Tags im Flash Player

Der Flash Player unterstützt einige HTML-Befehle und einige individuelle Formatierungen. Die folgende Tabelle gibt einen Überblick über die unterstützten HTML-Tags. Für Formatierungen sind neben den HTML-Befehlen auch noch CSS-Stile sinnvoll verwendbar. Mehr dazu in Abschnitt 9.3.5, »Stylesheets«. Außerdem können Sie für Sonderzeichen, die sonst in HTML verwendet würden, auch HTML-Entities verwenden: `&lt;` und `&gt;` für < und >, `&amp;` für das kaufmännische Und (&) sowie `&quot;` für Anführungszeichen.

Tag	Beschreibung
`<i>kursiv</i>`	Kursive Darstellung des Textes. Vorsicht, die verwendete Schrift muss in Kursiv vorhanden sein.
`<b>fett</b>`	HTML-Befehl für den Fettdruck
`<u>unterstrichen</u>`	HTML-Befehl für Unterstreichung
`<font color="#ff0000" size="15" face="Arial">Schriftformatierung </font>`	Das eigentlich veraltete `<font>`-Tag steuert die Schriftformatierung. Sie können alternativ aber auch Stylesheets in Flash verwenden.
`<a href="http://www.galileodesign.de/" target="_blank" />Link</a>`	Erlaubt die Angabe eines Hyperlinks. Dieser lässt sich über das Attribut `target` in einem neuen oder anderen Fenster öffnen. `_blank` steht für ein neues, `_parent` für das übergeordnete Fenster (bei einem Frameset), `_top` für das oberste Fenster (bei einem Frameset) und `_self` für das aktuelle Fenster.
`<p class="klasse">Absatz</p>`	Zeichnet einen Absatz aus. Für den Absatz kann eine CSS-Klasse definiert sein. Außerdem ist die Ausrichtung mit `align` steuerbar.
`<span class="klasse">Bereich</span>`	Zeichnet einen Bereich aus. Für den Bereich wird eine CSS-Klasse definiert.
`<textformat>Formatierung</textformat>`	Dabei handelt es sich um ein Flash-spezifisches Tag, mit dem Sie Formatierungen festlegen können, die von der `TextFormat`-Klasse unterstützt werden.
`<img src="bild.jpg" />`	Verweist auf ein Bild, das in das Textfeld eingebunden wird. Die Standardattribute, wie `width`, `height`, `hspace`, `vspace` und `align`, sind möglich. Mit `id` können Sie den Inhalt auch per ActionScript steuerbar machen. Sie erhalten die Referenz auf ein Bild, das eine `id` besitzt, mit der Methode `getImageReference()`.

Tabelle 9.1 HTML-Tags in Textfeldern

Tag	Beschreibung
`<li>Listenelement</li>`	Erzeugt ein Listenelement. Tags für die gesamte Liste werden nicht verwendet.
`Weitere Tags`	Überschriften und andere Tags sind möglich und per CSS formatierbar. Sie haben allerdings keine eigenen Formatierungen in der Ausgabe.

Tabelle 9.1 HTML-Tags in Textfeldern (Forts.)

Neben den Eigenschaften `text` und `htmlText` gibt es auch Methoden, um mit den Inhalten von Textfeldern zu arbeiten. `appendText()` hängt an ein Textfeld den als Parameter übergebenen Text an den schon vorhandenen Text an:

```
textfeld_txt.appendText(" und noch mehr Text ...");
```

[»] **Performance**

`appendText()` ist in Sachen Performance sogar dem »Addieren« zur `text`-Eigenschaft vorzuziehen. Eine entsprechende Warnung gibt auch der Flash Compiler aus, wenn Sie `text` mit Addieroperationen einsetzen.

Mit `replaceText(Position1, Position2, NeuerText)` ersetzen Sie Text von einer Position im Text bis zu einer zweiten.

[+] **Positionen**

Positionen im Text beginnen immer mit dem Index 0 für das erste Zeichen. Jedes Zeichen wird dabei als Position gezählt, auch Leerzeichen usw.

9.3.2 DisplayObject-Eigenschaften

Wenn Sie den Instanznamen eines dynamischen Textfelds oder Eingabetextfelds mit der Endung `_txt` versehen, erscheinen die Codehinweise im AKTIONEN-Bedienfeld. Dort finden Sie Eigenschaften, wie `visible`, `width` und `height`, die jedes andere Anzeigeobjekt auch besitzt. Dies kommt daher, dass die `TextField`-Klasse wie beispielsweise ein `MovieClip` von `DisplayObject` und von `Interactive-Object` erbt. Gerade, wenn Sie dynamisch ein Textfeld erzeugen, benötigen Sie meistens diese Eigenschaften:

```
var textFeld:TextField = new TextField();
textFeld.x = 50;
textFeld.y = 50;
textFeld.width = 320;
textFeld.height = 200;
```

In diesem Beispiel wird das Textfeld auf die Koordinaten 50, 50 positioniert und erhält eine feste Breite und Höhe.

9.3.3 Formatierungsoptionen für Textfelder

Die Optionen, die Ihnen der Eigenschafteninspektor für ein dynamisches Textfeld oder Eingabetextfeld bietet, finden Sie zum Teil auch als Eigenschaften der TextField-Klasse wieder.

Abbildung 9.9 Die Optionen im Eigenschafteninspektor für dynamisches Textfeld und Eingabetextfeld

In vielen Teilen gehen die ActionScript-Möglichkeiten allerdings über den Eigenschafteninspektor hinaus. Die folgende Tabelle zeigt Ihnen die wichtigsten Eigenschaften für das äußere Erscheinungsbild eines Textfelds:

Eigenschaft	Option	Beschreibung	Beispiel
antiAliasType	❶	Gibt an, welche Art von Antialiasing (Kantenglättung von Schrift) verwendet wird. Mögliche Typen sind in der Klasse AntiAliasType versammelt. Standardwert ist ADVANCED. Alternative ist NORMAL für das Antialiasing aus Flash Player 7 und früher. Antialiasing ist nur möglich, wenn die Schriftart für das Textfeld eingebettet ist (embedFonts ist true). Wird zusammen mit dem gridFit-Type verwendet.	textfeld_txt. antiAliasType = AntiAliasType. ADVANCED;
autoSize		Gibt an, wie die Größenanpassung und Ausrichtung des Textfelds funktioniert. Die Werte für diese Eigenschaft stammen aus der Klasse TextFieldAuto-Size. Der Standardwert ist NONE, also keine Größenanpassung.	textfeld_txt. autoSize = TextFieldAutoSize. CENTER;
background		Wahrheitswert, der angibt, ob das Textfeld einen Hintergrund hat (true) oder nicht (false, Standardwert).	textfeld_txt. background = true;
backgroundColor		Hintergrundfarbe des Textfelds als hexadezimaler Wert. Die Hintergrundfarbe wirkt natürlich nur, wenn der Hintergrund des Textfelds mit background eingeblendet ist.	textfeld_txt. background = true; textfeld_txt.background-Color = 0xFF0000;
border	❷ Erzeugt Rahmen und Hintergrund	Blendet einen Rahmen um das Textfeld ein (true) oder aus (false, Standardwert).	textfeld_txt. border = true;

Tabelle 9.2 Eigenschaften, um das Äußere von Textfeldern zu ändern

Eigenschaft	Option	Beschreibung	Beispiel
borderColor		Gibt die Rahmenfarbe als hexadezimalen Wert an, wenn er eingeblendet ist.	`textfeld_txt. border = true;` `textfeld_txt. borderColor = 0xFF0000;`
condenseWhite		Gibt an, ob unnötige Leerzeichen und Zeilenumbrüche in HTML-Text (Eigenschaft `html-Text`) automatisch entfernt werden sollen (`true`) oder nicht (`false`, Standardwert).	`textfeld_txt.con-denseWhite = true;`
displayAsPass-word		Stellt die Eingabe des Benutzers als Sternchen dar (`true`) oder nicht (`false`, Standardwert).	`textfeld_txt.dis-playAsPassword = true;`
embedFonts	❼	Legt fest, dass die Schriftart in der SWF-Datei eingebettet wird (`true`) oder nicht (`false`, Standardwert). Ist notwendig für die Wahl des Antialiasing.	`textfeld_txt.embed-Fonts = true;`
gridFitType		Wenn das Antialiasing auf `ADVANCED` gesetzt ist, können Sie damit die genaue Anpassung bestimmen. Als Grundlage verwendet Flash ein Pixelraster. Der Standardwert ist `PIXEL`.	`textfeld_txt. grid-FitType = GridFit-Type.PIXEL;`
mouseEnabled		Legt fest, ob das Textfeld mit der Maus angeklickt werden kann oder ein Rollover auslesen kann (`true`). Wenn nicht, steht es beispielsweise einer darunterliegenden Schaltfläche nicht im Weg. Lässt sich nicht mit Links im Text kombinieren.	`textfeld_txt.mouse-Enabled = false;`
multiline	❸	Erzeugt bei `true` ein mehrzeiliges Textfeld, `false` steht für ein einzeiliges (Standardwert). Bestehende Zeilen werden davon nicht beeinträchtigt.	`textfeld_txt.multi-line = false;`

Tabelle 9.2 Eigenschaften, um das Äußere von Textfeldern zu ändern (Forts.)

Eigenschaft	Option	Beschreibung	Beispiel
sharpness	❷	Bestimmt die Kantenschärfe in einem Bereich von –400 bis 400 (Standardwert 0). Funktioniert nur mit Antialiasing ADVANCED. Entspricht den Einstellungen im Eigenschafteninspektor für benutzerdefiniertes Antialiasing.	textfeld_txt.sharpness = 400;
selectable	❹	Text im Textfeld ist auswählbar (true, Standardwert). Mit false wird der Text ignoriert, und der Benutzer kann das darunterliegende Element anklicken.	textfeld_txt.selectable = true;
textColor	❺	Die Textfarbe als hexadezimaler Wert. Der Standardwert ist Schwarz (0x000000).	textfeld_txt.textColor = 0xff0000;
thickness	❻	Die Dicke der Kanten von Zeichen bei Antialiasing ADVANCED. Die Werte gehen von –200 bis 200 (Standardwert 0). Entspricht den Einstellungen im Eigenschafteninspektor für benutzerdefiniertes Antialiasing.	textfeld_txt.thickness = 200;
useRichText-Clipboard		Gibt an, ob Textformatierungen beim Kopieren übernommen werden (true) oder nicht (false, Standardwert).	textfeld_txt.useRichTextClipboard = true;
wordWrap		Bricht den Text automatisch um (true) oder nicht (false, Standardwert).	textfeld_txt.wordWrap = false;

Tabelle 9.2 Eigenschaften, um das Äußere von Textfeldern zu ändern (Forts.)

9.3.4 Text formatieren

Das tatsächliche Aussehen des Textes steuern Sie ein wenig anders. Hierfür gibt es zwar auch Eigenschaften wie textColor für die Textfarbe; die eigentliche Formatierung geschieht aber mit dem TextFormat-Objekt. Die dazugehörige Klasse besitzt eine Vielzahl von Eigenschaften, um Text zu formatieren: Von kursiver Schrift (italic) bis zu verschiedenen Textgrößen (size) ist alles möglich. Sie finden die Eigenschaften im AKTIONEN-Bedienfeld unter flash.text.TextFormat.

Abbildung 9.10   Die Eigenschaften der TextFormat-Klasse im AKTIONEN-Bedienfeld

Anpassungen für Komponenten   **[«]**

Thematisch gibt es hier einige Überschneidungen mit den Komponenten. Sie lesen mehr
zu den Anpassungsmöglichkeiten in Kapitel 23, »Komponenten anpassen«.

Formatierungen anwenden

Wie sollen Sie aber die Formatierungen auf das Textfeld anwenden? Hier helfen
Ihnen Methoden und Eigenschaften des TextField-Objekts. Sie binden ein Text-
Format-Objekt an das jeweilige Textfeld. Sie gehen folgendermaßen vor:

1. Zuerst instantiieren Sie ein neues TextFormat-Objekt. Die Endung _fmt am
   Variablennamen blendet Codehinweise für das TextFormat-Objekt ein.

   ```
   var format:TextFormat = new TextFormat();
   ```

2. Anschließend belegen Sie Eigenschaften des TextFormat-Objekts mit Werten.

   ```
   format.font = "Arial";
   format.size = 20;
   format.color = 0xFF0000;
   format.bold = true;
   format.letterSpacing = 3;
   ```

3. Nun weisen Sie mit der Methode `setTextFormat(TextFormat-Objekt)` dem Textfeld das gerade erstellte Textformat zu:

```
textfeld_txt.setTextFormat(format);
```

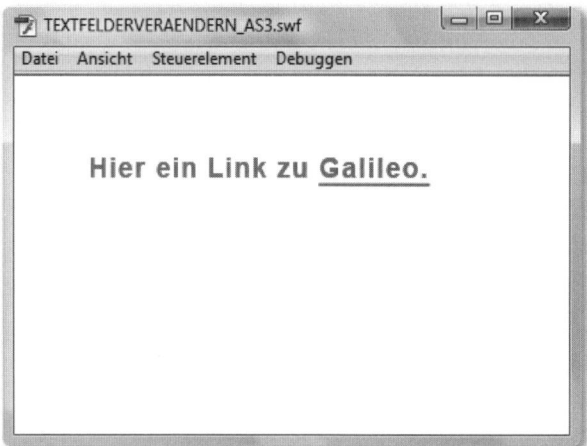

Abbildung 9.11   Der Text erscheint in der gewünschten Formatierung.

Die oben beschriebene Vorgehensweise ändert sich grundsätzlich nicht, allerdings gibt es eine Vielzahl von Varianten. So haben Sie beispielsweise die Möglichkeit, gleich Parameter beim Instantiieren anzugeben:

```
var format:TextFormat = new TextFormat("Arial", 10, 0x660000);
```

Die Reihenfolge der Parameter ist vorgegeben:

```
TextFormat(font, size, color, bold, italic, underline, url, target,
align, leftMargin, rightMargin, indent, leading);
```

Das Textformat lässt sich auch nur für Teile einer Zeichenkette setzen. Dazu geben Sie als Parameter die Position eines Buchstabens oder einen Start- und einen Endpunkt an: `setTextFormat(TextFormat-Objekt, Position1, Position2)`. Der folgende Code ändert also das Format der ersten vier Buchstaben, da der End-Index ausgeschlossen wird:

```
textFeld.setTextFormat(format,0,4);
```

Textformat auslesen

Wenn Sie das aktuelle Textformat auslesen möchten, verwenden Sie die Methode `getTextFormat()`. Sie können es dann verändern und wieder zurückgeben. `getTextFormat()` erlaubt als optionale Parameter auch Anfang- und Endposition, für die das Format ausgelesen werden soll. Wenn Sie neuen Text einfügen, z. B. mit `replaceText()`, wird das Standardtextformat verwendet. Dies können Sie mit der Eigenschaft `defaultTextFormat` setzen. Das funktioniert allerdings nur, wenn kein Stylesheet für das Textfeld vergeben ist.

Abbildung 9.12   Es ist möglich, nur die ersten vier Zeichen anders zu formatieren.

Soweit die wichtigsten Varianten – die vielen Eigenschaften und Möglichkeiten erforschen Sie am besten im AKTIONEN-Bedienfeld und durch viel Testen.

9.3.5   Stylesheets

Die komfortabelste Art, Textfelder zu formatieren, bieten Stylesheets. Sie kennen Stylesheets sicherlich schon als Bestandteil von Webseiten. Dort kommt die Stylesheet-Sprache CSS (*Cascading Stylesheets*) zum Einsatz. Da CSS ein offizieller Standard des W3C (World Wide Web Consortium) ist, hielt es bereits Macromedia für gut, CSS zur Formatierung von Textfeldern einzusetzen. Deswegen unterstützt Flash CSS seit der Version MX 2004.

Ein Stylesheet ist ein Objekt der `StyleSheet`-Klasse. Sie finden diese im AKTIO NEN-Bedienfeld unter `flash.text.StyleSheet`.

Die Zuweisung eines `StyleSheet`-Objekts erfolgt über die Eigenschaft `style-Sheet`:

```
textFeld.styleSheet = stil;
```

Dieses Objekt muss nun gefüllt werden. Dazu gibt es zwei Alternativen:

▶ Sie verwenden ein externes Stylesheets.

▶ Sie erstellen selbst mit der Methode `setStyle(Stilname, Stil-Objekt)` eigene Stile.

Beide Möglichkeiten lernen Sie im Folgenden an jeweils einem Beispiel kennen.

Externe Stylesheets

Das folgende Beispiel zeigt den Einsatz eines externen Stylesheets. Die CSS-Datei enthält die folgenden Definitionen für eine Überschrift und einen Absatz:

```
h1 {
    font-family: Arial, Helvetica, sans-serif;
    font-size: 24px;
    color: #003399;
    text-transform: uppercase;
}
p {
    font-family: Arial, Helvetica, sans-serif;
    font-size: 16px;
    color: #000000;
}
```

In der Flash-Datei wird zuerst ein Textfeld definiert und positioniert:

```
var textFeld:TextField = new TextField();
textFeld.width = 200;
textFeld.height = 200;
textFeld.wordWrap = true;
textFeld.multiline = true;
textFeld.x = 100;
textFeld.y = 100;
addChild(textFeld);
```

Das externe Stylesheet laden Sie mit dem URLLoader; mit dem entsprechenden Event-Listener für Event.COMPLETE fangen Sie das Laden ab und holen sich dann das CSS mit der Methode parseCSS(). Anschließend können Sie es einfach dem Textfeld zuweisen und dann den Text hinzufügen. Diese Reihenfolge ist wichtig, da die Formatierung nur bei neuem Hinzufügen von Text zum Einsatz kommt.

```
var url:URLRequest = new URLRequest("style.css");
var loader:URLLoader = new URLLoader();

loader.addEventListener(Event.COMPLETE, cssGeladen);
loader.load(url);

function cssGeladen(evt:Event) {
    var css:StyleSheet = new StyleSheet();
    css.parseCSS(loader.data);
    textFeld.styleSheet = css;
    textFeld.htmlText = "<h1>Überschrift</h1><p><br />Hier kommt
    dann der Fließtext hin.</p>";
}
```

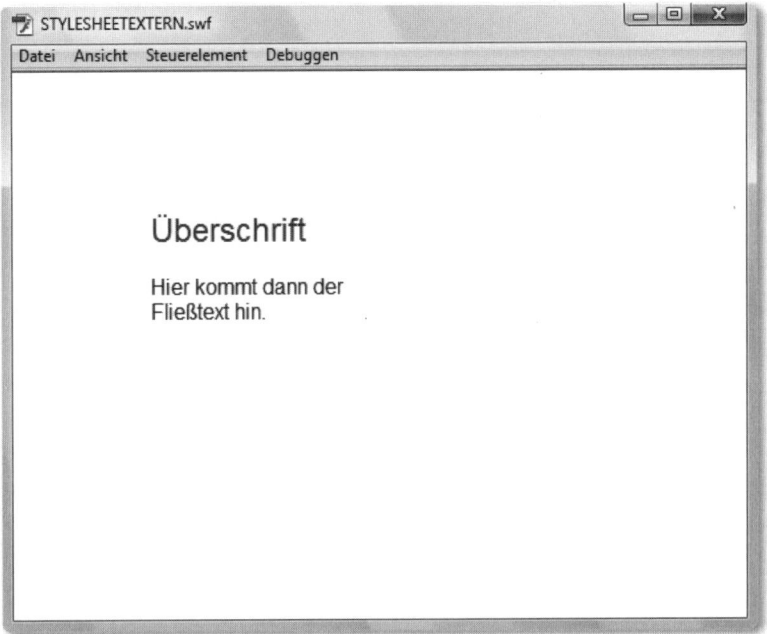

Abbildung 9.13 Überschrift und Absatz werden korrekt formatiert.

Die fertige Datei trägt den Namen *stylesheetextern.fla* und befindet sich auf der DVD. Die CSS-Datei selbst heißt *style.css*.

[○]

Internes Stylesheet

Beim internen Stylesheet erstellen Sie zuerst ein Textfeld:

```
var textFeld:TextField = new TextField();
textFeld.width = 200;
textFeld.x = 50;
textFeld.y = 50;
```

Anschließend entsteht ein `StyleSheet`-Objekt. Die Stilbefehle landen in einem eigenen Objekt. Die CSS-Befehle werden im Gegensatz zum normalen CSS nicht mit Bindestrich geschrieben, sondern fangen mit einem Großbuchstaben an. Das Objekt mit den CSS-Befehlen wird dann mit `setStyle()` an das `StyleSheet`-Objekt angefügt. Der erste Parameter ist der CSS-Befehlsname, in diesem Fall der Klassenname. Der zweite ist das Objekt:

```
var stil:StyleSheet = new StyleSheet();
var stilSammlung:Object = new Object();
stilSammlung.fontSize = "40px";
stilSammlung.fontStyle = "italic";
```

```
stilSammlung.color = "#999999";
stil.setStyle(".grauerText", stilSammlung);
textFeld.styleSheet = stil;
textFeld.htmlText = "Text mit <span class='grauerText'>CSS</
span> formatiert.";
addChild(textFeld);
```

Auch hier gilt, dass der Text erst nach der Zuweisung des Stylesheets angefügt werden darf, da sonst das Stylesheet nicht korrekt dargestellt wird.

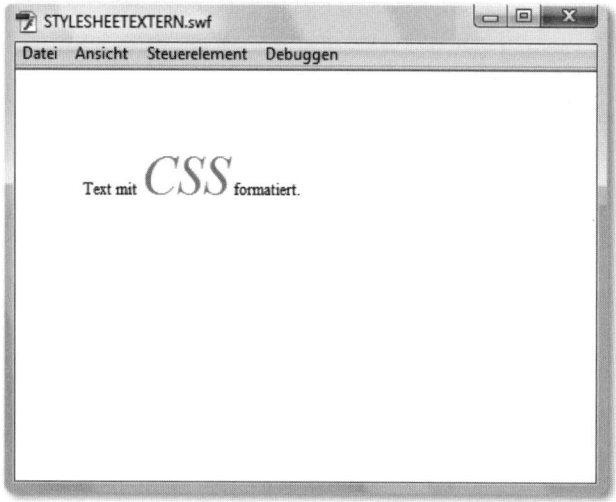

Abbildung 9.14 Der <span>-Bereich wird hervorgehoben.

[○] Die fertige Datei heißt *stylesheetintern.fla*.

9.4 Scrollbarer Text

Normalerweise zeigt ein Textfeld den kompletten Text an, den Sie in Flash eingeben. Was aber, wenn Sie dem Benutzer eine Scrollmöglichkeit bieten möchten? Dafür gibt es verschiedene Wege:

▶ Sie können die UI-Komponente `TextArea` einsetzen. Sie zeigt automatisch Scrollbalken, wenn zu viel Text enthalten ist. Mehr zu `TextArea` lesen Sie in Kapitel 22, »Formulare und UI-Komponenten«.

▶ Sie weisen einem dynamischen Textfeld oder einem Eingabetextfeld den Befehl BILDLAUF zu. Diesen Befehl finden Sie entweder im Menü TEXT oder im Kontextmenü des Textfelds. Ganz schnell geht es, wenn Sie bei gedrückter ⇧-Taste auf das weiße Rechteck rechts unten im Textfeld doppelklicken. Ist das Textfeld rollbar, wird das weiße Rechteck ❶ schwarz, und Sie können seine Größe unabhängig vom Inhalt skalieren. Wenn Sie diese Möglichkeit wählen und mit einem rollbaren (auch scrollbaren) dynamischen Textfeld oder Eingabetextfeld arbeiten, können Sie Schaltflächen hinzufügen, um dem Anwender das Scrollen im Textfeld zu erlauben. In diesem Fall können Sie mit der Eigenschaft `scrollH` oder `scrollV` des `TextField`-Objekts die Scrollposition des Textes verändern.

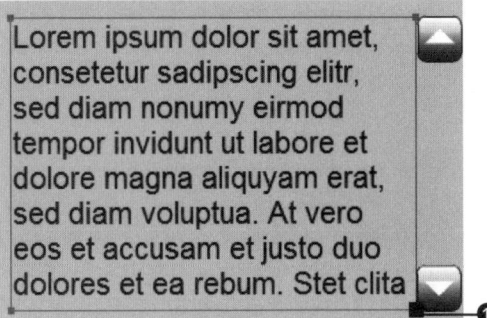

Abbildung 9.15 Das schwarze Rechteck zeigt, dass es sich um ein rollbares Textfeld handelt.

▶ Sie verwenden die neue Funktion in ActionScript 3 und erstellen ein Rechteck zum Scrollen, das Sie mit der Eigenschaft `scrollRect` einem Textfeld hinzufügen. Das Rechteck zeigt den sichtbaren Bereich eines Textfeldes und lässt sich verschieben.

Die folgenden Abschnitte zeigen die zweite und dritte Alternative.

Scrollen mit scrollH und scrollV

Das Scrollen für ein Textfeld mit aktiviertem Bildlauf ist unproblematisch. Sie müssen nur die Eigenschaft `scrollH` für horizontales Scrollen oder `scrollV` für vertikales Scrollen verändern. Die Scrollposition ist dabei eine Ganzzahl, die in Einerschritten geändert werden kann. Hier ein Beispiel:

```
runter_mc.addEventListener(MouseEvent.MOUSE_DOWN,
    function(evt:Event) {
        text_txt.scrollV++;
    });
hoch_mc.addEventListener(MouseEvent.MOUSE_DOWN,
    function(evt:Event) {
        text_txt.scrollV--;
    });
```

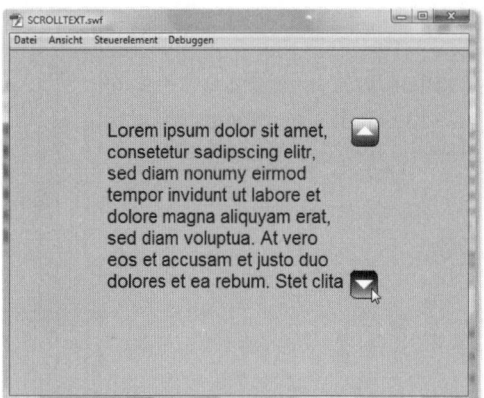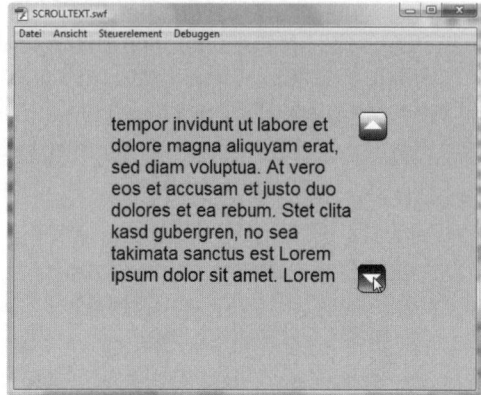

Abbildung 9.16 Das Scrollen funktioniert über die Schaltflächen.

Der Startwert für die Scrollposition ist immer 0. Mit `maxScrollH` und `maxScrollV` können Sie die maximale Scrollmöglichkeit eines Textfeldes auslesen. Allerdings benötigen Sie diese beiden Eigenschaften für das Scrollen nicht standardmäßig, da `scrollH` und `scrollV` sich nicht über den Maximalwert hinaus erhöhen lassen.

[o] Die fertige Datei finden Sie unter dem Namen *scrolltext.fla* auf der DVD.

Scrollen mit scrollRect

Das `scrollRect` funktioniert anders als die Scrollposition. Sie weisen hier dem Textfeld ein Rechteck zu und begrenzen den sichtbaren Bereich. Dieser Bereich wird dann verschoben.

Das folgende Beispiel erstellt zuerst dynamisch ein Textfeld mit viel Text und formatiert es:

```
var textFeld:TextField = new TextField();
var scrollText:String = "Lorem ipsum dolor sit amet, consetetur
sadipscing elitr, sed diam nonumy eirmod tempor invidunt ut labore
et dolore magna aliquyam erat, sed diam voluptua. At vero eos et
accusam et justo duo dolores et ea rebum. Stet clita kasd gubergren,
no sea takimata sanctus est Lorem ipsum dolor sit amet. Lorem ipsum
dolor sit amet, consetetur sadipscing elitr, sed diam nonumy eirmod
tempor invidunt ut labore et dolore magna aliquyam erat, sed diam
voluptua. At vero eos et accusam et justo duo dolores et ea rebum.
Stet clita kasd gubergren, no sea takimata sanctus est Lorem ipsum
dolor sit amet. Lorem ipsum dolor sit amet, consetetur sadipscing
elitr, sed diam nonumy eirmod tempor invidunt ut labore et dolore
magna aliquyam erat, sed diam voluptua. At vero eos et accusam et
justo duo dolores et ea rebum. Stet clita kasd gubergren, no sea
```

```
takimata sanctus est Lorem ipsum dolor sit amet.";
textFeld.text = scrollText;
textFeld.x = 100;
textFeld.y = 120;
textFeld.width = 350;
textFeld.height = 300;
textFeld.wordWrap = true;
textFeld.multiline = true;
textFeld.selectable = false;

var format:TextFormat = new TextFormat();
format.font = "Arial";
format.size = 24;
format.color = 0x666666;
textFeld.setTextFormat(format);
addChild(textFeld);
```

Wenn Sie den Code jetzt testen, wird das Textfeld in voller Länge angezeigt. Nun begrenzen Sie den sichtbaren Ausschnitt mit einem Rechteck. Das Rechteck ist ein `Rectangle`-Objekt:

```
textFeld.scrollRect = new Rectangle(0, 0, textFeld.width, 100);
```

Die Parameter sind x- und y-Koordinate sowie Breite und Höhe. Die Breite entspricht der Breite des Textfelds. Die Höhe begrenzen wir auf 100. Nun ist der Text schon auf die gewünschte Höhe beschränkt. Als Nächstes folgen die Schaltflächen für hoch und runter. Sie bestehen aus der Verschiebung des Scroll-Rechtecks. Dazu wird es ausgelesen, die y-Koordinate geändert und dann wieder hinzugefügt:

```
hoch_mc.addEventListener(MouseEvent.CLICK, hochScrollen);
runter_mc.addEventListener(MouseEvent.CLICK, runterScrollen);

function hochScrollen(event:MouseEvent):void {
    var rechteck:Rectangle = textFeld.scrollRect;
    rechteck.y -= 10;
    textFeld.scrollRect = rechteck;
}
function runterScrollen(evt:MouseEvent):void {
    var rechteck:Rectangle = textFeld.scrollRect;
    rechteck.y += 10;
    textFeld.scrollRect = rechteck;
}
```

Bei dieser Methode müssen Sie allerdings beschränken, wie weit gescrollt werden darf. Sie sollten deswegen noch eine Höhenangabe verwenden. Sie können hier natürlich auch auf Informationen des `TextField`-Objekts zugreifen. Mit `num-Lines` lesen Sie z. B. die Zahl der Zeilen in einem Textfeld aus.

Wenn Sie ein Textfeld scrollbar machen, können Sie zusätzlich mit der Eigenschaft `cacheAsBitmap` festlegen, dass der Text in ein Bild umgewandelt wird. Dies bringt leichte Performancegewinne.

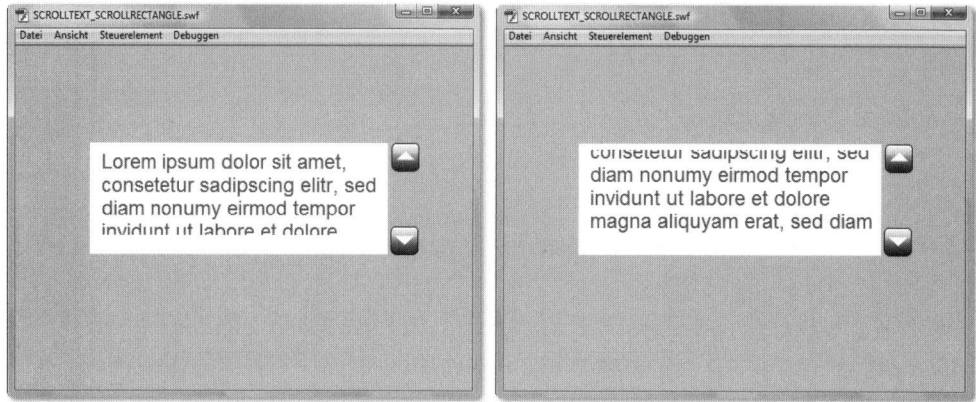

Abbildung 9.17 Das Textfeld wird dank `scrollRect` gescrollt.

[○] Die fertige Datei trägt den Namen *scrolltext_scrollRectangle.fla*.

[+]

Mausrad

Beim Scrollen ist natürlich auch das Mausrad von Interesse. Mit der Eigenschaft `mouseWheelEnabled` können Sie beispielsweise festlegen, ob in einem Textfeld ein Bildlauf auch mit dem Mausrad automatisch möglich ist. Der Standardwert ist `true`. Ein anderer Ansatz, mit dem Mausrad zu arbeiten, ist das Ereignis `MOUSE_WHEEL` der `MouseEvent`-Klasse. Der relevante Wert ist `delta`, die Anzahl der Zeilen für die jeweilige Mausrad-Einstellung.

9.5 Inhalte überprüfen

Sobald der Benutzer Informationen eingibt, sollten Sie darauf reagieren. Dazu gehört natürlich auch, diese Informationen zu überprüfen bzw. sie zu beschränken. Dieser Abschnitt zeigt, auf welche Ereignisse Sie dabei reagieren können, welche Möglichkeiten `TextField`-Eigenschaften bieten und wie sie mit den machtvollen neuen regulären Ausdrücken Zeichenketten bis ins letzte Detail definieren und testen.

9.5.1 Ereignis für Textfelder

Bei einem normalen Formular prüfen Sie, wenn der Benutzer eine Schaltfläche anklickt. Das auslösende Ereignis für die Prüfung ist also `MouseEvent.CLICK`. Eine Alternative ist die Prüfung bei jeder Art von Texteingabe. Dies fangen Sie am besten mit dem Ereignis `TextEvent.INPUT` ab. Es tritt ein, sobald ein Nutzer etwas in ein Eingabetextfeld eintippt. Das Abfangen erfolgt wie gewohnt:

```
textfeld_txt.addEventListener(TextEvent.TEXT_INPUT, pruefen);
```

Den Buchstaben, der gerade eingegeben wurde, erhalten Sie in der Event-Listener-Funktion mit der Eigenschaft `text`.

```
function pruefen(evt:TextEvent):void {
    trace("Eingabe: " + evt.text);
}
```

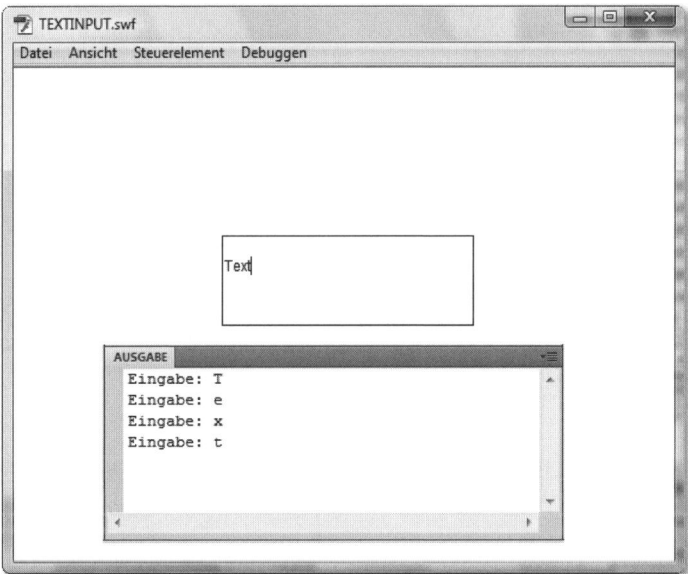

Abbildung 9.18 Der Anwender tippt einen Text ein.

Nur ausgewählter Text [+]

Wollen Sie nur auf vom Benutzer im Textfeld ausgewählten Text reagieren, können Sie einige Eigenschaften und Methoden der `TextField`-Klasse nutzen. Die Eigenschaften `selectionBeginIndex` und `selectionEndIndex` liefern Auswahlanfang und -ende. `cartIndex` liefert die Position der Einfügemarke. Mit `setSelection(Position1, Position2)` können Sie selbst einen Bereich auswählen. Mit `replaceSelectedText(String)` ersetzen Sie den ausgewählten Bereich. Bedingung für alle Funktionen ist, dass der Text im Textfeld auswählbar ist (Eigenschaft `selectable`).

9.5.2 Eigenschaften

Einige Eigenschaften der `TextField`-Klasse helfen dabei, Inhalte zu prüfen und nur bestimmte Inhalte zu erlauben. Mit `length` erfahren Sie die Menge der Zeichen, die in einem Textfeld enthalten sind. Diese Menge können Sie mit `max-Chars` auf einen festen Wert beschränken. Soll die Beschränkung noch genauer erfolgen, bietet sich die Eigenschaft `restrict` an. Sie gestattet Ihnen, nur ganz bestimmte Zeichen zu erlauben. Diese Beschränkung gilt dabei nur für den Benutzer, nicht für das Hinzufügen per ActionScript.

Zeichenanzahl und -art bestimmen

Der Standardwert für `restrict` ist null. Damit sind alle Zeichen erlaubt. Ein leerer String bedeutet, dass keine Zeichen eingegeben werden können:

```
textfeld_txt.restrict = "";
```

Sie können beliebig viele Zeichen angeben, die möglich sind. Mit einem Bindestrich geben Sie Zeichenfolgen an:

```
textfeld_txt.restrict = "a-z";
```

erlaubt beispielsweise alle Kleinbuchstaben von a bis z. Gibt der Nutzer einen Großbuchstaben ein, wird der in einen Kleinbuchstaben konvertiert. Dies gilt auch umgekehrt; wenn Sie Großbuchstaben erlauben, werden Kleinbuchstaben in Großbuchstaben umgewandelt.

Wenn Sie den Zeichen ein ^ voranstellen, werden alle Zeichen außer den nachfolgenden Zeichen erlaubt.

```
textfeld_txt.restrict = "^0-9";
```

gestattet also alles außer Zahlen. Natürlich lassen sich auch mehrere Angaben verbinden. Der folgende Ausdruck erlaubt Leerzeichen, Kleinbuchstaben und Zahlen:

```
textfeld_txt.restrict = " a-z0-9";
```

Auch Sonderzeichen wie der Bindestrich oder Anführungszeichen können verwendet werden. Sie müssen mit einem Backslash entwertet werden:

```
textfeld_txt.restrict = "\"\-";
```

Einen Backslash selbst entwerten Sie, indem Sie zwei Backslash hintereinander schreiben.

Wie man die Einschränkungen verwenden kann, zeigt ein einfaches Beispiel mit einem Postleitzahlen-Checker. Ausgangspunkt ist die Datei *plz.fla* von der DVD. Hier wird nun im ersten Schlüsselbild des Hauptfilms die Eingabe auf Zahlen und maximal fünf Zeichen beschränkt:

```
plz_txt.restrict = "0-9";

plz_txt.maxChars = 5;
```

So hat der Benutzer keine Möglichkeit zur Falscheingabe, aber auch keine Variationsmöglichkeiten wie z. B. »D-80000« für eine ebenfalls korrekte deutsche Postleitzahl. Solche erweiterten Möglichkeiten bieten nur reguläre Ausdrücke (siehe nächster Abschnitt).

plz_AS3.fla enthält diesen Beispielcode in auskommentierter Form. **[○]**

9.5.3 Reguläre Ausdrücke

Reguläre Ausdrücke sind Muster für Zeichen in einem Text. Sie dienen demzufolge auch der Mustererkennung und eignen sich optimal zum Überprüfen, ob eine Zeichenkette bestimmten Kriterien genügt. Ursprünglich wurden die regulären Ausdrücke mit der Programmiersprache Perl bekannt, sind aber mittlerweile in fast jeder Programmiertechnologie vorhanden. ActionScript hat sie – endlich – mit Version 3 implementiert. Es gibt eine dazugehörige `RegExp`-Klasse, die sich bei den Klassen der obersten Ebene befindet.

Von dieser Klasse müssen Sie kein Objekt instantiieren, sondern Sie schreiben einfach den regulären Ausdruck:

```
var muster:RegExp = /[a-z]/;
```

Der reguläre Ausdruck ist standardmäßig durch zwei Schrägstriche begrenzt. Der hier gezeigte reguläre Ausdruck testet, ob in einem String nur Kleinbuchstaben eingesetzt werden. Sie sehen hier, dass auch der Bindestrich verwendet wird, um eine Spanne anzugeben. Die eckigen Klammern begrenzen die entsprechenden Optionen.

Zum Testen müssen Sie nun die Methode `test(String)` der `RegExp`-Klasse einsetzen. Sie liefert einen Wahrheitswert, ob das Muster im als Parameter übergebenen String vorhanden ist:

```
trace(muster.test("abc123"));
```

Vorsicht, das ist natürlich keine Beschränkung. Das gezeigte Muster liefert `true`, da mindestens ein Kleinbuchstabe vorkommt. Sie können Anfang und Ende des Strings allerdings auch im regulären Ausdruck angeben, sodass die Prüfung `false` ergeben würde:

```
var muster:RegExp = /^[a-z]$/;
```

In den Eigenschaften der `RegExp`-Klasse haben Sie auch die Möglichkeit, festzulegen, ob ein regulärer Ausdruck mehrzeilig ist (Eigenschaft `multiline`) und ob Groß- und Kleinschreibung ignoriert wird (Eigenschaft `ignoreCase`).

Ein komplexes Thema

Reguläre Ausdrücke sind mächtig, aber auch komplex. Dieses Buch kann und will keine umfassende Einführung in das Thema leisten. Sollten Sie Interesse an weiterführenden Informationen haben, sei Ihnen entsprechende Speziallteratur ans Herz gelegt. Empfehlenswert ist die Einführung von Christian Wenz, »Reguläre Ausdrücke schnell + kompakt«, erschienen bei entwickler.press, und das Standardwerk »Reguläre Ausdrücke« von Jeffrey E. F. Friedl, erschienen bei O'Reilly.

Nun aber noch zu einigen möglichen Mustern für reguläre Ausdrücke:

▸ Ziffern und Buchstaben des Alphabets entsprechen ihrem eigenen Wert. Sie schreiben sie also einfach hin.

▸ Sonderzeichen werden wie bei `restrict` mit einem Backslash (\\) entwertet.

```
var muster:RegExp = /\-/
```

▸ Verschiedene Alternativen werden, wie schon gezeigt, in eckigen Klammern (`[ ]`) angegeben. Der reguläre Ausdruck `/[248]/` prüft, ob eine Ziffer 2, 4 oder 8 ist. Der Bindestrich, wie zuvor bei den Kleinbuchstaben, gibt Bandbreiten an.

▸ Einige Zeichentypen besitzen Kürzel: `\w` steht für alle ASCII-Zeichen und `\d` für alle Ziffern. Der Punkt (.) ersetzt ein beliebiges Zeichen, und `\s` steht für Weißraum wie Leerzeichen und Tabulatoren.

▶ Ähnlich wie bei `restrict` gibt es mit dem ^ ein Zeichen, das andere Zeichen ausschließt. Schreiben Sie es in die öffnende eckige Klammer: `/[^248]/` steht also für »alles« außer 2, 4 und 8.

▶ Um bestimmte Zeichentypen auszuschließen, können Sie auch Kürzel verwenden: `\W` steht für alles außer ASCII-Zeichen und `\D` für alles außer Zahlen. `\S` steht für keine Leerzeichen und Tabulatoren.

▶ Die Häufigkeit des Vorkommens legen Sie mit geschweiften Klammern fest:

```
var muster:RegExp = /\d{5}/
```

gibt an, dass fünf Ziffern vorkommen müssen. Wollen Sie eine Minimal- und Maximalzahl angeben, trennen Sie die zwei Werte in den geschweiften Klammern durch Kommas.

▶ ? steht für einmal oder keinmal. Das entspricht `{0,1}`.

▶ + steht für einmal oder mehrmals. Das entspricht `{1,}`.

▶ * steht für mehrmals oder keinmal. Das ist also `{0,}`.

▶ Runde Klammern dienen zur Zusammenfassung von Elementen. Der horizontale Strich (|) trennt Alternativen. `/[4-9]|(02|23)/` liefert `true`, wenn das Zeichen entweder die Ziffern 4 bis 9 enthält oder 0 und 2 oder 2 und 3.

▶ Sogenannte Flags regeln das Verhalten des regulären Ausdrucks und werden immer an das Ende geschrieben: `/[a-d]/g`. g steht für einen Mustervergleich, der nicht nach der ersten Übereinstimmung abgebrochen wird.

Postleitzahlen-Überprüfung

Nun zu einem praktischen Beispiel: Die Postleitzahlen-Überprüfung aus dem letzten Abschnitt soll noch ein wenig verfeinert werden. Nun sollen fünfstellige Zahlen und fünfstellige Zahlen mit vorangestelltem »D-« korrekt sein. Zur Überprüfung wird ein regulärer Ausdruck mit der Methode `exec()` eingesetzt (alternativ ginge hier auch `test()`). `exec()` liefert ein Objekt zurück, in dem sich nicht nur das oder (bei gesetztem Flag g) eventuell die gefundenen Teilstücke befinden, sondern auch die Teilelemente, die in runden Klammern zusammengefasst waren. Ergebnisstring und Teilstrings sind in einem Array zusammengefasst. Außerdem enthalten ist die Fundposition und der String selbst.

In unserem Fall ist aber nur wichtig zu wissen, dass `exec()` bei keinem Fund null zurückliefert, denn darauf können Sie testen:

```
check_btn.addEventListener(MouseEvent.CLICK, pruefen);
function pruefen(evt:Event):void {
    var muster:RegExp = /^(D-)?(\d{5})$/;
    var erg:Object = muster.exec(plz_txt.text);
```

```
    if (erg == null) {
        ausgabe_txt.text = "Nicht korrekt!";
    } else {
        ausgabe_txt.text = "Korrekte Postleitzahl";
    }
}
```

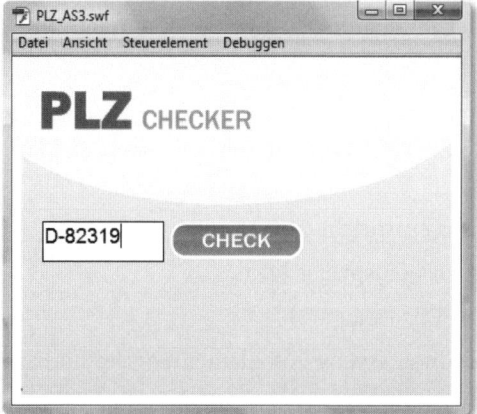

Abbildung 9.19   Der Benutzer hat eine korrekte Postleitzahl eingegeben.

[○]   Auf der DVD finden Sie das Beispiel unter *plz_AS3.fla*.

Ersetzen

Das Ersetzen mit regulären Ausdrücken wird nicht mit einer Methode der RegExp-Klasse bewerkstelligt, sondern mit der Methode replace(RegExp, Ersatz) der String-Klasse. In Ersatz können Sie mit dem Dollarzeichen ($) auf Inhalte des regulären Ausdrucks zugreifen:

```
var ausgabe:String = "ActionScript";

var muster:RegExp = /(\w+)(S\w+)/;

trace(ausgabe.replace(muster, "$2 $1"));
```

Im obigen Beispiel wird so aus »ActionScript« die »Script Action«. Die Nummern stehen jeweils für die Inhalte der runden Klammern.

9.6   Blocktext einsetzen

In Flash CS4 gibt es eine neue Möglichkeit, mehrspaltigen Text zu realisieren: den Blocktext. Dabei werden einzelne Textzeilen miteinander verbunden. Alle Textzeilen sind dabei Teile eines einzelnen Blocks. Dieser Block repräsentiert einen Absatz – mehrere Absätze sollten in mehrere Blöcke aufgeteilt werden.

Textzeilen und Textblock sind jeweils die eigenen Klassen `TextLine` und `Text-Block`. Der Textblock wird über ein `TextElement` befüllt. Alternativ kann auch ein `GraphicElement` verwendet werden. Der `TextBlock` selbst erhält diesen Inhalt über die Eigenschaft `content`. Hier sehen Sie ein einfaches Beispiel:

```
var langerText:String = "Lorem ipsum dolor sit amet, consetetur sadip
scing elitr, sed diam nonumy eirmod tempor invidunt ut labore et dolo
re magna aliquyam erat, sed diam voluptua. At vero eos et accusam et
justo duo dolores et ea rebum. Stet clita kasd gubergren, no sea taki
mata sanctus est ... "
var format:ElementFormat = new ElementFormat();
var element:TextElement = new TextElement(langerText, format);
var block:TextBlock = new TextBlock();
block.content = element;
```

Im vorliegenden Beispiel sollen nun einzelne Spalten dynamisch generiert werden. Dazu vergeben Sie Standardwerte für die Spalten- und Zeilenzahl, für die Spaltenbreite und die Positionen. Außerdem geben Sie noch die Abstände an:

```
var spalten:int = 2;
var zeilen:int = 15;
var breite:int = 175;
var xPos:int = 45;
var yPosStart:int = 45;
var yPos:int = yPosStart;
var xAbstand:int = 50;
var yAbstand:int = 5;
```

Eine einzelne Textzeile wird dann aus dem Block mit `createTextLine(Beginn, Breite)` erzeugt. Der erste Parameter ist die Zeile, an deren Ende die Ausgabe beginnt. Am Anfang ist dieser Wert `null`. Gibt es keinen Text mehr, liefert die Methode `false`. Dementsprechend können Sie `createTextLine()` in einer Schleife einsetzen. Sie müssen sich dort außerdem noch um die Position kümmern. Ein Counter zählt mit, in welcher Zeile und welcher Spalte sich der Renderer-Vorgang gerade befindet.

```
var textline:TextLine = block.createTextLine(null, breite);

var counterZeilen:int = 1;
var counterSpalten:int = 1;
while (textline) {
  textline.x = xPos;
  yPos += textline.textHeight + yAbstand;
  textline.y = yPos;
```

```
this.addChild(textline);
counterZeilen++;
if (counterZeilen % zeilen == 0) {
  counterSpalten++;
  xPos += breite + xAbstand;
  yPos = yPosStart;
}

textline = block.createTextLine(textline, breite);
}
```

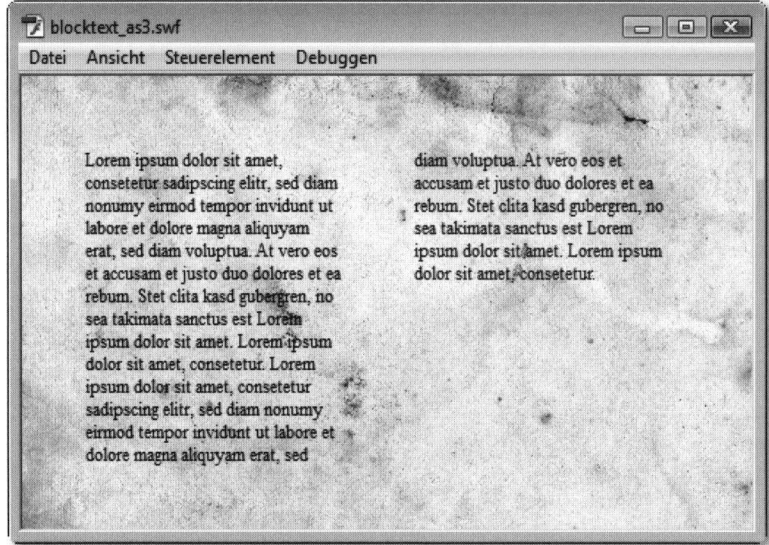

Abbildung 9.20 Zeilenweise erstellen Sie mehrspaltigen Text.

[o] Auf der DVD finden Sie das Beispiel mit dem Namen *blocksteuerung_AS3.fla*.

»Nur wer verzagend das Steuer loslässt,
ist im Sturm verloren.«
– Geibel

10 Tasten

Flash-Filme fordern meistens Reaktionen und Eingaben vom Benutzer. Das beliebteste Gerät dafür ist die Maus. Als Zweites kommt die Tastatur. Sie haben bereits eine Interaktionsmöglichkeit zwischen Flash-Film und Tastatur kennengelernt: das Eingabetextfeld. Ähnliche Möglichkeiten bieten einige UI-Komponenten (siehe Kapitel 22, »Formulare und UI-Komponenten«). Beide Elemente haben für die Gestaltung aber einen großen Nachteil: Sie sind immer sichtbar. Die Tastaturinteraktion, die dieses Kapitel vorstellt, verläuft dagegen unsichtbar. Der Nutzer drückt eine Taste und provoziert damit eine Reaktion.

Welche Voraussetzungen sind dafür notwendig? Die Antwort lautet: Action-Script. Der Empfänger muss feststellen können, dass eine Taste vom Benutzer gedrückt wurde, und anschließend unter Umständen, welche. Dafür bietet Action-Script das `KeyboardEvent`. Wird eine Taste gedrückt, tritt das Ereignis `KEY_DOWN` ein, wird sie losgelassen, `KEY_UP`.

10.1 Grundlagen

Das Tastaturereignis ist im Prinzip sehr einfach zu verwenden: Sie benötigen einen Event-Listener für den Hauptfilm bzw. die Bühne oder einen beliebigen Film:

```
stage.addEventListener(KeyboardEvent.KEY_DOWN,statusKeyDown);
```

Wie erwähnt stehen zwei Ereignisse zur Verfügung: `KEY_DOWN` tritt beim Drücken der Taste ein, `KEY_UP` erst beim Loslassen.

```
stage.addEventListener(KeyboardEvent.KEY_UP,statusKeyUp);
```

Die Taste selbst wird im Event-Listener aufgerufen. Sie wird dem `KeyboardEvent` als Tastaturcode übermittelt:

```
function statusKeyDown(evt:KeyboardEvent) {
    trace(evt.charCode);
}
```

Der Tastaturcode entspricht dem ASCII-Code des entsprechenden Zeichens. Intern verwendet Flash UTF-8. Der ASCII-Zeichencode ist Teil des UTF-8-Codes. Der ASCII-Zeichensatz enthält in den ersten 126 Zeichen alle Buchstaben und Ziffern. Die Ziffern beginnen ab der ASCII-Position 48. Die Großbuchstaben beginnen bei 65, die Kleinbuchstaben bei 97. Die Umwandlung von ASCII-Zeichencodes in das entsprechende Zeichen können Sie mit der Methode fromCharCode(Zeichencode) der String-Klasse durchführen:

```
stage.addEventListener(KeyboardEvent.KEY_DOWN,statusKeyDown);
function statusKeyDown(evt:KeyboardEvent) {
    trace(String.fromCharCode(evt.charCode));
}
```

Sondertasten

Einige Sondertasten, wie ⏏, Strg und Alt, lösen das KeyboardEvent-Ereignis aus, liefern aber keinen Zeichencode. Sie erzeugen allerdings einen sogenannten keyCode. Dieser entspricht bei den Kleinbuchstaben dem ASCII-Code, während Großbuchstaben nur eine Kombination aus ⏏ und dem Kleinbuchstaben sind. Das bedeutet, der keyCode liefert nur eine Zahl für jede gedrückte Taste. Dies gilt nicht nur für Buchstaben, sondern auch für die übrigen Tasten.

Für die Prüfung von Sondertasten bietet es sich allerdings aufgrund verschiedener Länderlayouts von Tastaturen und wegen der verschiedenen Tastencodes auf unterschiedlichen Betriebssystemen nicht an, auf normale Tastencodes zu setzen. Stattdessen sollten Sie hier die Eigenschaften der Keyboard-Klasse verwenden. Jede dieser Sondertasten ist nämlich als eigene Eigenschaft abgelegt. Die Klasse selbst ist statisch, Sie müssen dementsprechend kein Objekt instantiieren, sondern können direkt mit dem Klassennamen zugreifen. Sie finden die Klasse im AKTIONEN-Bedienfeld unter flash.ui.

Eigentlich ist die Bezeichnung »Eigenschaft« hier eher irreführend. Die Werte für die Tastatureigenschaften sind nicht änderbar und entsprechen jeweils dem keyCode. Es handelt sich also eher um Konstanten. Die folgende Tabelle zeigt einige wichtige Tasten im Überblick.

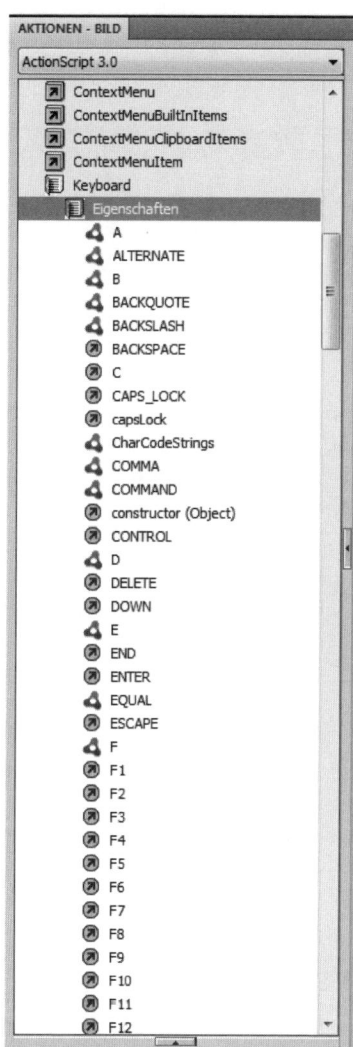

Abbildung 10.1   Die Keyboard-Klasse

Eigenschaft	Tasten
ENTER	⏎ - bzw. Enter -Taste
SPACE	Leertaste
TAB	⇥
CONTROL	Strg - bzw. Ctrl -Taste
SHIFT	⇧ -Taste

Tabelle 10.1   Keyboard-Eigenschaften

Eigenschaft	Tasten
INSERT	Einf -Taste
DELETE	Entf -Taste
ESCAPE	Esc -Taste
BACKSPACE	←
DOWN, LEFT, UP, RIGHT	Cursortasten
HOME	Pos1 -Taste
PAGE_DOWN, PAGE_UP	Bildlauftasten
F1 bis F15	Funktionstasten
NUMPAD_0 bis NUMPAD_9 und einige Funktionstasten	Tasten vom Nummernblock. Oft für Spiele verwendet, aber in Zeiten von vielen Laptops eher problematisch. Die Eigenschaft numLock gibt als Wahrheitswert an, ob der Nummernblock aktiviert ist.
CAPS_LOCK	Feststelltaste. Dauerhaftes Shift aktivieren. Ebenfalls in Keyboard vorhanden ist die Eigenschaft capsLock, die als Wahrheitswert angibt, ob CAPS_LOCK aktiviert ist.

Tabelle 10.1 Keyboard-Eigenschaften (Forts.)

Ein Test, ob die Taste richtig ist, ist ganz einfach. Sie holen sich aus dem KeyboardEvent den Tastencode und vergleichen diesen mit der entsprechenden Eigenschaft:

```
function statusKeyDown(evt:KeyboardEvent) {
    if (evt.keyCode == Keyboard.SHIFT) {
        trace("Umschalt wurde gedrückt");
    }
}
```

Der große Vorteil ist, dass Sie den Tastencode nicht kennen müssen. Der Flash Player kümmert sich um die Details.

Mehrere Positionen für gleiche Tasten

Bei einigen Tasten gibt es mehrere Positionen auf der Tastatur. Bei der ⇧ -Taste beispielsweise links und rechts und bei den Nummerntasten auf dem Nummernblock oder normal. Diese verschiedenen Positionen sind als Konstanten in der KeyLocation-Klasse zu finden und lassen sich über die Eigenschaft keyLocation des KeyboardEvent abfragen. Der folgende Code prüft beispielsweise, ob es sich um die linke ⇧ -Taste handelt:

```
function statusKeyDown(evt:KeyboardEvent) {
    if (evt.keyCode == Keyboard.SHIFT && evt.keyLocation ==
    KeyLocation.LEFT) {
        trace("Die linke Umschalt-Taste wurde gedrückt");
    }
}
```

Die rechte ⇧-Taste wird dabei explizit ausgeschlossen.

Für einige Funktionstasten gibt es im `KeyboardEvent` zusätzlich noch einige Eigenschaften:

▶ `ctrlKey`: Reagiert mit einem Wahrheitswert, ob Strg gedrückt wurde.

▶ `altKey`: Ist noch nicht aktiv, funktioniert also nicht, sondern ist nur für spätere Verwendung vorgesehen.

▶ `shiftKey`: für die ⇧-Taste

Die zwei aktiven Eigenschaften liefern jeweils `true`, wenn zusätzlich zur gedrückten Taste oder alleine noch die jeweilige Funktionstaste gedrückt ist.

Ziel und Maus   [+]

Sollten Sie wissen wollen, wo die Maus ist, wenn eine Taste gedrückt wird, können Sie mit `evt.target` einfach auf das Zielobjekt – meist die Bühne – zugreifen und mit `mouseX` und `mouseY` die Mauskoordinaten auslesen:

```
evt.target.mouseX
evt.target.mouseY
```

Bei Ballerspielen ist das beispielsweise notwendig, wenn Sie den Nutzer per Maus zielen und per Taste schießen lassen.

10.2   Ein Quiz mit Tastatursteuerung

Das folgende Beispiel erzeugt ein einfaches Quiz, das mit der Tastatur gesteuert wird. Sie finden die Ausgangssituation in der Datei *tasten.fla*. Die Datei besteht aus einem dynamischen Textfeld für die Quizfrage und vier Movieclip-Symbolen, die die Antwortmöglichkeiten von A bis D darstellen. Ziel ist, dass der Benutzer dieses Quiz komplett mit der Tastatur steuern kann. Er soll

▶ eine Antwort mit den Tasten A, B, C oder D aussuchen können (die anderen drei Antworten verblassen dann),

▶ mit ↵ die gegebene Anwort auswerten können und ein Ergebnis im Textfeld erhalten und

▶ mit ← die Frage wieder im Textfeld erscheinen lassen.

Schritt-für-Schritt: Quiz mit Tastaturereignissen

In diesem Beispiel kommt eine externe Dokumentklasse zum Einsatz.

1 Externe Dokumentklasse anlegen

Erstellen Sie eine neue ActionScript-Datei mit dem Namen *tasten.as* im gleichen Verzeichnis wie *tasten.fla*. Vergeben Sie diese Klasse als Dokumentklasse im Eigenschafteninspektor der Bühne von *tasten.fla*.

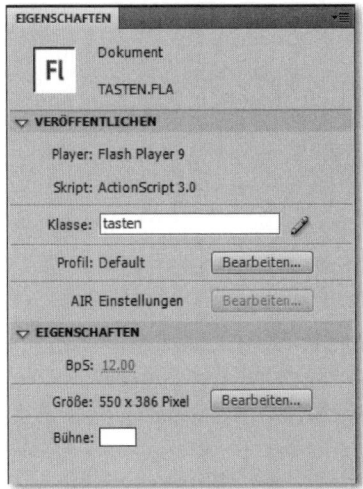

Abbildung 10.2 Im Eigenschafteninspektor wird die externe Klasse verlinkt.

2 Grundgerüst

Erstellen Sie das Paket und das Grundgerüst für die Klasse. Als Dokumentklasse erbt die Klasse `tasten` von `flash.display.MovieClip`:

```
package {
    import flash.display.MovieClip;
    public class tasten extends flash.display.MovieClip {
    }
}
```

3 Übrige Klassen importieren

Als Nächstes importieren Sie im Paketbereich noch die übrigen benötigten Klassen:

```
import flash.text.TextField;
import flash.events.KeyboardEvent;
import flash.ui.Keyboard;
```

In der Praxis kennen Sie eventuell die Klassen, die Sie benötigen, am Anfang noch nicht. In diesem Fall fügen Sie sie einfach später an der Stelle vor der öffentlichen Klasse hinzu.

4 *Eigenschaften erstellen*

Innerhalb der Klasse folgen der Übersicht halber zuerst die entsprechenden Eigenschaften. tinit, tauswahl und thell geben Transparenzwerte für die verschiedenen Status von Fragen an, wahl bezeichnet die korrekte Frage und auswahl enthält die Wahl des Nutzers.

```
private var tinit:Number = .6;
private var tauswahl:Number = 1;
private var thell:Number = .2;
private var wahl:String = "a";
private var auswahl:String = "";
```

Auch hier gilt im Entwicklungsprozess: Wenn Sie später weitere Eigenschaften benötigen, fügen Sie sie einfach hier hinzu.

5 *Initialzündung*

In der Konstruktor-Methode tasten() der tasten-Klasse folgt nun die Initialisierung der wichtigsten Werte. Die vier Movieclips mit den Fragen erhalten den eingangs benötigten Transparenzwert, und anschließend wird das Tastaturereignis KEY_DOWN mit einem Event-Listener abgefangen:

```
public function tasten() {
    antwortA_mc.alpha = tinit;
    antwortB_mc.alpha = tinit;
    antwortC_mc.alpha = tinit;
    antwortD_mc.alpha = tinit;
    stage.addEventListener(KeyboardEvent.KEY_DOWN,statusKeyDown);
}
```

Das Herzstück der Quiz-Anwendung ist der Event-Listener, die Methode statusKeyDown().

6 *Buchstaben abfangen*

Die Methode statusKeyDown() ist als Event-Listener für jeden Tastendruck verantwortlich. Im ersten Schritt fangen Sie die vier Buchstaben a bis d ab.

```
private function statusKeyDown(evt:KeyboardEvent):void {
    if (String.fromCharCode(evt.charCode) == "a") {
        auswahl = String.fromCharCode(evt.charCode);
        antwortA_mc.alpha = tauswahl;
```

```
        antwortB_mc.alpha = thell;
        antwortC_mc.alpha = thell;
        antwortD_mc.alpha = thell;
    }
    if (String.fromCharCode(evt.charCode) == "b") {
        auswahl = String.fromCharCode(evt.charCode);
        antwortA_mc.alpha = thell;
        antwortB_mc.alpha = tauswahl;
        antwortC_mc.alpha = thell;
        antwortD_mc.alpha = thell;
    }
    if (String.fromCharCode(evt.charCode) == "c") {
        auswahl = String.fromCharCode(evt.charCode);
        antwortA_mc.alpha = thell;
        antwortB_mc.alpha = thell;
        antwortC_mc.alpha = tauswahl;
        antwortD_mc.alpha = thell;
    }
    if (String.fromCharCode(evt.charCode) == "d") {
        auswahl = String.fromCharCode(evt.charCode);
        antwortA_mc.alpha = thell;
        antwortB_mc.alpha = thell;
        antwortC_mc.alpha = thell;
        antwortD_mc.alpha = tauswahl;
    }
```

Sie sehen, dass der grundlegende Aufbau für jeden Buchstaben gleich ist. Zuerst wird geprüft, ob es sich um den Buchstaben handelt. Anschließend wird die Auswahl auf den entsprechenden Buchstaben gesetzt und die entsprechende Antwort durch einen höheren alpha-Wert hervorgehoben.

7 Auswerten

Im Beispiel müssen nun noch die beiden Funktionstasten ⏎ und ← gesteuert werden. Bei ⏎ erfolgt die Auswertung:

```
    if (evt.keyCode == Keyboard.ENTER ) {
        if (auswahl == wahl) {
            frage_txt.text = "Ihre Antwort war korrekt!";
        } else {
            frage_txt.text = "Ihre Antwort war leider falsch";
        }
    }
```

Die Überprüfung auf die Funktionstaste ⏎ erfolgt, wie in den Grundlagen beschrieben, mit der Eigenschaft ENTER der Keyboard-Klasse. Entspricht die aktuelle Auswahl dann der Wahl, wird die Antwort als korrekt gewertet.

8   *Zurücksetzen*

Beim Drücken von ← setzen Sie den Fragetext, die alpha-Werte und die aktuelle Auswahl wieder auf den in der Eigenschaft tinit gespeicherten Ausgangswert zurück:

```
if (evt.keyCode == Keyboard.LEFT) {
    frage_txt.text = "Wie viel Grad Fahrenheit entsprechen dem
        Nullpunkt in der Celsius Skala?";
    .auswahl = "";
    antwortA_mc.alpha = tinit;
    antwortB_mc.alpha = tinit;
    antwortC_mc.alpha = tinit;
    antwortD_mc.alpha = tinit;
    }
}
```

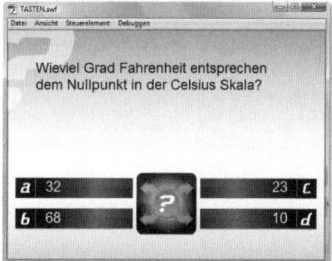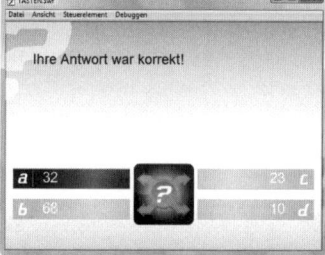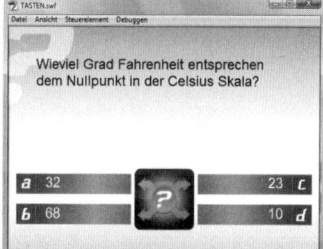

Abbildung 10.3   Der Benutzer wählt A, seine Antwort war korrekt, mit ← gelangt er wieder zu der Frage. ∎

Testing   **[!]**

Vorsicht, beim Testen aus Flash heraus funktioniert die ⏎-Taste (und andere Tasten) unter Umständen nicht, da sie anderweitig von Flash belegt ist. Um dieses Problem zu verhindern, wählen Sie beim Testen im Menü des Flash Players STEUERELEMENT • TASTATURBEFEHLE DEAKTIVIEREN. Wenn Sie den Flash-Film direkt testen oder ihn im Browser aufrufen, arbeitet die ⏎-Taste natürlich normal. Allerdings gibt es im Browser auch Tastenkürzel, die vom Browser reserviert sind – gerade Kombinationen mit Strg sind hier problematisch. Diese werden zumindest zuerst im Browser ausgeführt, bevor sie im Flash Player ankommen.

[○] Die fertige externe Klasse finden Sie unter *tasten.as* im Verzeichnis für dieses Kapitel. Überlegen Sie sich, wie Sie das Quiz noch erweitern und modularer gestalten können. Das ist eine gute Übung, um von dem speziellen Thema – hier der Tastensteuerung – zu einer themenübergreifenden Arbeit zu gelangen.

10.3 Spielerische Tastensteuerung

Zum Abschluss dieses Kapitels folgt ein kleines Bonbon: Wir zeigen Ihnen, wie Sie mit Tasten Movieclips steuern können. Damit erhalten Sie die Grundlage für viele mit Flash realisierte Spiele. Zusätzlich lernen Sie, wie Sie mehrere Tasten auf einmal abfragen.

10.3.1 Movieclips steuern – ein Beispiel

[○] Öffnen Sie zunächst die Ausgangsdatei *tastensteuerung.fla* von der DVD. Sie sehen einen Kran, der nun per Tastatur gesteuert werden soll. Außerdem wollen wir die Last und das dazugehörige Seil beweglich gestalten – und zwar horizontal und vertikal. Last und Seil bilden zusammen den Schlitten des Krans.

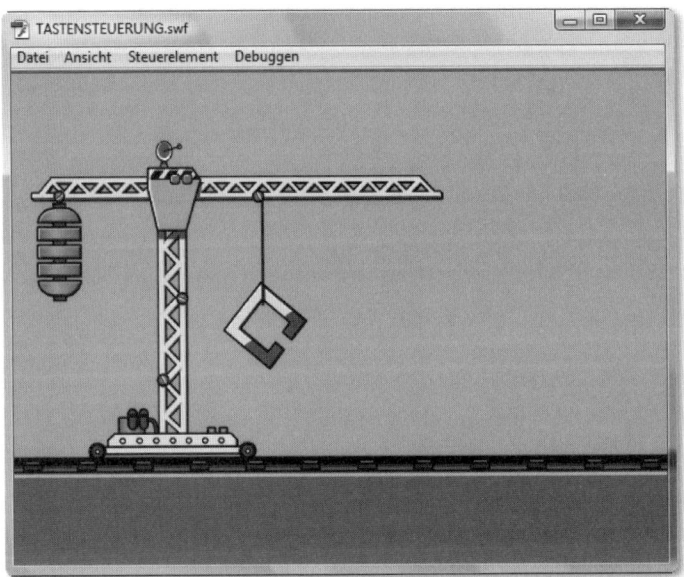

Abbildung 10.4 Ein Kran mit Last, Seil und Schlitten

Der Kran besteht aus einem Movieclip, der weitere Movieclips enthält. Alle Elemente, die beweglich sein sollen, haben wir als eigenen Movieclip angelegt. Das ist wichtig, da nur Movieclips mit ActionScript bewegt werden können.

Registrierungspunkt   **[«]**

Wenn Sie einen Movieclip verschieben, ändern Sie seine Position im Koordinatensystem. Diese Position ist abhängig vom Registrierungspunkt, den Sie beim Erstellen eines Movieclips vergeben.

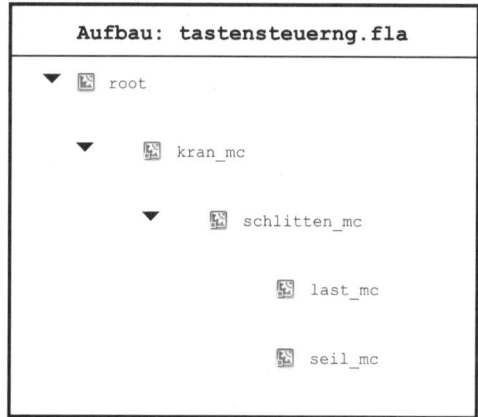

Abbildung 10.5 Der Aufbau des Films *Tastensteuerung.fla*

Wenn Sie eine Tastensteuerung entwerfen, sollten Sie sich nicht nur Gedanken machen, was bewegt wird, sondern auch, mit welchen Tasten. Eine einfache Übersicht wie die folgende Tabelle reicht aus, um sich Klarheit zu verschaffen:

Tasten	Wirkung
⇧ + ← und ⇧ + →	Sollen den Kran horizontal auf seiner Schiene verschieben.
← und →	Dienen dazu, den Schlitten mit Seil und Last horizontal zu verschieben.
↑ und ↓	Heben und senken die Last mit dem Seil. Das Seil muss dazu kürzer und länger werden.

Tabelle 10.2 Tasten und ihre Wirkung für das Kran-Beispiel

Schritt-für-Schritt: Kransteuerung I

Nach den grundlegenden Gedanken geht es ans Programmieren. Der Code landet hier in einer externen Klasse `tastensteuerung`.

1 Externe Klasse anlegen

Als Erstes legen Sie eine neue ActionScript-Datei *tastensteuerung.as* im Verzeichnis von *tastensteuerung.fla* an und erstellen dort ein Grundgerüst mit der Klasse tastensteuerung. Diese Klasse geben Sie dann auch im Eigenschafteninspektor als Dokumentklasse an.

2 *Eigenschaften*

Den Anfang bilden drei Eigenschaften für den Versatz:

```
private var kranVersatz:int = 5;
private var xVersatz: int = 5;
private var yVersatz: int = 5;
```

Die Eigenschaften steuern die Bewegungsgeschwindigkeit. kranVersatz gibt an, wie viele Pixel der Kran nach links und rechts bewegt werden soll, xVersatz steht für den Versatz des Schlittens und yVersatz für die Höhenänderung von Seil und Last. Die drei Eigenschaften zentral zu definieren, ist sehr sinnvoll, da sie so jederzeit flexibel geändert werden können.

3 *Tastaturereignis abfangen*

Als Nächstes definieren Sie im Konstruktor der Klasse, der Methode tastensteuerung(), den Event-Listener für das Drücken einer Taste:

```
stage.addEventListener(KeyboardEvent.KEY_DOWN,statusKeyDown);
```

4 *Event-Listener-Methode erstellen*

Anschließend erstellen Sie die Event-Listener-Methode statusKeyDown():

```
private function statusKeyDown(evt:KeyboardEvent):void {
    // Hier kommen die Anweisungen zur Tastenüberprüfung hin
}
```

In dieser Methode spielen sich alle weiteren Schritte ab.

5 *with einsetzen*

Nun schließen Sie die folgenden Anweisungen in eine with-()-Anweisung ein:

```
private function statusKeyDown(evt:KeyboardEvent):void {
    with (kran_mc) {
    // Hier kommen die Anweisungen zur Tastenüberprüfung hin
    }
}
```

Die with-(Objekt)-Anweisung ist eine Vereinfachung: Sie schreiben in runden Klammern hinter with ein Objekt. Alle Methoden und Eigenschaften, die in den Anweisungsblock (geschweifte Klammern) geschrieben werden, beziehen sich automatisch auf dieses Objekt. Sie müssen sie also nicht mehr eintippen.

6 *Anweisungen zum Verschieben des Krans nach links*

Im nächsten Schritt überprüfen Sie, ob ⬅ und ⇧ gedrückt wurden:

```
if (evt.keyCode == Keyboard.LEFT && evt.shiftKey) {
  if (x > 10) {
    x -= kranVersatz;
  }
}
```

Um die zwei Tasten zu koppeln, prüfen Sie bei `KeyboardEvent` noch mit der Eigenschaft `shiftKey`, ob die ⇧-Taste als Funktionstaste zusätzlich gedrückt wurde. Die zwei Tests verbinden Sie einfach durch ein logisches UND (`&&`). Jetzt wird nur dann `true` geliefert, wenn beide Tasten gedrückt sind.

Ist das Ergebnis `true`, verringert sich die horizontale Position des Krans (Eigenschaft x des Kran-Movieclips `kran_mc`) um den Wert der Variablen `kranVersatz` (in unserem Fall 5). Die umschließende `if`-Anweisung verhindert, dass der Kran über den linken Rand hinausgeschoben wird. Bei einer horizontalen Position (x) von 0 Pixeln ist Schluss mit Verschieben.

[+]

Mehrere Tasten – ohne Funktionstasten

Für die Tasten Strg (`controlKey`) und ⇧ (`shiftKey`) gibt es wie erwähnt Eigenschaften, um festzustellen, ob sie gerade gedrückt sind. Die Eigenschaft für die Alt-Taste ist nicht mit einer Funktion belegt. Und auch bei anderen Tasten haben Sie das Problem, dass auch bei gleichzeitigem Drücken zwei Ereignisse ausgelöst werden. Hier hilft nur, zwischenzuspeichern, welche Tasten jeweils zu welchem Zeitpunkt gedrückt und noch nicht wieder losgelassen wurden. Im nächsten Abschnitt sehen Sie dafür ein Beispiel.

7 *Anweisungen zum Verschieben des Krans nach rechts*

Analog verschieben Sie den Kran mit folgenden Anweisungen nach rechts:

```
} else if (evt.keyCode == Keyboard.RIGHT && evt.shiftKey) {
  if (x <= 180) {
    x += kranVersatz;
  }
}
```

So viel zum Bewegen des Krans. Testen Sie einfach selbst das Ergebnis mit Strg + ↵.

Weiter geht es mit der Steuerung des Kranschlittens nach links und rechts.

 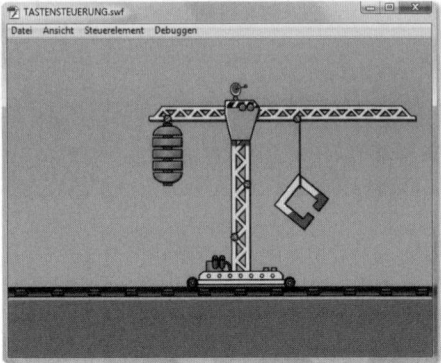

Abbildung 10.6 Der Kran lässt sich mit ⬆ und den Pfeiltasten nach links und rechts verschieben.

Schritt-für-Schritt: Kransteuerung II

1 ← prüfen

Zuerst prüfen Sie, ob der Nutzer ← drückt:

```
} else if (evt.keyCode == Keyboard.LEFT && !evt.shiftKey) {
  if (schlitten_mc.x > 0) {
    schlitten_mc.x -= xVersatz;
  }
}
```

Die if-Bedingung testet hier nicht nur, ob ← gedrückt ist, sondern schließt auch aus, dass ⬆ gerade betätigt wird. Hierzu wird der logische Operator »Negation« (!) eingesetzt. Logische Operatoren finden Sie in Kapitel 4, »Grundlagen der Programmierung«, ausführlicher erklärt.

Der Grund liegt auf der Hand: ⬆ und ← sollen nur den Kran, nicht aber den Schlitten verschieben.

Der Versatz erfolgt wie beim Kran mit einer Variablen (yVersatz), die von der aktuellen horizontalen Position des Schlittens (x) abgezogen wird. Dank if-Anweisung endet das Verschieben bei einer Position von 0 Pixeln.

2 Funktionalität für → ergänzen

Fügen Sie den Code für → hinzu. Er arbeitet nach demselben Muster wie bei → aus dem vorherigen Schritt.

```
} else if (evt.keyCode == Keyboard.RIGHT && !evt.shiftKey) {
  if (schlitten_mc.x <= 110) {
```

```
    schlitten_mc.x += xVersatz;
  }
}
```

Nach Erklärung der horizontalen Bewegung sollten Sie nun wieder selbst das Ergebnis testen und den Schlitten ein wenig hin- und herfahren.

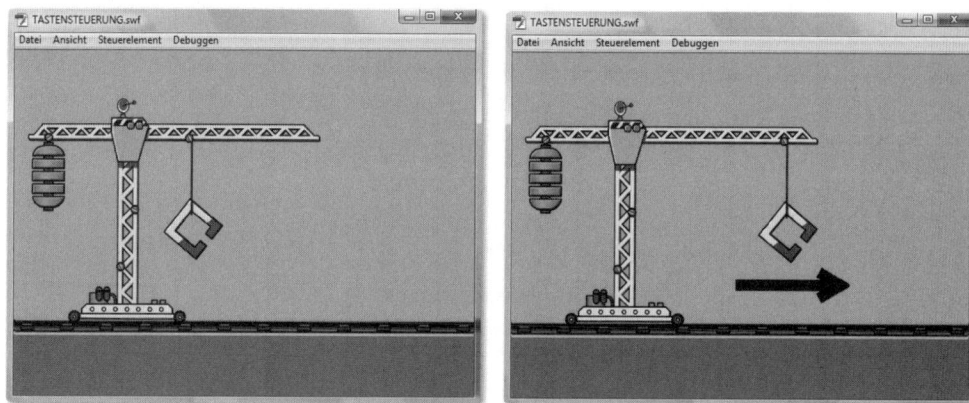

Abbildung 10.7 Der Schlitten bewegt sich dank der Pfeiltasten in horizontaler Richtung. ■

Im letzten Teil dieses umfangreichen Workshops bewegen Sie Last und Seil auf und ab.

Schritt-für-Schritt: Kransteuerung III

1 ⌨ ↑ -*Funktionalität einrichten*

Fügen Sie folgenden Code ein, um die Last nach oben zu verschieben:

```
} else if (evt.keyCode == Keyboard.UP) {
  if (schlitten_mc.seil_mc.height > 25) {
    schlitten_mc.seil_mc.height -= yVersatz;
    schlitten_mc.last_mc.y -= yVersatz;
  }
}
```

Sehen Sie den Unterschied zum horizontalen Verschieben des Schlittens oder Krans? Das Seil ändert nicht seine Position, sondern nur seine Höhe (height). Die Last nimmt dagegen eine andere Position ein (y).

Wenn Sie die Höhe eines Movieclips variieren, müssen Sie aufpassen: Die Höhe ändert sich immer relativ zum Registrierungspunkt. Für das Seil haben wir den Registrierungspunkt in diesem Fall oben in der Mitte gewählt.

2 Code für ⬇ hinzufügen

Analog zum Code für ⬆ fügen Sie den Code für ⬇ ein:

```
} else if (evt.keyCode == Keyboard.DOWN) {
  if (schlitten_mc.seil_mc.height < 160) {
    schlitten_mc.seil_mc.height += yVersatz;
    schlitten_mc.last_mc.y += yVersatz;
  }
}
}
```

Abbildung 10.8 Nun lässt sich die Last nach unten und nach oben bewegen. ∎

[o] Die fertige ActionScript-Datei finden Sie auf der DVD im Verzeichnis zu dieser Lektion unter dem Namen *tastensteuerung.as*.

10.3.2 Gedrückt halten und mehrere Tasten drücken

Wenn Sie im Kran-Beispiel oder in einem Spiel eine Taste gedrückt halten, wird das Ereignis KEY_DOWN wiederholt ausgeführt. Nach dem ersten Ausführen dauert es allerdings kurz bis zum nächsten. Dies können Sie mit der einfachen Ausgabe des Datums in Millisekunden testen:

```
var datum:Date = new Date();
trace(datum.getTime());
```

Ein ähnliches Problem haben Sie, wenn Sie gleichzeitig mehrere Tasten überprüfen wollen, bei denen es sich nicht um die Funktionstasten ⬆ und Strg handelt.

Abbildung 10.9 Vom ersten zum zweiten Ereignis gibt es eine leichte Zeitverzögerung, auch wenn Sie die Taste gedrückt halten.

Das heißt, wenn Sie eine kontinuierliche Bewegung simulieren bzw. mehrere Tasten gleichzeitig abfangen möchten, während der Benutzer eine Taste drückt, müssen Sie sowohl das Drücken mit KEY_DOWN als auch das Loslassen mit KEY_UP abfangen. Das Ergebnis (nämlich, ob eine Taste gerade gedrückt ist) schreiben Sie dann in eine Eigenschaft. Dies entspricht der Funktionalität von Key.isDown() in ActionScript 2, das in ActionScript 3 nicht mehr vorhanden ist.

Tastenkombinationen abfangen

Dies finden Sie hier einmal auf Basis des Kran-Beispiels aus dem letzten Abschnitt realisiert. Und zwar soll der Kran nun mit der Leertaste und den Pfeiltasten links und rechts verschoben werden. Die anderen Steuerungsmöglichkeiten bleiben der Einfachheit halber außen vor. Dafür benötigen Sie als Erstes im Konstruktor der externen Klasse (hier tastensteuerungExakt) Event-Listener für KEY_DOWN und KEY_UP. Außerdem benötigen Sie einen Event-Listener für ENTER_FRAME oder ein Timer-Objekt (siehe Kapitel 13, »Animationsgrundlagen«), das in regelmäßigen Abständen aufgerufen wird. Dort prüfen Sie immer, welche Tasten gerade gedrückt sind:

```
public function tastensteuerungExakt() {
    stage.addEventListener(KeyboardEvent.KEY_DOWN, statusKeyDown);
    stage.addEventListener(KeyboardEvent.KEY_UP, statusKeyUp);
    addEventListener(Event.ENTER_FRAME, aktion);
}
```

Welche Taste gerade gedrückt ist, wird in den zentralen Eigenschaften der Dokumentklasse gespeichert:

```
private var leerTaste:Boolean = false;
private var linksTaste:Boolean = false;
private var rechtsTaste:Boolean = false;
```

Die Eigenschaften sind pro Taste ein Wahrheitswert. Standardmäßig lautet der Wert false, also nicht gedrückt. Wird die entsprechende Taste gedrückt, wird im

Event-Listener für KEY_DOWN, statusKeyDown() die entsprechende Eigenschaft auf true gesetzt:

```
private function statusKeyDown(evt:KeyboardEvent):void {
   if (evt.keyCode == Keyboard.SPACE) {
      leerTaste = true;
   } else if (evt.keyCode == Keyboard.LEFT) {
      linksTaste = true;
   } else if (evt.keyCode == Keyboard.RIGHT) {
      rechtsTaste = true;
   }
}
```

Lässt der Benutzer die entsprechende Taste los, wird der Event-Listener für KEY_UP (statusKeyUp()) ausgeführt, der den Wahrheitswert für die jeweilige Taste dann wieder auf false setzt:

```
private function statusKeyUp(evt:KeyboardEvent):void {
  if (evt.keyCode == Keyboard.SPACE) {
    leerTaste = false;
  } else if (evt.keyCode == Keyboard.LEFT) {
    linksTaste = false;
  } else if (evt.keyCode == Keyboard.RIGHT) {
    rechtsTaste = false;
  }
}
```

Die Methode aktion() als Event-Listener für ENTER_FRAME prüft dann in der Bildrate des Films, welche Tastenkombination gerade gedrückt ist. Analog dazu wird der Kran nach links, nach rechts oder gar nicht bewegt:

```
private function aktion(evt:Event):void {
  with (kran_mc) {
    if (leerTaste && linksTaste) {
      if (x > 10) {
        x -= kranVersatz;
      }
    } else if (leerTaste && rechtsTaste) {
      if (x <= 180) {
        x += kranVersatz;
      }
    }
  }
}
```

Sie sehen also, mit entsprechenden Statuseigenschaften können Sie sowohl eine sofortige Bewegung umsetzen als auch mehrere »Nicht-Funktionstasten« gleichzeitig überprüfen. Hier noch einmal der vollständige Code im Überblick:

```
package {
  import flash.display.MovieClip;
  import flash.text.TextField;
  import flash.events.KeyboardEvent;
  import flash.ui.Keyboard;
  import flash.events.Event;
  public class tastensteuerungExakt extends flash.display.MovieClip {

    private var kranVersatz:int = 2;

    private var leerTaste:Boolean = false;
    private var linksTaste:Boolean = false;
    private var rechtsTaste:Boolean = false;

    public function tastensteuerungExakt() {
      stage.addEventListener(KeyboardEvent.KEY_DOWN, statusKeyDown);
      stage.addEventListener(KeyboardEvent.KEY_UP, statusKeyUp);
      addEventListener(Event.ENTER_FRAME, aktion);
    }

    private function statusKeyDown(evt:KeyboardEvent):void {
      if (evt.keyCode == Keyboard.SPACE) {
        leerTaste = true;
      } else if (evt.keyCode == Keyboard.LEFT) {
        linksTaste = true;
      } else if (evt.keyCode == Keyboard.RIGHT) {
        rechtsTaste = true;
      }
    }
    private function statusKeyUp(evt:KeyboardEvent):void {
      if (evt.keyCode == Keyboard.SPACE) {
        leerTaste = false;
      } else if (evt.keyCode == Keyboard.LEFT) {
        linksTaste = false;
      } else if (evt.keyCode == Keyboard.RIGHT) {
        rechtsTaste = false;
      }
    }

    }
    private function aktion(evt:Event):void {
      with (kran_mc) {
```

```
        if (leerTaste && linksTaste) {
          if (x > 10) {
            x -= kranVersatz;
          }
        } else if (leerTaste && rechtsTaste) {
          if (x <= 180) {
            x += kranVersatz;
          }
        }
      }
    }
  }
}
```

[O] Die ActionScript-Datei mit dem Beispiel (*tastensteuerungExakt.as*) befindet sich auf der DVD zum Buch. Um sie direkt einzusetzen, ändern Sie in *tastensteuerung.fla* einfach den Dokumentklassen-Namen auf `tastensteuerungExakt`.

»Er starb – post Christum natum –
Ich weiß nicht mehr das Datum.«
– Gottfried August Bürger

11 Datum und Zeit

Zeit flieht, rinnt durch die Finger und ist doch das Aktuellste überhaupt. Viele Gründe sind denkbar, in einen Flash-Film die Zeit oder bestimmte Datumswerte einzusetzen. Vielleicht wollen Sie Ihre Kunden von der Aktualität Ihrer Seite überzeugen, oder ein Countdown soll auf ein besonderes Ereignis hinweisen.

Hinter dem Datum und der Zeit in Flash steckt immer die Date-Klasse. Jeder Zeit- oder Datumswert ist ein Date-Objekt, also eine Instanz dieser Klasse. Die Date-Klasse finden Sie im AKTIONEN-Bedienfeld unter OBERSTE ELEMENTE • DATE.

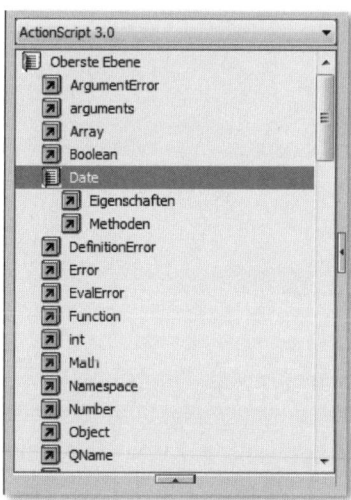

Abbildung 11.1 Das Date-Objekt im AKTIONEN-Bedienfeld

11.1 Gegenwart, Vergangenheit und Zukunft

Wagen wir den Sprung in die Praxis. Wenn Sie mit einem Datum arbeiten möchten, instantiieren Sie zuerst ein neues Date-Objekt:

```
var aktuell:Date = new Date();
```

Dieses Objekt erhält automatisch das aktuelle Tagesdatum und die Uhrzeit. Wenn Sie das `Date`-Objekt in ein Textfeld (Instanzname `datum_txt`) schreiben und vorher mit `toString()` in eine Zeichenkette umwandeln, erscheint das aktuelle Datum in einem vorher festgelegten Format:

```
datum_txt.text = aktuell.toString();
```

Der Tag ist ein Kürzel, bestehend aus

▶ dem englischen Namen des Tages als dreistelliges Kürzel,

▶ dem englischen Namen des Monats als dreiteiliges Kürzel,

▶ dem Tag als Ziffer,

▶ der Uhrzeit in der Form `Stunden:Minuten:Sekunden` (jeweils zweistellig) und

▶ der GMT-Zeitverschiebung. *GMT* steht für *Greenwich Mean Time* (auch *Greenwich Meridian Time*); anhand dieser Zeit berechnet sich die Zeitverschiebung: Deutschland hat eine GMT von +0100. Die GMT wird manchmal auch als *UTC* (*Universal Time* oder *Coordinated Universal Time*) bezeichnet, so zum Beispiel in einigen Methoden der `Date`-Klasse.

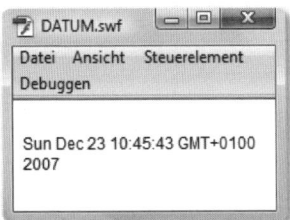

Abbildung 11.2   Das Datum erscheint im amerikanischen Format.

Ausgabemöglichkeiten

Alternativ zu `toString()` gibt es noch einige andere Umwandlungsfunktionen. Die Unterschiede sind teilweise marginal. `toLocaleString()` zeigt beispielsweise das Jahr am Ende. `toTimeString()` und `toLocaleTimestring()` stellen dagegen die Zeit in den Vordergrund. Hier ein Beispiel:

```
trace(aktuell.toLocaleString());
trace(aktuell.toString());
trace(aktuell.toLocaleDateString());
trace(aktuell.toTimeString());
trace(aktuell.toLocaleTimeString());
```

```
AUSGABE
Mon Jan 14 2008 02:38:08 PM
Mon Jan 14 14:38:08 GMT+0100 2008
Mon Jan 14 2008
14:38:08 GMT+0100
02:38:08 PM
```

Abbildung 11.3 Die verschiedenen String-Ausgaben für ein Datum im Vergleich

Diese Form des Datums ist natürlich in der Praxis nicht ausreichend. Sie brauchen den Zugriff auf die Einzelteile des Datums. Hierfür gibt es eine Vielzahl an Methoden des Date-Objekts. Einen Überblick verschaffen Sie sich am besten im AKTIONEN-Bedienfeld (OBERSTE EBENE • DATE • METHODEN). Und so arbeiten Sie mit diesen Methoden:

1. Zuerst instantiieren Sie ein Date-Objekt:

   ```
   var aktuell:Date = new Date();
   ```

2. Als Nächstes verwenden Sie die Methoden. In unserem Beispiel legen wir die Rückgabewerte der Methoden in Variablen ab:

   ```
   var monat:Number = aktuell.getMonth() + 1;
   var tag:Number = aktuell.getDate();
   var jahr:Number = aktuell.getFullYear();
   ```

   Einiges, was Sie hier sehen, wird Sie überraschen. So zählen wir zum Monat die Zahl 1 hinzu. Das hat folgenden Grund: Die Monate beginnen mit 0 für Januar und enden mit 11 für Dezember. Den Tag als Ziffer liest getDate() aus, obwohl Sie vielleicht eher getDay() erwarten würden. getDay() steht aber für den Tag der Woche von 0 (Sonntag) bis 6 (Samstag).

3. Zum Schluss können Sie die Datumsbestandteile in ordentlicher Form ausgeben:

   ```
   datum_txt.text = tag + "." + monat + ".";
   datum_txt.text += jahr;
   ```

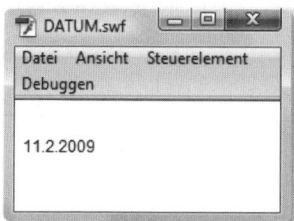

Abbildung 11.4 Das aktuelle Datum in umformatierter Variante

11.1.1 Deutsches Datum

Ein Datum auszugeben ist, wie Sie gesehen haben, nicht sehr schwer. Was aber, wenn Wochentage und Monate in deutscher Schreibweise erscheinen sollen, beispielsweise in der folgenden Form: »Montag, 24. Dezember 2008«. Dann müssen Sie den Wochentag und den Monat, die Sie mit `getDay()` beziehungsweise `get-Month()` auslesen, umwandeln.

Der schnellste Weg für eine Umwandlung besteht darin, die deutschen Namen in einem Array zu speichern:

```
var monatsnamen:Array = new Array("Januar", "Februar", "März",
"April", "Mai", "Juni", "Juli", "August", "September", "Oktober",
"November", "Dezember");
```

[+]

Arrays

Ein Array ist ein Datenspeicher. Die einzelnen Elemente bestehen aus einem Index und dem eigentlichen Wert. Der Index beginnt in Arrays (außer bei assoziativen) bei 0. In Kapitel 4, »Grundlagen der Programmierung«, erfahren Sie mehr über Arrays; hier sehen Sie eine Praxisanwendung, in der Ihnen Arrays Arbeit ersparen. Viel aufwändiger wäre es nämlich, wenn Sie den deutschen Namen des Monats per Fallunterscheidung festlegen müssten.

Wenn Sie jetzt auf den Monatsnamen zugreifen, verwenden Sie die zurückgelieferte Ziffer einfach als Index des Arrays:

```
var monat:String = monatsnamen[aktuell.getMonth()];
```

Die obige Zeile liest sich so:

▶ Die Variable `monat`

▶ speichert (=)

▶ den Wert des Arrays `monatsarray`

▶ mit dem Index, der dem aktuellen Monat entspricht (`aktuell.getMonth()`).

Bei dieser Methode müssen Sie nicht 1 zur Zahl des Monats hinzuzählen, da der Index des Arrays bei 0 beginnt. Nach demselben Muster lesen Sie jetzt den Wochentag aus:

```
var tagenamen:Array = new Array("Sonntag", "Montag", "Dienstag",
"Mittwoch", "Donnerstag", "Freitag", "Samstag");
var tag:String = tagenamen[aktuell.getDay()];
```

Fehlerquelle

Vorsicht: Da `getDay()` dem Sonntag 0 zuschreibt, muss der "`Sonntag`" auch das erste Element des Arrays sein.

Sie finden das Beispiel inklusive Ausgabe auf der DVD (*Datum_AS3.fla*).

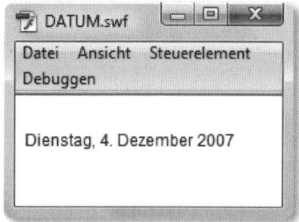

Abbildung 11.5   Das aktuelle Datum in deutscher Version

11.1.2   Eigene Datumswerte

Bisher haben Sie immer nur das aktuelle Datum verwendet. Sie können ein `Date`-Objekt aber auch mit einem eigenen, beliebigen Datum versehen. Das folgende `Date`-Objekt erhält gleich beim Initialisieren ein eigenes Datum:

```
var datum:Date = new Date(2004, 6, 3);
```

Dieses Beispiel zeigt den 3.7.2004 (Sie erinnern sich: Monat + 1). Die Angaben für ein Datum nehmen Sie in der folgenden Reihenfolge vor: `Date(Jahr, Monat, Tag, Stunden, Minuten, Sekunden, Millisekunden)`.

Die Alternative für eigene Datumswerte besteht in einer Vielzahl weiterer Methoden der `Date`-Klasse. Sie erinnern sich: Alle Methoden, die wir bisher eingesetzt haben, begannen mit `get`; dies steht für das Auslesen (engl. get = erhalten) eines Datumswerts. Mit den Methoden, die mit `set` beginnen (engl. set = setzen, festlegen), können Sie dagegen die einzelnen Bestandteile des Datums festlegen. So bestimmen Sie mit `setMonth(Monatsindex)` den Monat. Als Parameter wird die Nummer des Monats, beispielsweise 3 für April, übergeben:

```
datum.setMonth(3);
```

11.1.3   Eigenschaften

Alternativ zu den Methoden gibt es neu in ActionScript 3 auch Eigenschaften für die wichtigsten Datumsbestandteile. Sie finden die Eigenschaften im AKTIONEN-Bedienfeld unter OBERSTE EBENE • DATE • EIGENSCHAFTEN. Mit `seconds` greifen Sie beispielsweise auf die Sekunden zu, mit `minutes` auf die Minuten.

```
trace(aktuell.minutes);
```

Die meisten Eigenschaften können ausgelesen und gesetzt werden.

```
aktuell.minutes = 40;
```

Eine Ausnahme ist der Wochentag (day), denn der wird vom System berechnet.

11.2   Zeit und Uhr

Das Paradebeispiel für die Zeit ist eine analoge Uhr. Sie lässt sich mit Flash so einfach realisieren, wie das mit keiner anderen Webtechnologie möglich ist. Wir gestalten eine Uhr, die auf einem Foto basiert. Die Ausgangsdatei ist *uhr.fla* auf der DVD. Das Foto mit der Uhr liegt im Hintergrund. Die benötigten Stunden-, Minuten- und Sekundenzeiger sind Vektoren und einzelne Movieclips, sie liegen auf der Ebene ZEIGER. Jeder Zeiger besitzt einen zugehörigen Schatten. Auch diese drei Schatten sind einzelne Movieclips.

Ausgangsposition sind also sechs Movieclips, die gedreht werden müssen. ActionScript macht es Ihnen hier einfach, denn ein DisplayObject-Objekt besitzt die Eigenschaft rotation, und ein MovieClip erbt von DisplayObject. Dieser Eigenschaft weisen Sie den Wert der Drehung in Grad zu. Die Standardwerte sind 0-180 für eine Rechtsdrehung und 0 bis –180 für eine Linksdrehung. Bei höheren Werten als 180 wird der Wert zu 360° addiert und ergibt damit auch eine korrekte Umdrehung. Für die Uhr nutzen wir dieses Verhalten und erzeugen Werte zwischen 0 und 360°.

Besonders wichtig ist in unserem Fall der Registrierungspunkt der sechs Movieclips. Er wird jeweils so gewählt, dass er das Zentrum der Drehung darstellt, er liegt also in der Mitte der Uhr.

Abbildung 11.6   Der Registrierungspunkt ❶ des Movieclips ist bei einer Uhr der Drehpunkt für den Zeiger.

Schritt-für-Schritt: Eine analoge Uhr mit ActionScript

Wir zeigen Ihnen nun das ActionScript zur Uhr. Der Code landet im ersten Schlüsselbild des Hauptfilms.

1 *Film anhalten*

Halten Sie den Film mit `stop()` an:

```
stop();
```

2 *Uhr aktualisieren*

Anschließend rufen Sie die Funktion `aktualisieren()` in regelmäßigen Abständen auf; diese dreht die Zeiger auf die aktuelle Uhrzeit:

```
this.addEventListener(Event.ENTER_FRAME, aktualisieren);
```

Das schon aus Kapitel 9, »Textfelder«, bekannte Ereignis `ENTER_FRAME` dient dazu, die Uhrzeit in der Geschwindigkeit der Bildrate zu aktualisieren, was gleichzeitig die Bewegung der Zeiger bewirkt. Alternativ können Sie hier auch `setInterval()` oder ein `Timer`-Objekt einsetzen, um den Mauszeiger zu bewegen. Mehr hierzu lesen Sie in Kapitel 13, »Animationsgrundlagen«.

So viel zur Theorie; sehen Sie sich nun die Funktion selbst an:

3 *Vorbereitungen treffen*

Zuerst instantiieren Sie ein `Date`-Objekt und übergeben dann die Stunden, Minuten und Sekunden an Variablen:

```
function aktualisieren(evt:Event) {
   var aktuell:Date = new Date();
   var stunden:int = aktuell.getHours();
   var minuten:int = aktuell.getMinutes();
   var sekunden:int - aktuell.getSeconds();
```

Die Stunden, Minuten und Sekunden können Sie nun über die Variablen flexibel in den Code einsetzen.

4 *Stundenzeiger zum Leben erwecken*

Im nächsten Schritt geben Sie den Drehwinkel für den Stundenzeiger und seinen Schatten an:

```
stundenZeiger_mc.rotation = stunden * 30 + (minuten / 2);
stundenZeigerSchatten_mc.rotation = stunden * 30 + (minuten / 2);
```

Der Winkel berechnet sich aus den Stunden, multipliziert mit 30, was eine Grad-zahl zwischen 0 und 360 ergibt. Anschließend addieren Sie die Minuten, geteilt durch 2.

Das berechnet sich so: Eine Stunde ist ein Zwölftel von 360°, das heißt 30°. Die Stunde hat aber 60 Minuten, deswegen repräsentiert jede Minute, die der Stundenzeiger überstreicht, ein halbes Grad (20 Minuten wären beispielsweise 10 Grad).

5   Minutenzeiger in Betrieb nehmen

Der Minutenzeiger und sein Schatten erhalten ebenfalls ihren Drehwinkel:

```
minutenZeiger_mc.rotation = minuten * 6 + (sekunden / 10);
minutenZeigerSchatten_mc.rotation = minuten * 6 + (sekunden / 10);
```

Die Drehung berechnet sich aus den Minuten mal 6, da eine Minute 6° (= 360° geteilt durch 60) beim Minutenzeiger überspannt. Anschließend addieren Sie die Sekunden, geteilt durch 10. Dies errechnet sich so: Eine Minute ist ein Sechzigstel von 360°, also 6°. Eine Sekunde ist ein Sechzigstel einer Minute, also 0,1°; daraus erklärt sich das Teilen durch 10.

6   Sekundenzeiger ticken lassen

Zum Schluss fügen Sie den Code für den Sekundenzeiger hinzu:

```
sekundenZeiger_mc.rotation = sekunden * 6;
sekundenZeigerSchatten_mc.rotation = sekunden * 6;
}
```

Abbildung 11.7 Wer hat an der Uhr gedreht, ist es wirklich schon so spät?

Hier ist die Logik einfach: Eine Sekunde ist ein Sechzigstel von 360°, also 6°. Millisekunden bleiben außen vor, da der Zeiger nur von Sekunde zu Sekunde ticken soll.

Die fertige Datei finden Sie auf der DVD zum Buch (*uhr_AS3.fla*). Sie können unseren Vorschlag natürlich beliebig erweitern. Wie wäre es beispielsweise, wenn sich der Himmel im Hintergrund ändert, sobald es Nacht wird? **[o]**

UTC und Zeitzone

Flash verwendet als clientseitige Technologie die Zeit auf dem lokalen Rechner. Sie sehen das, wenn Sie die lokale Systemzeit auf Ihrem Rechner kurzzeitig verändern. Dabei wird auch die auf dem lokalen Rechner eingerechnete Zeitverschiebung gegenüber der UTC (Universal Time oder Coordinated Universal Time) berücksichtigt. Sie können sich die Basiszeit zur UTC mit den entsprechenden UTC-Methoden holen:

```
var aktuell:Date = new Date();
trace(aktuell.getHours());
trace(aktuell.getUTCHours());
```

Abbildung 11.8 Zeitunterschied zwischen Mitteleuropäischer Zeit und UTC

11.3 Countdown

Bis jetzt hatten Sie nur mit einem einzigen Datum zu tun. Dies reicht dann nicht mehr aus, wenn Sie einen Countdown realisieren möchten. Ein Countdown zählt immer den Zeitunterschied zwischen zwei Daten. Das heißt, Sie müssen das eine vom anderen Datum abziehen.

Das klingt zwar recht einfach, doch bald werden Sie auf einige Schwierigkeiten wie Schaltjahre und Sommerzeit stoßen. ActionScript erleichtert Ihnen aber die Arbeit, da alle Daten den gleichen Bezugspunkt haben: den 1.1.1970 (der sogenannte Unix-Zeitstempel). Ein Datum kann als Zeitetappe in Millisekunden, gerechnet ab diesem Zeitpunkt, ausgedrückt werden. Wenn Sie zwei Daten voneinander abziehen, ist das Ergebnis also ein Wert in Millisekunden.

Diese Vorgehensweise setzt das nächste Beispiel in die Tat um. Ausgangspunkt ist die Datei *countdown.fla* mit einigen Textfeldern, die Sie auf der DVD finden. Fünf dynamische Textfelder sollen die Differenz zwischen dem aktuellen Datum und dem vom Benutzer in das Eingabetextfeld eingetippte Datum ausgeben. Wann geschieht dies? Immer, wenn der Nutzer auf die Schaltfläche START drückt.

Schritt-für-Schritt: Flexibler Countdown

Am Anfang stehen wie gewohnt die entsprechenden Ereignisse, die in eine eigene ActionScript-Ebene gelegt werden.

1 Start-Schaltfläche mit Funktion versehen

Als Erstes kommt der Event-Listener für die Start-Schaltfläche:

```
start_btn.addEventListener(MouseEvent.CLICK, countdown);
```

2 Countdown-Datum einlesen

Das Countdown-Datum lesen Sie aus dem Eingabetextfeld ein und wandeln es mit der Methode split(Trennzeichen) in ein Array um:

```
var eingabeArray:Array = eingabe_txt.text.split(".");
```

Dieser Schritt bedarf einer Erklärung: Die Eingabe des Anwenders im Eingabetextfeld ist per se ein zusammenhängender String. Wie machen Sie nun daraus einen Datumswert? Zuerst benötigen Sie die einzelnen Bestandteile des Datums. Mit split(Trennzeichen) können Sie dann ein Trennzeichen angeben. Dieses Trennzeichen kann allerdings auch aus mehreren Zeichen bestehen. ActionScript teilt den String an den Stellen des Trennzeichens und macht aus den daraus resultierenden Teilstrings ein Array.

[+] **parse()**

Alternativ zur manuellen Umwandlung können Sie auch die Date-Methode parse() verwenden. Allerdings wandelt sie ein wie hier gezeigtes deutsches Format nicht korrekt um, sondern erwartet folgendes Format bzw. einen Teil dieses Formats:

```
Wochentag Monat TT HH:MM:SS TZD YYYY
```

Und so funktioniert es:

```
var datum:Date = new Date();
var datumString:String = "Thu Dec 6 2007";
datum.time = Date.parse(datumString);
trace(datum.toDateString());
```

Die Methode parse() wird statisch für die Date-Klasse aufgerufen und liefert die Millisekunden. Diese müssen dann einem Datumsobjekt mit der Eigenschaft time oder der Methode setTime() zugewiesen werden.

3 Date-Objekt mit Werten füllen

Im nächsten Schritt erstellen Sie ein neues Date-Objekt und füllen es mit den Werten des Arrays als Parameter:

```
var eingabeDatum:Date = new Date(int(eingabeArray[2]),
    int(eingabeArray[1]) - 1, int(eingabeArray[0]));
```

Achten Sie vor allem auf die Reihenfolge: Der Nutzer gibt sein Datum in der deutschen Reihenfolge Tag, Monat und Jahr an. Sie müssen also das letzte Element des Arrays als ersten Parameter angeben, dann das mittlere für den zweiten Parameter und zum Schluss den Tag als dritten Parameter. Der Monat ist für das Date-Objekt wie gewohnt um 1 kleiner als der reale Monat. Die Funktion int() wandelt die Strings im Array in Ganzzahlen um.

4 Aktuelles Datum

Anschließend erstellen Sie das aktuelle Datum:

```
var aktuell:Date = new Date();
```

5 Differenz berechnen

Definieren Sie jetzt die Variable für die Differenz und ziehen Sie die zwei Datumswerte, in Millisekunden umgewandelt, voneinander ab.

```
var diff:Number = eingabeDatum.getTime() - aktuell.getTime();
```

Zur Umwandlung in Millisekunden wird die Methode getTime() eingesetzt.

6 Countdown überprüfen

Fügen Sie eine if-Abfrage ein, die den Fortgang der Funktion nur erlaubt, wenn die Differenz positiv ist, das eingegebene Datum also in der Zukunft liegt. Ist das nicht der Fall, wird eine Meldung im AUSGABE-Fenster angezeigt und die Funktion mit return false abgebrochen:

```
if (diff < 0) {
    trace("Datum liegt in der Vergangenheit");
    return false;
}
```

Wenn Sie völlig auf Nummer sicher gehen wollen, können Sie den eingegebenen Datumswert auch noch daraufhin überprüfen, ob er nach dem 1.1.1970 liegt. Datumswerte vor diesem Zeitpunkt werden als negativer Wert angezeigt, allerdings ist exakte Datumsberechnung in sehr frühen Zeiten natürlich eher ungenau.

7 *Einzelne Werte gewinnen*

Nun müssen Sie aus der Differenz, die Sie in Millisekunden erhalten, vernünftige Zeiteinheiten machen:

```
var jahre_num:Number = Math.floor(differenz_num /
  var jahre:int = Math.floor(diff / 31536000000);
var tage:int = Math.floor (diff / 86400000) - jahre * 365;
var stunden:int = Math.floor(diff / 3600000) - jahre * 8760
  - tage * 24;
var minuten:int = Math.floor(diff / 60000) - jahre * 525600
  - tage * 1440 - stunden * 60;
var sekunden:int = Math.floor(diff / 1000) - jahre * 31536000
  - tage * 86400 - stunden * 3600 - minuten * 60;
```

Das Prinzip ist dabei immer gleich: Sie rechnen die Millisekunden in die Zeiteinheit um (z. B. `differenz / 8640000`) und runden das Ergebnis ab (`Math.floor()`). Ziehen Sie dann die für übergeordnete Zeiteinheiten schon verwendeten Zeitwerte ab, und zwar in der aktuellen Zeiteinheit (`jahre * 365`, Jahre werden also in Tagen ausgedrückt). Mehr zur `Math`-Klasse erfahren Sie im nächsten Kapitel, »Rechnen«.

8 *Werte ausgeben*

Zum Schluss schreiben Sie die Werte in die dafür vorgesehenen Textfelder:

```
jahre_txt.text = jahre.toString();
tage_txt.text = tage.toString();
stunden_txt.text = stunden.toString();
minuten_txt.text = minuten.toString();
sekunden_txt.text = sekunden.toString();
};
```

Abbildung 11.9 Ein Knopfdruck verrät, wie lange es noch dauert bis zum 2.12.2010.

Die Methode `toString()` wandelt die numerischen Werte in Strings um. Diese Angabe ist zwar nicht notwendig, aber etwas ordentlicher.

Die Datei mit dem fertigen Beispiel heißt *countdown_AS3.fla*. Wir haben noch **[o]** eine Variante erstellt: *countdown_ticken_AS3.fla*. Sie enthält einen Countdown, der sich dynamisch ändert. Statt `ENTER_FRAME` kommt hier ein `Timer`-Objekt zum Einsatz (siehe auch Kapitel 13, »Animationsgrundlagen«). Die eigentliche Countdown-Funktionalität ist unverändert, nur steckt sie in diesem Beispiel in der Funktion `aktualisieren()`. Diese wird dann aufgerufen:

```
start_btn.addEventListener(MouseEvent.CLICK, countdown);
function countdown(evt:Event) {
    aktualisieren(null);
    var timer:Timer = new Timer(50);
    timer.addEventListener(TimerEvent.TIMER, aktualisieren);
    timer.start();
}
```

Der Timer besitzt selbst einen Event-Listener für das `Timer`-Event, das die Funktion `aktualisieren()` aufruft. Sie muss allerdings ganz zu Anfang schon einmal aufgerufen werden, damit die Anzeige sofort startet. Hier müssen Sie einen Wert für den Event-Parameter übergeben, der aber `null` sein kann.

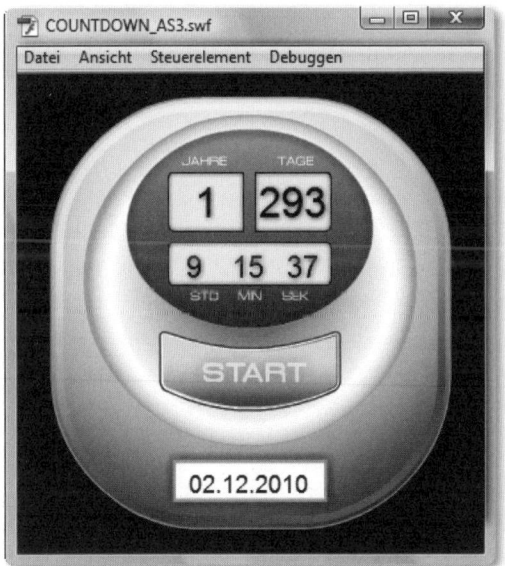 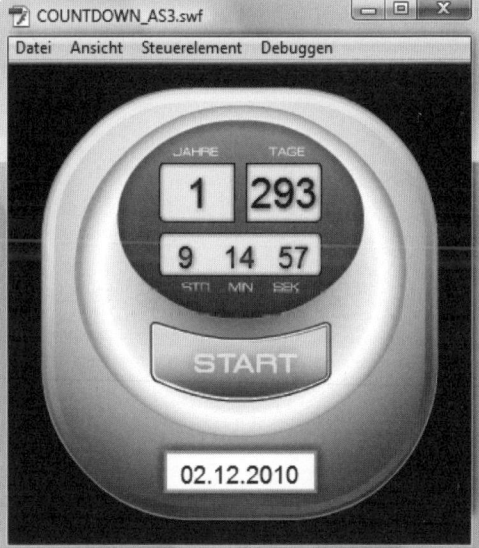

Abbildung 11.10 Der Countdown läuft von selbst.

»Was ihr nicht rechnet, glaubt ihr, ist nicht wahr.«
– Johann Wolfgang von Goethe

12 Rechnen

Rechnen löst bei Ihnen sicher unterschiedliche Gedankengänge aus: Vielleicht denken Sie an einen (un)geliebten Mathelehrer oder an +, -, *, / und % aus Kapitel 4, »Grundlagen der Programmierung«. Die letztgenannten Zeichen sind die arithmetischen Operatoren für die Grundrechenarten.

Wenn Ihre Arbeit jedoch über die Grundrechenarten hinausgehen soll, bietet ActionScript die Math-Klasse. Sie enthält viele Methoden, mit denen Sie von der Quadratwurzel bis zur Potenz Berechnungen vornehmen können. Wenn Sie einen Blick ins Aktionen-Bedienfeld werfen, finden Sie die Math-Klasse unter Oberste Ebene. Die Eigenschaften beinhalten die häufig benötigten Zahlen wie beispielsweise die Kreiszahl π (Pi). Dabei handelt es sich um nicht veränderliche Eigenschaften, die man auch als Konstanten bezeichnet.

Die Math-Klasse gehört wie die Datentypklassen zu den Grundklassen. Ihre Methoden sind direkt nutzbar, Sie müssen also kein Objekt instantiieren. Math.PI beispielsweise liefert direkt die Kreiszahl.

Wir stellen Ihnen in diesem Kapitel eine Auswahl der wichtigsten Methoden vor und erklären, wo es Schwierigkeiten geben könnte. Möchten Sie weitere Methoden und Konstanten kennen lernen, dann gehen Sie mit der rechten Maustaste auf die Methode oder Eigenschaft im Aktionen-Bedienfeld und wählen Hilfe anzeigen.

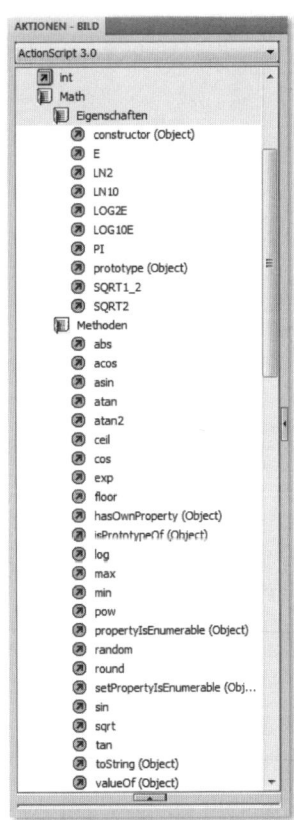

Abbildung 12.1 Das Math-Objel im Aktionen-Bedienfeld

12.1   Einfache Rechenhilfen

Zu den einfachen algebraischen Rechenhilfen gehören unter anderem folgende Methoden:

1. `Math.abs(Zahl)` liefert den absoluten Wert, das heißt den Betrag einer `Zahl`: 1 hat den Betrag 1 und –1 hat ebenfalls den Betrag 1. Diese Funktion wird häufig verwendet, um bei Messungen einen positiven Wert zu erhalten.

   `Math.abs(-5); //ergibt 5`

2. `Math.exp(Zahl)` berechnet die Exponentialfunktion einer `Zahl` zur Basis e (eulersche Zahl). In ActionScript wird sie als Konstante `Math.E` dargestellt. In Formelschreibweise sieht das so aus: e^{Zahl}.

   `Math.exp(5); //ergibt 148.413159102577`

3. `Math.log(Zahl)` berechnet den natürlichen Logarithmus einer Zahl:

   `Math.log(5); //ergibt 1.6094379124341`

4. `Math.pow(Basis, Zahl)` errechnet die Potenz. Als Formel sieht das so aus: $Basis^{Zahl}$.

   `Math.pow(2,5); //ergibt 32`

5. `Math.sqrt(Zahl)` berechnet die Quadratwurzel einer `Zahl`:

   `Math.sqrt(9); //ergibt 3`

[»] **Praxisnutzen**

Bei Ihren alltäglichen Programmierarbeiten rechnen Sie meistens nicht mit Quadratwurzeln oder Potenzen. Wenn Sie aber komplexere Spiele oder dreidimensionale Welten in Flash entwickeln möchten, werden Sie einige der hier vorgestellten Methoden benötigen.

12.2   Bögen und Trigonometrie

Nun begegnen Sie einem Teilgebiet der Mathematik, das viele Schüler nicht besonders gerne mögen: der Geometrie. Bögen, Winkel, Sinus und Kosinus gibt es auch in ActionScript. Und dort haben diese einen großen praktischen Nutzen: Bewegungen lassen sich mit ihnen natürlicher, Animationen spannender gestalten.

Bevor Sie aber mit Sinus, Kosinus und Tangens arbeiten, erklären wir im nächsten Abschnitt einige wichtige Begriffe, die wesentlich zum Grundverständnis beitragen. Anschließend zeigen wir Ihnen anhand eines einfachen Beispiels, wie Sie mit den trigonometrischen Methoden der `Math`-Klasse umgehen.

12.2.1 Trigonometrie – am Einheitskreis erklärt

Der Einheitskreis ist ein Kreis mit dem Radius 1. Daraus ergibt sich der Durchmesser von 2 und ein Umfang von 2 * π. π ist die schon erwähnte Kreiszahl mit dem ungefähren Wert 3,14; sie ist als `Math.PI` auch in der Liste aller Konstanten der `Math`-Klasse enthalten.

Legen Sie ein Koordinatensystem durch den Einheitskreis, erhalten Sie zwei Achsen: Die Horizontale x und die Vertikale y. Der Ursprung liegt beim Einheitskreis immer im Kreismittelpunkt. Wenn Sie nun einen Winkel zwischen den Achsen einzeichnen, beispielsweise 60°, hat die Länge der Gerade den Wert 1 vom Kreismittelpunkt bis zum Schnittpunkt mit dem Kreis.

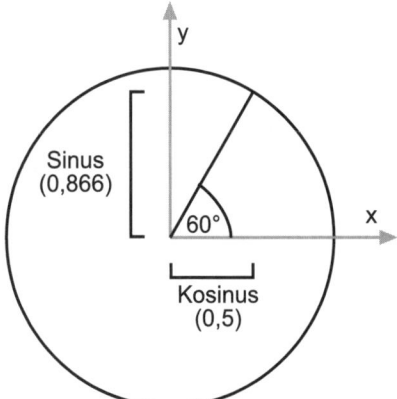

Abbildung 12.2 Der Einheitskreis zeigt Sinus und Kosinus.

Die Gerade selbst ist in der Sprache der Dreiecke die *Hypotenuse*. Der *Sinus* ist der Wert aus der *Gegenkathete* geteilt durch die Hypotenuse. Da die Hypotenuse den Wert 1 hat, nimmt der Sinus im Einheitskreis den Wert der Gegenkathete an. Diese entspricht in unserem System der y-Achse. Der Sinus von 60° ist also 0,866. Der *Kosinus* ist definiert als *Ankathete* geteilt durch die Hypotenuse. Die Ankathete entspricht der y-Achse und besteht aus einem deutlich kürzeren Streckenabschnitt. Der Kosinus von 60° beträgt nur 0,5. Zum Schluss betrachten wir noch den *Tangens* im Einheitskreis. Er hat den Wert Gegenkathete geteilt durch die Ankathete. Der Tangens von 60° ist also 0,866 / 0,5; das ergibt 1,732.

Spezielle Winkel

Wenn Sie sich spezielle Winkel einprägen, können Sie Sinus und Kosinus bei anderen Winkeln fast schon schätzen. Wichtige Beispiele sind: Bei einem Winkel von 0 ist der Sinus 0, die Gegenkathete existiert nicht, der Kosinus beträgt 1, die

Hypotenuse liegt auf der Ankathete. Bei einem Winkel von 90° beträgt der Sinus 1, die Hypotenuse ist identisch mit der Gegenkathete, der Kosinus hat den Wert 0.

Besonderheit Flash-Koordinatensystem

Das waren Sinus, Kosinus und Tangens im gewohnten Koordinatensystem. Wenn Sie das übliche Flash-Koordinatensystem mit Ursprung links oben zu Grunde legen, spiegelt sich die letzte Abbildung einfach in der nächsten. Darüber hinaus gibt es aber keine Unterschiede.

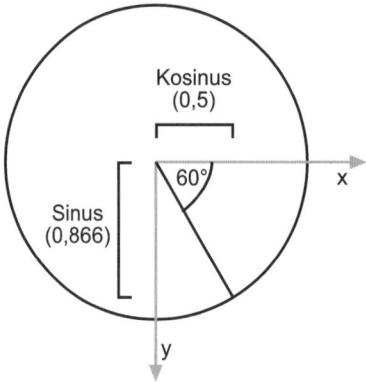

Abbildung 12.3   Der Einheitskreis mit dem typischen Flash-Koordinatensystem

Oftmals wird auch die Wertentwicklung des Sinus oder Kosinus über verschiedene Winkel abgebildet. Daraus ergeben sich die berühmten Sinus- oder Kosinuskurven. Für die Animation ist dies durchaus wichtig, da Sinus und Kosinus eine wellenförmige Bewegung liefern können.

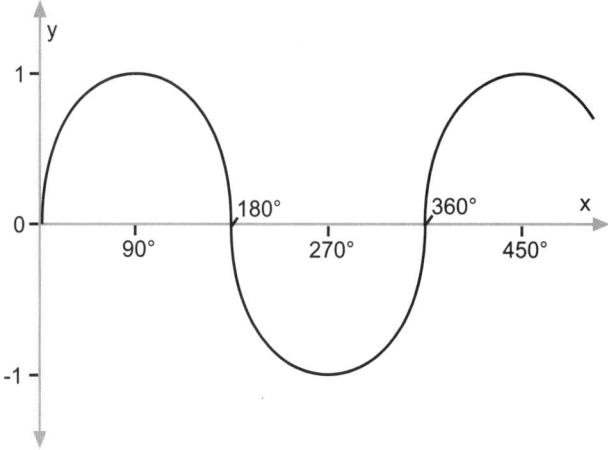

Abbildung 12.4   Der Verlauf des Sinus – die y-Achse zeigt den Wert, die x-Achse den Winkel.

12.2.2 Trigonometrie in ActionScript

ActionScript bietet für alle bekannten trigonometrischen Funktionen eine Methode des `Math`-Objekts: `sin(Winkel)` für den Sinus, `cos(Winkel)` für den Kosinus und `tan(Winkel)` für den Tangens. Der Winkel wird dabei jeweils im Bogenmaß angegeben.

Grad und Bogenmaß

Die Umwandlung eines Winkels in das Bogenmaß ist sehr einfach: Das Bogenmaß ist die Länge des Kreisbogens, den der Winkel aus dem Einheitskreis herausschneidet. So wandeln Sie einen Winkel in ein Bogenmaß um:

```
var bm:Number = Math.PI * Winkel / 180;
```

Und so klappt die Rückverwandlung vom Bogenmaß in einen Winkel:

```
var w:Number = 180 * Bogenmaß / Math.PI;
```

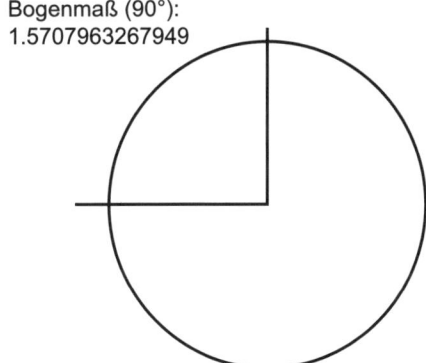

Bogenmaß (90°):
1.5707963267949

Abbildung 12.5 Das Bogenmaß ist die Länge des Kreisbogens, geschnitten aus dem Einheitskreis.

> **Rechenfehler**   **[!]**
>
> Flash speichert die Konstanten, wie beispielsweise PI, nicht absolut exakt bzw. bis zu den aktuell wirklich bekannten Stellen. Dadurch können Rechenergebnisse, besonders bei den hinteren Stellen, ungenau werden. Allerdings wurde dieses Verhalten in Action-Script 3 noch einmal deutlich verbessert.

Das folgende Beispiel zeigt, wie Sie den Sinus einsetzen können, um eine einfache Pendelbewegung zu realisieren. Wichtig ist der Registrierungspunkt des Movieclips. Er bildet den Drehpunkt der Pendelbewegung. Die Ausgangsdatei mit dem Movieclip ist *schaukelstuhl.fla* auf der DVD. **[⊙]**

Abbildung 12.6 Im Schaukelstuhl schläft es sich bequem.

Ziel ist es, den Kopf und den Körper mit dem Schaukelstuhl in verschiedenen Geschwindigkeiten pendeln zu lassen.

◢ Schritt-für-Schritt: Schaukelstuhl mit Pendelbewegung

1 Vorbereitungen treffen

Zuerst definieren Sie Eigenschaften, die die Änderung aufnehmen. Die Änderung ist die Grundlage der Pendelbewegung:

```
this.stuhl_mc.kopf_mc.aenderung = 1;
this.stuhl_mc.aenderung = 1;
```

Sie müssen diese separat für den Kopf und den Stuhl definieren. Damit sie in der Event-Listener-Funktion zugänglich sind, setzen Sie eine dynamische Eigenschaft, die den Wert der Eigenschaft beibehält.

2 Event-Listener hinzufügen

Für das regelmäßige Schaukeln benötigen Sie ein ENTER_FRAME-Ereignis. Eines wird für den Kopf und eines für den Stuhl festgelegt. Sie verweisen beide auf dieselbe Methode:

```
this.stuhl_mc.kopf_mc.addEventListener(Event.ENTER_FRAME, rotieren);
this.stuhl_mc.addEventListener(Event.ENTER_FRAME, rotieren);
```

Als Event-Listener-Funktion wird für Kopf und Stuhl dieselbe Funktion verwendet. In der Funktion unterscheiden Sie dann mit dem Namen des jeweiligen Ereignisziels.

3 *Die Funktion rotieren()*

Die Bewegung führen Sie in der Funktion `rotieren()` durch. Dort berechnen Sie die Rotation und führen sie durch. Der Ausschlag wird für Kopf und Stuhl unterschiedlich groß durchgeführt:

```
function rotieren(evt:Event) {
    var ausschlag:int = 15;
    if (evt.target.name == "kopf_mc") {
        ausschlag += 5;
    }
    var rotationAusschlag:int = Math.sin(evt.target.aenderung) *
        ausschlag;
    evt.target.aenderung += 0.2;
    evt.target.rotation = rotationAusschlag;
}
```

Hier kommt der Sinus zum Einsatz, um die Rotation regelmäßig zu gestalten. Der Sinus erhält als Wert die Geschwindigkeit multipliziert mit der Änderung. Das heißt, der Sinuswert ist bei jedem Aufruf der Funktion anders, da die Änderung (`aenderung`) nach jedem Durchgang um 0,2 erhöht wird. Der Sinus liefert Ergebnisse zwischen –1 (Pendelbewegung nach links) und +1 (Pendelbewegung nach rechts). Die Multiplikation dieser Eregebnisse mit der Rotation ergibt den Ausschlag.

Abbildung 12.7 Kopf und Schaukelstuhl schaukeln in trauter Eintracht.

Die fertige Datei *schaukelstuhl_AS3.fla* finden Sie auf der DVD. **[o]**

12.3 Zufall und Runden

Zufallszahlen spielen in ActionScript eine große Rolle. Sie sind die Basis für interessante Animationen und bringen Abwechslung in Spiele. Zufallszahlen treffen Entscheidungen für Sie, wenn Sie nicht wissen, ob Sie A oder B wählen sollen.

Bevor Sie aber Ihre erste Zufallszahl generieren, erklären wir Ihnen, wie Sie krumme Zahlen runden und in ganze Zahlen verwandeln.

12.3.1 Runden und Artverwandtes

Das `Math`-Objekt bietet verschiedene Methoden, um aus krummen Zahlen gerade bzw. ganze Zahlen zu machen:

▶ `Math.round(Zahl)` rundet eine `Zahl` zur nächsten ganzen Zahl auf oder ab:
```
Math.round(3.62); //ergibt 4
```

▶ `Math.ceil(Zahl)` erhöht eine `Zahl` auf die nächste ganze Zahl:
```
Math.ceil(3.43); //ergibt 4
```

▶ `Math.floor(Zahl)` verringert eine `Zahl` auf die nächstkleinere ganze Zahl:
```
Math.floor(3.65); //ergibt 3
```

▶ `Math.max(Zahl1, Zahl2)` liefert die größere der beiden Zahlen:
```
Math.max(2.1, 2.2); //ergibt 2.2
```

▶ `Math.min(Zahl1, Zahl2)` nennt die geringere der beiden Zahlen:
```
Math.min(2.1, 2.2); //ergibt 2.1
```

Auf Nachkommastellen runden

Ist Ihnen etwas aufgefallen? Sie können mit keiner der Methoden auf Nachkommastellen runden. Dazu gibt es einen kleinen Trick: Sie multiplizieren die zu rundende Zahl zuerst mit 10 für jede Nachkommastelle, die Sie sehen möchten. Nach dem Runden teilen Sie wieder. Wir zeigen Ihnen das am Beispiel von π. Ziel ist, π auf zwei Stellen nach dem Komma zu runden. Dafür multiplizieren Sie π mit 100 (10 * 10), runden dann und teilen anschließend durch 100:

```
Math.round(Math.PI * 100) / 100;
```

Das Ergebnis ist `3.14`.

12.3.2 Beliebige Zufallszahlen

Die Methode `random()` des `Math`-Objekts liefert eine Zufallszahl. Soweit die gute Nachricht, jetzt die schlechte: Diese Zahl liegt irgendwo zwischen 0 und kleiner 1, und zwar mit einer Unmenge an Nachkommastellen.

In der Praxis benötigen Sie meist eine bestimmte Anzahl von Zufallszahlen. Sie wollen beispielsweise die sechs Zahlen eines Würfels simulieren, eine Entscheidung zwischen zwei Zuständen treffen oder eine aus 255 Farben auswählen.

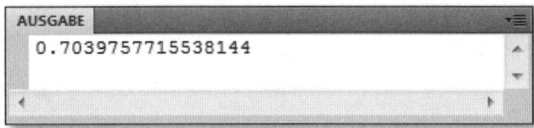

Abbildung 12.8 ActionScript liefert eine Zufallszahl mit vielen Nachkommastellen.

Folgende Überlegungen helfen Ihnen beim Grundverständnis von Zufallszahlen weiter: Die unten stehende Formel liefert zufällige Zahlen zwischen der unteren Grenze A und der oberen B.

```
var zahl:Number = A + Math.floor(Math.random() * (B − A + 1));
```

An einem Beispiel sehen Sie, dass die folgende Zeile die zufälligen Zahlen zwischen 1 und 11 ausgibt:

```
var zahl:Number = 1 + Math.floor(Math.random() * (11 − 1 + 1));
```

Vorsicht: Sie dürfen zum Runden nicht `Math.round()` nehmen, wenn die Zufallszahlen gleich verteilt sein sollen. Mit `Math.round()` wären die erste Zufallszahl (hier 1) und die letzte (11) Zahl unwahrscheinlicher als die anderen Werte.

Black-Jack-Spiel

Das nächste Beispiel besteht hauptsächlich aus Textfeldern und soll ein einfaches »17-und-4«-Spiel simulieren (auch bekannt als »Black Jack«). Bei diesem Spiel zieht der Nutzer eine Karte, die einen Wert zwischen 1 und 11 hat. Der Spieler darf so lange ziehen, wie er will. Wichtig ist allerdings, dass er mit dem gesamten Kartenwert nicht über 21 Punkte kommt. Er muss aber möglichst nahe an den Wert 21 gelangen, um den Computer zu besiegen. Die Ausgangsdatei finden Sie **[⊙]** unter *17und4.fla* auf der DVD.

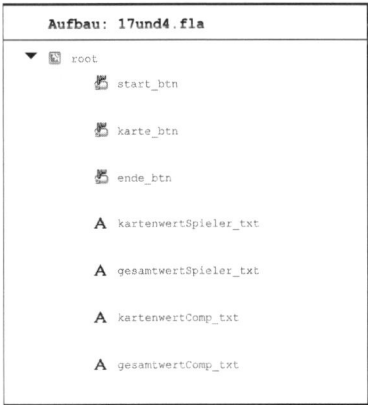

Abbildung 12.9 Der Aufbau des »17-und-4«-Films

Zum Steuern des Spiels gibt es drei Schaltflächen: START zieht für den Benutzer und den Computer eine Karte. KARTE legt dem Anwender eine Karte nach. Der Computer soll je nach Punktzahl entscheiden. Ein Klick auf ENDE wertet das Spiel, der Computer kann vorher noch Karten ziehen.

Abbildung 12.10 Die drei Schaltflächen links unten dienen zur Steuerung des Spiels.

[!]

Übung in Logik

Wenn Sie ein solches Spiel oder ein ähnliches Programm in Angriff nehmen, müssen Sie ganz zu Anfang gut überlegen, welche Funktionalität Ihr Programm haben soll. Programmieren besteht zu einem großen Teil aus Logik; Vorausdenken hilft, die Pfade der Logik nicht zu verlassen. Sie können hier mit einer Spielanleitung und entsprechenden Screens den Denkprozess unterstützen.

Schritt-für-Schritt: »17 und 4«

In diesem Beispiel kommt eine Dokumentklasse zum Einsatz. Der Code landet in einer externen Datei *siebzehnUndVier.as*.

1 *Dokumentklasse einbinden*

Geben Sie im Eigenschafteninspektor die Dokumentklasse `siebzehnUndVier` an.

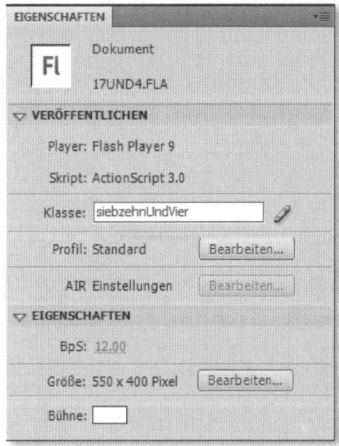

Abbildung 12.11 Vergeben Sie die Dokumentklasse.

2 *Klassenstruktur anlegen*

Legen Sie in der Klassendatei die Grundstruktur an. Sie liegt im gleichen Verzeichnis wie die Flash-Datei. Deswegen müssen Sie dem Paket keinen Namen geben:

```
package {
    import flash.display.*;
    import flash.text.*;
    import flash.events.*;
    public class siebzehnUndVier extends flash.display.MovieClip {
        //Anweisungen
    }
}
```

Sie benötigen für die Applikation drei Pakete, die gleich am Anfang importiert werden. In diesem Fall werden alle Klassen der Pakete mit Sternchen importiert.

3 *Vorbereitungen treffen*

Wie meistens benötigen Sie am Anfang einige Variablen:

```
    private var summeS:int, summeC:int;
    private var karteS:int, karteC:int;
    private var gezogen:Boolean;
```

Sie nehmen die Summen des Spielers und des Computers sowie die gerade gezogenen Karten auf. Zum Schluss verrät ein Wahrheitswert, ob der Computer zum letzten Mal gezogen hat.

4 *Konstruktor anlegen*

Im Konstruktor fügen Sie zwei Event-Listener für Start und Ende hinzu. Sie reagieren für die Schaltflächen jeweils auf Mausklick:

```
public function siebzehnUndVier() {
    start_btn.addEventListener(MouseEvent.CLICK, beginn);
    ende_btn.addEventListener(MouseEvent.CLICK, ende);
}
```

5 *Los geht's ...*

Wenn der Nutzer zum ersten Mal zieht, wird zunächst alles mit der Funktion init() initialisiert. Anschließend zieht der Nutzer mit karteziehen() und der Computer mit computerzug():

```
private function beginn(evt:Event) {
    init();
```

```
    karteziehen();
    computerzug();
}
```

6 Initialisieren

Beim Initialisieren werden zuerst die Textfelder auf den Wert 0 gesetzt. Anschlie-
ßend werden die Summen auf 0 gesetzt und Sie geben gezogen den Wert false.
Außerdem füllen Sie die Anzeige mit einem Begrüßungstext und fügen für das
Ziehen der Karte einen Event-Listener hinzu.

```
private function init() {
    kartenwertSpieler_txt.text = "0";
    gesamtwertSpieler_txt.text = "0";
    kartenwertComp_txt.text = "0";
    gesamtwertComp_txt.text = "0";
    summeS = 0;
    summeC = 0;
    gezogen = false;
    anzeige_txt.text = "Los gehts!";
    karte_btn.addEventListener(MouseEvent.CLICK, karte);
}
```

Der Event-Listener für die Karte wird erst nachträglich hinzugefügt, damit durch
einen Klick auf die Schaltfläche nicht zu früh gezählt wird.

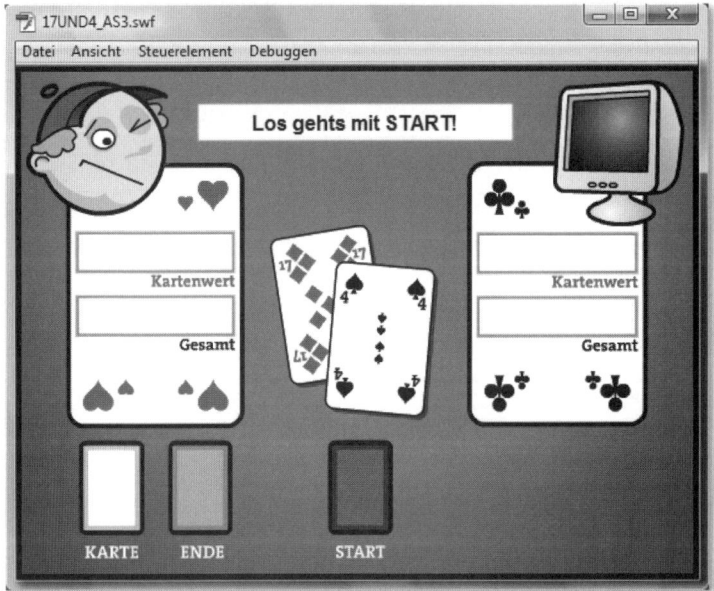

Abbildung 12.12 Die Funktion init() setzt die Startwerte auf »0«.

7 *Eine Karte für den Nutzer*

Wenn der Nutzer die KARTEN-Schaltfläche drückt, zieht er, wie nach dem Klick auf Start, eine Karte. Der Computer zieht nicht sofort eine Karte, sondern es muss erst seine Spiel-»Intelligenz« in Form der Funktion computerintelligenz() ausgeführt werden:

```
private function karte(evt:Event) {
    karteziehen();
    computerintelligenz(false);
}
```

8 *Eine Karte ziehen*

Mathematisch wird es interessant, wenn der Nutzer eine Karte zieht. Dann benötigen Sie eine Zufallszahl zwischen 1 und 11 für die Karte. Dieser Kartenwert wird dann zur Gesamtsumme addiert und in das Textfeld kopiert:

```
private function karteziehen() {
    karteS = 1 + Math.floor(Math.random() * 11);
    summeS = summeS + karteS;
    kartenwertSpieler_txt.text = karteS.toString();
    gesamtwertSpieler_txt.text = summeS.toString();
}
```

Sie könnten den Summenwert natürlich auch nur im Textfeld vorhalten. Dann müssten Sie allerdings ständig den Datentyp umwandeln.

9 *Computerzug*

Der Computerzug wird genauso aufgebaut wie der Nutzerzug. Dafür benötigen Sie noch eine eigene Zufallszahl (siehe Abbildung 12.13).

```
private function computerzug() {
    karteC = 1 + Math.floor(Math.random() * 11);
    summeC = summeC + karteC;
    kartenwertComp_txt.text = karteC.toString();
    gesamtwertComp_txt.text = summeC.toString();
}
```

10 *Abschluss*

Zum Abschluss klickt der Nutzer auf die ENDE-Schaltfläche. Dann zieht der Nutzer nicht mehr, der Computer überlegt aber noch einmal (computerintelligenz()), ob er zieht. Anschließend wird verglichen und dem Nutzer mit dem Event-Listener für die KARTE-Schaltfläche auch die Möglichkeit genommen, weiterzuziehen.

Abbildung 12.13 Nach einem Klick auf START ziehen Spieler und Computer automatisch eine Karte.

```
private function ende(evt:Event) {
    computerintelligenz(true);
    vergleich();
    karte_btn.removeEventListener(MouseEvent.CLICK, karte);
}
```

11 *Spiellogik*

Die Computerlogik ist relativ einfach aufgebaut. Im Casino wird eine ähnliche Logik verwendet, allerdings reagiert der Croupier hier auf <= 16, wobei die Wahrscheinlichkeit einer Karte mit dem Wert 10 dort auch höher ist. Außerdem spielt der Computer immer weiter, wenn der Nutzer mit der letzten Karte mehr Punkte hat.

```
private function computerintelligenz(letzterZug:Boolean) {
    //
Parameter entscheidet, ob es sich um den letzten Zug des Spielers han
delt
    if (letzterZug && !gezogen) {
        //Wenn letzter Zug und noch nicht zum letzten Mal gezogen
        while (summeS > summeC && summeS <= 21) {
            //Prüfe, ob der Spieler mehr Punkte hat und unter 21
            computerzug();
```

```
      //Wenn ja, ziehe
    }
  } else {
    //Wenn nicht letzter Zug
    if (!gezogen) {
      //Wenn noch nicht zum letzten Mal gezogen
      if (summeC <= 18 && summeS <= 21) {
        //Wenn Computer weniger als 18 Punkte und Spieler maximal 21
        computerzug();
      } else {
        gezogen = true;
        //Der Computer zieht nicht mehr
      }
    }
  }
}
```

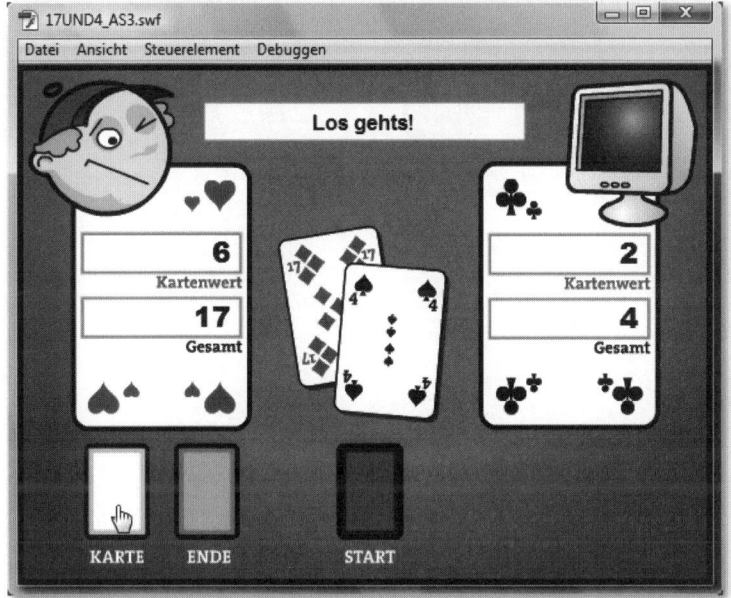

Abbildung 12.14 Zweiter Zug: Spieler und Computer ziehen erneut eine Karte.

12 *Auswertung*

Die Auswertung haben Sie schnell erstellt. Ist die Gesamtpunktzahl des Spielers unter 22 und höher als die des Computers, hat er gewonnen. Bei Gleichstand oder mehr Computerpunkten hat der Spieler verloren. Hat der Computer mehr als 21 und der Spieler nicht, hat der Spieler gewonnen, und sobald der Spieler über 21 hat, hat er verloren.

```
private function vergleich() {
  if (summeS > summeC && summeS <= 21) {
    anzeige_txt.text = "Sie haben gewonnen!";
  } else if (summeS <= summeC && summeC <= 21) {
    anzeige_txt.text = "Sie haben verloren!";
  } else if (summeC > 21 && summeS <= 21) {
    anzeige_txt.text = "Sie haben gewonnen!";
  } else if (summeS > 21) {
    anzeige_txt.text = "Sie haben verloren!";
  }
}
```

Sie könnten die Fälle natürlich auch in weniger Prüfungen abfangen. So ist es allerdings ein wenig ordentlicher.

Abbildung 12.15 Am Ende haben wir knapp gewonnen. ■

[○] Sie finden das komplette Beispiel auf der DVD (*17und4_AS3.fla*). Die externe ActionScript-Datei heißt *siebzehnUndVier.as*.

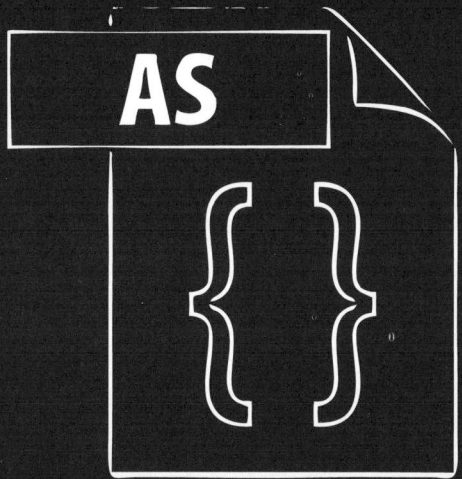

TEIL V
Animation

»Nur in der Bewegung,
so schmerzlich sie sei,
ist Leben.«
– Jacob Burckhardt

13 Animationsgrundlagen

Die Zeiten von »Skip Intro« sind zwar glücklicherweise weitgehend vorbei, aber dennoch gehören Animationen nach wie vor zu den wichtigsten Aufgaben in Flash. Die klassischen Tweens und Bild-für-Bild-Animationen erzeugen Sie natürlich von Hand. Aber wenn es zufällig gesteuert oder interaktiv werden soll, können Sie Animationen auch per ActionScript starten. In diesem Kapitel erfahren Sie alles über die Grundlagen erfolgreicher Animationen mit ActionScript. In den folgenden Kapiteln, Kapitel 14, »Drag & Drop und Transformationen«, Kapitel 15, »Kollisionstest und Mausbewegung«, kommen dann noch weitere interessante Themen hinzu.

13.1 Regelmäßige Veränderung

Eine Animation (oder auch Veränderung) kann von einer Benutzereingabe abhängen. Daneben gibt es Animationen, die aus Einzelbildern bestehen. Ihre Realisierung ist in der Zeitleiste kein Problem, wie aber funktioniert das beim Programmieren? Sie benötigen zwei Teile:

▶ einen immer wiederkehrenden Aufruf

▶ eine Veränderung bei jedem Aufruf

Die Veränderung lässt sich am einfachsten mit einer Variablen realisieren, deren Wert bei jedem Aufruf wechselt. Für den wiederkehrenden Aufruf gibt es in ActionScript 3 drei Lösungen:

▶ einen fortwährenden Funktionsaufruf mit `setInterval(Funktion, Interval, Parameter)`

▶ das Ereignis `ENTER_FRAME`

▶ ein `Timer`-Objekt

Vor allem die beiden letztgenannten Methoden sind Ihnen in diesem Buch schon häufiger begegnet und kommen auch noch oft vor. In den folgenden Abschnitten stellen wir alle drei ausführlich vor.

[●] Auf der DVD zum Buch finden Sie ein einfaches Beispiel, mit dem Sie die Animationstechniken testen können. Es heißt *animation.fla* und enthält eine Wolke, die animiert werden kann.

Abbildung 13.1 Die Wolke liegt außerhalb der Bühne.

13.1.1 setInterval()

setInterval() ist eine globale Funktion: Sie ist nicht an ein Anzeigeobjekt gebunden und lässt sich jederzeit ausführen. setInterval(Funktion, Interval, Parameter) ruft eine Funktion in regelmäßigen Abständen auf. Das Intervall für die Aufrufe wird in Millisekunden angegeben. Die Parameter folgen danach und sind durch Kommas getrennt:

```
setInterval(Funktion, Interval, Parameter1, Parameter2, ...);
```

setInterval() gibt eine numerische ID zurück, die Sie in einer Variablen speichern können:

```
var id:Number = setInterval(Funktion, Interval, Parameter);
```

Der Vorteil dieser Vorgehensweise: Mit der ID und der Funktion clearInterval(ID) löschen Sie einen regelmäßigen Funktionsaufruf wieder.

```
clearInterval(id);
```

setInterval() ist von den hier aufgeführten Möglichkeiten diejenige, die auch in JavaScript und Ajax vorhanden ist. Das ist die älteste Variante. Allerdings werden in ActionScript 3 die anderen beiden Lösungen bevorzugt, denn beide sind mit dem Event-Listener-Konzept von ActionScript verwendbar.

> **setTimeout()** [+]
>
> JavaScript enthält die Funktion setTimeout(Funktion, Zeit, Parameter), die eine Funktion zeitversetzt und nur einmal aufruft. ActionScript hat diese Funktion nicht übernommen. Um ihre Wirkung zu simulieren, müssen Sie mit setInterval() eine Funktion aufrufen und innerhalb der Funktion mit clearInterval() den regelmäßigen Aufruf gleich wieder löschen.

setInterval() für die Wolke

Der folgende Code bewegt die Wolke aus dem Beispiel mit setInterval() über den Bildschirm:

```
var id = setInterval(animieren, 50);
function animieren() {
    wolke_mc.x += 5;
    if (wolke_mc.x >= 680) {
        clearInterval(id);
    }
}
```

Die Bewegung wird abgebrochen, wenn die Wolke über den rechten Bildschirmrand hinausgeht. Über die Erhöhung und Verringerung der Aufrufzeit können Sie die Animation verlangsamen oder beschleunigen. Der zweite Punkt, an dem Sie angreifen können, ist die Veränderung der x-Koordinate. Auch diese können Sie stärker und schwächer gestalten.

Abbildung 13.2 Die Wolke bewegt sich von links nach rechts.

[»] **Sinus und Co.**

Die mathematischen Mittel, die Sie bereits in Kapitel 12, »Rechnen«, kennen gelernt haben, sind auch für die Animation ein gutes Mittel. Das folgende Beispiel zeigt, wie Sie einen Sinus, verbunden mit einer Zufallszahl, verwenden, um die Wolke in Kurvenform zu bewegen:

```
var i:Number = 0;
var zufall:Number = Math.random();
function animieren() {
    wolke_mc.x += 5;
    wolke_mc.y += Math.sin(i) * 5 * zufall;
    i += 0.08;
    if (wolke_mc.x >= 680) {
        clearInterval(id);
    }
}
```

Für eine Bogenbewegung benötigen Sie eine Veränderung in der Funktion. Diese wird hier in der Variablen i gespeichert. Je schneller die Veränderung, desto kürzer aufeinander folgen die Bögen.

Abbildung 13.3 Die Wolke bewegt sich bogenförmig über den Baum.

13.1.2 ENTER_FRAME

ENTER_FRAME ist ein Ereignis für Anzeigeobjekte und ist der Event-Klasse untergeordnet. Sie können es für jeden beliebigen Movieclip usw. definieren. Wie oft ENTER_FRAME eintritt, richtet sich nach der Abspielrate des Films, denn bei jedem Bild wird das Ereignis ausgeführt. Wenn Sie eine Abspielrate von zwölf Bildern pro Sekunde (bps) haben, tritt das Ereignis also zwölfmal pro Sekunde ein. Dabei ist es unabhängig von der Filmsteuerung: Das heißt, auch wenn der Abspielkopf angehalten ist, wird das Ereignis immer noch in der Abspielrate des Films ausgeführt.

Für das Beispiel von der fliegenden Wolke können Sie den Event-Listener einfach zum Hauptfilm hinzufügen:

```
addEventListener(Event.ENTER_FRAME, animieren);
```

ENTER_FRAME für die Wolke

Die Funktion zum Animieren unterscheidet sich kaum von der `setInterval()`-Variante. Beim Entfernen der Animation müssen Sie hier `removeEventListener()` verwenden:

```
function animieren(evt:Event) {
    wolke_mc.x += 5;
    if (wolke_mc.x >= 680) {
        removeEventListener(Event.ENTER_FRAME, animieren);
    }
}
```

Um die Animation mit `ENTER_FRAME` zu beschleunigen oder zu verlangsamen, verändern Sie im Eigenschafteninspektor für das Dokument die Bildrate. Eine unabhängige Steuerungsmöglichkeit wie bei `setInterval()` oder auch dem Timer fehlt. Allerdings können Sie natürlich auch die Veränderung der x-Koordinate erhöhen oder verringern. Zu große Sprünge sorgen allerdings für eine weniger sanfte Animation.

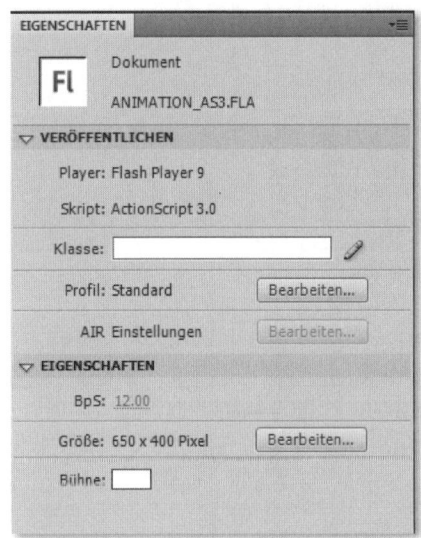

Abbildung 13.4 Die Bildrate steuert die Ereignishäufigkeit.

13.1.3 Timer

Die Klasse `Timer` ist neu in ActionScript 3. Ein `Timer`-Objekt erlaubt ebenfalls das wiederholte Aufrufen einer Funktion und ersetzt dank vieler Steuerungsmöglichkeiten quasi `setInterval()`. Die Klasse selbst finden Sie unter `flash.utils`.

Und so geht es:

1. Zunächst erstellen Sie ein neues `Timer`-Objekt:

   ```
   var timer:Timer = new Timer(Zeitverzögerung, Wiederholungen);
   ```

   Die Parameter für den Konstruktor sind die Zeitverzögerung in Millisekunden und die maximale Anzahl von Wiederholungen, die aufgerufen werden, bevor der Timer endet. Beide lassen sich auch über entsprechende Eigenschaften mit Werten belegen. Für die Zeitverzögerung ist `delay` zuständig, für die Wiederholungen `repeatCount`. Ist keine Wiederholungszahl angegeben (Wert 0), wird der Timer ausgeführt, bis er mit der Methode `stop()` angehalten wird.

2. Anschließend fügen Sie einen Event-Listener hinzu, der bei jedem Timer-Aufruf die entsprechende Funktion ausführt:

   ```
   timer.addEventListener(TimerEvent.TIMER, funktionsname);
   ```

   Hier sehen Sie, dass es einen eigenen Ereignistyp `TimerEvent` gibt. Er kennt zwei Ereignisse: `TIMER` fängt jede Wiederholung ab, `TIMER_COMPLETE` wird einmal ausgeführt, wenn der Timer das Ende erreicht hat.

3. Nun müssen Sie den Timer noch explizit mit der Methode `start()` beginnen:

   ```
   timer.start();
   ```

Timer für die Wolke

Das folgende Beispiel zeigt einen Timer für die Wolke:

```
var timer:Timer = new Timer(50, 160);
timer.addEventListener(TimerEvent.TIMER, animieren);
timer.start();
```

In der Event-Listener-Funktion wird der Timer abgebrochen, wenn die x-Koordinate der Wolke einen zu hohen Wert hat. Statt den Timer mit `stop()` anzuhalten, können Sie natürlich auch die Zahl der Wiederholungen begrenzen:

```
function animieren(evt:TimerEvent) {
   wolke_mc.x += 5;
   if (wolke_mc.x >= 680) {
      timer.stop();
   }
}
```

Neben den hier gezeigten Möglichkeiten gibt es weitere für die Arbeit mit Timern. Mit `reset()` haben Sie die Möglichkeit, den Timer zurückzusetzen. `currentCount` liest aus, bei wie viel Wiederholungen sich der Timer gerade befindet, und `running` liefert einen Wahrheitswert, ob der Timer gerade läuft.

Sie finden die verschiedenen Beispiele in der Datei *animation_AS3.fla*.　　**[○]**

13.2　Tweens

Die Tweens, insbesondere die Bewegungs-Tweens, sind bei der Animation von Hand schon lange eine sehr komfortable Möglichkeit, um realitätsnahe Bewegungen recht einfach zu erhalten. Sie vergeben eine Anfangsposition und eine Endposition, und Flash berechnet die Positionen dazwischen. Dabei kann an Anfang und Ende abgebremst werden, um realistischere Bewegungen zu erhalten, und Sie haben die Möglichkeit, Animationen an Pfaden auszurichten.

Tweens per ActionScript

Ein gutes Tween in ActionScript nur mit eigenen Mitteln nachzubauen, ist zwar möglich, aber auch recht aufwändig. Deswegen gibt es schon länger die Tween-Klassen, die es Ihnen erlauben, Tweens per ActionScript zu erstellen. Auch die Übergänge, die sogenannten Transitions, sind als ActionScript-Klassen verfügbar. Zu guter Letzt können Sie von Hand erstellte Tweens auch als ActionScript-Code in einer eigenen XML-Sprache kopieren und im Code einfügen und ausführen.

Abbildung 13.5　Ein händisch erstelltes Tween

[+] | **Form-Tweens**

Form-Tweens werden in ActionScript durch die `MorphShape`-Klasse dargestellt. Sie können allerdings nicht mit ActionScript erzeugt werden.

[○] Als Beispiel kommt wieder die Wolke zum Einsatz. Sie finden sie unter dem Namen *animation.fla*.

13.2.1 Tween-Klassen

Grundlegend für das Erstellen von Tweens ist die `Tween`-Klasse im Paket `fl.transitions`. Sie muss auch im Flash-Film selbst importiert werden. Außerdem benötigen Sie für ein Tween die Steuerung zum Abbremsen. Dies geschieht über das sogenannte *Easing*. Es steckt in dem Paket `fl.transitions.easing`. Hier gibt es für verschiedene Stärkegrade und Ausprägungen unterschiedliche Klassen. Für das nachfolgende Beispiel wird die Klasse `Regular` eingesetzt. Die Wolke wird hier über den Himmel geführt. Außerdem enthält das Paket `fl.transitions` noch ein `TweenEvent`, mit dem festgestellt werden kann, wann ein Tween beendet ist.

```
import fl.transitions.Tween;
import fl.transitions.easing.Regular;
import fl.transitions.TweenEvent;
```

Das Tween selbst wird gleich beim Instantiieren des Objekts erstellt. Der erste Parameter ist das betreffende Element, dann folgt die Eigenschaft, die animiert werden soll. Sie wird als String und demzufolge in Anführungszeichen ausgegeben. Hier kann jede beliebige Eigenschaft verwendet werden. Anschließend geben Sie das Easing an, gefolgt von den Minimal- und Maximalwerten. Die vorletzte Angabe steuert, wie viele Sekunden (oder Bilder) die Animation dauert. Ob es sich um Sekunden oder Bilder handelt, legt der letzte Parameter fest. Steht er auf `true`, werden Sekunden verwendet:

```
var bewegung:Tween = new Tween(wolke_
mc, "x", Regular.easeInOut, 0, 660, 3, true);
```

Eigenschaften der Tween-Klasse

Die entsprechenden Parameter sind wie gewohnt auch als Eigenschaften der `Tween`-Klasse verfügbar:

▶ `prop` steht für den Namen der Eigenschaft, die verändert wird.

▶ `func` steuert die Beschleunigung mit der Beschleunigungsfunktion, die Sie dort angeben.

- `begin` gibt den Startwert an.

- `finish` enthält den Endwert.

- `duration` steht für die Dauer.

- `useSeconds` entspricht dem letzten Parameter, der angibt, ob statt Bildern Sekunden als Zeiteinheit für die Dauer verwendet werden.

Daneben gibt es noch einige andere Eigenschaften:

- `looping` gibt an, ob das Tween wiederholt wird.

- `isPlaying` liefert als Information, ob das Tween gerade geliefert wird.

- `position` enthält den aktuellen Wert des Tweens.

Wenn Sie beispielsweise mehrere Tweens voneinander abhängig machen möchten, können Sie zusätzlich noch das Ende eines Tweens abfragen:

```
bewegung.addEventListener(TweenEvent.MOTION_FINISH, function() {
    trace("Bewegung beendet");
});
```

Als zusätzliche Werte erhalten Sie bei einem `TweenEvent` immer die `position`, also die aktuelle Position und die Zeit (`time`) als Eigenschaft:

```
trace("Zeit: " + evt.time);
```

Abbildung 13.6 Das Tween läuft, und das Ende wird angezeigt.

Tweens exakt steuern

Wenn Sie möchten, können Sie Tweens auch noch wesentlich genauer steuern. Dazu gibt es verschiedene Methoden und einige dazugehörige Ereignisse.

- `stop()` hält ein Tween an. `MOTION_STOP` ist das dazugehörige Ereignis.

- `MOTION_START` ist das Ereignis für den Beginn eines Tweens, der bei der Instantiierung des Tween-Objekts automatisch eintritt und später mit `start()` neu gestartet werden kann.

▶ resume() startet ein Tween ab der Stelle, an der angehalten wurde. Das dazugehörige Ereignis ist MOTION_RESUME.

▶ nextFrame() und prevFrame() springen innerhalb der Animation jeweils ein Bild vor und zurück.

▶ rewind() spult ein Tween an den Anfang zurück. Ob danach die Wiedergabe erneut startet, hängt davon ab, ob die Animation fertig abgespielt wurde. Ist das der Fall, wird neu begonnen.

▶ fforward() ist das Gegenstück zu rewind() und spult eine Animation schnell vor.

▶ yoyo() kann eingesetzt werden, um ein Tween mit umgekehrten Werten, also von hinten nach vorne, zu durchlaufen. Sollte ein Tween noch laufen, wird zum Ende gesprungen. Hier hilft es, MOTION_FINISH abzufangen. Damit können Sie eine eigene wiederkehrende Bewegung erschaffen, ohne, wie bei einer Schleife, Hin- und Rückweg gestalten zu müssen.

[»] **Experimentierfreude**

Bei den mit ActionScript erstellten Tweens gilt das gleiche wie für die von Hand gemachten: Sie sollten auf jeden Fall experimentierfreudig die verschiedenen Möglichkeiten ausprobieren. Oftmals dauert es einige Zeit, bis eine Bewegung sitzt. Gerade das Verbinden mehrerer Eigenschaften, die gleichzeitig verändert werden, erfordert viel Ausprobieren.

[○] Den Beispielcode finden Sie in der Datei *animation_AS3.fla*.

13.2.2 Transitions

Die Transitions werden auch als Übergänge bezeichnet. Sie lassen sich manuell einfügen, aber auch über ActionScript steuern. Das folgende Beispiel rückt die Wolke in die Mitte, anschließend wird eine Transition gestartet:

```
wolke_mc.x = 300;
import fl.transitions.Transition;
import fl.transitions.TransitionManager;
import fl.transitions.Fly;
import fl.transitions.easing.Bounce;
TransitionManager.start(wolke_
mc, {type:Fly, direction:Transition.IN, duration:10,
easing:Bounce.easeIn});
```

Das Herzstück für die Transition ist der TransitionManager. Er verwendet hier den Typ Fly, der extra importiert werden muss. Es gibt zwei Schreibweisen: Sie können mit der Methode start() direkt den betreffenden Movieclip und anschließend die Transition-Ausprägungen angeben, oder Sie erstellen erst einen neuen `TransitionManager` mit dem Movieclip:

```
var tm:TransitionManager = new TransitionManager(wolke_mc);
```

Anschließend legen Sie mit `startTransition()` los:

```
tm.startTransition({type:Fly, direction:Transition.IN, duration:10,
easing:Bounce.easeIn});
```

Der entsprechende Movieclip ist auch in der Eigenschaft `content` vom `TransitionManager` zu finden.

Auch der Beispielcode aus diesem Abschnitt befindet sich in der Datei *animation_AS3.fla*. **[o]**

13.2.3 Tweens kopieren

Manuell erstellte Tweens lassen sich in Flash CS3 und CS4 auch kopieren. Zum einen können Sie sie damit zwischen Elementen kopieren, zum anderen gibt es aber auch die Möglichkeit, sie als ActionScript-Code zu kopieren.

Zum Testen finden Sie die Datei *tween.fla* auf der DVD. Sie enthält ein Bewegungs-Tween, das sich an einem Pfad orientiert. **[o]**

Um nun das Tween zu kopieren, markieren Sie es komplett, das heißt alle Bilder. Anschließend wählen Sie den Menübefehl BEARBEITEN • ZEITLEISTE und dort BEWEGUNG ALS ACTIONSCRIPT 3.0 KOPIEREN. Denselben Befehl finden Sie übrigens auch im Kontextmenü, wenn Sie auf das Tween mit der rechten Maustaste bzw. am Mac mit gedrückter ⌈Strg⌉-Taste klicken. Vorsicht: Bei einer Animation mit Pfad unterscheidet sich das XML für die Bewegung bei diesem Kopiervorgang von dem XML, das der Menübefehl BEFEHLE • BEWEGUNG ALS XML KOPIEREN hervorbringt. Letzterer liefert nicht alle in der Bewegung steckenden Schlüsselbilder.

Wenn Sie BEWEGUNG ALS ACTIONSCRIPT 3.0 KOPIEREN gewählt haben, erscheint ein Dialogfenster. Dort geben Sie einen Instanznamen für die Bewegung ein. Dieser wird dann von ActionScript verwendet.

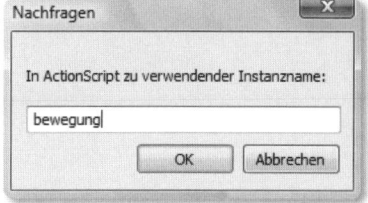

Abbildung 13.7 Vergeben Sie einen Instanznamen.

Bis jetzt liegt die gesamte Bewegung nur im Hauptspeicher. Sie können sie nun in einer neuen Datei einfügen. Dort sollten Sie dann noch einen Movieclip anlegen oder kopieren, auf den die Bewegung angewendet wird.

AS-Code analysieren

Sehen Sie sich mal die kopierten Bestandteile an. Am Anfang steht die Klasse, die für das Abspielen kopierter Bewegungen zuständig ist:

```
import fl.motion.Animator;
```

Anschließend folgt das XML. Die Variable ist der gewählte Instanzname mit Unterstrich und »xml« angehängt. Der XML-Code selbst lohnt einen genaueren Blick, auch wenn es über 400 Zeilen überspannt. Sie sehen dort die Quelle, sprich das Element, das bewegt wird. Der Instanzname steht allerdings nicht im XML. Anschließend folgen in diesem Beispiel alle Schlüsselbilder. Da die Bewegung entlang eines Pfads geht, ist jedes Schlüsselbild verzeichnet. Das macht es natürlich schwierig bzw. nahezu unmöglich, hier nachträglich Änderungen durchzuführen. Hier sehen Sie nur einen kleinen Ausschnitt:

```
var bewegung_
xml:XML = <Motion duration="74" xmlns="fl.motion.*" xmlns:geom=
  "flash.geom.*" xmlns:filters="flash.filters.*">
  <source>
    <Source frameRate="12" x="1.5" y="89.75" scaleX="0.8" scaleY=
      "0.8" rotation="0" elementType="movie clip" symbolName=
      "wolke_mc">
      <dimensions>
        <geom:Rectangle left="0" top="0" width="142.8" height=
        "84.65"/>
      </dimensions>
      <transformationPoint>
        <geom:Point x="1.1022408963585433" y="0.04607206142941524"/>
      </transformationPoint>
    </Source>
  </source>

  <Keyframe index="0" tweenSync="true">
    <color>
      <Color alphaMultiplier="0.9"/>
    </color>
  </Keyframe>

  <Keyframe index="1" tweenSync="true" x="11.1" y=
    "-4.349999999999994" scaleX="1.00625" scaleY="1.00625">
```

```
  <color>
    <Color alphaMultiplier="0.9"/>
  </color>
</Keyframe>

<Keyframe index="2" tweenSync="true" x="22.7" y=
  "-8.450000000000003" scaleX="1.01375" scaleY="1.01375">
  <color>
    <Color alphaMultiplier="0.9"/>
  </color>
</Keyframe>

//Weitere Keyframes

<Keyframe index="73" tweenSnap="true" tweenSync="true" x="853.5"
  y="-15.799999999999997"
  scaleX="1.4999999999999998"
  scaleY="1.4999999999999998">
  <color>
    <Color alphaMultiplier="0.9"/>
  </color>
  <tweens>
    <SimpleEase ease="-1"/>
  </tweens>
</Keyframe>
</Motion>;
```

Wenn Sie das Ende des XML-Teils erreicht haben, finden Sie ein `Animator`-Objekt. Es sorgt für das Abspielen. Standardmäßig wird der XML-Code als erster Parameter beim Instantiieren angegeben. Anschließend folgt der Instanzname, also der betreffende Movieclip. Abgespielt wird anschließend mit der Methode `play()`:

```
var bewegung_animator:Animator = new Animator(bewegung_xml,
  bewegung);
bewegung_animator.play();
```

Viele Methoden und Eigenschaften zur Steuerung lauten sehr ähnlich wie bei der `Tween`-Klasse. Etwas ärgerlich sind die kleinen, aber feinen Unterschiede wie `play()` statt `start()`. Auch der Ereignistyp heißt etwas anders: `MotionEvent`. Sie müssen die Klasse separat importieren und können dann dem `Animator`-Objekt einen entsprechenden Event-Listener hinzufügen:

```
import fl.motion.MotionEvent;
bewegung_animator.addEventListener(MotionEvent.MOTION_END, beendet);
```

```
function beendet(evt:MotionEvent) {
  trace("Animation beendet");
}
```

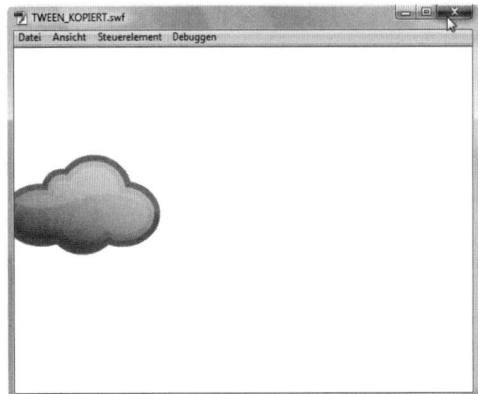 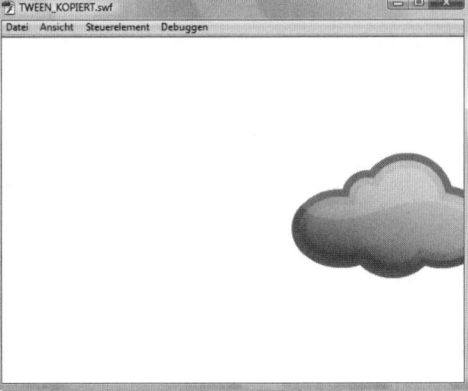

Abbildung 13.8 Das kopierte Tween bewegt sich nun vor einem leeren Hintergrund.

[●] Auf der DVD finden Sie eine kopierte Variante des Tweens unter dem Namen *tween_kopiert.fla*.

[+] **Komplexität**

Ein kopiertes Tween wird, wie im vorliegenden Beispiel gesehen, recht kompliziert. Deswegen lohnt es sich kaum, das XML direkt zu ändern. Sie sollten daher in einer separaten Datei am besten noch eine Ursprungsversion des Tweens aufbewahren, die Sie verwenden, wenn Änderungen nötig sind.

13.3 Dynamische Anzeigeobjekte

Wer animieren und Inhalte dynamisch darstellen möchte, benötigt ein Konzept, wie Elemente dynamisch auf der Bühne bzw. im sichtbaren Bereich landen. Die wichtigsten Konzepte sind hierbei Anzeigeobjekte und Anzeigeobjekt-Container. Sie können ein über ActionScript erstelltes Element einfach mit dem Befehl `add-Child()` zum Hauptfilm hinzufügen.

Die Frage ist nur, wie Sie das Element erstellen. Es kann entweder bereits in der Bibliothek vorhanden sein. Dann erstellen Sie es mit einer eigenen Klasse. Oder Sie erstellen es neu mit der Zeichen-API. Beide Methoden lernen Sie hier grundlegend kennen. Weiterführende Beispiele finden Sie in vielen weiteren Kapiteln – unter anderem in Kapitel 16, »Sound«, und in Kapitel 17, »Video«. Des Weite-

ren lernen Sie hier Methoden und Mittel kennen, wie Sie Anzeigeobjekte mit
ActionScript verändern.

[!]

> **Unterschiede zu ActionScript 2**
>
> attachMovie() zum Anfügen aus Symbolen aus der Bibliothek wurde durch einzelne
> Klassen für Elemente ersetzt. createEmptyMovieClip() für einen leeren Movieclip gibt
> es auch nicht mehr. Hierfür wird ein neues Sprite-Objekt erstellt. duplicateMovie-
> Clip() zum Duplizieren eines bestehenden Movieclips auf der Bühne wurde sogar er-
> satzlos gestrichen. Hier müssen Sie leider auf eine der anderen Varianten wechseln.

13.3.1 Dynamisch erstellt – aus der Bibliothek

Um ein Element aus der Bibliothek auf der Bühne hinzuzufügen, sind drei
Schritte notwendig:

1. Sie vergeben in der Bibliothek für ein Element einen Klassennamen. Dies geschieht über den Befehl VERKNÜPFUNG oder EIGENSCHAFTEN und dann ERWEI-
   TERT. Der Befehl ist im Kontextmenü des jeweiligen Elements und im Bedien-
   feldmenü der Bibliothek verfügbar.

Abbildung 13.9 Das Dialogfeld VERKNÜPFUNGSEIGENSCHAFTEN erlaubt
die Angabe einer Klasse.

2. Sie instantiieren ein Objekt dieser Klasse im AKTIONEN-Bedienfeld.

3. Sie fügen das Objekt zur Bühne oder unterhalb eines anderen Objekts mit der
   Methode addChild() hinzu.

Das hier geschilderte Verfahren gilt nicht nur für Movieclips und Schaltflächen,
sondern für nahezu alle Bibliothekselemente. Abweichungen gibt es nur beim
dritten Schritt. Der ist natürlich nur für Anzeigeobjekte sinnvoll, Sound wird allerdings gestartet.

[O] Sie finden das Beispiel für diesen Abschnitt unter dem Namen *movieclips_dynamisch_mitklasse.fla* auf der DVD.

Schritt 1: Verknüpfungseigenschaften festlegen

Sehen Sie sich die einzelnen Schritte nun noch einmal genauer an. Die VERKNÜPFUNGSEIGENSCHAFTEN bestehen aus mehreren Feldern und Möglichkeiten:

▶ Der BEZEICHNER ist noch ActionScript 2. Er wird nicht mehr benötigt.

▶ Die KLASSE ist der Name der Klasse, mit dem das entsprechende Bibliothekselement identifiziert wird.

▶ Die BASISKLASSE ist die Klasse, auf der die Klasse des Elements basiert. Bei einem Movieclip ist das folgerichtig `flash.display.MovieClip`.

▶ Mit EXPORT FÜR ACTIONSCRIPT wird der Export erst möglich.

▶ EXPORT FÜR GEMEINSAME NUTZUNG ZUR LAUFZEIT erlaubt das mehrfache Verwenden eines Objekts. Das Gegenstück ist IMPORT FÜR GEMEINSAME NUTZUNG ZUR LAUFZEIT, über das ein exportiertes Objekt wieder eingebunden wird. Die Identifikation des Elements erfolgt jeweils über die URL des Zieldokuments.

▶ IN ERSTES BILD EXPORTIEREN erzeugt direkt den Export für das erste Bild. Für eigene Elemente ist diese Option Standard.

Übrigens: Elemente in der Bibliothek, die nicht auf der Bühne vorkommen und auch nicht für ActionScript exportiert sind, werden wegen ihrer Größe nicht mit in die SWF-Datei übernommen.

Wenn Sie das Dialogfeld VERKNÜPFUNGSEIGENSCHAFTEN mit OK bestätigen, bzw. auf das Häkchen neben dem Klassennamen klicken, erhalten Sie eine Warnung, dass die gerade angegebene Klasse nicht im Klassenpfad gefunden wurde.

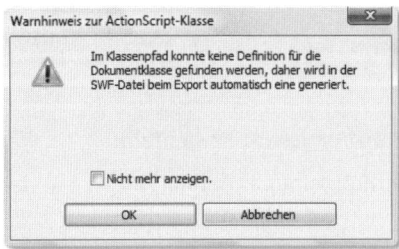

Abbildung 13.10 Es gibt keine Klasse ...

Dies macht das Konzept hinter dem dynamischen Hinzufügen von Elementen klar. Elemente werden real mit einer ActionScript-Klasse verbunden. Gibt es die Klasse im Klassenpfad nicht, wird von Flash automatisch eine leere Klasse mit dem Namen angelegt:

```
package {
   import flash.display.MovieClip;
   public class Wolke extends flash.display.MovieClip {
   }
}
```

Alternativ können Sie im Klassenpfad einfach eine Klasse mit dem entsprechenden Namen angeben und dieses Grundgerüst verwenden.

Schritt 2: Objekt instantiieren

Nun zum zweiten Schritt: Hier instantiieren Sie ein neues Objekt der in der Bibliothek angegebenen Klasse:

```
var wolke1:Wolke = new Wolke();
```

Dieses Objekt ist nun ein normaler Movieclip, da es von `flash.display.MovieClip` erbt und damit auch alle Eigenschaften und Methoden eines Movieclips besitzt. Im Beispiel werden die Koordinaten für die Wolke gesetzt:

```
wolke1.x = 100;
wolke1.y = 100;
```

Schritt 3: Dem Hauptfilm hinzufügen

Im dritten Schritt wird die Wolke mit dem Befehl `addChild()` zum Hauptfilm hinzugefügt:

```
addChild(wolke1);
```

[+]

Tiefenverwaltung

In ActionScript 2 gibt es das Konzept der Tiefe. Der Entwickler muss sich dabei selbst darum kümmern, an welcher Stelle ein Element in der Anzeigeliste steht. In ActionScript 3 wurde das Tiefenkonzept überarbeitet. Es gibt nun keine leeren Tiefen mehr, und Sie müssen sich bei neuen Elementen nicht um die Position innerhalb der Anzeigeliste kümmern. Wie Sie Einfluss nehmen können, lesen Sie in Abschnitt 2.3.3, »Wichtige Methoden für die Anzeigeliste«.

Im Beispiel wird die zweite Wolke genauso eingefügt wie die erste. Allerdings erhält hier der Movieclip noch zusätzlich einen Instanznamen, mit dem er adressiert werden kann:

```
var wolke2:Regenwolke = new Regenwolke();
wolke2.x = 300;
wolke2.y = 40;
wolke2.name = "regenwolke";
addChild(wolke2);
```

Dieser Name kann später von der Klasse `Sonne.as` für die Sonne verwendet werden, um die Regenwolke mit einem Tween langsam auszublenden. Im Konstruktor erhält das `Sonne`-Objekt einen Event-Listener, der überprüft, ob es zur Bühne hinzugefügt wurde. Zuständig dafür ist das Ereignis `ADDED_TO_STAGE`. In der Event-Listener-Funktion wird auf das übergeordnete Element – den Hauptfilm – zugegriffen und mit `getChildByName()` die Regenwolke adressiert und ausgeblendet:

```
package {
    import flash.display.MovieClip;
    import flash.events.Event;
    import fl.transitions.*;
    import fl.transitions.easing.*;
    public class Sonne extends flash.display.MovieClip {
        public function Sonne() {
            addEventListener(Event.ADDED_TO_STAGE, zurBuehne);
        }
        private function zurBuehne(evt:Event) {
            var ausblenden:Tween = new Tween(evt.target.parent.
            getChildByName("regenwolke"), "alpha", Regular.easeOut,
            1, 0, 5, true);
        }
    }
}
```

Zum Schluss wird noch die Sonne zum Flash-Film hinzugefügt:

```
var sonne:Sonne = new Sonne();
sonne.x = 450;
sonne.y = 40;
addChild(sonne);
```

Abbildung 13.11 Die Sonne erscheint, die Regenwolke wird ausgeblendet. ∎

13.3.2 Dynamisch erstellt – Zeichen-API

Ein dynamisch erstelltes Element, das nicht auf einem bestehenden Element in der Bibliothek besteht, kann ein Movieclip sein. Allerdings besitzt ein dynamisch hinzugefügter Movieclip keine Zeitleiste. Deswegen können Sie in diesem Fall auch ein Sprite verwenden.

Inhalte dynamisch füllen

Wenn Sie Elemente dynamisch erstellen, müssen Sie sie irgendwie mit Inhalt füllen. Dazu dient das `Graphics`-Objekt, das sich hinter der `graphics`-Eigenschaft eines jeden Anzeigeobjekts verbirgt. Die Zeichen-API startet mit einer Füllung, dann zeichnen wir einen Kreis und beenden anschließend wieder die Füllung:

```
var sprite:Sprite = new Sprite();
sprite.graphics.beginFill(0x59B900, 1);
sprite.graphics.drawCircle(0, 0, 50);
sprite.graphics.endFill();
sprite.x = 150;
sprite.y = 100;
addChild(sprite);
```

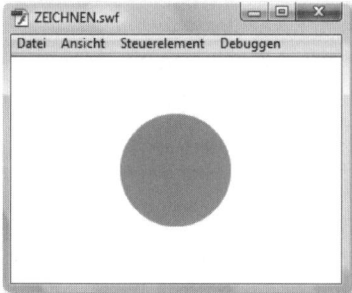

Abbildung 13.12 Ein mit ActionScript gezeichneter Kreis

Statt eines Sprite können Sie wie erwähnt auch einen Movieclip verwenden:

```
var mc:MovieClip = new MovieClip();
mc.graphics.beginFill(0x59B900, 1);
mc.graphics.drawCircle(0, 0, 50);
mc.graphics.endFill();
mc.x = 150;
mc.y = 100;
addChild(mc);
```

Sie finden das Beispiel auf der DVD (*zeichnen.fla*). **[o]**

13.3.3 Wichtige Methoden für die Anzeigeliste

Anzeigeobjekte wie `Sprite` und `MovieClip` können andere Anzeigeobjekte enthalten. Dann sind sie sogenannte Anzeigeobjekt-Container. Sie basieren auf der Klasse `DisplayObjectContainer`. Auch die Hauptzeitleiste ist so ein Container.

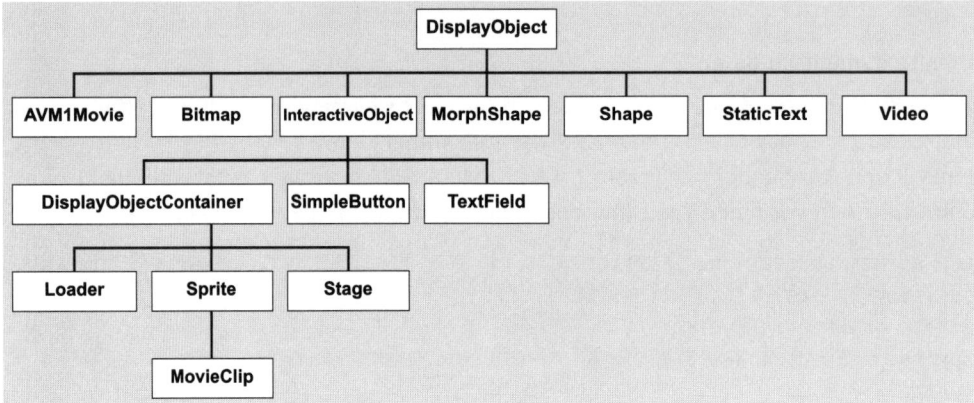

Abbildung 13.13 `MovieClip` und `Sprite` erben nicht nur von `DisplayObject`, sondern auch von `DisplayObjectContainer`.

Alle Methoden zur Steuerung von Elementen in einer Anzeigeliste stecken in der Klasse `DisplayObjectContainer`. Hier finden Sie `addChild()`, um ein neues Element ans Ende der Anzeigeliste zu setzen (siehe Abbildung 13.14).

[O] Im Folgenden finden Sie kleine Beispiele für die wichtigsten Methoden. Grundlage ist die Datei *movieclips_dynamisch_methoden.fla*. Sie enthält den schon bekannten Code mit zwei Wolken und einer Sonne. Allerdings werden alle drei Elemente in einen Container eingefügt, da auf der Hauptzeitleiste einige Grafikelemente usw. die entsprechenden Indexpositionen besetzen. Außerdem überlagert die Sonne die erste Wolke, um Positionsänderungen testen zu können. Der schon bestehende Code sieht folgendermaßen aus:

```
var container:Sprite = new Sprite();

var wolke1:Wolke = new Wolke();
wolke1.x = 100;
wolke1.y = 100;
container.addChild(wolke1);

var wolke2:Regenwolke = new Regenwolke();
wolke2.x = 300;
wolke2.y = 40;
wolke2.name = "regenwolke";
```

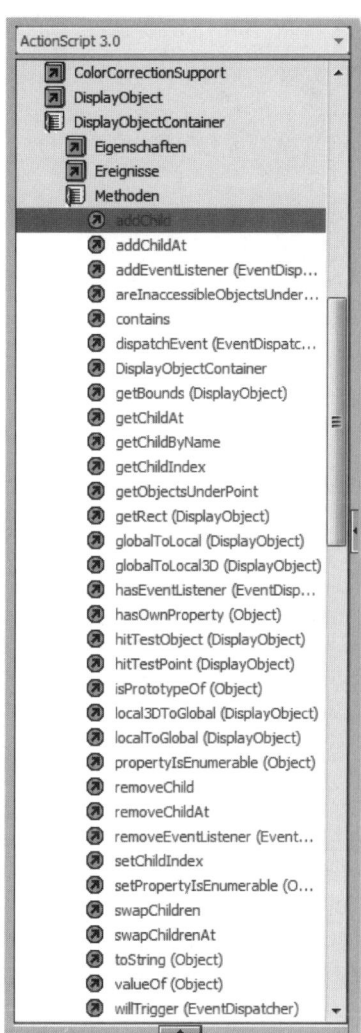

Abbildung 13.14   Die Klasse `DisplayObjectContainer`

```
container.addChild(wolke2);

var sonne:Sonne = new Sonne();
sonne.x = 120;
sonne.y = 140;
container.addChild(sonne);

addChild(container);
```

Abbildung 13.15 Die Ausgangssituation

Mit einigen Änderungen werden nun die Methoden für die Anzeigeobjekt-Steuerung gezeigt:

▶ addChild(Element) fügt, wie schon gezeigt, ein Element zu einer Anzeigeliste hinzu. Der Rückgabewert der Methode ist das Element, das hinzugefügt wurde.

```
var ele = container.addChild(wolke1);
```

▶ addChildAt(Element, Index) fügt ein Element an einer bestimmten Stelle im Index ein. Der Index ist die Position des entsprechenden Elements in der Anzeigeliste (früher die Tiefe). Die Position beginnt bei 0. Bei der Hauptzeitleiste sind allerdings einige Positionen durch andere Objekte belegt. Deswegen sollten Sie für die genaue Steuerung erwägen, einen leeren Container zu verwenden.

```
container.addChildAt(wolke1, 1);
```

Ist bereits ein Element auf dem entsprechenden Platz vorhanden, wird der Index dieses und aller nachfolgenden Elemente hochgesetzt.

▶ contains(Element) überprüft, ob das angegebene Anzeigeobjekt im entsprechenden Container vorhanden ist:

```
trace(container.contains(wolke1));
```

Diese Ausgabe liefert im Beispiel true.

▶ getChildAt(Index) liefert ein Element an einer bestimmten Indexposition.

```
trace(container.getChildAt(1));
```

liefert beispielsweise das Regenwolke-Objekt.

▶ `getChildByName(Name)` liefert ein untergeordnetes Element mit Hilfe des Namens. Der Name ist der Instanzname, und dieser muss explizit gesetzt sein. Standardmäßig erhält ein Element ohne Instanznamen den Namen `InstanceXX`, wobei `XX` für eine Nummer steht.

```
trace(container.getChildByName("regenwolke"));
```

▶ `getChildIndex(Element)` liefert die Indexposition eines bestimmten Elements. Das Element wird als Parameter angegeben.

```
trace(container.getChildIndex(wolke1));
```

▶ `setChildIndex(Element, Index)` ändert die Position eines Elements. Alle Elemente darüber werden in der Position nach oben geschoben. Elemente bis zur bisherigen Position werden nachgezogen. Das Element am jeweiligen Index ändert seine Position je nachdem, ob das bestehende Element über oder unter diesem Element lag. Dies wird sichtbar, wenn sich zwei Elemente überlagern.

```
container.setChildIndex(wolke1, 2);
```

▶ `removeChild(Element)` entfernt das Element aus der Anzeigeliste. Alle anderen Positionen werden nachgezogen.

```
container.removeChild(wolke2);
```

Abbildung 13.16 Sonne und Wolke haben die Position getauscht.

▶ `removeChildAt(Index)` entfernt ein Element von einem bestimmten Platz. Die Indizes der übergeordneten Positionen werden nachgezogen.

```
container.removeChildAt(1);
```

► swapChildren(Element1, Element2) tauscht die Position von zwei Anzeigeobjekten.

```
container.swapChildren(wolke1, sonne);
```

► swapChildrenAt(Index1, Index2) ändert die Position von Elementen, die mit
dem Index angegeben sind.

```
container.swapChildrenAt(0, 2);
```

13.4 Masken

Das Maskieren von Elementen bietet auch für die Animation eine gute Möglichkeit. Masken können Sie in Flash auf zwei Arten einsetzen:

► Als Maske für ein Anzeigeobjekt – mit der Eigenschaft mask definieren Sie ein
Anzeigeobjekt als Maske für ein anderes.

► Als manuelle Masken-Ebenen – in diesem Fall animieren Sie ein Anzeigeobjekt auf der Masken-Ebene, und es bewegt sich über die Seite.

Die Technik hinter einer Maske ist immer gleich: Alle Stellen, die in der Maske
gefüllt sind (egal mit welcher Farbe), sind beim untergeordneten Element sichtbar. Die nicht gefüllten Bereiche der Maske werden im untergeordneten Element
ausgeblendet.

[●] Ausgangspunkt für die Beispiele in diesem Abschnitt ist die Datei *masken.fla*. Die
fertige Datei finden Sie unter *masken_AS3.fla*.

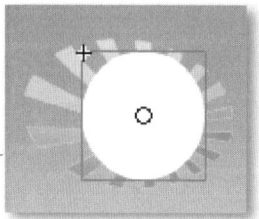

Abbildung 13.17   Die Sonne und ein weißer Kreis als Maske

13.4.1 Maske für einen Movieclip

Im Beispiel sehen Sie eine Sonne mit dem Instanznamen sonne_mc und eine
Maske spot_mc. Der folgende Code reicht, um den Spot als Maske für die Sonne
zu definieren:

```
sonne_mc.mask = spot_mc;
```

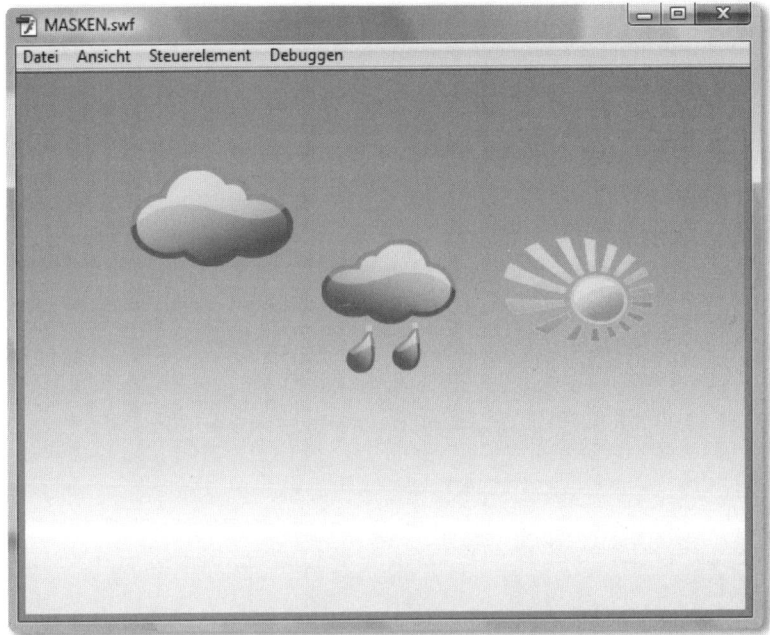

Abbildung 13.18 Ein Teil der Sonne wird ausgeschnitten.

13.4.2 Masken-Ebenen

Erstellen Sie nun in der Flash-Datei eine Masken-Ebene und ordnen Sie alle Elemente in der gleichnamigen Ebene darunter an. Fügen Sie auf dieser Ebene den Spot ein, der dann als Maske für alle Objekte dient. Ihn können Sie nun animieren:

```
import fl.transitions.*;
import fl.transitions.easing.*;
var bewegung = new Tween(spotMaske_
mc, "x", Regular.easeIn, spotMaske_mc.x, 0, 5, true);
var bewegung2 = new Tween(spotMaske_
mc, "y", Regular.easeIn, spotMaske_mc.y, 50, 5, true);
```

Die Maske wird gleichzeitig horizontal und vertikal bewegt und gleitet so über die darunterliegenden Elemente.

In der fertigen Datei *masken_AS3.fla* finden Sie auskommentiert noch ein Beispiel, in dem die Maske nicht animiert, sondern mit Drag & Drop bewegt wird.

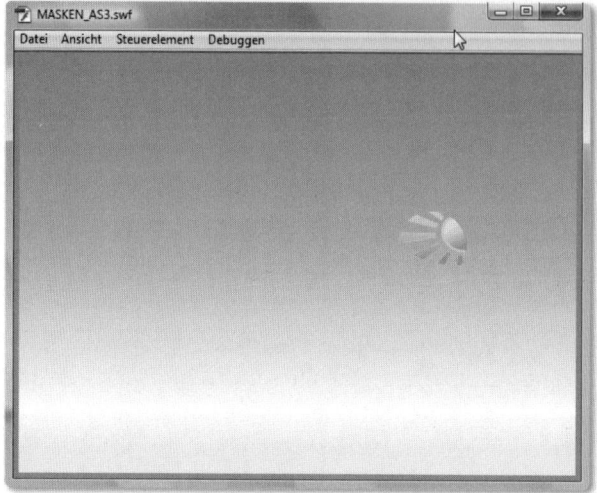

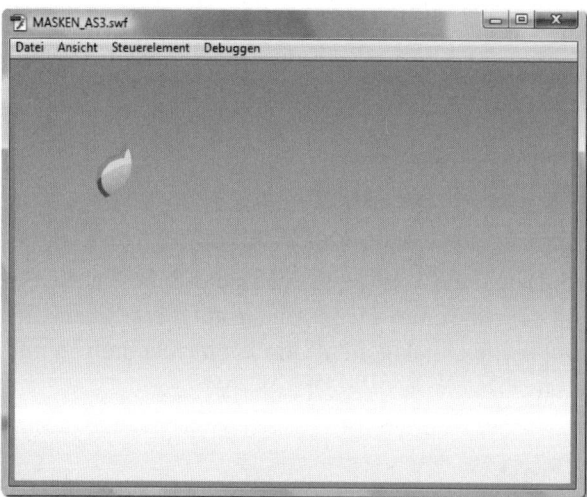

Abbildung 13.19 Die Maske bewegt sich über die Elemente.

»Der Wechsel sehr gefährlich ist.«
– Rollenhagen

14 Drag & Drop und Transformationen

Flash ist ein optimales Werkzeug zur Interaktivität. Ob Animation einfach abläuft oder per Drag & Drop Bewegung vom Benutzer übernommen wird, ActionScript bietet die notwendigen Hilfen. In diesem Kapitel erfahren Sie, wie Sie Anzeigeobjekte verändern. Im Vordergrund stehen dabei Sichtbarkeit, Farbe und Formtransformationen. Außerdem lernen Sie das Verfahren zum Drag & Drop von Objekten kennen.

14.1 Wechselspiele

Die Eigenschaften des `DisplayObject`-Objekts sind besonders gut für optische Modifikationen geeignet: Mit ihnen können Sie die Größe verändern oder die Position. Beides kennen Sie bereits aus dem Kran-Beispiel in Kapitel 10, »Tasten«. Interessant ist auch die Eigenschaft `visible`, die einen Wahrheitswert erhält: `true` blendet das Anzeigeobjekt ein, `false` blendet es aus. Die Transparenz steuern Sie mit Werten von 0 (transparent) bis 1 (opak, volle Deckkraft) über die Eigenschaft `alpha`.

Der Wechsel von Farben gestaltet sich ein wenig schwieriger. Hierfür hält ActionScript die `ColorTransform`-Klasse bereit, die Sie unter `flash.geom` finden. Sie gehört damit zu den geometrischen Klassen, die für verschiedene Arten von Elementveränderungen zuständig sind.

Farben wechseln [+]

Bei komplexeren Objekten scheitert der simple Farbwechsel. Hier gibt es Alternativen: Entweder blenden Sie die verschiedenen Objekte mit `visible` ein und aus, oder Sie versehen einen Movieclip mit mehreren Bildern. Diese gestalten Sie in unterschiedlichen Farben und arbeiten dann mit `gotoAndStop()` (siehe hierzu die Beispiele aus Kapitel 6, »Einfache Filmsteuerung«).

Abbildung 14.1 Die `ColorTransform`-Klasse im Aktionen-Bedienfeld

Und so funktioniert es:

1. Für eine neue Farbe instantiieren Sie ein `ColorTransform`-Objekt:

```
var farbe:ColorTransform = new ColorTransform();
```

2. Zum Färben weisen Sie dem `ColorTransform`-Objekt mit der Eigenschaft `color` einen hexadezimalen Wert zu:

```
farbe.color = 0xFF0000;
```

Der hexadezimale Wert wird in Flash immer mit `0x` am Anfang geschrieben. Dies ist kein String, sondern eine Zahl (`Number`). Jeweils zwei Stellen stehen für einen Farbwert, also in diesem Fall `FF` für Rot, `00` für Grün und `00` für Blau. `FF` steht für 255 und `00` für 0 in RGB-Schreibweise.

3. Anschließend müssen Sie dem Anzeigeobjekt, das Sie umfärben wollen, das neue `ColorTransform`-Objekt zuweisen.

```
movieclip_mc.transform.colorTransform = farbe;
```

Das Anzeigeobjekt besitzt dafür eine `transform`-Eigenschaft. Diese enthält ein `Transform`-Objekt, das nicht nur für Farbtransformationen, sondern über die Eigenschaft `matrix` auch für Formtransformationen zugänglich ist. Die Farbtransformationen in Form eines `ColorTransform`-Objekts sind in der untergeordneten Eigenschaft `colorTransform` zu finden.

14.1.1 Farben zuweisen – ein Beispiel

Wie das Zuweisen von Farben in der Praxis funktioniert, zeigen wir Ihnen an **[o]** einem Beispiel: Ausgangspunkt ist die Datei *chamaeleon.fla* auf der DVD. Sie besteht aus einem Chamäleon und einer Palette mit Schaltflächen. Natürlich kommt es in der Praxis eher selten vor, dass Sie die Farbe eines Chamäleons wechseln müssen – schließlich kann es das ja selbst. Aber ersetzen Sie das Tier (in Gedanken) einfach durch ein beliebiges Produkt, das der Benutzer konfigurieren soll – schon hat das Beispiel Praxiswert.

Abbildung 14.2 Das Chamäleon im ursprünglichen Zustand

Nun sollen Sie die Schaltflächen zum Öffnen und Schließen der Augen und zum Umfärben des Chamäleons in Betrieb nehmen. Wichtig ist dabei, die Hierarchie der Anzeigeobjekte immer gut im Blick zu behalten. Die Datei ist so angelegt, dass alle Movieclips sauber untereinander angeordnet sind.

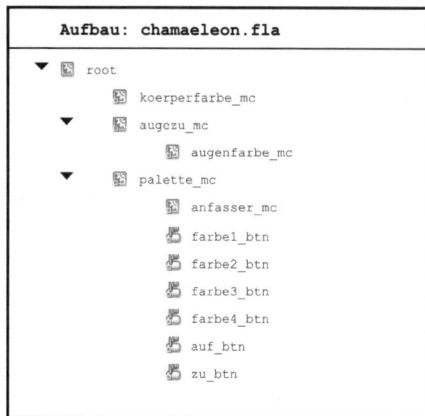

Abbildung 14.3   Der Film mit dem Chamäleon in der Übersicht

Fehlerquelle

Die häufigste Fehlerquelle bei Anzeigeobjekten besteht darin, den Instanznamen oder die Adresse in der Hierarchie falsch anzugeben. Lassen Sie sich ruhig vom ZIELPFAD-Editor helfen.

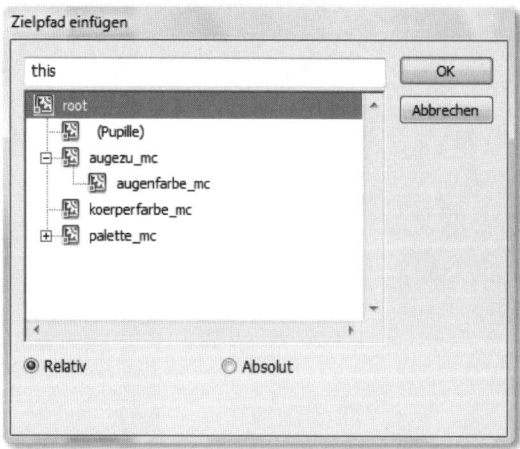

Abbildung 14.4   Mit dem ZIELPFAD-Editor behalten Sie den Überblick.

Schritt-für-Schritt: Chamäleon umfärben

1 *Auge öffnen*

Wenn der Benutzer auf die Schaltfläche AUF klickt, soll das Auge geöffnet werden:

```
palette_mc.auf_btn.addEventListener(MouseEvent.CLICK,
    function(evt:MouseEvent) {
        augezu_mc.visible = false;
    });
```

Hier handelt es sich um einen einfachen, aber sehr wirkungsvollen Trick: Das geschlossene Auge ist ein Movieclip, der in einer Ebene über der Grafik des offenen Auges liegt. Soll sich das Auge öffnen, blenden Sie einfach den oberen Movieclip aus (`visible` auf `false` setzen).

2 Auge schließen

Für die Schaltfläche Zu blenden Sie den Movieclip mit dem geschlossenen Auge wieder ein:

```
palette_mc.zu_btn.addEventListener(MouseEvent.CLICK,
    function(evt:MouseEvent) {
        augezu_mc.visible = true;
    });
```

Abbildung 14.5 Das Chamäleon zwinkert Ihnen zu.

3 ColorTransform-Objekt instantiieren

Für den Farbwechsel des Chamäleons müssen Sie erst ein `ColorTransform`-Objekt instantiieren:

```
var farbe:ColorTransform = new ColorTransform();
```

Dieses Objekt wird als globale Eigenschaft definiert, damit es in allen Event-Listener-Funktionen für die Farbschaltflächen vorhanden ist.

4 Event-Listener und Farbeigenschaft

Zum Umfärben benötigen Sie nun Event-Listener für die Farbschaltflächen. Als Event-Listener-Funktion wird eine zentrale Funktion `farbeAendern()` eingesetzt. Damit sie erkennt, welche Farbe verwendet werden soll, definieren Sie für jeden Schaltflächen-Movieclip eine selbst geschriebene Eigenschaft `farbe`, die den Farbwert, der mit dieser Schaltfläche assoziiert ist, enthält:

```
palette_mc.farbe1_
mc.addEventListener(MouseEvent.CLICK, farbeAendern);
palette_mc.farbe1_mc.farbe = 0xE20916;
palette_mc.farbe1_mc.buttonMode = true;
```

Die Möglichkeit, eine eigene, dynamische Eigenschaft hinzuzufügen, ist der Grund, warum in diesem Beispiel statt Schaltflächen ein Movieclip verwendet wird. Die `MovieClip`-Klasse ist nämlich im Gegensatz zur `SimpleButton`-Klasse für Schaltflächen nicht versiegelt (sealed), sondern erlaubt dynamische Erweiterungen (siehe auch Kapitel 5, »Objektorientierung«). Da hier also Movieclips als Schaltflächen eingesetzt werden, müssen Sie sich dank der Eigenschaft `buttonMode` noch wie Schaltflächen verhalten.

5 Die übrigen Farben

Anschließend fügen Sie nach demselben Muster die Event-Listenener für die drei übrigen Farb-Schaltflächen hinzu:

```
palette_mc.farbe2_
mc.addEventListener(MouseEvent.CLICK, farbeAendern);
palette_mc.farbe2_mc.farbe = 0x694420;
palette_mc.farbe2_mc.buttonMode = true;
palette_mc.farbe3_
mc.addEventListener(MouseEvent.CLICK, farbeAendern);
palette_mc.farbe3_mc.farbe = 0xB4A714;
palette_mc.farbe3_mc.buttonMode = true;
palette_mc.farbe4_
mc.addEventListener(MouseEvent.CLICK, farbeAendern);
palette_mc.farbe4_mc.farbe = 0x5D7C27;
palette_mc.farbe4_mc.buttonMode = true;
```

6 Farbe ändern

Die Event-Listener-Funktion liest die Farbe aus, die als dynamische Eigenschaft der entsprechenden Schaltfläche zugewiesen wurde. Die angeklickte Schaltfläche steckt dabei jeweils in `evt.target`. Anschließend wird das `ColorTransform`-Objekt dem Movieclip für die Körperfarbe (`koerperfarbe_mc`) und dem Movieclip für die Augenfarbe (`augezu_mc.augenfarbe_mc`) zugewiesen:

```
function farbeAendern(evt:MouseEvent) {
    farbe.color = evt.target.farbe;
    koerperfarbe_mc.transform.colorTransform = farbe;
    augezu_mc.augenfarbe_mc.transform.colorTransform = farbe;
}
```

Abbildung 14.6   Das Chamäleon in Braun und Rot ■

So viel zur Farbwelt des Chamäleons. Wir hoffen, unsere bisherigen Ausführungen animieren Sie, Ihre eigenen Produkte oder die Produkte Ihrer Kunden in verschiedenen Konfigurationen anzubieten. Die Datei mit dem Programmcode finden Sie auf der DVD unter dem Namen *chamaeleon_farben_AS3.fla*.   **[o]**

14.1.2   Einzelne Farbwerte verändern

Das ColorTransform-Objekt bietet noch mehr Möglichkeiten. Sie können auch nur einzelne Grundfarben des RGB-Farbsystems verändern. Das RGB-Farbsystem besteht aus den Farben Rot, Grün und Blau. Aus Helligkeitsstufen dieser Farben werden alle möglichen Farbwerte zusammengesetzt. Deswegen heißt diese Art der Farbmischung auch additiv. Die Helligkeitswerte der einzelnen Grundfarben können von 0 bis 255 reichen.

Mit den Methoden des ColorTransform-Objekts können Sie nun bestehende Rot-, Grün- und Blauwerte verändern. Mit den Eigenschafte redOffset, greenOffset und blueOffset bestimmen Sie einen Wert zwischen −255 und 255, der zum bestehenden Wert addiert wird, bis eine der Grenzen 0 oder 255 erreicht ist.

Das folgende Beispiel erhöht den Rotanteil in der Farbe eines Anzeigeobjekts:

```
var farbe:ColorTransform = new ColorTransform();
farbe.redOffset = 100;
movieclip_mc.transform.colorTransform = farbe;
```

Dieselbe Anpassung gibt es auch für die Transparenz: Dies geschieht mit `alpha-Offset`. Der Standardwert aller Änderungen ist 0, damit keine Änderung durchgeführt wird. Sie können auch alle drei Werte in der Eigenschaft `rgb` als hexadezimale Zahl festlegen. `0x00FF00` stünde z. B. für einen Offset von 0 für Rot und Blau und von 255 für Grün.

<table>
<tr><td>[+]</td><td>**Praxiseinsatz**</td></tr>
<tr><td></td><td>Ein Beispiel für diese Art der Transformation finden Sie in Abschnitt 16.5, »Mikrofon«.</td></tr>
</table>

Neben dem Hinzuzählen und Entfernen von Werten können Sie Farbwerte auch mit Werten zwischen 0 und 1 multiplizieren. Dafür sind die Eigenschaften `red-Multiplier`, `greenMultiplier`, `blueMultiplier` und `alphaMultiplier` gedacht. Der Standardwert ist 1, damit keine Transformation durchgeführt wird. Sie lassen sich auch im Konstruktor für das `ColorTransform`-Objekt angeben:

```
var farbe:ColorTransform = new ColorTransform(redMultiplier, green
Multiplier, blueMultiplier, alphaMultiplier, redOffset, greenOffset,
blueOffset, alphaOffset);
```

Mit der Methode `concat()` verbinden Sie verschiedene Farbtransformationen. Sie werden dann nacheinander ausgeführt.

```
farbe.concat(farbe2);
```

14.1.3 Matrix und Geometrie

Neben der Farbtransformation kann das `Transform`-Objekt auch dazu verwendet werden, Objekte umzuwandeln und zu gestalten. Der Kern des Ganzen ist eine Matrix. Sie entstammt der `Matrix`-Klasse aus `flash.geom`. Um die Funktionsweise zu testen, erstellen Sie ein neues Sprite und befüllen es mit einem Rechteck:

```
var sprite:Sprite = new Sprite();
sprite.graphics.beginFill(0xFF0000);
sprite.graphics.drawRect(150, 100, 200, 100);
addChild(sprite);
```

Dieses Sprite können Sie nun natürlich umfärben:

```
var farbe:ColorTransform = new ColorTransform();
farbe.color = 0x000000;
```

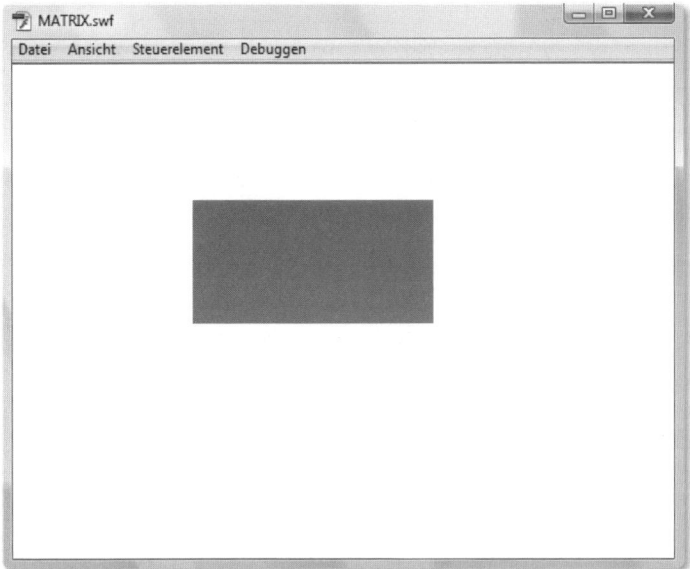

Abbildung 14.7   Die Ausgangsposition ist ein rotes Rechteck.

Form und Position ändern

Es ist aber auch möglich, das Objekt in Form und Position zu verändern. Dazu erstellen Sie ein neues `Matrix`-Objekt. Jeder Transformation zu Grunde liegt eine Matrix aus vier Werten `a` bis `d`. Dazu kommen zwei Werte `tx` und `ty` für die Verschiebung auf der x- und y-Achse. Sie könnten alle sechs Werte über gleichnamige Eigenschaften setzen. Mit der Methode `createBox(Skalierung X, Skalierung Y, Rotieren, Verschieben X, Verschieben Y)` müssen Sie sich um die Matrix selbst nicht kümmern. Sie können die gewünschten Änderungen explizit angeben:

▶ `Skalierung X` erweitert das Objekt horizontal und multipliziert dazu mit dem angegebenen Faktor.

▶ `Skalierung Y` erweitert das Objekt vertikal ebenfalls durch Multiplikation.

▶ `Rotieren` gibt einen Drehwinkel im Bogenmaß an. Ab diesem Parameter sind die Angaben optional.

▶ `Verschieben X` gibt an, um wie viele Pixel auf der x-Achse verschoben wird. Negative Werte bedeuten Verschiebung nach links.

▶ `Verschieben Y` bestimmt, wie viele Pixel auf der y-Achse verschoben wird. Negative Werte bedeuten Verschiebung nach oben, da der Nullpunkt sich links oben befindet.

Hier ein Beispiel:

```
var matrix:Matrix = new Matrix();
matrix.createBox(2, 1, 0.5, -50, -50);
```

Das Element wird horizontal vergrößert, bleibt vertikal gleich, wird leicht gedreht und nach links oben verschoben. Um die Transformation anzuwenden, gibt es zwei Wege, z. B. direkt über die Eigenschaft `transform`:

```
sprite.transform.colorTransform = farbe;
sprite.transform.matrix = matrix;
```

Alternativ übernimmt ein entsprechendes `Transform`-Objekt das Sprite als Parameter im Konstruktor:

```
var tf:Transform = new Transform(sprite);
tf.colorTransform = farbe;
tf.matrix = matrix;
```

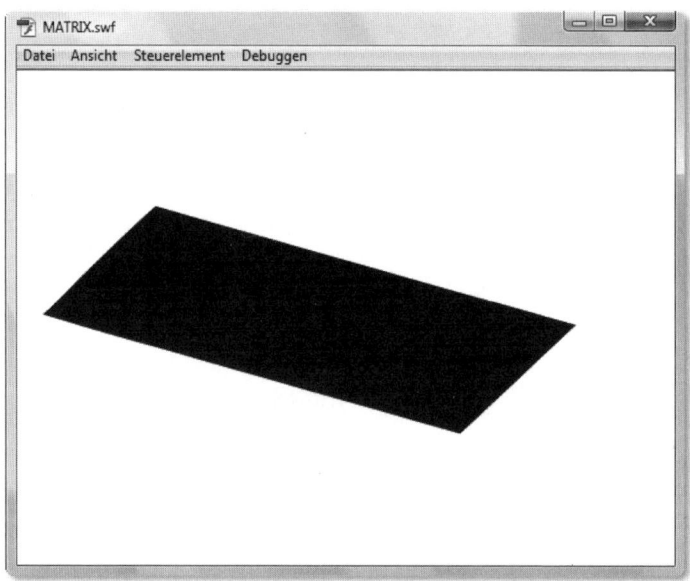

Abbildung 14.8 Das Rechteck ist schwarz und in der Form verändert.

[+] **Praxiseinsatz**

Für diese Art der Transformation finden Sie in Abschnitt 16.4, »Equalizer und Soundrohdaten«, ein Beispiel, das außerdem noch einen Verlauf ergänzt und `createGradientBox()` verwendet.

Die verschiedenen Transformationen lassen sich in der `Matrix`-Klasse auch mit einzelnen Methoden durchführen. `scale(Skalierung X, Skalierung Y)` steht beispielsweise für das Skalieren, `rotate(Rotation)` für eine Drehung im Bogenmaß.

14.2 Drag & Drop

Drag & Drop steht für Ziehen und Loslassen und hat in der Computer-Fachsprache mit den optischen Betriebssystemen Einzug gehalten. In Flash können Sie Drag & Drop sehr einfach und schnell mit Hilfe eines beliebigen Anzeigeobjekts implementieren. Das `DisplayObject`-Objekt besitzt zwei Methoden, die Ihnen weiterhelfen:

▶ `startDrag()` beginnt den Drag-&-Drop-Vorgang für den `MovieClip`, der als erster Parameter angegeben ist. Die Methode gibt es noch in zwei anderen Varianten mit mehr Parametern:

  ▶ `startDrag(Zentrum)`: Hier gibt der Parameter `Zentrum` an, wo die Maus bei Drag & Drop einrastet, z. B. beim Wert `true` am Mittelpunkt des Anzeigeobjekts und bei `false` an der Position, wo das Anzeigeobjekt angeklickt wurde.

  ▶ `startDrag(Zentrum, Rechteck)`: Hier definieren Sie ein Rechteck als `Rectangle`-Objekt. Die Bewegung des Anzeigeobjekts ist auf dieses Rechteck beschränkt.

▶ `stopDrag()` beendet Drag & Drop für alle aktuell gezogenen Anzeigeobjekte und lässt sie an der Stelle einrasten, wo sie sich befinden.

Um vernünftiges Drag & Drop zu realisieren, benötigen Sie ein Ereignis für das Starten von Drag & Drop (`startDrag()`) und ein Ereignis für das Einrasten des Movieclips (`stopDrag()`).

Wie das geht, zeigen wir Ihnen anhand des Chamäleon-Beispiels (*chamaeleon_farben_AS3.fla*) aus dem letzten Abschnitt. Wir erweitern es so, dass der Benutzer die Palette mit den Schaltflächen beliebig durch die Gegend ziehen darf. Außerdem fügen wir noch einen Schieberegler hinzu. **[o]**

Schritt-für-Schritt: Drag & Drop der Farbenpalette

Wenn Sie das Beispiel aus dem letzten Abschnitt nicht in der Praxis nachvollzogen haben, können Sie die Datei *chamaeleon_farben_AS3.fla* als Ausgangspunkt verwenden.

1   *Event-Listener hinzufügen*

Die zwei Ereignisse sind MOUSE_DOWN und MOUSE_UP aus der Klasse MouseEvent. Fügen Sie entsprechende Event-Listener zum Movieclip für die Anfasserleiste der Palette hinzu:

```
palette_mc.anfasser_mc.addEventListener(MouseEvent.MOUSE_DOWN, drag);
palette_mc.anfasser_mc.addEventListener(MouseEvent.MOUSE_UP, drag);
palette_mc.anfasser_mc.buttonMode = true;
```

Abbildung 14.9   Der Anfasser ist nun anklickbar.

2   *Drag & Drop starten*

Um das Drag & Drop zu starten, prüfen Sie in der Event-Listener-Funktion, ob die Maus gedrückt wurde:

```
function drag(evt:MouseEvent):void {
   if (evt.type == "mouseDown") {
      palette_mc.startDrag(false, new Rectangle(3, 3, 355, 211));
   }
}
```

Wenn ja, starten Sie das Drag & Drop. Der erste Parameter gibt an, dass der Anfasser-Movieclip an der Stelle am Mauszeiger hängt, an der er angeklickt wurde. Der zweite Parameter ist ein Rectangle-Objekt, das die Palette innerhalb der schwarzen Begrenzungen hält. Das Besondere ist hier, dass nicht der Anfasser direkt gezogen wird, sondern die Palette.

3 *Drag & Drop beenden*

In derselben Event-Listener-Funktion stoppen Sie das Drag & Drop, wenn die Maustaste losgelassen wurde:

```
else {
    palette_mc.stopDrag();
}
}
```

Wenn Sie das Beispiel testen, klappt das Drag & Drop schon hervorragend. Ein Problem tritt allerdings ein, wenn Sie zu schnell ziehen und dabei die Maus loslassen. Dabei befindet sich der Mauszeiger nicht mehr über dem Anfasser, weil dieser nicht schnell genug hinterherkommt. Dann wird das Ereignis für das Loslassen nicht ausgeführt.

4 *Feinheiten*

Um das Problem mit dem Loslassen außerhalb des Anfassers zu vermeiden, ergänzen Sie einen Event-Listener für die Bühne, der ausgeführt wird, wenn der Benutzer die Maus loslässt:

```
palette_mc.stage.addEventListener(MouseEvent.MOUSE_UP, drag);
```

Dieser Event-Listener allein würde auch ausreichen. Sie können ihn alternativ auch dem Hauptfilm hinzufügen.

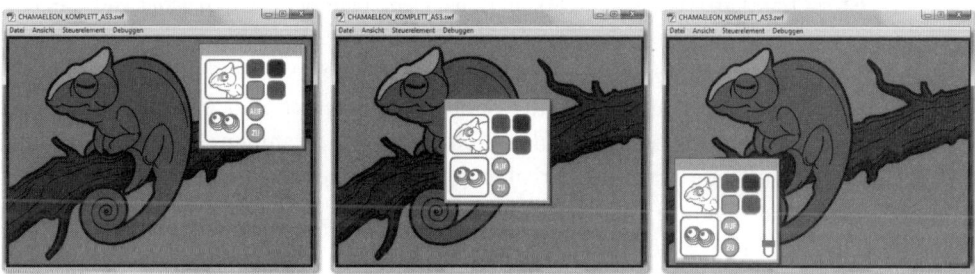

Abbildung 14.10 Der Benutzer klickt auf den Anfasser, zieht und lässt los, um die Palette an der neuen Position einzurasten. ■

Die Datei mit Drag & Drop trägt den Namen *chamaeleon_komplett_AS3.fla*. Sie **[o]** enthält bereits den Verweis auf den Schieberegler, den wir im nächsten Abschnitt erstellen. Solche beweglichen Navigationselemente sind nicht nur eine nette, verspielte Idee, sondern sie können die Grundlage für interessante Produktkonfigurationen und spannende Anwendungen darstellen.

14.3 Schieberegler

Vielleicht ist es Ihnen aufgefallen: Auf der linken Seite der Palette ist noch ein wenig Platz. Dort soll ein Schieberegler seinen Bestimmungsort finden. Ein Schieberegler gehört zu den häufiger benötigten Elementen. Dennoch besteht das Vorurteil, es sei schwierig, einen eigenen zu realisieren. Doch mit Ihrem bisher angesammelten Wissen können Sie sich durchaus an seine Gestaltung wagen.

[+] | **Slider-Komponente**

Eine einfache Möglichkeit, einen Schieberegler zu realisieren, bietet die Slider-Komponente. Sie finden Sie in Kapitel 17, »Video«, und in Kapitel 20, »Bitmap, Filter und Pixel Bender«, im Einsatz. Sie ist sehr einfach zu bedienen und optisch in gewissen Grenzen anpassbar. Allerdings erlaubt ein eigener Schieberegler noch mehr Kontrolle.

Deckkraft verändern

Der Schieberegler in der Palette soll die Deckkraft des Chamäleons anpassen, das heißt, die Farbintensität des Chamäleons wird damit festgelegt. Die Deckkraft selbst ist eine Eigenschaft namens `alpha` des `MovieClip`-Objekts und wird in Prozent von 0 (keine Deckkraft) bis 1 (volle Deckkraft) angegeben.

[»] | **Deckkraft und Transparenz**

Deckkraft ist das Gegenteil von Transparenz; hat ein Element 100 % Deckkraft, besitzt es 0 % Transparenz. Bei 0 % Deckkraft ist ein Element unsichtbar und damit 100 % transparent.

[○] Der Schieberegler ist in der Datei *chameleon_komplett_AS3.fla* enthalten. Er besteht aus zwei Elementen in der Bibliothek: dem Rahmen Schieberegler und dem eigentlichen Transparenzregler mit dem Namen Regler. Dieser Regler muss bewegt werden und entscheidet je nach Position über die Transparenz des Chamäleons. Die Position des Transparenzreglers ist immer relativ zum Registrierungspunkt des übergeordneten Schiebereglers.

Die eigentliche Funktionalität soll nun in einer externen Klasse realisiert werden, die für das Schieberegler-Objekt in der Bibliothek angelegt wurde. Die Klasse trägt in der Verknüpfung den Klassennamen `Schieberegler`. Das zweite Objekt in der Bibliothek ist der Transparenzregler. Er besitzt den Klassennamen `Regler`, aber keine eigene Klasse.

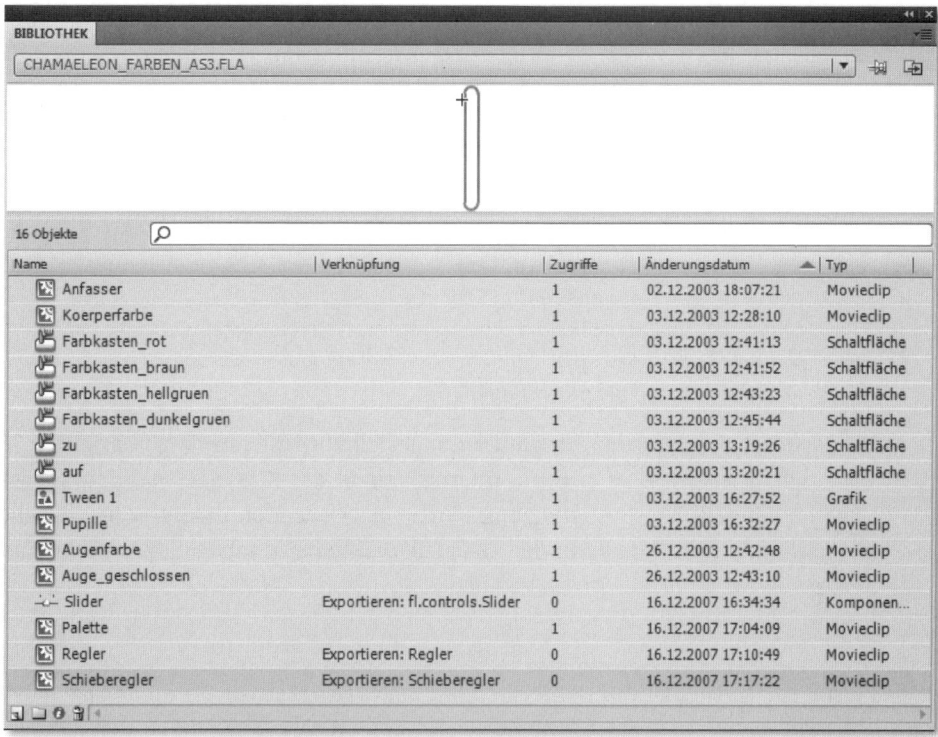

Abbildung 14.11 Die Ausgangssituation in der Bibliothek

Schritt-für-Schritt: Schieberegler

1 Klasse anlegen

Legen Sie eine Klasse *Schieberegler.as* an und erstellen Sie das Grundgerüst:

```
package {
    import flash.display.MovieClip;
    import flash.events.MouseEvent;
    import flash.events.Event;
    import flash.geom.Rectangle;
    public class Schieberegler extends flash.display.MovieClip {

    }
}
```

Da sich die Klasse direkt im Klassenpfad befindet, muss kein Paketname angegeben werden. Die Klasse erweitert `flash.display.MovieClip`, da es sich bei dem Element in der Bibliothek um einen Movieclip handelt.

2 Eigenschaften anlegen

Als Nächstes legen Sie die benötigten Eigenschaften an:

```
private var regler:Regler;
private var _startX:int;
private var _startY:int;
private var _endeX:int;
private var _endeY:int;
private var _ziel:MovieClip;
private var _eigenschaft:String;
private var _min:int;
private var _max:int;
private var _vertikal:Boolean;
```

Die Eigenschaften werden hier mit vorangestelltem Unterstrich geschrieben. So wird signalisiert, dass es sich um interne, nur in der Klasse verwendete Eigenschaften handelt. Diese Abgrenzung wird hier verwendet, da die Werte für alle Eigenschaften über Parameter der Konstruktor-Methode angegeben werden können.

[+]

Tipps zum Vorgehen

Wenn Sie ein Beispiel von Grund auf selbst entwickeln, kennen Sie am Anfang unter Umständen noch nicht alle Eigenschaften. Diese können Sie dann nach und nach hinzufügen.

Allerdings ist es durchaus empfehlenswert, sich vor dem Programmieren Gedanken zu machen, was der Schieberegler können soll und welche Werte vermutlich benötigt werden. So vermeiden Sie später unnötiges Chaos.

3 Konstruktor

Der Konstruktor übernimmt alle Eigenschaften für den Schieberegler. Dazu gehören die Start- und Endposition, der betreffende Movieclip und die geänderte Eigenschaft sowie die Minimal- und Maximalwerte. Diese werden in den zuvor angelegten privaten Eigenschaften der Klasse gespeichert. Anschließend erstellen Sie den Regler mit einer Methode `initRegler()` und fügen einen Event-Listener zum Prüfen der Reglerposition ein:

```
public function Schieberegler(startX:int, startY:int, endeX:int, ende
Y:int, ziel:MovieClip, eigenschaft:String, min:int, max:int, vertikal
:Boolean = true):void {
    _startX = startX;
    _startY = startY;
    _endeX = endeX;
    _endeY = endeY;
```

```
    _ziel = ziel;
    _eigenschaft = eigenschaft;
    _min = min;
    _max = max;
    _vertikal = vertikal;
    initRegler();
    addEventListener(Event.ENTER_FRAME, eigenschaftAendern);
}
```

Der hier gewählte Aufbau ist recht flexibel. Dieser räumt nämlich beim Erstellen eines neuen Schieberegler-Objekts die Wahlmöglichkeit ein, welcher Movieclip betroffen ist und welche Eigenschaft geändert wird.

4 *Regler anlegen*

Um den Regler anzulegen, erstellen Sie in der Methode initRegler() zuerst ein neues Regler-Objekt, setzen es auf die Startkoordinaten und fügen es dem Schieberegler hinzu:

```
private function initRegler() {
    regler = new Regler();
    regler.x = _startX;
    regler.y = _startY;
    this.addChild(regler);
```

Anschließend ergänzen Sie noch die Event-Listener für das Drag & Drop:

```
    regler.addEventListener(MouseEvent.MOUSE_DOWN, dragSchieberegler);
    addEventListener(MouseEvent.MOUSE_UP, dragSchieberegler);
    regler.buttonMode = true;
}
```

5 *Drag & Drop einrichten*

Die Drag-&-Drop-Funktion reagiert, wie schon aus den anderen Beispielen bekannt, auf das jeweilige Ereignis. Die Werte, innerhalb derer gezogen werden kann, entsprechen dem Ausschlag des Reglers:

```
    private function dragSchieberegler(evt:MouseEvent):void {
      if (evt.type == "mouseDown") {
        regler.startDrag(false, new Rectangle(_startX, _startY,
          _endeX, _endeY));
      } else {
        regler.stopDrag();
      }
    }
```

6 Eigenschaft überwachen

Nun muss nur noch regelmäßig die Position des Reglers überwacht werden. Dies geschieht mit der Methode `eigenschaftAendern()`, die dank `ENTER_FRAME` in der Bildrate des Films aufgerufen wird. Sie berechnen hier beim vertikalen Regler die prozentuale Änderung und passen diese dann mit den Minimal- und Maximalwerten an den Wert der Eigenschaft an:

```
private function eigenschaftAendern(evt:Event):void {
    if (_vertikal) {
        var prozent:Number = (regler.y - _startY) / (_endeY - _startY);
        _ziel[_eigenschaft] = _min + (prozent * (_max - _min));
    } else {
        _ziel[_eigenschaft] = (regler.x - _startX);
    }
}
```

7 Schieberegler einsetzen

In der Flash-Datei *chameleon_komplett_AS3.fla* sehen Sie den Schieberegler im Einsatz:

```
import Schieberegler;
var schieber:Schieberegler = new Schieberegler(0, 0, 0, 100,
    koerperfarbe_mc,"alpha", 0, 1);
schieber.x = 158;
schieber.y = 43;
palette_mc.addChild(schieber);
```

Abbildung 14.12 Dank Transparenzregler wird das Chamäleon durchsichtig. ■

Die fertige Schieberegler-Klasse finden Sie in der Datei *Schieberegler.as* auf der **[o]**
DVD. Hier sind natürlich noch viele Erweiterungen denkbar. Sie könnten beispielsweise mehrere Eigenschaften auf einmal ändern oder mehrere Movieclips
gleichzeitig anpassen. Bei unserem Chamäleon könnten Sie beispielsweise das
Auge und den Kopfschmuck mit ausblenden.

*»Fahre wie der Teufel,
und du wirst ihn bald treffen.«
– Robert Lembke*

15   Kollisionstest und Mausverfolgung

Ein Flash-Film wird interaktiv, wenn der Nutzer mit Objekten interagiert. Aber auch Objekte können zueinander in Beziehung stehen. Damit aus vormals gesitteten Beziehungen nicht totales Chaos wird, müssen Sie Kollisionen zwischen den Objekten abfangen. Kollision heißt, dass sich zwei Anzeigeobjekte treffen. Außerdem sollten Sie den Bewegungen der Maus folgen und darauf reagieren können.

15.1   Kollisionen abfangen

Zum Abfangen von Kollisionen gibt es drei Möglichkeiten:

1. Die Methode `hitTestObject(DisplayObject)` der `DisplayObject`-Klasse liefert einen Wahrheitswert, ob eine Kollision zwischen dem Objekt und dem zweiten als Parameter angegebenen Objekt vorliegt (`true`) oder nicht (`false`).

2. Die Methode `hitTestPoint(x, y, Form)` der `DisplayObjects`-Klasse prüft, ob ein Punkt mit dem Objekt vorliegt. Als Parameter geben Sie die x- und y-Koordinate des Punkts an. `Form` enthält einen Boolean. Beim Wert `true` wird nur die Form ❶ des Movieclips (der gefüllte Bereich, siehe Abbildung 15.1) zum Testen herangezogen. Das heißt, nur wenn der Punkt innerhalb der Form des Movieclips liegt, liefert `hitTest()` den Wert `true` zurück. Ist der Wert `false`, zählt die Begrenzung ❷ um den Inhalt des Movieclips. Die Begrenzung ist das kleinstmögliche Rechteck, das sich um alle Inhalte des Movieclips legen lässt. In diesem Fall zählt also auch der transparente Bereich zwischen Inhalt und Begrenzung.

3. Eine handgeschriebene Lösung, die die Koordinaten von Objekten vergleicht. Oftmals verwenden handgeschriebene Lösungen auch `hitTestPoint()`. Dementsprechend finden Sie ein gemeinsames Beispiel in Abschnitt 15.1.2, »Handgeschriebene Lösungen und hitTestPoint()«.

Koordinatensystem

Die Koordinaten für `hitTestPoint()` entstammen automatisch dem Koordinatensystem des Hauptfilms; sie heißen globale Koordinaten. Mit den Methoden `localToGlobal()` und `globalToLocal()` der `DisplayObject`-Klasse können Sie normale Koordinaten eines Movieclips in globale Koordinaten umwandeln und umgekehrt. Dazu benötigen Sie ein `Point`-Objekt, das die beiden Koordinaten speichert. Ein Beispiel sehen Sie in Abschnitt 15.1.2, »Handgeschriebene Lösungen und hitTestPoint()«.

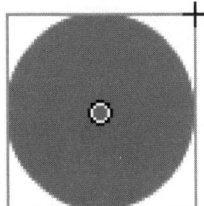

Abbildung 15.1 Form und Begrenzung eines Movieclips

15.1.1 hitTestObject() im Test

Das Kernproblem bei `hitTestObject()` ist, dass beim Kollisionstest zweier Movieclips nur die Begrenzungen, nicht aber der Inhalt relevant sind. Dies können Sie ganz einfach ausprobieren: Erzeugen Sie einen Kreis und wandeln Sie ihn in einen Movieclip um. Duplizieren Sie den Movieclip und geben Sie beiden einen Instanznamen (bei uns `test1_mc` und `test2_mc`). Einer der beiden Kreise wird nun per Drag & Drop beweglich, wenn Sie folgenden Code in das erste Schlüsselbild schreiben:

```
test1_mc.addEventListener(MouseEvent.MOUSE_DOWN, drag);
addEventListener(MouseEvent.MOUSE_UP, drag);

function drag(evt:MouseEvent) {
    if (evt.type == "mouseDown") {
        test1_mc.startDrag();
    } else if (evt.type == "mouseUp") {
        test1_mc.stopDrag();
    }
}
```

Nun testen Sie, ob sich die zwei Movieclips berühren. Dazu rufen Sie per `ENTER_FRAME` in regelmäßigen Abständen eine Funktion auf:

```
addEventListener(Event.ENTER_FRAME, kollisionstest);
```

In der Event-Listener-Funktion setzen Sie `hitTestObject()` ein, um die Berührung festzustellen, und geben entsprechend eine Meldung aus:

```
function kollisionstest(evt:Event) {
   if (test1_mc.hitTestObject(test2_mc)) {
      trace("Hit");
   }
}
```

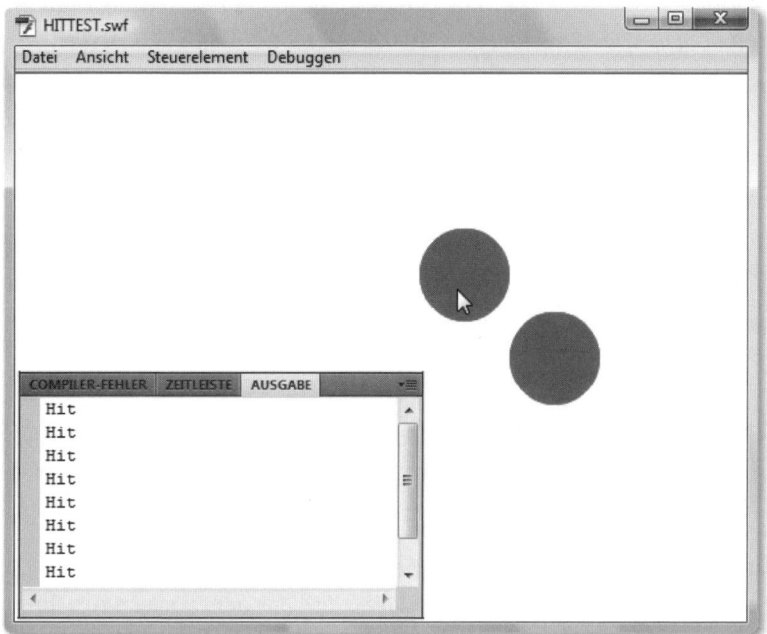

Abbildung 15.2 Wie Sie sehen, treffen sich die beiden Movieclips schon am Rand der Begrenzungen.

Das Beispiel zeigt: Wenn absolute Genauigkeit zählt und die Movieclips ungewöhnlich geformt sind, hilft nur eine handgeschriebene Lösung. Überlegen Sie sich aber von Fall zu Fall, ob die hitTestObject()-Variante nicht doch ausreicht. Zum einen ist sie schneller, zum anderen wird sie auch mit Größenänderungen fertig.

Sie finden unser kleines Beispiel in der Datei *hittest.fla* auf der DVD. Außerdem **[o]** wird die hier gezeigte Methode im größeren Beispiel in diesem Kapitel verwendet.

Alternativen zu Drag & Drop **[+]**

Kollisionstests hängen zwar oft von Drag & Drop ab, können aber genauso von der Tastatursteuerung, von Mausbewegungen oder von Animationen abhängig sein. Hier verwenden wir Drag & Drop, weil es sich dabei um den häufigsten Fall handelt.

15.1.2 Handgeschriebene Lösungen und hitTestPoint()

Bei den handgeschriebenen Lösungen schwirrt eine Vielzahl von Varianten durch das Netz. Fischt man etwas intensiver, wird die Ähnlichkeit vieler Varianten offensichtlich. Im Kern gibt es drei Ideen, die Sie verfolgen können:

1. Sie überprüfen jeden einzelnen Punkt eines Objekts. Diese Lösung wird am wenigsten eingesetzt, da sie viel zu aufwändig ist.

2. Sie verwenden eine geometrische Formel, um den Abstand zwischen zwei Elementen festzustellen. Wird der Abstand zu gering, meldet das Skript eine Kollision.

3. Sie erzeugen leere, unsichtbare Movieclips, um die Form des Movieclips, der geprüft werden soll, näherungsweise darzustellen. Die kleinen Movieclips sind dabei dem eigentlich zu testenden Movieclip untergeordnet.

[»] | **Väter der Gedanken**

Für jede der Varianten gibt es Paradebeispiele, die zwar nicht nachweislich die ersten waren, aber am weitesten verbreitet sind. Für eine rein mathematische Berechnung der Kollision zweier Kreise ist der ActionScript-Experte Colin Moock zuständig. Die kleinen, unsichtbaren Movieclips sind hauptsächlich durch das Bounce- und Collide-Beispiel von Gary Fixler bekannt.

Sehen Sie sich die letzten zwei Ideen für handgeschriebene Lösungen einmal in Beispielen an. Wir verwenden dazu die beiden Kreise aus dem vorigen Abschnitt. An Drag & Drop ändert sich nichts, dieses Mal soll die Kollisionsabfrage aber exakt erfolgen.

[o] Werfen Sie zuerst einen Blick auf die geometrische Lösung (*kollision_handgeschrieben.fla*), die aus mehreren Teilen besteht:

1. Die schon bekannte Drag-&-Drop-Funktionalität.

2. Anschließend erstellen Sie eine Zählervariable und fügen einen ENTER_FRAME-Event-Listener hinzu, um den Kollisionstest in regelmäßigen Abständen durchzuführen:

```
addEventListener(Event.ENTER_FRAME, kollisionstest);
var count:int = 0;
```

3. Im nächsten Schritt berechnen Sie in der Event-Listener-Funktion die Entfernung der zwei zu testenden Kreise auf der x- und y-Achse:

```
function kollisionstest(evt:Event) {
    var entX:Number = test1_mc.x - test2_mc.x;
    var entY:Number = test1_mc.y - test2_mc.y;
```

4. Die Entfernungen auf den beiden Achsen bilden zusammen zwei Schenkel eines rechtwinkligen Dreiecks. Hier kommt Ihnen der Satz des Pythagoras zu Hilfe:

```
var entfernung:Number = Math.pow(entX, 2) + Math.pow(entY, 2);
```

Der Satz des Pythagoras berechnet hier das Quadrat der Entfernung.

5. Jetzt berechnen Sie den Radius der beiden Kreise:

```
var radius1:Number = this.test1_mc.height / 2;
var radius2:Number = this.test2_mc.height / 2;
```

6. Aus dem Radius entsteht das Quadrat der minimalen Entfernung:

```
var minEntfernung:Number = Math.pow((radius1 + radius2), 2);
```

7. Ist das Quadrat der minimalen Entfernung größer als das der gemessenen, berühren sich die beiden Kreise:

```
if (entfernung < minEntfernung) {
    trace("Hit " + ++i);
}
};
```

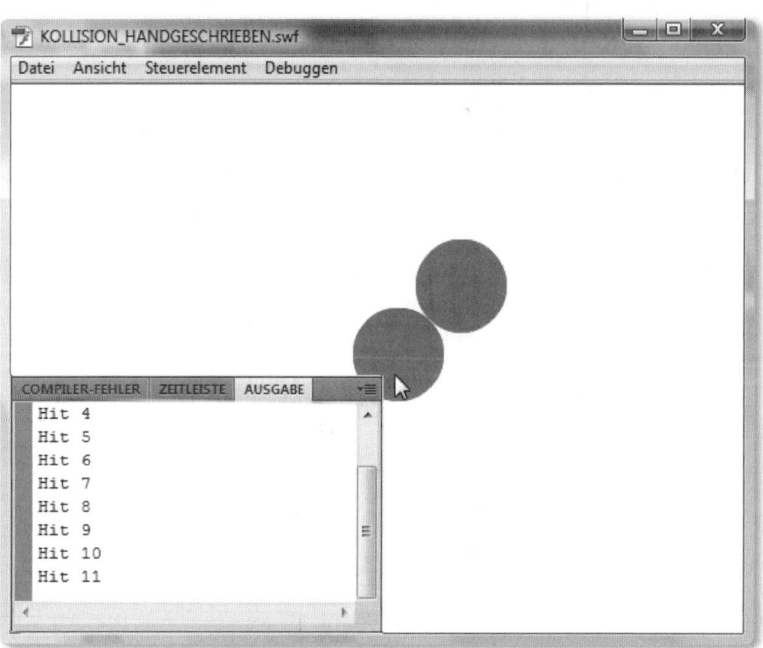

Abbildung 15.3 Dank geometrischer Berechnung funktioniert der Kollisionstest nun exakt.

[●] Als Nächstes widmen wir uns der Lösung mit den leeren, unsichtbaren Movie-clips (*kollision_handgeschrieben2.fla*). Hier müssen Sie einiges an Vorbereitungs-arbeit erledigen:

1. Sie erstellen ein neues Movieclip-Symbol, das ungefüllt in der Bibliothek lan-det.

2. Anschließend wechseln Sie in den Movieclip, den Sie mit dem Kollisionstest versehen möchten.

3. Ziehen Sie den leeren Movieclip von der Bibliothek in den zu testenden Movieclip.

4. Duplizieren Sie den leeren Movieclip und ordnen Sie die Duplikate an den Grenzen des zu testenden Movieclips an. Das Ergebnis dieser etwas stupiden Arbeit sehen Sie in der nächsten Abbildung und im Beispiel auf der DVD, wenn Sie in den Movieclip des rechten Kreises wechseln.

Abbildung 15.4 Der Kreis wird von leeren Movieclips umrahmt. Ein leerer Movieclip besteht nur aus einem weißen Kreis. Wird er angeklickt, erhält der weiße Kreis ein schwarzes Kreuz.

Nach diesen Vorbereitungen kommen wir zu ActionScript. Der Code landet im ersten Schlüsselbild des Hauptfilms. Nun erledigen Sie die weiteren Schritte:

5. Wieder benötigen Sie nach dem Drag & Drop zuerst ENTER_FRAME und die Zäh-lervariable count:

```
addEventListener(Event.ENTER_FRAME, kollisionstest);
var count:int = 0;
```

6. Nun folgt in der Event-Listener-Funktion eine Schleife, die alle dem Movieclip untergeordneten Anzeigeobjekte durchgeht und sie auf eine Kollision überprüft:

```
function kollisionstest(evt:Event) {
    for (var i = 0; i < test2_mc.numChildren; i++) {
```

Dies ist der entscheidende Trick, denn so können beliebig viele Movieclips durchgegangen werden. Mit `numChildren` erhalten Sie die Zahl der Kindknoten und können anschließend auf jeden zugreifen. Bei komplexeren Beispielen bietet es sich an, die Movieclips, die die Kollisionsfläche begrenzen, in einen eigenen Container zu packen und nur diesen zu durchlaufen.

7. Mit `getChildAt(Index)` greifen Sie auf die Movieclips zu, um die Koordinaten des jeweiligen Movieclips in das Objekt `punkt` als Eigenschaft zu speichern.

```
var punkt = new Point();
punkt.x = test2_mc.getChildAt(i).x;
punkt.y = test2_mc.getChildAt(i).y;
```

8. Der folgende Schritt verrät, warum Sie dieses Objekt benötigen: Mit der Funktion `localToGlobal(Punkt)` können Sie einen beliebigen Punkt aus dem lokalen (Movieclip-)Koordinatensystem in das globale Koordinatensystem des Hauptfilms umwandeln. Der Punkt muss allerdings als `Point`-Objekt angegeben sein.

```
punkt = test2_mc.localToGlobal(punkt);
```

9. Nun folgt die Überprüfung, ob der Punkt, den Sie aus dem leeren Movieclip gewonnen haben, den zweiten Kreis berührt.

```
            if (test1_mc.hitTestPoint(punkt.x, punkt.y, true)) {
                trace("Hit " + ++count);
            }
        }
    }
```

Da ein Punkt mit der exakten Form getestet werden kann, benötigen Sie die leeren Movieclips immer nur für einen der beiden Movieclips, deren Kollision Sie testen möchten.

Prinzipiell gilt: Wenn es eine geometrische Lösung gibt, sollten Sie diese in der Regel vorziehen, da sie einfacher ist und eine bessere Performance besitzt. Die geometrische Lösung scheitert allerdings dann, wenn es sich nicht um eine überprüfbare Form handelt. Deswegen ist in der Praxis die Lösung mit leeren, unsichtbaren Movieclips wesentlich häufiger.

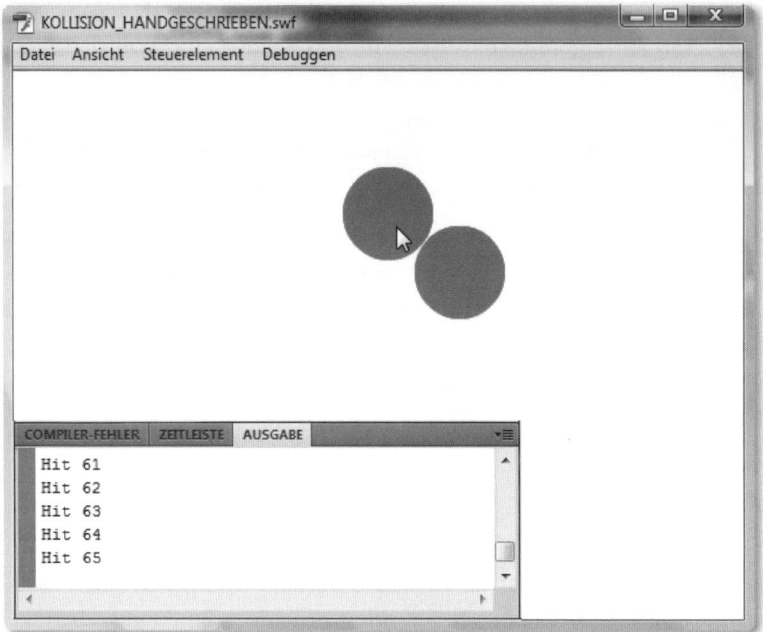

Abbildung 15.5 Die Lösung mit leeren Movieclips ergibt ebenfalls eine exakte Kollisionsabfrage.

15.1.3 HitArea – Kollision für Schaltflächen-Movieclips

Eine Eigenschaft in der `DisplayObject`-Klasse klingt nach Kollision und hat auch etwas damit zu tun: `hitArea`. Diese Eigenschaft gibt für ein Anzeigeobjekt an, wo die HitArea ist, also der Bereich, in dem das Objekt gedrückt werden kann.

```
movieclip_mc.hitArea = andererMovieclip_mc;
```

Was heißt das? Sie können Funktionalität mit einem Movieclip verbinden, und sie wird nur aufgerufen, wenn der Benutzer einen anderen Movieclip drückt.

[o] Auf der DVD finden Sie in der Datei *hitarea.fla* ein Beispiel, bei dem die linke Schaltfläche (`schalt1_mc`) die rechte Schaltfläche (`schalt2_mc`) als HitArea besitzt. Der linken Schaltfläche ist eine Ereignisprozedur zugeordnet, die etwas ausgibt, wenn der Nutzer auf die rechte Schaltfläche drückt:

```
schalt1_mc.hitArea = schalt2_mc;
schalt2_mc.mouseEnabled = false;
schalt1_mc.addEventListener(MouseEvent.CLICK,
    function (evt:MouseEvent):void {
        trace("Schaltfläche 1 angeklickt");
    });
```

```
schalt2_mc.addEventListener(MouseEvent.CLICK,
   function (evt:MouseEvent):void {
      trace("Schaltfläche 2 angeklickt");
   });
```

Damit die rechte Schaltfläche diesem Effekt nicht im Weg steht, ist sie mit `mouseEnabled` deaktiviert. Das heißt auch, dass der Event-Listener für die rechte Schaltfläche `schalt2_mc` nie ausgeführt wird.

Der Effekt: Die linke Schaltfläche ist für den Benutzer funktionslos, wenn er aber die rechte drückt, wird die mit der linken verknüpfte Meldung ausgegeben.

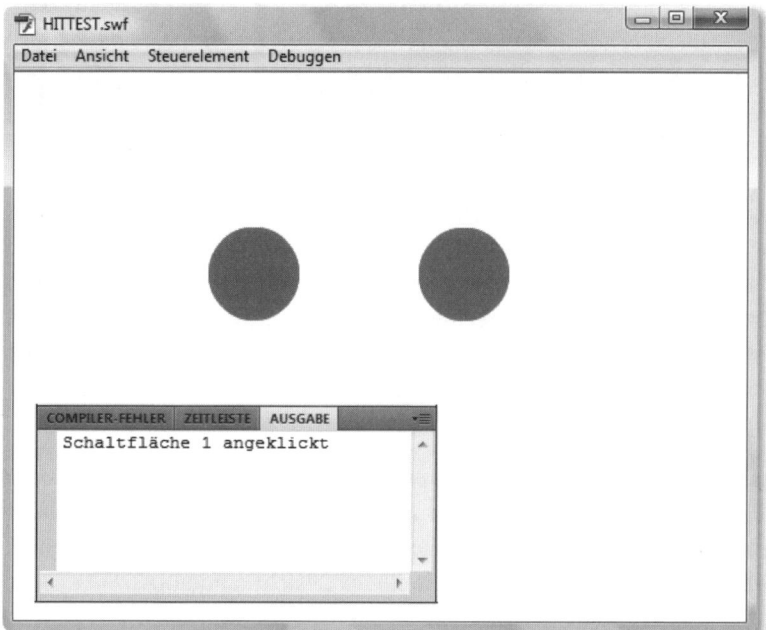

Abbildung 15.6 Die linke Schaltfläche besitzt die Funktionalität, aber aufgerufen wird sie, wenn der Anwender auf die rechte Schaltfläche klickt.

15.2 Aus Kollisionen wird eine Anwendung

Nach viel Theorie und einigen kleinen Beispielen haben Sie etwas Abwechslung verdient. Was ist da besser geeignet als eine fantasievolle Anwendung? Die Ausgangsdatei finden Sie auf der DVD (*kollisionstest.fla*).

[⊙]

Abbildung 15.7   Ein Porträt, das sich nach Haaren sehnt

Der Flash-Film besteht aus einem Gemälde auf der linken Seite und drei Haarteilen mit passenden Bärten auf der rechten Seite. Flash-technisch sind die Haare und Bärte Movieclips (`schwarzeHaare_mc`, `brauneHaare_mc` usw.); sie soll der Benutzer nun auf den Kopf beziehungsweise über den Mund des Porträtierten ziehen können.

Auf dem kahlen Heinz im Gemälde gibt es für Haare und Bart zwei rote Zonen (`dropzone1_mc` ❶ und `dropzone2_mc` ❷); sie sind die Movieclips für die Kollisionsabfrage und anfangs noch sichtbar. Wenn Haarteil und Bart in die Zonen gelangen, sollen sie exakt an der richtigen Stelle im Gesicht landen.

Abbildung 15.8   Der Aufbau des Kollisionsbeispiels

Schritt-für-Schritt: Friseur per Kollisionstest

1 Zone für den Kollisionstest ausblenden

Blenden Sie zuerst die beiden roten Bereiche aus. Der Code landet im ersten Schlüsselbild des Hauptfilms (auf der Ebene ACTIONSCRIPT), da das Ausblenden gleich beim Start geschehen soll.

```
this.dropzone1_mc.visible = false;
this.dropzone2_mc.visible = false;
```

Abbildung 15.9 Kahler Kopf: Ohne die roten Bereiche wirkt unser Porträt noch kahler.

2 Arrays erstellen

Damit nicht jedes Haarteil und jeder Bart einzeln verwaltet wird, speichern wir die Instanznamen in einem Array:

```
var haare:Array = new Array("schwarzeHaare_mc", "brauneHaare_mc",
  "graueHaare_mc");
var baerte:Array = new Array("schwarzerBart_mc", "braunerBart_mc",
  "grauerBart_mc");
```

3 Anfangswerte festlegen und Event-Listener hinzufügen

Dank der Arrays können Sie nun in einer Schleife alle Haarteile durchgehen. Dabei erledigen Sie zwei Aufgaben: Sie speichern in dynamischen Variablen die Ursprungsposition, um diese später jederzeit wieder verwenden zu können. Außerdem definieren Sie die Event-Listener für das Drag & Drop:

```
for (var ele in haare) {
   this[haare[ele]].xStartPos = this[haare[ele]].x;
   this[haare[ele]].yStartPos = this[haare[ele]].y;
   this[haare[ele]].addEventListener(MouseEvent.MOUSE_DOWN,
      dragHaare);
   this[haare[ele]].addEventListener(MouseEvent.MOUSE_UP, dropHaare);
}
```

Das gleiche Verfahren wiederholen Sie für die Bärte:

```
for (var ele2 in baerte) {
   this[baerte[ele2]].xStartPos = this[baerte[ele2]].x;
   this[baerte[ele2]].yStartPos = this[baerte[ele2]].y;
   this[baerte[ele2]].addEventListener(MouseEvent.MOUSE_DOWN,
      dragBaerte);
   this[baerte[ele2]].addEventListener(MouseEvent.MOUSE_UP,
      dropBaerte);
}
```

Für das Drag & Drop kommen hier jeweils zwei verschiedene Event-Listener-Funktionen MOUSE_DOWN und MOUSE_UP zum Einsatz, um die Funktionen rein inhaltlich stärker voneinander abzugrenzen.

4 *Drag & Drop starten*

Nun starten Sie in dragHaare() das Drag & Drop. Bevor es aber an das eigentliche Ziehen geht, setzen Sie alle anderen Haarteile auf die Ursprungsposition zurück:

```
function dragHaare(evt:MouseEvent):void {
   for (var ele in haare) {
      if (haare[ele] != evt.target.name) {
         this[haare[ele]].x = this[haare[ele]].xStartPos;
         this[haare[ele]].y = this[haare[ele]].yStartPos;
      }
   }
   evt.target.startDrag();
}
```

Für die Bärte sieht der Code genauso aus:

```
function dragBaerte(evt:MouseEvent):void {
   for (var ele in baerte) {
      if (baerte[ele] != evt.target.name) {
         this[baerte[ele]].x = this[baerte[ele]].xStartPos;
         this[baerte[ele]].y = this[baerte[ele]].yStartPos;
      }
```

```
    }
    evt.target.startDrag();
}
```

Abbildung 15.10 Die Haarteile lassen sich per Drag & Drop ziehen.

5 *Drag & Drop beenden*

Nun kümmern Sie sich um die Funktion, die das Drag & Drop beendet. Zuerst wird es mit stopDrag() angehalten. Anschließend führen Sie den Kollisionstest mit dem »Dropzone«-Movieclip durch. Je nach Erfolg, wird das Haarteil dort platziert oder an den Ausgangspunkt zurückgeschoben:

```
function dropHaare(evt:MouseEvent):void {
    evt.target.stopDrag();
    if (evt.target.hitTestObject(dropzone1_mc)) {
        evt.target.x = dropzone1_mc.x;
        evt.target.y = dropzone1_mc.y;
    } else {
        evt.target.x = evt.target.xStartPos;
        evt.target.y = evt.target.yStartPos;
    }
}
```

Für die Bärte ist das Verhalten analog. Allerdings wird hier dropzone2_mc verwendet:

```
function dropBaerte(evt:MouseEvent):void {
    evt.target.stopDrag();
    if (evt.target.hitTestObject(dropzone2_mc)) {
        evt.target.x = dropzone2_mc.x;
        evt.target.y = dropzone2_mc.y;
    } else {
        evt.target.x = evt.target.xStartPos;
        evt.target.y = evt.target.yStartPos;
    }
}
```

Abbildung 15.11 Nach wenigen Mausbewegungen steht der Herr auf dem Bild nicht mehr kahl da. ∎

Die fertige Datei auf der DVD heißt *kollisionstest_AS3.fla*. Sie können dieses Bei- **[o]**
spiel natürlich noch beliebig erweitern. Eine Möglichkeit wäre, den gerade gezogenen Bart oder das Haarteil immer in den Vordergrund zu bringen. Dazu müssten Sie diese in der Anzeigeliste nur mit `setChildIndex()` an die oberste Stelle
setzen:

```
setChildIndex(evt.target, numChildren - 1);
```

Erster Parameter von `setChildIndex()` ist das Zielobjekt, zweiter Parameter die
neue Position. Diese berechnen wir aus der Menge der Anzeigeobjekte `num-`
`Children`. Von dieser wird 1 abgezogen, da das erste Element in der Anzeigeliste
mit 0 beginnt.

15.3   Mausbewegungen verfolgen

Die Mauskoordinaten lesen Sie in ActionScript mit `mouseX` und `mouseY` aus. Um
die Mausbewegungen zu verfolgen, benötigen Sie dementsprechend nur noch
ein passendes Ereignis: `MOUSE_MOVE`. Dieses Ereignis sollten Sie nicht mit einem
untergeordneten Anzeigeobjekt verknüpfen, da es sonst nur auf dieses Anzeigeobjekt beschränkt ist. Das heißt, nur wenn die Maus über das jeweilige Element
fährt, wird das Ereignis ausgelöst. Sie können es daher an die Bühne oder den
Hauptfilm anhängen:

```
stage.addEventListener(MouseEvent.MOUSE_MOVE, bewegen);
```

In der Event-Listener-Funktion können Sie darauf reagieren und beispielsweise
ein Objekt an den Mauszeiger anhängen:

```
function bewegen(evt:MouseEvent):void {
    mausverfolger_mc.x = stage.mouseX;
    mausverfolger_mc.y = stage.mouseY;
}
```

Natürlich kann das Element auch Animationen usw. enthalten. Wollen Sie zusätzlich den Mauszeiger ausblenden, verwenden Sie die Methode `hide()` der statischen Klasse `Mouse` (zu finden in `flash.ui`):

```
Mouse.hide();
```

Das Gegenstück zu `hide()` ist übrigens `show()`.

Auf der DVD zum Buch finden Sie die Mausbewegung für unser Kollisionstest- **[o]**
Beispiel. Die Datei heißt *kollisionstest_komplett_AS3.fla*.

Im Beispiel folgen die Pupillen des älteren Herrn den Bewegungen des Mauszeigers. Die Koordinaten werden dabei mit der Division, die die Relation zwischen Augenbreite/-höhe und Bühnenbreite/-höhe berücksichtigt, innerhalb der gemalten Augen gehalten:

```
stage.addEventListener(MouseEvent.MOUSE_MOVE, pupillenBewegen);
function pupillenBewegen(evt:MouseEvent):void {
    linkePupille_mc.x = stage.mouseX / 100;
    linkePupille_mc.y = stage.mouseY / 20;
    rechtePupille_mc.x = stage.mouseX / 60;
    rechtePupille_mc.y = stage.mouseY / 20;
}
```

Abbildung 15.12   Die Blicke des älteren Herrn folgen uns interessiert.

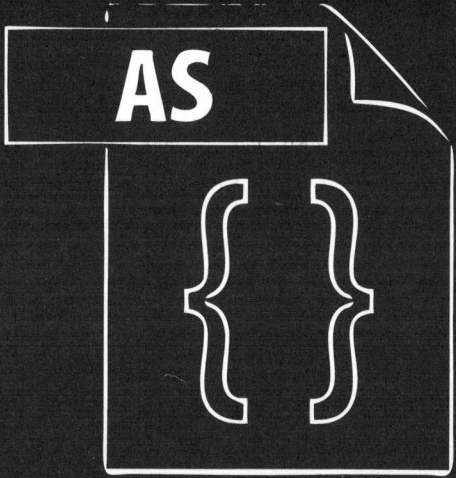

TEIL VI
Multimedia

»Musik wird oft nicht schön gefunden,
weil sie stets mit Geräusch verbunden.«
– Wilhelm Busch

16   Sound

Wenn Sie wieder einmal fast vom Schreibtischstuhl fallen, weil aus Ihren Boxen ein hässlicher Soundeffekt quakt, bereuen Sie zum einen, nach dem letzten Spiel nicht auf den Ausschaltknopf der Lautsprecher gedrückt zu haben; zum anderen schimpfen Sie über Adobe wegen der guten Integration von Sound in Flash. Meistens ist nämlich Flash oder zumindest ein kleines Flash-Werbebanner für Sound auf einer Website verantwortlich.

Aber was lästig sein kann, ist auch in angenehmer Form denkbar. Schließlich verzichtet bei einem kleinen (Flash-)Spiel oder Ähnlichem keiner gerne auf schönen Sound, denn ohne ihn wird es eher langweilig. Und aus Sicht des Webgestalters gibt es kaum schönere Methoden, um Aufmerksamkeit und Emotion zu wecken und die Grafik zu untermalen, als durch Sound.

Flash bietet drei Arten, um Sound einzubinden:

1. Der Sound liegt als externe MP3-Datei vor, und Sie laden diese per Action-Script.

2. Sie importieren den Sound auf die Bühne und steuern ihn über die Filmsteuerung.

3. Sie importieren den Sound in die Bibliothek und laden ihn als Soundobjekt.

Streaming	[«]
Streaming bedeutet, dass ein Sound schon abgespielt werden kann, bevor er komplett geladen ist. Dies funktioniert natürlich nur beim Einsatz von externen MP3-Dateien, nicht bei importiertem Sound. Im Gegensatz zu dieser Art von Streaming bietet ein Streaming-Server wie der Adobe Flash Communication Server Streaming, bei dem der Benutzer an jede beliebige Stelle des Sounds springen kann.	

16.1 Externen Sound laden

Externe Sounddateien müssen im *MP3-Format* vorliegen. Wenn Sie das sicherstellen, ist das Einlesen denkbar einfach. Sie benötigen als Basis ein Sound-Objekt. Die Sound-Klasse ist die zentrale Klasse zum Laden von externen und auch von importierten Sounds aus der Bibliothek.

Abbildung 16.1 Die Sound-Klasse im AKTIONEN-Bedienfeld

Sie erstellen zuerst ein neues Sound-Objekt:

```
var sound:Sound = new Sound();
```

Anschließend laden Sie den externen Sound. Dies geschieht mit der Methode load(URL). Sie erwartet als Parameter eine Adresse, die in ActionScript 3 immer konsistent mit einem URLRequest-Objekt angegeben wird (URLRequest ist in flash.net.URLRequest zu finden):

▶ Das Objekt können Sie in Kurzform direkt in der Methode erstellen:

```
sound.load(new URLRequest("sound.mp3"));
```

▶ Alternativ definieren Sie es vorab:

```
var adresse:URLRequest = new URLRequest("sound.mp3");
```

▶ Und eine dritte Alternative wäre, die URL direkt bei Instantiieren im Sound-Objekt anzugeben:

```
var sound:Sound = new Sound(new URLRequest("funky.mp3"));
```

Sound steuern

Nachdem der Sound nun also geladen ist, wird er noch nicht automatisch abgespielt. Das Abspielen starten Sie mit der Methode `play()`.

```
sound.play();
```

Um den Sound weiter steuern zu können, müssen Sie ihn einem Soundkanal zuweisen. Dieses Konzept ist neu in ActionScript 3. Jeder Sound, der abgespielt wird, ist Teil eines Soundkanals. So können auch mehrere Sounds gleichzeitig gesteuert werden. Der Soundkanal besitzt eine eigene Klasse, `SoundChannel`. Das dazugehörige Objekt muss allerdings nicht instantiiert werden, sondern wird von `sound.play()` zurückgeliefert.

```
var kanal:SoundChannel = sound.play();
```

Der Soundkanal bietet mit der Methode `stop()` die Möglichkeit, das Abspielen anzuhalten:

```
kanal.stop();
```

Die Eigenschaft `position` enthält die aktuelle Abspielposition.

Diese verschiedenen Möglichkeiten nutzen wir im folgenden Beispiel, um einen **[o]** MP3-Player mit Soundsteuerung zu entwickeln. Ausgangsbasis ist die Flash-Datei *mp3player.fla*, die Sie auf der DVD im Verzeichnis für dieses Kapitel finden.

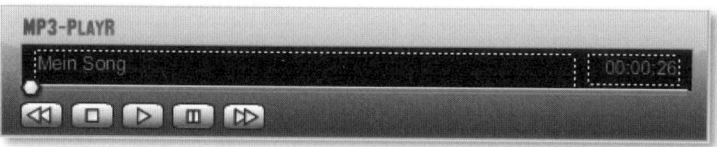

Abbildung 16.2 Die Ausgangsbasis in Flash

Der Player besteht aus einigen Schaltflächen zur Soundsteuerung: Play, Pause und Stopp. Außerdem können Sie an den Anfang und an das Ende der Sounddatei springen. Eine Leiste mit einer Art Abspielkopf zeigt, an welcher Stelle im Sound sich der Player gerade befindet.

Schritt-für-Schritt: Ein eigener MP3-Player

1 *Grundlegende Variablen anlegen*

Am Anfang steht ein wenig Vorbereitung. Sie erstellen die grundlegenden Variablen für das `Sound`-Objekt, den Soundkanal und die Position innerhalb des Soundkanals:

```
var sound:Sound = new Sound();
var kanal:SoundChannel;
var position:int = 0;
```

Die Position, die von der position-Eigenschaft der SoundChannel-Klasse geliefert wird, ist als Datentyp ein Integer, das heißt eine Ganzzahl. Die Position wird in Millisekunden gemessen.

2 Sound laden

Als Nächstes laden Sie den Sound:

```
sound.load(new URLRequest("funky.mp3"));
```

Den Beispielsound *funky.mp3* finden Sie auf der beiliegenden DVD. Sie können ihn zu Testzwecken einsetzen, aber natürlich auch eigene Sounds verwenden.

3 Event-Listener einfügen

Die Event-Listener für die fünf Schaltflächen sind ein wenig Tipparbeit. Hier spendieren wir jeder Schaltfläche eine eigene Event-Listener-Funktion. Einzig das Springen zum Anfang entspricht dem Anhalten. Deswegen wird hier dieselbe Funktion anhalten() eingesetzt.

```
play_btn.addEventListener(MouseEvent.CLICK, abspielen);
stop_btn.addEventListener(MouseEvent.CLICK, anhalten);
pause_btn.addEventListener(MouseEvent.CLICK, pausieren);
anfang_btn.addEventListener(MouseEvent.CLICK, anhalten);
ende_btn.addEventListener(MouseEvent.CLICK, zumende);
```

4 Abspielen

Beim Abspielen wird mit sound.play() einfach der Sound abgespielt. Damit nach dem Klick auf PAUSE auch die richtige Stelle verwendet wird, prüft die Funktion allerdings noch, ob der Kanal schon gesetzt wurde. Wenn ja, wird die aktuelle Position ausgelesen und bei dieser weitergemacht:

```
function abspielen(evt:MouseEvent) {
   if (kanal != null) {
      position = kanal.position;
   }
   kanal = sound.play(position);
}
```

Externer Sound kann direkt abgespielt werden, ohne dass Sie unbedingt auf ein Ereignis warten müssen. Um das Buffering, sprich das Vorladen von Sound, kümmert sich normalerweise der Flash Player. Allerdings haben Sie die Möglichkeit, mit der Eigenschaft isBuffering der Sound-Klasse festzustellen, ob gerade vorgeladen und damit nicht abgespielt wird (true). Außerdem können Sie über das SoundLoaderContext-Objekt auch eigene Angaben zum Buffering machen. Mehr dazu in Abschnitt 16.1.2, »Weitere Steuerungsmöglichkeiten«.

5 *Anhalten*

Beim Anhalten wird überprüft, ob der Kanal überhaupt existiert, das heißt, ob der Benutzer auf PLAY geklickt hat. Würden Sie das weglassen, würde das Skript einen Laufzeitfehler melden, falls der Benutzer nach dem Start des Films sofort auf Stopp klickte. Anschließend wird der Kanal angehalten und geleert. Die Position wird auf 0 zurückgesetzt:

```
function anhalten(evt:MouseEvent) {
   if (kanal != null) {
      kanal.stop();
      kanal = null;
      position = 0;
   }
}
```

6 *Pause*

Beim Pausieren prüfen Sie wieder den Kanal und halten ihn an. Die Position bleibt dabei erhalten und wird dann erst beim erneuten Abspielen ausgelesen.

```
function pausieren(evt:MouseEvent) {
   if (kanal != null) {
      kanal.stop();
   }
}
```

7 *An das Ende*

Um an das Ende zu springen, halten Sie den Kanal an und springen mit play() direkt vor das Ende des Sounds. Die Soundlänge in Millisekunden lesen Sie dazu mit der Eigenschaft length des Sound-Objekts aus:

```
if (kanal != null) {
   kanal.stop();
   kanal = sound.play(sound.length - 1);
}
```

Hier springen wir kurz vor das Ende. Deswegen ist noch ein kurzer Ton zu hören: Sie können auch etwas weiter vor das Ende oder genau auf das Ende springen, wenn Sie variieren wollen. Einen Fade-Out-Effekt erreichen Sie mit der Lautstärkesteuerung, die Sie im Abschnitt 17.3, »Mehrere Sounds und Soundtransformation« kennen lernen.

8   *Abspielkopf mitlaufen lassen*

Zu guter Letzt bauen Sie die Funktionen ein, um den Abspielkopf mitlaufen zu lassen. Sie benötigen dazu mehrere Dinge:

▶ Am Anfang erstellen Sie drei Variablen für die Startkoordinaten des Abspielkopfs und die Maximalposition auf der x-Achse (eine Bewegung auf der y-Achse ist nicht vorgesehen):

```
var statusX:int = status_mc.x;
var statusY:int = status_mc.y;
var statusXMax:int = 434 - statusX;
```

▶ Die Soundposition muss in regelmäßigen Abständen aktualisiert werden. Hierfür fügen Sie ein ENTER_FRAME-Ereignis ein:

```
addEventListener(Event.ENTER_FRAME, statusSetzen);
```

▶ Die Event-Listener-Funktion statusSetzen() prüft, ob der Sound läuft. Wenn ja, wird die Position des Abspielkopfs berechnet, wenn nicht, z. B. bei Betätigen der Stopp-Taste, wird der Abspielkopf auf den Anfang gesetzt. Die Position berechnet sich so: Die aktuelle Soundposition wird durch die Soundlänge geteilt.

Als Ergebnis sehen Sie, wie viel Prozent der Sounddatei schon abgespielt wurde, beispielsweise 0.5 für die Hälfte. Dieser Wert wird mit der Gesamtlänge der Leiste multipliziert. Anschließend wird die Startkoordinate, an der sich der Abspielkopf ursprünglich befindet, hinzugerechnet:

```
function statusSetzen(evt:Event) {
    if (sound != null && kanal != null) {
        status_mc.x = statusX + (statusXMax * (kanal.position /
sound.length));
    } else {
        status_mc.x = statusX;
    }
}
```

Abbildung 16.3 Verschiedene Positionen innerhalb der Sounddatei ∎

[«]

Tausend Varianten

Für eine einfache Aufgabe, wie z. B. eine Abspielsteuerung von Sound, gibt es in Flash schon sehr viele alternative Lösungen. Sie können natürlich auch beliebig viele Funktionen ergänzen. Beispielsweise könnte man den Abspielkopf auch per Drag & Drop an eine beliebige Stelle im Song verschieben lassen. Vorsicht allerdings beim Streaming: In diesem Fall muss der Sound bis zu der Stelle, an die gesprungen wird, geladen sein. Nur mit einem Media Server wie dem Adobe Communication Server ließe sich das vermeiden.

Die fertige Datei finden Sie auf der DVD zu diesem Kapitel unter *mp3player_* **[o]** *AS3.fla*. Im nächsten Abschnitt erweitern wir die Soundsteuerung noch um das Auslesen von einigen ID3-Informationen zum Song.

16.1.1 ID3-Tags auslesen

MP3-Dateien können zusätzliche Informationen in sogenannten ID3-Tags enthalten. Sie lassen sich mit jeder Art von Musikprogramm hinzufügen. Auf der DVD finden Sie die Datei *funky_id3.mp3*, die entsprechende Tags enthält.

Um ID3-Tags auszugeben, müssen Sie prüfen, ob die ID3-Tags schon im Flash Player angekommen sind. Ein Ansatz wäre, mit `Event.COMPLETE` festzustellen, ob der Sound schon geladen wurde. Allerdings tritt dieses Ereignis nicht absolut exakt ein und wird auch ohne ID3-Tags in der MP3-Datei ausgelöst. Die richtige Wahl ist dementsprechend das Ereignis `Event.ID3`, das nur ausgelöst wird, wenn ID3-Tags vorhanden sind. Das folgende Beispiel basiert auf dem MP3-Player aus dem letzten Abschnitt. Als Sound wird ein mit ID3-Tags versehener Song namens *funky_id3.mp3* verwendet und für diesen ein Event-Listener definiert: **[o]**

```
sound.addEventListener(Event.ID3, id3Verarbeiten);
sound.load(new URLRequest("funky_id3.mp3"));
```

Die Event-Listener-Funktion erstellt ein neues `ID3Info`-Objekt. Es wird nicht initialisiert, sondern vom `Sound`-Objekt mit der Eigenschaft `id3` geliefert. Auf das `Sound`-Objekt greifen Sie aus dem Event-Listener mit `evt.target` zu:

```
function id3Verarbeiten(evt:Event) {
    var id3:ID3Info = evt.target.id3;
    titel_txt.text = id3.songName + " - " + id3.artist;
    var min:int = Math.floor(sound.length / (100 * 60));
    var sek:int = Math.floor(sound.length / 100) - min * 60;
    dauer_txt.text = min + ":" + sek;
}
```

Im obigen Beispiel greifen Sie auf die Eigenschaften `songName` und `artist` zu. Außerdem wird aus der Songlänge ein Minuten- und Sekundenwert extrahiert und in das entsprechende Feld geschrieben.

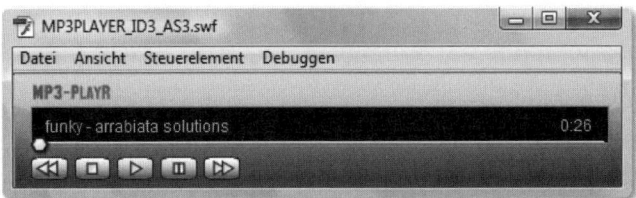

Abbildung 16.4 Die ID3-Informationen werden ausgelesen.

[●] Das fertige Beispiel mit ID3 finden Sie auf der DVD zu diesem Kapitel (*mp3player_ID3_AS3.fla*).

Die `ID3Info`-Klasse finden Sie in der Werkzeugleiste des AKTIONEN-Bedienfelds unter `flash.media`. Dort sind die verschiedenen ID3-Optionen als Eigenschaften zu finden. In der folgenden Tabelle sehen Sie eine Übersicht jeweils mit dem dazugehörigen ID3-Tag.

Eigenschaft	ID3-Tag	Bedeutung
album	TALB	Name des Albums
artist	TPE1	Interpret bzw. Künstler
comment	COMM	Ein Kommentar zum Stück
genre	TCON	Das Genre für das Musikstück
songName	TIT2	Name des Musikstücks

Tabelle 16.1 Wichtige ID3-Tags

Eigenschaft	ID3-Tag	Bedeutung
track	TRCK	Die Nummer des Musikstücks innerhalb eines Albums
year	TYER	Das Erstellungsjahr

Tabelle 16.1 Wichtige ID3-Tags (Forts.)

MP3-Player erweitern

In einer erweiterten Variante ändert die Pause-Schaltfläche noch ihre Farbe, je nach Situation. Dafür werden die in ActionScript 3 neu eingeführten Methoden upState() , downState usw. verwendet, die Ihnen erlauben, ein Anzeigeobjekt für jeden der Status zu definieren. Sie finden diese Datei auf der DVD (*mp3player_id3_mitpause_AS3.fla*).

[o]

Sie liest am Anfang die aktuellen Zustände der Pause-Schaltfläche für aktive und inaktive Darstellung aus und wandelt sie per Casting in ein Shape-Anzeigeobjekt um:

```
var pause_aktiv:Shape = pause_btn.downState as Shape;
var pause_deaktiv:Shape = pause_btn.upState as Shape;
```

In den Event-Listenern müssen Sie nun nur noch die verschiedenen Status ändern. Beim Anhalten und beim Abspielen wird der inaktive Status für upState und overState gesetzt:

```
pause_btn.upState = pause_deaktiv;
pause_btn.overState = pause_deaktiv;
```

Wird die Pause-Schalfläche angeklickt, wird wieder der aktive Status angegeben:

```
pause_btn.upState = pause_aktiv;
pause_btn.overState = pause_aktiv;
```

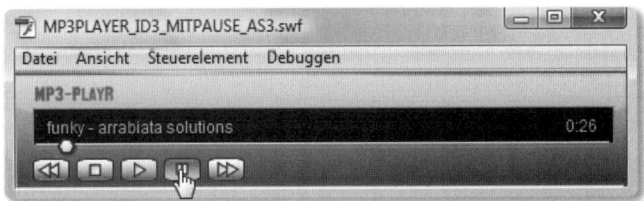

Abbildung 16.5 Der Status der Pause-Schaltfläche ändert sich.

16.1.2 Weitere Steuerungsmöglichkeiten

Bei externem Sound ist es wichtig, wie lange gewartet wird, bis das Abspielen gestartet wird. In dieser Zeit wird der Sound vorgeladen. Dieser Vorgang heißt *Buf-*

fering. Normalerweise können Sie die Steuerung des Bufferings dem Flash Player überlassen. Allerdings gibt es über die Klasse `SoundLoaderContext` die Möglichkeit, die Bufferzeit zu steuern. Sie wird jeweils in Millisekunden angegeben:

```
var sound:Sound = new Sound();
var kontext:SoundLoaderContext = new SoundLoaderContext(10000);
sound.load(new URLRequest("funky.mp3"), kontext);
```

Der Standardwert für die Bufferzeit ist 1.000, sprich eine Sekunde. Wenn Sie einen höheren Wert angeben, wird dieser nur verwendet, wenn er notwendig ist. Sie sollten den Wert erfahrungsgemäß, vor allem bei großen Sounddateien, hochschalten.

[+] **Viele Alternativen**

Alternativ können Sie das `SoundLoaderContext`-Objekt auch direkt als zweiten Parameter im `Sound`-Objekt angeben, oder Sie definieren die `bufferTime` erst als Eigenschaft:

```
kontext.bufferTime = 100000;
```

Sie sehen hier, dass die meisten Einstellungen per Konstruktor des Objekts und noch einmal separat als Eigenschaft möglich sind.

Eine weitere Steuerungsmöglichkeit, die ActionScript 3 für Sound bereithält, ist die Fehlerverarbeitung. Der elementarste Fehler ist, dass die entsprechende Sounddatei nicht vorhanden ist. Er lässt sich mit der Klasse `IOErrorEvent` abfangen:

```
sound.addEventListener(IOErrorEvent.IO_ERROR, fehlerHandling);
function fehlerHandling(evt:IOErrorEvent) {
    trace(evt.text);
}
```

Dies ist vor allem relevant, wenn Sie dynamisch verschiedene Musikstücke laden und die Titel z. B. aus einer XML-Datei gewinnen.

16.2   Sound importieren

Für externe Sounddateien erlaubt Flash nur MP3 als Format. Für den Import sind auch andere Formate möglich. Die folgende Tabelle gibt eine Übersicht.

Format	System
WAV	Windows Mac OS X (nur mit QuickTime ab Version 4)
AIFF	Windows (nur mit QuickTime ab 4) Mac OS X
MP3	Windows Mac OS X
QuickTime	Windows (nur mit QuickTime ab 4) Mac OS X (nur mit QuickTime ab 4)
SoundDesigner II	Mac OS X (nur mit QuickTime ab 4)
Sun AU	Windows (nur mit QuickTime ab 4) Mac OS X (nur mit QuickTime ab 4)
System7	Mac OS X (nur mit QuickTime ab 4)

Tabelle 16.2   In Flash importierbare Soundformate

16.2.1   In Bühne importieren

Wie Sie Sound steuern, der in einem Schlüsselbild steckt, werden Sie aufgrund Ihres Wissens aus den letzten Kapiteln bereits ahnen: Da der Sound synchron zur Animation abläuft, müssen Sie den Abspielkopf anhalten und weiterspielen lassen. Hierfür dienen die Methoden zur Filmsteuerung, die wir Ihnen in Kapitel 6, »Einfache Filmsteuerung«, ausführlich gezeigt haben.

16.2.2   In Bibliothek importieren

Wenn Sie einen Sound in die Bibliothek importiert haben, gibt es mehrere Möglichkeiten, mit dem Sound zu verfahren:

▶ Sie fügen ihn in ein Schlüsselbild ein (ein Sound pro Schlüsselbild). Der Sound wird in der Zeitleiste im Schlüsselbild und in den dazugehörigen Bildern angezeigt. Dann haben Sie dieselbe Situation wie im letzten Abschnitt beschrieben: Der Sound läuft mit dem Film ab. Über den Eigenschafteninspektor können Sie ihn auch mit einer Animation synchronisieren. Aus ActionScript-Sicht ist hier nur relevant, dass Sie den Sound über die normale Filmsteuerung kontrollieren.

▶ Sie laden den Sound mit ActionScript und spielen ihn ab, wenn beispielsweise eine Schaltfläche angeklickt wird. Sie können hier auch sogenannten Ereignissound verwenden, der als Klickgeräusch oder Ähnliches Schaltflächen begleitet.

Hier interessiert uns vor allem die zweite Methode. Sie basiert nämlich auf der Sound-Klasse, die auch die Grundlage für externe Sounddateien und die übrige Soundsteuerung bildet. Allerdings müssen Sie einem Sound in der Bibliothek einen eigenen Klassennamen zuweisen, um darauf zuzugreifen.

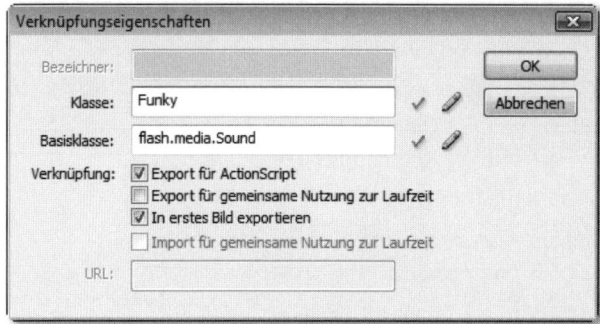

Abbildung 16.6 Die Verknüpfung für das Element in der Bibliothek

Sie erhalten anschließend eine Warnmeldung, dass Flash die Klassendefinition für den Sound erstellt. Sie können innerhalb des Klassenpfads eine Klasse mit dem Namen der Soundklasse anlegen. In unserem Fall wäre das FUNKY.AS. Eine Klasse könnte folgendermaßen aussehen:

```
package {
   import flash.media.Sound;
   public class Funky extends flash.media.Sound {
      public function Funky() {
      trace("Sound wurde instantiiert");
      }
   }
}
```

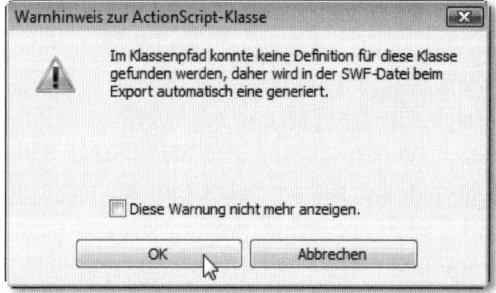

Abbildung 16.7 Flash legt die Klassendefinition selbst an.

Nun müssen Sie nur noch statt eines Sound-Objekts die neu benannte Klasse instantiieren:

```
var sound:Sound = new Funky();
```

Die load()-Methode können Sie weglassen, da der Sound mit der Instantiierung bereits vorhanden ist. Auf ID3-Informationen haben Sie keinen Zugriff.

Ein Beispiel mit dem MP3-Player finden Sie auf der DVD unter dem Namen *mp3player_importiert_AS3.fla*. **[o]**

16.3 Mehrere Sounds und Soundtransformation

Bisher haben Sie nur mit einem Sound gearbeitet. Möchten Sie mehrere Sounddateien einsetzen, müssen Sie sie voneinander trennen, um alle unabhängig steuern zu können. Wie das geht, führen wir anhand eines Beispiels vor. Außerdem erfahren Sie, wie Sie ein SoundTransform-Objekt mit Lautstärke- und Balanceregelung einsetzen. Die Grundlage ist die Datei *groovemixer.fla* auf der DVD. **[o]**

Abbildung 16.8 Ob der Groovemixer seinem groovigen Namen alle Ehre macht?

Die Datei besteht aus zwei Schaltflächen für zwei Sounds mit Schlagzeugen (Drums) und zwei Schaltflächen für Synthesizer-Sounds. Für beide Teile gibt es eine weitere Schaltfläche, um die Sounds anzuhalten. Ebenfalls getrennt für Drums und Synthesizer gibt es Lautstärkeregler und eine Balancesteuerung mit Drehregler zwischen linkem und rechtem Lautsprecher.

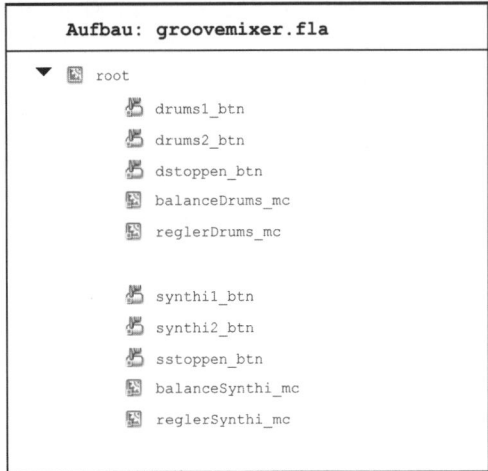

Abbildung 16.9 Die Elemente des Groovemixers

Schritt-für-Schritt: Ein kleiner Mixer

Der Code für die Soundsteuerung landet in der AS-Ebene, der Code für Laut-
stärke- und Balanceregler landet jeweils in einer externen Klasse *Volumeregler.as*
und *Balanceregler.as*.

1 Sounds mit Klassennamen versehen

Öffnen Sie die Bibliothek und geben Sie den zwei Drum-Sounds und den zwei
Synthesizer-Sounds jeweils einen Klassennamen. Klicken Sie dazu mit der rechten
Maustaste (bzw. Strg + Klick am Mac) auf den Sound und wählen Sie VERKNÜP-
FUNG.

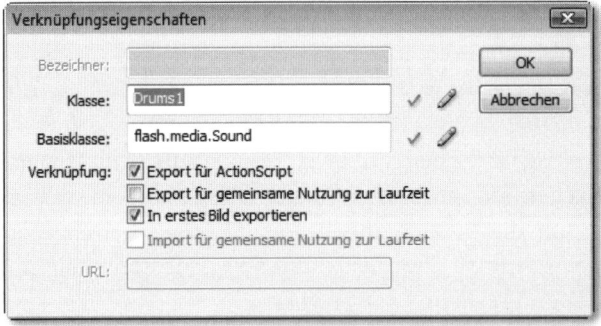

Abbildung 16.10 Vergeben Sie für jeden Sound einen Klassennamen.

2 *Neue Sound-Objekte erstellen*

Zuerst erstellen Sie vier neue Sound-Objekte aus den Klassen der Sounds in der Bibliothek:

```
var drumsLoop1:Drums1 = new Drums1();
var drumsLoop2:Drums2 = new Drums2();
var synthiLoop1:Synthi1 = new Synthi1();
var synthiLoop2:Synthi2 = new Synthi2();
```

3 *Soundkanäle vorbereiten*

Sie benötigen zwei Soundkanäle, da Drums- und Synthesizer-Klänge separat voneinander gesteuert werden sollen:

```
var kanalDrums:SoundChannel;
var kanalSynthi:SoundChannel;
```

4 *Event-Listener anlegen*

Anschließend legen Sie drei Event-Listener für die drei Schaltflächen der Drums an:

```
drums1_btn.addEventListener(MouseEvent.CLICK, drums1);
drums2_btn.addEventListener(MouseEvent.CLICK, drums2);
dstoppen_btn.addEventListener(MouseEvent.CLICK, dstoppen);
```

Für die Synthesizer-Schaltflächen funktioniert das natürlich analog.

5 *Sounds abspielen*

Die Abspielsteuerung startet jeweils den entsprechenden Soundkanal mit dem gewählten Sound drumsLoop1 oder drumsLoop2. Hier sehen Sie den Code für drumsLoop1:

```
function drums1(evt:MouseEvent) {
    if (kanalDrums != null) {
        kanalDrums.stop();
    }
    kanalDrums = drumsLoop1.play(0, 5000);
}
```

Analog klappt das natürlich auch für die Synthesizer-Klänge.

6 *Abspielen beenden*

Für Drums und Synthesizer gibt es dann jeweils noch eine ANHALTEN-Schaltfläche. Hier wird der Kanal direkt angehalten:

```
function dstoppen(evt:MouseEvent) {
  if (kanalDrums != null) {
    kanalDrums.stop();
  }
}
```

Auch dies erfolgt für den Synthesizer analog.

7 *Volumeregler einbinden*

Da der Volumeregler als externe Klasse realisiert wird, müssen Sie ihn am Anfang importieren:

```
import Volumeregler;
```

Initialisiert wird er dann in den jeweiligen Funktionen zum Abspielen drums1, drums2, synthi1 und synthi2. Hier sehen Sie, wie das für die Drums ausschaut:

```
var schieberDrums:Volumeregler = new Volumeregler(reglerDrums_
mc, 73, 148, 73, 57, kanalDrums);
```

Wenn Sie sich die Klasse *Volumeregler.as* ansehen, verstehen Sie schnell die wichtigsten Bestandteile. Aus dem Konstruktor werden die wichtigsten Eigenschaften für den Regler, die Koordinaten, innerhalb derer er sich bewegt, und den betreffenden Soundkanal mitgegeben. Diese übernimmt die Klasse dann in eigene Eigenschaften. Der Regler selbst wird mit entsprechender Drag-&-Drop-Funktionalität initialisiert, wie Sie das auch schon aus Kapitel 14, »Drag & Drop und Transformationen«, kennen.

Im Konstruktor geschieht anschließend nur noch eine bedeutsame Sache. Ein Timer ruft regelmäßig eine Methode volumeAendern() auf, die die Lautstärkesteuerung übernimmt:

```
timer = new Timer(100);
timer.addEventListener(TimerEvent.TIMER, volumeAendern);
volumeAendern(null);
timer.start();
```

Die Methode volumeAendern() verändert die Lautstärke je nach aktueller Position des Schiebereglers:

```
private function volumeAendern(evt:Event):void {
  if (_ziel != null) {
    var prozent:Number = (_regler.y - _startY) / (_endeY - _
startY);
    trans = _ziel.soundTransform;
    trans.volume = prozent;
```

```
        _ziel.soundTransform = trans;
    }
}
```

Zwei Eigenschaften sind hier erklärungsbedürftig: `_ziel` enthält den Soundkanal, also in unserem Beispiel `kanalDrums` oder `kanalSynthi`. Die Eigenschaft `trans` nimmt ein `SoundTransform`-Objekt auf. Jeder Sound besitzt ein solches Objekt, das Sie über die Eigenschaft `soundTransform` auslesen und setzen können. Im vorliegenden Beispiel wird es ausgelesen, auf den berechneten Prozentwert für die Lautstärke gesetzt und dann zurückgeschrieben.

8 *Balanceregler einbinden*

Der Balanceregler ist im Gegensatz zum Volumeregler ein Drehregler. Deswegen gibt es zwei wichtige Unterschiede:

1. Das Drag & Drop zieht nicht, sondern erfasst nur, ob die Maustaste gedrückt wurde. Dies wird in der Eigenschaft `_mausklick` gespeichert.

2. Die eigentliche Berechnung erfolgt dann über den Rotationswinkel für den Schieberegler. Er berechnet sich aus den aktuellen Mauskoordinaten auf der Bühne (`mouseX` und `mouseY`) mit den Reglerkoordinaten. Hier wird die Methode `atan2(x, y)` der `Math`-Klasse eingesetzt: Sie berechnet den Winkel eines Punkts mit den Koordinaten `x` und `y` relativ zum Ursprung des Koordinatensystems. Die `pan`-Eigenschaft des `SoundTransform`-Objekts ist für die Balance, sprich die Verteilung auf den linken und rechten Lautsprecher, zuständig. Sie wird aus dem Rotationswinkel errechnet:

```
private function balanceAendern(evt:Event):void {
    if (_ziel != null && _mausklick) {
        var winkel:Number = Math.atan2(_regler.stage.mouseY-_
regler.y, _regler.stage.mouseX-_regler.x) * 180 / Math.PI;
        _regler.rotation = winkel;
        trans = _ziel.soundTransform;
        trans.pan = winkel / 180;
        _ziel.soundTransform = trans;
    }
}
```

Die fertige Datei finden Sie auf der DVD unter dem Namen *groovemixer_AS3.fla*. **[o]** Die Regler heißen *Volumeregler.as* und *Balanceregler.as*. Auch hier können Sie einiges verändern und anpassen. Wie wäre beispielsweise die Idee, auch die Drums zusammenzuschalten? Oder Sie bauen noch aufwändigere Soundtransformationen ein.

Abbildung 16.11 Der Benutzer mixt die Sounds wie er möchte. ■

16.4 Equalizer und Soundrohdaten

In ActionScript 3 können Sie aus einer Sounddatei die Raw-Daten extrahieren. Das ist eine Momentaufnahme der aktuellen Schallwellen bzw. Amplituden. Sie erhalten 512 Byte-Werte, jeweils 256 pro Kanal. Zuständig dafür ist die Klasse SoundMixer, zu finden in flash.media. Da die einzelnen Werte als Bytes gespeichert sind, benötigen Sie die Klasse ByteArray, um das Ergebnis aufzunehmen:

```
var spektrum:ByteArray = new ByteArray();
SoundMixer.computeSpectrum(spektrum, true, 0);
```

Werte im ByteArray speichern

Ein ByteArray ist, wie der Name schon sagt, ein Array, das Bytes-Werte speichert (zu finden unter flash.utils). Diese Werte können mit verschiedenen Methoden in andere Datentypen umgewandelt werden: readInt() verwandelt in eine Ganzzahl, readFloat() in eine Fließkommazahl und so weiter. Die Funktionen lesen jeweils den ersten Wert und gehen dann einen Wert weiter. Das heißt, Sie können sie innerhalb einer Schleife einsetzen, um alle Werte auszulesen.

Die Methode computeSpectrum() besitzt noch zwei weitere Parameter. Der zweite Parameter gibt an, ob eine Fourier-Transformation angewendet werden soll. Bei einer Fourier-Transformation werden die niedrigen Frequenzen links und die hohen rechts im Spektrum angeordnet. Der dritte Parameter bestimmt die Auflösung in KHz. 0 steht für 44,1 KHz, 1 für 22,05 KHz usw.

Soundspektrum auslesen und visualisieren

Diese Funktionalität verarbeiten wir nun in einem umfangreichen Beispiel, das **[o]** einen Equalizer erzeugt, der aus den 256 Amplituden pro Kanal jeweils acht Rechtecke in verschiedenen Höhen produziert. Die Flash-Datei dazu heißt *equalizer.fla*. Sie ist sehr einfach aufgebaut. Eine einfache Abspielsteuerung startet und stoppt den Sound. Im Fenster sollen die Ausschläge angezeigt werden. Dort gibt es bereits einen Movieclip `spektrum_mc` ❶. Dieser ist der Platzhalter für die dynamisch erstellten Equalizer-Grafiken.

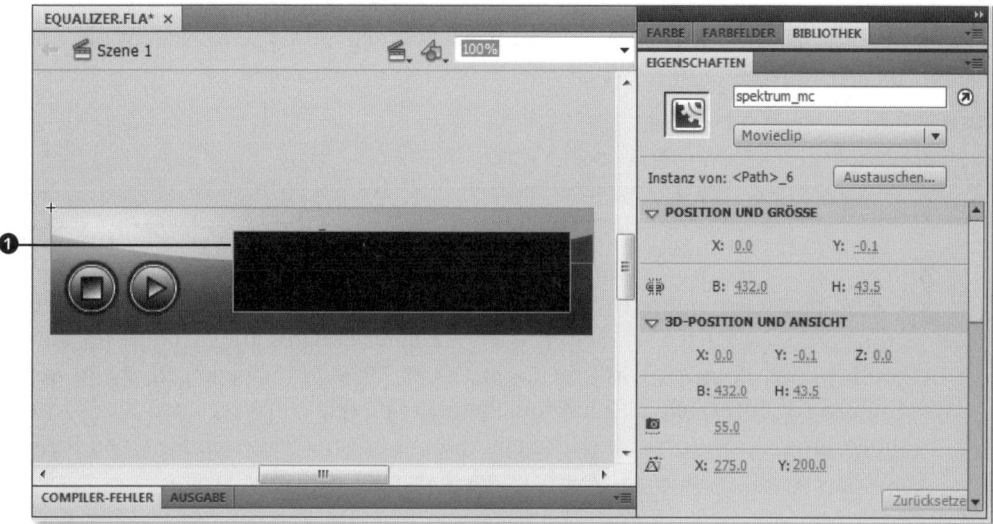

Abbildung 16.12 Der Platzhalter steht als Beginn für die Grafik.

Der vollständige Code ist in eine Dokumentklasse *equalizer.as* ausgelagert. Sie finden diese zum Nachvollziehen auch auf der DVD. Im Folgenden analysieren wir gemeinsam die wichtigsten Bestandteile.

Zu Anfang müssen natürlich alle benötigten Klassen importiert werden. Hier kommen einige zusammen. Wenn Sie selbst eine solche Anwendung entwickeln, schreiben Sie die Klassen nach und nach bei jeweiligem Einsatz zusammen.

Viele Grundeinstellungen können Sie über Eigenschaften abwickeln. Dazu gehören die benötigten Objekte, wie `Sound`, `SoundChannel` und `ByteArray`, die Angaben zu den Spektrumsabschnitten (`abschnitte`-Eigenschaft) und zur Spektrumsgröße, aber auch die Einstellungen für die Grafik. `grafikMaxHoehe` gibt die maximale Höhe für einen Equalizer-Balken an, `grafikBreite` die Breite und `ausschlagStaerke` ist ein Multiplikator, um den Ausschlag der Balken zu verändern. Außerdem werden noch die Abstände geregelt.

```
private var sound:Sound = new Sound();
private var kanal:SoundChannel;
private var spektrumGroesse:int = 512;
private var abschnitte:int = 16;
private var grafikMaxHoehe:int = 24;
private var grafikBreite:int = 20;
private var ausschlagStaerke:int = 80;
private var abstandX:int = 28;
private var abstandY:int = 2;
private var spektrum:ByteArray = new ByteArray();
```

Der Konstruktor ist einfach aufgebaut. Er lädt den Sound und versieht die Abspielschaltflächen mit Event-Listenern:

```
public function equalizer():void {
    sound.load(new URLRequest("funky.mp3"));
    play_mc.addEventListener(MouseEvent.CLICK, abspielen);
    stop_mc.addEventListener(MouseEvent.CLICK, anhalten);
}
```

Die Abspielsteuerung startet und beendet nicht nur den Sound, sondern auch den Equalizer. Zum Starten wird ein wiederkehrendes Ereignis mit ENTER_FRAME ausgeführt. Zum Beenden wird mit Event.SOUND_COMPLETE abgefangen, wenn der Sound fertig abgespielt ist. Beim Anhalten wird dieselbe beendeEqualizer()-Methode aufgerufen. Vorsicht: Da sie ein Ereignis erwartet, müssen Sie einen Parameterwert mitgeben, auch wenn das wie hier null ist:

```
private function abspielen(evt:MouseEvent):void {
    kanal = sound.play();
    addEventListener(Event.ENTER_FRAME, erstelleEqualizer);
    sound.addEventListener(Event.SOUND_COMPLETE, beendeEqualizer);
}
private function anhalten(evt:MouseEvent):void {
    kanal.stop();
    beendeEqualizer(null);
}
```

Das Beenden des Equalizers besteht einfach darin, das ENTER_FRAME-Ereignis wieder zu entfernen:

```
private function beendeEqualizer(evt:Event):void {
    removeEventListener(Event.ENTER_FRAME, erstelleEqualizer);
}
```

Nun zum eigentlichen Equalizer, sprich der Methode erstelleEqualizer(). Sie besteht aus verschiedenen Teilen:

▶ Zuerst wird das Spektrum in den `ByteArray` mit dem Namen `spektrum` übertragen. Das geschieht hier bei jedem Aufruf, um immer den aktuellen Wellenausschlag zu erhalten:

```
SoundMixer.computeSpectrum(spektrum, true, 0);
```

▶ Anschließend wird eine Grafik aus dem aktuellen Inhalt des Platzhalters `spektrum_mc` erstellt und gelöscht:

```
var grafik:Graphics = spektrum_mc.graphics;
grafik.clear();
```

▶ Danach lesen wir alle Amplituden aus dem `ByteArray` in ein normales Array ein. Dabei werden die Amplituden in insgesamt 16 Werte zusammengefasst:

```
var j:Number = 1;
var amplituden:Array = new Array();
for (var i:int = 0; i < spektrumGroesse; i++) {
  if (i < (spektrumGroesse / abschnitte) * j) {
    if (amplituden[j] == null) {
      amplituden[j] = 0;
    }
    amplituden[j] += spektrum.readFloat();
    if (i == ((spektrumGroesse / abschnitte) * j) - 1) {
      j++;
    }
  }
}
```

▶ Diese Werte gehen Sie nun durch und berechnen den jeweiligen Ausschlag aus der Amplitude, geteilt durch die Werte pro Abschnitt, multipliziert mit der Ausschlagstärke. Wenn die Maximalhöhe erreicht wird, wird der Ausschlag begrenzt:

```
for (var amplitude in amplituden) {
  var ausschlag:Number = (amplituden[amplitude] /
(spektrumGroesse / abschnitte)) * ausschlagStaerke;
  if (ausschlag > grafikMaxHoehe) {
    ausschlag = grafikMaxHoehe;
  }
  if (ausschlag < -grafikMaxHoehe) {
    ausschlag = -grafikMaxHoehe;
  }
```

▶ Anschließend werden die einzelnen Rechtecke gezeichnet. Dabei kommt eine Verlaufsfüllung mit einer Matrix zum Einsatz. Die Füllung und das Zeichnen der Rechtecke erfolgt für die ersten acht, sprich den linken Soundkanal, etwas anders als für den rechten Kanal, damit rechts nach unten ausschlägt:

```
var matrix:Matrix = new Matrix();
//Berechnen und Platzieren der Rechtecke
if (amplitude <= abschnitte / 2) {
  var yPos:int = -abstandY-ausschlag;
  matrix.createGradientBox(20, -30, Math.PI / 2);
  grafik.beginGradientFill(GradientType.LINEAR, new Array(0x187
  4C1, 0x38AFE4), new Array(1, 1), new Array(0, 255), matrix);
  grafik.drawRect((amplitude -1) * abstandX, yPos,
  grafikBreite, ausschlag);
  grafik.endFill();
} else {
  matrix.createGradientBox(20, 30, Math.PI / 2);
  grafik.beginGradientFill(GradientType.LINEAR, new Array(0x187
  4C1, 0x38AFE4), new Array(1, 1), new Array(0, 255), matrix);
  grafik.drawRect(((amplitude - (abschnitte / 2)) -1) *
  abstandX, abstandY, grafikBreite, ausschlag);
  grafik.endFill();
  }
 }
}
```

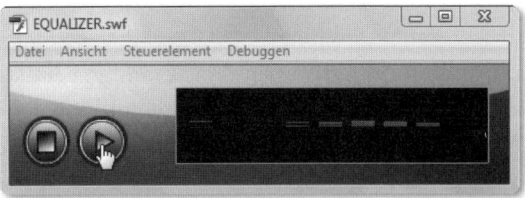

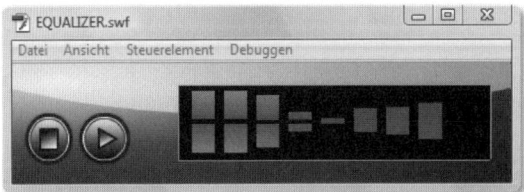

Abbildung 16.13   Die Ausschläge von unserem Equalizer

Hier noch einmal der vollständige Programmcode in der Übersicht:

```
package {
  import flash.events.Event;
```

```
import flash.events.MouseEvent;
import flash.display.MovieClip;
import flash.display.Graphics;
import flash.display.GradientType;
import flash.geom.Matrix;
import flash.media.Sound;
import flash.media.SoundChannel;
import flash.media.SoundMixer;
import flash.net.URLRequest;
import flash.utils.ByteArray;

public class equalizer extends flash.display.MovieClip {
  private var sound:Sound = new Sound();
  private var kanal:SoundChannel;
  private var spektrumGroesse:int = 512;
  private var abschnitte:int = 16;
  private var grafikMaxHoehe:int = 24;
  private var grafikBreite:int = 20;
  private var ausschlagStaerke:int = 80;
  private var abstandX:int = 28;
  private var abstandY:int = 2;
  private var spektrum:ByteArray = new ByteArray();
  public function equalizer():void {
    sound.load(new URLRequest("funky.mp3"));
    play_mc.addEventListener(MouseEvent.CLICK, abspielen);
    stop_mc.addEventListener(MouseEvent.CLICK, anhalten);
  }
  private function abspielen(evt:MouseEvent):void {
    kanal = sound.play();
    addEventListener(Event.ENTER_FRAME, erstelleEqualizer);
    sound.addEventListener(Event.SOUND_COMPLETE, beendeEqualizer);
  }
  private function anhalten(evt:MouseEvent):void {
    kanal.stop();
    beendeEqualizer(null);
  }
  private function erstelleEqualizer(evt:Event):void {
    SoundMixer.computeSpectrum(spektrum, true, 0);
    var grafik:Graphics = spektrum_mc.graphics;
    grafik.clear();
    var j:Number = 1;
    var amplituden:Array = new Array();
    for (var i:int = 0; i < spektrumGroesse; i++) {
      if (i < (spektrumGroesse / abschnitte) * j) {
        if (amplituden[j] == null) {
```

```
                     amplituden[j] = 0;
                   }
                   amplituden[j] += spektrum.readFloat();
                   if (i == ((spektrumGroesse / abschnitte) * j) - 1) {
                     j++;
                   }
                 }
               }
           for (var amplitude in amplituden) {
             //Berechnung des Maximalausschlags
             var ausschlag:Number = (amplituden[amplitude] /
    (spektrumGroesse / abschnitte)) * ausschlagStaerke;
             if (ausschlag > grafikMaxHoehe) {
               ausschlag = grafikMaxHoehe;
             }
             if (ausschlag < -grafikMaxHoehe) {
               ausschlag = -grafikMaxHoehe;
             }
             var matrix:Matrix = new Matrix();
             //Berechnen und Platzieren der Rechtecke
             if (amplitude <= abschnitte / 2) {
               var yPos:int = -abstandY-ausschlag;
               matrix.createGradientBox(20, -30, Math.PI / 2);
               grafik.beginGradientFill(GradientType.LINEAR,
                 new Array(0x1874C1, 0x38AFE4), new Array(1, 1),
                 new Array(0, 255), matrix);
               grafik.drawRect((amplitude - 1) * abstandX, yPos,
                 grafikBreite, ausschlag);
               grafik.endFill();
             } else {
               matrix.createGradientBox(20, 30, Math.PI / 2);
               grafik.beginGradientFill(GradientType.LINEAR,
                 new Array(0x1874C1, 0x38AFE4), new Array(1, 1),
                 new Array(0, 255), matrix);
               grafik.drawRect(((amplitude - (abschnitte / 2)) - 1) *
                 abstandX, abstandY, grafikBreite, ausschlag);
               grafik.endFill();
             }
           }
         }
      private function beendeEqualizer(evt:Event):void {
        removeEventListener(Event.ENTER_FRAME, erstelleEqualizer);
      }
    }
  }
```

[«]

Kreativer Sound

Die exakten Sounddaten können natürlich noch in vielfältiger anderer Weise verwendet werden. Was wäre beispielsweise, wenn die Ausschläge eine Animation steuerten? Ihrer Fantasie sind hier keine Grenzen gesetzt.

16.5 Mikrofon

Eine der großen Stärken von Flash ist die multimediale Interaktion. Dazu gehört auch, dass der Flash Player auf Geräusche vom Mikrofon des Benutzers reagieren kann. Zuständig für die Mikrofonsteuerung ist die Klasse `Microphone`, die unter `flash.media` zu finden ist.

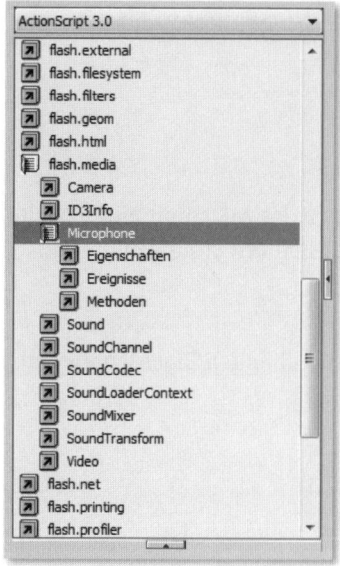

Abbildung 16.14 Die `Microphone`-Klasse im AKTIONEN-Bedienfeld

Diese Klasse wird statisch eingesetzt, das heißt, Sie müssen kein Objekt instantiieren. Alle am Client verfügbaren Mikrofone stehen in dem Array, das die Eigenschaft `names` zurückliefert:

```
trace(Microphone.names);
```

Mit `Microphone.getMicrophone(Index)` erhalten Sie eines der Mikrofone. Wenn Sie den Index weglassen, wird das erste geliefert – was in den meisten Fällen der Realität auf dem Client entspricht.

```
var mikro:Microphone = Microphone.getMicrophone();
```

Damit besitzen Sie ein `Microphone`-Objekt, das Sie nun mit Eigenschaften, Methoden und Event-Listenern zum Leben erwecken können. Das folgende Beispiel zeigt eine einfache schwarze Fläche, die sich je nach Lautstärke bzw. Aktivität des Anwenders umfärbt. Ausgangsbasis ist die Datei *voicemeter.fla*, die Sie auf der DVD finden.

Schritt-für-Schritt: Lautstärkemessung mit dem Mikrofon

1 Mikrofon ansprechen

Zunächst erstellen Sie ein `Microphone`-Objekt aus der statischen Klasse:

```
var mikro:Microphone = Microphone.getMicrophone();
```

2 Mikrofon testen

Anschließend sollten Sie testen, ob ein `Microphone`-Objekt vorhanden ist:

```
if (mikro != null) {
    trace("Mikrofon vorhanden");
    //Weitere Anweisungen
}
```

Dieser Test verrät nicht unbedingt, ob der Benutzer das Mikrofon eingeschaltet oder überhaupt angestöpselt hat, bewahrt aber vor Fehlermeldungen.

3 Mikrofon einstellen

Als Nächstes stellen Sie das Mikrofon mit den entsprechenden Eigenschaften und Methoden der `Microphone`-Klasse ein:

```
mikro.gain = 40;
mikro.setUseEchoSuppression(true);
mikro.setLoopBack(true);
mikro.setSilenceLevel(2);
```

Die Eigenschaft `gain` gibt die Verstärkung des Mikrofonsignals an. `setLoopBack(true)` gibt an, dass das Signal an die Lautsprecher weitergeleitet wird. Dafür wird zusätzlich das Echo mit `setUseEchoSuppression(true)` unterdrückt, damit es keine Rückkopplungen gibt. `setSilenceLevel(Level)` legt fest, welche Mikrofonaktivität noch als Stille gilt. Sie wird hier heruntergesetzt, damit auch leise Geräusche angezeigt werden.

4 Event-Listener

Fügen Sie anschließend die Event-Listener hinzu:

```
mikro.addEventListener(StatusEvent.STATUS, mikroStatus);
mikro.addEventListener(ActivityEvent.ACTIVITY, mikroAktiv);
```

Für das Mikrofon gibt es zwei Ereignisse, die von Bedeutung sind: Status-Event.STATUS tritt ein, wenn der Benutzer das Mikrofon zulässt – oder auch nicht. ActivityEvent.ACTIVITY entsteht bei jeder Art von Ton, der über das Mikrofon eintrifft.

5 *Status abfangen*

Lesen Sie mit der Eigenschaft evt.code den Status des Mikrofons aus und reagieren Sie mit einer Meldung:

```
function mikroStatus(evt:StatusEvent):void {
   if (evt.code == "Microphone.Unmuted") {
      trace("Mikrofon-Zugriff erlaubt");
   } else if (evt.code == "Microphone.Muted") {
      trace("Mikrofon-Zugriff verboten");
   }
}
```

Ob ein Mikrofon stummgeschaltet wurde, können Sie auch später mit der Eigenschaft muted der Microphone-Klasse noch auslesen.

Abbildung 16.15 Der Benutzer kann über die Einstellungen des Flash Players steuern, ob er das Mikrofon freigibt.

6 *Mikrofonaktivität abfangen*

Führen Sie anschließend je nach Mikrofonaktivität eine Farbtransformation für den Movieclip anzeige_mc durch. Hierzu kommt ein ColorTransform-Objekt zum Einsatz, das Sie bereits aus Kapitel 14, »Drag & Drop und Transformationen«, dieses Buchs kennen.

```
function mikroAktiv(evt:ActivityEvent):void {
    var farbe:ColorTransform = new ColorTransform();
    if (mikro.activityLevel > 0) {
        farbe.greenOffset = 255 - mikro.activityLevel * 2.55;
        farbe.redOffset = mikro.activityLevel * 2.55;
        anzeige_mc.transform.colorTransform = farbe;
    } else {
        farbe.color = 0x000000;
        anzeige_mc.transform.colorTransform = farbe;
    }
}
```

Die Mikrofonaktivität mit der Eigenschaft `activityLevel` ist ein Wert von 0 bis 100. Der grüne Farbwert wird mit dem roten Farbwert gemischt. Bei leisen Tönen ist das Ergebnis eher grün, bei lauteren geht es in Richtung rot, da der Grünwert dann zurückgenommen wird.

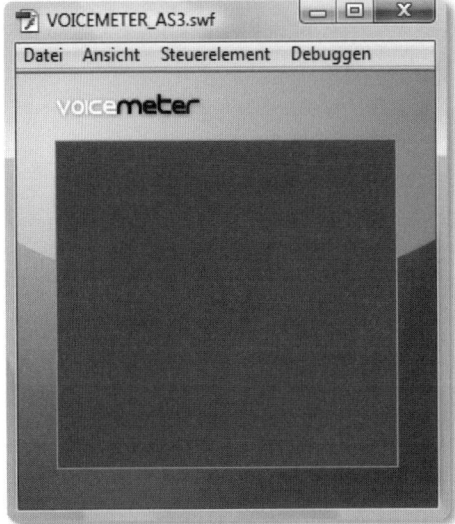

Abbildung 16.16 Die Tonanzeige ändert sich, je höher die Aktivität wird.

[◉] Sie finden die fertige Datei *voicemeter_AS3.fla* auf der DVD zum Buch.

[+] **Serverseitig**

Um Mikrofondaten nicht nur clientseitig zu verarbeiten, sondern an den Server weiterzuschicken, benötigen Sie auf dem Server einen Media Server wie den Adobe Flash Media Server (*http://www.adobe.com/de/products/flashmediaserver/*). Die Kommunikation erfolgt über die Klassen `NetConnection` und `NetStream`. Ein Beispiel für den Einsatz dieser Klassen finden Sie in Kapitel 17, »Video«.

»Video meliora proboque; Deteriora sequor.«
(Wohl sehe und lobe ich das Bessere;
aber ich folge dem Schlechteren.)
– Ovid

17   Video

Bewegte Bilder üben von jeher eine große Faszination auf Menschen aus. Flash bietet für das Web die optimale Plattform. Mit dem FLV-Format (Flash Video) hat Adobe bzw. ursprünglich Macromedia einen Standard geschaffen, der für die meisten Videoplattformen wie YouTube und Konsorten verwendet wird.

17.1   Videos in Flash importieren

Videos können wie Sound auf zwei Arten eingesetzt werden:

▶ als externe FLV-Datei

▶ als internes `Video`-Objekt

Beide Varianten werden gleich erstellt: Sie importieren das Video ähnlich wie einen Sound über DATEI • IMPORTIEREN • VIDEO IMPORTIEREN. Die folgende Tabelle gibt einen Überblick über die importierbaren Formate. Je nach Version des Videos können auch neuere Versionen notwendig sein.

Format	System
WAV	Windows (nur mit QuickTime ab Version 4 oder DirectX ab Version 7) Mac OS X (nur ab QuickTime 4)
DV (Digital Video)	Windows (nur ab QuickTime 4) Mac OS X (nur ab QuickTime 4)
MPG/MPEG	Windows (nur ab QuickTime 4 oder DirectX ab Version 7) Mac OS X (nur ab QuickTime 4)

Tabelle 17.1 In Flash importierbare Videoformate

Format	System
QuickTime (MOV)	Windows (nur ab QuickTime 4) Mac OS X (nur ab QuickTime 4)
Windows Media (ASF, WMV)	Windows (DirectX ab Version 7)

Tabelle 17.1 In Flash importierbare Videoformate (Forts.)

[!] **Fehlerquelle**

Wenn der Import nicht klappt, ist häufig kein QuickTime (Version 4 oder höher) oder unter Windows keine halbwegs aktuelle DirectX-Version installiert.

Schritt 1: Datei auswählen

Beim Import von Videos wählen Sie zuerst eine Datei aus. Alternativ zu einer lokalen Datei auf dem eigenen Rechner können Sie auch eine URL auf dem Webserver oder auf einem Flash Media Server angeben.

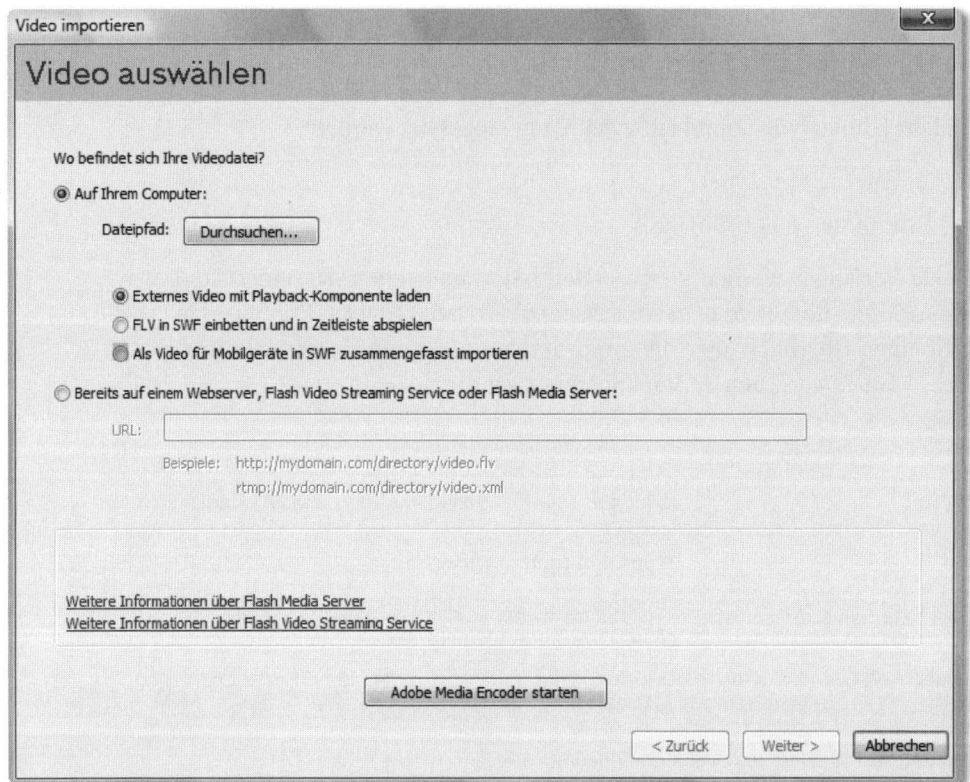

Abbildung 17.1 Zuerst wählen Sie eine Datei aus.

Hier stellen Sie auch ein, wie das Video in Flash geladen wird:

▶ EXTERNES VIDEO MIT PLAYBACK-KOMPONENTE LADEN ist die Standardoption. Aus dem Video wird eine externe FLV-Datei gemacht, die dann verwendet werden kann. Dazu wird eine FLV-Playback-Komponente eingesetzt, die auch Steuerungsfunktionen enthält.

▶ Sie importieren Videos eingebettet in den SWF-Film. Dabei entspricht jedem Bild des Videos ein Bild in der Zeitleiste. Das Video lässt sich dann mit der normalen Filmsteuerung kontrollieren (siehe Kapitel 6, »Einfache Filmsteuerung«). Alternativ können Sie es in diesem Fall aus der Zeitleiste laden.

▶ Sie importieren das Video für ein mobiles Endgerät. Diese Option steht nur in einer Datei für Flash Lite zur Verfügung.

▶ BEREITS AUF EINEM WEBSERVER, FLASH VIDEO STREAMING SERVICE ODER FLASH MEDIA SERVER bietet die Möglichkeit, mit dem Flash Media Server bzw. einem schon per URL verfügbaren Video zu interagieren. Beim Video Streaming Service haben Sie ein Konto bei einem fremdgehosteten Media Server.

Media Server	[«]

Oft wird gefragt, welche Vorteile heutzutage ein Media Server hat. Generell gilt, dass FLV schon standardmäßig Streaming bietet. Das heißt, das Video startet, bevor es komplett geladen ist (im Gegensatz zu eingebetteten Videos, die erst starten, wenn die komplette SWF-Datei geladen ist). Das progressive Streaming bei FLV heißt, dass der Nutzer nicht an jede Stelle im Video springen kann. Dies bietet ein echter Media Server. Außerdem enthält er natürlich noch Funktionen zur Abspielkontrolle. Für die meisten Anwendungen – auch in größerem Umfang – reicht allerdings das progressive Streaming aus. Sie finden den Media Server unter *http://www.adobe.com/de/products/flashmediaserver/* . Preislich beginnt der Einstieg bei ca. 1.200 €.

Ab dem zweiten Schritt unterscheiden sich die weiteren Schritte zum Einbinden von Videos. Wir konzentrieren uns hier auf progressives Herunterladen externer FLV-Dateien und auf das Einbetten in SWF.

Codec-Historie	[«]

In älteren Flash-Versionen (5 und älter) benötigt der Benutzer zum Betrachten von Videos den QuickTime-Player. Dieses Problem hat Macromedia in MX mit der Integration von *Sorenson Sparc* gelöst. Diesem Video-Codec wurde mit Flash 8 und dem dazugehörigen Flash Player noch ein weiterer Codec namens *On2* zur Seite gestellt. Letzterer ist seit Flash CS3 zum Standard geworden, da er die beste Qualität liefert.

17.1.1 Von einem Webserver herunterladen (externe FLV-Datei)

Wenn Sie das Herunterladen von einem Webserver wählen, wird das Video als `FLVPlayback`-Komponente eingebunden. Dementsprechend dürfen Sie am Anfang wählen, welche Skin das Video hat. Die Skin steuert das Aussehen der automatisch hinzugefügten Videosteuerung. Sie können wählen, welche Schaltflächen integriert sind. Das heißt auch, bei dieser Variante benötigen Sie eigentlich gar kein ActionScript. »Eigentlich«, weil Sie natürlich trotzdem eigene Steuerungsfunktionen hinzufügen können. In diesem Fall sollten Sie KEINE wählen. Außerdem können Sie natürlich auch das Aussehen der Videosteuerung ändern. Hier geht das mit der Farbe, aber Sie können auch die Skin selbst ändern oder eigene anlegen.

Abbildung 17.2 Wählen Sie eine passende Skin.

Je nach Videoformat werden nun noch einige Fragen hinsichtlich des Codecs gestellt. Sie können konfigurieren, wie Videos codiert werden, und Sie haben auch die Wahl, ob Sie sogenannte Cue Points bearbeiten und einfügen möchten. Cue

Points sind Haltepunkte in einem Video, die Sie per ActionScript ansteuern können.

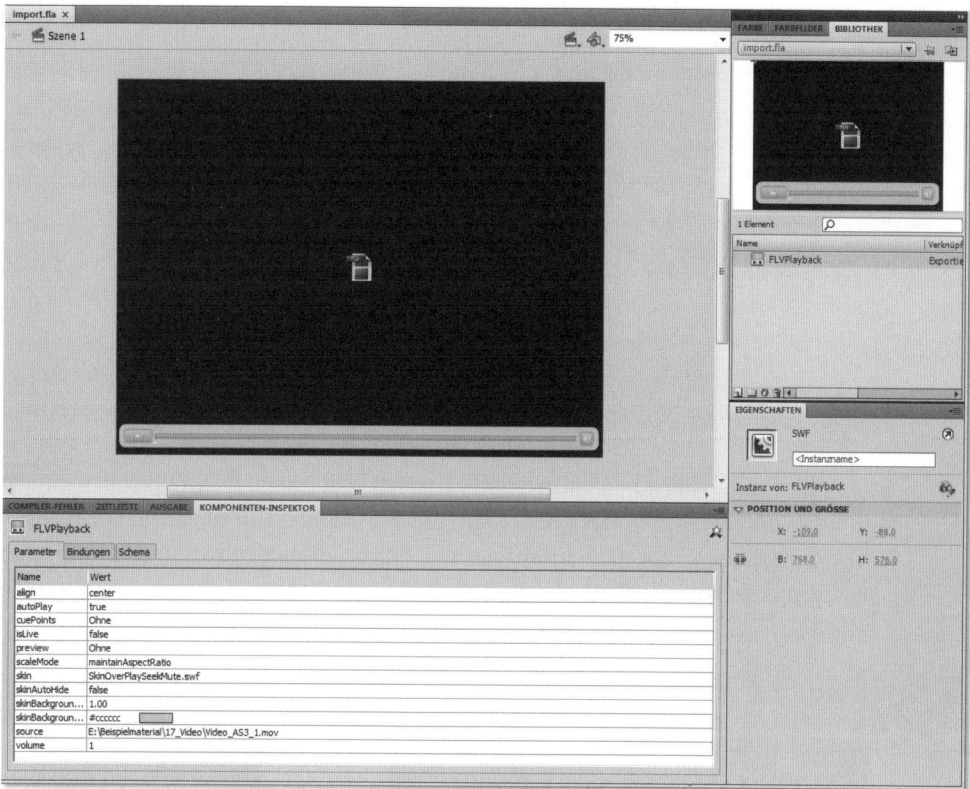

Abbildung 17.3 Sie sehen die FLVPlayback-Komponente.

17.1.2 Videos einbetten

Beim Einbetten haben Sie verschiedene Möglichkeiten. Sie müssen sich zuerst entscheiden, mit welchem Symboltyp ❶ (siehe Abbildung 17.4) Sie das Video einbetten möchten. Sie haben die Wahl zwischen einem Movieclip, einem Grafiksymbol und einem eingebetteten Video. Das Grafiksymbol bietet am wenigsten Steuerungsmöglichkeiten. Wenn Sie das Video in einen Movieclip einbetten, lässt es sich über die Filmsteuerung steuern.

Außerdem legen Sie fest, ob eine Instanz auf der Bühne ❷ platziert wird. Wenn ja, müssen eventuell mehr Bilder hinzugefügt werden. Ob das automatisch geschehen darf, steuert die Option ZEITLEISTE BEI BEDARF ERWEITERN ❸. Je nach Videoformat haben Sie hier auch noch Bearbeitungsoptionen oder können wählen, welcher Codec in Flash verwendet wird.

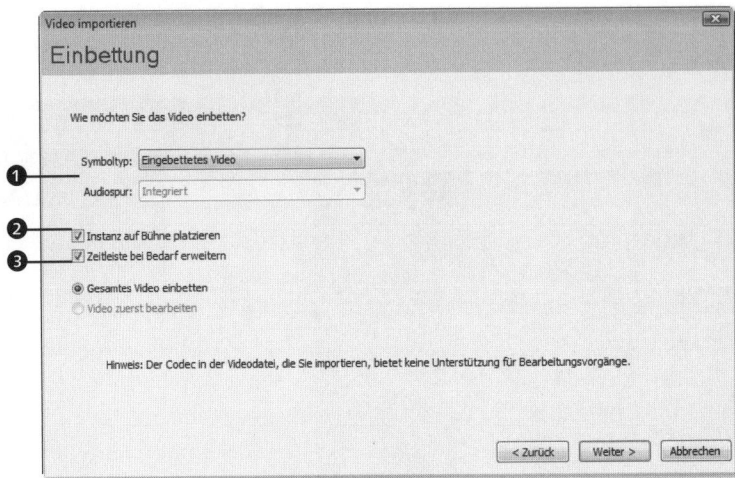

Abbildung 17.4 Das Video wird eingebettet.

Nun müssen Sie nur noch einmal alle Angaben bestätigen. Dann wird der Import durchgeführt. Je nach Videogröße kann das eine Weile dauern. Unter Umständen erhalten Sie auch sehr viele Bilder auf der Bühne. Deswegen kann es praktischer sein, ein Video nur in die Bibliothek einzufügen und dann per ActionScript anzuzeigen.

Abbildung 17.5 Das Video erscheint in der Zeitleiste und in der Bibliothek.

17.2 Videos mit ActionScript steuern

Sobald das Video integriert oder eingebettet ist, können Sie es über ActionScript steuern. In diesem Abschnitt erfahren Sie, wie Sie eine FLVPlayback-Komponente mit externer FLV-Datei steuern und was Sie mit einem eingebetteten Video anstellen können.

Für die Videosteuerung sind zwei Klassen grundlegend. fl.video enthält die FLVPlayback-Komponente, die die bei weitem einfachste und am häufigsten verwendete Methode zur Videosteuerung darstellt. Im Paket flash.media steckt die Klasse Video. Sie stellt das Video als Anzeigeobjekt dar und ist die Grundlage der Komponente, der Videodarstellung von eingebetteten Videos, z. B. in einem Movieclip, und auch des dynamischen Ladens mit NetStream und NetConnection. Die letztgenannte Variante arbeitet wie die FLVPlayback-Komponente mit externen FLV-Dateien und progressivem Download, versteckt die Streaming-Funktionen aber nicht so deutlich und bietet keine hilfreiche Unterstützung bei der Steuerung.

17.2.1 Externe FLV-Dateien mit FLVPlayback steuern

In der Standardvariante bringt eine FLVPlayback-Komponente bereits alle Steuerungsmöglichkeiten mit. Im KOMPONENTEN-Bedienfeld finden Sie diese Komponente und einige ergänzende Komponenten für die einzelnen Steuerungseinheiten. Aus ActionScript-Sicht ist die wichtigste Klasse FLVPlayback.

Abbildung 17.6 Die Videokomponenten

Die Eigenschaften, die Sie mit ActionScript steuern können, entsprechen den Parametern für die Komponente, die Sie auch im PARAMETER-Bedienfeld sehen können. Die wichtigste Eigenschaft ist source für die FLV-Datei. Der Zugriff auf die FLVPlayback-Komponente erfolgt über den Instanznamen. Sie können diese natürlich auch als Objekt instantiieren und dynamisch der Anzeigeliste hinzufügen.

[●] Im folgenden Beispiel nutzen wir die FLVPlayback-Steuerungsmöglichkeiten, um eigene Steuerelemente einzuführen. Die Ausgangsdatei für diesen Abschnitt ist *movieplayerlightmitsound.fla*.

Schritt-für-Schritt: Videoplayer mit Soundsteuerung

1 Vorbereitungen

Am Anfang halten Sie das Video an. Die Quelle ist hier schon im PARAMETER-Bedienfeld definiert.

```
video.stop();
video.autoRewind = true;
```

Mit autoRewind geben Sie an, dass das Video nach dem Anhalten mit stop() oder nach Ende des Streams wieder an den Anfang zurückspringt.

2 Event-Listener hinzufügen

Als Nächstes fügen Sie die drei Schaltflächen für die Abspielsteuerung hinzu:

```
play_btn.addEventListener(MouseEvent.CLICK, abspielen);
stop_btn.addEventListener(MouseEvent.CLICK, anhalten);
pause_btn.addEventListener(MouseEvent.CLICK, pausieren);
```

3 Abspielen

Das Abspielen starten Sie mit play():

```
function abspielen(evt:MouseEvent) {
    video.play();
}
```

4 Anhalten

Um das Video ganz anzuhalten, verwenden Sie stop(). Dank autoRewind wird an den Anfang gespult.

```
function anhalten(evt:MouseEvent) {
    video.stop();
}
```

5 *Pausieren*

Um das Video temporär anzuhalten, verwenden Sie `pause()`:

```
function pausieren(evt:MouseEvent) {
    video.pause();
}
```

6 *Regler für Lautstärke einrichten*

Zum Schluss wird noch die Soundsteuerung hinzugefügt. Hierzu wird eine Slider-Komponente eingesetzt. Diese Komponente bietet einen Schieberegler. Importieren Sie zuerst die benötigten Klassen:

```
import fl.controls.Slider;
import fl.events.SliderEvent;
import fl.controls.SliderDirection;
```

Der Schieberegler `lautstaerke` wird anschließend mit der Eigenschaft `video.volume` assoziiert. Diese steht zwischen 0 und 1:

```
lautstaerke.value = video.volume;
lautstaerke.minimum = 0;
lautstaerke.maximum = 1;
lautstaerke.snapInterval = 0.1;
lautstaerke.liveDragging = true;
```

Die Abstände zwischen den einzelnen Einrastepunkten werden mit `snapInterval` festgelegt, und `liveDragging` aktiviert das Ziehen.

7 *Slider-Ereignis abfangen*

Nun müssen Sie noch die Änderungen des Reglers abfangen. Dazu ist das Ereignis `SliderEvent.CHANGE` zuständig. Immer, wenn es eintritt, wird die Lautstärke des Videos auf den Wert des Sliders gesetzt, den das Ereignis über die Eigenschaft `value` liefert:

```
lautstaerke.addEventListener(SliderEvent.CHANGE, lautstaerkeAendern);
function lautstaerkeAendern(evt:SliderEvent) {
    video.volume = evt.value;
}
```

Die fertige Datei finden Sie auf der DVD (*movieplayerlightmitsound_AS3.fla*). **[O]**

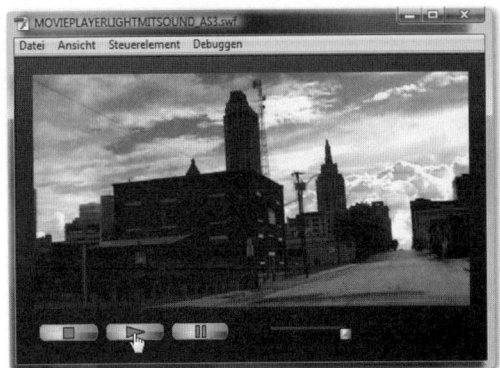

Abbildung 17.7 Das Video startet, und anschließend kann der Sound gesteuert werden. ∎

17.2.2 Externes FLV mit NetStream und NetConnection steuern

Eine Alternative zur `FLVPlayback`-Komponente ist die Kombination aus den Klassen `NetConnection` und `NetStream`. Das folgende Beispiel zeigt den Einsatz. Zuerst wird eine `NetConnection` angelegt:

```
var nc:NetConnection = new NetConnection();
nc.connect(null);
```

Bei der Connection müssen Sie keinen anderen Server angeben, da die Verbindung zu einer Datei auf demselben Webserver erfolgen soll. Anschließend wird ein `NetStream`-Objekt instantiiert und `NetConnection` angefügt:

```
var ns:NetStream = new NetStream(nc);
```

Das eigentliche Abspielen einer bestimmten Datei erfolgt dann mit `play(Datei)`. Allerdings soll die Datei am Anfang angehalten werden. Dies geschieht mit `pause()`. Damit das erste Bild sichtbar ist, wird mit `seek(Position)` noch zur ersten Position gesprungen. Die Position wird in Sekunden gemessen und kann auch über die Eigenschaft `time` ausgelesen werden.

```
ns.play("Video_AS3_1.flv");
ns.pause();
ns.seek(0);
```

Der Stream selbst ist als Video-Stream nur verwendbar, wenn Sie ihn an ein `Video`-Objekt anhängen. Dies geschieht mit `attachNetStream(NetStream)`. Nachdem das Video nun erstellt und befüllt wurde, erhält es noch die korrekten Maße und wird dann unterhalb eines Anzeigeobjekt-Containers hinzugefügt, der sich unterhalb einer Maske befindet und so nur einen Teil des Videos ausschneidet:

```
var video:Video = new Video();
video.attachNetStream(ns);
video.height = 320;
video.width = 480;
platzhalter_mc.addChild(video);
```

Videosteuerung

Die Videosteuerung selbst unterscheidet sich leicht von der bei der Komponente. Den Anfang machen die Event-Listener:

```
play_btn.addEventListener(MouseEvent.CLICK, abspielen);
stop_btn.addEventListener(MouseEvent.CLICK, anhalten);
pause_btn.addEventListener(MouseEvent.CLICK, pausieren);
```

Das Abspielen wird nicht über `play()` gestartet, sondern mit `resume()`, da wir den Stream schon ganz am Anfang abgespielt und angehalten haben. `resume()` nimmt diesen Stream wieder auf.

```
function abspielen(evt:MouseEvent) {
    ns.resume();
}
```

Das Anhalten besteht aus dem Anhalten des Streams und dem Springen zum Anfang mit `seek(Position)`. Das Schließen des Streams mit `close()` wäre hier nicht die richtige Methode, da dann kein Video mehr zu sehen wäre und unsere Abspielschaltfläche keinen neuen Stream startet, sondern nur den bestehenden fortsetzt:

```
function anhalten(evt:MouseEvent) {
    ns.pause();
    ns.seek(0);
}
```

Das Pausieren erfolgt zu guter Letzt mit der Methode `pause()`:

```
function pausieren(evt:MouseEvent) {
    ns.pause();
}
```

Das fertige Beispiel trägt den Namen *movieplayerlight_netstream_AS3.fla*.   **[○]**

Abbildung 17.8 Das Video wird angehalten und wieder abgespielt.

Fehler abfangen

Bei den Streams kann es zu verschiedenen Ereignissen und auch Fehlermeldungen kommen, wenn beispielsweise keine Metadaten übermittelt werden. Um diese abzufangen, verwenden Sie die entsprechenden Ereignisse. `NetStatusEvent.NET_STATUS` liefert Informationen zur Verbindung. Sicherheitsfehler liefert `SecurityErrorEvent.SECURITY_ ERROR`, und `AsyncErrorEvent.ASYNC_ERROR` ist für Probleme mit Metadaten zuständig.

17.2.3 Eingebettete Videos steuern

Liegt ein Video in einem Movieclip, ist die Steuerung unkompliziert: Sie greifen auf den Movieclip zu, spielen ihn ab und halten ihn an oder bewegen ihn an eine bestimmte Stelle. All das machen Sie mit den Methoden zur Filmsteuerung, die wir Ihnen in Kapitel 6, »Einfache Filmsteuerung«, vorgestellt haben.

[o] Sehen Sie sich das gleich an einem einfachen Beispiel an; die entsprechende Datei heißt *movieplayerlight_videoeingebettet_AS3.fla*. Sie enthält die Schaltflächen zur Abspielsteuerung und ein eingebettetes Video, das sich innerhalb eines Movieclips befindet. Der Movieclip wurde mit einer Verknüpfung für ActionScript versehen. Die Klasse heißt `EingebettetesVideo`.

Dementsprechend müssen Sie zuerst ein Objekt der Klasse instantiieren und dies zur Anzeigeliste hinzufügen:

```
var video:EingebettetesVideo = new EingebettetesVideo();
platzhalter_mc.addChild(video);
```

Auf das Video können Sie direkt zugreifen, wenn Sie der eingebetteten Datei im Movieclip einen Namen geben. Hier trägt es ebenfalls den Namen `video`:

```
trace(video.video);
```

Sie erhalten damit das `Video`-Objekt und können z. B. Höhe und Breite noch anpassen. Nun muss aber zuerst einmal das Video angehalten werden. Und das geht, indem Sie einfach den Movieclip anhalten, in dem sich das Video befindet:

```
video.stop();
```

Für die übrige Abspielsteuerung kommen wieder die gewohnten Event-Listener zum Einsatz:

```
play_btn.addEventListener(MouseEvent.CLICK, abspielen);
stop_btn.addEventListener(MouseEvent.CLICK, anhalten);
pause_btn.addEventListener(MouseEvent.CLICK, pausieren);
```

Das Abspielen erfolgt mit `play()`:

```
function abspielen(evt:MouseEvent) {
    video.play();
}
```

Mit `gotoAndStop(0)` wird das Video angehalten:

```
function anhalten(evt:MouseEvent) {
    video.gotoAndStop(0);
}
```

Die Pause erfolgt in der Filmsteuerung mit `stop()`:

```
function pausieren(evt:MouseEvent) {
    video.stop();
}
```

17.3 Cue Points

Cue Points sind Haltepunkte innerhalb eines Videos. Sie können Cue Points am Anfang beim Import des Videos einfügen und natürlich auch in manchen Videoprogrammen entsprechende Punkte setzen. Es gibt drei Arten von Cue Points:

▶ Navigations-Cue-Points, mit denen Sie an bestimmte Stellen im Video springen können

▶ Ereignis-Cue-Points, die ein ActionScript-Ereignis auslösen, aber nicht zur Navigation dienen

▶ ActionScript-Cue-Points, die per ActionScript hinzugefügt werden und ebenfalls ein Ereignis auslösen

Die ersten beiden Arten von Cue Points werden in die FLV-Datei als Metadaten gepackt. Sie sind aus diesem Grund wesentlich exakter als mit ActionScript gesetzte Cue Points.

Cue Points anzeigen

[**o**] In der Datei *movieplayerlightmitsoundcuepoints.fla* finden Sie zwei Navigations-Cue-Points und einen Ereignis-Cue-Point.

Sie finden die Cue Points auch, wenn Sie im PARAMETER-Bedienfeld für die `FLV-Playback`-Komponente die Eigenschaft `cuePoints` ansehen (die nicht per Action-Script lesbar ist). Ein Doppelklick auf die Punkte öffnet ein Dialogfeld, in dem alle Cue Points versammelt sind und in dem Sie neue ActionScript-Cue-Points hinzufügen und wieder entfernen können. Die anderen zwei Arten von Cue Points lassen sich hier nicht löschen oder hinzufügen, da sie zur FLV-Datei und nicht zum Flash-Film gehören und dementsprechend nur beim Codieren der FLV-Datei angewandt werden können.

ActionScript-Cue-Points hinzufügen

Die ActionScript-Cue-Points lassen sich natürlich auch über ActionScript mit der Methode `addASCuePoint()` hinzufügen. Insgesamt können Sie auch einen Cue Point mit der Methode `setFLVCuePointEnabled(aktiviert, Cue Point)` deaktivieren. Der Cue Point kann über die Zeit oder den Namen gesetzt werden.

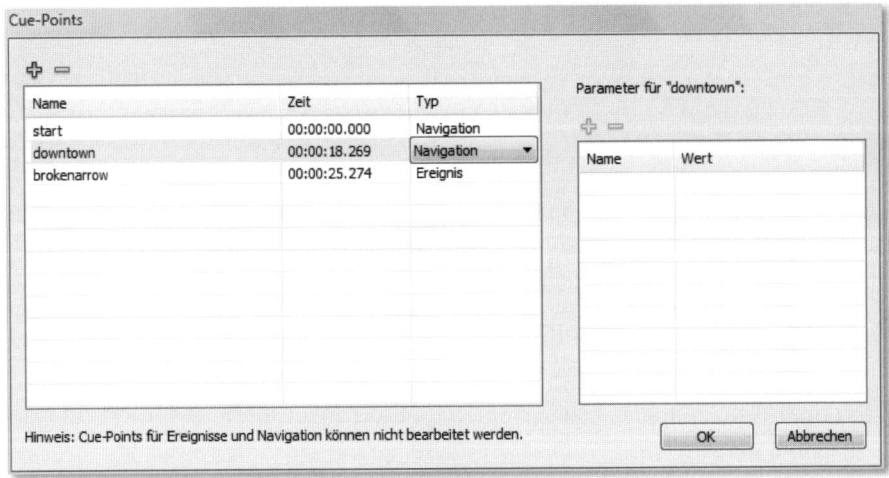

Abbildung 17.9 Ein Überblick über die Cue Points

Die normale Videosteuerung ist in der Beispieldatei schon vorhanden. Nun soll eine Cue-Point-Steuerung ergänzt werden. Dazu gibt es zwei Schaltflächen in der

Beispieldatei (`cue1_btn` und `cue2_btn`). Außerdem ist ein Textfeld mit dem Namen `textFeld_txt` vorhanden, das bei Erreichen des Ereignis-Cue-Points befüllt werden soll.

Schritt-für-Schritt: Mit Cue Points arbeiten

1 *Textfeld ausblenden*

Am Anfang blenden Sie das Textfeld aus:

```
textFeld_txt.visible = false;
```

2 *Klasse für Ereignis importieren*

Um auf Cue Points zu reagieren, importieren Sie die Klasse `MetadataEvent`:

```
import fl.video.MetadataEvent;
```

3 *Event-Listener für Cue Points hinzufügen*

Anschließend fügen Sie einen Event-Listener für das Ereignis `MetadataEvent` `.CUE_POINT` hinzu:

```
video.addEventListener(MetadataEvent.CUE_POINT, cueGefunden);
```

4 *Auf Ereignis-Cue-Point reagieren*

Die Event-Listener-Funktion prüft, ob der das Ereignis auslösende Cue Point den Namen `brokenarrow` trägt. Wenn ja, ist der Ereignis-Cue-Point mit diesem Namen erreicht, und das Textfeld wird eingeblendet:

```
function cueGefunden(evt:MetadataEvent) {
   if (evt.info.name == "brokenarrow") {
      textFeld_txt.visible = true;
   }
}
```

5 *Event-Listener für Schaltflächen*

Fügen Sie die Event-Listener für die beiden Cue-Point-Schaltflächen hinzu:

```
cue1_btn.addEventListener(MouseEvent.CLICK, cue1);
cue2_btn.addEventListener(MouseEvent.CLICK, cue2);
```

6 *cue1 anspringen*

Das Springen zu einem Cue Point funktioniert mit der Methode `seekToNavCue-Point(Name)`.

```
function cue1(evt:MouseEvent) {
    video.seekToNavCuePoint("start");
}
```

Alternativ zur genannten Methode können Sie auch vom einen zum anderen Navigations-Cue-Point springen. Zum nächsten gelangen Sie mit seekToNextNav-CuePoint() und seekToPrevNavCuePoint(). findCuePoint(Suchkriterium) sucht einen Cue Point, findNearestCuePoint(Suchkriterium) den nächstliegenden. Als Suchkriterium können Sie den Namen oder Zeitpunkt angeben.

7 cue2 anspringen

Zum Schluss springen Sie zum zweiten Movieclip:

```
function cue2(evt:MouseEvent) {
    video.seekToNavCuePoint("downtown");
}
```

Abbildung 17.10 Zu Cue Point 1 und dann zurück zu 2 ∎

17.4 Webcams

Zur Steuerung von Webcams über Flash gibt es die Klasse Camera im Paket flash.media. Sie enthält alle am Rechner eingerichteten Kameras. Sie können diese als Teil des Arrays names ausgeben:

```
trace(Camera.names);
```

Um eine Kamera anzuschließen, sind folgende Schritte notwendig:

Schritt-für-Schritt: Kamera einrichten

1 *Kamera ansprechen*

Ein `Camera`-Objekt erhalten Sie nicht durch Instantiieren, sondern mit der Methode `getCamera()`:

```
var kamera:Camera = Camera.getCamera();
```

Wie beim Mikrofon könnten Sie als optionalen Parameter noch den Index der gewünschten Kamera ansprechen. Im Normalfall reicht es aber, ohne diesen Parameter mit `getCamera()` gleich die erste Kamera zu verwenden.

2 *Erfolg prüfen*

Nun prüfen Sie, ob es eine Kamera gibt:

```
if (kamera != null) {
    //Video hinzufügen
}
```

3 *Video hinzufügen*

Ist die Kamera vorhanden, wird das Bild an ein neues `Video`-Objekt angefügt und in der Hauptzeitleiste platziert.

```
if (kamera != null) {
    var video:Video = new Video();
    video.attachCamera(kamera);
    video.x = 20;
    video.y = 21;
    addChild(video);
} ∎
```

Das fertige Beispiel finden Sie auf der DVD unter dem Namen *kamera_AS3.fla*. **[⊙]**

[+]

> **Media Server**
>
> Wenn Sie das Kamerabild mit anderen Benutzern austauschen möchten, benötigen Sie einen Media Server. Die Datenübertragung funktioniert in diesem Fall über `NetConnection` und `NetStream`.

17.5 Videos bearbeiten

Eine spannende Eigenschaft von Videos ist, dass sie wie normale Anzeigeobjekte bearbeitbar sind. Das heißt auch, dass Sie sie farblich verändern, Transparenz einstellen und sogar Masken hinzufügen können.

Abbildung 17.11   Die Bühne für das Beispiel

Diese Funktionen illustriert das folgende Beispiel. Es besteht aus Platzhaltern für die Videos. Verwendet werden sollen hier zwei kleinere Vorschauansichten und ein Hauptfenster, in dem das Video dann abläuft. Das Hauptfenster wird erst über ActionScript dynamisch hinzugefügt. Ein Film wird ausgewählt, indem der Benutzer auf die Voransicht klickt. Mit einer Checkbox aktivieren Sie eine Maske, die die Schrift »Mask« enthält und selbst ein Movieclip ist (`maske_mc`). Drei Slider-Komponenten steuern die Farbbestandteile Rot, Grün und Blau. Ein weiterer Regler ist für die Transparenz zuständig.

Slider-Event importieren

Für die Schieberegler benötigen Sie das `SliderEvent`. Die Klasse für den Schieberegler selbst müssen Sie hier nicht unbedingt importieren, da sich die Komponenten bereits auf der Bühne befinden.

```
import fl.events.SliderEvent;
```

Event-Listener hinzufügen

Als Nächstes folgen die Event-Listener für die einzelnen Schaltflächen. Die ersten zwei Schaltflächen sind die Videoplatzhalter. Da es sich auch um Anzeigeobjekte handelt, können sie problemlos auch klickbar gemacht werden. Außerdem vergeben Sie hier die Event-Listener für die Komponenten:

```
video1.addEventListener(MouseEvent.CLICK, videoHinzu);
video2.addEventListener(MouseEvent.CLICK, videoHinzu);
maskeCheck.addEventListener(Event.CHANGE, maskeHinzu);
transparenz.addEventListener(SliderEvent.CHANGE, aendereTransparenz);
farbeR.addEventListener(SliderEvent.CHANGE, aendereFarbe);
farbeG.addEventListener(SliderEvent.CHANGE, aendereFarbe);
farbeB.addEventListener(SliderEvent.CHANGE, aendereFarbe);
```

Platzhalter anlegen

Der Platzhalter für das Hauptvideo ist ein Objekt der Video-Klasse und kann als Anzeigeobjekt dynamisch zur Anzeigeliste hinzugefügt und korrekt positioniert werden:

```
var hauptvideo:Video = new Video();
hauptvideo.x = 29;
hauptvideo.y = 27;
addChild(hauptvideo);
```

Stream öffnen

Die Verbindung zu den externen FLV-Dateien wird mit NetConnection und NetStream erzeugt. Außerdem blenden Sie noch die Maske aus:

```
var nc:NetConnection = new NetConnection();
var ns:NetStream;
maske_mc.visible = false;
```

Video hinzufügen

Um eines der zwei Videos nun hinzuzufügen, löschen Sie zuerst den Platzhalter für das Hauptvideo und prüfen, ob noch ein Stream besteht. Wenn ja, wird er geschlossen. Anschließend öffnen Sie einen neuen Stream. Die URL des Streams ist die Quelle der bereits eingefügten Videovorschau (evt.target.source).

```
function videoHinzu(evt:MouseEvent) {
    hauptvideo.clear();
    if (ns != null) {
        ns.close();
    }
    nc.connect(null);
    ns = new NetStream(nc);
    ns.addEventListener(AsyncErrorEvent.ASYNC_ERROR, fehler);
    ns.play(evt.target.source);
    hauptvideo.attachNetStream(ns);
}
```

Fehler abfangen

Da ein Video bei einem NetStream ein AsyncErrorEvent auslösen kann, wenn keine Metadaten mitgeliefert werden, fangen Sie es in einer eigenen Event-Listener-Funktion ab:

```
function fehler(evt:AsyncErrorEvent) {
    trace(evt.text);
}
```

Maske steuern

Die Maske fügen Sie dem Video einfach mit der mask-Eigenschaft hinzu, die auch andere Anzeigeobjekte besitzen. Damit werden nur die Bereiche eingeblendet, die der Movieclip maske_mc enthält. Um die Maske zu deaktivieren, setzen Sie den Wert der Eigenschaft mask auf null:

```
function maskeHinzu(evt:Event) {
    if (evt.target.selected) {
        hauptvideo.mask = maske_mc;
    } else {
        hauptvideo.mask = null;
    }
}
```

Transparenz ändern

Die Transparenz ist ebenfalls eine Eigenschaft des Video-Anzeigeobjekts. Setzen Sie sie einfach auf den Wert des Schiebereglers:

```
function aendereTransparenz(evt:SliderEvent) {
    hauptvideo.alpha = evt.value;
}
```

Die richtigen Wertebereiche sind hier direkt in der Slider-Komponente im PARAMETER-Bedienfeld festgelegt worden. Dies könnten Sie natürlich per ActionScript vornehmen, da sich jeder Parameter einer Komponente auch mit ActionScript steuern lässt.

Farbe wechseln

Der Farbwechsel entspricht dem Vorgehen bei anderen Anzeigeobjekten (siehe Kapitel 14, »Drag & Drop und Transformationen«). Eine Fallunterscheidung prüft hier, wie der jeweils gesteuerte Regler heißt und setzt den Wert für diesen Slider.

```
function aendereFarbe(evt:SliderEvent) {
    var trans:ColorTransform = new ColorTransform();
```

```
trans = hauptvideo.transform.colorTransform;
switch (evt.target.name) {
    case "farbeR" :
        trans.redOffset = evt.value;
        break;
    case "farbeG" :
        trans.greenOffset = evt.value;
        break;
    case "farbeB" :
        trans.blueOffset = evt.value;
        break;
    }
    hauptvideo.transform.colorTransform = trans;
}
```

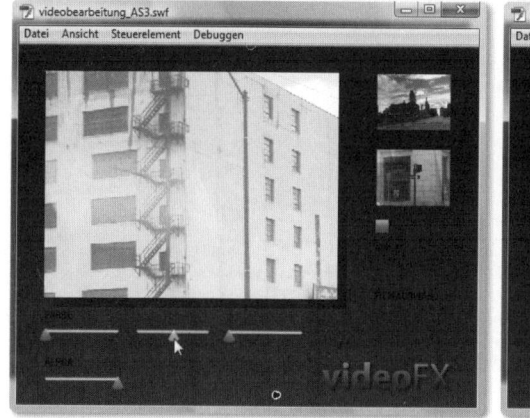

Abbildung 17.12 Der Benutzer lädt Videos und kann ihre Optik verändern.

Das fertige Beispiel finden Sie auf der DVD unter dem Namen *videobearbeitung_* [⊙]
AS3.fla.

»Schlecht außen, kostbar innen.«
– Shakespeare

18 Externe Filme

Eine Flash-Anwendung besteht in der Praxis oft nicht nur aus einem, sondern aus mehreren SWF-Filmen. Diese externen Filme sorgen für viel Flexibilität: Sie können für jedes Produkt einen eigenen Film anlegen und dann alle im Hauptfilm sammeln. Für diese Aktion benötigen Sie ActionScript. In ActionScript 3 ist für den Zugriff auf externe Filme und Bilder die Loader-Klasse zuständig.

18.1 Externe Filme laden

Das Laden eines externen Films funktioniert mit der Klasse Loader. Diese Klasse gehört zu den Anzeigeobjekten und ist folgerichtig auch im Paket flash.display zu finden. Der Loader funktioniert sehr einfach. Sie erstellen ein Loader-Objekt und laden dann eine URL mit der Methode load(). Die URL ist – wie immer in ActionScript 3 – ein URLRequest-Objekt. Da das Loader-Element ein Anzeigeobjekt ist, können Sie es einfach mit addChild() an ein anderes Element anfügen:

```
var laden:Loader = new Loader();
laden.load(new URLRequest("extern.swf"));
addChild(laden);
```

Natürlich ist es auch möglich, eine externe SWF-Datei nicht an eine aktive Anzeigeliste anzuhängen. Der Vorteil: Sie können dann nur die Werte und Skripte bzw. Bibliotheksinhalte dieser Datei nutzen.

Tiefen, Level und _lockroot   [+]

In ActionScript 1 und 2 wurden externe Filme auf eigene Level oder in andere Movieclips geladen (mit loadMovie()). In ActionScript 3 gibt es dieses Konzept nicht mehr. Stattdessen ist der Loader selbst ein Anzeigeobjekt. _lockroot gibt es in ActionScript 3 nicht mehr. Das Wurzelelement eines Objekts ist immer der jeweiligen Anzeigeliste zugeordnet, sprich, der neu hinzugefügte Film besitzt für seinen obersten Anzeige-Container immer ein Wurzelelement.

Neben der `load()`-Methode gibt es noch die `loadBytes()`-Methode. Sie lädt die externen Bytes in ein `ByteArray`. Ein `ByteArray` im Einsatz sehen Sie in Kapitel 16, »Sound«.

Um einen Ladevorgang abzubrechen, verwenden Sie die Methode `close()`. Im Gegensatz dazu wird ein Element mit `unload()` wieder entfernt. Allerdings ist nicht sicher, ob das Element im Hauptspeicher auch gelöscht wird. Nur die Zuordnung zum `Loader` wird aufgelöst.

Den Inhalt eines `Loader`-Objekts erhalten Sie mit der Eigenschaft `content`. Über `contentLoaderInfo` gibt es zusätzlich ein Objekt mit Informationen zum Ladezugang. Mehr dazu zeigt das Beispiel im nächsten Abschnitt.

[+] | **Sicherheit**

Je nach Sicherheitssandbox können Sie eine externe SWF-Datei eventuell aus Sicherheitsgründen nicht laden. Aus einer lokalen Datei lassen sich beispielsweise keine Dateien aus einer Netzwerksandbox laden. Eine *crossdomain.xml*-Datei im Hauptverzeichnis kann hier Abhilfe schaffen (siehe dazu auch *http://www.adobe.com/devnet/ flashplayer/articles/fplayer9_security.html*). Und auch bei einem Cross-Domain-Zugriff muss die jeweilige Domain erlaubt sein:

`Security.allowDomain("domain.de");`

Eventuelle Sicherheitsprobleme können Sie mit dem Fehlerereignis `SecurityError` abfangen.

Ein einfaches Beispiel

[o] | Wie Sie mit externen Filmen arbeiten, zeigen wir Ihnen anhand eines Beispiels. Ausgangspunkt ist die Datei *externefilme.fla* auf der DVD. Sie besteht aus drei Schaltflächen auf der rechten Seite, die zwischen verschiedenen Textilienarten durchschalten sollen. Auf der linken Seite befindet sich das Produktfenster, in dem Sie die externen SWF-Filme für die einzelnen Textilien laden.

Unter dem Produktfenster finden Sie eine Schaltfläche. Diese soll die Ansicht der Kleidungsstücke von Vorder- zu Rückansicht und umgekehrt wechseln. Der Trick dabei: Beide Zustände sind in den externen SWF-Filmen *hose.swf, langarm.swf* und *shirt.swf* als eigene Schlüsselbilder hinterlegt, sprich, das Umschalten erfolgt mit der normalen Filmsteuerung.

[!] | **Fehlerquelle**

Wichtig ist, dass Sie aus dem externen Flash-Film, den Sie laden möchten, auch eine SWF-Datei gemacht haben. Klingt selbstverständlich, ist aber oft ein Knackpunkt.

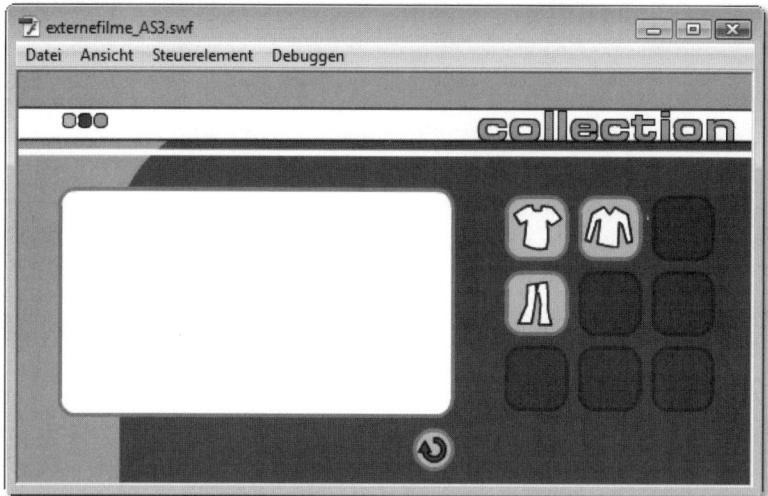

Abbildung 18.1 Im Produktfenster auf der linken Seite sollen die Filme für die Kleidungsstücke geladen werden.

Schritt-für-Schritt: Mit externen Filmen arbeiten

1 Loader erstellen

Erstellen Sie einen neuen Loader:

```
var laden:Loader = new Loader();
laden.x = 38;
laden.y = 90;
```

Der Loader wird mit den Eigenschaften x und y positioniert. Sie erinnern sich, dass der Loader als Anzeigeobjekt natürlich alle Eigenschaften aus der Klasse Display-Object kennt. Die Hauptzeitleiste der geladenen SWF-Datei befindet sich innerhalb des Loaders in der Eigenschaft content.

2 Loader hinzufügen

Anschließend fügen Sie den Loader an die Hauptzeitleiste an:

```
addChild(laden);
```

Dies kann geschehen, bevor ein externer Film geladen ist. Hier soll nämlich das Laden des Films zentral in einer Event-Listener-Funktion vorgenommen werden – abhängig davon, welche Schaltfläche geklickt wurde. Daher erstellen Sie auch noch ein URLRequest-Objekt:

```
var url:URLRequest = new URLRequest();
```

3 Event-Listener hinzufügen

Anschließend benötigen Sie die Event-Listener für die drei Schaltflächen:

```
produktwahl1_
btn.addEventListener(MouseEvent.CLICK, ladeExterneFilme);
produktwahl2_
btn.addEventListener(MouseEvent.CLICK, ladeExterneFilme);
produktwahl3_
btn.addEventListener(MouseEvent.CLICK, ladeExterneFilme);
```

Sie verweisen alle auf die gleiche Funktion, die für alle Schaltflächen gelten soll.

4 Filme laden

Die Event-Listener-Funktion prüft in einer `switch`-Fallunterscheidung den Namen der angeklickten Schaltfläche. Je nach angeklickter Schaltfläche setzen Sie die Adresse (Eigenschaft `url`) des `URLRequest`-Objekts. Zum Schluss laden Sie für den `Loader` die URL:

```
function ladeExterneFilme(evt:MouseEvent) {
    switch (evt.target.name) {
        case "produktwahl1_btn":
            url.url = "shirt.swf";
            break;
        case "produktwahl2_btn":
            url.url = "langarm.swf";
            break;
        case "produktwahl3_btn":
            url.url = "hose.swf";
            break;
    }
    laden.load(url);
}
```

5 Ansicht wechseln

Um die Ansicht des geladenen Films zu ändern, müssen Sie auf die Zeitleiste des geladenen externen Films zugreifen. Dies geschieht mit der `content`-Eigenschaft des Loaders:

```
ansicht_btn.addEventListener(MouseEvent.CLICK, wechsleAnsicht);
function wechsleAnsicht(evt:MouseEvent) {
    if (laden.content != null) {
        laden.content.nextFrame();
    }
}
```

Sie sollten hier zuerst noch überprüfen, ob die content-Eigenschaft schon einen Wert besitzt. Dies fängt den Fall ab, dass der Benutzer klickt, bevor ein Film geladen ist.

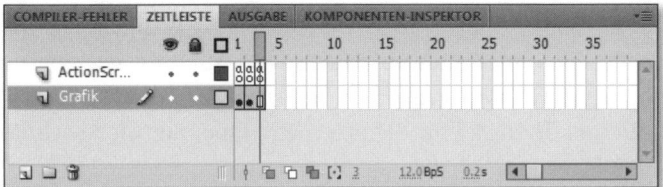

Abbildung 18.2 Die Schlüsselbilder für den geladenen Film werden durchgeschaltet.

6 Ereignis für geladenen Film abfangen

Als zusätzliche Information können Sie über die contentLoaderInfo das Ereignis Event.COMPLETE abfragen.

```
laden.contentLoaderInfo.addEventListener(Event.COMPLETE, geladen);
function geladen(evt:Event) {
    trace("Externer Film wurde geladen!");
    trace(evt.target.content);
}
```

contentLoaderInfo liefert ein LoaderInfo-Objekt. Dieses Objekt ist auch die Grundlage von Preloadern, wie Sie sie in Kapitel 19, »Vorladen und Player erkennen«, kennen lernen werden.

Abbildung 18.3 Der externe Film mit dem Produkt erscheint; Vorder- und Rückansicht lassen sich einfach wechseln. ■

Die fertige Datei auf der DVD trägt den Namen *externefilme_AS3.fla*. Statt nur die **[o]** Ansicht zu wechseln, können Sie natürlich auch andere Einstellungen in den geladenen Filmen verändern. Wie wäre es beispielsweise mit unterschiedlich farbigen T-Shirts oder verschiedenen Größen?

18.2 Externe Bilder

Bilder werden in ActionScript genauso geladen wie externe SWF-Filme. Sie können alle Webgrafikformate laden: JPEGs, nicht animierte GIFs und PNGs. Sie geben das Bild als URL in `Loader.load()` an. Als kleine Übung wandeln wir das Beispiel mit den drei externen Filmen ein wenig ab und laden stattdessen externe JPEG-Dateien auf Knopfdruck. Die Ausgangsdatei *externebilder.fla* auf der DVD unterscheidet sich kaum von der Datei für die externen Filme, nur die Schaltfläche zum Wechseln der Bilder fehlt.

[O]

> **Bitmaps bearbeiten**
>
> In ActionScript 3 gibt es hervorragende Möglichkeiten, um Bitmap-Bilder zu bearbeiten. Mehr dazu lesen Sie in Kapitel 20, »Bitmaps, Filter und Pixel Bender«.

Schritt-für-Schritt: Externe Bilder laden

1 *Loader anlegen*

Der Anfang ist identisch, Sie erstellen einen Loader für die Bilder:

```
var laden:Loader = new Loader();
laden.x = 112;
laden.y = 100;
```

Die Positionierung ist aus optischen Gründen ein wenig anders, da die externen Bilder schmaler sind.

2 *Event-Listener hinzufügen*

Anschließend fügen Sie die Event-Listener hinzu:

```
produktwahl1_
btn.addEventListener(MouseEvent.CLICK, ladeExterneBilder);
produktwahl2_
btn.addEventListener(MouseEvent.CLICK, ladeExterneBilder);
produktwahl3_
btn.addEventListener(MouseEvent.CLICK, ladeExterneBilder);
```

3 *JPEGs laden*

Anschließend laden Sie die JPEGs:

```
function ladeExterneBilder(evt:MouseEvent) {
    switch (evt.target.name) {
        case "produktwahl1_btn":
```

```
            url.url = "shirt.jpg";
            break;
        case "produktwahl2_btn":
            url.url = "langarm.jpg";
            break;
        case "produktwahl3_btn":
            url.url = "hose.jpg";
            break;
    }
    laden.load(url);
}
```

 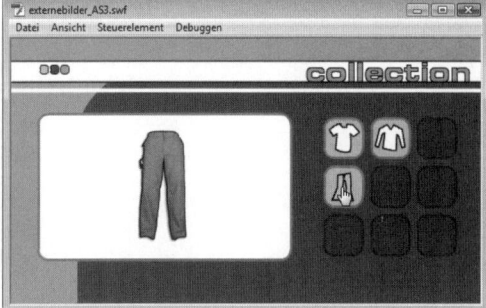

Abbildung 18.4   Nun wechseln die Bilder auf Knopfdruck. ■

Die fertige Datei auf der DVD trägt den Namen *externebilder_AS3.fla*.   **[○]**

Sie können nun noch eine Sicherheitsüberprüfung einbauen, falls ein Bild nicht vorhanden ist. Dies ist ein großer Fortschritt gegenüber vorigen Flash-Versionen, bei denen solch direktes Feedback nicht möglich war. Ein entsprechendes Fehlerereignis ist IOErrorEvent.IO_ERROR. Ein Event-Listener könnte so aussehen:

```
laden.contentLoaderInfo.addEventListener(IOErrorEvent.IO
ERROR, fehler);
function fehler(evt:IOErrorEvent) {
    trace(evt.text);
}
```

Statt nur eine Ausgabe zu machen, können Sie natürlich auch, falls ein Bild nicht geladen ist, ein Standardbild verwenden. Ein Beispiel zum Laden von Bildern finden Sie auch in Kapitel 24, »XML«.

»Wer recht erkennen will,
muss zuvor in richtiger Weise gezweifelt haben.«
– Aristoteles

19 Vorladen und Player erkennen

Bei größeren Filmen »tröpfeln« die Daten manchmal sehr langsam durch die Leitung. Damit die schöne Animation oder das mitreißende Video nicht mit Aussetzern abgespielt wird oder der Nutzer womöglich gar kein Bild sieht, kommen Preloader zum Einsatz. Auf Deutsch heißt Preloader einfach Vorlader. Wir zeigen Ihnen hier, was dahintersteckt und wie Sie Vorlader geschickt einsetzen, um die Wartezeit für den Benutzer zu verringern.

Im Gegensatz zum Preloader kommt die Versionserkennung für den Flash Player eher selten zum Einsatz. Dabei kann sie durchaus interessante Fragen beantworten: Ist ein Flash Player vorhanden? Wenn ja, welche Version?

19.1 Vorladen

Vorladen ist einfach zu realisieren. Sie benötigen:

▶ Einen Loader zum Laden der externen Daten,

▶ eine Grafik, ein Textfeld oder eine Komponente, die den Ladestatus anzeigt,

▶ ein Ereignis zum regelmäßigen Überprüfen des Fortschritts und

▶ ein Skript, das prüft, wie viel Prozent eines Films schon geladen sind.

In den folgenden Abschnitten sehen Sie Beispiele mit einer eigenen Ladeleiste in Form eines Movieclips und mit der ProgressBar-Komponente.

19.1.1 Eigene Ladeleiste

Auf der DVD finden Sie die Datei *preloader.fla*, die bereits zwei Textfelder ent- **[0]** hält. kbgesamt_txt ❶ soll die Gesamtzahl der Kilobytes des zu ladenden Elements enthalten. kbgeladen_txt ❷ enthält die schon geladenen Kilobytes. Das wichtigste Element für den eigenen Ladebalken ist die Ladeanzeige. Er heißt in diesem

Fall `balken_mc`. Seine Länge soll anzeigen, wie viel Prozent schon geladen sind. Er liegt in einem weißen Kasten, der die gesamte Größe angibt.

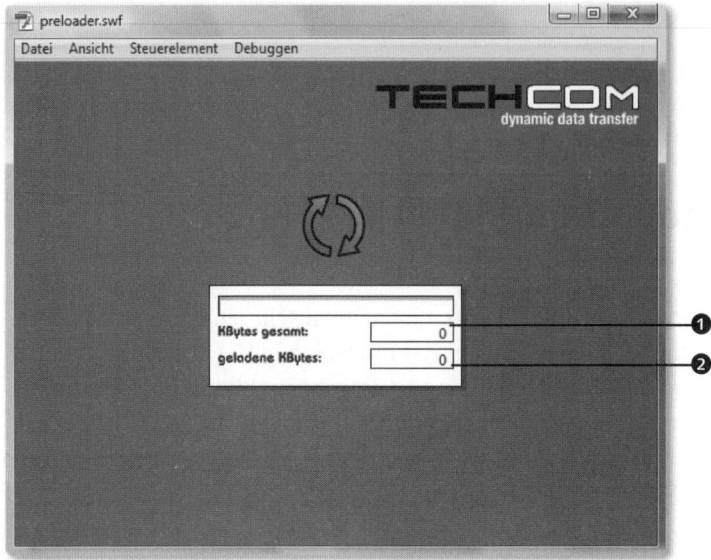

Abbildung 19.1   Die Ausgangsdatei mit Leiste und Textfeldern

◢ *Schritt-für-Schritt: Preloader mit eigener Ladeleiste*

1   *Loader anlegen*

Zuerst erstellen Sie den `Loader`. Zum Testen wird hier auf eine externe SWF-Datei mit einem Video zugegriffen:

```
var laden:Loader = new Loader();
var url:URLRequest = new URLRequest("testvideo.swf");
laden.x = 20;
laden.y = 60;
```

Videos können natürlich als FLV über progressives Streaming geladen werden. Das Video hier dient also nur zu Testzwecken, um Dateigröße zu »simulieren«.

2   *Event-Listener für den Fortschritt angeben*

Für den Fortschritt gibt es in ActionScript 3 ein eigenes Ereignis `Progress-Event.PROGRESS`. Dieses Ereignis ist nicht direkt dem `Loader` zugeordnet, sondern dem `LoaderInfo`-Objekt unter `contentLoaderInfo`.

```
laden.contentLoaderInfo.addEventListener(ProgressEvent.PROGRESS,
    fortschritt);
```

Damit sparen Sie sich regelmäßige Aufrufe mit ENTER_FRAME. Das PROGRESS-Ereignis wird bei jedem Ladefortschritt aufgerufen, ist also immer aktuell und muss nicht beendet werden.

3 *Event-Listener für das Ende des Ladevorgangs angeben*

Anschließend verwenden Sie das Ereignis Event.COMPLETE wieder für das LoaderInfo-Objekt, um abzufangen, wenn die externe Datei fertig geladen ist:

```
laden.contentLoaderInfo.addEventListener(Event.COMPLETE, fertig);
```

4 *Laden und hinzufügen*

Nun müssen Sie den Ladevorgang starten und den Loader zur Anzeigeliste hinzufügen:

```
laden.load(url);
addChild(laden);
```

5 *Textfelder belegen*

Als Nächstes kommt die Event-Listener-Funktion für das PROGRESS-Ereignis. Hier lesen Sie aus dem ProgressEvent die bereits geladenen und die insgesamt vorhandenen Bytes ein und wandeln sie in Kilobytes um, indem Sie sie durch 1.000 teilen:

```
function fortschritt(evt:ProgressEvent) {
    kbgeladen_txt.text = Math.round(evt.bytesLoaded / 1000);
    kbgesamt_txt.text = Math.round(evt.bytesTotal / 1000);
    //...
}
```

Diese Information, die Gesamtbytes und die geladenen Bytes, sind die Grundlage für jede Art von Preloading.

6 *Fortschritt berechnen*

Nun müssen Sie noch den Fortschrittsbalken berechnen. Hierzu errechnen Sie den Prozentwert der schon geladenen Byte im Verhältnis zu den Gesamtbyte.

```
function fortschritt(evt:ProgressEvent) {
    kbgeladen_txt.text = Math.round(evt.bytesLoaded / 1000);
    kbgesamt_txt.text = Math.round(evt.bytesTotal / 1000);
    var prozent:int = 100 * evt.bytesLoaded / evt.bytesTotal;
    balken_mc.width = prozent * 2;
}
```

Die Balkenbreite ist doppelt so groß wie der Prozentwert, da der Gesamtbalken 200 Pixel breit ist.

[+]

Variationen

Die Fortschrittsanzeige kann natürlich auf vielfältige Art variiert werden. Mit der Höhe (height) können Sie einen vertikalen Balken erzeugen. Mit rotation lassen sich aber auch runde Fortschrittsbalken erstellen. Alternativ bewegen Sie mit dem Prozentwert eine Maske über die Inhalte. Hier sind Ihrer Fantasie keine Grenzen gesetzt.

7 Laden testen

Um das Laden zu testen, öffnen Sie den Film. Da die Videodatei lokal aufgerufen wird, ist sie natürlich sofort geladen. Um den Preloader zu testen, verwenden Sie ANSICHT • DOWNLOAD SIMULIEREN im Test-Flash-Player. Unter ANSICHT • DOWNLOAD-EINSTELLUNGEN können Sie verschiedene Bandbreiten für die simulierte Internetverbindung angeben.

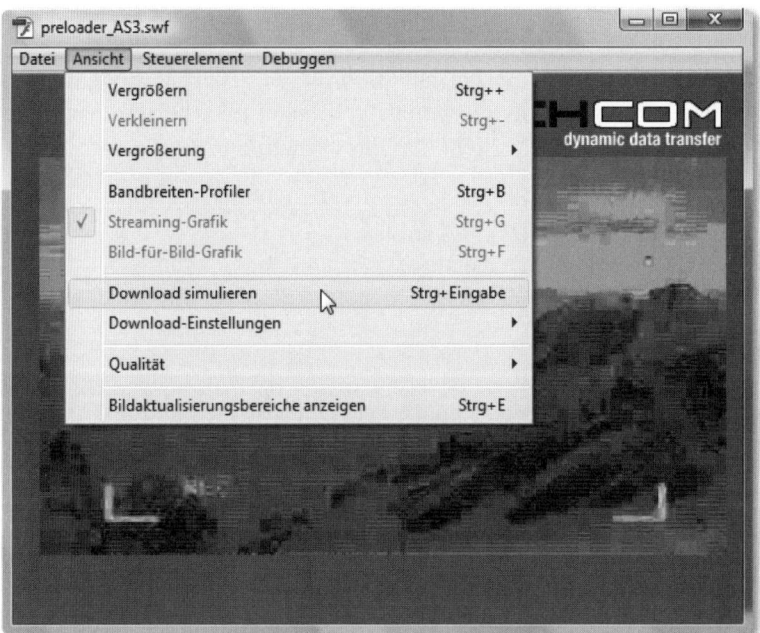

Abbildung 19.2 Um das Laden zu testen, aktivieren Sie ANSICHT • DOWNLOAD SIMULIEREN.

Noch mehr Informationen erhalten Sie, wenn Sie den BANDBREITEN-PROFILER im Menü ANSICHT aktivieren.

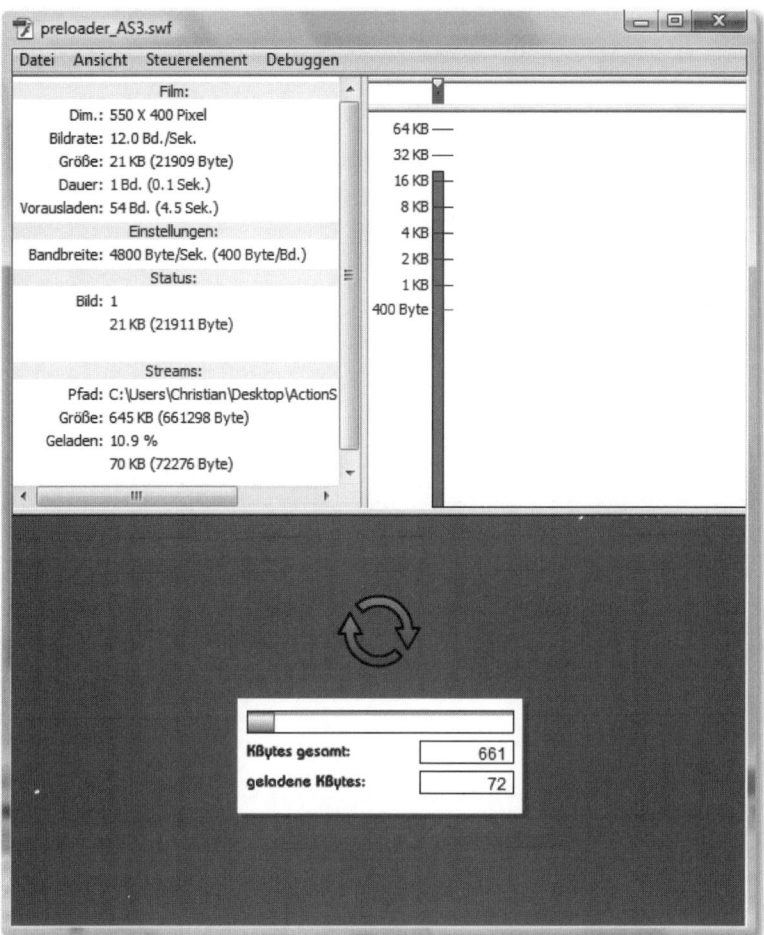

Abbildung 19.3 Der Bandbreiten-Profiler

8 Laden beendet

Nach Abschluss des Ladens können Sie nun noch Aufräumarbeiten vornehmen. Hierfür ist die Event-Listener-Funktion `fertig()` vorhanden. Im vorliegenden Beispiel überdeckt das Video einfach die Ladeanzeige. Deswegen ist hier keine weitere Aktion notwendig.

Die fertige Datei finden Sie auf der DVD (*preloader_AS3.fla*). **[○]**

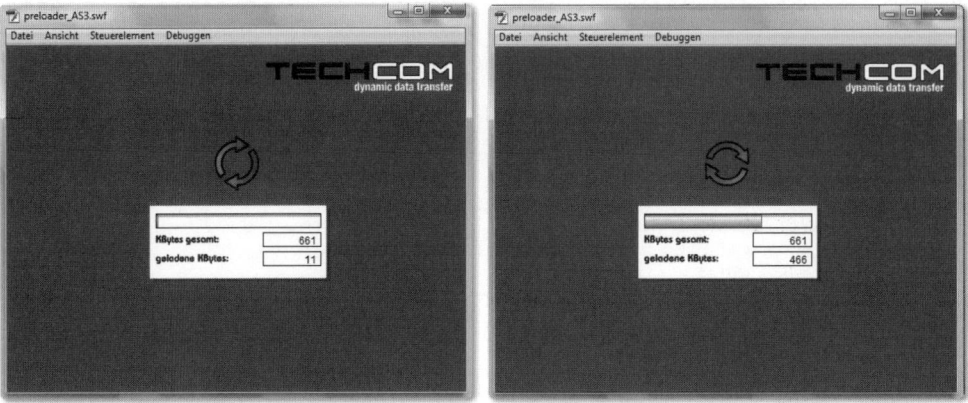

Abbildung 19.4   Der Fortschrittsbalken bewegt sich.

19.1.2   ProgressBar-Komponente

Die `ProgressBar`-Komponente finden Sie im KOMPONENTEN-Bedienfeld unter USER INTERFACE. Aus ActionScript-Sicht liegt die dazugehörige Klasse innerhalb des Pakets `fl.controls`. Diese Komponente soll nun im Preloader-Beispiel aus dem letzten Abschnitt ergänzt werden. Sie wird in diesem Fall dynamisch per ActionScript hinzugefügt. Die entsprechenden Elemente müssen allerdings in der Bibliothek vorliegen.

Schritt-für-Schritt: ProgressBar-Komponente einsetzen

1   *Klassen importieren*

Zuerst benötigen Sie die Klassen für die Komponente:

```
import fl.controls.ProgressBar;
import fl.controls.ProgressBarMode;
```

Der `ProgressBarMode` legt fest, wie der Fortschrittsbalken befüllt wird. Beide Klassen müssen hier für die Komponenten unbedingt importiert werden.

2 *Objekt instantiieren*

Nun instantiieren Sie ein Objekt der `ProgressBar`-Klasse:

```
var leiste:ProgressBar = new ProgressBar();
```

3 *Leiste positionieren*

Nun positionieren Sie noch die Leiste:

```
leiste.move(200, 300);
```

Hier werden nicht die Koordinaten eingesetzt, sondern die Methode `move(x, y)`.

4 *Modus festlegen*

Anschließend legen Sie den Modus auf manuelle Anpassung fest:

```
leiste.mode = ProgressBarMode.MANUAL;
```

Das heißt, dass Sie den Wert für den Fortschrittsbalken selbst in einer Event-Listener-Funktion für das `ProgressEvent.PROGRESS`-Ereignis definieren.

5 *Leiste hinzufügen*

Fügen Sie die Leiste zur Hauptzeitleiste hinzu:

```
addChild(leiste);
```

6 *Event-Listener hinzufügen*

Wie beim normalen Preloader benötigen Sie wieder zwei Event-Listener:

```
laden.contentLoaderInfo.addEventListener(ProgressEvent.PROGRESS,
  fortschritt);
laden.contentLoaderInfo.addEventListener(Event.COMPLETE, fertig);
```

7 *Fortschrittsbalken befüllen*

Um den Fortschrittsbalken zu befüllen, rechnen Sie den Prozentwert aus und setzen den Wert mit `setProgress()`.

```
function fortschritt(evt:ProgressEvent) {
    var prozent:int = 100 * evt.bytesLoaded / evt.bytesTotal;
    leiste.setProgress(prozent, 100);
}
```

Die Methode `setProgress(AktuellerWert, MaximalWert))` übernimmt als ersten Parameter den aktuellen Wert, als zweiten den Maximalwert.

8 *Bei Fertigstellung ausblenden*

Ist der Ladevorgang beendet, sollten Sie die Leiste ausblenden:

```
function fertig(evt:Event) {
    leiste.visible = false;
}
```

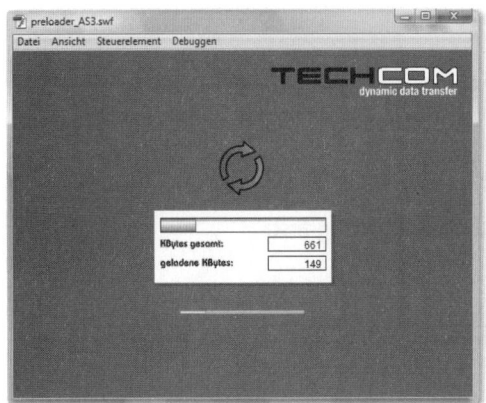 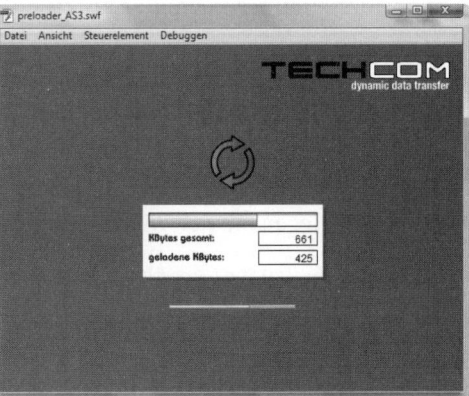

Abbildung 19.5 Die Komponente zeigt zusätzlich unter dem eigenen einen neuen Forschrittsbalken. ∎

19.2 Player-Erkennung

Gegenüber dem JavaScript-Programmierer hat der ActionScript-Programmierer relativ wenig Probleme: In JavaScript muss er viele unterschiedliche Browser beachten und auf die älteren Browser Rücksicht nehmen. In ActionScript entscheidet er sich zu Anfang, für welche Player-Version der Flash-Film entstehen soll, und verwendet dann nur die Befehle für diese Version. Mit ActionScript 3 sind hier ohnehin keine Wahlmöglichkeiten vorhanden; der Flash Player mit der Version 9 muss es sein. Zu berücksichtigen ist mittlerweile auch, dass sich der jeweils neueste Flash Player relativ schnell verbreitet. Deswegen bietet sich ein Test zur Überprüfung an, welche Flash-Player-Version ein System installiert hat. Daraus lassen sich dann Konsequenzen für die richtige Reaktion ziehen.

[+] **Vollständig erkannt?**

Eine vollständige Player-Erkennung erfordert einigen Aufwand und noch mehr Aktualität; sie würde den Rahmen dieses Buchs sprengen. Wir verweisen daher auf hervorragende Erkennungen für verschiedene Anforderungen.

Die Erkennung lässt sich in zwei Bereiche unterteilen:

1. Um nur zu erkennen, ob der Flash Player im Browser vorhanden ist, müssen Sie auf JavaScript zurückgreifen.

2. Die Erkennung, um welche Flash-Version es sich handelt, kann direkt in einer Flash-Datei erfolgen.

In Flash CS3 und CS4 müssen Sie sich um die Flash-Erkennung nicht selbst kümmern. Dort finden Sie in den Einstellungen für Veröffentlichungen (Menü Datei) im Register HTML eine Option, um die Flash-Version festzustellen.

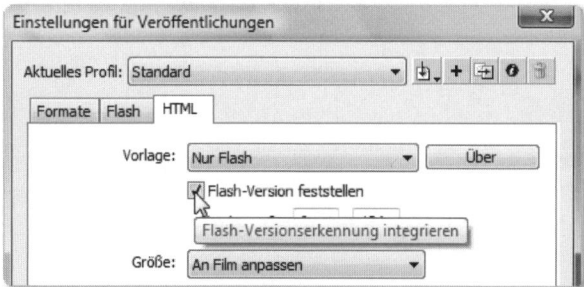

Abbildung 19.6 Die Flash-Erkennung in Flash CS4

Internet-Explorer-Aktivierrahmen [!]

Im Internet Explorer ab Version 6 müssen ActiveX-Inhalte erst aktiviert werden. Das heißt, der Nutzer muss darauf klicken und dann in einer separaten Leiste bestätigen. Um das zu vermeiden, verwendet man JavaScript, um den SWF-Film in die HTML-Seite einzubinden. Dann wird kein Aktivierrahmen mehr angezeigt. Falls der Benutzer JavaScript nicht aktiviert hat, wird die SWF-Datei im `<noscript>`-Bereich ausgegeben. Dieses Vorgehen gab es lange Zeit nur in externen Tools wie SWFObject *(http://code.google.com/ p/swfobject/)*. Mittlerweile wird auch beim Veröffentlichen von Flash eine passende JavaScript-Datei mitgegeben und der JavaScript-Code in die HTML-Seite eingebaut. Übrigens, in den IE-Versionen die mit Vista Service Pack 1 und XP Service Pack 3 geliefert werden, soll der Aktivierrahmen wieder wegfallen.

Darunter legen Sie fest, welche Versionen genau geprüft werden sollen.

Detection Kit von Adobe

Adobe bietet seine Flash-Erkennung auch als Detection Kit für ältere Flash-Versionen und zur direkten Integration in Dreamweaver an *(http://www.adobe.com/ products/flashplayer/download/detection_kit/)*. Allerdings ist dies zum Zeitpunkt der Drucklegung noch für die Flash-Version 8 aktuell.

[+] **Alternativen**

Natürlich sind im Netz eine Reihe anderer Versionserkennungen, gerade für ältere Flash Player, zu finden. Eine sehr gute Versionsunterscheidung bietet, wie schon erwähnt, SWFObject, das auch den Internet-Explorer-Aktivierrahmen vermeidet *(http:// code.google.com/p/swfobject/)* und dem Nutzer standardkonforme Alternativen liefert, wenn der Flash Player nicht installiert ist.

»Kunst ist kein Abbild der realen Welt.«
– Virginia Woolf

20   Bitmaps, Filter und Pixel Bender

Flash kommt eigentlich aus der Vektorgrafikwelt. Dort sind Formen durch Punkte, Linien und Füllungen definiert. Bei Bitmaps ist das anders. Sie bestehen aus einzelnen Pixeln. Jedes Pixel hat einen eigenen Farbwert. Und viele Hunderte, Tausende oder Hundertausende Pixel bilden ein sogenanntes Bitmap-Bild. In Flash haben Bitmaps bisher nur eine untergeordnete Rolle gespielt; sie konnten eingefügt werden, waren aber ohne Funktion. In ActionScript 3 ist das anders. Hier gibt es eine eigene `Bitmap`-Klasse. Diese Klasse erlaubt es, auf Bitmap-Bilder zuzugreifen. Mit der dazugehörigen Klasse `BitmapData` lesen Sie einzelne Pixel aus und verändern sie. Wer großflächigere Änderungen erzielen möchte, kann auf die ebenfalls neuen Filter setzen, die auch mit der `BitmapData`-Klasse arbeiten. Eigene Filter sind mit dem Pixel Bender, einem separat von Adobe erhältlichen kostenfreien Programm möglich.

20.1   Auf Pixelebene arbeiten

Um Pixeldaten aus einem Bild zu gewinnen, benötigen Sie Zugriff darauf. Der Schlüssel dazu ist die `Bitmap`-Klasse. Ein `Bitmap`-Objekt ist ein Anzeigeobjekt, besitzt also alle Eigenschaften und Methoden von `DisplayObject`. Es gibt zwei Arten, ein `Bitmap`-Objekt zu erstellen:

1. Sie laden ein externes Bild oder ein Bild aus der Bibliothek.
2. Sie erstellen eine neue Bitmap, indem Sie ein `Bitmap`-Objekt instantiieren.

Die `Bitmap`-Klasse selbst besitzt nur sehr wenige Eigenschaften und zwar nur von den übergeordneten Anzeigeklassen: `smoothing` glättet Kanten im Bild beim Skalieren, und `pixelSnapping` steuert die Anordnung der Pixel. Die wichtigste Eigenschaft aber ist `bitmapData`. Sie enthält ein `BitmapData`-Objekt. Die dazugehörige Klasse liefert alle notwendigen Funktionen, um Pixel auszulesen und zu setzen.

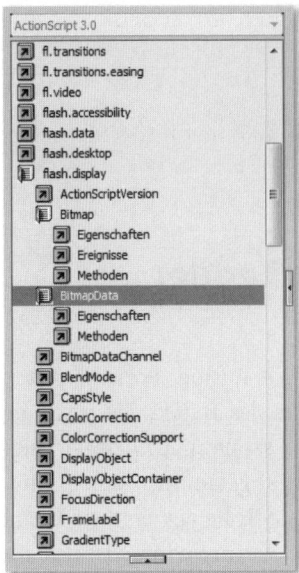

Abbildung 20.1 Die Klassen `Bitmap` und `BitmapData`

20.1.1 Ein Beispiel

Das folgende Beispiel soll aus einem Bild immer das Pixel auslesen, auf dem sich gerade die Maus befindet. Dazu wird ein Bild mit einem `Loader`-Objekt geladen. Das Beispielbild trägt den Namen *foto.jpg*. Der Rahmen ist in der Datei *bitmap.fla* auf der DVD zu finden.

Schritt-für-Schritt: Pixel auslesen

1 Ein Bild laden

Das Bild laden Sie mit einem `Loader`-Objekt:

```
var laden:Loader = new Loader();
var url:URLRequest = new URLRequest("foto.jpg");
laden.x = 10;
laden.y = 10;
laden.load(url);
```

2 Event-Listener hinzufügen

Fügen Sie zum `Loader` einen Event-Listener für den fertigen Ladevorgang hinzu:

```
laden.contentLoaderInfo.addEventListener(Event.COMPLETE, fertig);
addChild(laden);
```

Dieser Event-Listener wird dazu dienen, die Bitmap-Daten auszulesen.

3 *Variablen für Bitmap-Daten*

Legen Sie jeweils eine Variable für die Bitmap-Daten und eine für das Bild selbst an:

```
var bildDaten:BitmapData;
var bild:Bitmap;
```

Die Variablen kommen in den folgenden Event-Listener-Funktionen zum Einsatz.

4 *Bilddaten nach dem Laden befüllen*

In der Event-Listener-Funktion fertig() prüfen Sie zuerst, ob der Loader bereits Inhalt besitzt. Wenn ja, wird der Inhalt in ein Bitmap-Objekt umgewandelt. Aus diesem gewinnen Sie dann mit der Eigenschaft bitmapData die Bitmap-Daten in Rohform. Sie enthalten jedes Pixel. Anschließend fügen Sie für alle Mausbewegungen einen Event-Listener zur Bühne hinzu:

```
function fertig(evt:Event) {
  if (laden.content != null) {
    bild = Bitmap(laden.content);
    bildDaten = bild.bitmapData;
    stage.addEventListener(MouseEvent.MOUSE_MOVE, bewegen);
  }
}
```

5 *Pixel auslesen*

Bei jeder Mausbewegung lesen Sie in der entsprechenden Event-Listener-Funktion bewegen() das Pixel aus den Bilddaten aus, das den aktuellen Mauskoordinaten entspricht:

```
function bewegen(evt:MouseEvent) {
  var pixel:uint = bildDaten.getPixel(evt.target.mouseX, evt.target.mouseY);
```

Die Funktion getPixel(x, y) liefert einen hexadezimalen Farbwert für das jeweilige Pixel.

6 *Rechteck umfärben*

Sie können nun das Rechteck auf den Farbwert des gerade ausgelesenen Pixels umfärben:

```
  if (pixel != 0) {
    var trans:ColorTransform = new ColorTransform();
```

```
    trans.color = pixel;
    farbe_mc.transform.colorTransform = trans;
  }
}
```

Als Sicherheitsüberprüfung testen Sie, ob das Pixel nicht den Wert 0 hat. Dies kann der Fall sein, wenn an der angegebenen Koordinate kein Pixel im Bild vorhanden ist.

Abbildung 20.2   Die Farben wechseln je nach Mausposition. ∎

[◉]   Die fertige Datei auf der DVD heißt *bitmap_AS3.fla*.

20.1.2 Dynamisch erstellen und umfärben

Um Pixeldaten zu ändern, verwenden Sie die Methode setPixel(x, y, Farbe). Die Farbe wird als hexadezimaler Wert angegeben. Das folgende Beispiel erstellt ein neues BitmapData-Objekt mit den Maßen 200 (Breite) und 100 (Höhe), ohne Transparenz (dritter Parameter) und mit roter Farbe (vierter Parameter). Dann werden in zwei Schleifen die x- und y-Achsen durchlaufen. Allerdings wird jeweils erst 20 Pixel später gestartet und 20 Pixel früher geendet. So entsteht ein roter Rahmen um den türkisen Bereich.

```
var daten:BitmapData = new BitmapData(200, 100, false, 0xFF0000);
for (var i:int = 20; i < daten.width - 20; i++) {
    for (var j:int = 20; j < daten.height - 20; j++) {
        daten.setPixel(i, j, 0x00FF00);
    }
}
var bitmap:Bitmap = new Bitmap(daten);
bitmap.x = 150;
```

```
bitmap.y = 100;
addChild(bitmap);
```

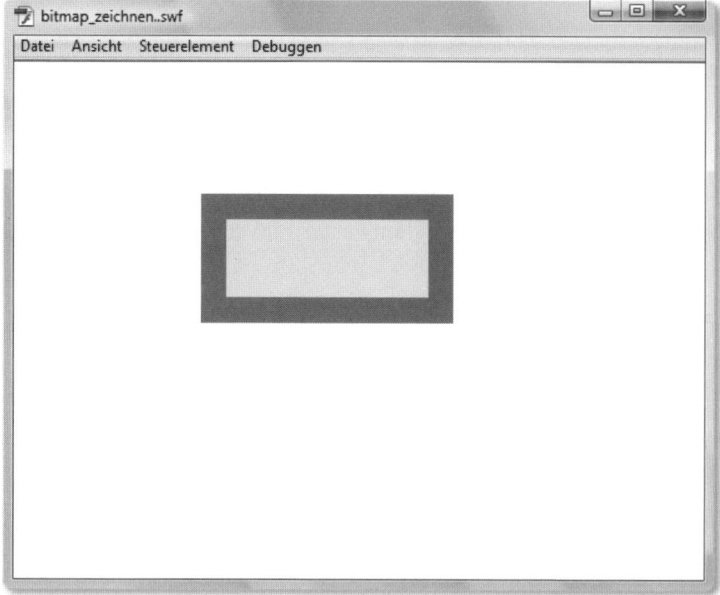

Abbildung 20.3 Eine Bitmap mit umgefärbten Teilen

Zum Auslesen und Setzen von Pixeln gibt es noch einige andere Methoden:

▶ getPixel32(x, y) arbeitet wie getPixel(), aber mit einem RGB-Wert, der zusätzlich einen Alphawert für die Transparenz enthält. Die Rückgabe ist ein unsignierter Integer.

▶ getPixels(Rechteck) liefert einen ByteArray aller Pixel in einem Rechteck, das durch ein Rectangle-Objekt dargestellt wird.

▶ setPixel32(x, y, FarbemitAlpha) arbeitet wie setPixel(), nur mit einem Farbwert inklusive Alpha. Der Alphawert wird als erster Wert auf den ersten beiden Stellen angegeben; 0xFF0000 wäre also völlige Transparenz.

▶ setPixels(Rechteck, ByteArray) setzt durch ein ByteArray alle Pixelwerte innerhalb eines Rectangle-Objekts.

20.2 Filter

Filter sind komplexe Effekte, die Sie auf BitmapData-Objekte anwenden können. Es gibt zwei Arten von Effekten: Filter, die Sie mit applyFilter() anwenden, und Funktionen, die Effekte erzeugen.

Beginnen wir mit einem Beispiel für einen Filter. Zunächst werden Bitmap-Daten mit einem roten Rechteck erstellt. Das Rechteck wird mit einem weiteren Rechteck gefüllt:

```
var daten:BitmapData = new BitmapData(200, 100, false, 0xFF0000);
var rechteck:Rectangle = new Rectangle(20, 20, 160, 60);
daten.fillRect(rechteck, 0x00FFFF);
```

Um einen Filter anzuwenden, benötigen Sie vier Informationen. Das `BitmapData`-Objekt, das als Quelle für den Filter dienen soll, ein Rechteck mit dem Anwendungsbereich des Filters, einen Punkt, bei dem gestartet werden soll, und den Filter selbst:

```
var punkt:Point = new Point(20, 20);
var filter:BlurFilter = new BlurFilter();
daten.applyFilter(daten, rechteck, punkt, filter);
```

Anschließend fügen Sie die Bitmap nur noch zur Anzeigeliste hinzu:

```
var bitmap:Bitmap = new Bitmap(daten);
bitmap.x = 150;
bitmap.y = 100;
addChild(bitmap);
```

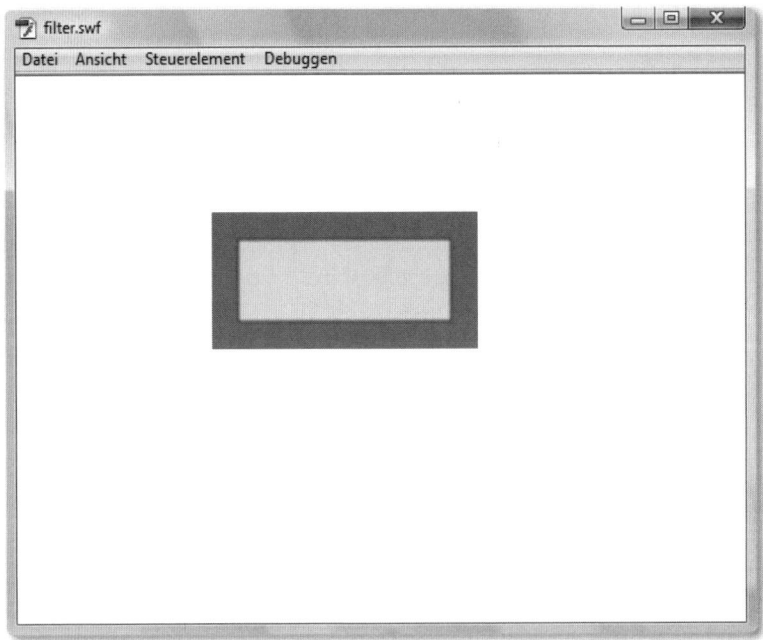

Abbildung 20.4 Die Mitte wird weichgezeichnet.

20.2.1 Filter auf Bilder anwenden

Das nächste Beispiel ist etwas umfangreicher. Es verbindet einige Filterfunktionalitäten von ActionScript für `BitmapData`-Objekte. Im Beispiel werden einige Schieberegler verwendet, um Bitmap-Effekte zu steuern. Ausgangsbasis für das Beispiel ist die Datei *bitmap.fla*.

Schritt-für-Schritt: Bitmap-Funktionen einsetzen

1 *Variablen setzen*

Zu Anfang setzen Sie einige Variablen für die Basiswerte der einzelnen Filter:

```
var stitch:Boolean = false;
var fn:Boolean = false;
var baseXwert:uint = 10;
var baseYwert:uint = 10;
var octave:uint = 0;
var channels:uint = BitmapDataChannel.BLUE | BitmapDataChannel.GREEN
| BitmapDataChannel.RED;
var mult:uint = 0;
```

Die Variable `channels` enthält die gewünschten Farbkanäle.

2 *Bild laden*

Als Hintergrund wird ein Bitmap-Bild geladen.

```
var laden:Loader = new Loader();
var url:URLRequest = new URLRequest("foto.jpg");
laden.x = 10;
laden.y = 10;
laden.load(url);
laden.contentLoaderInfo.addEventListener(Event.COMPLETE, fertig);
addChild(laden);
```

3 *Bitmap-Variablen*

Für die Bitmap-Daten werden zwei Bitmap-Variablen und drei `BitmapData`-Objekte definiert:

```
var bild:Bitmap;
var bildOriginalDaten:BitmapData;
var bildDaten:BitmapData;
var neuesBild:Bitmap;
var neuesBildDaten:BitmapData;
var pixel:ByteArray;
```

4 *Bilddaten werden geklont*

Sobald das Ursprungsbild geladen ist, werden seine Bilddaten geklont und ein Event-Listener für ENTER_FRAME hinzugefügt:

```
function fertig(evt:Event) {
  if (laden.content != null) {
    bild = Bitmap(laden.content);
    bildDaten = bild.bitmapData;
    bildOriginalDaten = bildDaten.clone();
    addEventListener(Event.ENTER_FRAME, aendern);
  }
}
```

5 *Regelmäßige Änderung*

Im ENTER_FRAME-Ereignis wird eine neue Bitmap angelegt und die Methode perlinNoise() hinzugefügt. Die Methode erstellt ein Bild mit berechneten Perlin-Störungen. Als Parameter übernimmt sie alle Standardwerte, die Sie vorher definiert haben. Diese Werte sollen später mit einem Regler geändert werden. Die Bilddaten aus dem neuen Bild werden dann mit dem alten Bild gemischt (merge()) und leicht angepasst:

```
function aendern(evt:Event) {
  var seed:Number = 500;
  neuesBildDaten = new BitmapData(530, 270, false, 0xFFFFFF);
  neuesBild = new Bitmap(neuesBildDaten);
  neuesBildDaten.perlinNoise(baseXwert, baseYwert, octave, seed,
stitch, fn, channels, false);
  neuesBild.bitmapData = neuesBildDaten;
  var pt:Point = new Point(0, 0);
  var rechteck:Rectangle = new Rectangle(0, 0, 530, 270);
  bildDaten = bildOriginalDaten.clone();
  bildDaten.merge(neuesBildDaten, rechteck, pt, mult, mult, mult,
0x00);
  bild.bitmapData = bildDaten;
}
```

6 *Slider*

Damit sich nun überhaupt etwas tut, benötigen Sie Veränderungen für die perlinNoise()-Funktion. Diese werden über die Slider-Klasse in eigenen Slider-Komponenten vorgenommen. Zusätzlich erfolgt jeweils eine Ausgabe des aktuellen Werts:

```
import fl.controls.Slider;
import fl.events.SliderEvent;
regler_
baseXwert.addEventListener(SliderEvent.CHANGE, changeHandlerX);
function changeHandlerX(evt:SliderEvent):void {
  baseXwert = evt.value;
  trace(baseXwert);
}
regler_
baseYwert.addEventListener(SliderEvent.CHANGE, changeHandlerY);
function changeHandlerY(evt:SliderEvent):void {
  baseYwert = evt.value;
  trace(baseYwert);
}
regler_octave.addEventListener(SliderEvent.CHANGE, changeHandlerO);
function changeHandlerO(evt:SliderEvent):void {
  octave = evt.value;
  trace("Octave: ", octave);
}
regler_channels.addEventListener(SliderEvent.CHANGE, changeHandlerC);
function changeHandlerC(evt:SliderEvent):void {
  channels = evt.value;
  trace("Kanal: ", channels);
}
regler_multi.addEventListener(SliderEvent.CHANGE, changeHandlerM);

function changeHandlerM(evt:SliderEvent):void {
  mult = evt.value;
  trace("Deckkraft:", mult);
}
```

7 Checkboxen für Wertänderungen

STITCH (Glättung) und FRACTAL NOISE (Fraktale Störung)aktivieren oder deaktivieren Sie über Checkbox-Komponenten:

```
checkbox_
stitch.addEventListener(MouseEvent.CLICK,updateCheckboxStitch);
function updateCheckboxStitch(evt:MouseEvent):void {
  if (checkbox_stitch.selected == true) {
    checkbox_stitch.selected = true;
    stitch = true;
  } else {
    checkbox_stitch.selected = false;
    stitch = false;
```

```
      trace("stitch: ", stitch);
    }
  }
checkbox_fn.addEventListener(MouseEvent.CLICK,updateCheckboxFn);
function updateCheckboxFn(evt:MouseEvent):void {
  if (checkbox_fn.selected == true) {
    checkbox_fn.selected = true;
    fn=true;
  } else {
    checkbox_fn.selected = false;
    fn = false;
    trace("fractal noise: ", fn);
  }
}
```

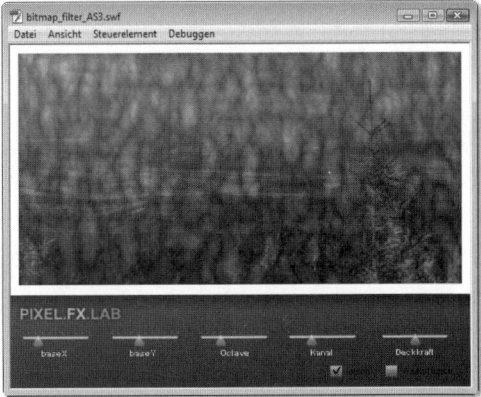

Abbildung 20.5 Verschiedene Einstellungen erzeugen unterschiedliche Effekte. ∎

[⊙] Das fertige Beispiel heißt *bitmap_filter_AS3.fla*.

Ausprobieren!

Bei den Filtern und Bitmap-Effekten hilft nur Ausprobieren. In den hier gezeigten Beispielen können Sie die einzelnen Werte verändern. Koppeln Sie die Effekte doch mal mit Benutzereingaben oder testen Sie exotische Filter. Eine gute Unterstützung bietet dabei die Referenz in der Flash-Hilfe. Sie finden hier für die einzelnen Filter-Methoden eine recht umfangreiche Beschreibung.

20.2.2 FileReference – auf lokale Dateien zugreifen

Sie können externe Filter auf beliebige Bilder auf dem Server anwenden. Genauso gut können Sie aber auch Bilder vom Dateisystem des Benutzers verwenden.

Dazu dient die Klasse `FileReference`. Sie enthält mehrere Methoden, um mit Dateien zu interagieren:

- `load()` lädt eine Datei. Übergeben wird dann ein `ByteArray` in der Eigenschaft `data`.

- `browse()` zeigt dem Benutzer das Durchsuchen-Fenster.

- `save()` speichert eine Datei. Dabei wird dem Anwender ein Dialog präsentiert, in dem er den Dateinamen wählen kann.

- `upload()` lädt eine Datei auf den Server. Sie benötigen ein serverseitiges Skript, um die Datei entgegenzunehmen.

Das folgende Beispiel zeigt das Laden eines Bilds für unser Filterbeispiel aus dem letzten Abschnitt. Zuerst initialisieren Sie die `FileReference`-Klasse. Der Ladevorgang wird mit einem Klick gestartet. Die anderen drei Ereignisse fangen die verschiedenen Ladeereignisse ab. Alle sind Teil der `Event`-Klasse. Das Auswählen der Datei kann vom Benutzer abgebrochen werden (`CANCEL`), oder es wird eine Datei gewählt (`SELECT`). Nach dem Auswählen wird sie geladen; dies fängt dann das Ereignis `COMPLETE` ab.

```
var referenz:FileReference = new FileReference();
laden_btn.addEventListener(MouseEvent.CLICK, dateiLaden);
referenz.addEventListener(Event.CANCEL, abbrechen);
referenz.addEventListener(Event.SELECT, auswaehlen);
referenz.addEventListener(Event.COMPLETE, ladenBeendet);
```

Beim Laden kommt zusätzlich ein Dateifilter zum Einsatz. Er stellt sicher, dass nur Bilddateien geladen werden. Die Datentypen werden hintereinander geschrieben. Beim Aufruf von `browse()` wird dann das Filterobjekt als Parameter übergeben:

```
function dateiLaden(evt:MouseEvent):void {
  var bild_
filter:FileFilter = new FileFilter("Bilddateien","*.png;*.jpg;*.gif");
  referenz.browse([bild_filter]);
}
```

Sollte der Nutzer das Browsen abbrechen, erscheint die folgende Meldung:

```
function abbrechen(evt:Event):void {
  trace("Dateiauswahl abgebrochen");
}
```

Wenn der Anwender sich für eine Datei entschieden hat, wird die `FileReference` geladen. Dies geschieht mit `load()`:

```
function auswaehlen(evt:Event):void {
  trace("Dateiauswahl beendet");
  referenz.load();
}
```

Das Ereignis COMPLETE fängt schließlich ab, wenn die Referenz auf die Datei fertig geladen wurde. In der Eigenschaft data steht dann ein ByteArray mit dem Bild zur Verfügung. Um diesen zu verarbeiten, übergeben sie ihn an die Methode loadBytes() unseres Loaders. Da die Methode aendern() in unserem Beispiel mit ENTER_FRAME dauernd aufgerufen wird, wird sofort das geänderte Bild verwendet.

```
function ladenBeendet(evt:Event):void {
  trace("Datei geladen");
  var bytes:ByteArray = referenz.data;
  laden.loadBytes(bytes);
}
```

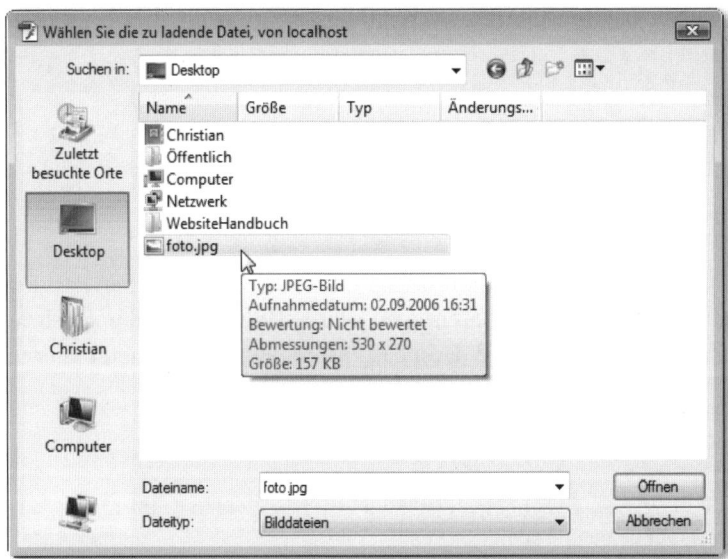

Abbildung 20.6 Verschiedene Einstellungen erzeugen unterschiedliche Effekte.

[○] Das fertige Beispiel trägt den Namen *bitmap_filter_laden_speichern_AS3.fla*.

20.3 Pixel Bender

Was die Filter betrifft, bietet Flash durchaus schon eine respektable Grundausstattung. Der Pixel Bender stellt allerdings noch mehr Möglichkeiten zur Verfügung, indem er dem Programmierer erlaubt, eigene Filter zu entwickeln (*http:// labs.adobe.com/downloads/pixelbender.html*). Diese sind nicht nur auf Flash beschränkt, sondern auch für Photoshop und Co. gedacht. Den Pixel Bender selbst gibt es in den Adobe-Labs zum Download. Das Toolkit können Sie installieren und dann den entsprechenden Filter bearbeiten.

Auf der Buch-DVD finden Sie ein Beispiel für einen Filter in der Datei *pb_bei-* **[o]** *spiel.pbk*. Diesen Filter können Sie einfach mal im Pixel Bender Toolkit öffnen. Dannach öffnen Sie ein Bild und führen dann mit RUN den Filter aus. In diesem Filter stehen drei Parameter zur Verfügung, die steuern, wie stark welcher Farbkanal bei der Umwandlung des Bilds in Graustufen zum Einsatz kommt.

```
<languageVersion : 1.0;>
kernel NewFilter
<
    namespace : "Arrabiata";
    vendor : "no vendor";
    version : 1;
    description : "Beispielfilter";
>
{
    input image4 src;
    output pixel4 dst;

    parameter float rot
    <
        minValue:-1.0;
        maxValue:1.0;
        defaultValue:0.0;
    >;

        parameter float gruen
    <
        minValue: 1.0;
        maxValue:1.0;
        defaultValue:0.0;
    >;

        parameter float blau
    <
        minValue:-1.0;
        maxValue:1.0;
        defaultValue:0.0;
    >;
```

```
void
evaluatePixel()
{
    dst = sampleNearest(src,outCoord());
    float px =  dst.r + rot * dst.g + gruen * dst.b + blau;
    dst = float4(px, px, px, dst.a);


}
}
```

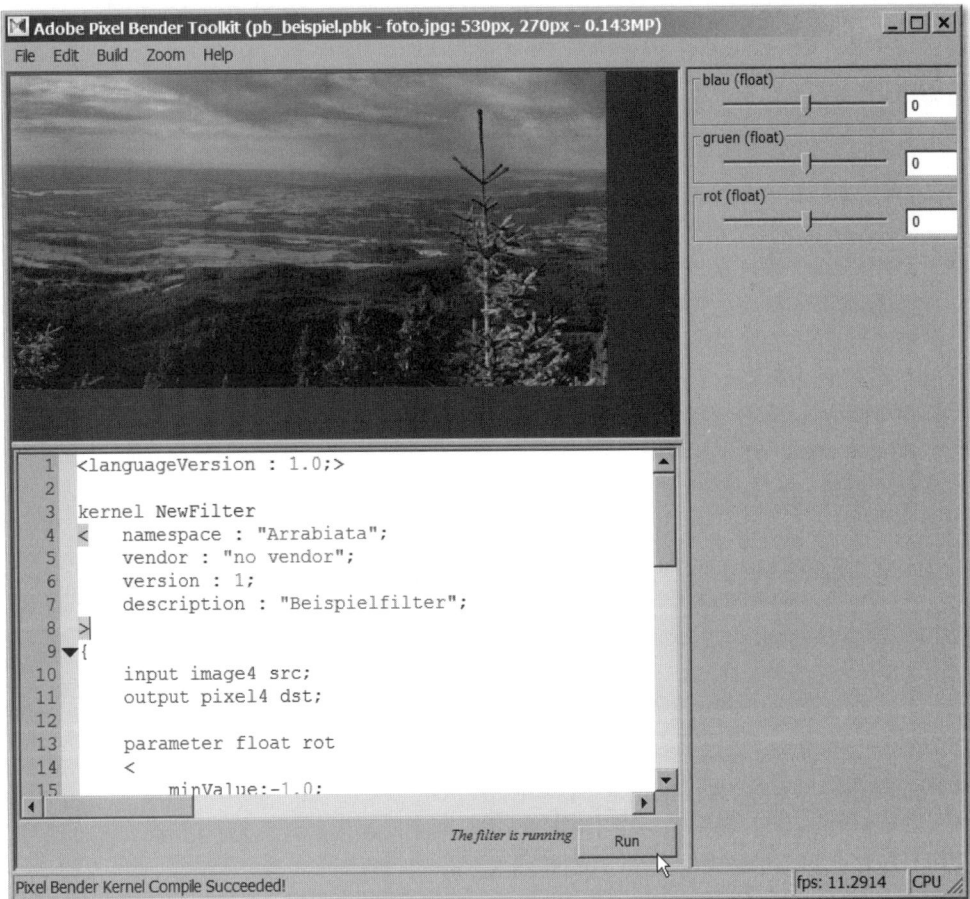

Abbildung 20.7   Der Pixel Bender im Einsatz

Bevor Sie den Filter in Flash einsetzen können, müssen Sie ihn im Pixel Bender Toolkit für Flash speichern. Dies geschieht über FILE • EXPORT FILTER FOR FLASH PLAYER. Die Dateiendung ändert sich dabei in *.pbj*. Sollten Sie Pixel Bender nicht installiert haben, verwenden Sie direkt *pb_beispiel.pbj* von der DVD.

Dieser Filter soll nun in einem Flash-Film per ActionScript zum Einsatz kommen. **[o]**
Der Ausgangsfilm heißt *pixelbender_integration.fla*. In der folgenden Anleitung
lesen Sie, wie aus diesem Film Schritt für Schritt ein durch Filter umgefärbtes
Video wird:

Schritt-für-Schritt: Pixel Bender im Einsatz

1 *Klassen für Filter importieren*

Zuerst benötigen Sie die Klassen für die Filter. Entscheidend sind hier die Klassen
Shader und ShaderFilter.

```
import flash.display.Shader;
import flash.filters.ShaderFilter;
var shader:Shader;
var filter:ShaderFilter;
```

2 *Farbwerte setzen*

Die Farbwerte für die Konvertierung, die als Parameter in unserem Filter hinterlegt sind, setzen Sie am Anfang auf 0.

```
var rot:Number = 0;
var gruen:Number = 0;
var blau:Number = 0;
```

Später werden diese dann mit den Schiebereglern verändert. Die Werte, die
unser Filter erwartet, reichen von −1 bis 1.

3 *Filter laden*

Der Filter selbst muss nun geladen werden. Dazu verwenden Sie einen URLLoader. Wichtig ist, dass Sie das Datenformat auf binär setzen.

```
var laden:URLLoader = new URLLoader();
laden.dataFormat = URLLoaderDataFormat.BINARY;
laden.addEventListener(Event.COMPLETE, shaderErstellenHandler);
laden.load(new URLRequest("pb_beispiel.pbj"));
```

4 *Shader erzeugen*

Wenn das Laden erfolgt ist, steht der Filter zur Verfügung. Die Daten werden
dann dazu verwendet, um ein Shader-Objekt zu erstellen.

```
function shaderErstellenHandler(event:Event):void {
  shader = new Shader(laden.data);
```

```
    filterSteuerung();
}
```

Die eigentliche Filtersteuerung lagern wir hier in eine eigene Funktion aus, um sie bei jeder Farbregler-Änderung erneut ausführen zu können.

5 *Filtersteuerung*

Die Werte für die Parameter werden zuerst in einem Array gespeichert. Obwohl es sich jeweils nur um einen Wert handelt, ist für jeden ein eigenes Array notwendig. Die Werte werden dann für das Shader-Objekt einzeln gesetzt:

```
function filterSteuerung():void{
    var rotWert:Array = new Array();
    rotWert.push(rot);
    shader.data.rot.value = rotWert;
    var gruenWert:Array = new Array();
    gruenWert.push(gruen);
    shader.data.gruen.value = gruenWert;
    var blauWert:Array = new Array();
    blauWert.push(blau);
    shader.data.blau.value = blauWert;
```

6 *Filtersteuerung II*

Anschließend entsteht der Filter selbst aus dem Shader-Objekt, und Sie weisen den Filter in einem Array der Eigenschaft filters der Videokomponente zu:

```
    filter = new ShaderFilter(shader);
    video.filters = new Array(filter);
}
```

7 *Regler-Ereignisse einrichten*

Die Regler-Ereignisse werden wie üblich als SliderEvent abgefangen:

```
import fl.controls.Slider;
import fl.events.SliderEvent;
regler_Rot.addEventListener(SliderEvent.CHANGE, rotAendern);
regler_Gruen.addEventListener(SliderEvent.CHANGE, gruenAendern);
regler_Blau.addEventListener(SliderEvent.CHANGE, blauAendern);
```

8 *Regler-Funktionen erstellen*

In den Event-Listener-Funktionen für die Regler setzen Sie die jeweiligen Variablen und rufen die Filmsteuerung auf:

```
function rotAendern(evt:SliderEvent):void{
  rot = regler_Rot.value;
  filterSteuerung();
}
function gruenAendern(evt:SliderEvent):void{
  gruen = regler_Gruen.value;
  filterSteuerung();
}
function blauAendern(evt:SliderEvent):void{
  blau = regler_Blau.value;
  filterSteuerung();
}
```

Alternativ könnten Sie auch in der Funktion `filterSteuerung()` direkt auf die Werte der Regler zugreifen. Der Umweg über Variablen bietet allerdings ein wenig mehr Flexibilität, sollten Sie die Werte noch weiter beeinflussen wollen oder an anderen Stellen benötigen.

Fertig ist ein einfaches Filterbeispiel mit dennoch sehr beeindruckender Wirkung. Das Video wird in Graustufen verwandelt, und jede Änderung der Schieberegler bewirkt eine direkte Kanal-Anteilsänderung im Video. Hier sind natürlich auch komplexere Filter denkbar, die das Video komplett verändern.

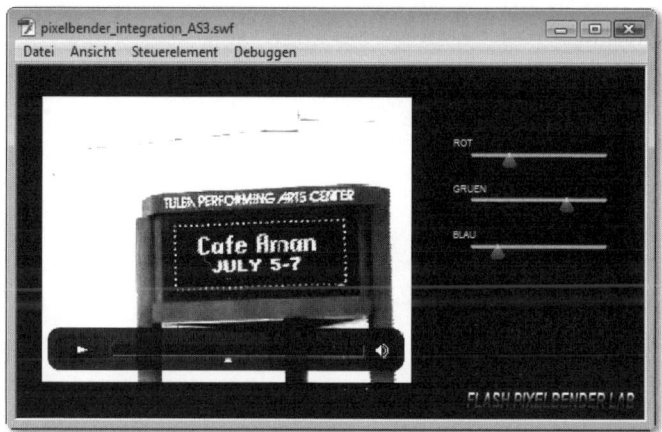

Abbildung 20.8 Die Schieberegler verändern das Video. ∎

Das fertige Beispiel finden Sie unter dem Namen *pixelbender_integration_AS3.fla* **[◉]** auf der DVD.

»Die Zeit ist Bewegung im Raum.«
– Joseph Joubert

21 Inverse Kinematik, Zeichnen und 3D

In Flash CS4 hat sich in Sachen grafischer Darstellung viel getan. Der Flash Player 10 beherrscht neue Funktionen wie inverse Kinematik und 3D-Grundfunktionen. Außerdem wurde die schon in Kapitel 13, »Animationsgrundlagen«, angesprochene Zeichen-API deutlich erweitert. Diese Neuerungen finden Sie als Startpunkt für eigene Experimente in diesem Kapitel zusammengefasst und mit Beispielen illustriert.

21.1 Inverse Kinematik

Die inverse Kinematik verbindet verschiedene Elemente zu einem sogenannten Skelett. Wird dann ein einzelner Teil – ein Knochen – bewegt, reagieren die damit verbundenen Knochen ebenfalls. Die Knochen und Gelenke können Sie nicht per ActionScript erstellen, sondern erledigen das in Flash mit dem Bone-Werkzeug.

> **Vorsicht beim Erstellen!** [!]
>
> Um ein Skelett per ActionScript nutzen zu können, müssen Sie ihm einen Namen geben. Klicken Sie dazu die Skelett-Ebene an und tippen den Namen im Eigenschafteninspektor ein. Außerdem muss unbedingt bei OPTIONEN der Typ LAUFZEIT angewählt sein, damit das Skelett zur Laufzeit für ActionScript verfügbar ist.

Eine fertige Datei mit Gelenken finden Sie unter dem Namen *ik_beispiel.fla* auf [O] der Buch-DVD. Sie besteht aus einer Lampe mit mehreren Gelenken und Verbindungen. Diese Lampe hat ihren Ausgangspunkt im Fuß. Bewegt wird sie dann über die angehängten Knochen.

Diese Bewegung lässt sich nun über ActionScript steuern. Zentral für alle Bewegungen des Skeletts ist der `IKManager` (zu finden im Paket `fl.ik`). Er steuert alle Skelette, die zur Laufzeit freigegeben wurden. Standardmäßig lassen sich diese Skelette beispielsweise per Drag & Drop verschieben.

Abbildung 21.1 Wählen Sie als Typ LAUFZEIT.

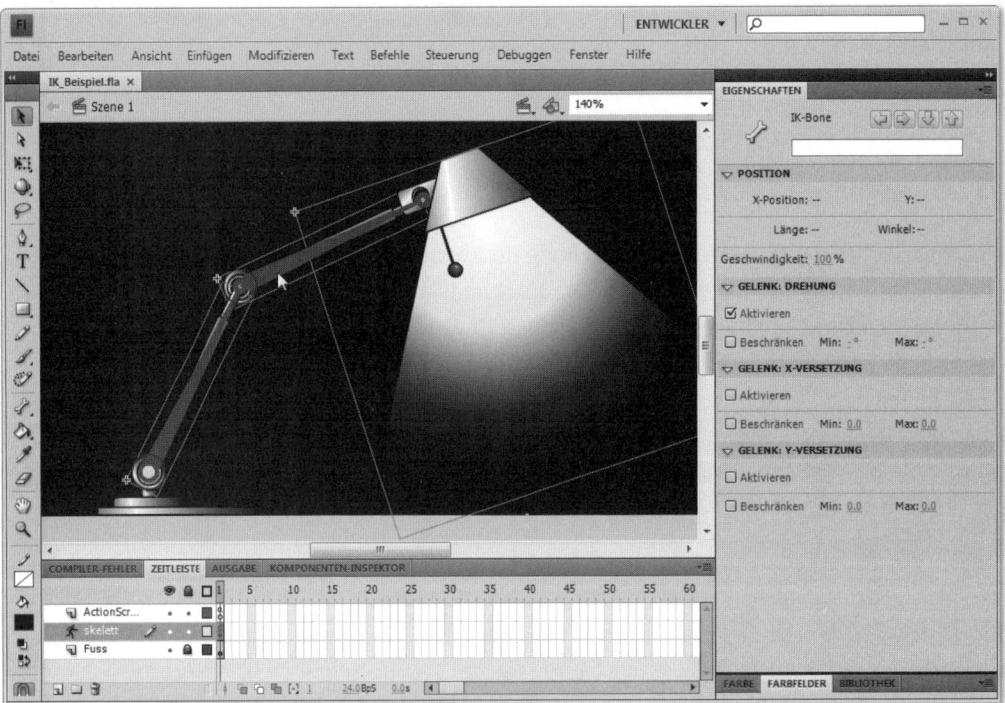

Abbildung 21.2 Die Gelenke des Skeletts

Dies können Sie allerdings auch einschränken, indem Sie der Methode `trackAll-Amatures()` den Parameter `false` übergeben:

```
IKManager.trackAllArmatures(false);
```

Der IKManager besitzt aber nicht nur statische Methoden, sondern erlaubt auch den Zugriff auf ein einzelnes Skelett. Die Skelette sind dabei entweder über den Index (getArmatureAt(index)) oder den Namen zugänglich:

```
var skel:IKArmature = IKManager.getArmatureByName("skelett");
```

Sobald man das Skelett hat, geschieht der Direktzugriff auf einen Knochen wiederum über den Namen. Der Knochen enthält dann Verbindungsstücke:

```
var boneOben:IKBone = skel.getBoneByName("ikBoneOben");
var headJointOben:IKJoint = boneOben.headJoint;
```

Diese wiederum lassen sich dann beispielsweise in der Drehung beschränken. Dazu setzen Sie zuerst einmal allgemein eine Beschränkung und vergeben eine minimale und eine maximale Rotationsangabe:

```
headJointOben.rotationConstrained = true;
headJointOben.rotationMax = 80;
headJointOben.rotationMin = -30;
```

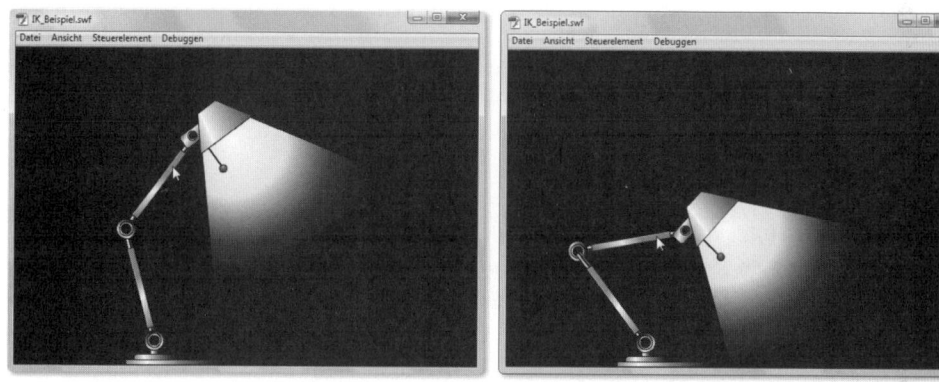

Abbildung 21.3 Die Drehung ist auf einen Minimal- und Maximalwert beschränkt.

21.2 Zeichnen

Die Grundzüge der Zeichen-API haben Sie schon in Kapitel 13, »Animationsgrundlagen«, kennen gelernt, da sie eine wichtige Möglichkeit zum Erstellen eigener animierter Elemente darstellt. In diesem Kapitel geht es vor allem um die neuen Möglichkeiten, die mit Flash CS4 hinzugekommen sind. Repräsentiert werden diese hauptsächlich durch die neuen Methoden der Graphics-Klasse, die in ActionScript 3 für das Zeichnen zuständig ist:

▶ drawPath() zeichnet einen Pfad anhand eines Punkts und der Linienart (Kurve, Linie oder nur Verschieben).

- ▶ drawGraphicsData() erlaubt Ihnen, eine Grafik mit Linien aus Koordinatenpaaren zusammenzusetzen. Dabei wählen Sie für jedes Koordinatenpaar die Art der Linie. Die Methode verhält sich also wie drawPath(), nur dass mehrere Pfade auf einmal gezeichnet werden.

- ▶ drawTriangles() zeichnet – wie der Name schon sagt – Dreiecke. Diese Methode verwenden wir auch später für dreidimensionale Projektionen und das Texture Mapping.

Diese Zeichenfunktionalitäten kommen in den nächsten Abschnitten ausführlicher zu Wort. Zu jedem finden Sie ein Beispiel, das jeweils mit einem leeren grünen Hintergrund beginnt und den gesamten Code in eine Dokumentklasse auslagert. Außer den genannten drei Methoden gibt es auch für die Füllung und für die Linien neue:

- ▶ beginShaderFill() füllt das Element mit einem Filter (siehe Kapitel 20, »Bitmaps und Filter«).

- ▶ lineBitmapStyle() füllt die Linie mit einem Bild. Bitmap-Füllungen gab es auch schon in Flash CS3 bzw. im Flash Player 9. Für die Linie ist diese Funktionalität allerdings neu.

- ▶ lineShaderStyle() füllt die Linie mit einem Filter.

21.2.1 drawPath()

Die Methode drawPath(Befehle-Vector, Punkte-Vector) zeichnet einen Pfad mit Hilfe von zwei Vector-Datentypen. Das sind Arrays mit festgelegtem Datentyp. Der erste Vektor besteht aus einer Zahl, die den Typ der Linie angibt. Welche Typen es gibt, ist in der Klasse GraphicsPathCommand definiert. Sie enthält einige Eigenschaften (eigentlich Konstanten, weil sie nicht veränderbar sind), die die verschiedenen Typen darstellen. LINE_TO zeichnet beispielsweise eine gerade Linie und entspricht der 2 als Zahlenwert. Der zweite Vektor enthält dann die Koordinaten. Im Falle von LINE_TO sind das x und y des Punkts, zu dem die Linie gezogen wird. Es gibt allerdings auch Werte wie WIDE_LINE_TO, die vier Werte als Koordinaten erfordern. Wichtig ist, dass die Menge der Elementen aus dem ersten Vektor zur Zahl der Koordinaten im zweiten Vektor passt.

Hier sehen Sie ein Beispiel für den Einsatz in einer Dokumentklasse. In dieser externen Klasse werden zuerst zwei Vector-Eigenschaften in der Dokumentklasse definiert. Eine Form (Shape) nimmt die Linie auf.

```
private var linienzug:Shape;
private var punkte:Vector.<Number> = new Vector.<Number>();
private var befehle:Vector.<int> =  new Vector.<int>();
```

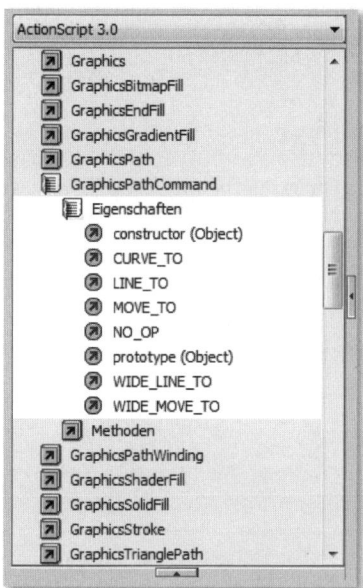

Abbildung 21.4 Die verschiedenen Typen von Linien

Im Konstruktor der Klasse erstellen wir die Form und fügen sie zum Hauptfilm hinzu. Ein Event-Listener fängt jeden Klick auf der Bühne ab, denn bei jedem Klick soll ein Pfad zu diesem Punkt erzeugt werden:

```
public function DrawPath():void {
  this.linienzug = new Shape();
  this.addChild(linienzug);
  this.stage.addEventListener(MouseEvent.CLICK, punkteDefinieren);
}
```

Die Event-Listener-Funktion fügt zum Vektor punkte die aktuellen Mauskoordinaten auf der Bühne hinzu. Dazu dienen die Eigenschaften stageX und stageY des MouseEvent. In den Vektor für die Befehle fügen Sie die Art der Linie ein – hier eine gerade Linie. Denkbar wäre hier natürlich auch eine zufällige Steuerung oder eine Kurve.

```
private function punkteDefinieren(evt:MouseEvent):void {
  punkte.push(evt.stageX, evt.stageY);
  befehle.push(GraphicsPathCommand.LINE_TO);
  this.zeichneForm();
}
```

Das Zeichnen der Form geschieht dann in der Methode zeichneForm(). Sie liest das graphics-Objekt der Form aus. Anschließend wird die Grafik gelöscht und mit den bisher gespeicherten Punkten neu erstellt. Das heißt also, in jedem Durchgang wird der komplette Pfad mit `drawPath()` gezeichnet.

```
private function zeichneForm():void {
   var linien:Graphics = this.linienzug.graphics;
  linien.clear();
  linien.lineStyle(2, 0xFFFFFF);
  linien.drawPath(befehle, punkte);
}
```

Hier ist der vollständige Code im Überblick:

```
package {
  import flash.display.MovieClip;
  import flash.display.Shape;
  import flash.events.MouseEvent;
  import flash.display.Graphics;
  import flash.display.GraphicsPathCommand;
  public class DrawPath extends flash.display.MovieClip {

    private var linienzug:Shape;
    private var punkte:Vector.<Number> = new Vector.<Number>();
    private var befehle:Vector.<int> =  new Vector.<int>();

    public function DrawPath():void {
      this.linienzug = new Shape();
      this.addChild(linienzug);
      this.stage.addEventListener(MouseEvent.CLICK, punkteDefinieren);
    }
    private function punkteDefinieren(evt:MouseEvent):void {
        punkte.push(evt.stageX, evt.stageY);
        befehle.push(GraphicsPathCommand.LINE_TO);
        this.zeichneForm();
    }
    private function zeichneForm():void {
      var linien:Graphics = this.linienzug.graphics;
      linien.clear();
      linien.lineStyle(2, 0xFFFFFF);
      linien.drawPath(befehle, punkte);
    }
  }
}
```

[o] Die ActionScript-Datei mit dem Code finden Sie unter dem Namen *DrawPath.as* auf der DVD. Beispielhaft eingebunden ist sie in der Flash-Datei *drawPath.fla*. In der ActionScript-Datei finden Sie auskommentiert weiteren Code, um die Zahl

der Klicks mitzuzählen und bei einer bestimmten Anzahl an Klicks das Zeichnen abzubrechen.

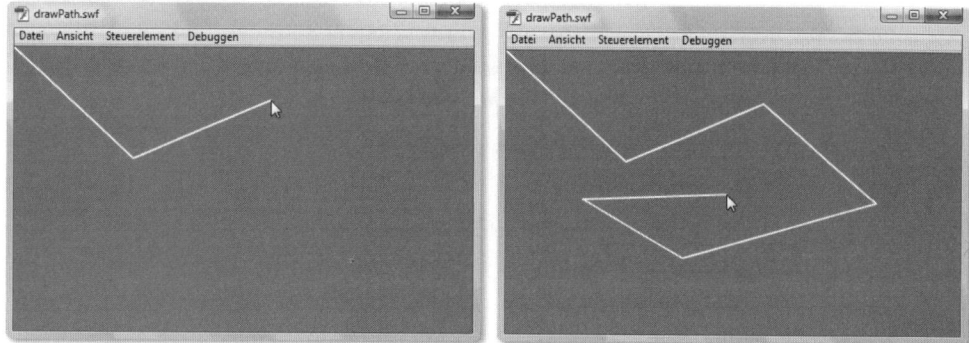

Abbildung 21.5 Auf Knopfdruck werden Linien gezeichnet.

Dazu wird am Anfang eine Eigenschaft definiert:

```
private var klicks:int = 0;
```

Bei jedem Klick wird in der Event-Listener-Funktion `punkteDefinieren()` die Eigenschaft geprüft, und sollte ein bestimmter Wert – hier 10 – erreicht sein, wird der Event-Listener für das Klicken entfernt.

```
if (this.klicks >= 10) {
  this.stage.removeEventListener(MouseEvent.CLICK, punkteDefinieren);
}
this.klicks++;
```

21.2.2 drawGraphicsData()

Die Methode `drawGraphicsData(IGraphicsData-Objekt)` arbeitet ähnlich wie `drawPath()`, erlaubt allerdings noch komplexere Zeichenoptionen. Das folgende Beispiel zeigt, wie ein Vector-Objekt mit entsprechenden Grafikobjekten befüllt wird:

```
var zeichnung:Vector.<IGraphicsData> = new Vector.<IGraphicsData>();
zeichnung.push(verlauf, linie);
```

Der Verlauf stellt die Füllung der Linien dar und wird mit einem `GraphicsGradientFill`-Objekt erzeugt. Die Linie besteht aus den Bestandteilen, die Sie schon von `drawPath()` kennen: einem Vektor für den Linientyp und einem für die Koordinaten.

Im Beispiel werden dann mit einer Schleife einzelne Verläufe erstellt. Dazu ändern Sie für jeden Verlauf jeweils die y-Koordinate, um die Verläufe untereinander anzuordnen. Die geraden Indizes 0, 2, 4 etc. sind hier jeweils die x-Koordinate, die ungeraden 1, 3, 5 etc. die y-Koordinate. Hier sieht man, dass die zwei Vector-Elemente als Referenz übergeben werden, dass sich also die Änderung jeweils auch auf die Variable zeichnung auswirkt:

```
for (var i:int = 1; i < 20; i++) {
  linie.data[1] = i * 10;
  linie.data[3] = i * 10;
  linie.data[5] += i * 10;
  linie.data[7] += i * 10;
  graphics.drawGraphicsData(zeichnung);
}
```

Hier sehen Sie den vollständigen Code:

```
package {
    import flash.display.MovieClip;
    import flash.display.Graphics;
    import flash.display.GraphicsPath;
    import flash.display.GraphicsGradientFill;
    import flash.display.IGraphicsData;
    import flash.geom.Matrix;
    public class DrawGraphicsData extends flash.display.MovieClip {

        public function DrawGraphicsData():void {
            var verlauf:GraphicsGradientFill = new GraphicsGradientFill();
            verlauf.colors = new Array(0x6BCD07, 0xFFFFFF);
            verlauf.matrix = new Matrix();
            verlauf.matrix.createGradientBox(500, 200, 5);
            var linie:GraphicsPath = new GraphicsPath(new Vector.<int>(),
            new Vector.<Number>());
            linie.commands.push(1,2,2,2);
            linie.data.push(10, 10, 10, 20, 500, 20, 500, 10);
            var zeichnung:Vector.<IGraphicsData> =
              new Vector.<IGraphicsData>();
            zeichnung.push(verlauf, linie);

            for (var i:int = 1; i < 20; i++) {
              linie.data[1] = i * 10;
              linie.data[3] = i * 10;
              linie.data[5] += i * 10;
              linie.data[7] += i * 10;
```

```
        graphics.drawGraphicsData(zeichnung);
      }
    }
  }
}
```

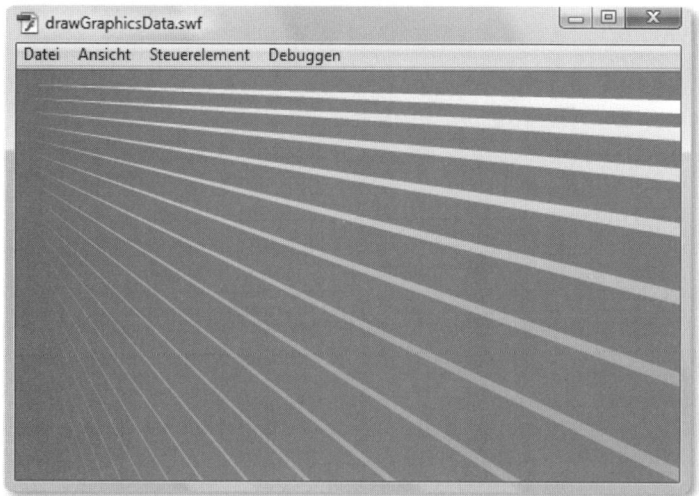

Abbildung 21.6 Die Verläufe werden untereinander angeordnet.

Die ActionScript-Datei mit dem Code befindet sich unter dem Namen *DrawGra-* [○] *phicsData.as* auf der Buch-DVD. Beispielhaft eingebunden ist sie in der Flash-Datei *drawGraphicsData.fla*.

21.2.3 drawTriangles()

Die Methode `drawTriangles(Koordinaten-Vector, Koordinatenwahl-Vector)` besteht aus zwei Komponenten: einem Vektor für alle Koordinaten und einem Vektor, der dann jeweils ein x- und y-Koordinatenpaar wählt. Letzterer greift über den Index auf die Koordinaten zu. Das heißt, das erste Koordinatenpaar hat jeweils den Index 0 und enthält die x-Koordinate mit dem Index 0 und die y-Koordinate mit dem Index 1, das zweite hat den Index 1 und enthält die x-Koordinate mit dem Index 2 und die y-Koordinate mit dem Index 3.

Das folgende Beispiel erstellt zuerst die Eigenschaften für die Form und den Koordinaten-Vektor, der auf eine Größe von zehn Koordinaten festgelegt wird:

```
private var form:Shape;
private var punkte:Vector.<Number> = new Vector.<Number>(10);
```

Im Konstruktor definieren Sie dann die einzelnen Koordinaten selbst. Im wahrsten Sinne des Wortes ist das mittlere Koordinatenpaar auch in der Mitte des Vector-Objekts. Es besteht aus den Punkten mit dem Index 4 und 5 und liegt genau in der Mitte der Bühne.

```
public function DrawTriangles():void {
  this.form = new Shape();
  this.addChild(form);
  punkte[0] = 10;
  punkte[1] = 10;
  punkte[2] = 490;
  punkte[3] = 10;
  punkte[4] = this.stage.stageWidth / 2;
  punkte[5] = this.stage.stageHeight / 2;
  punkte[6] = 10;
  punkte[7] = 290;
  punkte[8] = 490;
  punkte[9] = 290;
  this.zeichneForm();
  this.stage.addEventListener(MouseEvent.CLICK, punktDefinieren);
}
```

Auf Mausklick soll sich die Koordinate des Dreiecksmittelpunkts verändern. Er wird auf die Mauskoordinaten gesetzt, wenn der Benutzer klickt:

```
private function punktDefinieren(evt:MouseEvent):void {
  punkte[4] = evt.stageX;
  punkte[5] = evt.stageY;
  this.zeichneForm();
}
```

Das Zeichnen selbst übernimmt die Methode zeichneForm(). Hier wird die Zuordnung von Koordinaten und Dreieckspunkten vorgenommen. Der Mittelpunkt hat dabei den Index 2.

```
private function zeichneForm():void {
  var elemente:Graphics = this.form.graphics;
  var punktePaarZuordnung:Vector.<int> = new Vector.<int>();
  punktePaarZuordnung.push(0, 1, 2, 0, 3, 2, 2, 3, 4, 2, 4, 1);
  elemente.clear();
  elemente.lineStyle(2, 0, 0.1);
  elemente.drawTriangles(punkte, punktePaarZuordnung);
}
```

Hier ist der vollständige Code:

```
package {
  import flash.display.MovieClip;
  import flash.display.Shape;
  import flash.events.MouseEvent;
  import flash.display.Graphics;
  import flash.display.GraphicsPathCommand;
  public class DrawTriangles extends flash.display.MovieClip {

    private var form:Shape;
    private var punkte:Vector.<Number> = new Vector.<Number>(10);

    public function DrawTriangles():void {
      this.form = new Shape();
      this.addChild(form);
      punkte[0] = 10;
      punkte[1] = 10;
      punkte[2] = 490;
      punkte[3] = 10;
      punkte[4] = this.stage.stageWidth / 2;
      punkte[5] = this.stage.stageHeight / 2;
      punkte[6] = 10;
      punkte[7] = 290;
      punkte[8] = 490;
      punkte[9] = 290;

      this.zeichneForm();

      this.stage.addEventListener(MouseEvent.CLICK, punktDefinieren);
    }

    private function punktDefinieren(evt:MouseEvent):void {
      punkte[4] = evt.stageX;
      punkte[5] = evt.stageY;
      this.zeichneForm();
    }

    private function zeichneForm():void {
      var elemente:Graphics = this.form.graphics;
      var punktePaarZuordnung:Vector.<int> = new Vector.<int>();
      punktePaarZuordnung.push(0, 1, 2, 0, 3, 2, 2, 3, 4, 2, 4, 1);
      elemente.clear();
      elemente.lineStyle(2, 0, 0.1);
```

```
        elemente.drawTriangles(punkte, punktePaarZuordnung);
    }
  }
}
```

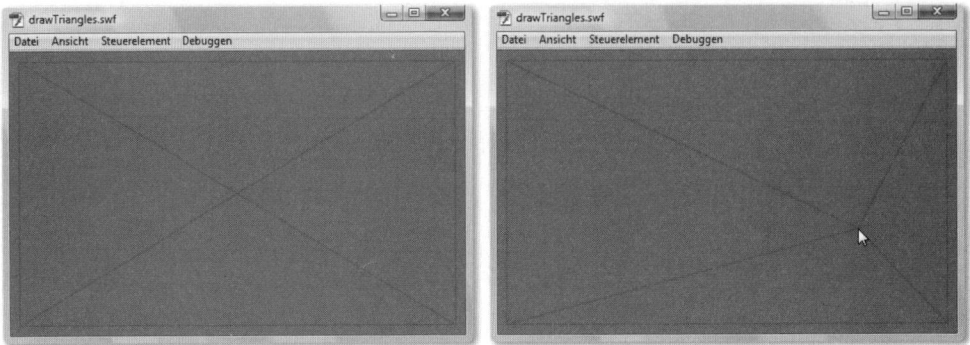

Abbildung 21.7 Die Dreiecke werden über einen Klick erzeugt, der die Mitte aller Dreiecke festlegt.

[o] Die ActionScript-Datei mit dem Code liegt unter dem Namen *DrawTriangles.as* auf der Buch-DVD. Beispielhaft eingebunden ist sie in der Flash-Datei *drawTriangles.fla*.

21.3 3D

Eine der wichtigsten Neuerungen in Flash CS4 ist die Möglichkeit, eine dritte Dimension einzusetzen. Zwar gab es vorher schon 3D-Erweiterungen wie Papervision (die auch in Zukunft noch Bedeutung haben werden), nun aber wurde Flash selbst um 3D-Funktionen erweitert. Im Kern geht es dabei vor allem um die Bewegung von eigentlich zweidimensionalen Elementen in einer dritten Dimension.

21.3.1 z-Achse und 3D-Transformationen

[o] Zweidimensionale Objekte haben eine dritte Achse, die sogenannte z-Achse. Sie können diese z-Achse problemlos über die Eigenschaft z setzen. Auf der Buch-DVD finden Sie als Beispiel die Datei *rotateZ.fla*, die als Ausgangspunkt für die Beispiele in diesem Abschnitt dient. Der Flash-Film besteht aus einem einzigen Movieclip blatt_mc.

Um die z-Achse zu testen, setzen Sie den z-Wert für das Blatt:

```
this.blatt_mc.z = 100;
```

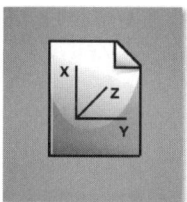

Abbildung 21.8 Ausgangspunkt ist ein Blatt mit den drei Achsen.

Sie sehen in diesem Fall nur, dass das Blatt kleiner wird. Bei dem Blatt handelt es sich um ein zweidimensionales Objekt, das auf der z-Achse verschoben wird. Einen perspektivischen Effekt nehmen Sie erst richtig wahr, wenn Sie das Blatt drehen. Hier ist eine Kombination aus Drehung auf z- und y-Achse:

```
this.blatt_mc.rotationZ = 20;
```

```
this.blatt_mc.rotationY = 50;
```

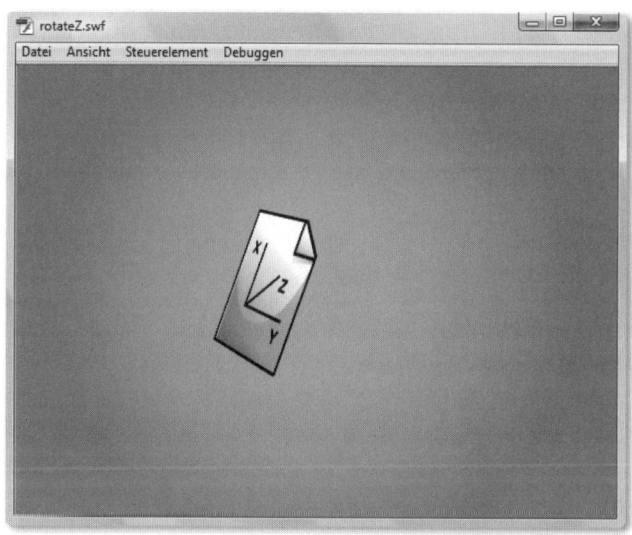

Abbildung 21.9 Die Perspektive ist abhängig vom Blickpunkt auf das Objekt.

Echtes 3D	[«]

Die Anordung zweidimensionaler Objekte im dreidimensionalen Raum ist natürlich kein echtes 3D und damit auch nicht vergleichbar mit den Features von 3D-Programmen wie 3D Studio Max oder Papervision. Benutzbar ist diese Vorgehensweise vor allem für zweidimensionale Elemente wie Videos oder Fotos. Und natürlich können Sie auch die Steuerungen, die wir hier per ActionScript durchführen, direkt auf der Bühne per Werkzeug und Eigenschafteninspektor erledigen.

Aus der dreidimensionalen Rotation können Sie natürlich auch sehr einfach eine Animation erzeugen. Dazu verwenden Sie einfache eine Methode zur Zeitverzögerung (siehe Kapitel 13, »Animationsgrundlagen«) und führen eine fortschreitende Bewegung durch:

```
this.addEventListener(Event.ENTER_FRAME, animieren);
function animieren(evt:Event):void {
    this.blatt_mc.rotationZ += 5;
    this.blatt_mc.rotationX += 10;
    this.blatt_mc.rotationY += 10;
}
```

Diese Bewegung ist allerdings eher schwierig zu steuern. Besser geht das mit einer 3D-Matrix, einem `Matrix3D`-Objekt. Die entsprechende Klasse finden Sie in `flash.geom`. Dieses Objekt lässt sich auf jedes Anzeigeobjekt anwenden. Es befindet sich im Anzeigeobjekt in der Eigenschaft `transform` und dort in `matrix3D`. Allerdings ist diese Matrix standardmäßig noch nicht gesetzt.

Die 3D-Matrix ist eine 4*4-Felder-Matrix. Drei Spalten sind für die drei Achsen zuständig, die vierte für die Versetzung entlang der jeweiligen Achse. Allerdings müssen Sie nicht die Matrix selbst bearbeiten (auch wenn das über `decompose()` und `recompose()` möglich ist), sondern Sie können Methoden wie `appendTranslation()` und `appendRotation()` verwenden, um Anzeigeobjekte mit Hilfe der 3D-Matrix zu bewegen.

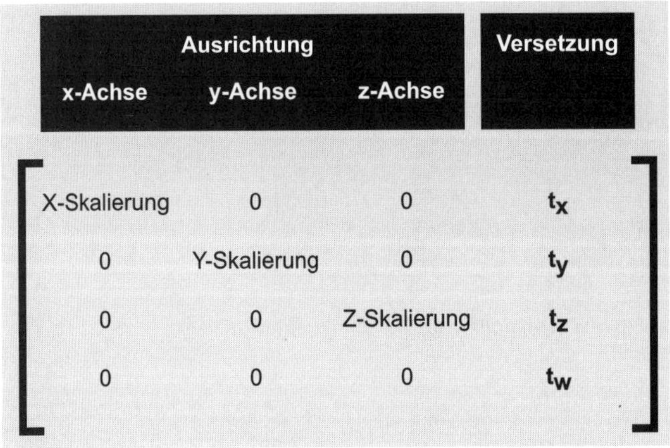

Ausrichtung			Versetzung
x-Achse	y-Achse	z-Achse	
X-Skalierung	0	0	t_x
0	Y-Skalierung	0	t_y
0	0	Z-Skalierung	t_z
0	0	0	t_w

Abbildung 21.10   Die Matrix mit ihren vier Feldern

Im folgenden Beispiel wird die Matrix Schritt für Schritt eingesetzt, um unser Blatt zu bewegen. Ausgangspunkt der Bewegung ist dabei die Mitte des Bilds. Die Rotation soll so wirken, als würde sich das Bild um eine horizontale Achse in der Mitte bewegen.

Schritt-für-Schritt: Mit der 3D-Matrix transformieren

1 *Event-Listener für Animation hinzufügen*

Als Erstes benötigen Sie ein wiederkehrendes Ereignis:

```
this.addEventListener(Event.ENTER_FRAME, animieren);
```

2 *Mittelpunkt definieren*

Für die Rotation selbst ist nun ein Mittelpunkt notwendig. Er wird in einem `Vector3D`-Objekt abgelegt. Die Koordinaten sind x, y und z – x und y errechnen Sie aus der Bühnenbreite und -höhe. Die Mitte ist bei der Hälfte der Bühnenbreite und -höhe. Die z-Achse hat den Wert 0.

```
var matrixstart:Vector3D = new Vector3D(this.stage.width / 2 -
  this.blatt_mc.width / 2, this.stage.height / 2 - this.blatt_
mc.height / 2, 0);
```

3 *3D-Matrix definieren*

Die 3D-Matrix instantiieren Sie als neues Objekt von `Matrix3D` und geben Ihr als Anfangsposition den Mittelpunkt.

```
var rotationsmatrix:Matrix3D = new Matrix3D();
rotationsmatrix.position = matrixstart;
```

4 *Pivot-Punkt definieren*

Der Pivot-Punkt oder auch Fluchtpunkt für das Blatt befindet sich in der Mitte des Blatts und damit auch in der Mitte der Bühne. Sie berechnen ihn einfach, indem Sie mit der Methode `add()` zum Startvektor die halbe Breite und Höhe des Blatts addieren:

```
var pivotpunkt:Vector3D = matrixstart.add(new Vector3D(this.blatt_
mc.width / 2, this.blatt_mc.height / 2, 0));
```

Zu diesem Zeitpunkt hat der Fluchtpunkt also die Koordinaten 275 und 200.

5 *w-Faktor setzen*

Als Nächstes setzen Sie die Eigenschaft `w` des Fluchtpunkts auf –1. `w` steht für »winding« und beinhaltet einen Drehwinkel. In unserem Beispiel sorgt er dafür, dass bei der Verschiebung der Mittelpunkt vom Ursprung abgezogen wird.

```
pivotpunkt.w = -1;
```

6 *Vektor umkehren*

In der Funktion zum Animieren wird zuerst der Vektor umgekehrt, damit die nachfolgende Verschiebung nicht im Raum stattfindet. Dies geschieht mit der Methode project(). Sie dividiert den Vektor des Fluchtpunkts durch w. Da w in diesem Fall −1 ist, entspricht das der Umkehrung:

```
function animieren(evt:Event):void {
  pivotpunkt.project();
```

7 *Verschieben und drehen*

Anschließend wird eine Verschiebung mit dem Pivot-Punkt durchgeführt. Diese Verschiebung ist notwendig, damit das Blatt immer an derselben Stelle bleibt. Die Drehung geschieht dann anhand der x-Achse, und anschließend wird der Vektor wieder umgekehrt und in die Ursprungsposition verschoben:

```
  rotationsmatrix.appendTranslation(pivotpunkt.x, pivotpunkt.y, pivot
punkt.z);
  rotationsmatrix.appendRotation(20, Vector3D.X_AXIS);
  pivotpunkt.project();
  rotationsmatrix.appendTranslation(pivotpunkt.x,pivotpunkt.y,pivotpu
nkt.z);
```

8 *Transformation anwenden*

Zum Schluss wenden Sie die Transformation an, indem Sie die Rotationsmatrix dem Blatt zuweisen:

```
  this.blatt_mc.transform.matrix3D = rotationsmatrix ;
}
```

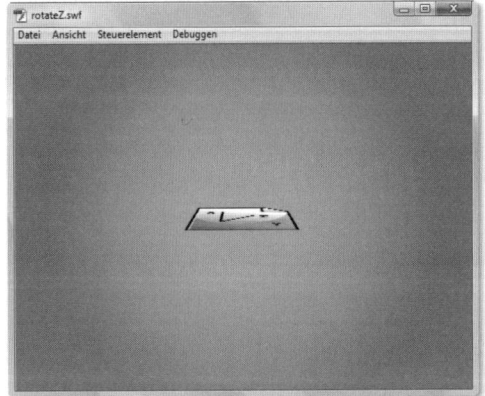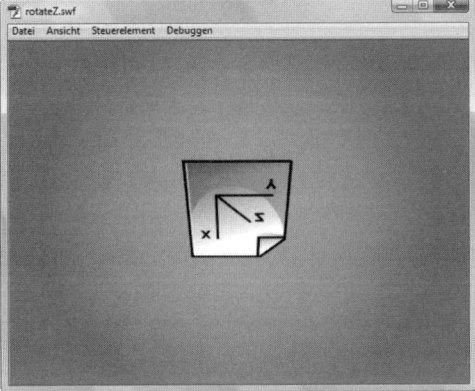

Abbildung 21.11 Das Blatt dreht sich um die Mitte. ∎

Das fertige Beispiel heißt *rotateZ_AS3.fla*. [**o**]

21.3.2 Perspektivische Projektion

Die perspektivische Projektion befindet sich in einer eigenen Klasse: `Perspecti-veProjection` im Paket `flash.geom`. Grundsätzlich ist es so, dass jeder dreidimensionale Raum eine Perspektive benötigt. Die Perspektive kann man sich vorstellen wie die Kamera, durch die die Szenerie sichtbar wird. Jede 3D-Transformation besitzt eine Standardperspektive, die allerdings über die besagte Klasse geändert wird.

Das Beispiel *3D_kamerabeispiel.fla* illustriert dies. Sie sehen dort einen Zaun und [**o**] Wolken. Dazu gibt es ein Blatt, das durch die Szenerie fliegt. Mit einem Schieberegler `sichtfeld` lässt sich noch ein Parameter für die Perspektive steuern, der den sichtbaren Bereich vergrößert und verkleinert.

Abbildung 21.12 Die Elemente im Flash-Film

Bei der perspektivischen Projektion werden zwei Dinge verändert: Zum einen lassen sich das Projektionszentrum, also das Zentrum der Kamera, und zum anderen das Sichtfeld verändern. Das Sichtfeld ist ein Wert von 0 bis 180 Grad, der die Verzerrung der zweidimensionalen Elemente bestimmt, da die Kamera quasi schräg auf das Geschehen blickt. Im Beispiel verwenden wir nur Änderungen zwischen 0 und 60 Grad. Aus den beiden Werten wird dann zusammen die `focalLength` berechnet, die den Abstand zwischen Auge und z-Position des Anzeigeobjekts berechnet. Mit dieser Zahl lassen sich dann die z-Positionen der Elemente auf der Bühne errechnen und teilweise noch korrigieren.

Diese Funktionen werden alle von einem ENTER_FRAME-Ereignis aufgerufen und sind dann in verschiedene Funktionen unterteilt:

```
this.addEventListener(Event.ENTER_FRAME, aenderungen);
var i:int = 0;
var foc:uint = this.root.transform.perspectiveProjection.focalLength;
function aenderungen(evt:Event):void {
  centerSetzen();
  focusSetzen();
  animieren();
}
```

Man sieht hier, dass das PerspectiveProjection-Objekt Teil des Transform-Objekts ist, das jedes Anzeigeobjekt besitzt. Hier wird die Perspektive der Bühne verwendet.

Die Funktion centerSetzen() berechnet das Projektionszentrum. In der Funktion wird außerdem der Wert des Schiebereglers für das Sichtfeld ausgewertet:

```
function centerSetzen():void {
  var center:Point = new Point(300 + 0.1 * this.stage.x -
    this.mouseX, 200 + 0.1 * this.stage.y - this.mouseY);
  this.root.transform.perspectiveProjection.fieldOfView =
    sichtfeld.value;
  this.root.transform.perspectiveProjection.projectionCenter = center;
}
```

Beide Werte werden für den Hauptfilm festgelegt. Damit erhält die Funktion focusSetzen() über focalLength den entsprechenden Wert für den Hauptfilm, den sie dann verwenden kann, um die Elemente auf der z-Achse in Relation zum Hauptfilm korrekt zu platzieren.

```
function focusSetzen():void {
  foc = this.root.transform.perspectiveProjection.focalLength;
  this.landschaft_mc.z = foc / 4;

  this.zaun_mc.z = 100 + 0.1 * foc;
  this.wolke1_mc.z = 10 + 0.1 * foc;
  this.wolke2_mc.z = 50 + 0.1 * foc;
  this.wolke3_mc.z = 200 + 0.1 * foc;
  this.abstand.text = foc.toString();
}
```

Die Funktion animieren() dient dazu, ein Blatt über die Szenerie zu schicken, das den 3D-Eindruck durch eine eigene Rotation verstärkt.

```
function animieren():void {
  i += 5;
  this.blatt_mc.x = -10 + i;
  this.blatt_mc.y = 200 - i / 5;
  this.blatt_mc.rotationX += 10;
  this.blatt_mc.rotationZ += 20;
  this.blatt_mc.z = 2000 - 10 * i;
}
```

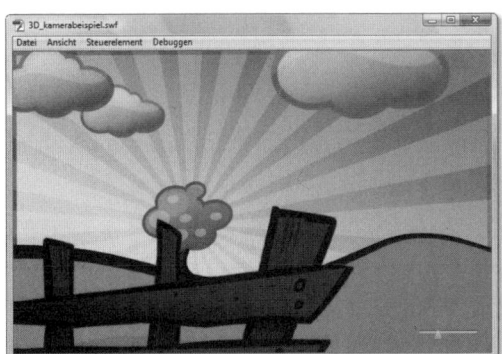

Abbildung 21.13 Sichtposition und Sichtfeld ändern sich.

Das fertige Beispiel mit dem ActionScript-Code trägt den Namen *3D_kamera-* **[o]** *beispiel_AS3.fla.*

21.3.3 Triangles für 3D und Texture Mapping

Beim Zeichnen haben Sie bereits die Methode `drawTriangles(Koordinaten-Vector, Koordinatenwahl-Vector, UV-Punkte-Vector)` kennen gelernt. Diese Methode hat noch weitere Parameter, von denen vor allem der dritte interessant ist. Er enthält sogenannte UV-Punkte. Das sind Punkte, die die Ausrichtung einer Textur auf dem entsprechenden Dreieck festlegen. Dazu wird das Bild in ein Raster aus den U- und V-Koordinaten eingeteilt. Ein Dreieck legt sich dementsprechend über das Raster, und jeder Punkt des Dreiecks entspricht einer UV-Koordinate der Textur.

Sehen Sie sich das Ganze in einem Beispiel an. Ausgangspunkt ist die Flash-Datei **[o]** *drawTrianglesUV.fla.* Sie enthält einen Schieberegler, der später die Größe des Bildausschnitts wählen soll, der auf die Dreiecke gemappt, sprich übertragen, wird. Dieser Ausschnitt beeinflusst dementsprechend die UV-Koordinaten innerhalb des Bilds. Ein größerer Ausschnitt bedeutet, dass die UV-Koordinaten relativ zur Größe des Texturbildes weiter auseinanderliegen.

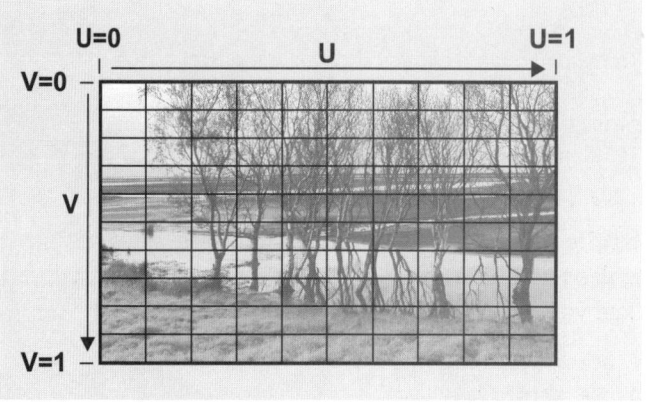

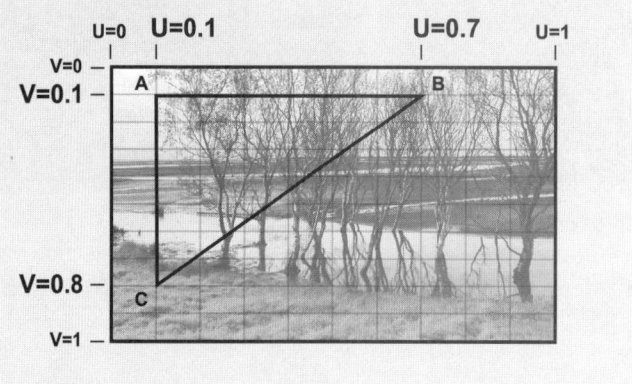

Abbildung 21.14 Das Schaubild zeigt, wie ein Dreieck UV-Koordinaten erhält.

Das Beispiel soll nun aus zwei Dingen bestehen. Auf der linken Seite ist das Originalbild zum Vergleich. Rechts soll die Textur, die sich bereits in der Bibliothek befindet und dort mit der Klasse `texture` für ActionScript veröffentlicht wurde, auf vier Dreiecke gemappt werden, wie sie schon im Abschnitt »drawTriangles()« erstellt wurden. Sie können dann den Mittelpunkt für die Dreiecke wählen und dadurch einen dreidimensionalen Kegel erzeugen. Den kompletten Code für dieses Ziel lagern wir in die Dokumentklasse `DrawTrianglesUV.as` aus. Zentrale Elemente werden in Eigenschaften ausgelagert. Dazu zählt die Form, die aus Dreiecken und der Textur mit `drawTriangles()` erzeugt wird. Ebenfalls zentral gespeichert werden die Punkte und UV-Punkte sowie die Textur. Die Eigenschaft `ausschnitt` gibt den Startwert für den Ausschnitt an, den der Schieberegler festlegt:

```
private var form:Shape;
private var texturbitmap:Bitmap;
private var punkte:Vector.<Number> = new Vector.<Number>(10);
private var uvpunkte:Vector.<Number> = new Vector.<Number>(10);
private var uvtextur:textur;
private var ausschnitt:int = 50;
```

Im Konstruktor nehmen Sie zentrale Einstellungen vor. Zuerst wird die Textur aus der Bibliothek geholt. Sie wird dann verwendet, um eine Bitmap zu erzeugen, die auf der linken Seite des Flash-Films platziert wird. Dies ist das Original, das nur zu Vergleichszwecken vorhanden ist:

```
public function DrawTrianglesUV():void {
  this.uvtextur = new textur(300,200)
  texturbitmap = new Bitmap(uvtextur);
  texturbitmap.x = 30;
  texturbitmap.y = 30;
  this.addChild(texturbitmap);
```

Der Regler wird auf den Startwert gesetzt und mit einem Ereignis versehen:

```
  this.regler.value = ausschnitt;
  this.regler.addEventListener(SliderEvent.CHANGE, aendereAusschnitt);
```

Die Event-Listener-Funktion aendereAusschnitt() macht nichts anderes, als den geänderten Wert des Reglers in der Variablen ausschnitt zu speichern und dann die zentrale Funktion zeichneForm() aufzurufen.

Bevor es aber mit dem Zeichnen weitergeht, werfen wir noch einen genaueren Blick auf die anderen Einstellungen im Konstruktor. Hier wird als Nächstes die Form erstellt und zur Bühne hinzugefügt. Sie muss hier nicht platziert werden, da die Punkte alle mit absoluten Koordinaten angegeben sind. Alternativ zu den absoluten Koordinaten könnten Sie die Form natürlich auch in ein Sprite oder in einen Movieclip packen.

```
  this.form = new Shape();
  this.addChild(form);
  punkte[0] = 370;
  punkte[1] = 30;
  punkte[2] = 670;
  punkte[3] = 30;
  punkte[4] = 520;
  punkte[5] = 180;
  punkte[6] = 370;
  punkte[7] = 230;
  punkte[8] = 670;
  punkte[9] = 230;
```

Zum Schluss wird die Form das erste Mal gezeichnet und die Bühne noch mit einem Event-Listener versehen, der Mausklicks abfängt. Dies dient dazu, dem Benutzer zu erlauben, den Mittelpunkt der aus Dreiecken bestehenden Zeichnung zu verändern.

```
    this.zeichneForm();
    this.stage.addEventListener(MouseEvent.CLICK, punktDefinieren);
}
```

Definiert wird der Mittelpunkt, sprich die Koordinate mit dem Index 2. Dies entspricht den Punkten 4 und 5. Diese sind in allen vier gezeichneten Dreiecken eine Spitze. Dadurch, dass Sie diese Spitze auf die Mauskoordinaten setzen, ändern Sie das Aussehen der Dreieckszeichnung.

Anders als im »drawTriangles()«-Abschnitt, müssen Sie hier nur noch zusätzlich prüfen, ob der Benutzer den Schieberegler angeklickt hat. Ist das der Fall, so sollte natürlich der Mittelpunkt des Dreiecks nicht gesetzt werden. Ansonsten würde das Dreieck immer den Schieberegler verfolgen.

```
private function punktDefinieren(evt:MouseEvent):void {
    if (evt.target.parent == null || evt.target.parent.name != "regler"
) {
        punkte[4] = evt.stageX;
        punkte[5] = evt.stageY;
    }
    this.zeichneForm();
}
```

Zentral ist schließlich die Methode zeichneForm(). Sie erstellt die UV-Punkte. Sie werden aus Position, Breite und Höhe der Textur berechnet und zusätzlich um den per Slider wählbaren, sichtbaren Ausschnitt verändert. Wichtig ist, dass die Zahl der UV-Punkte mit der der Dreiecks-Koordinaten übereinstimmen.

```
private function zeichneForm():void {
    uvpunkte[0] = (ausschnitt+texturbitmap.x - texturbitmap.x) /
    texturbitmap.width;
    uvpunkte[1] = (ausschnitt+texturbitmap.y - texturbitmap.y)/
    texturbitmap.height;
    uvpunkte[2] = (-ausschnitt + texturbitmap.width) /
    texturbitmap.width;
    uvpunkte[3] = (ausschnitt + texturbitmap.y - texturbitmap.y) /
    texturbitmap.height;
    uvpunkte[4] = (texturbitmap.width / 2) /texturbitmap.width;
    uvpunkte[5] = (texturbitmap.height / 2) /texturbitmap.height;
    uvpunkte[6] = (ausschnitt + texturbitmap.x - texturbitmap.x) /
    texturbitmap.width;
```

```
  uvpunkte[7] = (-ausschnitt + texturbitmap.height) /
texturbitmap.height;
  uvpunkte[8] = (-ausschnitt + texturbitmap.width) /
texturbitmap.width;
  uvpunkte[9] = (-ausschnitt + texturbitmap.height) /
texturbitmap.height;
```

Anschließend wird das `Graphics`-Objekt aus der Form ausgelesen. Die Punkte/ Paarzuordnung entspricht dem Beispiel aus dem Abschnitt »drawTriangles()«. Vor dem eigentlichen Zeichnen setzen Sie dann noch den Linienstil, um die Dreiecke noch erkennen zu können – in der Praxis lassen Sie diese dann natürlich weg. Anschließend wird zur Füllung die Textur verwendet, und die Dreiecke werden gezeichnet:

```
var elemente:Graphics = this.form.graphics;
var punktepaarzuordnung:Vector.<int> = new Vector.<int>();
punktepaarzuordnung.push(0, 1, 2, 0, 3, 2, 2, 3, 4, 2, 4, 1);
elemente.clear();
elemente.lineStyle(1, 0xFFFFFF, 0.5);
elemente.beginBitmapFill(uvtextur);
elemente.drawTriangles(punkte, punktepaarzuordnung, uvpunkte);
elemente.endFill();
}
```

Denken Sie daran, am Ende die Füllung zu beenden. Hier sehen Sie den vollständigen Code im Überblick:

```
package {
  import flash.display.MovieClip;
  import flash.display.Shape;
  import flash.events.MouseEvent;
  import flash.display.Graphics;
  import flash.display.GraphicsPathCommand;
  import flash.display.Bitmap;
  import flash.display.BitmapData;
  import fl.events.SliderEvent;
  public class DrawTrianglesUV extends flash.display.MovieClip {

    private var form:Shape;
    private var texturbitmap:Bitmap;
    private var punkte:Vector.<Number> = new Vector.<Number>(10);
    private var uvpunkte:Vector.<Number> = new Vector.<Number>(10);
    private var uvtextur:textur;
    private var ausschnitt:int = 50;
```

```
public function DrawTrianglesUV():void {
  this.uvtextur = new textur(300,200)
  texturbitmap = new Bitmap(uvtextur);
  texturbitmap.x = 30;
  texturbitmap.y = 30;
  this.addChild(texturbitmap);

  this.regler.value = ausschnitt;
  this.regler.addEventListener(SliderEvent.CHANGE,
    aendereAusschnitt);

  this.form = new Shape();
  this.addChild(form);

  punkte[0] = 370;
  punkte[1] = 30;
  punkte[2] = 670;
  punkte[3] = 30;
  punkte[4] = 520;
  punkte[5] = 180;
  punkte[6] = 370;
  punkte[7] = 230;
  punkte[8] = 670;
  punkte[9] = 230;

  this.zeichneForm();

  this.stage.addEventListener(MouseEvent.CLICK, punktDefinieren);
}

private function punktDefinieren(evt:MouseEvent):void {
  if (evt.target.parent == null || evt.target.parent.name !=
    "regler") {
    punkte[4] = evt.stageX;
    punkte[5] = evt.stageY;
  }
  this.zeichneForm();
}
private function aendereAusschnitt(evt:SliderEvent):void {
  ausschnitt = this.regler.value;
  this.zeichneForm();
}
```

```
private function zeichneForm():void {

    uvpunkte[0] = (ausschnitt + texturbitmap.x - texturbitmap.x) /
        texturbitmap.width;

    uvpunkte[1] = (ausschnitt + texturbitmap.y - texturbitmap.y)/
        texturbitmap.height;
    uvpunkte[2] = (-ausschnitt + texturbitmap.width) /
        texturbitmap.width;
    uvpunkte[3] = (ausschnitt + texturbitmap.y - texturbitmap.y) /
        texturbitmap.height;
    uvpunkte[4] = (texturbitmap.width / 2) / texturbitmap.width;
    uvpunkte[5] = (texturbitmap.height / 2) / texturbitmap.height;
    uvpunkte[6] = (ausschnitt + texturbitmap.x - texturbitmap.x) /
        texturbitmap.width;
    uvpunkte[7] = (-ausschnitt + texturbitmap.height) /
        texturbitmap.height;
    uvpunkte[8] = (-ausschnitt + texturbitmap.width) /
        texturbitmap.width;
    uvpunkte[9] = (-ausschnitt + texturbitmap.height) /
        texturbitmap.height;

    var elemente:Graphics = this.form.graphics;
    var punktepaarzuordnung:Vector.<int> = new Vector.<int>();
    punktepaarzuordnung.push(0, 1, 2, 0, 3, 2, 2, 3, 4, 2, 4, 1);
    elemente.clear();
    elemente.lineStyle(1, 0xFFFFFF, 0.5);

    elemente.beginBitmapFill(uvtextur);
    elemente.drawTriangles(punkte, punktepaarzuordnung, uvpunkte);
    elemente.endFill();

    }

  }
}
```

Das fertige Beispiel finden Sie auf der DVD in der Datei *DrawTrianglesUV.as*. **[o]**

Das Ergebnis sehen Sie auf der nächsten Seite in Abbildung 21.15.

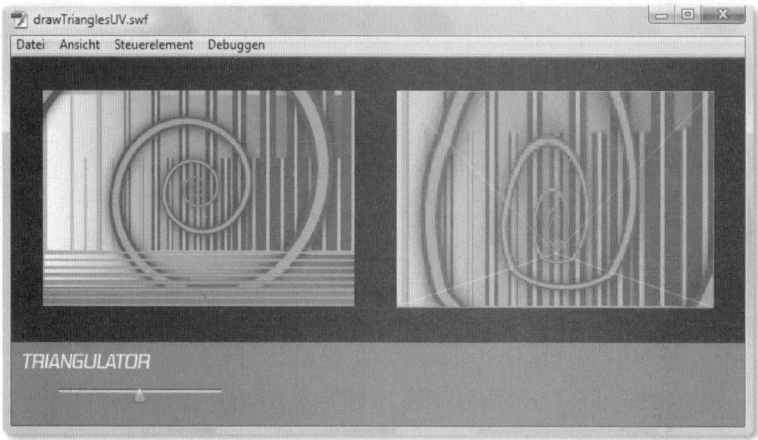

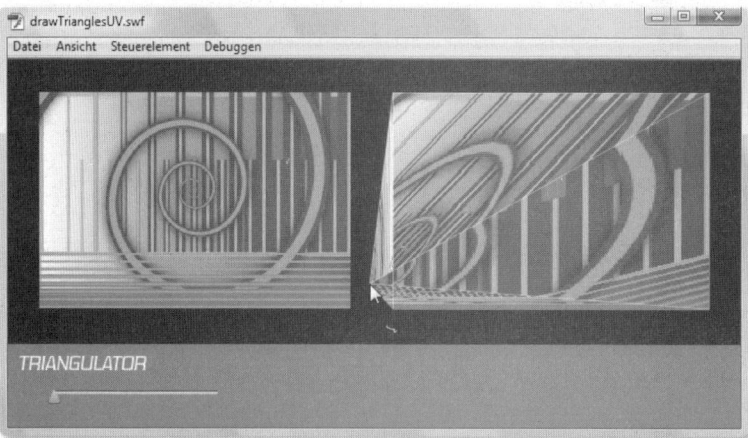

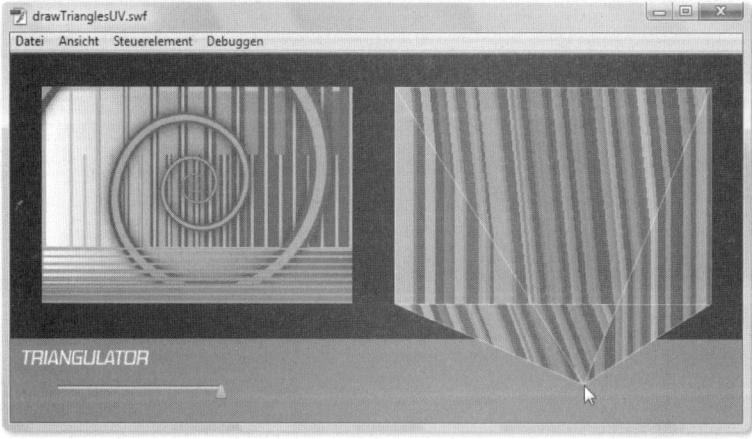

Abbildung 21.15 Die Textur richtet sich nach dem Mittelpunkt und lässt sich skalieren.

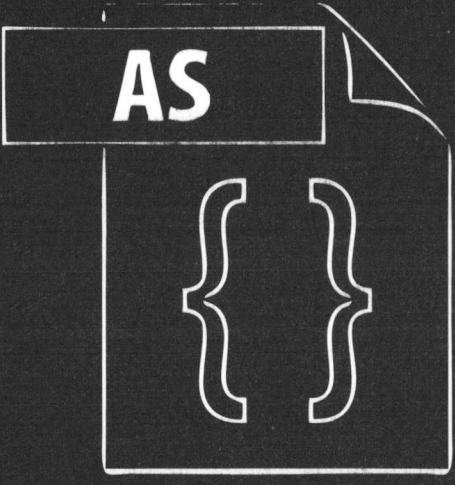

TEIL VII
Formulare und UI

»Nicht von dieser Welt sind diese Formen.«
– Friedrich Schiller

22   Formulare und UI-Komponenten

Beim Stichwort »Formulare« denkt man meistens zuerst an die eigene (womöglich längst überfällige) Steuererklärung. Und in gewisser Hinsicht besteht ein Zusammenhang zwischen Flash-Formularen und dem jährlichen Sammeln von Belegen. Wie sieht ein Formular der Steuererklärung aus? In vorgefertigte Felder können Sie Text und (natürlich) Zahlen eingeben, hin und wieder auch etwas ankreuzen.

Im Webbereich ist das genauso, auch hier sind Formulare gang und gäbe und bieten Felder, in die Sie Werte eintragen. Fast täglich wird der User mit solchen Webformularen konfrontiert: Nehmen Sie einen Webmaildienst in Anspruch – über ein Formular loggen Sie sich dort ein. Betreiben Sie Onlinebanking – in ein Formular tippen Sie bei jeder Überweisung die Empfängerdaten und den Verwendungszweck.

Auch in Flash-Filmen sind Formulare sehr sinnvoll. In diesem Kapitel demonstrieren wir Ihnen das am Beispiel einer Umfrage. Das nächste Kapitel zeigt, wie Sie Formulare individuell anpassen, Kapitel 24, »Formulare und Daten versenden«, den Versand eines Kontaktformulars mit PHP und Kapitel 31, »Warenkorb«, eine (kleine, aber feine) Warenkorb-Applikation. Überall dort kommen Formularfelder zum Tragen, und Sie benötigen ActionScript, um damit arbeiten zu können.

22.1   UI-Komponenten

In alten Flash-Versionen war es noch schwierig, Formularfelder einzusetzen. »Schwierig« bedeutet, dass mit Flash nichts Derartiges mitgeliefert wurde und Sie alles selbst programmieren mussten. Die einzige Ausnahme stellten Textfelder dar, die schon seit Längerem möglich sind. Für komplexere Formularelemente, beispielsweise Radiobuttons oder mehrzeilige Textfelder mit Scrollbalken, gab es nur zwei Möglichkeiten: Externe Komponenten einkaufen oder selbst Hand anlegen, was beides teuer und aufwändig war.

Ein weiteres Problem: Jeder kreative Flasher kochte sein eigenes Süppchen. Und somit sahen Flash-Formulare je nach Gusto des Designers lange Zeit unterschiedlich aus: nach der persönlichen Einschätzung des Designers stets intuitiv und eindeutig, aber häufig im Usability-Test ein Fehlschlag.

Mit Flash MX hat seinerzeit Macromedia die sogenannten *UI-Komponenten* eingeführt, um damit die zuvor genannten Probleme auszumerzen. Seither steht ein stattlicher Satz an UI-Komponenten zur Verfügung, der sich leicht und ohne großen Programmieraufwand einsetzen lässt. Außerdem garantiert das einheitliche Aussehen, dass sich die Anwender schnell mit der Bedienung zurechtfinden können – zumindest in der Theorie.

Nun müssen Sie abwägen: hohe Usability durch Einheitslook oder mögliches Unverständnis beim Kunden und dafür ein individuelles Layout. Unsere Empfehlung: Freunden Sie sich mit den mitgelieferten Komponenten an. Sie lassen sich innerhalb gewisser Grenzen anpassen und können recht einfach mit ActionScript angesteuert werden.

[»] | **Flash und Usability**

Der umstrittene »Usability-Papst«, Jakob Nielsen, hat im Jahr 2000 die kritische These »Flash: 99 Prozent schlecht« aufgestellt. Seine drei Hauptkritikpunkte: Der Bruch mit fundamentalen Webstandards (beispielsweise keine ZURÜCK- und VORWÄRTS-Schaltflächen), Ablenkung vom Seiteninhalt (häufig aufwändig zu pflegen) und eben der Designmissbrauch, unter anderem durch fehlende Standard-UI-Komponenten. Im Jahr 2002 relativierte Nielsen diese Aussage, denn neue Flash-Versionen behoben viele der monierten Punkte (zudem engagierte Macromedia ihn seinerzeit noch unter anderem für einen Workshop bei der Entwicklerkonferenz »DevCon« ...). Gleichzeitig bietet Nielsen eine (kostenpflichtige) Case Study an, die Design-Guidelines für Flash verspricht. Den Artikel von damals können Sie unter *http://www.useit.com/alertbox/20001029.html* nachlesen.

Komponenten und ActionScript

In Flash CS4 gibt es weitgehend dieselben Komponenten wie die, die mit Flash MX eingeführt worden sind. Einige sind neu, und einige sind intern verändert worden. Sie werden das beispielsweise dann feststellen, wenn Sie versuchen, ein altes Projekt (sprich: ActionScript 1 oder 2) in Flash CS4 mit ActionScript 3 zu veröffentlichen. Bei einigen Komponenten, etwa Radiobuttons und Comboboxen, erhalten Sie eine Warnmeldung, dass diese nur unter ActionScript 2 funktionieren.

Dies ist lediglich die halbe Wahrheit. Auch ActionScript 3 unterstützt diese (und andere) Komponenten. Allerdings haben sich einige Interna geändert, sodass die neuen und die alten Komponenten nicht immer vollständig kompatibel zueinander sind. Erhalten Sie also eine solche Warnmeldung, müssen Sie die betreffenden Komponenten austauschen, das heißt, die alten löschen (auch aus der Bibliothek) und dann die neuen einfügen.

Aber zurück zu den eigentlichen Komponenten: Ist das KOMPONENTEN-Bedienfeld noch nicht sichtbar, können Sie es über FENSTER • KOMPONENTEN (Strg+F7) einblenden. Dort finden Sie die bei Flash mitgelieferten Komponenten.

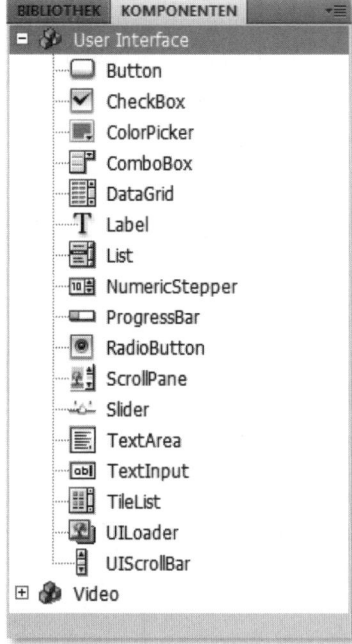

Abbildung 22.1 Die Komponenten von Flash CS4
(größtenteils bereits in älteren Versionen vorhanden)

Wie Sie sehen, gibt es eine ganze Reihe von UI-Komponenten. Aus ActionScript-Sicht sind einige davon besonders interessant und kommen auch im großen Praxisbeispiel am Ende des Kapitels zum Einsatz. Zuvor werfen wir jedoch einen Blick auf ausgewählte Komponenten.

Auf Werte zugreifen

Allgemein gilt: Beim Testen und Einsetzen der Komponenten benötigen Sie einen einfachen Mechanismus, um schnell auf den aktuellen Wert im Formularfeld (der Eingabe) zuzugreifen. Zahlreiche Komponenten unterstützen das Ereignis `Event.CHANGE`, das immer dann eintritt, wenn sich die Komponente verändert (beispielsweise ein Nutzer ein Zeichen in ein Textfeld eingibt). Ein möglichst universeller Ansatz ist der folgende, den wir bei jedem Beispiel einsetzen werden:

1. Sie erstellen eine Funktion `ausgabe()`, die per `trace()`-Anweisungen etwas ausgibt:

```
function ausgabe() {
    trace("...");
}
```

2. Diese Funktion wird periodisch aufgerufen – entweder per `setInterval()`, oder beim Ereignis `Event.ENTER_FRAME` (mehr dazu im Praxisbeispiel):

```
addEventListener(Event.ENTER_FRAME, ausgabe);
```

Das ist der ganze Trick. Für jedes Formularfeld sieht der Inhalt von `ausgabe()` natürlich ein wenig anders aus, aber Sie wissen jetzt, wie der Mechanismus für den Zugriff funktioniert.

22.1.1 Textfelder

Wozu eine eigene Komponente verwenden, um ein bloßes Textfeld darzustellen? Mit dynamischen Textfeldern gelingt der Zugriff per ActionScript ebenfalls. Komponenten-Textfelder sind jedoch etwas mächtiger, für einfache Anwendungen (nur dynamische Ausgaben beispielsweise) reicht allerdings meistens ein dynamisches Text- oder auch ein Eingabefeld.

Das Texteingabefeld ❶ verbirgt sich hinter der Schaltfläche TEXTINPUT. Erstellen Sie einen neuen Film und platzieren Sie ein solches Feld auf der Bühne. In den verschiedenen Bedienfeldern von Flash können Sie jetzt Informationen über die Komponente aufrufen.

Dabei stehen Ihnen folgende Möglichkeiten zur Verfügung:

1. Im Eigenschafteninspektor ❷ rechts bearbeiten Sie die wichtigsten Angaben zum Textfeld und vergeben einen Instanznamen. Um das Textfeld mit Action-Script ansteuern zu können, müssen Sie den Instanznamen unbedingt setzen.

2. Im KOMPONENTEN-INSPEKTOR ❸ (FENSTER • KOMPONENTEN-INSPEKTOR im Register PARAMETER) haben Sie Zugriff auf weitere Eigenschaften des Textfelds. Hier lässt sich beispielsweise die maximale Anzahl an Zeichen, die in das Textfeld dürfen, beschränken.

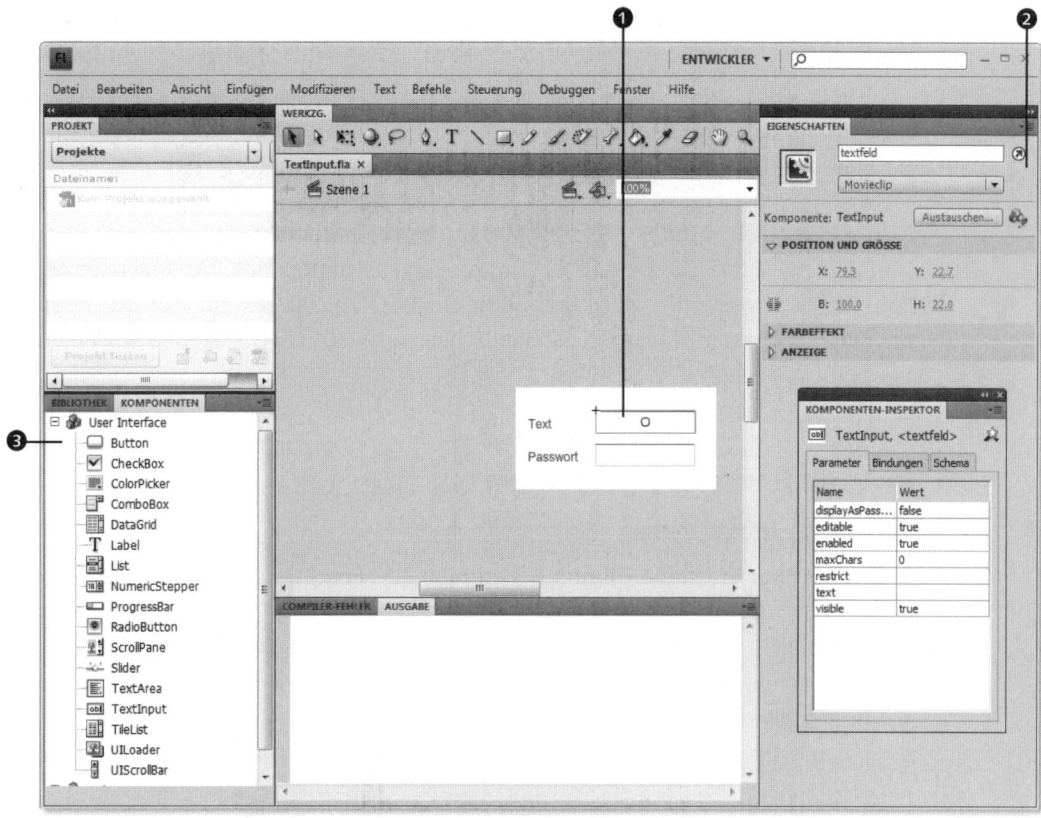

Abbildung 22.2 Die UI-Komponente innerhalb eines Films

Im Komponenten-Inspektor können Sie bereits die Feldeigenschaften ablesen; die wichtigsten davon finden Sie in der folgenden Tabelle:

Eigenschaft	Beschreibung
displayAsPassword	Liegt ein Passwortfeld vor (true) oder nicht (false, Standard).
editable	Gibt an, ob der Benutzer Text in das Feld eingeben darf (true) oder nicht (false). Bei false kann der Flash-Film trotzdem Änderungen am Feld vornehmen.
maxChars	Die maximale Anzahl von Zeichen, die in das Feld eingegeben werden dürfen.
restrict	Beschränkt die Menge der Zeichen, die in das Feld eingegeben werden können; Eingabe ist ein regulärer Ausdruck.
text	Bezieht sich auf den Text, der anfangs im Feld stehen soll.

Tabelle 22.1 Wichtige Eigenschaften für Textfelder

[+] **Passwortfelder**

Bei Passwortfeldern erscheinen die Eingaben in Form von Sternchen, die nichts über die Eingabe verraten. Von Flash aus können diese Daten allerdings im Klartext ausgelesen werden, es findet also keine Form von Verschlüsselung statt.

UI-Komponenten werden intern als Movieclips gehandhabt. Sie können also über `Instanzname.Eigenschaft` auf bestimmte Eigenschaften des Textfelds (beziehungsweise allgemeiner: der Komponente) zugreifen. Interessant zum Auslesen des Textfelds ist natürlich die Texteigenschaft; sie heißt `text`. Erstellen wir einen Testfilm:

Schritt-für-Schritt: Textfelder einsetzen I

1 **Zwei Textfelder setzen**

Setzen Sie zwei Textfelder in den neuen Film ein. Beachten Sie, dass beide Textfelder für den Benutzer bearbeitbar sind, die Eigenschaft `editable` also den Wert `true` hat.

2 **Felder benennen**

Vergeben Sie für die beiden Felder die Instanznamen `textfeld` und `passwortfeld`.

3 **Ein Passwortfeld erstellen**

Machen Sie eines der Textfelder zu einem Passwortfeld. Dazu müssen Sie die Eigenschaft `displayAsPassword` auf `true` setzen.

4 **ActionScript-Code zur Ausgabe**

Der folgende Code gehört in Bild 1 des Flash-Films:

```
function ausgabe() {
    trace("Textfeld: " + textfeld.text);
    trace("Passwortfeld: " + passwortfeld.text);
}
addEventListener(Event.ENTER_FRAME, ausgabe);
```

[o] Fertig ist ein einfacher Textfeldtest; Sie finden ihn auf der DVD unter *TextInput.fla*. Wenn Sie in die Textfelder etwas eingeben, erscheint im Ausgabe-Fenster sofort der dazugehörige Wert.

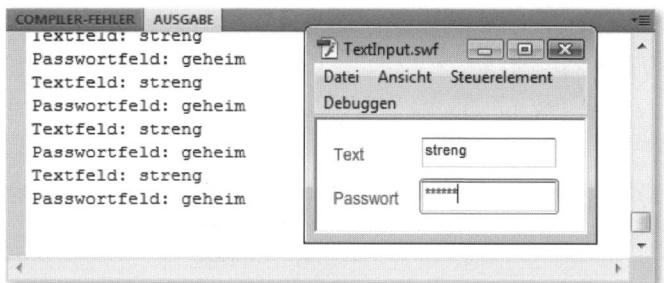

Abbildung 22.3   Die Eingaben erscheinen im AUSGABE-Fenster. ∎

Ereignisse für Textfelder

Allerdings ist das Beispiel noch nicht optimiert. Das permanente Flackern im AUSGABE-Fenster ist störend. Angenehmer wäre, wenn nur nach einer Eingabe im Textfeld etwas angezeigt würde. Die gute Nachricht: Auch für Textfelder gibt es Ereignisse.

Einige der Ereignisse kennen Sie bereits aus vorherigen Kapiteln. Für unser Beispiel ist `Event.CHANGE` die richtige Wahl: Sobald sich etwas im Textfeld ändert, wird das Ereignis ausgelöst. Die folgenden Schritte geben immer dann den neuen Text aus, wenn eine Änderung in einem der Textfelder auftritt. Als Ausgangsbasis verwenden Sie die vorher erstellte Datei *TextInput.fla*. Speichern Sie diese unter dem neuen Namen *TextInputChange.fla* ab.

Warum nicht KEY_UP?	[+]

Geeignet erscheint zunächst das Ereignis `KeyboardEvent.KEY_UP`, also das Loslassen einer Taste. Es gibt allerdings einen Fall, bei dem diese Vorgehensweise ausgehebelt werden kann: Kopieren Sie zunächst Text in die Zwischenablage. Rufen Sie dann über einen Mausklick das Kontextmenü des Textfelds auf und dort den Menüeintrag EINFÜGEN. Der Text aus der Zwischenablage wird eingefügt, ohne dass Sie eine Taste drücken mussten. `KEY_UP` hat also nicht unbedingt Vorteile; deswegen haben wir uns für `CHANGE` entschieden.

Schritt-für-Schritt: Textfelder einsetzen II

1 **Code einkommentieren**

Kommentieren Sie im ActionScript-Code für Bild 1 den Event-Handler für `ausgabe()` aus:

```
//addEventListener(Event.ENTER_FRAME, ausgabe);
```

2 *Ereignis-Handler setzen*

Geben Sie für beide Textfelder einen Event-Handler an:

```
textfeld.addEventListener(Event.CHANGE, ausgabe);
passwortfeld.addEventListener(Event.CHANGE, ausgabe);
```

Es wird nur `ausgabe()` aufgerufen, wenn sich in einem der Textfelder tatsächlich etwas geändert hat.

3 *Funktionssignatur anpassen*

Passen Sie die Funktion `ausgabe()` an: Als Event-Handler bekommt sie jetzt automatisch das Ereignis übergeben:

```
function ausgabe(evt:Event) { ... } ■
```

[!]

> ### Nur bei bestimmten Eingaben aktiv werden
>
> Das Ereignis `TextEvent.TEXT_INPUT` tritt nur dann ein, wenn eine (neue) Eingabe in ein Textfeld getätigt wird. Sprich, das Löschen von Inhalten löst dieses Ereignis nicht aus. Außerdem wird die aktuelle Eingabe noch nicht in der `text`-Eigenschaft vorgehalten, sondern nur vom Ereignis mitgegeben (`evt.text`).

22.1.2 Mehrzeiliges Textfeld

Textfelder müssen nicht immer nur eine Zeile lang sein. Gerade, wenn etwas mehr einzugeben ist, beispielsweise der E-Mail-Text bei einer Webmail-Anwendung, reicht eine Zeile nicht aus. Hier sind mehrere Zeilen sinnvoll. Auch in diesem Fall helfen Ihnen Flash-UI-Komponenten.

Das entsprechende Formularelement ist im KOMPONENTEN-Bedienfeld mit `TextArea` beschriftet, heißt also praktischerweise genauso wie das HTML-Pendant. Sobald Sie eine `TextArea` in den Film eingefügt haben, können Sie im KOMPONENTEN-INSPEKTOR die Eigenschaften der Komponente aufrufen. Die folgende Tabelle zeigt Ihnen die fünf wichtigsten:

Eigenschaft	Beschreibung
`editable`	Kann der Benutzer Text in das Feld eingeben (`true`) oder nicht (`false`)?
`htmlText`	Der Inhalt des Felds als HTML-Markup (dann kann sich beispielsweise mitten im Text die Schriftgröße ändern)?
`maxChars`	Die maximale Anzahl von (Text-)Zeichen, die im Feld erlaubt sind.

Tabelle 22.2 Wichtige Eigenschaften für mehrzeilige Textfelder

Eigenschaft	Beschreibung
text	Bezieht sich auf den Text, der anfangs im Feld stehen soll.
wordWrap	Gibt an, ob Text automatisch umbricht (true, Standard) oder nicht (false).

Tabelle 22.2 Wichtige Eigenschaften für mehrzeilige Textfelder (Forts.)

Zur Veranschaulichung erstellen Sie eine neue Beispieldatei:

Schritt-für-Schritt: Mehrzeilige Textfelder einsetzen

1 Ein mehrzeiliges Textfeld

Setzen Sie ein mehrzeiliges Textfeld in einen neuen Film. Achten Sie darauf, dass das Feld bearbeitbar ist (editable muss true sein).

2 Instanznamen vergeben

Vergeben Sie den Instanznamen textfeld.

3 Text im Feld

Setzen Sie die htmlText-Eigenschaft des Felds auf Ein <i>mehrzeiliges</i> Textfeld. Durch das HTML-Element <i> wird das Wort »mehrzeiliges« kursiv gedruckt.

4 Ausgabe-Code hinzufügen

Ergänzen Sie im ersten Bild die ausgabe-Funktion (ohne setInterval()!). Greifen Sie dabei sowohl auf die Eigenschaft text als auch auf die Eigenschaft html-Text zu:

```
function ausgabe(evt:Event) {
    trace("Textfeld (Text): " + textfeld.text);
    trace("Textfeld (HTML): " + textfeld.htmlText);
}
```

5 Ereignis für Textfeld ergänzen

Fügen Sie einen Ereignis-Handler für Event.CHANGE hinzu:

```
textfeld.addEventListener(Event.CHANGE, ausgabe);
```

Das war es auch schon; Sie finden das Beispiel auf der DVD unter dem Namen **[o]** *textarea.fla*. Starten Sie den Film und beachten Sie, dass im Textfeld die HTML-Formatierung angezeigt wird. Sobald Sie innerhalb des Textfelds etwas ändern, sehen Sie im AUSGABE-Fenster, dass intern die HTML-Tags beibehalten werden (und sogar noch welche hinzukommen), es erscheint also <I> und </I>. Sonderzeichen, wie etwa spitze Klammern, werden automatisch in die dazugehörigen HTML-Kommandos umgewandelt.

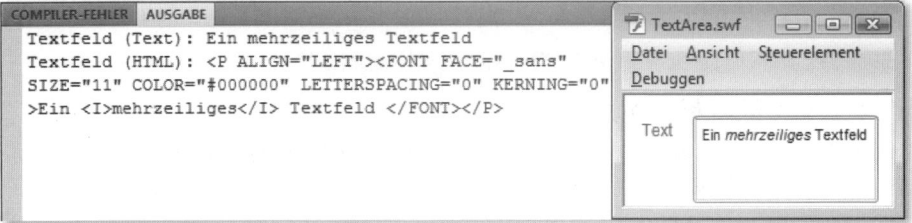

Abbildung 22.4   Ein mehrzeiliges, HTML-fähiges Textfeld ■

Daraus lässt sich gleich eine Empfehlung ableiten: Zur Ausgabe von HTML-Text ist die Komponente gut geeignet. Tippt jedoch auch der Benutzer Text in das Feld ein, sollten Sie die Eigenschaft `htmlText` nicht mehr verwenden. Andernfalls wird es nämlich schwierig, aus den ganzen HTML-Kommandos den eigentlichen Text herauszufiltern.

22.1.3 Checkbox

Das nächste Formularelement ist die Checkbox, auf Deutsch auch Kontrollkästchen genannt. Es handelt sich um ein Kästchen, das der Nutzer ankreuzen kann oder nicht. Die Checkbox kennt also nur zwei Zustände: an oder aus.

Die entsprechende Komponente ist so beschriftet, wie sie heißt: CHECKBOX. Sie besitzt unter anderem die folgenden Eigenschaften:

Eigenschaft	Beschreibung
`label`	Beschriftung der Checkbox.
`labelPlacement`	Wo die Beschriftung angezeigt werden soll: links (`left`), rechts (`right`, Standard), oben (`top`) oder unten (`bottom`).
`selected`	Zeigt, ob die Checkbox im Voraus ausgewählt ist (`true`) oder nicht (`false`, Standard).

Tabelle 22.3   Wichtige Eigenschaften für Checkboxen

[+]   **Mit und ohne Beschriftung**

Sehr praktisch ist an der Checkbox, dass die Beschriftung Teil der Komponente ist. Hin und wieder kann sich das aber störend auf das Design auswirken. Hier gibt es eine einfache Abhilfe: Setzen Sie die Eigenschaft `label` auf eine leere Zeichenkette und fügen Sie selbst an anderer Stelle ein Flash-Textelement hinzu.

Die wichtigste Eigenschaft der Checkbox ist `selected`, die den Zustand des Kontrollkästchens angibt. Ein kleines Beispiel soll diese Eigenschaft dynamisch auslesen:

Schritt-für-Schritt: Checkboxen einsetzen

1 Eine Checkbox hinzufügen

Setzen Sie eine Checkbox in einen neuen Film. Vergeben Sie den Instanznamen `checkbox` und belassen Sie bei allen anderen Eigenschaften deren Standardwerte.

2 `ausgabe()`-Funktion hinzufügen

Fügen Sie im ersten Bild der Hauptzeitleiste die folgende Fassung der bereits bekannten `ausgabe()`-Funktion ein:

```
function ausgabe(evt:Event) {
    trace("Zustand: " + checkbox.selected);
}
```

Es wird hier die Eigenschaft `selected` abgefragt und ausgegeben.

3 Das Ereignis

Jetzt fehlt nur noch das Ereignis. Es heißt `MouseEvent.CLICK` und tritt ein, sobald die Checkbox angeklickt wird – also immer dann, wenn sich der Zustand der Checkbox ändert.

```
checkbox.addEventListener(MouseEvent.CLICK, ausgabe);
```

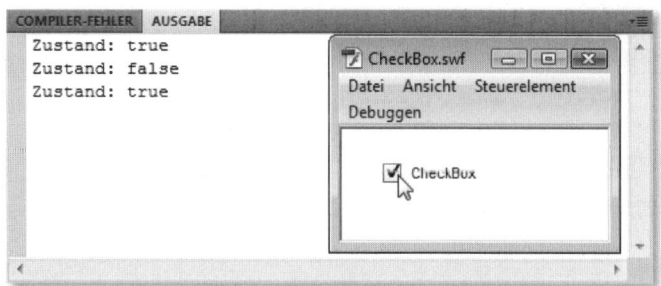

Abbildung 22.5 Der Zustand der Checkbox wird im Ausgabe-Fenster angezeigt. ∎

Das Ergebnis finden Sie in der Datei *checkbox.fla* auf der DVD.

[○]

22.1.4 Radiobutton

Mit der Checkbox vergleichbar sind Radiobuttons, das sind Optionsfelder. Auch diese besitzen die beiden Zustände an und aus, allerdings gibt es zwei gewaltige Unterschiede zu Checkboxen:

▸ Ist ein Radiobutton einmal ausgewählt, lässt er sich durch nochmaliges Anklicken *nicht* deaktivieren, wie das bei Checkboxen der Fall ist.

▸ Radiobuttons können in Gruppen auftreten.

Der zweite Punkt hilft, das Problem des ersten Punktes zu beseitigen: Von allen Radiobuttons innerhalb einer Gruppe darf immer nur einer ausgewählt sein. Stellen Sie sich vor, Sie haben zwei Radiobuttons, der erste ist aktiviert. Sobald Sie den zweiten aktivieren, wird dadurch automatisch der erste deaktiviert. Wenn Sie in einem Formular eine Frage stellen und mehrere Auswahlmöglichkeiten anbieten, sollten Sie über den Einsatz von Radiobuttons nachdenken.

Die UI-Komponente für Radiobuttons ist mit RADIOBUTTON beschriftet. Ziehen Sie zwei Radiobuttons auf die Bühne und werfen Sie einen Blick auf den KOMPONENTEN-INSPEKTOR. Wieder gibt es eine überschaubare Anzahl von Eigenschaften, in beiden Inspektoren wird dasselbe angezeigt. Hier ist eine Übersicht der wichtigsten:

Eigenschaft	Beschreibung
groupName	Name der Gruppe aus Radiobuttons.
label	Beschriftung des Radiobuttons.
labelPlacement	Wo die Beschriftung angezeigt werden soll: links (left), rechts (right, Standard), oben (top) oder unten (bottom).
selected	Meldet, ob der Radiobutton vorausgewählt ist (true) oder nicht (false, Standard).
value	Wert des Radiobuttons, vor allem beim Formularversand von Interesse.

Tabelle 22.4 Wichtige Eigenschaften für Radiobuttons

[!] **Gruppenname**

Entscheidend ist der Name der Radiobutton-Gruppe. Alle Radiobuttons mit demselben Wert in der groupName-Eigenschaft gehören zu einer Gruppe, sprich, nur ein Radiobutton kann jeweils ausgewählt sein.

Von der Gruppierung der Radiobuttons einmal abgesehen, ist alles wie bei den Checkboxen: Ob Radiobuttons ausgewählt sind oder nicht, verrät die Eigenschaft selected. Das Ereignis, das beim Anklicken ausgelöst wird, ist wiederum Mouse-Event.CLICK. Daraus lässt sich ein kleines Beispiel nach bekanntem Muster basteln:

Schritt-für-Schritt: Radiobuttons einsetzen

1 **Zwei Radiobuttons**

Erzeugen Sie zwei Radiobuttons in einem neuen Film.

2 **Instanznamen und Eigenschaften setzen**

Vergeben Sie als Instanznamen radiobutton1 und radiobutton2, als Eigenschaft value die Werte Wert 1 bzw. Wert 2.

Jeder neuer Radiobutton, der von Ihnen hinzugefügt wird, soll den Gruppennamen radioGroup erhalten. Achten Sie darauf, dass der Name bei beiden Radiobuttons identisch ist!

3 **Ereignis schreiben**

Hängen Sie an beide Radiobuttons einen Event-Handler an:

```
radiobutton1.addEventListener(MouseEvent.CLICK, ausgabe);
radiobutton2.addEventListener(MouseEvent.CLICK, ausgabe);
```

4 **Werte ausgeben**

Erstellen Sie in Bild 1 des Films die Funktion ausgabe(). Rufen Sie dabei die selected-Eigenschaft jedes Radiobuttons sowie die selectedData-Eigenschaft der Gruppe auf.

```
function ausgabe(evt:Event) {
    trace("Radio 1: " + radiobutton1.selected);
    trace("Radio 2: " + radiobutton2.selected);
} ■
```

Das Ergebnis befindet sich auf der DVD zum Buch in der Datei *radiobutton.fla*. **[o]**

Radiobuttons überprüfen

Beachten Sie, dass Sie über die Eigenschaft selectedData der Radiobutton-Gruppe auf den leicht unterschiedlich benannten Parameter value desjenigen Radiobuttons zugreifen können, der ausgewählt ist. Dies geht bei einer Radiobutton-Überprüfung deutlich schneller, als jeden Radiobutton einzeln abzufragen,

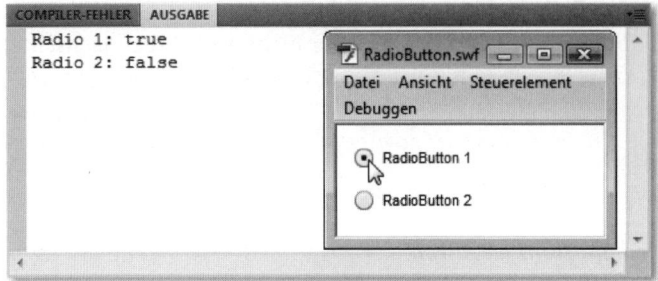

Abbildung 22.6 Der Zustand der einzelnen Radiobuttons

ob er ausgewählt ist oder nicht (Eigenschaft `selected`). Allerdings müssen Sie bei jedem Radiobutton den `value`-Parameter setzen, damit der Einsatz von `selectedData` Sinn ergibt. Und es gibt noch ein Problem: Sie müssen erst einmal auf die Radiobutton-Gruppe zugreifen können. Alleine über den Gruppennamen funktioniert das in ActionScript 3 nicht (mehr). Stattdessen müssen Sie zunächst eine entsprechende ActionScript-Bibliothek importieren und dann die Methode `RadioButtonGroup.getGroup()` aufrufen (statisch!). Das kann dann wie folgt aussehen:

```
import fl.controls.RadioButtonGroup;
var gruppe:RadioButtonGroup = RadioButtonGroup.getGroup("radioGroup");
gruppe.addEventListener(Event.CHANGE, ausgabe);
```

22.1.5 Auswahlliste

Das nächste wichtige Formularelement ist die Auswahlliste. Sie kennen das beispielsweise von Flash-Textfeldern: Wenn Sie eine andere als die Standardschriftart verwenden möchten, müssen Sie in einer Dropdown-Liste den Schrifttyp angeben. Bei den hier vorgestellten Auswahllisten werden – im Gegensatz zu Dropdown-Listen – jeweils mehrere Listenelemente gleichzeitig angezeigt.

Außerdem lässt sich das gleichzeitige Auswählen mehrerer Listenelemente durch Drücken und Halten der (Strg)-Taste einstellen.

Die UI-Komponente für die Auswahlliste ist bei Flash CS4 mit LIST beschriftet. Im KOMPONENTEN-INSPEKTOR stehen unter anderem die folgenden Parameter zur Verfügung:

Eigenschaft	Beschreibung
allowMultipleSelection	Gibt an, ob mehrere Elemente ausgewählt werden dürfen (true) oder nicht (false, Standard).
dataProvider	Beschriftungen und Werte der einzelnen Listenelemente.

Tabelle 22.5 Wichtige Eigenschaften für Auswahllisten

Interessant wird es, wenn Sie ermitteln wollen, welches Listenelement ausgewählt ist (oder bei Mehrfach-Auswahllisten: welche Listenelemente). Fangen wir mit dem einfachen Fall an, mit einer einzelnen Auswahlliste. Um auf das aktuelle Listenelement zuzugreifen, gibt es mehrere Möglichkeiten:

▶ Listenname.selectedIndex liefert die Nummer des gewählten Listenelements. Achtung, es ist wie bei Arrays: Der erste Listeneintrag hat die Nummer 0.

▶ Listenname.selectedItem gibt das ausgewählte Element zurück. Dieses besitzt als Eigenschaften unter anderem data (Wert) und label (Beschriftung), zum Beispiel Listenname.selectedItem.label.

Hier ein Beispiel zum Mitmachen:

Schritt-für-Schritt: Eine einfache Auswahlliste

1 *Liste einfügen und skalieren*

Fügen Sie in einen neuen Film eine neue Auswahlliste ein, Instanzname liste.

2 *Werte hinzufügen*

Klicken Sie im KOMPONENTEN-INSPEKTOR doppelt auf die Eigenschaft dataProvider. Fügen Sie dort ein paar beliebige Werte ein.

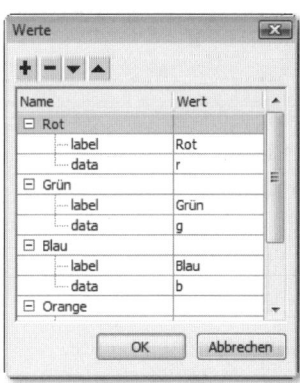

Abbildung 22.7 Die Werteeingabe für Auswahllisten

Über die Plus-Schaltfläche fügen Sie einen neuen Wert ein, mit Minus löschen Sie ihn. Die Pfeil-Schaltflächen dienen zum Umsortieren der Einträge.

3 Ereignis setzen

Rufen Sie die (noch zu schreibende Funktion) `ausgabe()` auf, sobald sich an der Auswahl in der Liste etwas ändert. Das dazugehörige Ereignis heißt erneut `Event.CHANGE`:

```
liste.addEventListener(Event.CHANGE, ausgabe);
```

4 Daten ausgeben

Abschließend geben Sie die Position, die Daten und die Beschriftung des gewählten Elements aus und stellen sie in die Funktion `ausgabe()` in Bild 1 des Films:

```
function ausgabe(evt:Event) {
    trace("Liste: " + liste.selectedItem.data +
        "/" + liste.selectedItem.label +
        " an Position " + liste.selectedIndex);
}
```

[O] Wie Sie sehen, werden alle Informationen über das gewählte Listenelement ausgegeben: Wert, Beschriftung und Position. Die Datei heißt auf der DVD *List.fla*.

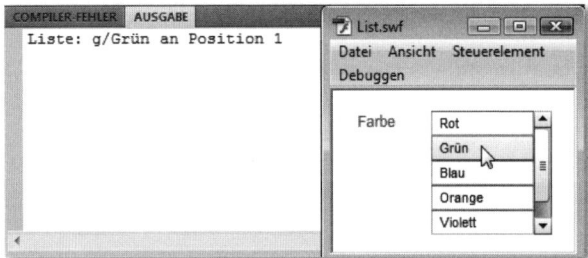

Abbildung 22.8 Alle Informationen über das angeklickte Listenelement ■

Mehrfach-Auswahllisten

Etwas schwieriger ist es bei Mehrfach-Auswahllisten. Hier liefert `selectedIndex` die Position des *ersten* gewählten Listenelements, aber nicht die Position aller anderen Elemente. Genauso sieht es auch bei `selectedItem` aus: Dort wird nur das erste Listenelement zurückgeliefert, nicht etwa alle. Freundlicherweise gibt es auch für diesen Fall zwei weitere Eigenschaften:

1. `selectedIndices` liefert die Positionen aller gewählten Listenelemente.

2. `selectedItems` liefert alle gewählten Listenelemente.

Der Zugriff auf die einzelnen Werte in diesen Eigenschaften gestaltet sich genauso wie der Zugriff auf Arrays, beispielsweise über eine `for`-Schleife:

```
for (var i = 0; i < liste.selectedItems.length; i++) {
    //in liste.selectedItems[i] steht jetzt
    //bei jedem Durchlauf ein gewähltes Element
}
```

Schritt-für-Schritt: Eine Mehrfach-Auswahlliste

1 Liste einfügen und skalieren

Fügen Sie eine zweite Auswahlliste ein, der Instanzname ist dieses Mal `mehrfach-liste`.

2 Zur Mehrfach-Auswahlliste machen

Setzen Sie im KOMPONENTEN-INSPEKTOR den Parameter `allowMultipleSelection` auf `true`.

3 Mit Werten füllen

Fügen Sie in den Parameter `dataProvider` erneut ein paar Werte ein.

4 Ereignis setzen

Rufen Sie beim Ereignis `Event.CHANGE` der Liste die Funktion `ausgabe()` auf:

```
mehrfachliste.addEventListener(Event.CHANGE, ausgabe);
```

5 Ergänzen Sie die Funktion `ausgabe()` (Neuerungen fett):

```
function ausgabe(evt:Event) {
    trace("Liste: " + liste.selectedItem.data +
        "/" + liste.selectedItem.label +
        " an Position " + liste.selectedIndex);
    var infos:String = "";
    for (var i:int = 0; i < mehrfachliste.selectedItems.length; i++)
    {
        var el = mehrfachliste.selectedItems[i];
        infos += el.data + "/" + el.label + "; ";
    }
    trace("Mehrfachliste: " + infos);
}
```

In der String-Variablen `infos` ist der Ausgabetext gespeichert; in der `for`-Schleife wird diese Variable bei jedem Durchlauf um den Wert und die Beschriftung des jeweiligen Elements ergänzt.

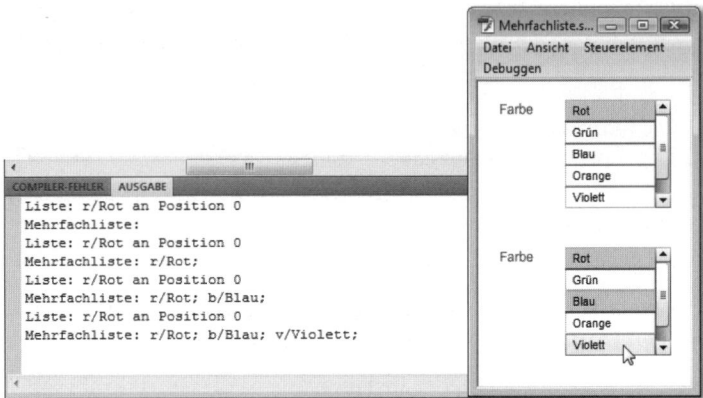

Abbildung 22.9 Einfach- und Mehrfach-Auswahllisten ■

[O] Die fertige Datei finden Sie auf der DVD unter dem Dateinamen *mehrfach-liste.fla*.

ComboBox-Komponenten

Eine verwandte UI-Komponente ist die ComboBox. Dabei handelt es sich ebenfalls um eine Auswahlliste, und zwar um eine Dropdown-Liste: Auf Mausklick erscheinen alle Listenelemente. Der Rest – Einfügen von Werten in die Liste, Ansteuerung von ActionScript aus – ist absolut identisch. Aus diesem Grund sehen

[O] Sie lediglich, wie die ComboBox in der Realität aussieht. In der Datei *Combo-Box.fla* auf der DVD können Sie dann einen Blick auf den (im Vergleich zu zuvor unveränderten) Code werfen.

Abbildung 22.10 Eine Dropdown-Liste

22.1.6 Schaltfläche

Als letztes Formularelement stellen wir Ihnen die Schaltfläche vor. Mit diesem Element starten Sie in der Regel irgendeine Aktion, beispielsweise den Versand eines Formulars.

Die Schaltfläche verbirgt sich im KOMPONENTEN-Bedienfeld hinter der Beschriftung BUTTON. Auf die Bühne gezogen, füllt sich der KOMPONENTEN-INSPEKTOR. Die wichtigsten Optionen sind in folgender Tabelle aufgeführt.

Eigenschaft	Beschreibung
emphasized	Ob die Schaltfläche durch einen Extrarahmen hervorgehoben werden soll (true) oder nicht (false, Standard).
label	Beschriftung der Schaltfläche.
labelPlacement	Wo die Schaltflächenbeschriftung angezeigt werden soll: links von (left), rechts von (right, Standard), über (top) oder unter (bottom) dem Symbol. Falls kein Icon angegeben ist, erscheint die Beschriftung horizontal und vertikal zentriert.
selected	Meldet, ob die Schaltfläche den Fokus hat (true) oder nicht (false, Standard).
toggle	Zeigt an, ob die Schaltfläche bei jedem Anklicken einen Zustandswechsel (an/aus) durchführt (true) oder nicht (false, Standard).

Tabelle 22.6 Wichtige Eigenschaften für Schaltflächen

Die Ausführung einer kleinen Beispielapplikation geht schnell von der Hand. Erstellen Sie einen Film, platzieren Sie eine Schaltfläche auf der Bühne und weisen Sie dieser den folgenden Ereignis-Handler zu. Die dazugehörige Datei auf der DVD heißt *button.fla*.   **[○]**

```
function ausgabe(evt:Event) {
    trace("Autsch!");
}
button.addEventListener(MouseEvent.CLICK, ausgabe);
```

Abbildung 22.11 Der Klick auf die Schaltfläche wird gemeldet.

22.2 Beispielanwendung

Wie versprochen kommen wir nun zu einer praktischen Anwendung, in der Sie die verschiedenen UI-Komponenten testen können. Als Beispiel wollen wir einen

Kurzmitteilungs-Geschenkservice implementieren. Die Nutzer können eine Kurzmitteilung verschenken – genauer gesagt, eine Multimedia-Mitteilung, Audiodatei inklusive. Nach Eingabe einiger Eckdaten werden die Eingaben bestätigt, und der Film kümmert sich um das Versenden.

[O] Natürlich zeigen wir Ihnen hier nur den reduzierten Fall des Geschenkdienstes; im »wirklichen Leben« würden zusätzlich die Angaben in einer Datenbank gespeichert und natürlich auch die Audiodateien versandt werden.

> **Versand von Formulardaten**
>
> Kapitel 24, »Formulare versenden«, behandelt den Versand von Formulardaten; bei Interesse lesen Sie einfach dort weiter.

■ *Schritt-für-Schritt: MMS-Geschenkservice mit Flash CS4 und ActionScript 3*

1 *Datei öffnen*

Den reinen Flash-Anteil der Anwendung haben wir bereits vorbereitet – Sie finden ihn in der Datei *MMS_Schenkservice_leer.fla* auf der DVD.

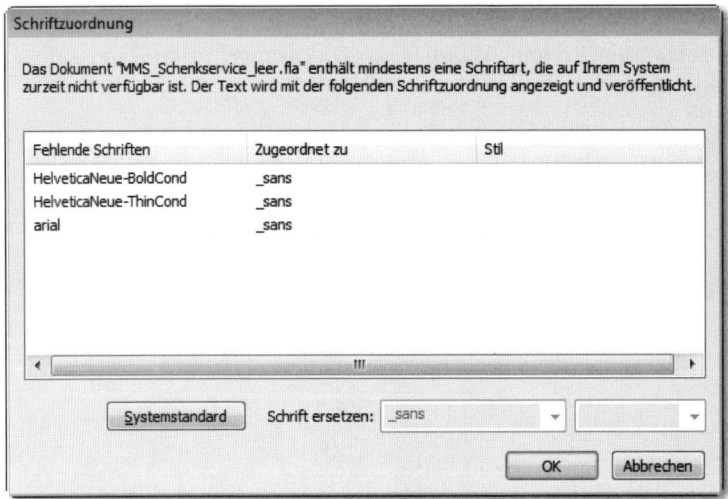

Abbildung 22.12 Erscheint diese Warnung, darf sie ignoriert werden.

Der Filmaufbau verwendet wie üblich Schlüsselbilder. Bild 1 enthält die Eingabemaske des Geschenkservice. Dort gibt es einige Formularfelder, natürlich alle mit UI-Komponenten realisiert. Alle diese Felder haben bereits einen Instanznamen erhalten.

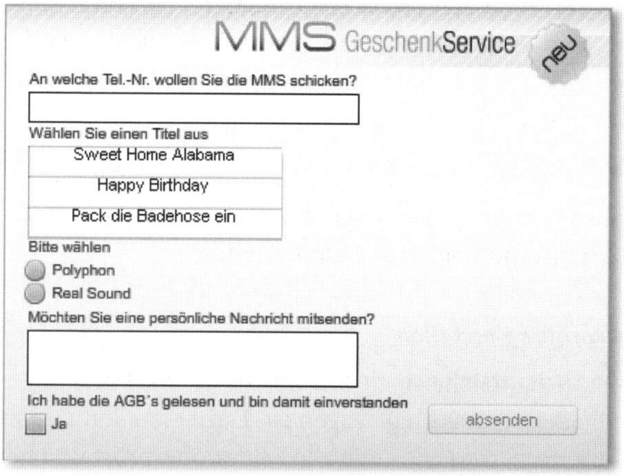

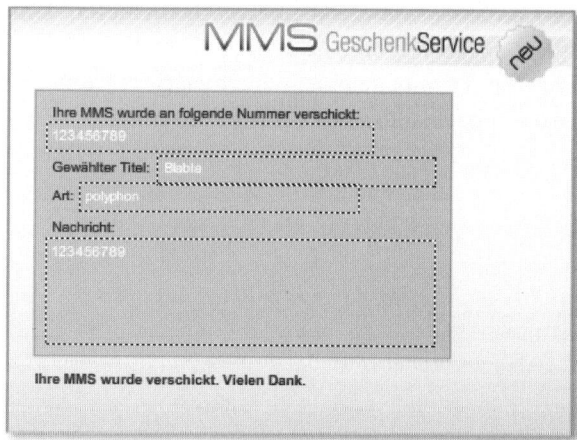

Abbildung 22.13　Die Dateneingabe

Die Bestätigungsseite, die (fast) alle eingegebenen Daten wiedergibt, befindet sich in Bild 5. Wundern Sie sich nicht über die Dummy-Texte in den Feldern; die werden später durch ActionScript gefüllt.

Abbildung 22.14　Die Datenausgabe

2　*Bild 1 öffnen*

Gehen Sie zum ersten Frame und werfen Sie einen genaueren Blick darauf. Sie stoßen auf die folgenden Formularelemente (angegeben sind jeweils die Instanznamen):

▶ telefon: die Telefonnummer des Beschenkten

▶ titelwahl: das Musikstück, das verschenkt werden soll

- `format_poly/format_real`: das Format, in dem die Audiodatei versendet werden soll

- `nachricht`: ein Text, der mit der MMS mitgeschickt werden soll

- `agb`: eine Checkbox zur Bestätigung der allgemeinen Geschäftsbedingungen

- `absenden_btn`: Schaltfläche zum Formularversand, zunächst deaktiviert (`enabled` wurde auf `false` gesetzt)

3 Eine Vollständigkeitsüberprüfung erstellen

Es fällt auf, dass die ABSENDEN-Schaltfläche noch inaktiv ist. Sie darf erst angeklickt werden, wenn in allen Feldern etwas eingetragen ist. Dazu erstellen Sie ein Grundgerüst, nämlich eine Funktion `pruefen()`, die alle Felder überprüft und bei Erfolg die Schaltfläche aktiviert. Diese Funktion wird beispielsweise immer dann aufgerufen, wenn sich in einem der Felder etwas ändert – das dazugehörige Ereignis heißt `Event.CHANGE`. Alternativ können Sie die Funktion auch periodisch aufrufen, indem Sie das Ereignis `Event.ENTER_FRAME` verwenden, das in der Bildfrequenz des Films auftritt.

Beide Ansätze haben Vor- und Nachteile. `Event.CHANGE` ist zielgerichteter, denn hier wird nur dann geprüft, wenn tatsächlich eine Änderung durchgeführt wird. Allerdings müssen Sie dann für jedes Formularelement einen eigenen Event-Listener einrichten. Bei `Event.ENTER_FRAME` ist das nur einmal notwendig.

```
addEventListener(Event.ENTER_FRAME, pruefen);
```

```
function pruefen():Boolean {
    var ok:Boolean = true;
    // jetzt kommt irgendeine Überprüfung
    if (absenden_btn.enabled != ok) { //
        formularelemente.absenden_btn.enabled = ok;
    }
}
```

Die Wahrheits-Variable `ok` enthält den Wert, den die `enabled`-Eigenschaft der Schaltfläche erhalten soll. Anfangs gehen wir davon aus, dass das Formular vollständig ausgefüllt worden ist – wir haben schließlich noch keinen Fehler gefunden. Sobald wir aber auf eine Unstimmigkeit stoßen, setzen wir `ok` auf `false`. In diesem Fall würde am Ende die Schaltfläche wieder inaktiv gesetzt werden. Dies ist beispielsweise notwendig, wenn ein Nutzer das Formular vollständig ausfüllt (dann wird die Schaltfläche aktiv) und später dann wieder einen Fehler einbaut, etwa das Feld mit der Telefonnummer leert.

4 *Die Felder prüfen*

Im nächsten Schritt müssen Sie dafür sorgen, dass die Variable ok den korrekten Wert bekommt. Das geht sehr einfach: Anfangs hat sie den Wert true, danach wird sie bei jedem Fehler auf true gesetzt. Was bedeutet hier »Fehler«? Ein Fehler liegt vor,

▶ wenn ein Textfeld leer ist,

▶ wenn in der Auswahlliste nichts ausgewählt wurde (selectedItem hat den Wert null),

▶ wenn keiner der Radiobuttons aktiviert ist oder

▶ wenn die Checkbox nicht aktiviert wurde.

Hauptproblem: Wie kann auf die Formularfelder zugegriffen werden? Das geschieht direkt über den Instanznamen. Die einzige Besonderheit ist die Auswahlliste der Songs; hier wurde das bis dato nicht behandelte Formularelement Tile-List eingesetzt. Dessen Eigenschaft selectedItem liefert das gewählte Element. Hat selectedItem den Wert null, wurde kein Element ausgewählt, wir haben also einen Fehler aufgespürt.

Hier der aktualisierte Code:

```
addEventListener(Event.ENTER_FRAME, pruefen);

function pruefen():Boolean {
    var ok:Boolean = true;
    if (telefon.text == "") {
        ok = false;
    }
    if (titelwahl.selectedItem == null) {
        ok = false;
    }
    if (!format_poly.selected && !format_real.selected) {
        ok = false;
    }
    /*
    if (nachricht.text == "") {
        ok = false;
    }
    */
    if (!agb.selected) {
        ok = false;
    }
```

```
    if (absenden_btn.enabled != ok) {
        absenden_btn.enabled = ok;
    }
    return ok;
}
```

Sie sehen, dass die Überprüfung des Nachrichtenfelds auskommentiert ist. Die Formulierung lässt darauf schließen, dass das Nachrichtenfeld optional ist (»Möchten Sie ...«). Daher kann das Formular auch verschickt werden, wenn keine Nachricht angegeben worden ist. Möchten Sie das Feld trotzdem zum Pflichtfeld machen, entfernen Sie einfach die Kommentarzeichen.

5 *Schaltfläche mit Funktionalität versehen*

Sobald die Schaltfläche aktiviert ist, kann (und sollte) sie geklickt werden. Wenn das passiert, muss der Film zu Bild 5 umschalten – also ein Aufruf von gotoAnd-Stop().

Allerdings gibt es noch eine weitaus größere Hürde zu überwinden: In Bild 5 muss auf die Daten aus Bild 1 zugegriffen werden. Eine gute Lösungsmöglichkeit besteht darin, die relevanten Formularwerte in globalen Variablen zu speichern. Zur besseren Erkennung fangen die Variablennamen mit einem Unterstrich (_) an. Zu guter Letzt sollten Sie die Überprüfung der Daten beenden, sie ist nicht mehr notwendig – und sobald Sie sich in Bild 5 befinden, kann die Funktion pruefen()ohnehin nicht mehr auf die UI-Komponenten zugreifen.

Folgender Code ist die Lösung für die Schaltfläche:

```
var _telefon:String, _titel:String, _format:String, _
nachricht:String;

this.absenden_btn.addEventListener(MouseEvent.CLICK,
    function senden(evt:Event) {
        _telefon = telefon.text;
        _titel = titelwahl.selectedItem.label;
        _format = (format_poly.selected) ? "polyphon" : "Real Sound";
        _nachricht = nachricht.text;
        removeEventListener(Event.ENTER_FRAME, pruefen);
        gotoAndStop(5);
    });
```

6 *Bild 5 öffnen*

Werfen Sie einen Blick auf den Bildschirm ERGEBNIS. Dort befinden sich die dynamischen Textfelder:

▶ `telefon_ausgabe`: die Telefonnummer des Beschenkten

▶ `titelausgabe`: das Musikstück, das verschenkt werden soll

▶ `format_ausgabe`: das Format, in dem die Audiodatei versendet werden soll

▶ `nachricht_ausgabe`: ein Text, der mit der MMS mitgeschickt werden soll

7 *Ausgabe der Formulardaten*

Beim Anzeigen von Bild 5 müssen die Daten aus dem Eingabeformular ausgelesen und ausgegeben werden. Dazu verwenden Sie einfach die zuvor gesetzten globalen Variablen.

```
telefon_ausgabe.text = _telefon;
titel_ausgabe.text = _titel;
format_ausgabe.text = _format;
nachricht_ausgabe.text = _nachricht;
```

Das Beispiel ist fertig. Das Ergebnis können Sie nun im Flash Player bewundern.

Abbildung 22.15 Eingabe von Formulardaten ■

Auf der DVD finden Sie die komplette Anwendung unter dem Dateinamen *mms_* **[◉]** *schenkservice.fla*.

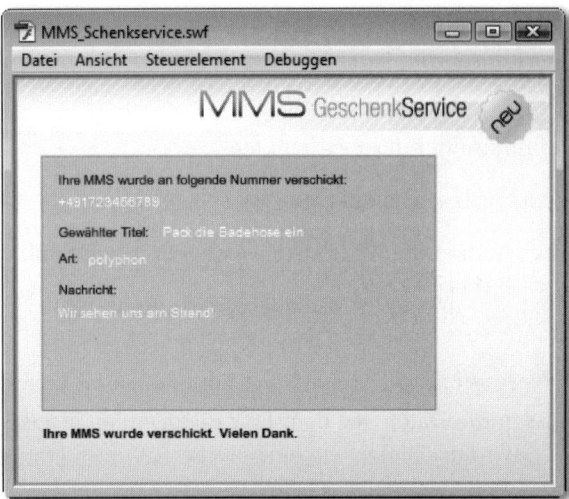

Abbildung 22.16   Die dazugehörige Ausgabe

»Anpassung ist die Stärke der Schwachen.«
– Wolfgang Herbst

23 Komponenten anpassen

Das vorhergehende Kapitel hat es bereits angedeutet: Die Formular-Komponenten sind zwar sehr praktisch und einfach zu bedienen, allerdings in ihrer Standardform eher ... langweilig. Für dieses »Problem« gibt es zwei Lösungsansätze:

1. Eigene Formularelemente erstellen. Sie müssen sich um die komplette Programmierung kümmern, haben allerdings beim Design völlig freie Hand.
2. Bestimmte Stile zuweisen. Mit Formatierungsbefehlen à la CSS können Sie Formular-Komponenten farblich und typografisch anpassen.

Dieses Kapitel zeigt den zweiten Weg. Vorher allerdings werfen wir einen Blick auf einen Mechanismus, der es erlaubt, per ActionScript quasi überall Komponenten zu erzeugen und zu platzieren.

Usability und Komponenten

Bevor wir das Thema aus ActionScript-Sicht betrachten, werfen wir zunächst einen Blick auf das Thema Usability. Der berühmt-berüchtigte Artikel von Jakob Nielsen (siehe Kapitel 22, »Formulare und UI-Komponenten«, und *http://www. useit.com/alertbox/20001029.html*) legt den Finger auf die Wunde. Jeder Designer ist überzeugt davon, dass der von ihm gestaltete Flash-Film tolle Usability bietet: Schließlich hat der Designer keine Probleme damit, durch seinen (eigenen) Film zu navigieren.

Allerdings kann erst dann von guter Usability gesprochen werden, wenn auch externe Tester keine Probleme mit dem Film haben, und das ohne große Erklärungen.

Diese Tatsache ist zwar überall bekannt, aber manche Wahrheiten tun weh. Das zeigte bereits im Jahre 2002 die Macromedia-Konferenz DevCon in Orlando: Dort hielt Nielsen einen ganztägigen Workshop über Usability mit Flash und trug unter anderem die oben angesprochenen Bedenken zu eigener Usability vor. Das war wohl zu viel Gegenwind; nach der Mittagspause hatten sich die Reihen schon etwas gelichtet ... (zugegeben, das ist schon etwas her.)

Daher unser Rat: Wägen Sie ab – gutes Design versus gute Usability. Soweit möglich, verwenden Sie die von Adobe mitgelieferten Komponenten. Sie sind schnell einzusetzen und innerhalb gewisser Grenzen auch anpassbar. Nur wenn es die Zielgruppe erfordert, weichen Sie auf eigene Komponenten mit mehr gestalterischen Freiheiten aus. Besser ist es, Sie passen die Komponenten einfach optisch an.

23.1 Komponenten dynamisch hinzufügen

Ausgangsbasis für dieses Beispiel ist der MMS-Geschenkservice aus dem vorherigen Kapitel. Die Datei dort war ja bereits perfekt vorbereitet: Alle Elemente befanden sich auf ihrem Platz, wir mussten nur noch die Geschäftslogik hinzufügen.

[o] Dieses Mal möchten wir es anders machen: Bei dem Geschenkservice steht nur die äußere Hülle; alle UI-Komponenten fehlen noch (*mms_geschenkservice_ dynamisch.fla*).

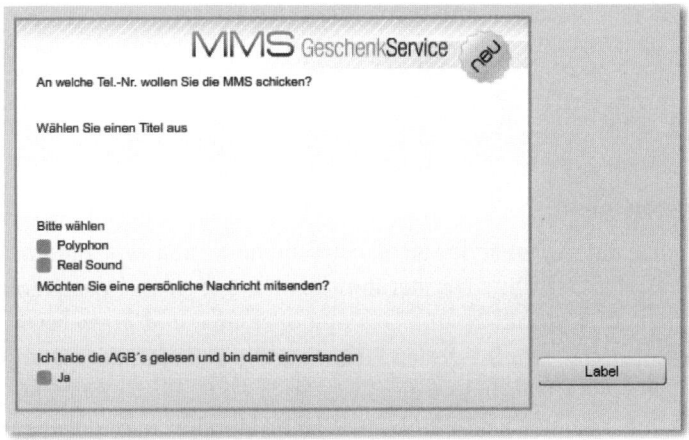

Abbildung 23.1 Im Formular fehlt noch so einiges.

Es ist aber kein großer Aufwand, solche Komponenten hinzuzufügen; befolgen Sie einfach die folgenden Schritte:

1. Importieren Sie die notwendigen Flash-Klassen:

   Die meisten Komponenten befinden sich im Package `fl.controls`; benötigen Sie also beispielsweise `CheckBox`, verwenden Sie `import fl.controls.Check-Box`. Benötigen Sie zusätzliche Komponenten, importieren Sie einfach alle Controls:

   ```
   import fl.controls.*;
   ```

2. Instantiieren Sie die entsprechende Klasse:

   Für die Checkbox beispielsweise verwenden Sie dazu `new CheckBox();` das komplette Package benötigen Sie dazu nicht mehr.

3. Setzen Sie die relevanten Eigenschaften der Komponente:

   Dazu gehören beispielsweise die Position (Eigenschaften `x` und `y`, oder Methoden wie `move()` und Konsorten).

4. Fügen Sie die Komponente dem Film hinzu:

   Der letzte Schritt ist gleichzeitig der einfachste: Die entsprechende Hilfsfunktion (genauer gesagt: Hilfsmethode) heißt `addChild()`.

Absenden-Schaltfläche

Gehen wir dazu einfach alle Komponenten, die im Abschlussbeispiel des vorherigen Kapitels verwendet wurden, nacheinander durch. Wir beginnen mit der Schaltfläche, die sich bereits im Film befindet – nur mit der falschen Beschriftung und an der falschen Stelle. Dazu setzen wir einfach die fehlenden Eigenschaften:

```
absenden_btn.label = "absenden";
absenden_btn.enabled = false;
absenden_btn.move(285,258);
absenden_btn.setSize(100, 20);
```

Anstelle von `move()` könnten Sie auch die Eigenschaften `x` und `y` setzen sowie anstelle von `setSize()` die Eigenschaften `width` und `height`.

Textfeld für die Telefonnummer

Nun aber zu neuen Elementen. Wir beginnen mit den beiden Textfeldern. Zunächst erstellen wir das Feld für die Telefonnummer. Dazu verwenden wir nicht die UI-Komponente (`TextInput`), sondern ein normales dynamisches Textfeld. Die dazugehörige Klasse heißt `TextField`:

```
var telefon:TextField = new TextField();
```

Im nächsten Schritt positionieren wir das Textfeld und verschönern es optisch ein wenig:

```
telefon.x = 17;
telefon.y = 57;
telefon.width = 220;
telefon.height = 17;
telefon.border = true;
telefon.borderColor = 0x9EA9AB;
```

Das Textfeld ist standardmäßig ein dynamisches Textfeld, es kann also nichts eingetippt werden; wir benötigen jedoch ein Eingabefeld. Die Art des Textfelds wird von ActionScript aus in der Eigenschaft type angegeben. Der Wert ist kein einfacher String, sondern vom Typ TextFieldType. Das allerdings ist eine Aufzählung, und INPUT ist der gewünschte Wert.

```
telefon.type = TextFieldType.INPUT;
```

Der letzte Schritt ist der Aufruf von addChild(); dieser fügt das Objekt dem Film hinzu. Das Textfeld erscheint somit an der gewünschten Position.

```
addChild(telefon);
```

Mehrzeiliges Textfeld

Mit dieser gedanklichen Vorarbeit sollte das mehrzeilige Textfeld kein Problem mehr darstellen. Sie müssen nur daran denken, dass das Feld mehrzeilig sein muss. Dazu setzen Sie die Eigenschaft multiline auf true.

```
var nachricht:TextField = new TextField();
nachricht.type = TextFieldType.INPUT;
nachricht.x = 17;
nachricht.y = 212;
nachricht.width = 220;
nachricht.height = 35;
nachricht.multiline = true;
nachricht.border = true;
nachricht.borderColor = 0x9EA9AB;
nachricht.background = true;
addChild(nachricht);
```

Auflistung der Musiktitel

Als Nächstes ist die Auflistung der Musiktitel an der Reihe. Dies ist ein wenig aufwändiger, da dort die einzelnen Werte (in der Flash-Oberfläche war das im Komponenten-Inspektor der Parameter dataProvider) in einem bestimmten Datentyp angegeben werden müssen. Dieser Datentyp heißt DataProvider; wie folgt legen Sie einen solchen an:

```
import fl.data.DataProvider;

var titel:DataProvider = new DataProvider();
titel.addItem({label:"Sweet Home Alabama"});
titel.addItem({label:"Happy Birthday"});
titel.addItem({label:"Pack die Badehose ein"});
```

Diesen DataProvider weisen Sie nun der Eigenschaft dataProvider eines neuen TileList-Objekts zu:

```
var titelwahl:TileList = new TileList();
titelwahl.dataProvider = titel;
```

Das war auch schon der schwerste Schritt. Der Rest besteht nur aus den üblichen Angaben zum Layout sowie dem Aufruf von `addChild()`:

```
titelwahl.columnWidth = 170;
titelwahl.rowHeight = 20;
titelwahl.columnCount = 1;
titelwahl.rowCount = 2;
titelwahl.direction = ScrollBarDirection.VERTICAL;
titelwahl.move(17, 94);
addChild(titelwahl);
```

Checkbox

Bei der Checkbox gibt es keine weiteren Überraschungen. Sie sollten nur unbedingt daran denken, dass Sie die Eigenschaft `label` auf eine leere Zeichenkette setzen; andernfalls denkt Flash (fälschlicherweise) mit und nimmt den Standardwert `"Label"`. Etwas unschön in unserem Beispiel ...

```
var agb:CheckBox = new CheckBox();
agb.move(11, 262);
agb.width = 100;
agb.height = 22;
agb.label = "";
addChild(agb);
```

Radiobuttons

Abschließend kommen wir noch zu den zwei Radiobuttons. Dort gibt es zwei Möglichkeiten in Hinblick auf die Gruppenzugehörigkeit der Buttons. Denken Sie daran, dass Radiobuttons zu einer Gruppe gehören können: Von allen Radiobuttons einer Gruppe kann immer nur höchstens einer ausgewählt sein. Nun gibt es von ActionScript aus zwei Eigenschaften, die zur Auswahl stehen: `groupName` erwartet den Gruppennamen als String, `group` die Gruppe als Wert vom Typ `RadioButtonGroup`. Der erstere Weg ist der einfachere, aber der Vollständigkeit halber zeigen wir Ihnen die aufwändigere Variante. Zunächst müssen Sie eine solche Gruppe erst einmal erzeugen:

```
var radioGroup:RadioButtonGroup = new RadioButtonGroup("radioGroup");
```

Das Argument im Objektkonstruktor ist der Name der Gruppe, denn anhand dieses Bezeichners werden die einzelnen Gruppen voneinander unterschieden. Diese Gruppe weisen Sie dann den Radiobuttons zu. Welchen Radiobuttons, fragen Sie? Nun, den Radiobuttons, die wir jetzt analog zur vorherigen Version erstellen.

Als Besonderheit weisen wir jedem Radiobutton noch einen eigenen Wert zu, wie in HTML. Den Sinn dieser Maßnahme erkennen Sie am Ende des Beispiels.

```
var format_poly:RadioButton = new RadioButton();
format_poly.x = 10.5;
format_poly.y = 162;
format_poly.width = 100;
format_poly.height = 22;
format_poly.group = radioGroup;
format_poly.label = "";
format_poly.value = "polyphon";
addChild(format_poly);

var format_real:RadioButton = new RadioButton();
format_real.x = 10.5;
format_real.y = 177.3;
format_real.width = 100;
format_real.height = 22;
format_real.group = radioGroup;
format_real.label = "";
format_poly.value = "Real Sound";
addChild(format_real);
```

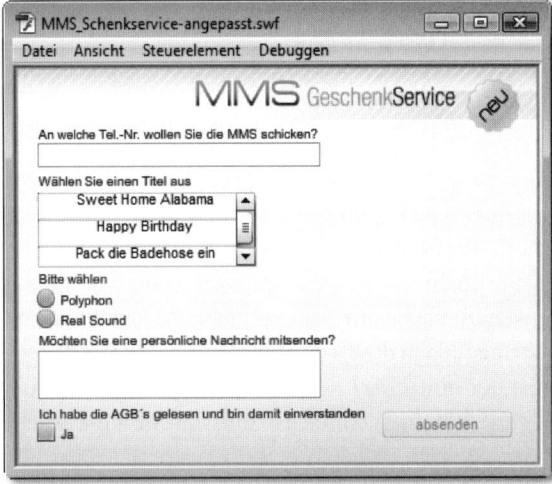

Abbildung 23.2 Das Formular sieht wieder so aus wie gewünscht.

Formular versenden

Damit wäre das Wichtigste geschafft. Der Aufwand ist jetzt etwas höher, aber langfristig profitieren Sie davon auch, und zwar, wenn es an die Auswertung geht. Erinnern Sie sich noch an die Funktion, die beim Klicken auf die ABSENDEN-

Schaltfläche ausgelöst worden ist? Dort haben wir die Werte in den einzelnen Feldern in globalen Variablen gespeichert und sind dann zu Bild 5 gesprungen. Dieser Code kann in diesem Beispiel stark gekürzt werden:

```
absenden_btn.addEventListener(MouseEvent.CLICK,
    function senden(evt:Event) {
        gotoAndStop(5);
    });
```

Die globalen Variablen werden nämlich nicht mehr gebraucht, denn die haben wir schon. Die Variablen `telefon` und `nachricht` bezeichnen die beiden Textfelder, `format_poly` und `format_real` die beiden Radiobuttons, `titelwahl` die Auswahlliste mit den Musikstücken und `agb` die Checkbox.

Und es gibt noch eine Vereinfachung: Dieses Mal setzen wir eine Radiobutton-Gruppe ein, die auch per Variable zur Verfügung steht. Deren Eigenschaft `selectedData` liefert uns den Wert des gewählten Radiobuttons, der nur noch per `toString()`-Methode in eine Zeichenkette umgewandelt werden muss.

Damit sieht der Code in Bild 5 zur Ausgabe der Formulardaten so aus:

```
telefon_txt.text = telefon.text;
titel_txt.text = titelwahl.selectedItem.label;
format_txt.text = radioGroup.selectedData.toString();
nachricht_txt.text = nachricht.text;
```

Wenn Sie das Beispiel im Browser ausführen, stellen Sie fest, dass die Ausgabe noch etwas unschön ist: Die neuen Komponenten verschwinden leider nicht automatisch.

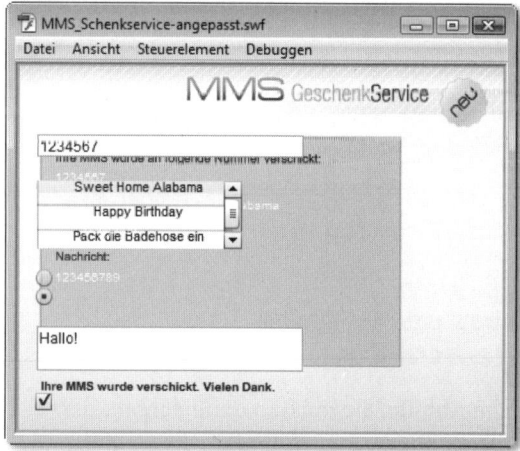

Abbildung 23.3 Die dynamischen Komponenten werden nach dem Versenden des Formulars noch angezeigt.

Glücklicherweise haben wir ja immer noch die Variablen. Nach der Ausgabe der Formularinformationen (nicht vorher!) entfernen Sie mit `removeChild()` alle Kinder wieder – ebenfalls in Bild 5:

```
removeChild(telefon);
removeChild(titelwahl);
removeChild(format_poly);
removeChild(format_real);
removeChild(nachricht);
removeChild(agb);
```

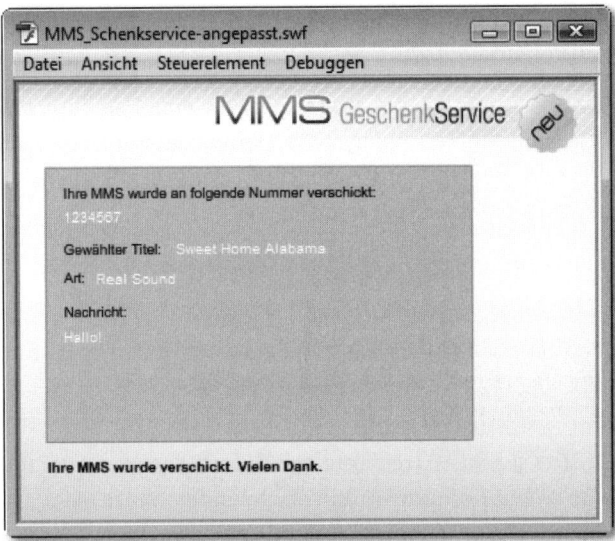

Abbildung 23.4 Das sieht doch schon viel besser aus.

Fehlermeldung

Einen potenziellen Haken kann es allerdings immer noch geben: Möglicherweise erhalten Sie eine Fehlermeldung nach folgendem Muster:

```
TypeError: Error #1009: Der Zugriff auf eine Eigenschaft oder eine
Methode eines null-Objektverweises ist nicht möglich.
    at fl.controls::RadioButton/drawLayout()
    at fl.controls::LabelButton/draw()
    at fl.controls::RadioButton/draw()
    at fl.core::UIComponent/callLaterDispatcher()
```

Doch es gibt vergleichsweise einfache Abhilfe: Sie müssen dafür sorgen, dass sich in der Bibliothek des Films diejenigen Komponenten befinden, die Sie dynamisch einsetzen möchten. Ein einfacher Weg, das zu erreichen, ist folgender: Ziehen Sie die entsprechenden Komponenten auf die Bühne und löschen Sie sie dann gleich wieder. In der Bibliothek verbleiben die Komponenten dann weiterhin, und der Code funktioniert. Alternativ ziehen Sie die entsprechenden Komponenten direkt in die Bibliothek.

```
COMPILER-FEHLER   AUSGABE   ZEITLEISTE
        at fl.controls::RadioButton/draw()
        at fl.core::UIComponent/callLaterDispatcher()
TypeError: Error #1009: Der Zugriff auf eine Eigenschaft oder eine Methode
eines null-Objektverweises ist nicht möglich.
        at fl.controls::RadioButton/drawLayout()
        at fl.controls::LabelButton/draw()
        at fl.controls::RadioButton/draw()
        at fl.core::UIComponent/callLaterDispatcher()
```

Abbildung 23.5   Bei diesem Fehler müssen Sie möglicherweise die Bibliothek anpassen.

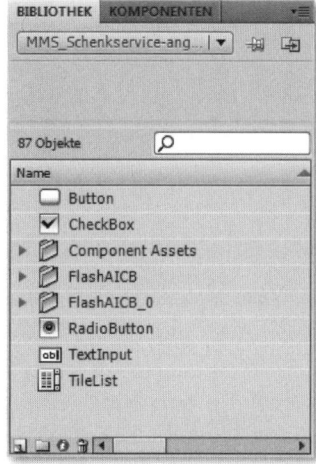

Abbildung 23.6   So ist es richtig: Die Komponenten befinden sich in der Bibliothek.

Auf der DVD finden Sie die komplette Anwendung unter dem Dateinamen *mms_* **[●]** *schenkservice_angepasst.fla.*

Onlinehilfe	**[+]**

Beim Entwickeln von Anwendungen, die dynamisch Flash-Komponenten hinzufügen, ist die Autovervollständigung des Flash-Editors natürlich ein probates Mittel. Dokumentation gibt es auch, und zwar direkt von Adobe online unter *http://livedocs.adobe.com/ flash/9.0/ActionScriptLangRefV3/fl/controls/package-detail.html.* Hier finden Sie alle entsprechenden Komponenten aufgelistet.

23.2 Komponenten anpassen

Abschließend soll die Anwendung etwas verschönert werden. Vielleicht ist Ihnen beim Testen aufgefallen, dass die Schriftart innerhalb der Textfelder eine andere ist als die Schriftart, die sonst im Film verwendet wird. Das soll jetzt aneinander angeglichen werden, natürlich per ActionScript.

Prinzipiell gibt es zwei Möglichkeiten, das Aussehen von Komponenten zu verändern. Eine Methode, die immer funktioniert, ist die Erstellung eines sogenannten Stils und anschließend die Zuweisung an die Komponente. Das wollen wir Ihnen anhand der Formularelemente am Beispiel der Textformatierung gleich zeigen:

Schritt-für-Schritt: Stile erzeugen und zuweisen

1 Stil erzeugen

Zunächst erzeugen Sie einen Textstil. Dazu wird die Klasse TextFormat instantiiert:

```
var tf = new TextFormat();
```

2 Stil anpassen

Als Nächstes können Sie Eigenschaften des Stils setzen, beispielsweise Schriftart, -größe, -stil (z. B. kursiv) und Schriftbreite. Der folgende Code erzeugt Arial in fetter Auszeichnung:

```
tf.font = "Arial";
tf.bold = true;
```

3 Stil zuweisen

Der letzte Schritt ist gleichzeitig der einfachste: Sie müssen den Stil zuweisen. Das erledigen Sie in der Regel mit der Methode setStyle(), die bei jeder Komponente existiert. Als ersten Parameter übergeben Sie "textFormat", als zweiten den Stil selbst, in diesem Fall also tf. Bei »normalen« Textfeldern setzen Sie die Eigenschaft defaultTextFormat.

```
textfeld.defaultTextFormat = tf;
komponente.setStyle("textFormat", tf);
```

Das war es auch schon. Die entsprechenden Elemente verwenden jetzt Arial, halbfett ausgezeichnet.

Bezogen auf unser Beispiel genügt uns fürs Erste, dass überhaupt Arial verwendet wird: Bei Beschriftungen von Radiobuttons und Checkboxen (im Film geschickt gelöst, indem nicht die Eigenschaft label verwendet wird, sondern der Text statisch vorkommt), als Textformat innerhalb der TileList und als Font innerhalb von Textfeldern. Der folgende Code realisiert das:

```
var tf_arial:TextFormat = new TextFormat();
tf_arial.font = "Arial";
titelwahl.setStyle("textFormat", tf_arial);
format_poly.setStyle("textFormat", tf_arial);
format_real.setStyle("textFormat", tf_arial);
agb.setStyle("textFormat", tf_arial);
telefon.defaultTextFormat = tf_arial;
nachricht.defaultTextFormat = tf_arial;
```

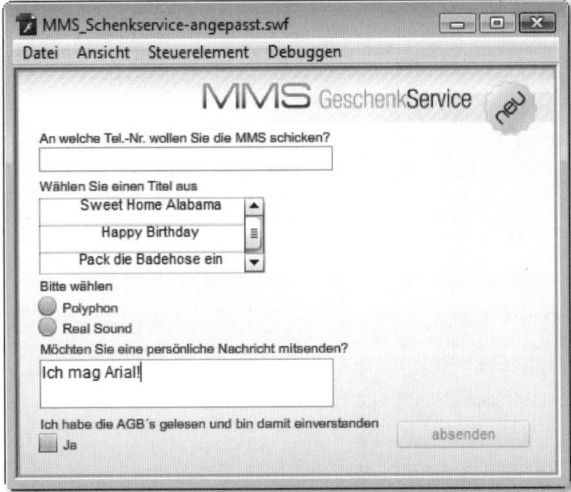

Abbildung 23.7 Der Text im Feld erscheint jetzt in Arial (man könnte eventuell noch ein wenig die Schriftgröße feinjustieren). ■

Auf Ereignisse reagieren

Auch an anderer Stelle lässt sich diese Technik einsetzen. Möchten Sie beispielsweise erreichen, dass der Text auf der Schaltfläche fett gesetzt wird, wenn Sie mit der Maus darüberfahren, müssen Sie nichts an der Schaltfläche verändern – nehmen Sie einfach ein wenig ActionScript zu Hilfe. Dazu erzeugen Sie zwei Ereignis-Handler: Einen für das Darüberfahren mit der Maus (Ereignis MouseEvent.MOUSE_OVER) und einen für das Verschwinden der Maus (Ereignis MouseEvent.MOUSE_OUT). Fangen wir mit Ersterem an:

```
absenden_btn.addEventListener(MouseEvent.MOUSE_OVER,
    function fett(evt:Event) {
    ...
```

Innerhalb der anonymen Event-Handler-Funktion müssen Sie auf die Schaltfläche zugreifen. Das geht entweder wie gehabt mit dem Namen, oder Sie nutzen die Struktur des Beispiels aus: Wenn das Ereignis ausgelöst wird, wird es gleichzeitig als erster Parameter an den Ereignis-Handler übergeben (hier: ev). Über ev.target kommen Sie also an das Objekt heran, das das Ereignis ausgelöst hat: die Schaltfläche. Dieser können Sie dann eine Textformatierung zuweisen:

```
    ...
    var tf1:TextFormat = new TextFormat();
    tf1.bold = true;
    ev.target.setStyle("textFormat", tf1);
});
```

Der Ereignis-Handler für das Verschwinden der Maus wird ganz analog realisiert:

```
absenden_btn.addEventListener(MouseEvent.MOUSE_OUT,
    function normal(evt:Event) {
        var tf2:TextFormat = new TextFormat();
        tf2.bold = false;
        ev.target.setStyle("textFormat", tf2);
});
```

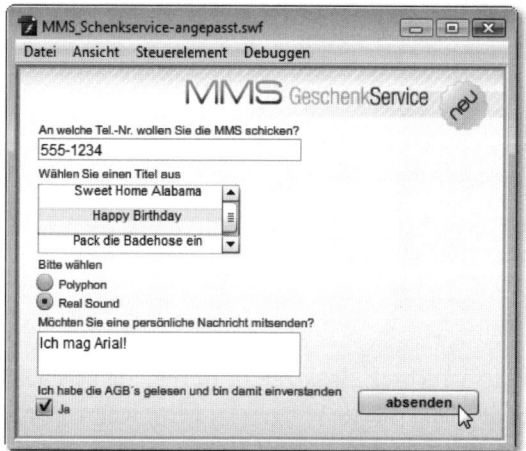

Abbildung 23.8 Die Schaltfläche, wie sie beim Ausführen des Films aussieht

Formatierung vereinheitlichen

Zum Abschluss möchten wir noch kurz weitere Möglichkeiten der Stilzuweisung skizzieren. Sie können per ActionScript auch erreichen, dass alle Komponenten eines Typs (beispielsweise alle Textfelder oder alle Schaltflächen) dieselbe Formatierung erhalten. Dazu benötigen Sie den `StyleManager`, der im Package `fl.managers` steckt. Dessen Methode `setComponentStyle()` erwartet drei Parameter:

- den Typ der Komponente, die angepasst werden soll
- die zu setzende Eigenschaft (in der Regel `"textFormat"`)
- das zu verwendende Formatierungselement

Hier ein Beispiel, das alle `TileList`-Komponenten Arial verwendet:

```
import fl.controls.TileList;
import fl.managers.StyleManager;
// ...
var tf_arial:TextFormat = new TextFormat();
tf_arial.font = "Arial";
StyleManager.setComponentStyle(
    TileList,
    "textFormat",
    tf);
```

Und es gibt sogar noch eine Ausbaustufe: Wenn Sie `setStyle()` statt `setComponentStyle()` verwenden, weisen Sie damit allen Elementen einen Stil zu, sofern diese die angegebene Eigenschaft, hier `textFormat`, unterstützen. Die Methode benötigt dann auch nur zwei Parameter, der Komponententyp fällt natürlich weg:

```
import fl.managers.StyleManager;
// ...
var tf_arial:TextFormat = new TextFormat();
tf_arial.font = "Arial";
StyleManager.setStyle(
    "textFormat",
    tf);
```

23.3 Praxisbeispiel: Fonts vergleichen

Einige der zuvor gezeigten Techniken sollen anhand eines kleinen Praxisbeispiels in Aktion gezeigt werden. Dazu erstellen wir eine Anwendung, in der der Anwender die Wirkung verschiedener Schriftarten und -einstellungen testen kann. Der Aufbau ist simpel: In ein Textfeld gibt der Anwender ein paar Zeichen ein, in zwei Auswahllisten wählt er jeweils eine Schriftart aus und gibt zusätzliche Rahmenparameter wie etwa die Schriftgröße an. ActionScript sorgt dann dafür, dass der Text entsprechend formatiert und angezeigt wird.

[o] Der Film verwendet die folgenden Instanznamen für die einzelnen Komponenten der Anwendung:

▶ `schriftliste1` und `schriftliste2` für die beiden Auswahllisten mit den verfügbaren Schriften

▶ `eingabe_txt` für das Textfeld zur Eingabe der zu formatierenden Zeichen

▶ `text1Bold_cb`, `text1Italic_cb`, `text1Underline_cb`, `text2Bold_cb`, `text2Italic_cb` und `text2Underline_cb` für Checkboxen, um den Text fett, kursiv und unterstrichen zu formatieren

▶ `abstand1Plus_btn`, `abstand1Minus_btn`, `abstand2Plus_btn` und `abstand2Minus_btn` für Schaltflächen, um den Schriftabstand zu erhöhen und zu verringern

▶ `groesse1Plus_btn`, `groesse1Minus_btn`, `groesse2Plus_btn` und `groesse2Minus_btn` für Schaltflächen, um den Schriftabstand zu erhöhen und zu verringern

▶ `zeichenAbstand1_txt`, `schriftGroesse1_txt`, `zeichenAbstand2_txt` und `schriftGroesse2_txt` für Textfelder zur Anzeige des aktuellen Zeichenabstands und der aktuellen Schriftgröße

▶ `ausgabe1_txt` und `ausgabe2_txt` für Ausgabefelder für die formatierten Texte

Abbildung 23.9 Instanznamen im Flash-File

Verfügbare Schriften ermitteln

Zunächst einmal müssen wir die verfügbaren Schriften ermitteln. ActionScript bietet diese Funktionalität glücklicherweise auf sehr einfache Art und Weise an. Achtung, sollten Sie schon zuvor mit ActionScript gearbeitet haben: Die Ansteuerung hat sich etwas geändert.

Die (statische) Methode `Font.enumerateFonts()` liefert alle Schriften des Systems. Damit Sie darauf zugreifen können, müssen Sie `flash.text.Font` importieren. Die Rückgabe des Aufrufs ist dann ein Array:

```
import flash.text.Font;
var fonts:Array = Font.enumerateFonts(true);
```

Dieses Array enthält lauter `Font`-Objekte. Deren Eigenschaft `fontName` ist die gewünschte Information für das Beispiel: der Name der Schrift. Zur einfachen Auffindbarkeit wird das Array zunächst nach dem Schriftnamen sortiert:

```
fonts.sortOn("fontName");
```

Die Font-Namen werden dann in die beiden Listen gefüllt. Wie bereits zuvor in diesem Kapitel setzen wir dabei auf einen `DataProvider`:

```
import fl.data.DataProvider;
var dp:DataProvider = new DataProvider();
for (var i:int = 0; i < fonts.length; i++) {
    dp.addItem({label: (fonts[i] as Font).fontName});
}
```

Der `DataProvider` enthält also lediglich eine Beschriftung (`label`), keinen Wert in `data` – denn wir benötigen lediglich den Font-Namen, auch später für die Formatierung des eingegebenen Textes. Dieser `DataProvider` dient nun als Datenquelle für die beiden Auswahllisten:

```
schriftliste1.dataProvider = dp;
schriftliste2.dataProvider = dp;
```

Event-Handler für die Schaltflächen

Nun kommt, was in ActionScript 3 immer kommen muss: Event-Handler. Die insgesamt sechs Schaltflächen werden mit entsprechendem Code versehen. Beginnen wir mit den Aufrufen von `addEventHandler()`:

```
abstand1Plus_btn.addEventListener(MouseEvent.CLICK, abstand1Plus);
abstand1Minus_btn.addEventListener(MouseEvent.CLICK, abstand1Minus);
groesse1Plus_btn.addEventListener(MouseEvent.CLICK, groesse1Plus);
groesse1Minus_btn.addEventListener(MouseEvent.CLICK, groesse1Minus);
abstand2Plus_btn.addEventListener(MouseEvent.CLICK, abstand2Plus);
```

```
abstand2Minus_btn.addEventListener(MouseEvent.CLICK, abstand2Minus);
groesse2Plus_btn.addEventListener(MouseEvent.CLICK, groesse2Plus);
groesse2Minus_btn.addEventListener(MouseEvent.CLICK, groesse2Minus);
```

In den Handler-Funktionen gehen wir immer gleich vor, auch wenn sich das Aussehen situationsbedingt ein wenig ändert: Aus dem Textfeld wird der aktuelle Wert ausgelesen, in eine Zahl umgewandelt (denn der Inhalt eines Textfelds ist ein String) und dann erhöht oder verringert – sofern nicht die Ober- oder Untergrenze erreicht wurde:

```
// Linkes Feld
function abstand1Plus(evt:Event) {
    var abstand:int = parseInt(zeichenAbstand1_txt.text);
    if (abstand < 9) {
        abstand++;
    }
    zeichenAbstand1_txt.text = abstand.toString();
    formatiereText(evt);
};

function abstand1Minus(evt:Event) {
    var abstand:int = parseInt(zeichenAbstand1_txt.text);
    if (abstand > -9) {
        abstand--;
    }
    zeichenAbstand1_txt.text = abstand.toString();
    formatiereText(evt);
};

function groesse1Plus(evt:Event) {
    var groesse:int = parseInt(schriftGroesse1_txt.text);
    if (groesse < 99) {
        groesse++;
    }
    schriftGroesse1_txt.text = groesse.toString();
    formatiereText(evt);
};

function groesse1Minus(evt:Event) {
    var groesse:int = parseInt(schriftGroesse1_txt.text);
    if (groesse > 0) {
        groesse--;
    }
    schriftGroesse1_txt.text = groesse.toString();
    formatiereText(evt);
};
```

```
// Rechtes Feld
function abstand2Plus(evt:Event) {
   var abstand:int = parseInt(zeichenAbstand2_txt.text);
   if (abstand < 9) {
      abstand++;
   }
   zeichenAbstand2_txt.text = abstand.toString();
   formatiereText(evt);
};

function abstand2Minus(evt:Event) {
   var abstand:int = parseInt(zeichenAbstand2_txt.text);
   if (abstand > -9) {
      abstand--;
   }
   zeichenAbstand2_txt.text = abstand.toString();
   formatiereText(evt);
};

function groesse2Plus(evt:Event) {
   var groesse:int = parseInt(schriftGroesse2_txt.text);
   if (groesse < 99) {
      groesse++;
   }
   schriftGroesse2_txt.text = groesse.toString();
   formatiereText(evt);
};

function groesse2Minus(evt:Event) {
   var groesse:int = parseInt(schriftGroesse2_txt.text);
   if (groesse > 0) {
      groesse--;
   }
   schriftGroesse2_txt.text = groesse.toString();
   formatiereText(evt);
};
```

Text formatieren

Die Funktion `formatiereText()`, die am Ende der Funktionen aufgerufen wird, sorgt für die Formatierung des Textes. Dazu ermittelt ActionScript zunächst den gerade gewählten Font:

```
var tf1:TextFormat = new TextFormat();

function formatiereText(evt:Event) {
```

535

```
if (schriftliste1.selectedItem != null) {
   tf1.font = schriftliste1.selectedItem.label;
}
```

Textformat anpassen

Auf Basis der Nutzereinstellungen (Zustand der Checkboxen, Text in den Textfeldern) wird das Textformat angepasst:

```
tf1.bold = text1Bold_cb.selected;
tf1.italic = text1Italic_cb.selected;
tf1.underline = text1Underline_cb.selected;
tf1.letterSpacing = parseInt(zeichenAbstand1_txt.text);
tf1.size = parseInt(schriftGroesse1_txt.text);
```

Dasselbe nochmal analog für den zweiten Text, und fertig sind die TextFormat-Instanzen tf1 und tf2. Diese müssen nur noch dem Ausgabefeld zugewiesen werden – natürlich inklusive Text:

```
ausgabe1_txt.text = eingabe_txt.text;
ausgabe1_txt.setStyle("textFormat", tf1);
ausgabe2_txt.text = eingabe_txt.text;
ausgabe2_txt.setStyle("textFormat", tf2);
}
```

Event-Handler für die Checkboxen

Die Schaltflächen sind somit versorgt, jetzt fehlen nur noch die Checkboxen. Diese werden mit Event-Handlern bestückt. Auch bei Änderungen des Eingabetextes muss die Ausgabe neu formatiert werden.

```
eingabe_txt.addEventListener(Event.CHANGE, formatiereText);
schriftliste1.addEventListener(Event.CHANGE, formatiereText);
text1Bold_cb.addEventListener(Event.CHANGE, formatiereText);
text1Italic_cb.addEventListener(Event.CHANGE, formatiereText);
text1Underline_cb.addEventListener(Event.CHANGE, formatiereText);
schriftliste2.addEventListener(Event.CHANGE, formatiereText);
text2Bold_cb.addEventListener(Event.CHANGE, formatiereText);
text2Italic_cb.addEventListener(Event.CHANGE, formatiereText);
text2Underline_cb.addEventListener(Event.CHANGE, formatiereText);
```

[!] **Das Ereignis CHANGE bei Textfeldern**

Warum haben die Event-Handler für die Schaltfläche überhaupt die Funktion formatiereText() von Hand aufgerufen? Wäre es nicht alternativ möglich gewesen, einen Handler für das Ereignis Event.CHANGE an die Textfelder für Schriftgröße und Zeichenabstand anzuhängen?

Dieser Ansatz funktioniert leider nur, wenn der Benutzer das Textfeld verändern kann – diese Änderung des Benutzers wird dann von Event.CHANGE abgefangen. Änderungen eines Textfelds per Code hingegen werden nicht behandelt, weswegen wir formatiereText() in diesem Fall »manuell« aufrufen.

Hier noch einmal der komplette Code im ersten Bild der Flash-Datei im Überblick:

```
import fl.data.DataProvider;
import flash.text.Font;

var dp:DataProvider = new DataProvider();

var fonts:Array = Font.enumerateFonts(true);
fonts.sortOn("fontName");
for (var i:int = 0; i < fonts.length; i++) {
  dp.addItem({label: (fonts[i] as Font).fontName});
}
schriftliste1.dataProvider = dp;
schriftliste2.dataProvider = dp;

//
// EventListener-Konfiguration
//

abstand1Plus_btn.addEventListener(MouseEvent.CLICK, abstand1Plus);
abstand1Minus_btn.addEventListener(MouseEvent.CLICK, abstand1Minus);
groesse1Plus_btn.addEventListener(MouseEvent.CLICK, groesse1Plus);
groesse1Minus_btn.addEventListener(MouseEvent.CLICK, groesse1Minus);
abstand2Plus_btn.addEventListener(MouseEvent.CLICK, abstand2Plus);
abstand2Minus_btn.addEventListener(MouseEvent.CLICK, abstand2Minus);
groesse2Plus_btn.addEventListener(MouseEvent.CLICK, groesse2Plus);
groesse2Minus_btn.addEventListener(MouseEvent.CLICK, groesse2Minus);

// Linkes Feld
function abstand1Plus(evt:Event) {
  var abstand:int = parseInt(zeichenAbstand1_txt.text);
  if (abstand < 9) {
    abstand++;
  }
  zeichenAbstand1_txt.text = abstand.toString();
  formatiereText(evt);
};
```

```
function abstand1Minus(evt:Event) {
  var abstand:int = parseInt(zeichenAbstand1_txt.text);
  if (abstand > -9) {
    abstand--;
  }
  zeichenAbstand1_txt.text = abstand.toString();
  formatiereText(evt);
};

function groesse1Plus(evt:Event) {
  var groesse:int = parseInt(schriftGroesse1_txt.text);
  if (groesse < 99) {
    groesse++;
  }
  schriftGroesse1_txt.text = groesse.toString();
  formatiereText(evt);
};

function groesse1Minus(evt:Event) {
  var groesse:int = parseInt(schriftGroesse1_txt.text);
  if (groesse > 0) {
    groesse--;
  }
  schriftGroesse1_txt.text = groesse.toString();
  formatiereText(evt);
};

// Rechtes Feld
function abstand2Plus(evt:Event) {
  var abstand:int = parseInt(zeichenAbstand2_txt.text);
  if (abstand < 9) {
    abstand++;
  }
  zeichenAbstand2_txt.text = abstand.toString();
  formatiereText(evt);
};

function abstand2Minus(evt:Event) {
  var abstand:int = parseInt(zeichenAbstand2_txt.text);
  if (abstand > -9) {
    abstand--;
  }
  zeichenAbstand2_txt.text = abstand.toString();
  formatiereText(evt);
};
```

```
function groesse2Plus(evt:Event) {
  var groesse:int = parseInt(schriftGroesse2_txt.text);
  if (groesse < 99) {
    groesse++;
  }
  schriftGroesse2_txt.text = groesse.toString();
  formatiereText(evt);
};

function groesse2Minus(evt:Event) {
  var groesse:int = parseInt(schriftGroesse2_txt.text);
  if (groesse > 0) {
    groesse--;
  }
  schriftGroesse2_txt.text = groesse.toString();
  formatiereText(evt);
};

//
// EventListener-Formatierung
//

var tf1:TextFormat = new TextFormat();
var tf2:TextFormat = new TextFormat();

eingabe_txt.addEventListener(Event.CHANGE, formatiereText);
schriftliste1.addEventListener(Event.CHANGE, formatiereText);
text1Bold_cb.addEventListener(Event.CHANGE, formatiereText);
text1Italic_cb.addEventListener(Event.CHANGE, formatiereText);
text1Underline_cb.addEventListener(Event.CHANGE, formatiereText);
schriftliste2.addEventListener(Event.CHANGE, formatiereText);
text2Bold_cb.addEventListener(Event.CHANGE, formatiereText);
text2Italic_cb.addEventListener(Event.CHANGE, formatiereText);
text2Underline_cb.addEventListener(Event.CHANGE, formatiereText);

function formatiereText(evt:Event) {
  if (schriftliste1.selectedItem != null) {
    tf1.font = schriftliste1.selectedItem.label;
  }
  tf1.bold = text1Bold_cb.selected;
  tf1.italic = text1Italic_cb.selected;
  tf1.underline = text1Underline_cb.selected;
  tf1.letterSpacing = parseInt(zeichenAbstand1_txt.text);
  tf1.size = parseInt(schriftGroesse1_txt.text);
```

```
      if (schriftliste2.selectedItem != null) {
        tf2.font = schriftliste2.selectedItem.label;
      }
      tf2.bold = text2Bold_cb.selected;
      tf2.italic = text2Italic_cb.selected;
      tf2.underline = text2Underline_cb.selected;
      tf2.letterSpacing = parseInt(zeichenAbstand2_txt.text);
      tf2.size = parseInt(schriftGroesse2_txt.text);

      ausgabe1_txt.text = eingabe_txt.text;
      ausgabe1_txt.setStyle("textFormat", tf1);
      ausgabe2_txt.text = eingabe_txt.text;
      ausgabe2_txt.setStyle("textFormat", tf2);
    }
```

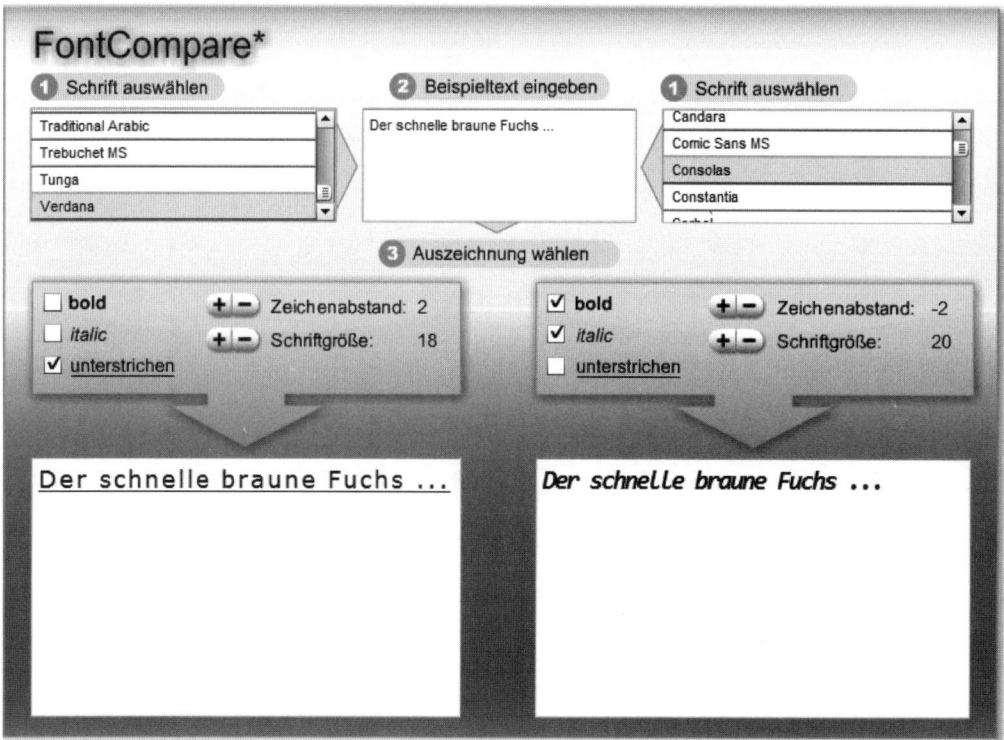

Abbildung 23.10 Derselbe Text, zwei grundverschiedene Formatierungen

»Botschaften soll man per Telex verschicken,
aber nicht in einen Film verpacken.«
– Jerry Lewis

24 Formulare und Daten versenden

Bis dato wurden bei der Arbeit mit diesem Buch und der DVD alle Formulardaten nur ausgegeben, aber nicht gespeichert. Wie das geht, verrät Ihnen dieses Kapitel. Allerdings benötigen Sie dazu serverseitige Technologien. Aufgrund der hohen Marktanteile haben wir uns dafür entschieden, den Einsatz von Flash-Formularen mit PHP zu zeigen.

PHP steht für *PHP: Hypertext Preprocessor* und ist die zurzeit beliebteste serverseitige Technologie. Doch es ist ein Unterschied, ob Sie »nur« Flash-Filme anbieten oder Formulardaten zusätzlich in PHP auswerten. Sie benötigen dazu nämlich einen Webserver, der PHP unterstützt und auf dem PHP installiert ist.

PHP ist eine sogenannte serverseitige Technologie. Es handelt sich – vereinfacht gesagt – um ein Programm auf dem Webserver, das einen beliebigen Code ausführt. Der Vorgang sieht in den meisten Fällen wie folgt aus:

▶ Der Client (Webbrowser) fordert von einem Webserver ein Dokument an: *http://www.xy.de/skript.php*

▶ Der (Web-)Server erhält die Anforderung und sieht, dass der Dateiname auf *.php* endet. Folglich handelt es sich um eine PHP-Datei, also muss PHP aufgerufen werden.

▶ PHP wird vom Webserver im Hintergrund aufgerufen und führt die Datei *skript.php* aus. Die Rückgabe des Skripts (meistens ist das HTML) wird an den Webserver übermittelt.

▶ Der Webserver schickt die Skriptrückgabe an den Client.

▶ Der Client empfängt die Skriptrückgabe und zeigt gegebenenfalls das Resultat an.

Sie benötigen also eine funktionierende PHP-Installation auf dem Webserver. Zur weiteren Lektüre sei Ihnen die offizielle PHP-Homepage *http://www.php.net/* sowie das umfangreiche deutsche PHP-Portal *http://www.dynamicwebpages.de/*

empfohlen. Unter *http://www.apachefriends.org/de/xampp.html* gibt es das All-in-One-Paket XAMPP, das PHP, die Datenbank MySQL, den Webserver Apache und noch einiges mehr auf einmal installiert – unter Windows, Mac OS X und Linux. Und auch wenn XAMPP wegen der entgegenkommenden (sprich: beque-men, aber im Live-Betrieb nicht optimalen) Konfiguration nicht zum tatsächli-chen Hosten einer Webanwendung eingesetzt werden kann, so erhält man auf diese Art und Weise schnell ein funktionstüchtiges Testsystem. Auf der Buch-DVD finden Sie die Mac-OS-X- und Windows-Versionen von XAMPP.

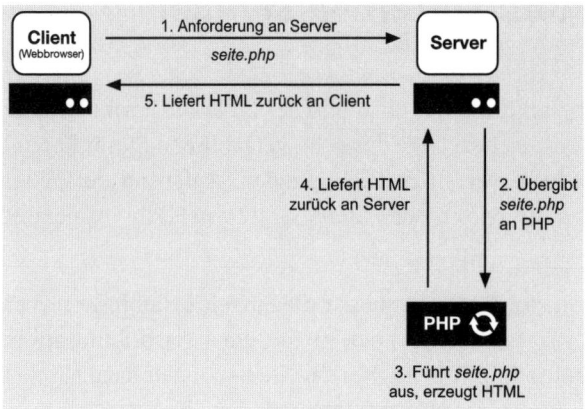

Abbildung 24.1   Das Client-Server-Prinzip und PHP

24.1   Daten versenden und austauschen

Um von einem Flash-Film aus mit einem serverseitigen Skript zu interagieren, gab es in früheren ActionScript-Versionen prinzipiell zwei Möglichkeiten:

▸   die Funktion getURL()

▸   die Funktion loadVariables()

Beide Varianten werden unter ActionScript 3 nicht mehr unterstützt, denn es gibt eine bessere Weiterentwicklung. Dennoch stellen wir Ihnen zunächst die alten Zugriffswege vor, um uns danach auf die neuen Möglichkeiten zu stürzen.

getURL()

Die beiden ActionScript-Funktionen setzen Sie in der Praxis ein, um Daten an einen Webserver zu schicken; allerdings gibt es große Unterschiede. Beginnen wir zunächst mit getURL(). Damit wird eine URL aufgerufen, an die Sie per GET oder POST Variablen übergeben können, und zwar alle Variablen innerhalb der aktuellen Zeitleiste. Das bedeutet: Wenn Sie Variablen definiert haben, inklusive der dynamischen Textfelder mit Variablennamen (nicht mit Instanznamen), können Sie alle durch `getURL()` automatisch an ein serverseitiges Skript übergeben. Dazu brauchen Sie keinen großartigen Programmieraufwand zu betreiben.

GET und POST [+]

Bei GET und POST handelt es sich um zwei verschiedene Methoden, Daten an ein serverseitiges Skript zu übergeben. Bei GET hängen Sie die Daten einfach an die Adresse des Skripts an: `skript.php?variable1=wert1&variable2=wert2`. Bei POST werden die Daten »unsichtbar« nach dem HTTP-Header als eigentlicher Inhalt der HTTP-Anforderung verschickt. Die zweite Variante hat den Vorteil, dass die Datenmenge unbeschränkt ist; bei GET gibt es ein Limit, das vom Webserver abhängt und zwischen 500 und 2.000 Zeichen beträgt. Aus diesem Grund verwenden wir in unseren Beispielen immer POST.

Hier zur Veranschaulichung ein Aufruf von `getURL()`:

```
getURL("skript.php", "_blank", "POST");
```

Die Funktion erwartet drei Parameter:

1. den Namen des Skripts
2. den Namen des Fensters, in dem das Ergebnis des Skripts geöffnet werden soll
3. die Versandmethode `"GET"` (Standard) oder `"POST"`

Der zweite Parameter ist gleichzeitig der größte Nachteil der Funktion: Die Ergebnisseite wird geöffnet. Es entsteht entweder ein neues Fenster (was nicht schön ist) oder es wird eine neue HTML-Seite in das aktuelle Browserfenster geladen, der Flash-Film verschwindet (noch weniger schön). Der Name des Fensters orientiert sich an den Vorgaben für das `target`-Attribut bei bestimmten HTML-Tags (siehe auch Hinweiskasten).

Fensternamen [+]

Die folgenden Fensternamen sind in HTML vorgegeben:

▶ `_blank`: neues, leeres Fenster
▶ `_self`: das aktuelle Fenster
▶ `_parent`: der übergeordnete Frame
▶ `_top`: das oberste Frameset

Bei allen anderen Fensternamen wird ein neues Fenster geöffnet, das den angegebenen Namen erhält.

Aus diesem Grund wird `getURL()` in der Praxis eher selten eingesetzt. Zwar können Sie gut die Daten an ein Skript schicken, aber leider muss der Rückgabewert angezeigt werden. Eine Alternative besteht in der zweiten ActionScript-Funktion `loadVariables()`.

loadVariables()

Vom Namen her deutet zunächst nichts darauf hin, dass `loadVariables()` die gestellte Aufgabe erfüllen könnte. Schließlich klingt die Funktion nach Laden von Variablen, nicht jedoch nach Verschicken. Allerdings ist `loadVariables()` der Funktion `getURL()` sehr ähnlich: Auch hier werden alle Variablen der aktuellen Zeitleiste an eine angegebene URL verschickt. Der Hauptunterschied liegt in der Art der Rückgabe. Das Skript kann eine Rückgabe im folgenden Format liefern:

```
variable1=wert1&variable2=wert2
```

Nach dem Aufruf von `loadVariables()` erscheinen innerhalb von Flash zwei neue Variablen, `variable1` und `variable2` mit den Werten `wert1` und `wert2`. Das Gute daran: Alles geschieht vollautomatisch. Und das Beste: Der Rückgabewert des Skripts wird nicht offen angezeigt, sondern steht nur intern im Flash-Film zur Verfügung. Damit ist diese Funktion geradezu prädestiniert für den Versand von Formulardaten. Hier ein Beispiel:

```
loadVariables("skript.php", "");
```

Die Funktion erwartet zwei Parameter:

1. die URL des Skripts und
2. den Movieclip, dessen Variablen übergeben werden sollen. Eine leere Zeichenkette steht für den aktuellen Movieclip beziehungsweise für die aktuelle Sequenz.

LoadVars-Objekt

Eine Weiterentwicklung von `loadVariables()` ist das `LoadVars`-Objekt. Bei seiner Verwendung instantiieren Sie zunächst die Klasse:

```
var lv = new LoadVars();
```

Die Methode `load()` lädt dann eine URL:

```
lv.load("/pfad/zu/skript");
```

Dessen Rückgabe muss wiederum das Format `a=1&b=2` aufweisen. Diese exemplarische Rückgabe würde dazu führen, dass die `LoadVars`-Instanz (hier: `lv`) zwei neue Eigenschaften erhalten würde: `a` und `b`. Der Ladevorgang ist hierbei asynchron; über die Eigenschaft `onLoad` können Sie eine Callback-Funktion einrichten, die beim Vorliegen eines Ergebnisses aufgerufen wird.

Eine Alternative zur Verwendung von `load()` ist der Einsatz von `sendAndLoad()`. Hier können Sie auch Variablen an ein serverseitiges Skript senden; diese Variablen richten Sie ebenfalls als Eigenschaften der `LoadVars`-Instanz ein.

Formulare versenden mit ActionScript 3

In ActionScript 3 hat sich viel geändert – auch die Kommunikation zwischen Flash-Anwendung und Webserver. Zwar könnten Sie (beim Einsatz von Action-Script 1 und 2) immer noch auf `getURL()` und `loadVariables()` und `LoadVars` setzen, erhalten aber eine Kompatibilitätswarnung, wenn Sie den Film unter ActionScript 3 veröffentlichen möchten, sprich: Es funktioniert nicht. Der in der Meldung angebotene Hinweis zur Behebung ist leider nicht zielführend. Stattdessen müssen Sie sich mit drei neuen Objekten anfreunden – aber keine Sorge, das Vorgehen ist eigentlich ziemlich logisch und nicht sonderlich kompliziert.

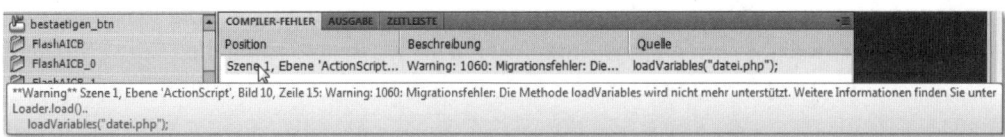

Abbildung 24.2 In ActionScript 3 gibt es kein `loadVariables()` mehr.

Das erste wichtige Objekt ist `URLVariables`. Das ist ein Objekt, in das Sie Daten stecken können, die Sie dann an ein serverseitiges Skript schicken. Je nach HTTP-Methode hat das dann Auswirkungen auf die HTTP-Anfrage. Bei GET werden die Daten an die URL angehängt, bei POST am Ende der HTTP-Anfrage untergebracht. Um diese Details müssen Sie sich aber nicht kümmern, denn um die eigentliche HTTP-Kommunikation kümmert sich Flash bzw. der ActionScript-Interpreter.

Nachdem Sie das `URLVariables`-Objekt instantiiert haben, setzen Sie einfach dessen Eigenschaften. Diese sind dann die Namen der Werte, die an das serverseitige Skript übergeben werden. Hier ein Beispiel:

```
var vars:URLVariables = new URLVariables();
vars.sprache = "ActionScript";
vars.version = "3.0";
```

Wenn Sie diese URL-Variablen verschicken (dazu gleich mehr), wird etwa beim Einsatz von GET folgender HTTP-Aufruf erzeugt:

datei.php?sprache=ActionScript&version=3.0

Im zweiten Schritt erzeugen Sie ein `URLRequest`-Objekt. Das repräsentiert eine Anfrage – und zwar nicht die komplette HTTP-Anfrage, sondern den für die Variablenübergabe verantwortlichen Teil. In der `data`-Eigenschaft von `URLRequest` geben Sie an, welche Variablen dabei zu verwenden sind – also die vorher erzeugte `URLVariables`-Instanz:

```
var req:URLRequest = new URLRequest();
req.data = vars;
```

Als Nächstes geben Sie die URL ein, an die die Daten geschickt werden sollen:

```
req.url = "flash-post.php";
```

Abschließend entscheiden Sie sich noch für die HTTP-Methode: GET oder POST. Dazu setzen Sie die Eigenschaft `method` von `URLRequest` auf `URLRequestMethod.GET` beziehungsweise `URLRequestMethod.POST`.

```
req.method = URLRequestMethod.POST;
```

Im dritten Schritt senden Sie die HTTP-Anfrage endgültig ab. Die Klasse `URLLoader` ist dafür zuständig. Sie initialisieren die Klasse und rufen die `load()`-Methode auf. Dabei übergeben Sie die `URLRequest`-Instanz als Argument.

```
var loader:URLLoader = new URLLoader();
loader.load(req);
```

Das ist natürlich in der Summe etwas aufwändiger als beispielsweise `loadVariables()`, aber dafür komplett objektorientiert und strukturiert.

Versand per Methoden

In `flash.net` definiert ActionScript 3 noch zwei nützliche Methoden, die eine Migration von ActionScript 2 nach ActionScript 3 vereinfachen sollen. Zunächst gibt es `navigateToURL()`, die mit `getURL()` aus ActionScript 2 vergleichbar ist. Gewichtigster Unterschied: Der erste Parameter darf kein String, sondern muss eine `URLRequest`-Instanz sein. Die zweite Methode ist `sendToURL()`. Sie führt eine HTTP-Anfrage aus (einziger Parameter ist wieder eine `URLRequest`-Instanz), wertet aber nicht deren Rückgabe aus.

Eine weitere Möglichkeit des Datenversands besteht darin, mit der HTML-Seite zu kommunizieren, in der das Flash-Dokument eingebettet ist, beziehungsweise mit dem dort vorhandenen JavaScript-Code. Kapitel 26, »Webservices«, stellt diese Möglichkeit vor.

24.2 Kontaktformular

[o] Wie üblich haben wir im Flash-Bereich bereits Vorbereitungen getroffen, Sie müssen im Wesentlichen nur den ActionScript-Code ergänzen.

Schritt-für-Schritt: Ein Kontaktformular erstellen

1 Datei öffnen

Öffnen Sie die Datei *versenden_leer.fla* von der DVD. Dort finden Sie ein Kontakt-formular in mehreren Bildern.

2 Kontaktformular untersuchen

Werfen Sie einen Blick auf das eigentliche Kontaktformular in Bild 1. Sie sehen eine Reihe von dynamischen Textfeldern: Nachname (`nachname_txt`), Vorname (`vorname_txt`), Betreff (`betreff_txt`), Anfrage (`anfrage_txt`), E-Mail (`email_txt`) und Telefon (`telefon_txt`). Zum Versenden des Formulars dient die Schalt-fläche `senden_btn`.

Abbildung 24.3 Das Kontaktformular (noch unausgefüllt)

3 Kommunikationsvariablen vorbereiten

Der Film besteht wie üblich aus mehreren Schlüsselbildern, und wir müssen Daten zwischen den Bildern austauschen. Dazu legen wir ein paar Variablen an, die später befüllt werden:

```
var _name:String;
var _vorname:String;
var _betreff:String;
var _anfrage:String;
var _email:String;
var _telefon:String;
```

4 *Formularfeldüberprüfung erstellen*

Als Nächstes müssen Sie dafür sorgen, dass die SENDEN-Schaltfläche erst aktiviert wird, wenn in allen Textfeldern etwas steht. Das erledigt folgender Code, der beim Ereignis Event.CHANGE für jedes Formularfeld denselben Event-Listener einrichtet, nämlich eine Prüffunktion:

```
stop();
senden_btn.enabled = false;


name_txt.addEventListener(Event.CHANGE, pruefen);
vorname_txt.addEventListener(Event.CHANGE, pruefen);
betreff_txt.addEventListener(Event.CHANGE, pruefen);
anfrage_txt.addEventListener(Event.CHANGE, pruefen);
email_txt.addEventListener(Event.CHANGE, pruefen);
telefon_txt.addEventListener(Event.CHANGE, pruefen);


function pruefen(evt:Event) {
    var ok:Boolean = true;
    if (name_txt.text == "" ||
        vorname_txt.text == "" ||
        betreff_txt.text == "" ||
        anfrage_txt.text == "" ||
        email_txt.text == "" ||
        telefon_txt.text == "") {
        ok = false;
    }
    if (senden_btn.enabled != ok) {
        senden_btn.enabled = ok;
    }
}
```

Anfangs ist die Schaltfläche deaktiviert (senden_btn.enabled = false). Dann wird bei jeder Änderung wieder die Funktion pruefen() aufgerufen, die alle Formularfelder überprüft und gegebenenfalls die Schaltfläche freigibt.

5 *Bei Klick: Weiterleitung*

Sobald der Nutzer die Schaltfläche anklickt, soll er auf die nächste Seite des Formulars weitergeleitet werden. Sicherheitshalber prüfen wir dabei noch einmal, ob das Formular auch tatsächlich komplett ausgefüllt worden ist. Außerdem speichern wir die Nutzereingaben in den zuvor angelegten Variablen. Das geschieht mit folgendem Code:

```
senden_btn.addEventListener(
    MouseEvent.CLICK,
```

```
function(evt:Event) {
    if (senden_btn.enabled) {
        _name = name_txt.text;
        _vorname = vorname_txt.text;
        _betreff = betreff_txt.text;
        _anfrage = anfrage_txt.text;
        _email = email_txt.text;
        _telefon = telefon_txt.text;
        root.gotoAndStop(5);
    }
}
);
```

6 *Bestätigungsseite untersuchen*

Ab Bild 5 gibt es im Flash-Film eine Bestätigungsseite, in der die Formulareingaben wiederholt werden. In früheren Flash-Versionen gab es das Konzept der dynamischen Textfelder. Damit war es möglich, Felder in verschiedenen Schlüsselbildern automatisch voneinander abhängig zu machen. Im Fall unseres Bestätigungsbildschirms hätten wir gar keinen Code schreiben müssen, um diesen zu füllen. Das geht in ActionScript 3 nicht mehr, aber der Aufwand hält sich dennoch in Grenzen:

```
namebest_txt.text = _name;
vornamebest_txt.text = _vorname;
betreffbest_txt.text = _betreff;
emailbest_txt.text = _email;
telefonbest_txt.text = _telefon;
```

Abbildung 24.4 Die Bestätigungsseite (bis jetzt noch leer)

7 Schaltflächen aktivieren

Die beiden Schaltflächen müssen Sie noch mit Funktionen belegen. Bei Betätigen der zurück-Schaltfläche soll der Film an den Anfang springen:

```
zurueck_btn.addEventListener(
    MouseEvent.CLICK,
    function() {
        root.gotoAndStop(1);
    }
);
```

Die bestätigen-Schaltfläche dagegen springt zu Bild 10:

```
bestaetigen_btn.addEventListener(
    MouseEvent.CLICK,
    function() {
        root.gotoAndStop(10);
    }
);
```

8 Ergebnisseite untersuchen

Die letzte Seite des Kontaktformulars, die Bestätigungsseite ab Bild 15, enthält nur einen Bestätigungstext, keine dynamischen Textfelder mehr.

Abbildung 24.5 Die Ergebnisseite (sie ist immer so leer)

9 Daten verschicken (in Flash)

In Bild 10 sollten Sie die Formulardaten an ein serverseitiges Skript senden. Jetzt kommen die drei Objekte URLVariables, URLRequest und URLLoader ins Spiel:

```
var vars:URLVariables = new URLVariables();
vars.name = _name;
vars.vorname = _vorname;
vars.betreff = _betreff;
vars.email = _email;
vars.telefon = _telefon;

var req:URLRequest = new URLRequest();
req.data = vars;
req.url = "flash-post.php";
req.method = URLRequestMethod.POST;

var loader:URLLoader = new URLLoader();
loader.load(req);
```

10 *Daten verschicken (in PHP)*

Nun benötigen Sie ein PHP-Skript, das die Daten per E-Mail verschickt – im obigen Code haben Sie schon den Dateinamen gesehen: *flash-post.php*. Der Einfachheit halber wählen wir einen allgemeinen Ansatz, bei dem alle POST-Daten ausgegeben und per Mail gesendet werden. Sie benötigen dazu eine korrekt konfigurierte PHP-Installation, die in der Lage ist, Mails zu verschicken. Hier der Code des PHP-Skripts *flash-post.php*:

```
<?php
  $daten = print_r($_POST, true);

  //1) In Datei schreiben
  //file_put_contents(
  //  'daten.txt',
  //  $daten . @file_get_contents('daten.txt'));

  //2) Per Mail versenden
  mail(
    'webmaster@xy.de',
    'Flash-Formular',
    $daten);

?>
```

Ändern Sie `webmaster@xy.de` in Ihre eigene E-Mail-Adresse. Außerdem müssen Sie gegebenenfalls PHP entsprechend konfigurieren. Dazu finden Sie in der PHP-Konfigurationsdatei *php.ini* einen Abschnitt `[mail]`, in dem Sie entsprechende Angaben machen können. Das ist insbesondere bei einer lokalen PHP-Installation erforderlich; bei einem Webhoster übernimmt das in der Regel der Provider für Sie.

[+] **Formulardaten speichern**

Ein weiterer Ansatz besteht darin, die Daten aus dem Formular in eine Datenbank oder Datei zu schreiben. Für letzteren Fall, also dem Schreiben in eine Datei, ist im PHP-Listing bereits entsprechender Code vorgesehen (die Zeile, die mit `//1` beginnt, und die danach). Um den Code zu aktivieren, müssen Sie die Kommentare am Zeilenanfang (`//`) entfernen. Im Gegenzug kommentieren Sie die Zeile, die mit `mail(` beginnt, und die drei danach mit `//` ein. PHP benötigt außerdem noch Schreibrechte für die Datei. Abschließend sollten Sie noch erwägen, die Datei in einem Verzeichnis abzuspeichern, auf das per HTTP nicht zugegriffen werden kann.

11 *Dateien kopieren*

Kopieren Sie sowohl die Datei *flash-post.php* als auch die SWF-Datei des Films in ein Verzeichnis auf dem Webserver. Falls Sie zusätzlich über Flash beim Veröffentlichen eine HTML-Datei erstellen, die die SWF-Datei einbindet, kopieren Sie die Datei mit.

12 *Flash-Film aufrufen*

Rufen Sie den Film im Webbrowser auf. Dabei müssen Sie über den Webserver gehen, also beispielsweise *http://servername/datei.swf* bzw. *http://servername/datei.html* aufrufen. Bei einem lokalen Webserver ist der Servername im Übrigen `localhost`. Füllen Sie das Formular aus, schicken Sie es ab und warten Sie darauf, dass die E-Mail bei Ihnen eintrifft.

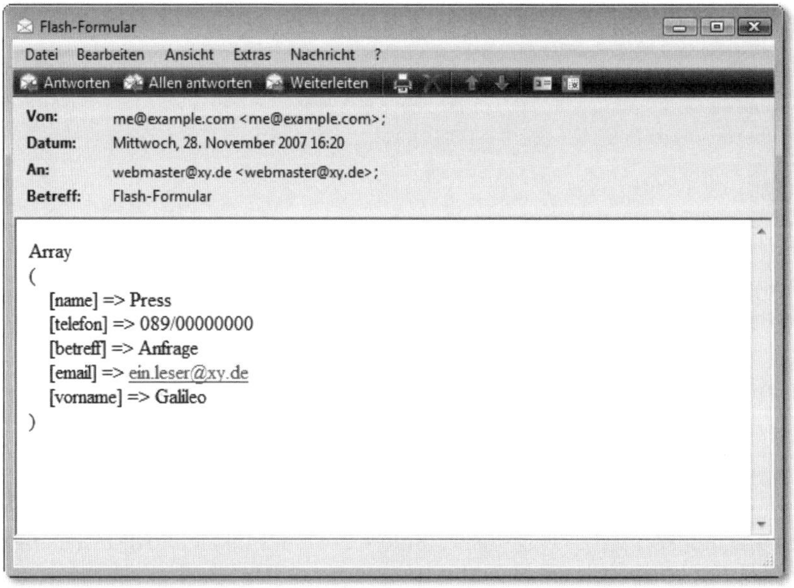

Abbildung 24.6 Die automatisch erzeugte Mail ∎

Ein komplett lauffähiges Beispiel finden Sie in der Datei *versenden.fla*, ebenso im **[●]** fertigen Skript *flash-post.php*.

<table>
<tr><td>**Mailversand**</td><td>**[+]**</td></tr>
</table>

Nicht immer steht ein Mailserver zur Verfügung, über den die E-Mail verschickt werden kann. Insbesondere beim Test auf der lokalen Maschine mangelt es an einem SMTP-Server – ohne geht es aber leider nicht. Aus diesem Grund ist im PHP-Skript eine weitere Möglichkeit vorgesehen: das Schreiben der Formulardaten in eine Datei auf dem Webserver. Allerdings ist dies nur als Notlösung zu sehen.

Es ist übrigens wichtig, dass Sie das Beispiel über einen Webserver abspielen. Falls Sie das nicht tun und die SWF-Datei per Dateisystem aufrufen (etwa *C:\Verzeichnis\Dateiname.swf*), klappt der Aufruf des Skripts unter Umständen nicht. Wenn Sie das innerhalb von Flash versuchen und die Datei überhaupt nicht existiert, erscheint im Ausgabe-Fenster sogar eine entsprechende Warn- beziehungsweise Fehlermeldung.

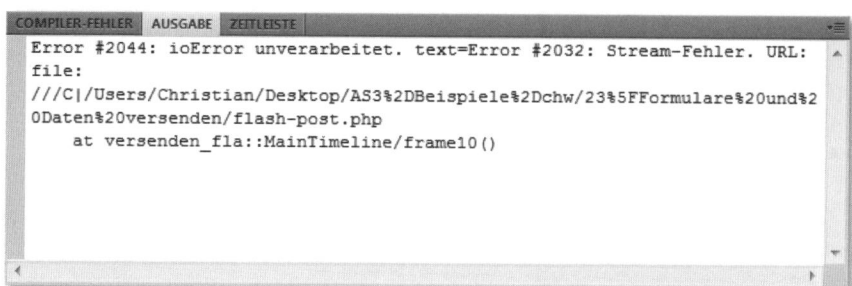

Abbildung 24.7 Fehler beim Aufruf eines nicht existierenden Dateinamens per Dateisystem und ohne Webserver

24.3 Datenaustausch

Die Kommunikation lief bisher nur in eine Richtung ab: Sie haben Daten an den **[●]** Server geschickt, aber nicht erfahren, ob der Server etwas zurückgeliefert hat. Der Weg dorthin ist aber nicht sehr mühsam. Zunächst erstellen wir eine PHP-Datei, die nicht nur Daten per E-Mail verschickt, sondern auch eine Überprüfung vornimmt und das Ergebnis zurückgibt. Beispielsweise könnte der Server untersuchen, ob die E-Mail-Adresse im korrekten Format vorliegt. Falls ja, gibt das PHP-Skript `versand=ok` zurück, andernfalls `versand=fehler`. Dieses Format ist dasselbe wie es auch bei GET- und POST-Anfragen vom HTTP-Protokoll verwendet wird – der Sinn offenbart sich in Kürze. Hier zunächst der PHP-Code der Datei *flash-post-email.php*:

```php
<?php
if (isset($_POST['email']) && is_string($_POST['email']) &&
    preg_match("/\w+([-+.\']\w+)*@\w+([-.]\w+)*\.\w+([-.]\w+)*/",
    $_POST['email']) == 1) {

    $daten = print_r($_POST, true);

    //1) In Datei schreiben
    //file_put_contents(
    //  'daten.txt',
    //  $daten . @file_get_contents('daten.txt'));

    //2) Per Mail versenden
    mail(
        'webmaster@xy.de',
        'Flash-Formular',
      $daten);

    echo 'versand=ok';

} else {

    echo 'versand=fehler';

}
?>
```

Der Flash-Film selbst muss im Vergleich zur vorigen Version kaum angepasst werden. Lediglich das statische Textfeld in Bild 15 wird in ein dynamisches Textfeld (meldung_txt) umgewandelt und beim Aufruf der Name der PHP-Datei ausgetauscht (hier halbfett):

```
var vars:URLVariables = new URLVariables();
vars.name = _name;
vars.vorname = _vorname;
vars.betreff = _betreff;
vars.email = _email;
vars.telefon = _telefon;

var req:URLRequest = new URLRequest();
req.data = vars;
req.url = "flash-post-email.php";
req.method = URLRequestMethod.POST;

var loader:URLLoader = new URLLoader();
loader.load(req);
```

Rückgabe des Skripts auswerten

Wenn Sie nun tatsächlich an der Rückgabe des serverseitigen Skripts interessiert sind, müssen Sie zunächst angeben, in welchem Format Sie diese Daten erwarten. Die folgende Anweisung konfiguriert die URLLoader-Instanz sodass sie mit dem Format "Name=Wert" des PHP-Skripts klarkommt:

```
loader.dataFormat = URLLoaderDataFormat.VARIABLES;
```

Nun kommt mal wieder ein Event-Listener zum Einsatz. Das Ereignis, auf das Sie reagieren müssen, heißt Event.COMPLETE. Dieses Ereignis wird nämlich genau dann ausgelöst, wenn Daten vom Server zurückgekommen sind.

In der Callback-Funktion erhalten Sie die URLLoader-Instanz aus dem als Funktionsargument übergebenen Ereignis. Dessen Eigenschaft data enthält die Daten vom serverseitigen Skript. Und jetzt kommt der Clou: Da Sie das Variablenformat gewählt haben (zur Erinnerung: URLLoaderDataFormat.VARIABLES), wurden die Variablennamen (links vom Gleichheitszeichen) automatisch zu Objekteigenschaften. Somit erhalten Sie also über die Eigenschaft data.versand den Wert ok oder fehler, je nachdem, was das Skript zurückgegeben hat.

Hier ist der Code:

```
loader.addEventListener(Event.COMPLETE, function(evt:Event) {
    if (evt.target.data.versand == "ok") {
        meldung_txt.text = "Anfrage erfolgreich gesendet!";
    } else if (evt.target.data.versand == "fehler") {
        meldung_txt.text = "Fehler beim Versand!";
    } else {
        meldung_txt.text = "Unbekannte Rückgabe!";
    }
});
```

In der folgenden Abbildung sehen Sie die Ausgabe des Skripts, wenn die E-Mail-Adresse als ungültig erkannt worden ist.

Natürlich können Sie das auch etwas einfacher haben, indem Sie das serverseitige Skript lediglich "ok" oder "fehler" zurückgeben lassen und das Datenaustauschformat von URLLoader auf URLLoaderDataFormat.TEXT setzen (gleichzeitig der Standardwert). Dann enthält evt.target.data den kompletten Text. Der Vorteil des Variablenformats offenbart sich, wenn das Skript mehrere Daten im Format name1=wert1&name2=wert2&name3=wert3 zurückgibt. Dann können Sie auf die einzelnen Werte wie gehabt über data.<name> zugreifen, ohne die Rückgabe zunächst selbst parsen zu müssen.

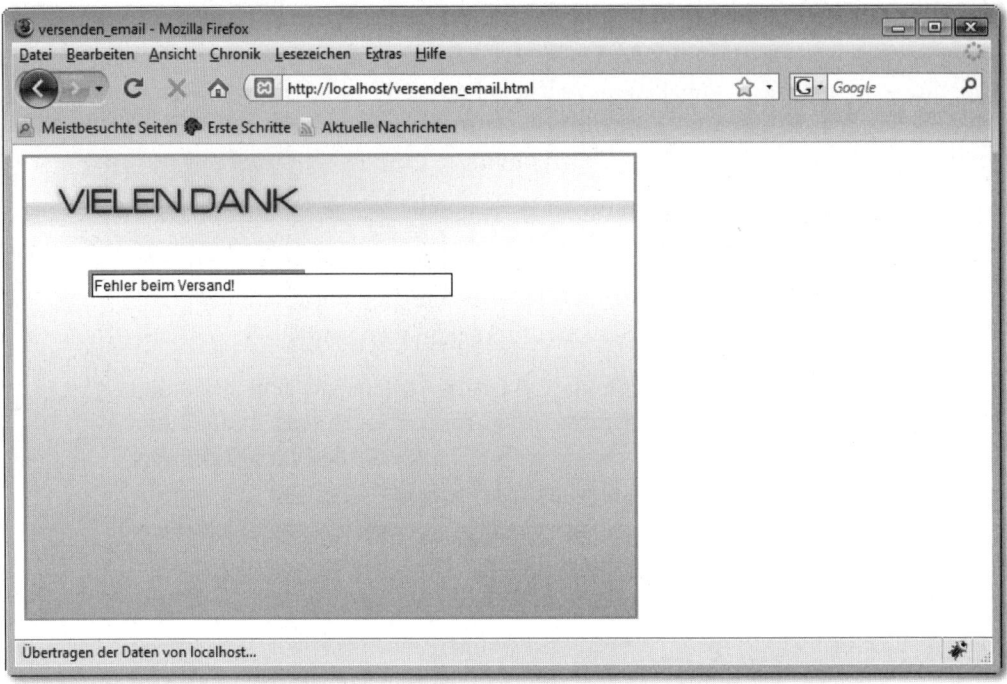

Abbildung 24.8 Die E-Mail-Adresse war möglicherweise im falschen Format.

[+] **Kontaktaufnahme**

Die hier gezeigte Kontaktaufnahme ist natürlich nur ein Beispiel. Wenn Sie mit den Autoren dieses Buchs Kontakt aufnehmen möchten, finden Sie unter *http://www.hauser-wenz.de/support* mögliche Updates zum Buch sowie ein Kontaktformular – zwar ohne Flash, aber wir antworten trotzdem.

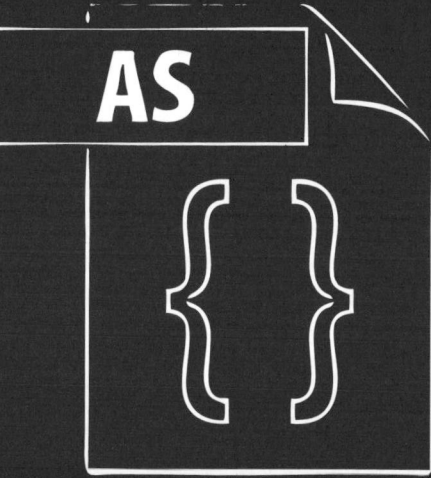

TEIL VIII
Kommunikation

»In der Sprache,
die man am schlechtesten spricht,
kann man am wenigsten lügen.«
– Friedrich Hebbel

25   XML

Die *eXtensible Markup Language*, besser bekannt unter dem Namen *XML*, ist mittlerweile aus der IT-Welt kaum wegzudenken. Einerseits ist die »erweiterbare Beschreibungssprache« sehr strengen Regeln unterworfen, andererseits ist die Sprache so flexibel, dass sie den verschiedensten Szenarien angepasst werden kann.

Aus diesem Grund wird häufig nicht »nur« XML eingesetzt, sondern ein spezieller Dialekt, etwa SVG (ein XML-Vektorgrafikformat), XHTML (ein sehr bekannter XML-Dialekt) und nicht zuletzt auch MXML (Adobes XML-Beschreibungssprache für Flex-Inhalte).

Bereits seit Flash 5 bietet ActionScript die Unterstützung von XML, damals aber noch recht rudimentär und langsam. In Flash MX hat sich das stark gebessert. Flash MX 2004 und Flash 8 wiederum erleichtern die Darstellung von XML-Daten im Flash-Film. Flash CS3 machte einen weiteren Riesensatz nach vorne: Die Verwendung von XML-Daten ist nun einfacher denn je. Flash CS4 baut natürlich auf den neuen Features auf. Dieses Kapitel konzentriert sich daher auf diejenigen spannenden neuen Features, die den Coding-Aufwand (und damit die Fehlerquote) sehr verringern.

25.1   Was ist XML?

Zunächst kurz zur Begriffsbestimmung: XML ist ein Kürzel und steht für *eXtensible Markup Language*. Überwacht wird XML von den »Standardhütern« des World Wide Web, dem World Wide Web Consortium (W3C, *http://w3.org/*). Der Standard versteht sich als »universelles Format für strukturierte Dokumente und Daten im Web«, wie es auf der entsprechenden Homepage heißt.

Tags und Attribute

Wer HTML beherrscht, findet sich in XML schnell zurecht. Es gibt Tags, die Attribute (Parameter) besitzen können. Hier ein Beispiel:

```
<a href="flash.html"><img src="flash.png" border="0" /></a>
```

Der Code sieht aus wie HTML, ist aber ein Auszug aus einem XML-Dokument. Das führt gleich zu einem fundamentalen Unterschied zwischen HTML und XML. Ein Webbrowser unterstützt folgenden Code und zeigt ihn an:

```
<A HREF=flash.html><IMG Src=flash.png border=0></a>
```

Syntax

Aus XML-Sicht ist diese Schreibweise jedoch falsch (aus HTML-Sicht auch, aber die meisten Browser vergeben solche groben Schnitzer). Die folgenden Regeln müssen Sie beachten:

▶ Es wird zwischen Groß- und Kleinschreibung unterschieden, `<a>` und `<A>` sind also verschiedene Tags.

▶ Jedes Tag muss abgeschlossen sein.

▶ Werte für Parameter schreiben Sie in Anführungszeichen.

▶ Eine Verschachtelung von Tags ist nicht erlaubt: `<a><b></b></a>` ist korrekt, `<a><b></a></b>` dagegen falsch.

Obige Codezeile verletzt einige der Regeln: Das `<A>`-Element ist nicht abgeschlossen, denn `</a>` beendet ein anderes Element, da zwischen Groß- und Kleinschreibung unterschieden wird. Die Attributswerte sind nicht in Anführungszeichen gesetzt. Das `<img>`-Tag wird ebenfalls nicht abgeschlossen. Folgende Änderungen sind also notwendig:

```
<a href="flash.html"><img src="flash.png" border="0"></img></a>
```

Für diesen Fall, bei dem kein Text innerhalb eines Elements steht, gibt es eine Kurzform:

```
<a href="flash.html"><img src="flash.png" border="0" /></a>
```

XML-Deklaration

Achtung, wichtig zu wissen: Jedes XML-Dokument beginnt mit der entsprechenden Deklaration, dass es sich überhaupt um eine XML-Datei handelt. Sie schreiben entsprechend:

```
<?xml version="1.0"?>
```

Nur ein Wurzelelement

Beachten Sie außerdem, dass es nur ein Wurzelelement im Dokument gibt. Nach `<?xml ... ?>` kommt lediglich ein weiteres Unterelement, das sogenannte Wurzelelement. Jedes zusätzliche Tag muss als Unterelement dieses Wurzelelements deklariert werden.

Um die ganze Theorie mit etwas Leben zu füllen, zeigen wir Ihnen eine exemplarische XML-Datei mit fiktiven Bestelldaten:

```
<?xml version="1.0" ?>
<posten>
    <marke>Basic Clothing</marke>
    <groesse>XL</groesse>
    <anzahl>1</anzahl>
</posten>
```

25.2 Mit XML per DOM arbeiten

Um zu verstehen, auf welche Art und Weise Flash und ActionScript einen Zugriff auf XML-Dateien erlauben, ist es hilfreich, ein XML-Dokument als hierarchischen Baum zu visualisieren. Die einzelnen Elemente in der XML-Datei, sowohl Tags als auch Werte innerhalb der Tags, sind *Knoten* des Baums. Das ergibt eine Pyramidenform: Das Wurzelelement ist die Spitze des Baums, die Unterelemente befinden sich eine Ebene tiefer.

Flash ermöglicht Ihnen, innerhalb dieses XML-Baums zu navigieren. Von jedem Knoten des Baums aus können Sie auf benachbarte, auf übergeordnete oder darunterliegende Knoten zugreifen. Abbildung 26.1 verdeutlicht das für die exemplarische XML-Datei aus dem vorherigen Abschnitt.

Hier sehen Sie die wichtigsten Eigenschaften, um innerhalb des Baums zu navigieren:

▶ `childNodes` ist ein Array mit allen Unterknoten eines Knotens. Für `<posten>` beispielsweise enthält `childNodes` die Unterknoten `<marke>`, `<groesse>` und `<anzahl>`.

▶ `parentNode` bezeichnet den übergeordneten Knoten eines Knotens. Für `<marke>` zeigt `parentNode` auf `<posten>`.

▶ `firstChild` meint den ersten Unterknoten eines Knotens. Dabei handelt es sich um eine Kurzform für `childNodes[0]`. Bei `<posten>` geht `firstChild` auf `<marke>`.

▶ `lastChild` steht für den letzten Unterknoten eines Knotens, es ist also eine Kurzform für `childNodes[childNodes.length-1]`. Bei `<posten>` weist `last-Child` auf `<anzahl>`.

▶ `nextSibling` bezeichnet den »nächsten« Knoten, der auf derselben Hierarchieebene rechts neben einem Knoten liegt. Für `<marke>` zeigt `nextSibling` auf `<groesse>`.

▶ `previousSibling` meint den »vorherigen Knoten« auf derselben Hierarchieebene. Für `<groesse>` zeigt `previousSibling` auf `<marke>`.

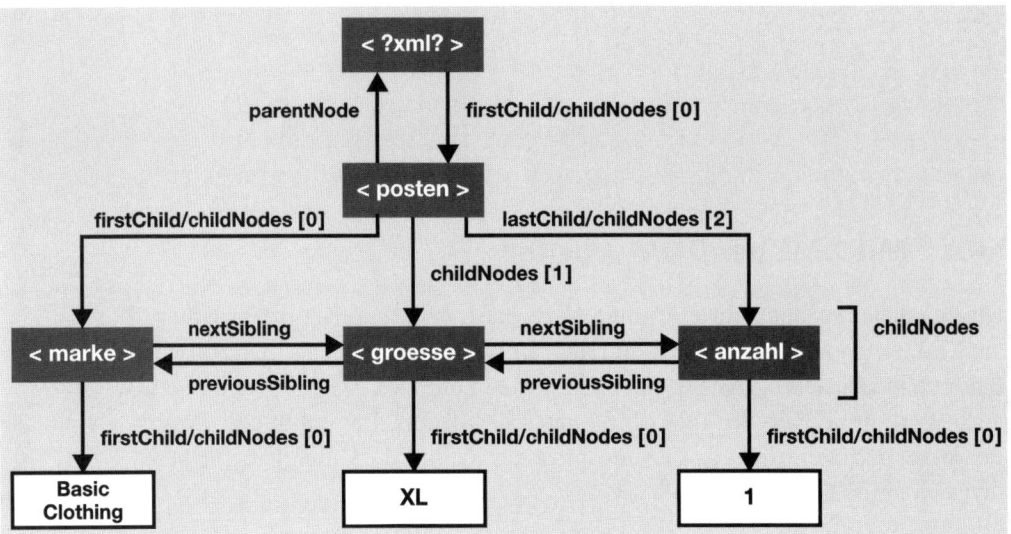

Abbildung 25.1   Eine XML-Datei in der Baumdarstellung

[+]   Vorwärts und rückwärts

Bei Anwendung von `firstChild` und `parentNode` oder von `nextSibling` und `previousSibling` heben sich die Eigenschaften meist gegenseitig auf. So liefert beispielsweise `knoten.nextSibling.previousSibling` als Rückgabewert `knoten` (sofern es einen benachbarten Knoten gibt).

Textelemente im XML-Baum

Ebenfalls wichtig ist die Eigenschaft `nodeName`. Der Hintergrund: Textelemente sind eigene Knoten im XML-Baum. Das gilt auch für *Whitespace* (Leerzeichen, Tabs, Zeilenwechsel) zwischen einzelnen XML-Elementen. Dieser Whitespace wurde aus Gründen der Übersichtlichkeit nicht in die Abbildung integriert, ist aber von Flash aus ansprechbar. Das Problem dabei: Whitespace ist im wahrsten Sinne des Wortes im Weg, denn er hat keine semantische Bedeutung.

Stellen Sie sich vor, Sie möchten auf `<posten>` zugreifen. Sie wissen, das ist das Wurzelement in der XML-Datei, also eigentlich das erste Kind (`firstChild`) des `<?xml ... ?>`-Elements. Doch das stimmt leider nicht. Zwischen `<?xml ... ?>` und `<posten>` ist ein Zeilenwechsel, und genau dieser Zeilenwechsel ist das erste Kind. Wenn Sie also ein Element im XML-Dokument suchen, sollten Sie alle Kinder (`childNodes`) von `<?xml ... ?>` untersuchen und dabei den Namen jedes Knotens überprüfen. Und genau das machen Sie mit der erwähnten Eigenschaft `nodeName`. Sie funktioniert allerdings nur bei Tag-Knoten (wie etwa `<marke>`); bei Textknoten (wie etwa `Basic Clothing`) müssen Sie `nodeValue` verwenden, um den Text ermitteln zu können.

Auch in ActionScript 3 gibt es noch diesen »alten« DOM-Zugriff. *DOM* steht für *Document Object Model* und bezeichnet eine einheitliche Schnittstelle, um auf verschiedene Knoten innerhalb eines strukturierten (XML-)Dokuments zuzugreifen. In Abbildung 26.1 sehen Sie verschiedene DOM-Methoden und -Eigenschaften. Die entsprechende Flash-Klasse für XML-DOM heißt `XMLDocument` und befindet sich im Package `flash.xml`. So wird sie instantiiert:

```
var xml_dokument = new XMLDocument(
   "<posten><marke>Basic Clothing</marke></posten>");
```

Wie bereits erwähnt, handelt es sich hierbei jedoch um einen »alten« Zugriff. Es geht besser und moderner.

25.3 Neue XML-Features von ActionScript 3

DOM ist sehr mächtig, aber auch sehr eklig. Man muss schon die genaue Struktur der XML-Daten im Kopf haben. Meist orientiert man sich aber gedanklich eher an den Namen der entsprechenden Tags.

An dieser Stelle kommen die neuen XML-Möglichkeiten von ActionScript 3 ins Spiel. Wenn Sie schon mit Perl oder PHP gearbeitet haben, kommt Ihnen der Ansatz bereits sehr bekannt vor: Dort heißt er jeweils SimpleXML, also einfaches XML. Der ActionScript-Name dafür ist ein anderer: *E4X*, das steht für *ECMAScript for XML*. E4X ist (wie ECMAScript auch) ein ECMA-Standard.

Einfacher Zugriff

Und einfach ist der Ansatz in der Tat, und intuitiv noch dazu. Der Gedankengang ist Folgender: Wenn es ein XML-Element namens `<posten>` gibt, sollte man per Eigenschaft `posten` darauf zugreifen. Und wenn es direkt unterhalb von `<posten>` ein Element `<marke>` gibt, wäre `posten.marke` eine entsprechende Zugriffsform.

XML-Bildergalerie

Dies soll anhand eines Praxisbeispiels vorgeführt werden. Wir erstellen eine Bildergalerie, in der Benutzer zwischen Fotos hin- und herspringen können und dabei zusätzliche Bildinformationen angezeigt bekommen. Die Bildergalerie bedient sich dabei bei einer XML-Datei, in der alle wichtigen Informationen stehen. Hier eine verkürzte Form der Datei:

```
<?xml version="1.0"?>
<bilder>
   <bild id="1">
      <dateiname>bild.jpg</dateiname>
      <blende>8.0</blende>
      <belichtung>1/250</belichtung>
      <iso>200</iso>
     <datum>02.09.2008</datum>
   </bild>
   <bild>
    ...
   </bild>
</bilder>
```

Jedes einzelne Foto wird also durch ein `<bild>`-Element dargestellt. Da eine XML-Datei genau ein Wurzelelement benötigt, kommt hier zusätzlich noch `<bilder>` als umgebendes Element zum Einsatz.

Sie sehen in der Beispieldatei auch gleich, dass sowohl Texte innerhalb der Elemente als auch Attribute zum Einsatz kommen. Beide werden wir mit Action-Script auslesen.

Die Beispielanwendung stellt die Fotos samt zusätzlichen Informationen (unter anderem Belichtung, Blende und ISO-Wert) dar. Eine Navigation mit zwei Schaltflächen erlaubt die Navigation innerhalb der Fotos. Ausnahmsweise sehen Sie das Endresultat bereits zu Anfang:

[○] Der wichtigste Schritt des Beispiels ist natürlich das Einlesen der XML-Datei. Dazu bedienen wir uns wieder einmal der URLLoader-Klasse. Die XML-Datei auf der DVD heißt *bilder.xml* und muss sich im selben Verzeichnis wie die Flash-Datei (*metadataviewer.fla*) befinden. Der Flash-Film besteht übrigens ausnahmsweise aus nur einem einzigen Frame.

```
var bilder = [];

var loader:URLLoader = new URLLoader();
loader.load(new URLRequest("bilder.xml"));
loader.addEventListener(Event.COMPLETE, parseXML);
```

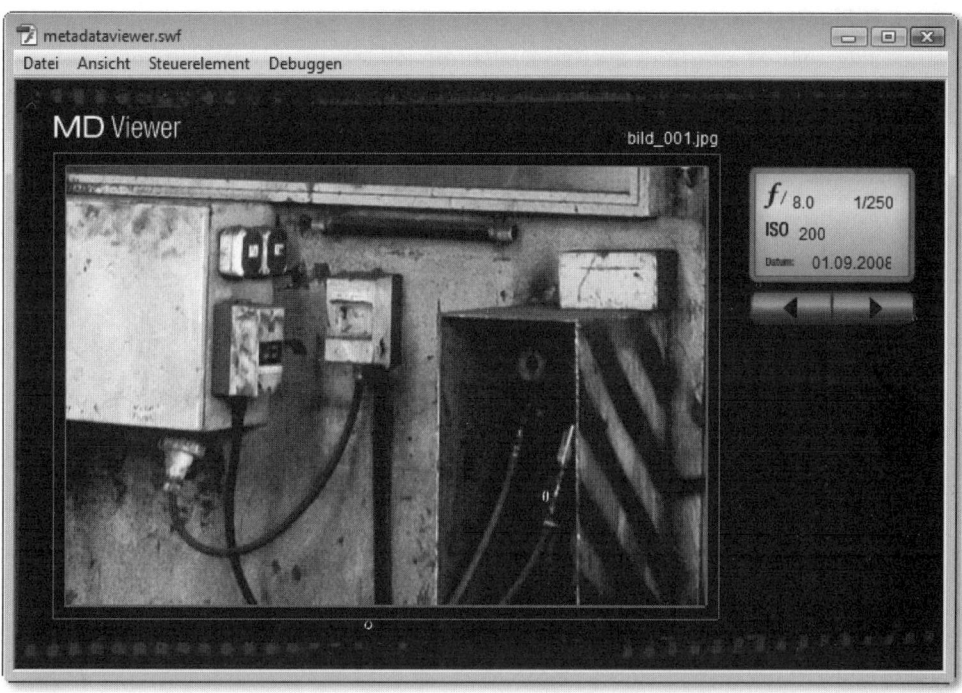

Abbildung 25.2 Die (fertige) Bildergalerie

Die Funktion `parseXML()` wird aufgerufen, wenn die XML-Daten vollständig eingelesen worden sind. Als Argument wird das auslösende Element übergeben. Dessen Eigenschaft `target.data` liefert die Textinformationen aus der XML-Datei. Diese werden als Konstruktor für die XML-Klasse übergeben. Die Rückgabe ist ein Objekt vom Typ XML, mit dem wir später weiterarbeiten werden:

```
function parseXML(evt:Event) {
    var xml_dokument:XML = new XML(evt.target.data);
```

IgnoreWhitespace

Aus optischen Gründen enthält die XML-Datei sogenannten Whitespace: Leerzeichen zwischen Tags, Zeilensprünge, möglicherweise noch Tabs. Bei dem Zugriff via XML-Klasse ist das nicht weiter schlimm, aber vor allem beim Arbeiten mit DOM kann das schnell zu Missverständnissen führen, denn dieser Whitespace gilt auch als Knoten. Mit der Option `ignoreWhitespace` zwingt man Flash dazu, den Leerraum nicht weiter zu beachten:

```
xml_dokument.ignoreWhitespace = true;
```

Bilder einlesen

Jetzt geht es ums Einlesen. Pro Digitalfoto gibt es ein `<bild>`-Element. Über `xml_dokument.bild` erhalten Sie eine Liste aller Bilder. Per Schleife können Sie darüber iterieren. Die Methode `length()` (nicht zu verwechseln mit der JavaScript-Array-Eigenschaft `length`) liefert die genaue Anzahl der Elemente:

```
for (var i:int = 0; i < xml_dokument.bild.length(); i++) {
    // ...
}
```

Alternativ können Sie auf eine neue Art der Schleife setzen, `for each in`:

```
for each (var knoten:XML in xml_dokument.bild) {
    // "knoten" enthält nun pro Durchlauf den aktuellen Knoten
}
```

Attribute verarbeiten

Innerhalb der Schleife können Sie mit `xml_dokument.bild[i]` (for-Schleife) oder direkt per Knoten (`for-each-in`-Schleife) auf das jeweilige Bild zugreifen; die Zählung beginnt wie immer mit 0. Es ist jetzt an der Zeit, die einzelnen Werte innerhalb der `<bild>`-Elemente zu verarbeiten. Wir beginnen mit Attributen. Da gibt es nur eines – die ID des Bilds – und die wollen wir immerhin per `trace()`-Anweisung ausgeben.

Der Zugriff auf ein Attribut wirkt auf den ersten Blick etwas ungewöhnlich: Sie verwenden den Attributnamen, stellen aber einen Klammeraffen davor. Das hat zwei Gründe: Zum einen lassen sich Attribute so besser von Unterelementen unterscheiden. Zum anderen sind Klammeraffen nicht als XML-Tag-Namen erlaubt, es kann also nicht zu Vermischungen kommen. Hier die entsprechende `trace()`-Ausgabe innerhalb der `for`-Schleife:

```
trace("Lade Bild mit der ID " + knoten.@id);
```

Abbildung 25.3 Die Attributswerte werden ausgegeben.

Werte auslesen

Bei Unterelementen müssen Sie auf den Klammeraffen verzichten. Der Zugriff auf ein Element liefert aber noch nicht den (Text-)Wert innerhalb des Elements. Sie müssen zusätzlich die `text()`-Methode aufrufen. Wenn Sie sich die DOM-Darstellung der Datei ansehen, wird das vielleicht klarer, denn der Text innerhalb eines XML-Knotens ist immer ein eigener (Text-)Knoten.

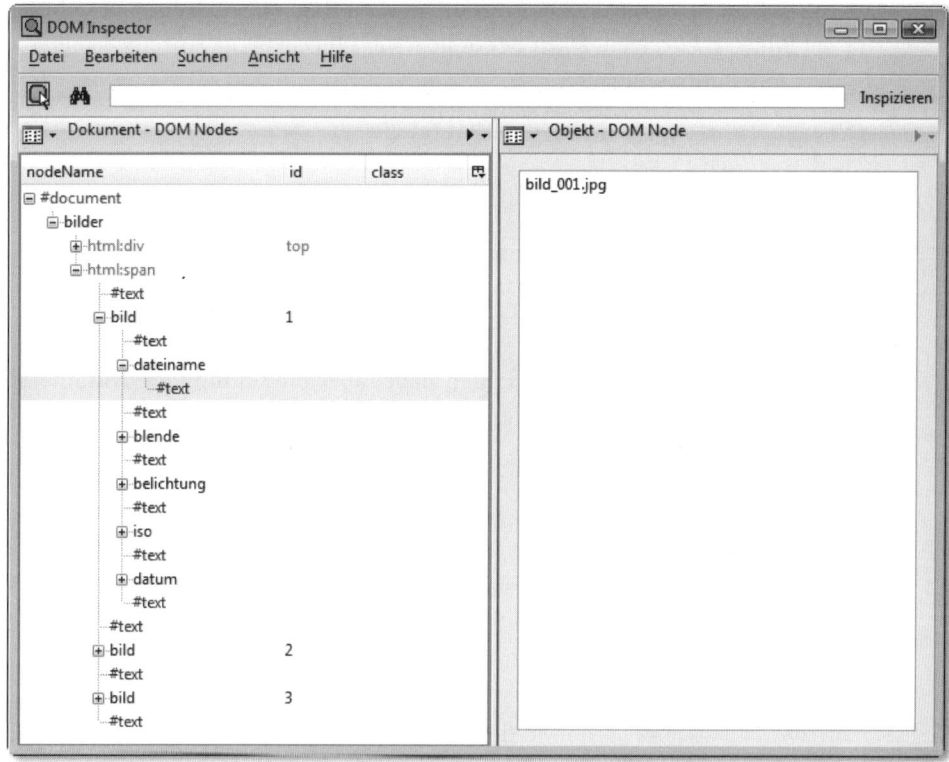

Abbildung 25.4 Die hierarchische Darstellung der XML-Datei im DOM Inspector, der bei Mozilla-Browsern wie Firefox als Erweiterung installiert werden kann

Der folgende Code erzeugt ein neues, anfangs leeres ActionScript-Objekt und fügt dann ein paar Eigenschaften hinzu, die allesamt aus der XML-Konfigurationsdatei stammen:

```
var bild = new Object();
bild.dateiname = xml_dokument.bild[i].dateiname.text();
bild.blende = xml_dokument.bild[i].blende.text();
bild.belichtung = xml_dokument.bild[i].belichtung.text();
bild.iso = xml_dokument.bild[i].iso.text();
bild.datum = xml_dokument.bild[i].datum.text();
```

Abschließend müssen Sie dieses neu erzeugte Objekt in das globale Array mit allen Bildobjekten schieben, damit Sie auch von anderen ActionScript-Funktionen aus darauf zugreifen können:

```
bilder[bilder.length] = bild;
```

Bilder laden und anzeigen

Das war Schritt 1; der zweite und eigentlich auch schon letzte Schritt besteht darin, die Bilder anzuzeigen. Dazu benötigen wir zunächst eine Anzeigefläche, die wir dynamisch hinzufügen:

```
var bildanzeige:MovieClip = new MovieClip();
addChild(bildanzeige);
bildanzeige.name = "bildanzeige_mc";
bildanzeige.x = 38;
bildanzeige.y = 63;
```

In diesem neuen MovieClip werden die Grafiken dynamisch angezeigt. Das erledigt eine Funktion namens ladeBild(). Als Parameter übergeben wir die Nummer des zu ladenden Bilds, verwenden dabei aber eine intuitivere Nummerierung; 1 bedeutet erstes Bild.

Zunächst prüft die Funktion, ob überhaupt genug Bilder vorhanden sind, um die entsprechende Nummer zu laden:

```
function ladeBild(nr:int) {
   if (nr > 0 && nr <= bilder.length) {
      // ...
   }
}
```

Dann wird ein etwaiges schon in den MovieClip geladenes Bild wieder entfernt. Dazu löschen wir alle seine Kinder:

```
while (bildanzeige.numChildren > 0) {
   bildanzeige.removeChildAt(0);
}
```

Danach geht es ans eigentliche Laden des Bilds. Das realisiert die Loader-Klasse (URLLoader würde auch gehen). Die Loader-Instanz können Sie dann direkt als Kind von MovieClip hinzufügen. Vergessen Sie nicht, beim Zugriff auf das Bild die Nummer wieder zu verkleinern: Bild Nummer 1 hat den Array-Index 0:

```
var loader:Loader = new Loader();
loader.load(new URLRequest(bilder[nr - 1].dateiname));
bildanzeige.addChild(loader);
```

Als Nächstes schreiben wir noch die Metainfos der Bilder in die entsprechenden Textfelder im Film:

```
dateiname_txt.text = bilder[nr - 1].dateiname;
blende_txt.text = bilder[nr - 1].blende;
belichtung_txt.text = bilder[nr - 1].belichtung;
iso_txt.text = bilder[nr - 1].iso;
datum_txt.text = bilder[nr - 1].datum;
```

Abschließend greift die Funktion `ladeBild()` noch auf eine globale Variable namens `aktuelle_nummer` zu und speichert dort die Nummer des aktuellen Bilds:

```
aktuelle_nummer = nr;
```

Navigation erstellen

Wozu war dieser letzte Schritt überhaupt notwendig? Nun, die beiden Schaltflächen zum Vor- und Zurückspringen sind noch nicht implementiert worden. Ein Vorspringen impliziert jedoch, dass die Flash-Anwendung weiß, welche Grafik gerade angezeigt wird (und welche als Nächstes kommt). Diese beiden Funktionen realisieren das Springen:

```
function bildvor(evt:MouseEvent):void {
    ladeBild(aktuelle_nummer + 1);
}

function bildzurueck(evt:MouseEvent):void {
    ladeBild(aktuelle_nummer - 1);
}
```

Den beiden Schaltflächen werden diese Funktionen dann als Ereignis-Handler zugewiesen:

```
vor_btn.addEventListener(MouseEvent.CLICK, bildvor);
zurueck_btn.addEventListener(MouseEvent.CLICK, bildzurueck);
```

Jetzt sind wir fast fertig. Ein kleiner Schritt fehlt noch: Nach dem Einlesen der XML-Datei muss das erste Bild geladen werden:

```
ladeBild(1);
```

Und tatsächlich, das war es! Die Bildergalerie funktioniert einwandfrei. Sie müssen nur dafür sorgen, dass alle Grafiken dieselbe, passende Größe haben. Hier finden Sie noch einmal den kompletten Code:

```
var aktuelle_nummer = 0;
var bilder = [];
```

```
vor_btn.addEventListener(MouseEvent.CLICK, bildvor);
zurueck_btn.addEventListener(MouseEvent.CLICK, bildzurueck);

var bildanzeige:MovieClip = new MovieClip();
addChild(bildanzeige);
bildanzeige.name = "bildanzeige_mc";
bildanzeige.x=38;
bildanzeige.y=63;

function bildvor(evt:MouseEvent):void {
  ladeBild(aktuelle_nummer + 1);
}

function bildzurueck(evt:MouseEvent):void {
  ladeBild(aktuelle_nummer - 1);
}

var loader:URLLoader = new URLLoader();
loader.load(new URLRequest("bilder.xml"));
loader.addEventListener(Event.COMPLETE, parseXML);
function parseXML(evt:Event) {
  var xml_dokument:XML = new XML(evt.target.data);
  xml_dokument.ignoreWhitespace = true;

  for each (var knoten:XML in xml_dokument.bild) {
    trace("Lade Bild mit der ID " + knoten.@id);
    var bild = new Object();
    bild.dateiname = knoten.dateiname.text();
    bild.blende = knoten.blende.text();
    bild.belichtung = knoten.belichtung.text();
    bild.iso = knoten.iso.text();
    bild.datum = knoten.datum.text();
    bilder[bilder.length] = bild;
  }

  ladeBild(1);
}

function ladeBild(nr:int) {
  if (nr > 0 && nr <= bilder.length) {
    while (bildanzeige.numChildren > 0) {
        bildanzeige.removeChildAt(0);
    }
    var loader:Loader = new Loader();
    loader.load(new URLRequest(bilder[nr - 1].dateiname));
```

```
bildanzeige.addChild(loader);
dateiname_txt.text = bilder[nr - 1].dateiname;
blende_txt.text = bilder[nr - 1].blende;
belichtung_txt.text = bilder[nr - 1].belichtung;
iso_txt.text = bilder[nr - 1].iso;
datum_txt.text = bilder[nr - 1].datum;
aktuelle_nummer = nr;
   }
}
```

Durch die Verwendung von XML ist es ein Leichtes, zusätzliche Grafiken einzufügen: Sie müssen den Flash-Film nicht mehr neu veröffentlichen, sondern lediglich die XML-Konfiguration anpassen.

Weitere XML-Möglichkeiten [+]

Dieses Beispiel hat viele der XML-Möglichkeiten von ActionScript 3 gezeigt, aber natürlich nicht alle. Hier noch eine Liste weiterer interessanter Features:

▸ Wenn ein Knoten, etwa `<bild>`, irgendwo in der XML-Hierarchie vorkommt, aber
  nicht notwendigerweise direkt unterhalb des Wurzelknotens, müssen Sie nicht durch
  die komplette Struktur navigieren; verwenden Sie stattdessen zwei Punkte: `xml_
  dokument..bild`.

▸ Sie können bestimmte Bedingungen beziehungsweise Abfragen innerhalb des Zugriffs
  auf die XML-Daten verwenden. Der folgende Ausdruck liefert beispielsweise alle
  `<bild>`-Elemente mit ungerader ID (also im Beispiel 1 und 3): `xml_dokument.bild.
  (@id % 2 == 1)`.

Wenn Sie diese Features mit der XML-Unterstützung in älteren Flash-Versionen vergleichen, sehen Sie die zahlreichen Verbesserungen.

»Der Dienst gibt uns Schwung, und wir altern nicht.«
– Wladimir Wladimirowitsch Majakowski

26   Webservices

Angenommen, Sie möchten in Ihre Flash-Anwendung das aktuelle Wetter Ihrer Heimatstadt oder Ihres Firmensitzes integrieren, um ein wenig Lokalkolorit hineinzubringen. Wenn Sie nicht gerade eine Wetterstation betreiben, müssen Sie einen Partner finden, der aktuelle Wetterdaten liefern kann.

Nun können Sie den Dienstleister mehrere Male am Tag anrufen, um die aktuelle Temperatur zu erfragen, dann den Flash-Film neu kompilieren und so Ihre Site aktuell halten, aber dadurch Ihre Arbeitsleistung gegen Null sinken lassen. Eine etwas bessere Alternative: Sie speichern die aktuelle Temperatur in einer externen Datei ab und lesen diese per Flash ein, dann müsste der Film zumindest nicht aktualisiert werden.

Die beste Lösung ist aber offensichtlich, wenn Sie gar nicht in periodischen Abständen selbst eingreifen müssen, sondern das System automatisch läuft. Sprich, Ihre Flash-Anwendung oder ein Skript auf Ihrem Server spricht mit dem Server des Dienstleisters, fragt die aktuellen Daten ab und zeigt diese dann im Flash-Film an.

Dieses Vorgehen beschreibt ziemlich gut den gesamten Themenblock »Webservices«. Hinter diesem arg geplagten Schlagwort steht eine automatische *Maschine-zu-Maschine-Kommunikation*. Der Ansatz, diese Kommunikation ohne menschliches Eingreifen laufen zu lassen, ist natürlich sehr alt und wurde bereits in den Anfangszeiten des World Wide Web gerne eingesetzt. Allerdings haben sich zahlreiche große Firmen zusammengetan und Protokolle, Dateiformate und Standards entwickelt, über die eine Webservice-Kommunikation heutzutage ablaufen kann.

In früheren Versionen bot Flash eine reichhaltige Unterstützung von Webservices an. Mit ActionScript 3 allerdings ist Adobe noch nicht so weit. Der Aufwand, einen Webservice aufzurufen, ist (noch) etwas größer. Dank der restlichen mächtigen Möglichkeiten von ActionScript – insbesondere im Hinblick auf die Verarbeitung von XML-Daten – lässt sich aber ein solcher Webservice-Aufruf auch von Hand implementieren.

Dieses Kapitel zeigt zwei vom Ansatz her relativ verschiedene Möglichkeiten auf, einen Webservice per Flash und ActionScript anzusteuern. Wir müssen teilweise ein wenig in die Trickkiste greifen, um einige der Besonderheiten des verwendeten Serverdienstes zu berücksichtigen, aber das prinzipielle Vorgehen ist relativ einfach: Wir schicken eine HTTP-Anfrage an den Server und werten die Rückgabe aus.

26.1 Standards

Das World Wide Web Consortium, kurz W3C (*http://w3.org/*) sieht sich als Standard-Gralshüter im World Wide Web. Unter seiner Ägide sind sehr viele Standards aus dem Webbereich entwickelt und etabliert worden, unter anderem HTML, CSS, XML und zahlreiche weitere. Auch in Sachen Webservices war das W3C sehr aktiv, wobei einige der thematisch passenden Standards ursprünglich von der Industrie entwickelt und später vom W3C übernommen worden sind.

26.1.1 Datenübertragung mit SOAP

Microsoft und einige andere Beteiligte arbeiteten Ende der 90er-Jahre an einem Format namens XML-RPC. Etwas später wurde daraus das *Simple Object Access Protocol*, kurz *SOAP*. So weit, so gut. Nur war SOAP weder einfach zum Objektzugriff zu gebrauchen noch ein Protokoll, sodass einige Jahre später – jetzt unter der Schirmherrschaft des W3C – der Name SOAP beibehalten, aber die Langfassung unter den Tisch gekehrt wurde. SOAP steht also nur noch für SOAP – wenn Sie »Simple Object Access Protocol« lesen, sind die dortigen Informationen möglicherweise veraltet. Die komplette Spezifikation finden Sie unter *http://w3.org/ TR/soap/*.

Kommunikation via Webservices

SOAP ist ein Format, um die Kommunikation zwischen zwei Rechnern via Webservices zu realisieren. SOAP-Daten werden per HTTP ausgetauscht, als HTTP-Verb wird POST eingesetzt. Das hat (gegenüber GET) den Vorteil, dass die zu sendende Datenmenge unbegrenzt ist: Während bei GET die Daten an die URL angehängt werden (Längenbeschränkung irgendwo zwischen 500 und 2.000 Zeichen inklusive), erwartet das HTTP-Protokoll bei POST die Daten nach den HTTP-Headern, quasi ohne Mengenlimit.

XML-Inhalte

SOAP-Daten werden also zusammen mit einem HTTP-Request geschickt. Die SOAP-Informationen selbst sind in XML gehalten. Der Wurzelknoten heißt `Envelope` (Umschlag), im Inneren werden die Elemente `Header` (optional) und `Body` erwartet.

SOAP-Anfrage

Eine SOAP-Anfrage schickt streng genommen eine Nachricht an den Server, der diese dann verarbeitet. In sehr vielen Fällen lautet die Nachricht »Führe die Methode X aus und schicke mir das Ergebnis«. Hier ein Beispiel für einen Webservice (auf Basis von SOAP 1.1, das in der Praxis weiter verbreitet ist als die aktuelle Version 1.2), der eine Methode `GetWeather` anbietet und dabei zwei Argumente erwartet: eine Stadt und ein Land:

```
POST /globalweather.asmx HTTP/1.1
Host: www.webservicex.com
Content-Type: text/xml; charset=utf-8
Content-Length: length
SOAPAction: "http://www.webserviceX.NET/GetWeather"

<?xml version="1.0" encoding="utf-8"?>
<soap:Envelope xmlns:xsi="http://www.w3.org/2001/XMLSchema-instance"
xmlns:xsd="http://www.w3.org/2001/XMLSchema"
xmlns:soap="http://schemas.xmlsoap.org/soap/envelope/">
   <soap:Body>
      <GetWeather xmlns="http://www.webserviceX.NET">
         <CityName>Munich</CityName>
         <CountryName>Germany</CountryName>
      </GetWeather>
   </soap:Body>
</soap:Envelope>
```

Die ersten paar Zeilen (mit dem Format `Name: Wert`) sind HTTP-Header; nach der Leerzeile folgt der Inhalt der HTTP-POST-Anfrage.

Antwort verarbeiten

Die Antwort vom Server wird ebenfalls per HTTP geschickt und enthält auch SOAP-Daten. Im speziellen Webservice ist die Antwort selbst ein (codiertes) XML-Dokument, das weitere Informationen wie beispielsweise die Temperatur enthält. Das ist nicht zwingend so; viele Webservices schicken direkt die gewünschten Informationen zurück und kapseln sie nicht extra in ein (weiteres) XML-Dokument.

```
HTTP/1.1 200 OK
Content-Type: text/xml; charset=utf-8
Content-Length: 2184

<?xml version="1.0" encoding="utf-8"?>
<soap:Envelope xmlns:xsi="http://www.w3.org/2001/XMLSchema-instance"
xmlns:xsd="http://www.w3.org/2001/XMLSchema"
xmlns:soap="http://schemas.xmlsoap.org/soap/envelope/">
    <soap:Body>
        <GetWeatherResponse xmlns="http://www.webserviceX.NET">
            <GetWeatherResult>&lt;?xml version="1.0" encoding="utf-
16"?&gt;&lt;CurrentWeather&gt;&lt;Location&gt;Munchen, Germany (EDDM)
48-21N 011-47E&lt;/Location&gt;&lt;Time&gt;Dec 27, 2008 - 09:20 AM
EST / 2008.12.27 1420
UTC&lt;/Time&gt;&lt;Wind&gt; from the NE (050 degrees) at 2 MPH
(2 KT):0&lt;/Wind&gt;

&lt;Visibility&gt; 1 mile(s):0&lt;/Visibility&gt;
&lt;SkyConditions&gt; mostly cloudy&lt;/SkyConditions&gt;
&lt;Temperature&gt; 32 F (0 C)&lt;/Temperature&gt;

&lt;DewPoint&gt; 32 F (0 C)&lt;/DewPoint&gt;
&lt;RelativeHumidity&gt; 100%&lt;/RelativeHumidity&gt;
&lt;Pressure&gt; 30.53 in. Hg (1034 hPa)&lt;/Pressure&gt;

&lt;Status&gt;Success&lt;/Status&gt;&lt;/CurrentWeather&gt;
</GetWeatherResult>
        </GetWeatherResponse>
    </soap:Body>
</soap:Envelope>
```

26.1.2 Dienstauskunft mit WSDL

Sie sehen schon: Wenn Sie einen SOAP-Dienst programmieren möchten, dann müssen Sie schon ziemlich genau wissen, was für eine Art von SOAP-Anfrage der Service erwartet. Genaues Lesen der Dokumentation ist also gefragt – oder auch nicht. Denn es gibt ein weiteres Dateiformat, das es manchen Technologien ermöglicht, mehr oder minder automatisch die Art der SOAP-Anfrage herauszufinden, die notwendig ist.

Das Format, von dem die Rede ist, heißt *WSDL* (*Web Services Description Language*). WSDL ist ebenfalls (mittlerweile) unter dem Dach des W3C zu finden. Unter der Adresse *http://www.w3.org/2002/ws/desc/* finden Sie eine Reihe von Informationen zu dem Format und auch zu den verschiedenen Versionen. Die aktuelle Version ist 2, in der Praxis ist aber weiterhin WSDL 1.1 dominant.

Ein SOAP-Webservice kann eine WSDL-Beschreibung besitzen, muss er aber nicht. Die WSDL-Beschreibung beantwortet alle relevanten Fragen über den Webservice:

► Welche Datentypen werden verwendet?

► Welche Nachrichten können versendet werden?

► Welche Methoden hat der Dienst?

► Welche Formate und welche Protokolle stehen für welche Methoden zur Verfügung?

► Wo liegt der Dienst?

Diese Informationen werden wiederum in XML angegeben. Für den oben verwendeten Webservice finden Sie im Folgenden die dazugehörige WSDL-Beschreibung. Sie sehen, dass die Beschreibung ganz schön komplex werden kann – und wir haben sie sogar im Vergleich zum Original etwas gekürzt:

```xml
<?xml version="1.0" encoding="utf-8"?>
<wsdl:definitions xmlns:http="http://schemas.xmlsoap.org/wsdl/http/"
xmlns:soap="http://schemas.xmlsoap.org/wsdl/soap/"
xmlns:s="http://www.w3.org/2001/XMLSchema"
xmlns:soapenc="http://schemas.xmlsoap.org/soap/encoding/"
xmlns:tns="http://www.webserviceX.NET"
xmlns:tm="http://microsoft.com/wsdl/mime/textMatching/"
xmlns:mime="http://schemas.xmlsoap.org/wsdl/mime/"
  targetNamespace="http://www.webserviceX.NET"
xmlns:wsdl="http://schemas.xmlsoap.org/wsdl/">
  <wsdl:types>
    <s:schema elementFormDefault="qualified" targetNamespace="http://
www.webserviceX.NET">
      <s:element name="GetWeather">
        <s:complexType>
          <s:sequence>
            <s:element minOccurs="0" maxOccurs="1" name="CityName"
type="s:string" />
            <s:element minOccurs="0" maxOccurs="1" name="CountryName"
type="s:string" />
          </s:sequence>
        </s:complexType>
      </s:element>
      <s:element name="GetWeatherResponse">
        <s:complexType>
          <s:sequence>
            <s:element minOccurs="0" maxOccurs="1"
name="GetWeatherResult" type="s:string" />
```

```
            </s:sequence>
          </s:complexType>
        </s:element>
      </s:schema>
    </wsdl:types>
    <wsdl:message name="GetWeatherSoapIn">
      <wsdl:part name="parameters" element="tns:GetWeather" />
    </wsdl:message>
    <wsdl:message name="GetWeatherSoapOut">
      <wsdl:part name="parameters" element="tns:GetWeatherResponse" />
    </wsdl:message>
    <wsdl:message name="GetWeatherHttpGetIn">
      <wsdl:part name="CityName" type="s:string" />
      <wsdl:part name="CountryName" type="s:string" />
    </wsdl:message>
    <wsdl:message name="GetWeatherHttpGetOut">
      <wsdl:part name="Body" element="tns:string" />
    </wsdl:message>
    <wsdl:message name="GetWeatherHttpPostIn">
      <wsdl:part name="CityName" type="s:string" />
      <wsdl:part name="CountryName" type="s:string" />
    </wsdl:message>
    <wsdl:message name="GetWeatherHttpPostOut">
      <wsdl:part name="Body" element="tns:string" />
    </wsdl:message>
    <wsdl:portType name="GlobalWeatherSoap">
      <wsdl:operation name="GetWeather">
        <documentation xmlns="http://schemas.xmlsoap.org/wsdl/">
Get weather report for all major cities around the world.
</documentation>
        <wsdl:input message="tns:GetWeatherSoapIn" />
        <wsdl:output message="tns:GetWeatherSoapOut" />
      </wsdl:operation>
    </wsdl:portType>
    <wsdl:portType name="GlobalWeatherHttpGet">
      <wsdl:operation name="GetWeather">
        <documentation xmlns="http://schemas.xmlsoap.org/wsdl/">
Get weather report for all major cities around the world.
</documentation>
        <wsdl:input message="tns:GetWeatherHttpGetIn" />
        <wsdl:output message="tns:GetWeatherHttpGetOut" />
      </wsdl:operation>
    </wsdl:portType>
    <wsdl:portType name="GlobalWeatherHttpPost">
      <wsdl:operation name="GetWeather">
```

```
      <documentation xmlns="http://schemas.xmlsoap.org/wsdl/">
Get weather report for all major cities around the world.
</documentation>
      <wsdl:input message="tns:GetWeatherHttpPostIn" />
      <wsdl:output message="tns:GetWeatherHttpPostOut" />
    </wsdl:operation>
  </wsdl:portType>
  <wsdl:binding name="GlobalWeatherSoap"
type="tns:GlobalWeatherSoap">
    <soap:binding transport="http://schemas.xmlsoap.org/soap/http"
style="document" />
    <wsdl:operation name="GetWeather">
      <soap:operation soapAction="http://www.webserviceX.NET/
GetWeather" style="document" />
      <wsdl:input>
        <soap:body use="literal" />
      </wsdl:input>
      <wsdl:output>
        <soap:body use="literal" />
      </wsdl:output>
    </wsdl:operation>
  </wsdl:binding>

  <wsdl:binding name="GlobalWeatherHttpGet"
type="tns:GlobalWeatherHttpGet">
    <http:binding verb="GET" />
    <wsdl:operation name="GetWeather">
      <http:operation location="/GetWeather" />
      <wsdl:input>
        <http:urlEncoded />
      </wsdl:input>
      <wsdl:output>
        <mime:mimeXml part="Body" />

      </wsdl:output>
    </wsdl:operation>
  </wsdl:binding>
  <wsdl:binding name="GlobalWeatherHttpPost"
type="tns:GlobalWeatherHttpPost">
    <http:binding verb="POST" />
    <wsdl:operation name="GetWeather">
      <http:operation location="/GetWeather" />
      <wsdl:input>
        <mime:content type="application/x-www-form-urlencoded" />
      </wsdl:input>
```

```
    <wsdl:output>
      <mime:mimeXml part="Body" />
    </wsdl:output>
  </wsdl:operation>
</wsdl:binding>
<wsdl:service name="GlobalWeather">
  <wsdl:port name="GlobalWeatherSoap"
binding="tns:GlobalWeatherSoap">
    <soap:address location="http://www.webservicex.com/
globalweather.asmx" />

  </wsdl:port>
  <wsdl:port name="GlobalWeatherHttpGet"
binding="tns:GlobalWeatherHttpGet">
    <http:address location="http://www.webservicex.com/
globalweather.asmx" />
  </wsdl:port>
  <wsdl:port name="GlobalWeatherHttpPost"
binding="tns:GlobalWeatherHttpPost">
    <http:address location="http://www.webservicex.com/
globalweather.asmx" />
  </wsdl:port>
</wsdl:service>
</wsdl:definitions>
```

Steht nun für einen Webservice eine solche WSDL-Beschreibung zur Verfügung, kann man per Programmcode aus dieser alle wichtigen Daten extrahieren. Verschiedene serverseitige Technologien wie PHP und ASP.NET implementieren genau diesen Mechanismus, um einen sehr simplen Zugriff auf einen Webservice anzubieten: Der Code erstellt ein lokales Objekt, das sich genauso verhält wie der entfernte Webservice. Ruft man im Beispiel beim lokalen Objekt die Methode GetWeather() auf, sorgt PHP oder ASP.NET dafür, dass in Wirklichkeit die Methode GetWeather() des Webservices ausgeführt wird. Die Erstellung der SOAP-Nachrichten und das Parsen der Antwort vom Server übernimmt dabei das Framework der jeweiligen Technologie. Dieses Implementierungsmuster nennt man auch *Proxy*.

[»] **WSDL automatisch generieren**

Wenn Sie selbst einen Webservice programmieren, erstellt die Implementierungs-Technologie das WSDL meist automatisch für Sie – das ist weitaus weniger fehleranfällig, als wenn Sie das komplexe XML-Dokument von Hand tippen müssten. Lediglich PHP fällt ein wenig aus der Reihe: Hier müssen Sie sich in der Tat selbst um das WSDL kümmern, PHP liefert keine Bordmittel zur automatischen Generierung mit. Allerdings gibt es diverse externe Tools, die dies erledigen können.

26.1.3   Simpel und elegant mit REST

Wenn Ihnen die vorherigen beiden XML-basierten Standards zu kompliziert erscheinen, gibt es eine Alternative, die deutlich einfacher ist – aber auch Beschrän-
kungen und Nachteile aufweist. Die Rede ist von REST. Das steht für *REpresenta-
tional State Transfer* und ist ein Konzept aus der Doktorarbeit des Koautors der
HTTP-Spezifikation, Roy Fielding (*http://www.ics.uci.edu/~fielding/pubs/disser-
tation/top.htm*). Das Konzept kann in der Detailtiefe sehr komplex werden, der
allgemeine Ansatz ist allerdings äußerst simpel: Webservice-Anfragen via REST
werden per HTTP-GET abgeschickt. Alle Informationen der Anfrage stehen in der
URL. Die Rückgabe ist meist XML.

Für Sie als Entwickler bedeutet das, dass Sie zunächst auf die Komplexität von
SOAP und WSDL verzichten können. Eine GET-Anfrage ist schnell gezimmert,
und die Rückgabe müssen Sie dann eben ohne Hilfe eines Standards jeweils
gemäß der Dokumentation des Dienstanbieters parsen.

Im Folgenden werden wir mit einem SOAP-Webservice sprechen. Dabei verwenden wir sowohl eine HTTP-Anfrage direkt aus ActionScript heraus (eine verein-
fachte Version von SOAP, Details dazu im Folgenden) als auch einen REST-Ansatz
mithilfe eines PHP-Skripts. Andere Webservices verhalten sich anders oder bieten einige der Features nicht, die wir im Folgenden ausnutzen, aber das prinzipielle Vorgehen ist immer gleich.

26.2   Einen SOAP-Service nutzen

Als Beispiel-Webservice für dieses Kapitel nehmen wir einen realen Webdienst,
der für viele (Groß-)Städte weltweit die aktuellen Wetterdaten ermittelt. Sie finden ihn unter *http://www.webservicex.com/globalweather.asmx*. Die Ausgabe der
Webservice-Seite (wenn direkt per Browser aufgerufen) enthält einige zusätzliche
Informationen über den Dienst.

Die Dateiendung *.asmx* deutet darauf hin, dass es sich um einen ASP.NET-Web-
service handelt. Die Implementierungstechnologie des Webdienstes ist normalerweise irrelevant, sofern (technologieunabhängige) Standards wie SOAP und
WSDL eingesetzt werden, denn mit ActionScript können Sie sowohl POST-Anfragen an den Server schicken als auch HTTP-Header setzen. Gemäß den Ausführungen in Abschnitt 26.1.1, »Datenübertragung mit SOAP«, können Sie damit eine
SOAP-Anfrage erstellen und aus der Rückgabe die entsprechenden Daten extrahieren.

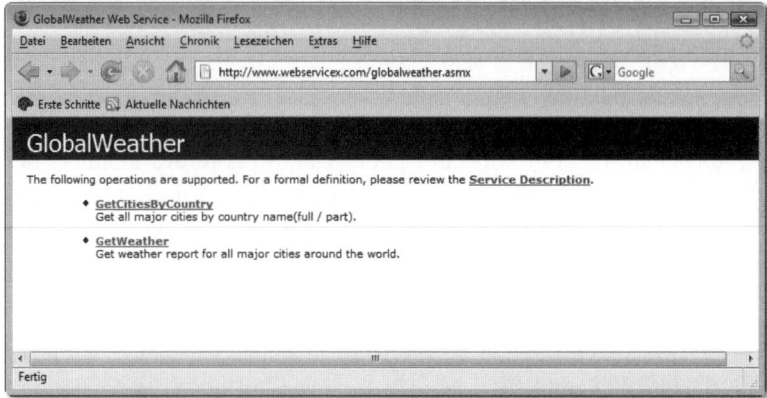

Abbildung 26.1 Informationen über den Webservice

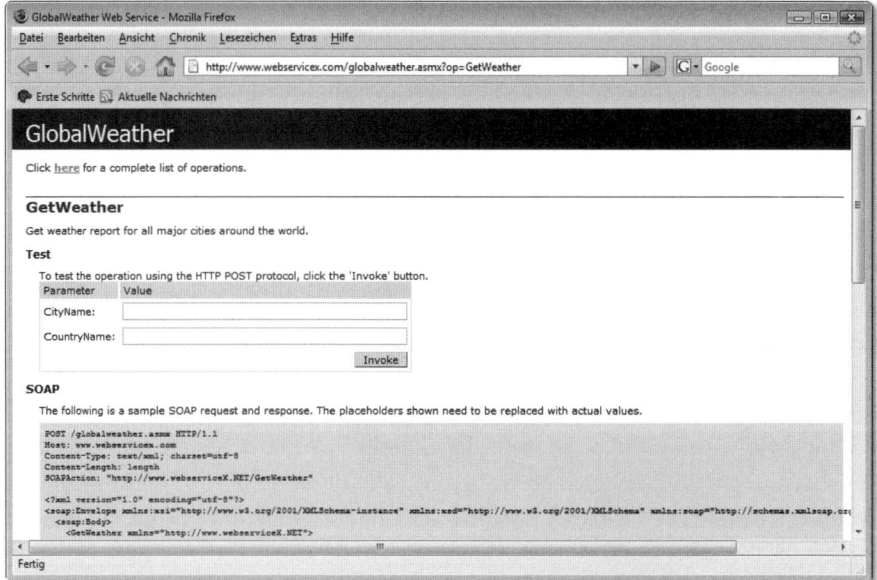

Abbildung 26.2 Der Webservice kann direkt im Browser getestet werden.

Bei ASP.NET-Webservices lasst sich dieser Weg aber häufig ein wenig abkürzen. Dort können Sie – sofern es nicht deaktiviert worden ist – den Webservice auch per POST-Anfrage ohne SOAP aufrufen. Die entsprechenden Argumente werden einfach als übliche POST-Daten übermittelt. Natürlich funktioniert das nur bei einfachen Datentypen, beispielsweise Strings und Zahlenwerten. Das vereinfacht die Kommunikation mit dem Webservice ein wenig, da Sie nicht so viel Aufwand beim Erstellen der HTTP-Anfrage haben. Sie können das bei dem Beispiel-Webservice direkt im Browser ausprobieren.

Aktuelle Temperatur ermitteln

In einer Beispielanwendung soll die aktuelle Temperatur zu einer Postleitzahl ermittelt werden. Der Flash-Film sieht zu deren Eingabe das Textfeld `plz_txt` vor. Zur Ausgabe stehen vier Textfelder zur Verfügung: **[o]**

- `stadt_txt` für die Ausgabe der Stadt
- `temperatur_txt` für die Ausgabe der Temperatur
- `datum_txt` für die Ausgabe des aktuellen Datums
- `uhrzeit_txt` für die Ausgabe der aktuellen Uhrzeit

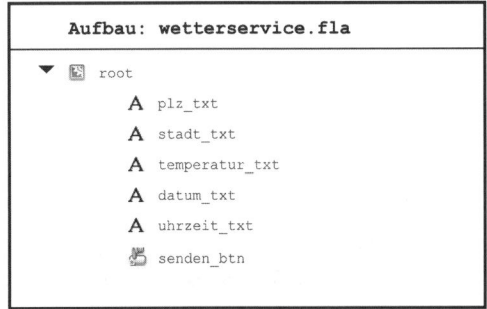

Abbildung 26.3 Aufbau der Flash-Anwendung

Wenn auf die Schaltfläche zur Ermittlung der Temperatur (`senden_btn`) geklickt wird, muss der ActionScript-Code zunächst die zur Postleitzahl zugehörige Stadt ermitteln, denn der Webservice funktioniert nicht auf Basis von Postleitzahlen. Erster Schritt: Liegt überhaupt eine Eingabe mit fünf Ziffern vor?

```
senden_btn.addEventListener(MouseEvent.CLICK, function(evt:Event) {
    var plz:String = plz_txt.text;
    var plz_regex:RegExp = new RegExp("\\A\\d{5}\\Z");
    if (plz_regex.test(plz)) {
    // ...
}
```

Dazugehörige Stadt identifizieren

Leider werden nur die größeren Städte in der Datenbank des Dienstleisters aufgeführt, unter anderem Berlin, Frankfurt, Hamburg und München. Der folgende Code versucht auf Basis der ersten beiden Ziffern der Postleitzahl, die zugehörige Stadt zu ermitteln – beziehungsweise die nächste verfügbare Großstadt. Die Ermittlung ist nicht perfekt und lässt sich natürlich mit wenig Aufwand erweitern:

```
var stadt:String = "Berlin";
switch (plz.substr(0, 2)) {
```

```
        *
        case "20":
        case "21":
        case "22": stadt = "Hamburg"; break;
        case "60": stadt = "Frankfurt"; break;
        case "80":
        case "81":
        case "82": stadt = "Munich"; break;
}
```

Gibt es also keine zugehörige Stadt, wird Berlin als Standardwert verwendet.

Variablen erzeugen

Aus der Stadt sowie dem (konstanten) Land "Germany" werden die POST-Variablen für die HTTP-Anfrage erzeugt. Für HTTP-Variablen wird in ActionScript die Klasse URLVariables eingesetzt:

```
var vars:URLVariables = new URLVariables();
vars.CityName = stadt;
vars.CountryName = "Germany";
```

HTTP-Anfrage erstellen

Diese URL-Variablen werden an eine HTTP-Anfrage (Klasse URLRequest) angehängt. Die URL, an die die Daten geschickt werden müssen, ist *http://www.webservicex.com/globalweather.asmx/GetWeather*. Die HTTP-Methode (Eigenschaft method) müssen Sie unbedingt auf POST setzen:

```
var req:URLRequest = new URLRequest();
req.data = vars;
req.url = "http://www.webservicex.com/globalweather.asmx/GetWeather";
req.method = URLRequestMethod.POST;
```

Abschließend schicken Sie die HTTP-Anfrage an den Server ab:

```
var loader:URLLoader = new URLLoader();
loader.load(req);
```

Rückgabe verarbeiten

Die Rückgabe vom Server ist bei der POST-Anfrage ohne SOAP etwas einfacher gestrickt: In einem XML-Dokument gibt es als einzigen Knoten <string>; dessen Inhalt ist XML-Markup mit den entsprechenden Wetterinformationen. In Abbildung 26.4 sehen Sie eine exemplarische Ausgabe. Beachten Sie allerdings, dass die Daten dort – im Gegensatz zur Anzeige im Browser Firefox – codiert sind. Statt etwa <Temperature> steht in den zurückgelieferten Daten <Temperature>.

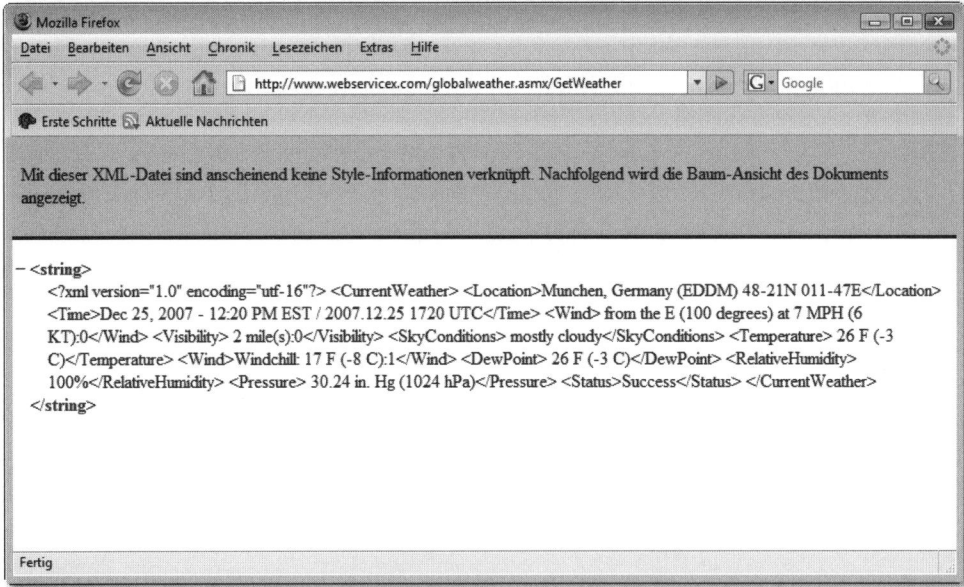

Abbildung 26.4 Die Rückgabe des HTTP-POST-Webservices (ohne SOAP)

Sie könnten nun die Rückgabe decodieren, in ein XML-Objekt laden und daraus die entsprechenden Daten extrahieren. Wir sind besonders an der Temperatur (in Grad Celsius) interessiert, also an dem folgenden Auszug aus der HTTP-Rückgabe:

```
&lt;Temperature&gt26 F (-3 C)&lt;/Temperature&gt;
```

Dazu können wir uns aber die Verwendung von XML sparen; stattdessen durchsuchen wir einfach die Rückgabe per regulärem Ausdruck. Das dazugehörige Muster sieht so aus:

```
(-?\d+) C\)&lt;/Temperature&gt;
```

In Worten: Ein optionales Minuszeichen, danach beliebig viele Ziffern, gefolgt von C (Celsius), einer schließenden Klammer und </Temperature>. Damit lässt sich die Temperatur ermitteln:

```
loader.addEventListener(Event.COMPLETE, function(evt:Event) {
    var daten:String = evt.target.data;
    var temperatur_regex:RegExp = new RegExp("(-?\\d+) C\\)&lt;/
Temperature&gt;");
    var temperatur:String = (temperatur_regex.exec(daten))[1] + "°";
    // ...
}
```

Temperatur anzeigen

Abschließend müssen nur noch die Temperaturdaten sowie die restlichen Informationen (Stadt, Datum, Uhrzeit) in die Ausgabetextfelder integriert werden:

```
stadt_txt.text = stadt;
temperatur_txt.text = temperatur;
datum_
txt.text = zweistellen(datum.day) + "." + zweistellen(datum.month + 1
) + "." + datum.fullYear;
uhrzeit_
txt.text = zweistellen(datum.hours) + ":" + zweistellen(datum.minutes
) + " MEZ";
```

Die Funktion `zweistellen()` macht (aus optischen Gründen) einstellige Zahlenwerte (wie etwa 5) zweistellig (05):

```
function zweistellen(n:int):String {
    var s:String = n.toString();
    while (s.length < 2) {
        s = "0" + s;
    }
    return s;
}
```

Und das war es auch schon. Nach einer kurzen Wartezeit erscheint die Temperatur im Film (später, in Abbildung 26.6, sehen Sie eine mögliche Ausgabe). Mit einem Tool wie etwa Firebug für Firefox können Sie mitverfolgen, dass der ActionScript-Code tatsächlich eine POST-Anfrage an den Webservice schickt.

26.3 Einen REST-Service nutzen

REST wird immer populärer; viele der großen Webservices (beispielsweise von Amazon) gibt es in zwei Varianten, SOAP und REST – die meisten Anbieter verwenden REST. Deswegen zeigen wir im Folgenden, wie Sie per ActionScript einen REST-Webservice aufrufen können. Um die Vorgehensweisen gut vergleichen zu können, erstellen wir den REST-Webservice selbst und lassen ihn den SOAP-Webservice von zuvor aufrufen, denn mit PHP ist die Verwendung von SOAP-Diensten mit WSDL-Beschreibung wirklich sehr einfach. Sie benötigen dazu einen korrekt konfigurierten Webserver mit PHP 5 oder höher. Die SOAP-Erweiterung von PHP muss installiert sein, was sie standardmäßig auch ist. Wenn Sie auf Nummer sicher gehen möchten: Die Ausgabe von `phpinfo()` muss einen Eintrag zu SOAP enthalten.

Stadt ermitteln

Das im Folgenden entwickelte PHP-Skript (das sich natürlich auch auf der Buch-DVD befindet) macht also in gewisser Hinsicht dasselbe, was zuvor der Action-Script-Code erledigt hat. Zunächst wird auf Basis der Postleitzahl die dazugehörige Stadt ermittelt:

```php
<?php
if (isset($_GET['plz']) && is_string($_GET['plz']) && preg_match('/
\A\d{5}\Z/', $_GET['plz'])) {

  switch (substr($_GET['plz'], 0, 2)) {
    case '20':
    case '21':
    case '22': $stadt = 'Hamburg'; break;
    case '60': $stadt = 'Frankfurt'; break;
    case '80':
    case '81':
    case '82': $stadt = 'Munich'; break;
    default: $stadt = 'Berlin'; break;
  }
  // ...
}
```

SOAP-Unterstützung initialisieren

Dann initialisieren wir die SOAP-Unterstützung von PHP und füttern sie mit der WSDL-Beschreibung des Webdienstes. Bei den meisten Webservice-Technologien (und auch bei ASP.NET-Webservices) genügt es, wenn Sie an die URL des Webservices *?wsdl* anhängen. Beim vorliegenden Webdienst ist die URL der WSDL-Beschreibung also *http://www.webservicex.com/globalweather.asmx?WSDL*.

Der entsprechende PHP-Aufruf sieht dann so aus:

```php
$client - new SoapClient('http://www.webservicex.com/
globalweather.asmx?WSDL');
```

Die Variable `$client` besitzt jetzt die Methode `GetWeather()`, der Sie ein Objekt mit den Eigenschaften `CountryName` und `CityName` übergeben müssen. Die Rückgabe des Aufrufs von `GetWeather()` ist ein Objekt mit der Eigenschaft `GetWeatherResult` (können Sie so sogar aus dem WSDL entnehmen). Sie finden dort die entsprechende Rückgabe vom Server.

```php
$daten = $client->GetWeather($daten)->GetWeatherResult
```

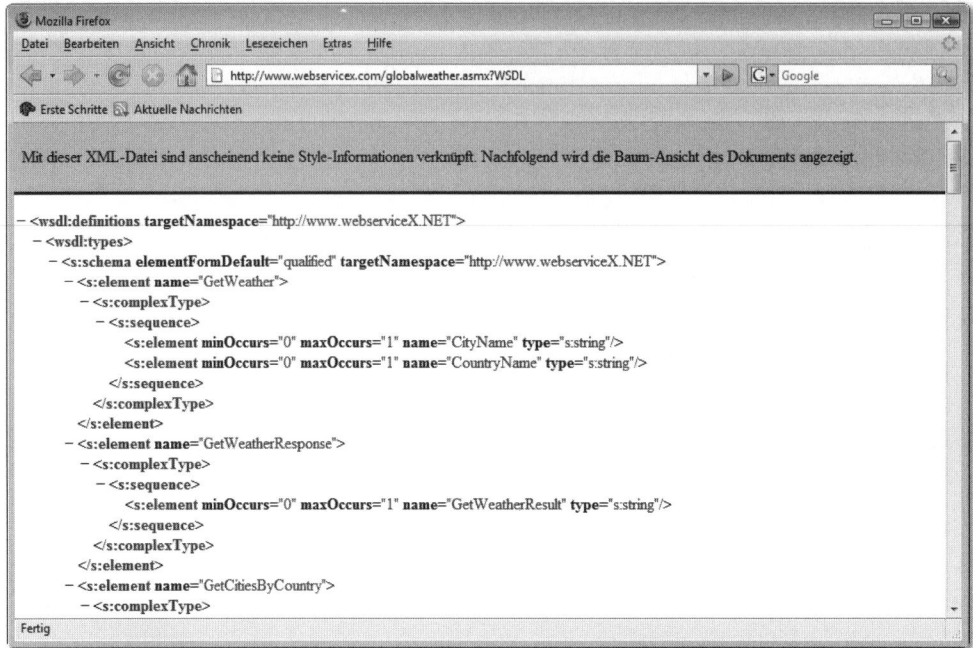

Abbildung 26.5 Das Suffix *?WSDL* erzeugt automatisch die WSDL-Beschreibung.

Temperatur ermitteln

Diese Daten werden nun innerhalb von PHP in ein XML-Dokument umgewandelt und dort die Temperaturinformation extrahiert. Per regulärem Ausdruck suchen wir nach der Celsius-Angabe in der Temperatur:

```
$xml = simplexml_load_string($daten);
$temperatur = $xml->Temperature;
preg_match('/(-?\d+) C\)/', $temperatur, $treffer);
```

Aus den so gewonnenen Informationen (sowie dem Datum und der Uhrzeit) erzeugen wir ein XML-Dokument der folgenden Machart:

```
<Wetter>
  <Temperatur>9°</Temperatur>
  <Datum>06.07.2008</Datum>
  <Uhrzeit>12:34</Uhrzeit>
  <Stadt>Stuttgart</Stadt>
</Wetter>
```

Der folgende Code, der ab PHP 5.2 läuft, erzeugt das XML-Markup und gibt es aus:

```
$xml = xmlwriter_open_memory();

xmlwriter_start_document($xml);
xmlwriter_start_element($xml, 'Wetter');
xmlwriter_start_element($xml, 'Temperatur');
xmlwriter_text($xml, $treffer[1] . '°');
xmlwriter_end_element($xml);
xmlwriter_start_element($xml, 'Datum');
xmlwriter_text($xml, date('d.m.Y'));
xmlwriter_end_element($xml);
xmlwriter_start_element($xml, 'Uhrzeit');
xmlwriter_text($xml, date('H:i'));
xmlwriter_end_element($xml);
xmlwriter_start_element($xml, 'Stadt');
xmlwriter_text($xml, $stadt);
xmlwriter_end_element($xml);
xmlwriter_end_document($xml);

echo xmlwriter_output_memory($xml);
```

Auch hier wieder der Hinweis zum Test der Systemkompatibilität: Die Ausgabe des PHP-Befehls `phpinfo()` muss einen Eintrag zum Thema "xmlwriter" enthalten, dann unterstützt PHP die im Code verwendeten Techniken.

Auf dem Webserver speichern

Speichern Sie den PHP-Code unter dem Dateinamen *wetterservice.php* und legen Sie die Datei in dasselbe Verzeichnis wie den Flash-Film. Wie immer bei der Verwendung von serverseitigen Technologien benötigen Sie einen Webserver und müssen den Flash-Film über *http://servername/...* aufrufen, nicht direkt über das lokale Dateisystem.

ActionScript-Code erstellen

Doch nun zum Flash-Film selbst: Er ist genauso aufgebaut wie der Film aus dem vorherigen Abschnitt, aber der Code ist deutlich einfacher. Die HTTP-Anfrage verwendet GET und übergibt lediglich die eingegebene Postleitzahl – die restliche Arbeit übernimmt komplett der PHP-Code:

```
senden_btn.addEventListener(MouseEvent.CLICK, function(evt:Event) {
    var loader:URLLoader = new URLLoader();
    loader.load(new URLRequest("wetterservice.php?plz=" + escape(plz_
txt.text)));
    loader.addEventListener(Event.COMPLETE, parseXML);
});
```

Rückgabe auswerten

Die Rückgabe der PHP-Skripts besteht aus XML-Daten, die Sie wie gehabt mit ActionScript parsen können. Die so ermittelten Daten geben Sie in den dynamischen Textfeldern aus:

```
function parseXML(evt:Event) {
    var xml_dokument:XML = new XML(evt.target.data);
    stadt_txt.text = xml_dokument.Stadt;
    temperatur_txt.text = xml_dokument.Temperatur;
    datum_txt.text = xml_dokument.Datum;
    uhrzeit_txt.text = xml_dokument.Uhrzeit + " MEZ";
}
```

In Abbildung 26.6 sehen Sie die Ausgabe zusammen mit der »HTTP-Überwachung« von Firebug.

Abbildung 26.6 Die Rückgabe vom Server ist XML, die Daten erscheinen im Film.

Wenn Sie den ActionScript-Code vergleichen, sehen Sie, dass REST deutlich einfacher war. Das liegt aber vor allem daran, dass es in ActionScript 3 keine eingebaute Webservice-Unterstützung gibt, die aus WSDL-Daten direkt ein lokales Objekt zur Kommunikation mit dem Webdienst erstellen kann. Da es das in früheren Flash-Versionen gab, besteht die Hoffnung, dass sich in dieser Hinsicht noch etwas tut. Im Blog der Autoren unter *http://www.hauser-wenz.de/blog/* halten wir Sie auf dem Laufenden.

Im Flash-Film finden Sie übrigens auch verschiedene Wettergrafiken wie Sonne, Regen, Bewölkung – im Film werden Sie zurzeit alle gleichzeitig eingeblendet. Der verwendete Webservice stellt leider keine zuverlässigen Informationen zur Verfügung, wie es gerade am Himmel aussieht. Wenn Sie Zugriff auf einen anderen Dienst haben, der diese Daten liefert, können Sie noch per ActionScript die jeweils nicht benötigten Grafiken ausblenden.

Generell haben Sie die Entscheidung der zu wählenden Technologie – SOAP und WSDL oder REST – ohnehin nicht in der Hand, sondern müssen verwenden, was Ihnen der Dienstanbieter zur Verfügung stellt. Mit ActionScript sind Sie aber für alle Fälle gewappnet – und zur Not greifen Sie einfach zu einer serverseitigen Technologie wie PHP.

26.4 Kommunikation mit JavaScript

Eine weitere Möglichkeit, Webservices aufzurufen, ist JavaScript. Die clientseitige Skriptsprache kann – Stichwort Ajax – auch Web Services aufrufen. Doch dies ist nicht das einzige Szenario, in dem eine Kommunikation zwischen Flash-Film und einbettendem HTML-Dokument sinnvoll sein kann.

In früheren Flash-Versionen gab es die Funktion `fscommand()`, mit der Kommandos von Flash/ActionScript an HTML/JavaScript geschickt werden konnten. Diese Möglichkeit besteht in ActionScript 3 weiterhin, doch es gibt eine neue und bessere Möglichkeit: die Schnittstelle (API) External Interface. Damit kann ein Flash-Film mit derjenigen Software kommunizieren, die ihn enthält. Diese Software kann entweder ein Webbrowser und dort das HTML-Dokument sein, in dem der Flash-Film eingebettet ist, oder es kann auch der Flash Player sein. Unter anderem ist es möglich, dem Flash Player mitzuteilen, dass er in den Vollbildmodus schalten möge.

Im Webbereich am relevantesten ist allerdings die Kommunikation mit JavaScript. Per External Interface kann ActionScript JavaScript-Funktionen aufrufen, und JavaScript kann ActionScript-Funktionen aufrufen.

Beispielapplikation

Dies zeigen wir am Beispiel des Wetter-Webservices. Ausgangsbasis ist die Flash-Datei aus den vorherigen Beispielen in diesem Kapitel. Zunächst implementieren wir im ActionScript-Bereich eine Funktion `ladeWetter()`, die später von Java-

Script aufgerufen wird. Bei jedem dieser Aufrufe kann ein (String-)Wert übergeben werden. Die Idee der Anwendung ist folgende: Der Benutzer kann die gewünschte Postleitzahl für die Wetterermittlung per HTML-Formular angeben. Diese Postleitzahl wird dann an den Flash-Film beziehungsweise den ActionScript-Code in `ladeWetter()` übergeben. Die ActionScript-Funktion muss dann so tun, als wenn der Benutzer die Postleitzahl in den Flash-Film eingegeben hätte. Dazu wird die Postleitzahl in das Textfeld geschrieben und danach der Code aufgerufen, der nach einem Mausklick auf die Schaltfläche zur Ausführung kommt:

```
function ladeWetter(wert:String) {
    plz_txt.text = wert;
    ermittleWetter(new MouseEvent(MouseEvent.CLICK));
}
```

Die Funktion `ermittleWetter()` ist gleichzeitig Event-Handler für den Mausklick innerhalb des Flash-Films – bisher hatten wir diesen Code in einer anonymen Funktion platziert:

```
senden_btn.addEventListener(MouseEvent.CLICK, ermittleWetter);
```

Von JavaScript zu ActionScript

In der HTML-Seite, die den Flash-Film enthält, sind einige Vorbereitungen zu treffen. Zunächst müssen Sie sich den Bezeichner des Flash-Films merken. Beim Veröffentlichen verwendet Flash automatisch den Dateinamen ohne Endung, in unserem Beispiel ist das *wetterserviceexternal*. Dieser Name taucht beim `<object>`-Element im Attribut `id` auf, beim `<embed>`-Element im Attribut `name`.

Auf Basis dieses Namens können Sie auf den Flash-Film zugreifen. Je nach Browser läuft das anders. Der Internet Explorer verwendet `<object>` und das `id`-Attribut, die anderen Browser setzen auf `<embed>` und `name`. Der folgende JavaScript-Code greift dann browserunabhängig auf den Flash-Film zu und speichert ihn in der Variablen `flash`:

```
var flash = null;
if (navigator.userAgent.indexOf("MSIE") != -1) {
    flash = document.getElementById("wetterserviceexternal");
} else {
    flash = document.wetterserviceexternal;
}
```

Damit JavaScript überhaupt auf den Flash-Film zugreifen darf, müssen Sie das explizit erlauben. Bei Filmen, die von derselben Domain stammen wie die aktuelle HTML-Seite, geht das mit folgendem `<param>`-Element innerhalb des `<object>`-Elements:

```
<param name="allowScriptAccess" value="sameDomain" />
```

Für das `<embed>`-Element müssen Sie das Attribut `allowScriptAccess="sameDomain"` einfügen.

Gehen wir zurück in die Flash-Datei. Dort legen wir die bereits zuvor erwähnte Funktion `ladeWetter()` an, die eine Postleitzahl von JavaScript entgegennimmt:

```
function ladeWetter(wert:String) {
    plz_txt.text = wert;
    ermittleWetter(new MouseEvent(MouseEvent.CLICK));
}
```

Damit diese Funktion überhaupt von JavaScript angesprochen werden kann, müssen wir eine sogenannte Callback-Funktion einrichten. Der Callback-Funktionsname ist ein Alias, über den die eigentliche Funktion nach außen hin sichtbar wird.

Dazu überprüfen wir zunächst mit der statischen Eigenschaft `ExternalInterface.available`, ob der Zielbrowser und die Einbettung des Flash-Films tatsächlich das External Interface unterstützen. Falls ja, legt die Methode `addCallback()` den Callback an. Erster Parameter ist der nach außen sichtbare Name, zweiter Parameter die Funktion:

```
if (ExternalInterface.available) {
    ExternalInterface.addCallback("ladeWetterdaten", ladeWetter);
}
```

Jetzt können wir von JavaScript aus eine Funktion namens `ladeWetterdaten()` aufrufen, die dann wiederum die ActionScript-Funktion `ladeWetter()` ausführt. Zunächst legen wir ein HTML-Formular für die Eingabe der Postleitzahl an:

```
<form action="">
Postleitzahl: <input type="text" name="plz" />
<input type="button" value="Wetter ermitteln"
  onclick="rufeFlash(this.form);"
</form>
```

Ein Klick auf die (HTML-)Schaltfläche ruft die JavaScript-Funktion `rufeFlash()` auf. Dort füllen wir – wie oben gezeigt – die Variable `flash` mit einem Verweis auf den eingebetteten Flash-Film und rufen dann die Funktion `ladeWetterdaten()` auf:

```
if (flash != null) {
    flash.ladeWetterdaten(f.elements["plz"].value);
}
```

[○] Hier ist die komplette HTML-Datei *wetterserviceexternal.html*, die sowohl die Flash-Datei (*wetterserviceexternal.swf*) einschließt als auch den JavaScript-Code enthält:

```
<html xmlns="http://www.w3.org/1999/xhtml" xml:lang="de" lang="de">
<head>
<meta http-equiv="Content-Type" content="text/html;
charset=iso-8859-1" />
<title>wetterserviceexternal</title>
<script language="javascript">AC_FL_RunContent = 0;</script>
<script src="AC_RunActiveContent.js" language="javascript"></script>
</head>
<body bgcolor="#ffffff">
<!--Im Film verwendete URLs-->
<!--Im Film verwendeter Text-->
<!--
<p align="left"></p>
<p align="right"></p>
<p align="center"></p>
<p align="left"><font face="Arial" size="14" color="#000000"
letterSpacing="0.000000" kerning="1">80000</font></p>
-->
<!-- saved from url=(0013)about:internet -->
<script language="javascript">
    if (AC_FL_RunContent == 0) {
        alert("Diese Seite erfordert die Datei \"AC_
RunActiveContent.js\".");
    } else {
        AC_FL_RunContent(
            'codebase', 'http://download.macromedia.com/pub/shockwave/
cabs/flash/swflash.cab#version=10,0,0,0',
            'width', '225',
            'height', '300',
            'src', 'wetterserviceexternal',
            'quality', 'high',
            'pluginspage', 'http://www.macromedia.com/go/
getflashplayer',
            'align', 'middle',
            'play', 'true',
            'loop', 'true',
            'scale', 'showall',
            'wmode', 'window',
            'devicefont', 'false',
            'id', 'wetterserviceexternal',
            'bgcolor', '#ffffff',
```

```
        'name', 'wetterserviceexternal',
        'menu', 'true',
        'allowFullScreen', 'false',
        'allowScriptAccess','sameDomain',
        'movie', 'wetterserviceexternal',
        'salign', ''
        ); //end AC code
  }

function rufeFlash(f) {
  var flash = null;
  if (navigator.userAgent.indexOf("MSIE") != -1) {
    flash = document.getElementById("wetterserviceexternal");
  } else {
    flash = document.wetterserviceexternal;
  }
  if (flash != null) {
    flash.ladeWetterdaten(f.elements["plz"].value);
  }
}

function zeigeWetterdaten(wert) {
  alert("Temperatur ermittelt: " + wert);
}


</script>
<form action="">
Postleitzahl: <input type="text" name="plz" />
<input type="button" value="Wetter ermitteln"
onclick="rufeFlash(this.form);"
</form>
<noscript>
<object classid="clsid:d27cdb6e-ae6d-11cf-96b8-
444553540000" codebase="http://download.macromedia.com/pub/shockwave/
cabs/flash/swflash.cab#version=10,0,0,0" width="225" height="300"
id="wetterserviceexternal" align="middle">
   <param name="allowScriptAccess" value="sameDomain" />
   <param name="allowFullScreen" value="false" />
   <param name="movie" value="wetterserviceexternal.swf" />
<param name="quality" value="high" />
<param name="bgcolor" value="#ffffff" />
   <embed src="wetterserviceexternal.swf" quality="high"
bgcolor="#ffffff" width="225" height="300"
name="wetterserviceexternal" align="middle"
```

```
allowScriptAccess="sameDomain" allowFullScreen="false"
type="application/x-shockwave-flash" pluginspage="http://
www.macromedia.com/go/getflashplayer" />
</object>
</noscript>
</body>
</html>
```

Keine Sorge, das haben wir nicht alles von Hand getippt; stattdessen haben wir den Flash-Film über die IDE veröffentlicht und dann den JavaScript-Code und das HTML-Markup hinzugefügt.

Wenn Sie die HTML-Seite laden, eine Postleitzahl in das HTML-Textfeld eingeben und auf die HTML-Schaltfläche klicken, wird die Postleitzahl in den Flash-Film übernommen und die aktuelle Temperatur ermittelt.

Von ActionScript zu JavaScript

In der HTML-Datei ist Ihnen möglicherweise folgende, bisher noch nicht erläuterte JavaScript-Funktion aufgefallen:

```
function zeigeWetterdaten(wert) {
    alert("Temperatur ermittelt: " + wert);
}
```

Genau diese JavaScript-Funktion wollen wir nun von ActionScript aus aufrufen. Das erledigen wir am Ende der JavaScript-Funktion ermittleWetter(). Dort prüfen wir erneut, ob das External Interface überhaupt zur Verfügung steht. Falls ja, kommt die statische Methode ExternalInterface.call() zum Einsatz. Dort geben wir den Namen der JavaScript-Funktion an sowie den zu übergebenden (String-)Parameter:

```
if (ExternalInterface.available) {
    ExternalInterface.call("zeigeWetterdaten", temperatur);
}
```

[o] Hier der komplette ActionScript-Code der Flash-Datei *wetterserviceexternal.fla*:

```
if (ExternalInterface.available) {
    ExternalInterface.addCallback("ladeWetterdaten", ladeWetter);
}
function ladeWetter(wert:String) {
    plz_txt.text = wert;
    ermittleWetter(new MouseEvent(MouseEvent.CLICK));
}

senden_btn.addEventListener(MouseEvent.CLICK, ermittleWetter);
```

```
function ermittleWetter(evt:Event) {
    var plz:String = plz_txt.text;
    var plz_regex:RegExp = new RegExp("\\A\\d{5}\\Z");
    if (plz_regex.test(plz)) {
        var stadt:String = "Berlin";
        switch (plz.substr(0, 2)) {
            case "20":
            case "21":
            case "22": stadt = "Hamburg"; break;
            case "60": stadt = "Frankfurt"; break;
            case "80":
            case "81":
            case "82": stadt = "Munich"; break;
        }

        var vars:URLVariables = new URLVariables();
        vars.CityName = stadt;
        vars.CountryName = "Germany";
        var req:URLRequest = new URLRequest();
        req.data = vars;
        req.url = "http://www.webservicex.com/globalweather.asmx/
GetWeather";
        req.method = URLRequestMethod.POST;

        var loader:URLLoader = new URLLoader();
        loader.load(req);
        loader.addEventListener(Event.COMPLETE, function(ev:Event) {
            var daten:String = ev.target.data;
            var temperatur_regex:RegExp = new RegExp("(-?\\d+) C\\)&lt;
/Temperature&gt;");
            var temperatur:String = (temperatur_
regex.exec(daten))[1] + "°";
            var datum:Date = new Date();
            stadt_txt.text = stadt;
            temperatur_txt.text = temperatur;
            datum_txt.text = zweistellen(datum.day) +
"." + zweistellen(datum.month + 1) + "." + datum.fullYear;
            uhrzeit_txt.text = zweistellen(datum.hours) + ":" +
zweistellen(datum.minutes) + " MEZ";

            if (ExternalInterface.available) {
                ExternalInterface.call("zeigeWetterdaten", temperatur);
            }
```

```
        });
    }
}

function zweistellen(n:int):String {
    var s:String = n.toString();
    while (s.length < 2) {
        s = "0" + s;
    }
    return s;
}
```

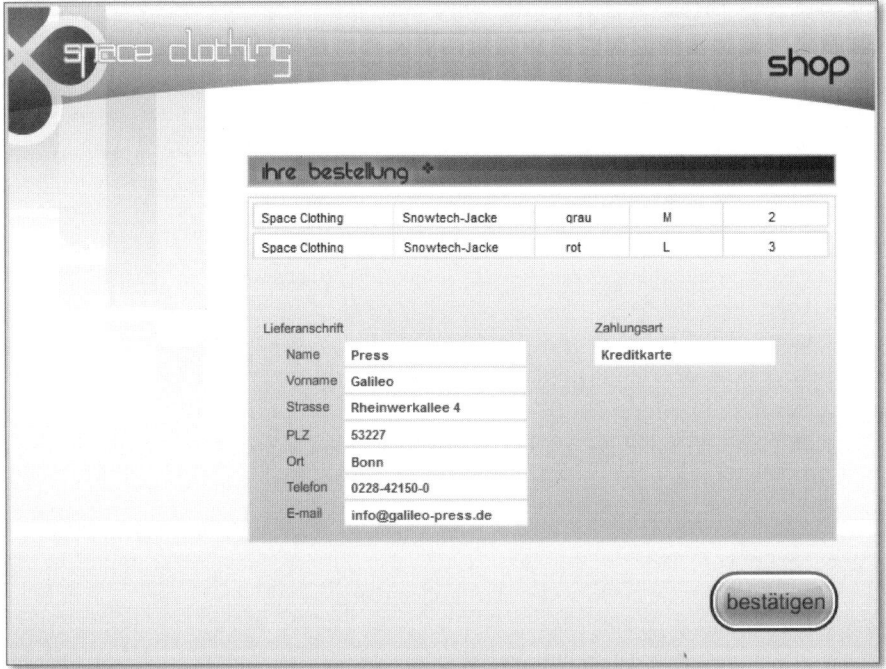

Abbildung 26.7 Der Flash-Film lässt sich per JavaScript steuern – und JavaScript per Flash-Film.

»Natürlich gibt es eine jenseitige Welt.
Die Frage ist nur:
Wie weit ist sie von der Innenstadt entfernt,
und wie lange hat sie offen?«
– Woody Allen

27   Remoting

Im vorherigen Kapitel haben Sie Webservices kennen gelernt: einen standardisierten Weg, um Maschinen beziehungsweise Computerprogramme Daten untereinander austauschen zu lassen. Diese Standardisierung hat viele Vorteile, beispielsweise ermöglicht sie es, dass die unterschiedlichsten Technologien miteinander kommunizieren können, ohne dass im Vorfeld ein riesiger Abstimmungsaufwand notwendig wäre.

Die Kehrseite der Medaille besteht darin, dass die Systemunabhängigkeit von Webservices nur deswegen möglich ist, weil an bestimmten Punkten der kleinste gemeinsame Nenner gesucht (und gefunden) worden ist. Es wurden also technische Kompromisse eingegangen. In bestimmten Fällen kann diese Vereinfachung zu Lasten der Performance gehen. Beispielsweise sind die von Webservices nativ unterstützten Datentypen durch XML-Schema vorgegeben. Würde aber theoretisch eine Flash-Anwendung mit einem speziellen, für Flash optimierten, Backend kommunizieren, könnte man ja theoretisch auch spezielle Datentypen verwenden.

Außerdem gilt XML als »geschwätzig«: Auch um nur wenige Daten zu transportieren, ist viel Protokoll-Overhead (beispielsweise XML-Tags und Namespaces) notwendig. Aus diesem Grund haben die verschiedensten Technologien eigene Lösungen vorgestellt, die Webservices ermöglichen, die nicht mehr systemunabhängig sind, aber dafür einige der Einschränkungen von SOAP & Co. aufheben. Ein Beispiel hierfür ist etwa die Windows Communication Foundation von Microsoft, die die Kommunikation zwischen .NET-Anwendungen auf eine technische Basis stellt. Früher hieß die Kommunikationstechnologie übrigens .NET Remoting.

27.1 Flash Remoting und AMF

Im Flash-Umfeld gab es einst ein Produkt mit ähnlichem Ansatz: Flash Remoting. Von *http://www.adobe.com/products/flashremoting/* könnten Sie es immer noch beziehen – wenn Sie auf Flash MX setzten. Dies scheidet natürlich aus, und ein großer Verkaufsschlager war Flash Remoting nicht. Überlebt hat jedoch die technologische Basis von Flash Remoting, nämlich das zu Grunde liegende Austauschprotokoll. Das hört auf den Namen *AMF* (*Action Message Format*) und ist vom Prinzip her mit SOAP zu vergleichen, jedoch gibt es einen ganz entscheidenden Unterschied: AMF ist ein Binärformat. Die zu versendenden Nachrichten sind somit kleiner als bei SOAP, das hauptsächlich mit Buchstaben, Ziffern, spitzen Klammern und einigen zusätzlichen Zeichen auskommt. Die Spezifikation ist öffentlich und kann aktuell von *http://download.macromedia.com/pub/labs/amf/ amf3_spec_121207.pdf* bezogen werden. Und anstelle des kostenpflichtigen Flash-Remoting-Produktes von einst Macromedia gibt es mittlerweile für verschiedene Servertechnologien Implementierungen von AMF. Wir setzen in diesem Kapitel erneut auf den Marktführer im Bereich serverseitiger Webprogrammierung, PHP.

27.2 AMFPHP

Doch gehen wir zunächst einen Schritt zurück und untersuchen die Struktur und Funktionsweise von Anwendungen, die AMF verwenden. Es gibt wie üblich einen Client, den wir in Flash erstellen, sowie ein Flash-Backend. Letzteres benötigt spezielle Software, die AMF-Aufrufe empfangen und entsprechend verarbeiten kann. In Flash und ActionScript 3 ist AMF-Unterstützung bereits integriert.

So einen AMF-Endpunkt könnte man auch von Hand erstellen, doch es gibt einige Hilfstools, die die Arbeit ein wenig vereinfachen. Wir verwenden in diesem Kapitel AMFPHP, ein Projekt das sich selbst als »Flash Remoting for PHP« beschreibt. Die Homepage finden Sie unter *http://www.amfphp.org/*, die Software selbst bei SourceForge unter *http://sourceforge.net/project/showfiles.php?group_ id=72483* zum Download.

Entpacken Sie zunächst die aktuellste AMFPHP-Version auf Ihrem Webserver. In unserer Umgebung heißt das Installationsverzeichnis *amfphp*, sodass wir die mitgelieferte Datei *gateway.php* über die URL *http://localhost/amfphp/gateway.php* im Browser aufrufen können. Passen Sie diesen Pfad auch im Folgenden gegebenenfalls an Ihr lokales System an. Wenn alles funktioniert, sieht das Ergebnis im Browser so ähnlich aus wie in Abbildung 27.2. Sie werden im Wesentlichen darauf hingewiesen, dass die Einrichtung von AMFPHP funktioniert hat.

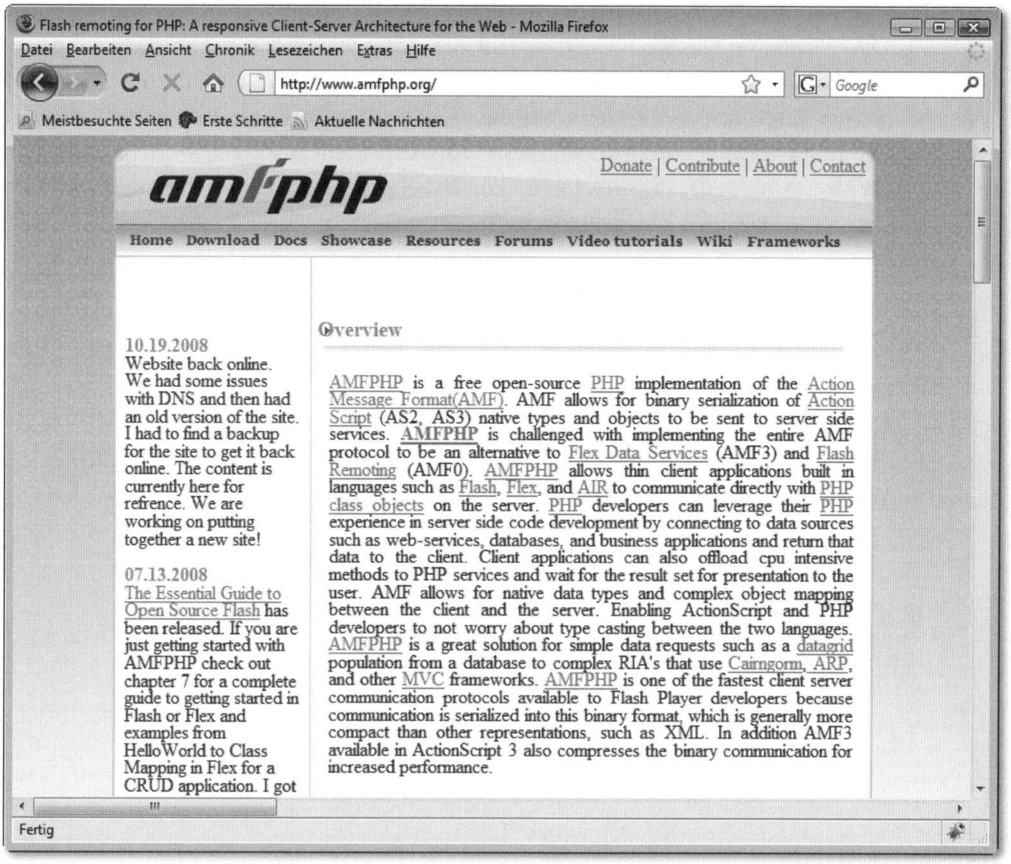

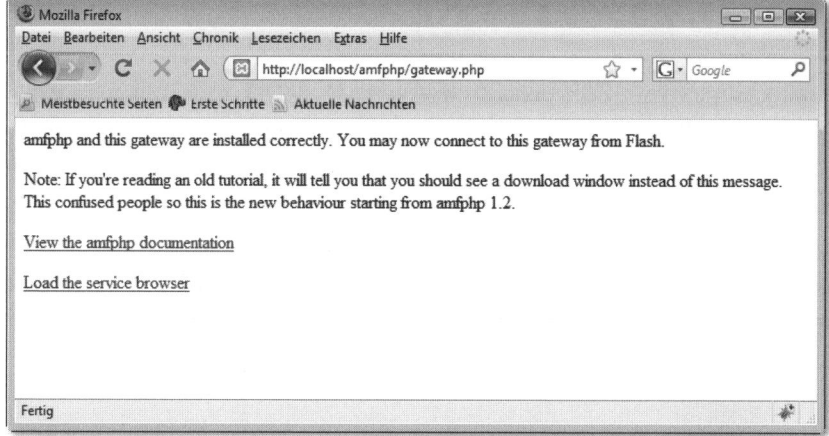

Abbildung 27.1 Die Homepage von AMFPHP

Abbildung 27.2 Die Installation von AMFPHP war erfolgreich.

Die Datei *gateway.php* ist von zentraler Bedeutung für die Funktionsweise von AMFPHP. Der Flash-Film wird später alle Anfragen an dieses PHP-Skript senden. Allerdings werden Sie selbst die Datei *gateway.php* nicht verändern; Ihre serverseitige Logik wird in anderen Dateien liegen. Die Datei *gateway.php* ist also der Kommunikationspunkt für alle Remoting-Aufgaben: Anfragen werden entgegengenommen, an die entsprechende Logik weitergereicht und die Rückgabe wieder zurück an Flash geschickt.

Implementieren wir jetzt den PHP-basierten Endpunkt. Im Verzeichnis *amfphp* befindet sich ein Unterordner namens *services*. Dort müssen Sie eine PHP-Datei ablegen, die eine Klasse enthält, die denselben Namen hat wie die Datei selbst. **[O]** Im Beispiel heißt die Datei *FlashRemotingPHP.php*, die dazugehörige Klasse natürlich `FlashRemotingPHP`. Wie im vorherigen Kapitel werden Wetterdaten zurückgegeben, aus Gründen der Einfachheit immer dieselben, unabhängig davon, welche Postleitzahl als Argument übergeben wird:

```php
<?php
class FlashRemotingPHP
{
    public function sagWetterVorher($plz)
    {
        $daten = array(
          'Stadt' => 'Bonn',
          'Temperatur' => '10°',
          'Datum' => date('d.m.Y'),
          'Uhrzeit' => date('H:i')
        );
        return $daten;
    }
}
?>
```

[O] Der dazugehörige Flash-Film (*wetterremoting.php*) gleicht vom Aufbau her den Beispielen aus dem vorherigen Kapitel: Nach Eingabe einer Postleitzahl werden Wetterinformationen ermittelt und dann im Film angezeigt. Klar, dass diesmal die Wettervorhersage per Remoting vom Server geholt wird.

Die Schritte, die dafür von ActionScript-Seite aus notwendig sind, sind immer dieselben, unabhängig vom Einsatzszenario. Zunächst müssen Sie zusätzliche ActionScript-Klassen nachladen:

```actionscript
import flash.net.NetConnection;
import flash.net.Responder;
```

Im Event-Listener der Schaltfläche benötigen Sie zunächst die Klasse `NetConnection`, mit der die AMF-Kommunikation mit dem Server abgewickelt wird. Die Methode `connect()` baut eine Verbindung zum Remoting-Gateway auf; denken Sie daran, gegebenenfalls die URL anzupassen:

```
var c:NetConnection = new NetConnection();
var gateway:String = "http://localhost/amfphp/gateway.php";
c.connect(gateway);
```

Für die Auswertung der Rückgaben vom Gateway ist die Klasse `Responder` zuständig. Diese erwartet im Konstruktor zwei Event-Handler, einen für den Erfolgsfall (Aufruf hat geklappt) und einen für den Fehlerfall (irgendetwas ist schiefgegangen). Wir legen diese Handler später an, aber verweisen bereits jetzt auf sie:

```
var r:Responder = new Responder(ok, fehler);
```

Abschließend schickt die Methode `call()` (von `NetConnection`) eine Anfrage an das Gateway. Der Name der Methode setzt sich aus dem PHP-Klassennamen sowie aus dem tatsächlichen Methodennamen zusammen. Zweites Argument ist die `Responder`-Instanz, danach folgen alle Argumente, die an die serverseitige Methode übergeben werden sollen. Das sieht dann wie folgt aus:

```
c.call("FlashRemotingPHP.sagWetterVorher", r, plz_txt.text);
```

Fehlen nur noch die Event-Handler für die Kommunikation. Beginnen wir mit dem Fall, dass ein Fehler aufgetreten ist. Dieser Fehler wird automatisch an den Event-Handler als Objekt übergeben; dessen Eigenschaft `description` enthält Informationen über den Fehler.

```
function fehler(ergebnis:Object) {
  trace("Fehler: " + ergebnis.description);
}
```

Auch im Erfolgsfall erhält der Event-Handler ein Objekt zurück. Im PHP-Skript geben wir ein Array zurück, und in ActionScript sind ja Objekte im Wesentlichen assoziative Arrays. Wir können also direkt auf die einzelnen Array-Elemente über ihren Schlüssel zugreifen und sie an den entsprechenden Stellen im Film ausgeben:

```
function ok(ergebnis:Object) {
  stadt_txt.text = ergebnis.Stadt;
  temperatur_txt.text = ergebnis.Temperatur;
  datum_txt.text = ergebnis.Datum;
  uhrzeit_txt.text = ergebnis.Uhrzeit + " MEZ";
}
```

Und das war es eigentlich auch schon. Wenn Sie im Webbrowser via Firebug den Datenverkehr der Anwendung mitverfolgen, erkennen Sie bereits an den Sonderzeichen, dass offenbar Binärdaten verwendet werden.

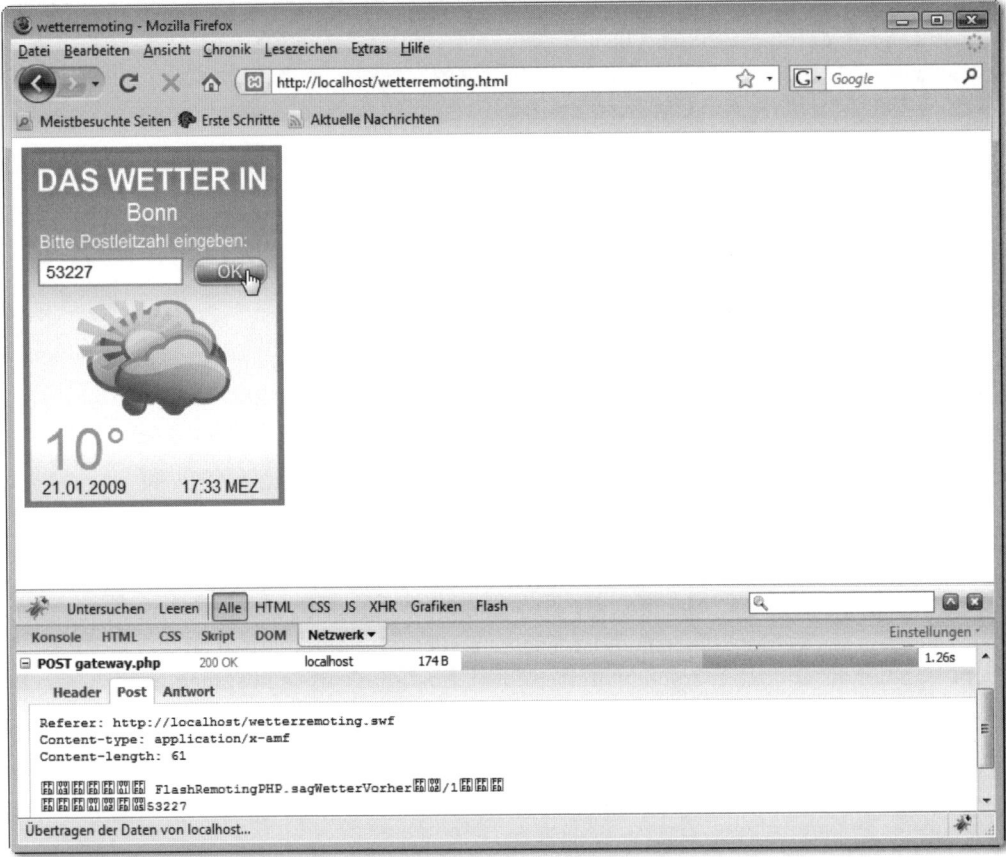

Abbildung 27.3 Die Wettervorhersage via Remoting

Wollen Sie also nicht einen bestehenden Dienst anschließen, sondern exklusiv für Ihre Flash-Anwendung Business-Logik auf dem Server anbieten, ist Remoting eine interessante Alternative. Die Ansteuerung über das Gateway sowie der Einsatz eines zusätzlichen Tools wie AMFPHP ist natürlich etwas aufwändiger als die herkömmliche HTTP-Kommunikation aus dem vorherigen Kapitel, aber Ihre Anwendung gewinnt dadurch möglicherweise an Performance.

»Wer sich nach dem Wind ausrichtet,
muss flexibel sein.«
– Walter Ludin

28 Flex

Spricht man mit professionellen Entwicklern ohne größere Flash-Erfahrungen, so hört man häufig (aber nicht immer) Folgendes: »Flash hui, die IDE pfui.« Der Ansatz, Anwendungen ins Web zu bringen, ist allgegenwärtig. Die Verfügbarkeit des Flash Players ist bekannt und spricht natürlich für die Technologie. Am Editor dagegen scheiden sich die Geister. Während viele Entwickler darauf schwören und keine Kritik daran dulden, scheuen andere den Editor und verweisen auf »richtige« Entwicklungsumgebungen und Features, wie etwa richtiges IntelliSense, aussagekräftige Fehlermeldungen und gute Debugger.

Wir möchten uns an dieser Stelle auf keine bestimmte Seite schlagen. Wir ärgern uns häufig genug über die IDE, doch für die meisten zunächst unerklärlichen Erscheinungen gibt es (oft) eine logische Erklärung. Allerdings gibt es von Adobe noch eine weitere Technologie aus dem Flash-Umfeld, die in diese Richtung stößt: Adobe Flex. Technische Basis ist Flash, aber es gibt ein anderes Entwicklungsmodell und einen neuen Editor. Klingt doch schon mal recht positiv, und in diesem Kapitel stellen wir Ihnen die Technologie kurz vor. Weiterführende Literaturempfehlungen finden Sie am Kapitelende.

28.1 Hintergrund

Die Bestrebungen von Adobe, Flash in professionelleren Bereichen zu etablieren, zeigen sich an vielen Initiativen der Softwarefirma. Einen vergleichsweise frühen Ansatz dazu hatte bereits Macromedia im Jahre 2004 initiiert. Macromedia Flex hieß das Ganze damals. Und die mit dem Namen versprochene Flexibilität sollte auch in die Entwicklung Einzug halten. Unter anderem gab es einen neuen Editor, den Flex Builder, sowie zahlreiche zusätzliche Helferlein für Entwickler. Kern war das *SDK (Software Development Kit)* mit Dokumentationen, Tools und Werkzeugen.

28.1.1 Geschichte

Auch wenn Flex aus vielen verschiedenen Facetten besteht, der Kernansatz klang schon damals recht überzeugend: Flash-Anwendungen werden auf XML-Basis erstellt und dann serverseitig in SWF-Filme umgewandelt. Damit ist ein neuer Editor fällig – denn ganz ohne WYSIWYG will man ja auch nicht auskommen –, aber dafür kann man den Schwerpunkt aufs Entwickeln legen, mit neuer IDE.

Flex 1.0 und 1.5

Leider war Flex in den Versionen 1 und 1.5 ein absoluter Rohrkrepierer. Für den Server, der die Live-Umwandlung in SWF-Dateien vorgenommen hat, war pro Prozessor (CPU) ein niedriger fünfstelliger Dollarbetrag fällig – immerhin gab es ein paar Lizenzen für den Flex Builder gratis dazu. Offizielle Zahlen über die Anzahl der Kunden gab es nie, aber Branchenschätzungen (um nicht zu sagen: Branchenspott) bewegten sich im zwei- bis dreistelligen Bereich. Der Fokus auf den Enterprise-Markt schien damals logisch – schließlich reichten die Fähigkeiten der Flash-IDE für die meisten »restlichen« Anwendungen sehr gut aus –, aber er erwies sich als klassisches Eigentor.

Flex 2

Mit Flex 2 hat sich einiges getan. Flex SDK war mittlerweile kostenlos erhältlich. Die IDE war zwar weiterhin kostenpflichtig, bekam aber mit der sehr flexiblen und mächtigen Open-Source-IDE Eclipse einen äußerst soliden Unterbau. Teil des SDK ist ein Compiler, der Flex-Anwendungen in SWF übersetzt. Damit entfällt auch die Notwendigkeit, einen Application Server einzusetzen (wie das bei Flex 1.x noch der Fall war).

Zusammen mit Flex 2 gab es auch eine, Ihnen mittlerweile sehr vertraute, neue ActionScript-Version: ActionScript 3. Für ActionScript 3 erschien deswegen auch außerhalb der (Flash-)Reihe zusammen mit Flex 2 ein Flash Player.

Flex 3

2007 kündigte Adobe die nächste Flex-Version an, die 2008 schließlich veröffentlicht wurde: Flex 3. Die Technologie setzt wie auch Flash auf ActionScript 3, Sie werden sich also, zumindest was den Code betrifft, schnell zurechtfinden.

28.1.2 Workflow

Die Erstellung einer Flex-Anwendung unterscheidet sich, wie bereits angesprochen, ein wenig von der »herkömmlichen« Entwicklung mit Flash. Zunächst einmal muss das User Interface erstellt werden, aber auf Basis von XML. Genauer gesagt, auf Basis eines XML-Dialekts, nämlich *MXML*. Das steht (im Sprachgebrauch von Flex-Anwendern) für *Magic eXtensible Markup Language*, auch wenn weder Macromedia noch Adobe jemals offiziell das Akronym erklärt haben – ein Schicksal, das sich MXML auch mit MX von Flash MX teilt. Dieser XML-Dialekt kann natürlich in einem einfachen Texteditor erstellt werden, wenngleich eine etwas mächtigere IDE (sprich: Flex Builder) deutlich besser geeignet ist.

Dieses Nutzer-Interface wird dann mit entsprechendem Code angereichert. Sprache der Wahl ist natürlich ActionScript in Version 3. Die Anbindung von Servertechnologien wie etwa PHP oder ColdFusion ist ebenfalls möglich, wenngleich die Verbindung zwischen MXML und der Servertechnologie immer noch ActionScript 3 obliegt.

Das Ganze muss dann nur noch in eine SWF-Datei umgewandelt werden. In Flex SDK gibt es dafür einen entsprechenden Compiler; die IDE stößt diesen vollautomatisch an. Fertig ist die Flash-Anwendung – es bleibt nur noch, die HTML-Datei zu erstellen, die dann den SWF-Film einbettet; natürlich gibt es auch hierfür wieder im Editor einen Veröffentlichungsmechanismus.

28.2 Installation

Um Flex-Anwendungen zu entwickeln, benötigen Sie mindestens das SDK, zur bequeme(re)n Entwicklung aber auch noch den Flex Builder. Letzterer ist allerdings kostenpflichtig beziehungsweise als zeitbeschränkte Trial-Version verfügbar.

Unter *http://www.adobe.com/de/products/flex/* erhalten Sie sowohl das SDK als auch – nach einer Registrierung – den Flex Builder 3. Der Flex Builder 3 enthält bereits das SDK.

Flex Builder und Eclipse [+]

Setzen Sie bereits auf Eclipse, möchten Sie möglicherweise nicht noch einmal extra den großen Eclipse-Unterbau auf Ihrem System installieren, wenn Sie den Flex Builder aufspielen. Daher gibt es auf den Flex-Downloadseiten auch noch eine eigene Version, die sich als Plug-in in eine bestehende Eclipse-Instanz integriert.

Bei der Installation gibt es kaum Besonderheiten zu berichten; ein Punkt ist jedoch erwähnenswert: Sie werden gefragt, ob Sie eine Debug-Version des Flash Players in Ihre Webbrowser installieren möchten. Diese spezielle Variante erleichtert ein wenig die Fehlersuche. Auf einem Testsystem ist das sicherlich eine gute Idee, auf einem Produktivsystem (mit dem Sie auch surfen) sollten Sie dagegen, wenn möglich, eher auf die (häufiger aktualisierte und auch performantere) herkömmliche Plug-in-Version setzen.

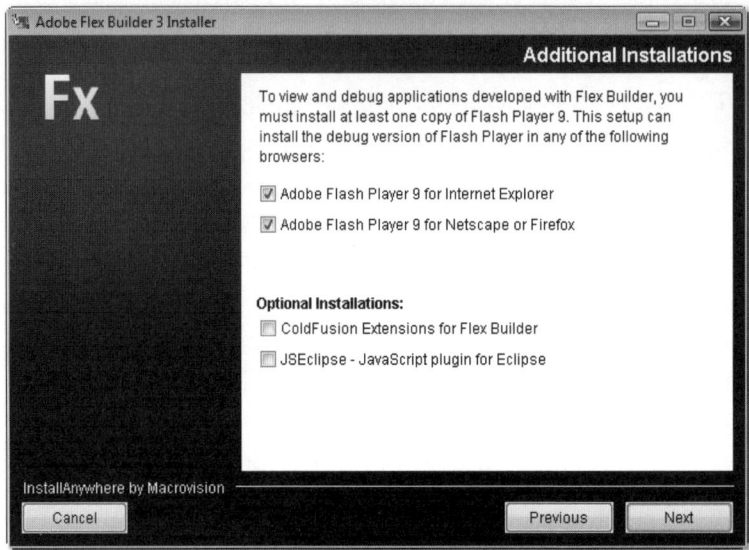

Abbildung 28.1 Auf Wunsch gibt es eine spezielle Debug-Version des Flash Players.

28.3 Beispielanwendung

Nach erfolgreichem Start legen wir gleich ein erstes Projekt an (FILE • NEW • FLEX PROJECT). Unter APPLICATION TYPE haben Sie zwei Wahlmöglichkeiten:

▸ WEB APPLICATION: Das ist eine Anwendung, die im Webbrowser läuft und dabei auf den Flash Player setzt. In der Regel ist das die Projektvorlage, die Sie verwenden möchten.

▸ DESKTOP APPLICATION: Unter dem Namen *AIR* (*Adobe Interactive Runtime*) hat Adobe eine Technologie veröffentlicht, die auf Clientrechnern installiert werden muss und dann die Ausführung von Flex-Anwendungen ermöglicht. Zurzeit kämpfen viele Anbieter mit ähnlichen Technologien um die Marktführerschaft in diesem Bereich, haben es aber aufgrund des Installationszwangs noch recht schwer.

Wir erstellen natürlich eine WEB APPLICATION. Bei der Wahl der Servertechnologie können Sie angeben, welchen Unterbau Sie verwenden, beispielsweise ASP.NET, PHP oder ColdFusion. Dieses ist für unser kleines Flex-Beispiel nicht notwendig. Wenn Sie sich allerdings für einen Webserver entscheiden, müssen Sie im nächsten Schritt dazu noch weitere Angaben machen, etwa Serverpfade.

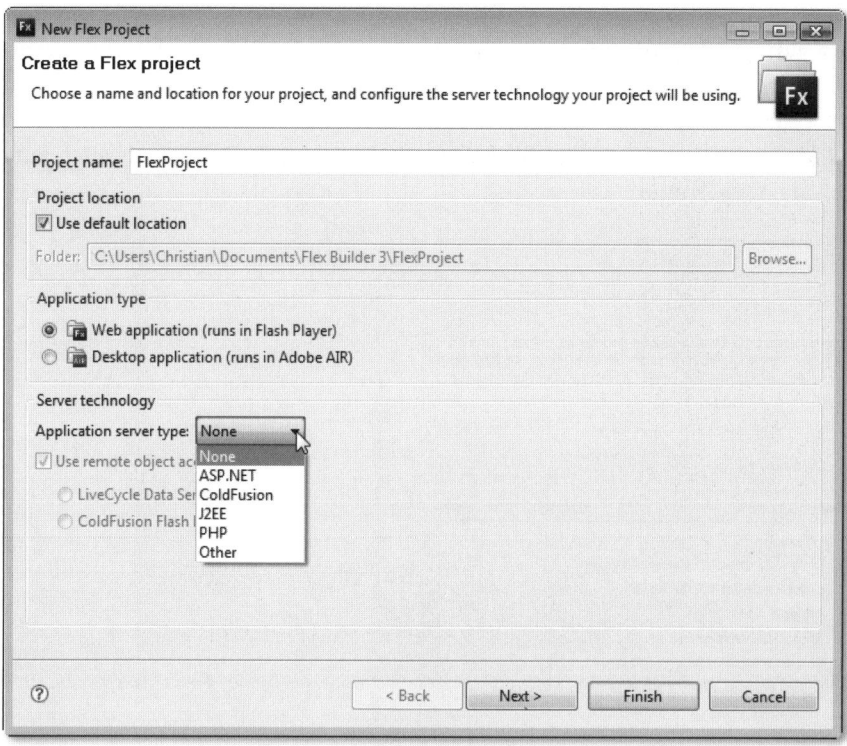

Abbildung 28.2   Ein neues Flex-Projekt anlegen

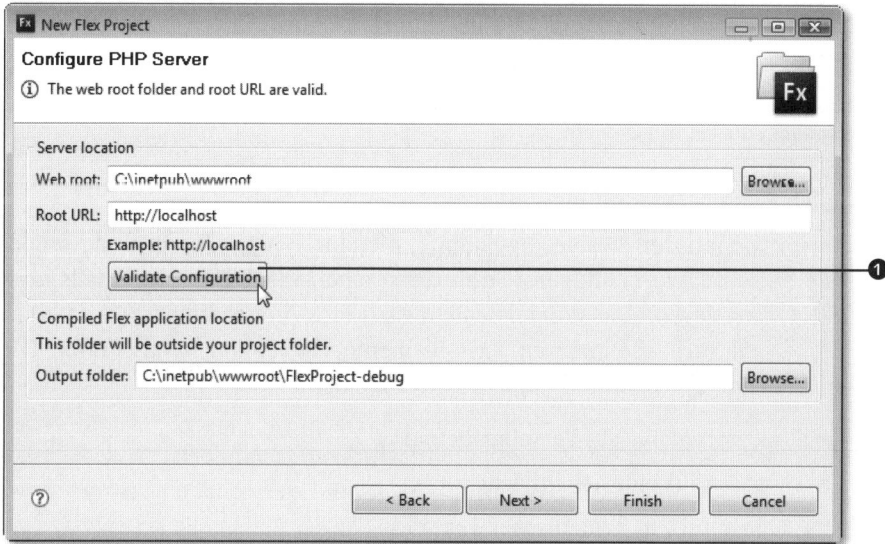

Abbildung 28.3   Einstellungen für den Server (hier: PHP)

Der Flex Builder beschwert sich nach einem Klick auf VALIDATE CONFIGURATION
❶ (Abbildung 28.3) möglicherweise, dass keine Schreibrechte für das Webserver-
Verzeichnis (angegeben unter WEB ROOT) verfügbar sind – ebenfalls vor allem
unter Vista zu beobachten. In diesem Fall müssen Sie mit Betriebssystemmitteln
die Schreibrechte zuweisen – sowohl zum Anlegen neuer Dateien als auch zum
Anlegen neuer Ordner.

Abbildung 28.4 Schreibrechte zuweisen (hier unter Windows Vista) – vergessen Sie nicht die
Rechte zum Erstellen von Ordnern.

Beispiel: E-Mail-Überprüfung

Beginnen wir mit der Beispielanwendung, die eine E-Mail-Überprüfung implementieren soll. Dazu benötigen wir zunächst eine MXML-Datei (ebenfalls über
FILE • NEW anzulegen). Das Wurzelelement einer Flex-Anwendung ist `<mx:Appli-
cation>`, und auch alle anderen XML-Elemente verwenden `mx` als Präfix. Die
Demoanwendung enthält die folgenden vier Elemente:

▸ `<mx:TextInput>` für ein Texteingabefeld

▸ `<mx:Button>` für eine Schaltfläche

▸ `<mx:Label>` für ein dynamisches Textfeld

▸ `<mx:Script>` für das Einbinden von ActionScript

Beim Erstellen der Anwendung werden Sie sehen, dass IntelliSense (automatische Ergänzungsvorschläge) sehr gut integriert ist: Sie erhalten eine Liste von Attributen und Elementen, was die Erstellung der Anwendung stark vereinfacht und auch die Gefahr von Tippfehlern verringert.

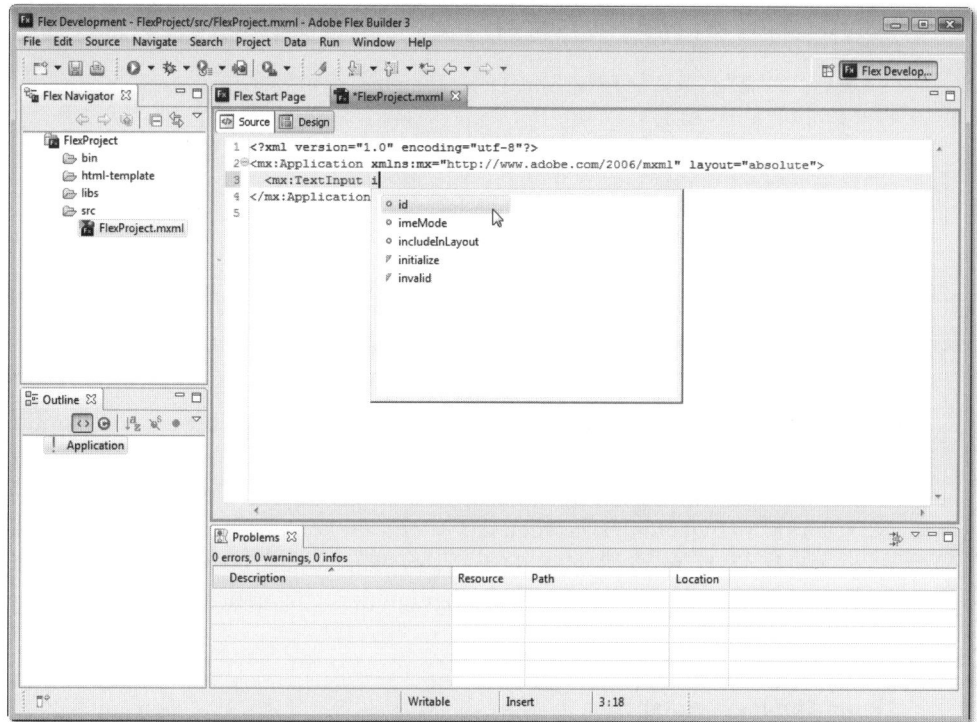

Abbildung 28.5 Die Erstellung der MXML-Datei, inklusive Vorschläge der IDE

Die Anwendung soll wie folgt funktionieren: Ein Benutzer gibt in ein Texteingabefeld einen Text ein. Nach Klick auf die Schaltfläche wird überprüft, ob dieser Text eine gültige E-Mail-Adresse darstellt oder nicht. Das Prüfungsergebnis wird im dynamischen Textfeld angezeigt.

Elemente platzieren

Die folgende MXML-Datei platziert die Elemente und fügt auch zwei Event-Handler (ähnlich, wie Sie das von HTML her kennen) ein: Sobald sich der Text im Feld ändert, muss das Ausgabefeld geleert werden; außerdem sorgt ein Klick auf die Schaltfläche für die Überprüfung der Adresse.

```xml
<?xml version="1.0" encoding="utf-8"?>
<mx:Application xmlns:mx="http://www.adobe.com/2006/mxml"
  layout="absolute">
  <mx:TextInput id="txtEmail" x="15" y="15" width="200"
    change="loescheAusgabe();" />
  <mx:Button id="btnPruefen" x="225" y="15" label="E-Mail prüfen"
    click="pruefeEmail();" />
  <mx:Label id="lblAusgabe" x="15" y="50" fontFamily="Verdana"
    fontSize="14" />
  <mx:Script source="FlexProject.as" />
</mx:Application>
```

Beachten Sie, wie die einzelnen Elemente mit id-Attributen benannt worden sind. Über die ID können Sie nämlich direkt auf die Elemente zugreifen und sie auch verändern. Dies geschieht in der Datei *FlexProject.as*, die über das Element <mx:Script> eingebunden worden ist. Alternativ könnten Sie den ActionScript-Code auch direkt in die MXML-Datei schreiben (innerhalb von <mx:Script>), aber eine Trennung von Layout und Programmierlogik erleichtert prinzipiell die Wartung einer Anwendung.

Programmlogik erstellen

Wenden wir uns also der Datei *FlexProject.as* zu. Dort werden die beiden Funktionen implementiert, auf die in der MXML-Datei verwiesen wird. Zunächst einmal sorgt die Funktion loescheAusgabe() dafür, dass die Ausgabe geleert wird. Der Name des Feldes ist lblAusgabe, die Eigenschaft ist text, sodass folgender Code eingesetzt wird:

```actionscript
public function loescheAusgabe():void {
    lblAusgabe.text = "";
}
```

Die E-Mail-Prüfung findet in der Funktion pruefeEmail() statt. Hier lesen wir die Eingabe im Textfeld (txtEmail) aus, prüfen das Ganze per regulärem Ausdruck und schreiben eine entsprechende Meldung in das Ausgabefeld (lblAusgabe). Das sieht dann wie folgt aus:

```actionscript
public function pruefeEmail():void {
    var email:String = txtEmail.text;
```

```
var regex:RegExp = /\w+([-+.\']\w+)*@\w+([-.]\w+)*\.\w+([-.]\w+)*/;
if (regex.test(email)) {
    lblAusgabe.text = "E-Mail-Adresse \"" + email +
        "\" ist syntaktisch korrekt.";
} else {
    lblAusgabe.text = "E-Mail-Adresse \"" + email +
        "\" ist syntaktisch nicht korrekt.";
}
}
```

Insofern besteht also kein größerer Unterschied zur Entwicklung innerhalb von Flash. Bei der Eingabe erkennen Sie allerdings einige sehr bequeme Features. IntelliSense funktioniert für alle in der MXML-Datei definierten Elemente. Sie müssen also nicht mühsam mit speziellen Suffixen (etwa _txt) arbeiten, Flex Builder erkennt das automatisch.

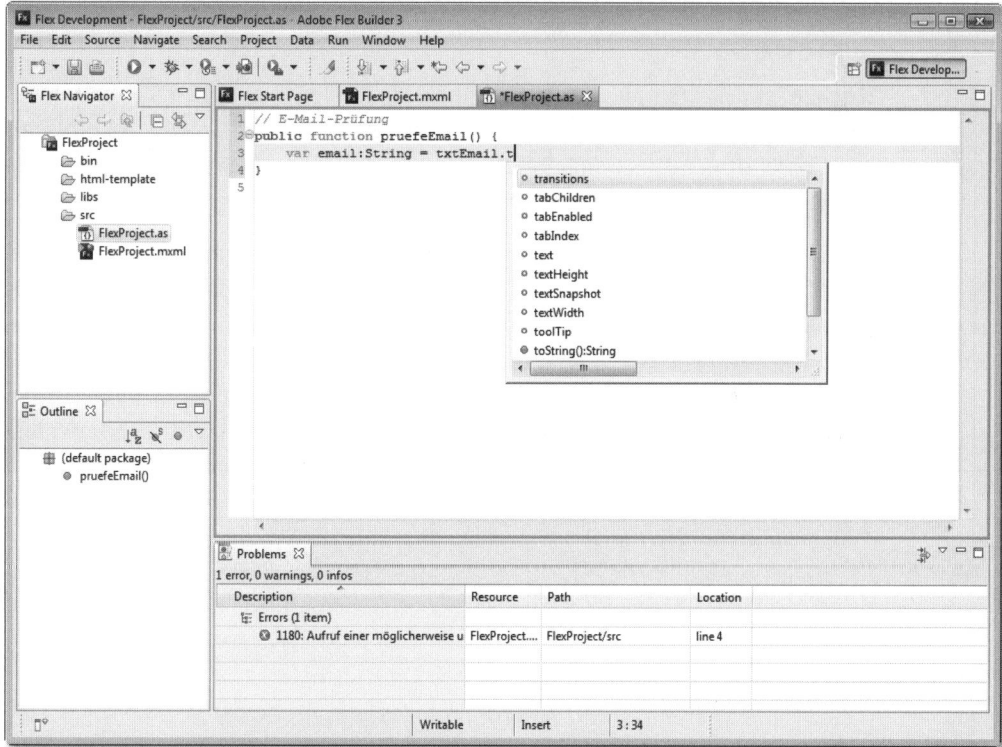

Abbildung 28.6 IntelliSense ist (fast) überall.

Ebenfalls nützlich: Potenzielle Fehler werden bereits während der Eingabe erkannt. Vertippen wir uns beispielsweise bei dem Aufruf der Funktion aus MXML heraus, erkennt das der Editor. Versuchen Sie das einmal in Flash beim Erstellen eines Event-Listeners ... Der Flex-Compiler arbeitet also bereits im Hintergrund mit.

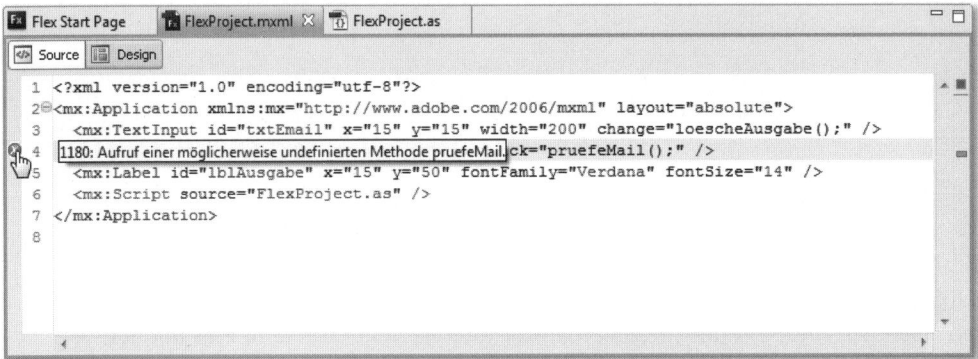

Abbildung 28.7 Potenzielle Tippfehler werden häufig früh erkannt.

Projekt starten

Abschließend starten Sie das Projekt über das Run-Menü. Haben Sie eingestellt, dass das Flex-Projekt einen Webserver verwenden soll, ruft die IDE die veröffentlichte Datei direkt über den Server auf (wenn der Pfad falsch ist, müssen Sie ihn korrigieren), andernfalls wird direkt die Datei aus dem Dateisystem verwendet.

Je nachdem, ob der Flash Player installiert ist oder nicht, sehen Sie eine von zwei Möglichkeiten. Fehlt das Plug-in, erhalten Sie einen entsprechenden Hinweis nebst Link zum Flash-Player-Download (diesen Text sehen Sie auch im Flex Builder in der Datei *FlexStartPage*). In Abbildung Abbildung 28.8 ist das im Internet Explorer der Fall – bei der Plug-in-Installation direkt aus dem Flex-Builder-Installer heraus fehlten offenbar Administrationsrechte. Bei korrekt installiertem Plug-in funktioniert alles, wie in Abbildung Abbildung 28.9 zu sehen: Auf Mausklick wird die E-Mail-Adresse überprüft und das Ergebnis angezeigt.

Abbildung 28.8 Der (anpassbare) Hinweistext, wenn das Plug-in fehlt

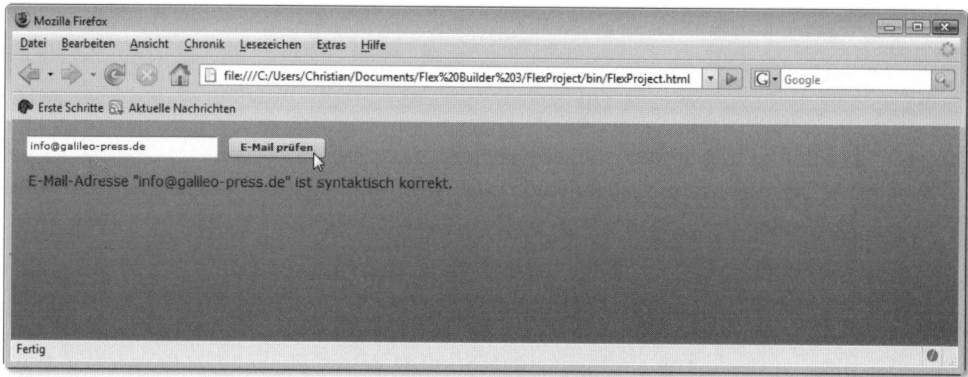

Abbildung 28.9 Die Flex-Anwendung im Browser auf Basis des Flash-Plug-ins

Analyse des Ergebnisses

Wie Sie sehen, wurde automatisch eine Datei *FlexProject.html* erzeugt. Den Code darin wollen wir uns zum Abschluss des Kapitels noch kurz ansehen, um auf Besonderheiten und Interessantes hinzuweisen.

Bereits die erste Zeile der Datei überrascht – es sieht so aus, als ob die Datei im Internet Explorer geladen und von dort auf der Festplatte abgespeichert worden wäre (der IE baut nämlich in der Tat dann einen Kommentar dieses Musters ein):

```
<!-- saved from url=(0014)about:internet -->
```

Der technische Hintergrund ist eine Eigenheit des Zonenmodells im Internet Explorer. Jede Zone hat besondere Rechte. Eine Flex-Anwendung benötigt unter Umständen Rechte, die eine Datei aus dem lokalen Dateisystem nicht hat. Durch diesen Kommentar wird die aktuelle Seite in eine andere Zone verlegt. Andere Browser, wie etwa Firefox, ignorieren den Kommentar getrost.

Es geht weiter mit dem HTML-Grundgerüst inklusive Begrüßung der kundigen Entwickler, die tatsächlich einen Blick in den Quellcode werfen:

```
<html lang="en">

<!--
Smart developers always View Source.

This application was built using Adobe Flex, an open source framework
for building rich Internet applications that get delivered via the
Flash Player or to desktops via Adobe AIR.

Learn more about Flex at http://flex.org
// -->
```

```
<head>
<meta http-equiv="Content-Type" content="text/html; charset=utf-8" />
```

Navigieren im Browser

Ein typisches Manko vieler Web-2.0-Anwendungen, vor allem im Flash- und Ajax-Bereich, ist, dass die Vor- und Zurück-Schaltflächen im Browser nicht mehr funktionieren. Das ist auch naheliegend: *Rich Internet Applications (RIA)* zeichnen sich ja gerade dadurch aus, dass sich auf einer Webseite etwas tut, diese aber nicht immer wieder komplett neu geladen wird. Mit einer Menge JavaScript-Code lässt sich dieses Problem zumindest teilweise beheben, als Entwickler muss man aber kräftig mitarbeiten. Den entsprechenden technologischen Rahmen stellt Flex mit einer CSS-Datei und einer dazugehörigen JavaScript-Datei zur Verfügung.

```
<!-- BEGIN Browser History required section -->
<link rel="stylesheet" type="text/css" href="history/history.css" />
<!-- END Browser History required section -->

<title></title>
<script src="AC_OETags.js" language="javascript"></script>

<!-- BEGIN Browser History required section -->
<script src="history/history.js" language="javascript"></script>
<!-- END Browser History required section -->

<style>
body { margin: 0px; overflow:hidden }
</style>
```

Weiter geht es mit dem obligatorischen JavaScript-Code. Die Mindestversion des Flash-Plug-ins wird festgelegt und auf dieser Basis versucht, den Flex-/Flash-Film einzubinden. Die Hauptfunktionalität liegt dabei in der externen Datei *ac_oetags.js*, die oben schon per `<script>`-Element eingebunden worden ist.

```
<script language="JavaScript" type="text/javascript">
<!--
// -----------------------------------------------------------------

// Globals
// Major version of Flash required
var requiredMajorVersion = 9;
// Minor version of Flash required
var requiredMinorVersion = 0;
// Minor version of Flash required
```

```
var requiredRevision = 28;
// --------------------------------------------------------------

// -->
</script>
</head>

<body scroll="no">
<script language="JavaScript" type="text/javascript">
<!--
// Version check for the Flash Player that has the ability to start
// Player Product Install (6.0r65)
var hasProductInstall = DetectFlashVer(6, 0, 65);

// Version check based upon the values defined in globals
var hasRequestedVersion = DetectFlashVer(requiredMajorVersion,
  requiredMinorVersion, requiredRevision);

if ( hasProductInstall && !hasRequestedVersion ) {
  // DO NOT MODIFY THE FOLLOWING FOUR LINES
  // Location visited after installation is complete if
  // installation is required
  var MMPlayerType = (isIE == true) ? "ActiveX" : "PlugIn";
  var MMredirectURL = window.location;
    document.title = document.title.slice(0, 47) + " - Flash Player
      Installation";
    var MMdoctitle = document.title;

  AC_FL_RunContent(
    "src", "playerProductInstall",
    "FlashVars", "MMredirectURL="+MMredirectURL+'&MMplayerType=
      '+MMPlayerType+'&MMdoctitle='+MMdoctitle+"",
    "width", "100%",
    "height", "100%",
    "align", "middle",
    "id", "FlexProject",
    "quality", "high",
    "bgcolor", "#869ca7",
    "name", "FlexProject",
    "allowScriptAccess","sameDomain",
    "type", "application/x-shockwave-flash",
    "pluginspage", "http://www.adobe.com/go/getflashplayer"
  );
} else if (hasRequestedVersion) {
  // if we've detected an acceptable version
```

```
    // embed the Flash Content SWF when all tests are passed
    AC_FL_RunContent(
        "src", "FlexProject",
        "width", "100%",
        "height", "100%",
        "align", "middle",
        "id", "FlexProject",
        "quality", "high",
        "bgcolor", "#869ca7",
        "name", "FlexProject",
        "allowScriptAccess","sameDomain",
        "type", "application/x-shockwave-flash",
        "pluginspage", "http://www.adobe.com/go/getflashplayer"
    );
    } else {  // flash is too old or we can't detect the plugin
        var alternateContent = 'Alternate HTML content should be placed
        here. '
        + 'This content requires the Adobe Flash Player. '
        + '<a href=http://www.adobe.com/go/getflash/>Get Flash</a>';
        document.write(alternateContent);  // insert non-flash content
    }
// -->
</script>
```

Die gute Nachricht zum Schluss: Auch Anwender ohne JavaScript (aber mit Flash-Plug-in) werden nicht im Regen stehen gelassen. Ein <noscript>-Bereich bindet den Flash-Film auf herkömmliche Art und Weise ein, per <object> und <embed>. Wenn Sie also oben im JavaScript-Code bestimmte Details, wie etwa die Hintergrundfarbe, manuell angepasst haben, müssen Sie das auch hier tun.

```
<noscript>
    <object classid="clsid:D27CDB6E-AE6D-11cf-96B8-444553540000"
      id="FlexProject" width="100%" height="100%"
      codebase="http://fpdownload.macromedia.com/get/flashplayer/
      current/swflash.cab">
    <param name="movie" value="FlexProject.swf" />
    <param name="quality" value="high" />
    <param name="bgcolor" value="#869ca7" />
    <param name="allowScriptAccess" value="sameDomain" />
    <embed src="FlexProject.swf" quality="high" bgcolor="#869ca7"
      width="100%" height="100%" name="FlexProject" align="middle"
      play="true"
      loop="false"
      quality="high"
      allowScriptAccess="sameDomain"
```

```
        type="application/x-shockwave-flash"
        pluginspage="http://www.adobe.com/go/getflashplayer">
    </embed>
  </object>
</noscript>
</body>

</html>
```

Soweit also unser erster Einblick in Adobe Flex. Den Code des Projektes finden Sie wie gewohnt auf der Buch-DVD. Weitere Informationen erhalten Sie bei Adobe unter *http://www.adobe.com/de/products/flex/*. Gedruckte Informationen sind ebenfalls verfügbar: Der Titel »Adobe Flex 3« von Petra Waldminghaus, ebenfalls bei Galileo Press erschienen (ISBN 978-3-8362-1117-8), beschäftigt sich mit der neuen Flex-Version.

Um zu zeigen, in welche Richtung Flex und damit auch Flash bereits die Fühler ausgestreckt haben: 2006 erschien bei SAP PRESS (einem Imprint von Galileo Press) der Titel »SAP-Anwendungen mit Adobe Flex« (ISBN 978-3-89842-794-4) und wurde sogar ins Englische übersetzt. Diesem Buch liegt zwar eine ältere Version von Flex zugrunde, es zeigt aber, dass gute Oberflächen mit integriertem Entwicklungsmodell mittlerweile auch im Enterprise-Bereich zum guten Ton gehören. Und auch, wenn für sehr viele Anwendungen Adobe Flash weiterhin ohne Frage ausreicht, zumindest ein Seitenblick auf Adobe Flex lohnt sich auf alle Fälle.

»Halten Sie die Luft an,
und vergessen Sie das Atmen nicht.«
– Johannes B. Kerner

29 AIR

Mit *AIR* (*Adobe Integrated Runtime*) hat Adobe eine Technologie geschaffen, die Flash-Filmen den Zugang zum Desktop erlauben soll. Das Ziel ist, *RIA*-Anwendungen (*Rich Internet Application*) auf allen Plattformen, Windows, Mac OS X und Linux, verfügbar zu machen. Dazu kapselt AIR einen Flash-Film in eine AIR-Anwendung, die dank der AIR-Runtime wie ein normales Programm installiert wird. Aus Flash heraus ist es mit AIR dann möglich, Dateien direkt und ohne Dateibrowser zu öffnen, Dateien zu speichern und sogar in einer lokalen Datenbank Daten abzulegen. Dazu integriert die AIR-Runtime mehrere Funktionen: Enthalten ist neben dem obligatorischen Flash Player ein integrierter Browser. Der Browser verwendet die HTML-Rendering-Bibliothek WebKit (*http://webkit.org/*), die auch Basis von Apples Webbrowser Safari ist. Für die Datenbank ist eine dateibasierte SQLite-Datenbank zuständig.

Von all dem bekommen Sie in Flash (oder Flex) nicht sehr viel mit. Sie benötigen für Flash CS3 das Flash SDK (auch über ein Update installierbar). In Flash CS4 sind die AIR-Klassen schon direkt enthalten. Allerdings ist dort zum Zeitpunkt der Drucklegung nur AIR 1.1 integriert, für AIR 1.5 gibt es ein Update. Dieses Vorgehen ist auch für spätere Versionen zu erwarten. AIR ist auch im Flex Builder vorhanden. Wer ohne eine Entwicklungsumgebung AIR-Anwendungen erstellen möchte, greift zum AIR SDK.

HTML, JavaScript, PDF usw. [«]

Für die meisten AIR-Anwendungen ist sicherlich ein Flash-Film – egal ob über Flash oder Flex erstellt – das zentrale Element. Allerdings gibt es auch die Möglichkeit, AIR-Anwendungen nur mit HTML und JavaScript zu erzeugen. Ebenso ist es möglich, PDF als Fremdformat direkt einzubinden.

29.1 Die Funktionen

Um eine AIR-Anwendung zu erstellen, wählen Sie in den Einstellungen für Veröffentlichungen im Register Flash AIR als Ausgabe. Wenn Sie das Update auf AIR 1.5 schon installiert haben, sollten Sie diese Version wählen. Andernfalls finden Sie die Aktualisierung unter *http://www.adobe.com/de/products/air/*. Weitere Informationen erhalten Sie unter *http://www.adobe.com/devnet/air/*. Dort erfahren Sie unter anderem, wie Sie Ihre AIR-Anwendung auf dem offiziellen Adobe-Marktplatz veröffentlichen.

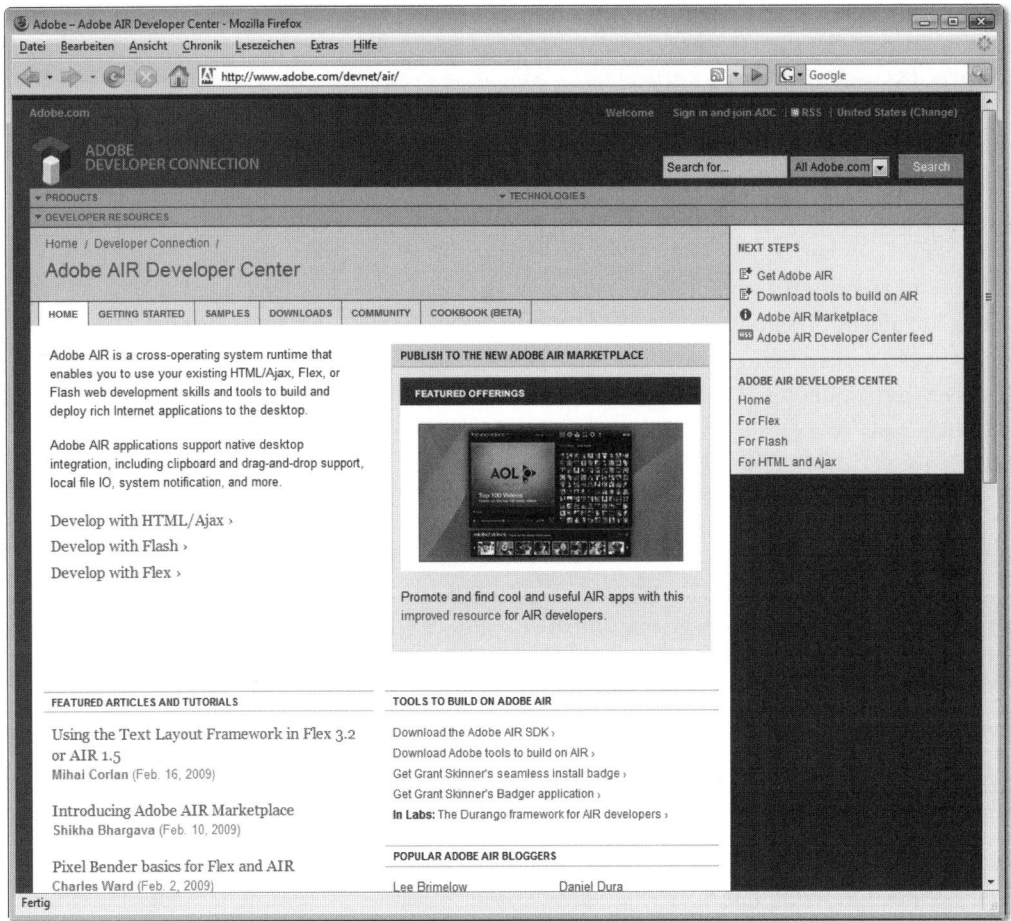

Abbildung 29.1 Die AIR-Developer-Site ist eine gute Anlaufstelle für Informationen.

Eine AIR-Anwendung erstellen Sie in Flash CS4, indem Sie in den EINSTELLUNGEN FÜR VERÖFFENTLICHUNGEN vom Flash Player 10 auf AIR 1.5 (oder vor dem Update AIR 1.1) wechseln. In diesem Fall benötigen Sie auch keine HTML-Seite.

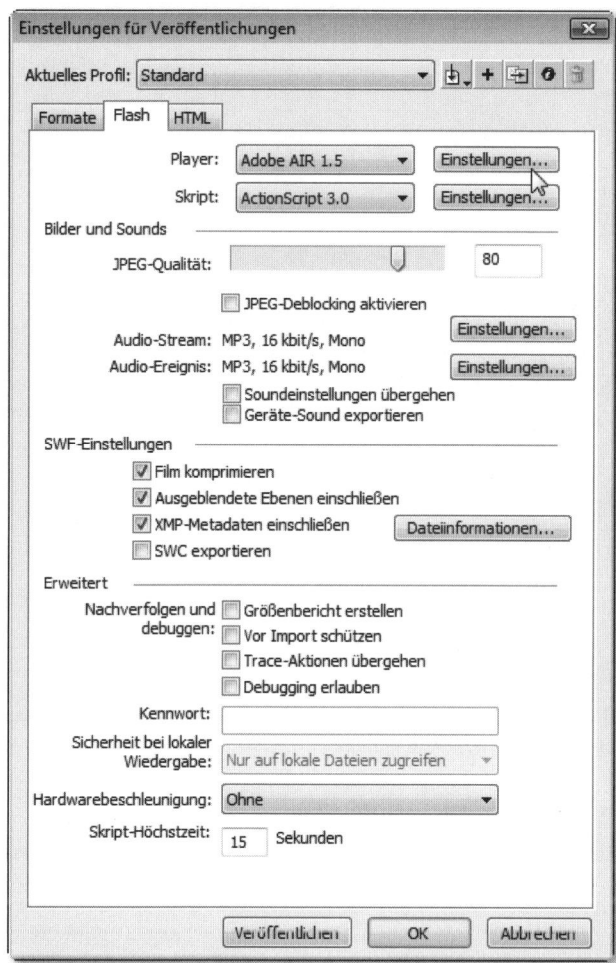

Abbildung 29.2 Die EINSTELLUNGEN FÜR VERÖFFENTLICHUNGEN mit gewählter AIR-Site

Die Einstellungen für die AIR-Anwendung selbst erreichen Sie dann über die Schaltfläche EINSTELLUNGEN im Register. Alternativ finden Sie die Schaltfläche auch im Eigenschafteninspektor oder über das Menü DATEI • AIR-EINSTELLUNGEN.

In den AIR-Einstellungen legen Sie Parameter fest, die dann auch in einer XML-Datei landen, die die AIR-Anwendung beschreibt. Die AIR-Anwendung heißt in der Voreinstellung so wie die SWF-Datei, trägt allerdings die Endung *-app.xml*.

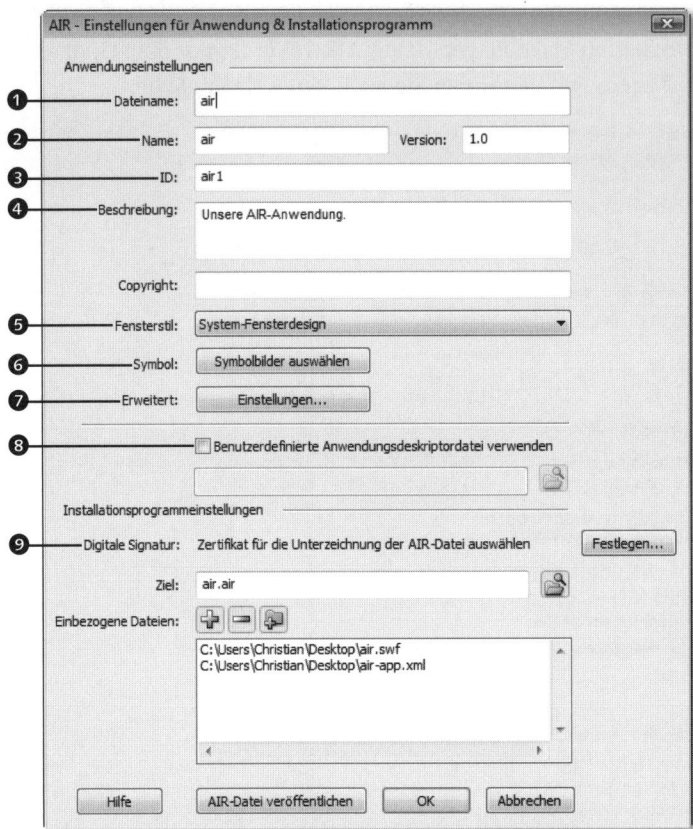

Abbildung 29.3   Die Einstellungen für die AIR-Anwendung

❶ DATEINAME ist der Name der AIR-Datei selbst.

❷ NAME und VERSION sind die Bezeichnung und Version für die AIR-Anwendung, die beispielsweise im Installationsprozess verwendet werden.

❸ ID gibt einen eindeutigen Identifikator an. Dies kann eine Paketangabe sein (z. B. *com.adobe* ...) oder auch nur eine ID.

❹ BESCHREIBUNG und COPYRIGHT enthalten von Ihnen frei wählbare Angaben. Sobald die AIR-Anwendung in die große weite Welt verbreitet werden soll, gilt hier natürlich besondere Sorgfalt. In der XML-Datei finden Sie auch noch Code, um die Beschreibung zu lokalisieren, sodass der Benutzer je nach Sprachversion seiner Runtime die richtige Beschreibung erhält:

```
<description><text xml:lang="de">Deutsche Beschreibung
</text><text xml:lang="en">English App description goes here
</text><text xml:lang="fr">French App description goes here
```

```
</text><text xml:lang="ja">Japanese App description goes here
</text></description>
```

❺ FENSTERSTIL gibt an, wie das Fenster der AIR-Anwendung aussieht. Der Fachbegriff dafür ist auch Chrome:

▶ SYSTEM-FENSTERDESIGN gestaltet das Anwendungsfenster wie die anderen Fenster im Betriebssystem.

▶ BENUTZERDEFINIERTES FENSTERDESIGN (OPAK) gestattet die Anpassung des Anwendungsfensters. Das Fenster und der Hintergrund sind allerdings sichtbar.

▶ BENUTZERDEFINIERTES FENSTERDESIGN (TRANSPARENT) erlaubt auch ungewöhnliche Filmformen, da der Fensterrahmen und der Hintergrund transparent gehalten werden. Sie können also das SWF mit beliebigen Elementen füllen, die dann das Fenster bilden.

❻ SYMBOL erlaubt Ihnen die Wahl von Icons für Ihre AIR-Applikation.

❼ ERWEITERT führt zu einem neuen Dialogfenster mit noch deutlich mehr AIR-Einstellungen (siehe Abbildung 29.4). Sie können hier genauen Einfluss auf das AIR-Fenster nehmen. Außerdem bestimmen Sie, welche Dateitypen dieser AIR-Anwendung zugeordnet werden – ein Ansatz für eigene Dateitypen. In ANDERE EINSTELLUNGEN wählen Sie sogar Installations- und Programmordner für die AIR-Anwendung und erlauben eine eigene Oberfläche für Updates mit dem Paket `air.update`.

❽ BENUTZERDEFINIERTE ANWENDUNGSDESKRIPTORDATEI VERWENDEN blendet alle oberen Einstellungen zu Dateinamen usw. aus und greift auf eine bestehende XML-Beschreibungsdatei zu.

❾ ZERTIFIKAT FÜR DIE UNTERZEICHNUNG DER AIR-DATEI AUSWÄHLEN (siehe Abbildung 29.5) hat einen wichtigen Sicherheits-Hintergrund. Offiziell im Web verfügbare AIR-Anwendungen müssen zertifiziert sein. Das Zertifikat identifiziert den Herausgeber der Anwendung. Es handelt sich dabei im Idealfall um ein Zertifikat einer der größeren Zertifikatstellen wie Thawte oder VeriSign. Das Zertifikat, das dort notwendig ist, heißt *Code Signing* und kostet aktuell ca. 300 $ pro Jahr. Zum Testen und für interne Anwendungen können Sie auch selbst ein Zertifikat erstellen. Dazu klicken Sie einfach auf ERSTELLEN. Dies ist in den meisten Fällen besser, als ohne Zertifikat zu arbeiten. In letzterem Fall handelt es sich bei der Anwendung nämlich nur um eine AIRI-Datei. Das I steht für *Intermediate*. Dieser Modus bietet keine Installationsrechte und ist nur für die Testumgebung gedacht, bis ein offizielles Zertifikat zur Verfügung steht.

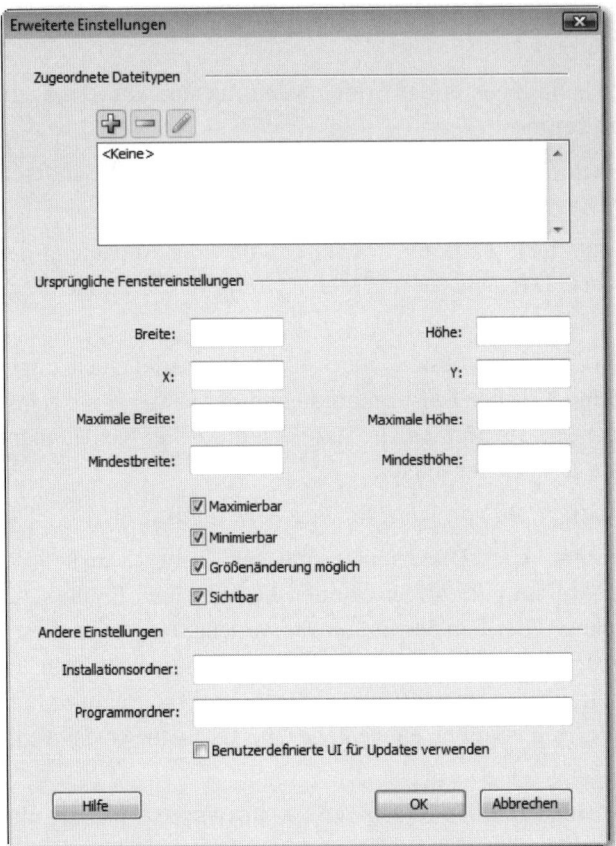

Abbildung 29.4 Die erweiterten Einstellungen

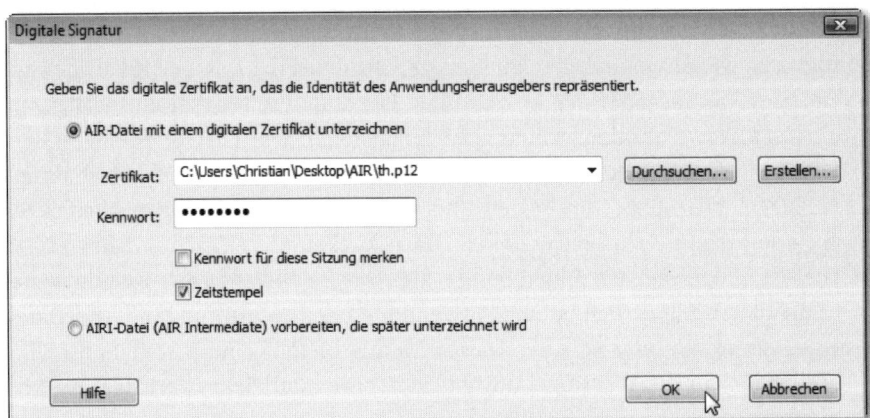

Abbildung 29.5 Ein Zertifikat für die AIR-Anwendung verwenden

Kostenlos [!]

Adobe vergibt zum Zeitpunkt der Drucklegung noch kostenlose Zertifikate für die ersten Anwendungen, die beim Adobe Marktplatz für AIR-Anwendungen hinterlegt werden (*http://www.adobe.com/products/air/assets/popup/thawte_popup.html*). Dieses Angebot ist allerdings zeitlich und in Sachen Stückzahl beschränkt.

▶ ZIEL ist die AIR-Datei, die erzeugt werden soll.

▶ EINBEZOGENE DATEIEN sind die in der AIR-Anwendung enthaltenen Dateien. Hier können Sie beispielsweise noch weitere SWF-Dateien oder Bilder mit einbeziehen.

Im Folgenden sehen Sie die XML-Datei, die als Ergebnis der Konfiguration entsteht. Sie können diese Datei von Hand verändern – für Übersetzungen von Namen und Beschreibungen müssen Sie das sogar (siehe Kommentare im XML-Code):

```xml
<?xml version="1.0" encoding="UTF-8" standalone="no" ?>
<application xmlns="http://ns.adobe.com/air/application/1.5">
  <id>air1</id>
  <version>1.0</version>
  <filename>air</filename>
  <description>Unsere AIR-Anwendung.</description>
<!-- To localize the description, use the following format for
the description element.<description><text xml:lang="en">English
App description goes here</text><text xml:lang="fr">French App
description goes here</text><text xml:lang="ja">Japanese App
description goes here</text></description>-->
  <name>air</name>
<!-- To localize the name, use the following format for
the name element.<name><text xml:lang="en">English App name goes
here</text><text xml:lang="fr">French App name goes here</text>
<text xml:lang="ja">Japanese App name goes here</text></name>-->
  <copyright/>
  <initialWindow>
    <content>air.swf</content>
    <systemChrome>standard</systemChrome>
    <transparent>false</transparent>
    <visible>true</visible>
  </initialWindow>
  <icon/>
  <customUpdateUI>false</customUpdateUI>
  <allowBrowserInvocation>false</allowBrowserInvocation>
</application>
```

Wenn Sie ein Zertifikat erstellt haben, finden Sie die Datei mit dem Zertifikat ebenfalls in diesem Verzeichnis. Nun veröffentlichen Sie die AIR-Datei. Dies funktioniert über AIR-DATEI VERÖFFENTLICHEN. Wenn noch kein Zertifikat vorhanden ist, werden Sie beim Veröffentlichen noch danach gefragt. Ansonsten erhalten Sie die Meldung,d ass die AIR-Datei erstellt wurde.

Für den Benutzer läuft die Arbeit mit der AIR-Anwendung nun sehr einfach ab. Er erhält ein Paket, das er durch Doppelklick direkt installiert. Wenn das Zertifikat nicht von einer offiziellen Vergabestelle ist, sieht er eine Warnung.

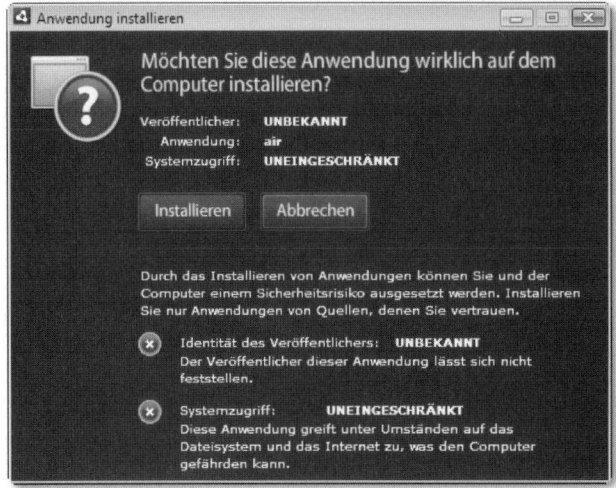

Abbildung 29.6   Der Anwender muss die Installation bestätigen.

Nun aber zu den Möglichkeiten für Sie als Entwickler. In Flash CS4 finden Sie die AIR-Klassen in den Paketen selbst. Die folgende Tabelle gibt einen Überblick über Pakete mit AIR-Funktionalität und die entsprechenden Klassen:

Paket	Klassen	Beschreibung
air.net	ServiceMonitor SocketMonitor URLMonitor	Klassen für den AIR-ServiceMonitor
air.update	ApplicationUpdater ApplicationUpdaterUI	AIR bietet einen Update-Manager, mit dem Sie die Anwendung aktuell halten können. In früheren Versionen war dieser noch separat als Download erhältlich.

Tabelle 29.1   Klassen für AIR

Paket	Klassen	Beschreibung
air.update.events	DRMAuthenticateEvent StatusFileUpdateErrorEvent StatusFileUpdateEvent StatusUpdateErrorEvent StatusUpdateEvent UpdateEvent	Enthält passende Ereignisse für den Update-Prozess.
flash.data	EncryptedLocalStore SQLCollationType SQLColumnNameStyle SQLColumnSchema SQLConnection SQLIndexSchema SQLResult SQLSchema SQLSchemaResult SQLStatement SQLTableSchema SQLTransactionLockType SQLTriggerSchema SQLViewSchema *Fehler (flash.error):* SQLError SQLErrorOperation *Ereignisse (flash.events):* SQLEvent SQLErrorEvent SQLUpdateEvent	Dieses Paket erlaubt den Zugriff auf die lokale, in die AIR-Runtime eingebaute SQLite-Datenbank. Alle üblichen Datenbank-Funktionalitäten sind in den entsprechenden Klassen gekapselt.
flash.desktop	Clipboard ClipboardFormats ClipboardTransferMode DockIcon FocusDirection Icon InteractiveIcon NotificationType SystemTrayIcon Updater	Die Interaktion mit dem Desktop des Betriebssystems steuert das gleichnamige Paket. Hier ist vor allem der Umgang mit der Zwischenablage (Clipboard) zentral. Außerdem werden hier zentrale Icons für die Anwendung gesteuert.

Tabelle 29.1 Klassen für AIR (Forts.)

Paket	Klassen	Beschreibung
flash.display	NativeApplication NativeDragActions NativeDragManager NativeDragOptions NativeMenu NativeMenuItem NativeWindow NativeWindowDisplayState NativeWindowInitOptions	Dieses Paket enthält Anzeigeobjekte – im Falle von AIR geht es vor allem um das native Fenster. Dies hat sich auch als Eigenschaft in der Stage-Klasse eingenistet, ist also über die Programmierung zugänglich.
flash.display	NativeWindowResize NativeWindowSystem-Chrome NativeWindowType Screen *Ereignisse (flash.events):* NativeDragEvent NativeWindowBoundsEvent NativeWindowDisplay-StateEvent ScreenMouseEvent	
flash.events	BrowserInvokeEvent DownloadErrorEvent DRMErrorEvent DRMStatusEvent FileListEvent HTMLUncaughtScriptExceptionEvent InvokeEvent NativeDragEvent NativeWindowBoundsEvent OutputProgressEvent ScreenMouseEvent SQLEvent SQLErrorEvent SQLUpdateEvent	Die meisten Ereignisse stehen direkt mit einer der Funktionalitäten in Zusammenhang. Hier sind noch einmal alle Ereignisse aufgeführt. Manche, wie das Einbinden in den Browser, sind eigenständig, die meisten hängen aber von einer Funktionalität ab. Zusätzlich wurde die Event-Klasse selbst um einige Konstanten mit neuen Ereignissen erweitert (u. a. HTML_RENDER).
flash.filesystem	File FileMode FileStream *Ereignisse (flash.events):* FileListEvent	Dieses Paket erlaubt den Umgang mit Dateien auf dem lokalen System. Im Gegensatz zu Browserbasierten Flash-Anwendungen können Dateien ohne Nachfragen gelesen und gespeichert werden.

Tabelle 29.1 Klassen für AIR (Forts.)

Paket	Klassen	Beschreibung
flash.html	HTMLHistoryItem HTMLHost HTMLLoader HTMLPDFCapability HTMLWindowCreateOptions *Ereignisse (flash.events):* HTMLUncaughtScriptExceptionEvent	Das Paket ermöglicht die Interaktion mit dem HTML-Teil der Runtime. Sie können beispielsweise HTML-Code laden.
flash.net	URLRequestDefaults	Erweitert das Kommunikationspaket um einige Standardwerte.
flash.security	RevocationCheckSettings SignatureStatus SignerTrustSettings	Dieses Paket enthält u. a. Klassen zum Steuern der Zertifikatssicherheit für die AIR-Anwendung.
flash.utils	CompressionAlgorithm XMLSignatureValidator	Auch in den Hilfswerkzeugen kommt dank AIR etwas dazu: ein Kompressionsalgorithmus und ein Validator für XML-Signaturen.

Tabelle 29.1   Klassen für AIR (Forts.)

Flash CS3 [+]

In Flash CS3 sind die AIR-Klassen in einem eigenen Bereich hinterlegt. Die Veröffentlichung funktioniert nicht direkt über das Menü VERÖFFENTLICHEN, sondern über BEFEHLE.

29.2   Ein Beispiel

Als Ausgangspunkt für ein einfaches AIR-Beispiel ziehen wir hier die Datei [o]
bitmap_filter_laden_speichern_AS3.fla aus Kapitel 20, »Bitmaps, Filter und Pixel
Bender«, heran. Diese Datei enthält einige Einstellungen, die über Schieberegler
und Kontrollkästchen getroffen werden. Diese Einstellungen sollen nun – für
jeden Client individuell – in AIR gespeichert werden.

Schritt-für-Schritt: Eine AIR-Anwendung erstellen

1   *Schaltflächen hinzufügen*

Fügen Sie zum Beispiel auf der Ebene REGLER zwei Schaltflächen hinzu. Die eine
heißt EINSTELLUNGEN SPEICHERN, die andere EINSTELLUNGEN LADEN. Sie können
dazu einfach die bestehende Schaltfläche kopieren und über FENSTER • KOMPO-
NENTEN-INSPEKTOR die Beschriftung (Eigenschaft label) ändern. Fügen Sie dann
für beide Schaltflächen einen Event-Listener hinzu:

```
espeichern_btn.addEventListener(MouseEvent.CLICK, saveProperties);
eladen_btn.addEventListener(MouseEvent.CLICK, loadProperties);
```

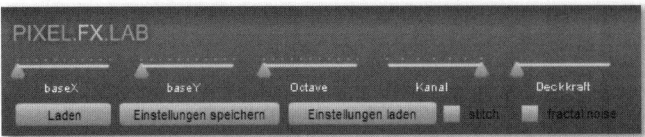

Abbildung 29.7 Die neuen Schaltflächen

2 Einstellungen speichern

Um die Einstellungen lokal zu speichern, können Sie entweder die Datenbank oder eine Datei verwenden. Wir setzen hier auf das Dateisystem und speichern ein XML-Dokument. Die entsprechenden Klassen finden Sie unter `flash.file-system`. Gespeichert wird das Dokument in das Speicherverzeichnis der Anwendung, das AIR automatisch zur Verfügung stellt. Um unabhängig vom Betriebssystem zu arbeiten, wird dieses Verzeichnis aus einer Konstanten ausgelesen:

```
function saveProperties(evt:MouseEvent):void {
    var xmlDoc:XML = <properties></properties>;
    xmlDoc.appendChild(<baseXwert>{baseXwert}</baseXwert>);
    xmlDoc.appendChild(<baseYwert>{baseYwert}</baseYwert>);
    xmlDoc.appendChild(<octave>{octave}</octave>);
    xmlDoc.appendChild(<stitch>{stitch}</stitch>);
    xmlDoc.appendChild(<fn>{fn}</fn>);
    xmlDoc.appendChild(<channels>{channels}</channels>);
    xmlDoc.appendChild(<mult>{mult}</mult>);

    var datei:File = File.applicationStorageDirectory;
    datei = datei.resolvePath("einstellungen.xml");
    var fileStream:FileStream = new FileStream();
    fileStream.open(datei, FileMode.WRITE);
    fileStream.writeUTFBytes(xmlDoc);
    fileStream.close();
}
```

Im Gegensatz zur `FileReference` ist es mit den Dateiklassen möglich, Dateien zu laden und zu speichern, ohne dass der Benutzer etwas mitbekommt bzw. selbst Hand anlegen muss.

3 Einstellungen laden

Das Laden der Einstellungen funktioniert ebenfalls über einen `FileStream`. Dann wird das XML-Dokument ausgelesen, und jede Variable erhält den Wert aus dem XML-Dokument.

```
function loadProperties(evt:MouseEvent):void {
  var datei:File = File.applicationStorageDirectory;
  datei = datei.resolvePath("einstellungen.xml");
  if (datei.exists) {
    var fileStream:FileStream = new FileStream();
    fileStream.open(datei, FileMode.READ);
    var objekt:XML = XML(fileStream.readUTFBytes(fileStream.bytesAvai
lable));
    fileStream.close();
    baseXwert = objekt.baseXwert;
    baseYwert = objekt.baseYwert;
    octave = objekt.octave;
    stitch = objekt.stitch as Boolean;
    fn = objekt.fn as Boolean;
    channels = objekt.channels;
    mult = objekt.mult;
    updateProperties();
  }
}
```

Die Änderung der Variablen alleine reicht allerdings nicht. Sie müssen zusätzlich die Schieberegler in die richtigen Positionen bringen.

4 *Schieberegler setzen*

Das Setzen der Schieberegler-Werte übernimmt die Funktion `updateProperties()`:

```
function updateProperties():void {
  regler_baseXwert.value = baseXwert;
  regler_baseYwert.value = baseYwert;
  regler_octave.value = octave;
  regler_channels.value = channels;
  regler_multi.value = mult;
  checkbox_fn.selected = fn;
  checkbox_stitch.selected = stitch;
}
```

5 *Zertifikat anlegen*

Den Anfang machen immer die AIR-EINSTELLUNGEN, die Sie beispielsweise über DATEI • AIR-EINSTELLUNGEN erreichen. Wählen Sie hier ein Zertifikat und klicken Sie dann im Dialogfeld auf ERSTELLEN, um ein neues Zertifikat mit Ihren eigenen Daten zu erzeugen.

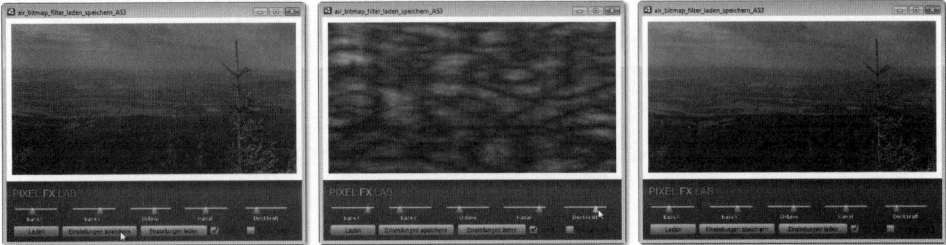

Abbildung 29.8 Die Einstellungen werden gespeichert, dann werden sie geändert und anschließend die ursprünglichen wieder geladen.

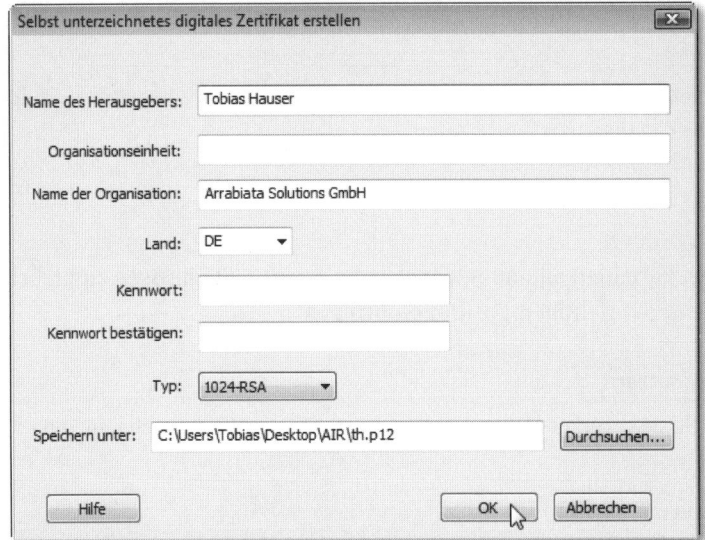

Abbildung 29.9 Zuerst legen Sie ein Zertifikat an.

6 *Zertifikat auswählen*

Anschließend wählen Sie das gerade erstellte Zertifikat aus und bestätigen diese Wahl. Sie müssen auch das Kennwort des Zertifikats korrekt eingeben, um es verwenden zu können.

7 *AIR-Datei veröffentlichen*

Anschließend geben Sie alle Einstellungen für die AIR-Datei an (siehe letzter Abschnitt) und veröffentlichen die AIR-Datei. Wichtig ist, dass Sie das Foto mit angeben, da es am Anfang mit geladen wird. Das Foto wird dann innerhalb der AIR-Datei gespeichert. Alternativ könnten Sie es natürlich auch per URL vom Server holen – dann steht es allerdings nicht offline zur Verfügung.

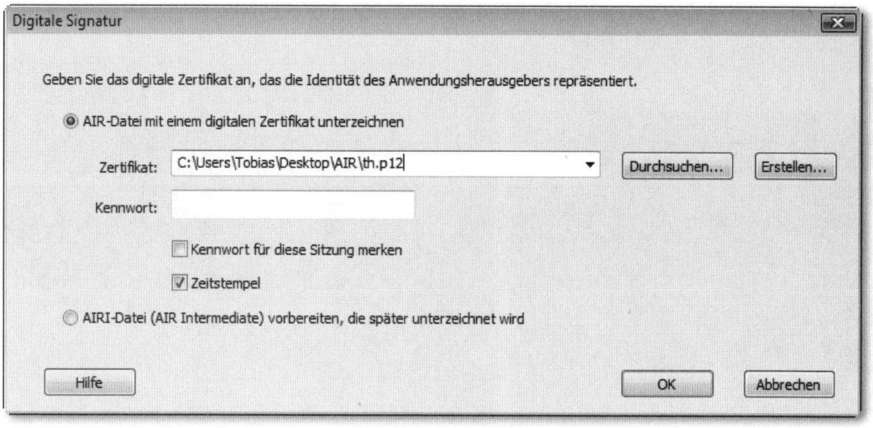

Abbildung 29.10 Dann wählen Sie das Zertifikat aus.

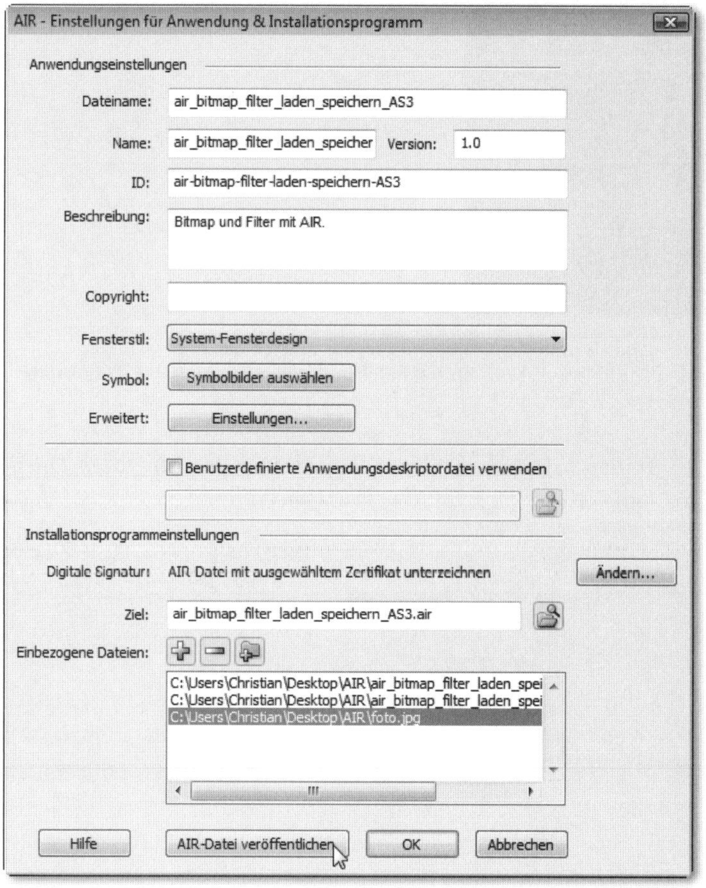

Abbildung 29.11 Die Einstellungen für die AIR-Datei

Sie können die AIR-Anwendung nun ganz normal installieren und austesten.

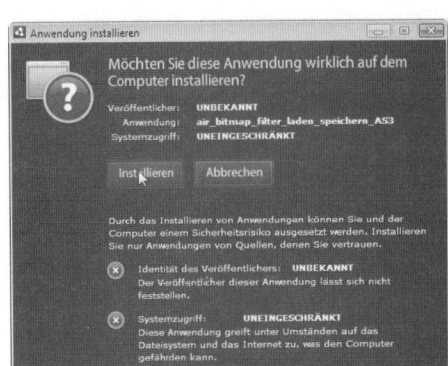
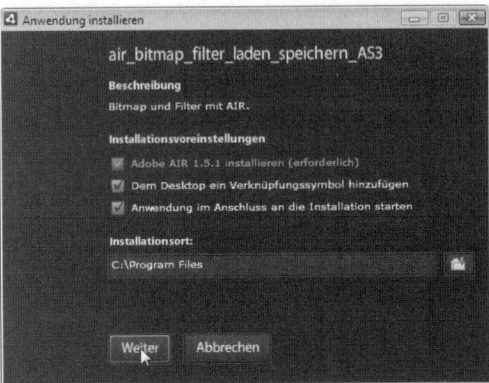
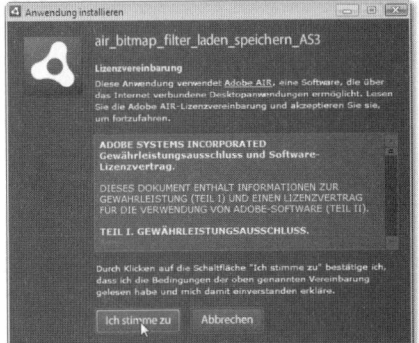

Abbildung 29.12 Die Installation besteht neben ein wenig Warten aus drei wichtigen Schritten: Der Bestätigung der Installation, zentralen Einstellungen wie dem Installationspfad und den Lizenzvereinbarungen. ■

[○] Die fertige Datei finden Sie unter dem Namen *Air_bitmap_filter_laden_speichern_AS3.fla*.

*»Sicher ist,
dass nichts sicher ist,
selbst das nicht.«
– Joachim Ringelnatz*

30 Sicherheit

Was hat ein Dutzend moderner deutscher Web-2.0-Websites gemeinsam? Bei einer Untersuchung für eine Fachzeitschrift hat der Autor dieser Zeilen über 20 Websites durchsucht, und bei über der Hälfte innerhalb kürzester Zeit gefährliche Sicherheitslücken gefunden. Bei einer längeren Untersuchung wäre die Quote sicherlich noch höher ausgefallen.

Woran liegt das? Unwissen? Inkompetenz? Zeitmangel? Fehlendes Problembewusstsein? Vielleicht an einer Mischung dieser verschiedenen Aspekte. Nur wenige Entwickler wissen über typische Angriffe gegen Websites Bescheid. Und wer über dieses Wissen verfügt, hat nicht immer die Zeit oder die Lust, entsprechende Gegenmaßnahmen zu implementieren.

Die Sicherheitslücken liegen nicht immer an der Flash-Programmierung, sondern häufig am Code derjenigen Technologien, mit denen Flash kommuniziert, beispielsweise PHP. Dieses Kapitel zeigt eine typische Beispielanwendung, die Flash und PHP zusammenbringt. Die Anwendung, soviel bereits vorweg, enthält mehrere Fehler, die nach und nach aufgedeckt werden.

Hundertprozentig perfekter Code ist nicht immer möglich, in großen Projekten vielleicht sogar unmöglich. Auch die Autoren dieses Buchs haben schon häufig unsicheren Code produziert und können auch nicht ausschließen, dass das zukünftig anders sein wird.

Der entscheidende Punkt ist jedoch, dass man Sicherheitsbedenken nicht beiseitewischt, sondern defensiv entwickelt. Blauäugige Entwicklung, wie diese leider immer noch in vielen Tutorials, Artikeln und Büchern propagiert wird, ist nicht mehr zeitgemäß. In der heutigen Webwelt kommt ein Angriff schneller als man vielleicht denkt.

30.1 Angriffswege

Ein Angreifer kann auf vielfältige Art und Weise versuchen, eine Flash-Anwendung zu attackieren. Ein Ansatzpunkt ist die Flash-Anwendung selbst. Flash-(SWF-)Dateien können disassembliert werden, insbesondere ältere Versionen (wobei auch für Flash CS3 und AS3 große Fortschritte gemacht wurden). Wenn Sie in den Flash-Filmen geheime Informationen speichern, wie etwa Datenbank-zugriffsdaten oder Passwörter, dann sollten Sie sich wirklich überlegen, ob Sie diesen Code 1:1 im Web verwenden. In einem Beispiel zu Lern- und Übungszwecken ist es natürlich legitim, solche Daten der Einfachheit halber direkt im Code ohne zusätzliche Schutzmaßnahmen zu hinterlegen; im Web dagegen geht das nicht mehr. Die Beispielanwendung im nächsten Abschnitt geht schon einen richtigen Weg und verfrachtet die Überprüfung von Zugangsdaten auf den geschützten Server.

Plug-in für Firefox

Apropos Kommunikation mit dem Server: Diese ist mitnichten so unsichtbar, wie es die Benutzererfahrung im Browser vielleicht vermuten lässt. Es gibt verschiedenste Möglichkeiten, Näheres über diesen Datenaustausch im Hintergrund zu erfahren. Eine besonders bequeme Variante, die auch noch auf fast allen Betriebssystemen funktioniert, ist ein Browser-Plug-in für Firefox: Firebug. Gehen Sie mit dem Firefox-Browser auf *http://www.getfirebug.com/* und klicken Sie dort auf die INSTALL-Schaltfläche. Unter Umständen erscheint zunächst eine Sicherheitswarnung – wäre ja noch schöner, wenn jede Website einfach Browser-Add-ons installieren könnte. Sie müssen zunächst die aktuelle Domain zur Liste der »guten« Download-Sites hinzufügen, dann läuft die Installation beim nächsten Versuch durch.

Wenn Sie jetzt auf eine Website surfen und den Datenverkehr (und noch mehr: HTML, CSS, JavaScript, ...) untersuchen möchten, starten Sie Firebug über das EXTRAS-Menü oder die Taste $\boxed{\text{F12}}$. Standardmäßig ist Firebug deaktiviert (da es die Performance doch ein klein wenig beeinträchtigt); Sie können es global oder, was wohl besser ist, pro Website aktivieren. Bei der Aktivierung können Sie weiterhin angeben, ob Firebug Zugriff auf JavaScript-Code und Netzwerkverkehr erhält.

Danach können Sie den Datenverkehr beobachten. Das ist bei Flash-Anwendungen, die mit einem Server-Backend kommunizieren, mitunter sehr interessant. Ein Onlinespiel beispielsweise hat am Ende immer folgende Webseite aufgerufen, natürlich mit jeweils passenden Werten:

http://www.server.xy/highscore.php?Name=Max&Punkte=12345

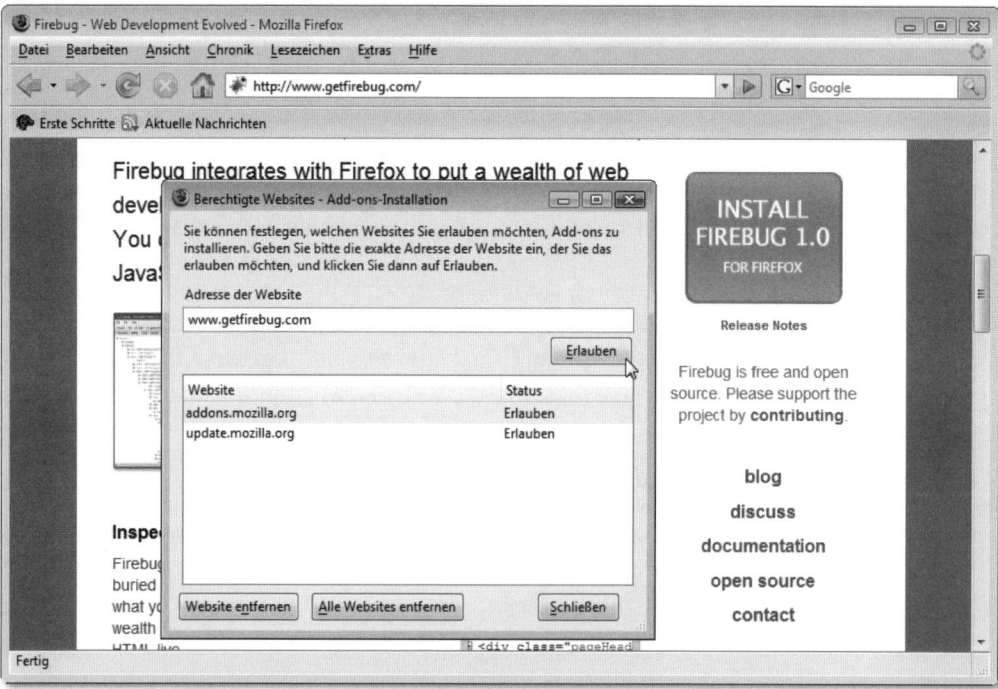

Abbildung 30.1 Beim ersten Versuch, Firebug zu installieren, erscheint möglicherweise eine Warnmeldung.

Abbildung 30.2 Beim zweiten Versuch klappt es dann.

Abbildung 30.3 Aktivieren Sie Firebug am besten für jede Website einzeln.

Haben Sie sich bei manchen Onlinespielen schon immer gewundert, wieso manche Spieler so viel mehr Punkte haben als Sie? Meist, weil sie bessere Spieler sind oder mehr Zeit haben; aber manchmal lässt sich der Highscore auch verblüffend einfach manipulieren, indem die obige URL herausgefunden und dann angepasst wird:

http://www.server.xy/highscore.php?Name=Moritz&Punkte=1234567890

Verlassen Sie sich also nicht nur nicht darauf, dass Ihre Daten im Flash-Film geheim bleiben, sondern seien Sie sich ebenfalls bewusst, dass die Kommunikation mit dem Server nicht geheim bleibt.

30.2 Eine Anwendung, viele Fehler

[o] Nun aber zu unserer Beispielanwendung *loginformular.fla*. Sie simuliert einen Login-Mechanismus: Ein Benutzer gibt einen Namen und ein Passwort ein.

Abbildung 30.4 Die Login-Maske

Ein Klick auf die Schaltfläche kontaktiert den Server und stellt dort fest, ob die Daten korrekt sind. Falls nicht, ergibt sich das Bild aus Abbildung 30.5: Der Zugriff wird verweigert. Mit entsprechenden (bösartigen) Mitteln wollen wir vermeiden, dass diese Meldung erscheint; wir wollen stattdessen eingeloggt werden.

Abbildung 30.5 Der Zugriff wurde verweigert.

Sie sehen in den Abbildungen schon, dass das Beispiel über einen Webserver (*http://localhost/...*) aufgerufen wird. Das ist notwendig, damit der PHP-Code ausgeführt wird.

30.2.1 Der PHP-Code

Das Setup auf dem Server ist schon etwas aufwändiger. Zunächst benötigen Sie PHP; außerdem muss PHP so konfiguriert sein, dass die Datenbankerweiterung für SQLite aktiviert ist. Erstellen Sie dazu folgendes Skript (es heißt bei uns *phpinfo.php*):

```php
<?php
   phpinfo();
?>
```

Suchen Sie in der Ausgabe des Skripts nach dem Eintrag zu »sqlite«. Finden Sie diesen, dann ist das entsprechende PHP-Feature korrekt eingerichtet.

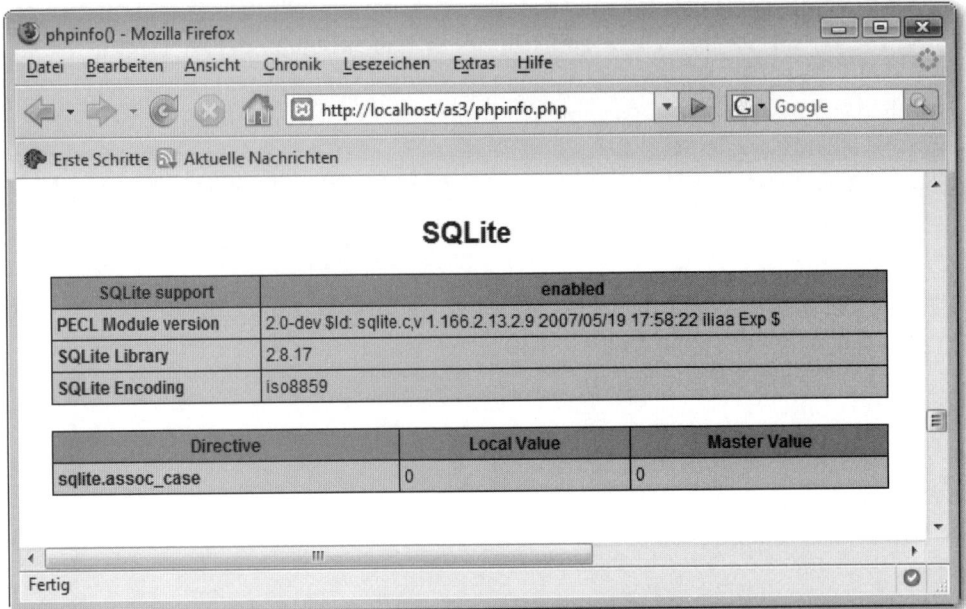

Abbildung 30.6 Die SQLite-Unterstützung von PHP ist aktiviert.

Als Nächstes erstellen Sie eine SQLite-Datenbank. Das erledigt das Skript *erzeuge_ datenbank.php*, das wie folgt aussieht:

```php
<?php
    $db = sqlite_open('nutzerdatenbank.db');
    $sql = 'CREATE TABLE users(
    id INTEGER PRIMARY KEY,
    username VARCHAR(50),
    pass VARCHAR(50)
);
INSERT INTO users (username, pass) VALUES (\'Administrator\',
\'geheim\');';

    sqlite_exec($db, $sql);
    sqlite_close($db);
?>
<p>Datenbank angelegt. </p>
```

Dieses Buch behandelt kein PHP, daher halten wir die Ausführungen dazu eher kurz. Der Code legt eine Datenbankdatei und dort einen Benutzer an: Er heißt Administrator und hat als Passwort geheim. Nicht wirklich sicher, aber darum geht es ja im Beispiel.

Login-Überprüfung

Die Login-Überprüfung übernimmt ein Skript namens *login.php*. Es erwartet als GET-Parameter (also angehängt an den Querystring) den Benutzernamen und das Passwort. Daraus entsteht eine Datenbankabfrage, die nach einem Nutzer mit dem angegebenen Namen und Passwort sucht. Wird etwas gefunden, wird eine XML-Datei nach folgendem Muster zurückgegeben:

```
<ergebnis>
    <Benutzername>Name des Benutzers</Benutzername>
    <eingeloggt>1</eingeloggt>
</ergebnis>
```

Klappt der Login nicht, sieht der XML-Code so aus:

```
<ergebnis>
    <Benutzername>Name des Benutzers</Benutzername>
    <eingeloggt>0</eingeloggt>
</ergebnis>
```

Der dazugehörige PHP-Code sieht so aus:

```php
<?php
    $db = sqlite_open('nutzerdatenbank.db');
    $sql = sprintf(
        'SELECT * FROM users WHERE username=\'%s\' AND pass=\'%s\'',
        $_GET['Benutzername'], $_GET['Passwort']
    );
    $result = sqlite_query($db, $sql);
    if (sqlite_num_rows($result) > 0) {
        $eingeloggt = '1';
    } else {
        $eingeloggt = '0';
    }
    printf('<ergebnis><Benutzername>%s</Benutzername><eingeloggt>%s
</eingeloggt></ergebnis>',
            $_GET['Benutzername'],
            $eingeloggt);
?>
```

Wenn Sie das PHP-Skript direkt im Browser aufrufen, sehen Sie das XML-Markup nicht, denn der Browser versucht, alles innerhalb von spitzen Klammern zu interpretieren. Ein Blick in den Quellcode verschafft Ihnen die Gewissheit, welche Daten zurückgeliefert wurden.

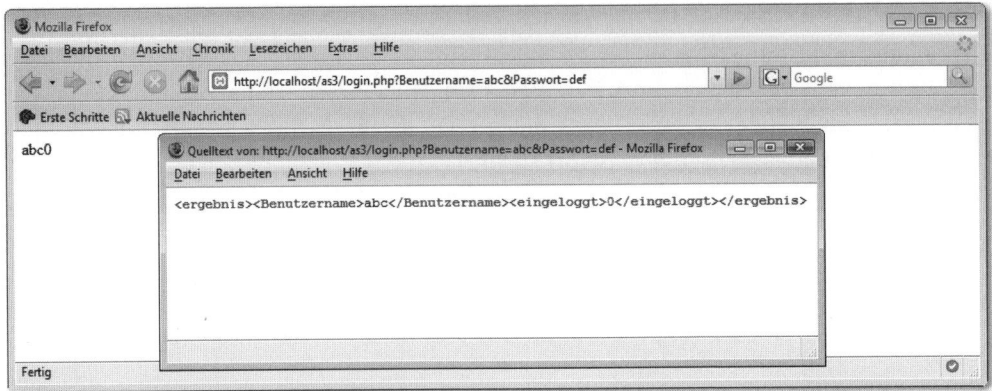

Abbildung 30.7 Die vom Login-Skript gelieferten XML-Daten

30.2.2 Der ActionScript-Code

Jetzt fehlt nur noch ein wenig ActionScript. Bild 1 im Flash-Film enthält das Login-Formular, Bild 5 die Fehlermeldung bei inkorrektem Login und Bild 10 die Meldung, dass die Anmeldung erfolgreich war.

Wenn in Bild 1 auf die Schaltfläche geklickt wird, erzeugt ActionScript zunächst die HTTP-Anfrage an den Server. Aus Sicherheitsgründen (man höre und staune!) werden die Nutzereingaben mit der Funktion escape() zunächst in ein URL-kompatibles Format gebracht.

```
login_
btn.addEventListener(MouseEvent.CLICK, function(evt:MouseEvent) {
    var loader:URLLoader = new URLLoader();
    var url:String = "login.php?Benutzername=" +
        escape(name_txt.text) +
        "&Passwort=" +
        escape(passwort_txt.text);
    loader.load(new URLRequest(url));
    loader.addEventListener(Event.COMPLETE, parseXML);
});
```

Die Funktion parseXML() liest den XML-Code ein, der vom Server zurückkommmt. Der Benutzername sowie der Status (1 für eingeloggt, 0 für nicht eingeloggt) werden dann in globalen Variablen abgelegt:

```
var _benutzername:String = "";
var _eingeloggt:Boolean = false;

function parseXML(evt:Event) {
    var xml_dokument:XML = new XML(evt.target.data);
```

```
xml_dokument.ignoreWhitespace = true;
_benutzername = xml_dokument.Benutzername.text();
_eingeloggt = (xml_dokument.eingeloggt == "1") ? true : false;
if (_eingeloggt) {
    gotoAndStop(10);
} else {
    gotoAndStop(5);
}
}
```

In Bild 10, nach erfolgreichem Einloggen, wird dann der Benutzername ausgegeben:

```
meldung_txt.text = "GUTEN TAG, " + _benutzername + "!";
```

Wenn Sie sich in der Flash-Anwendung einloggen möchten, wird die HTTP-Anfrage an den Server geschickt, wie Firebug zeigt. Je nach Rückgabe springt der Film dann zu Bild 5 (nicht eingeloggt) oder 10 (eingeloggt).

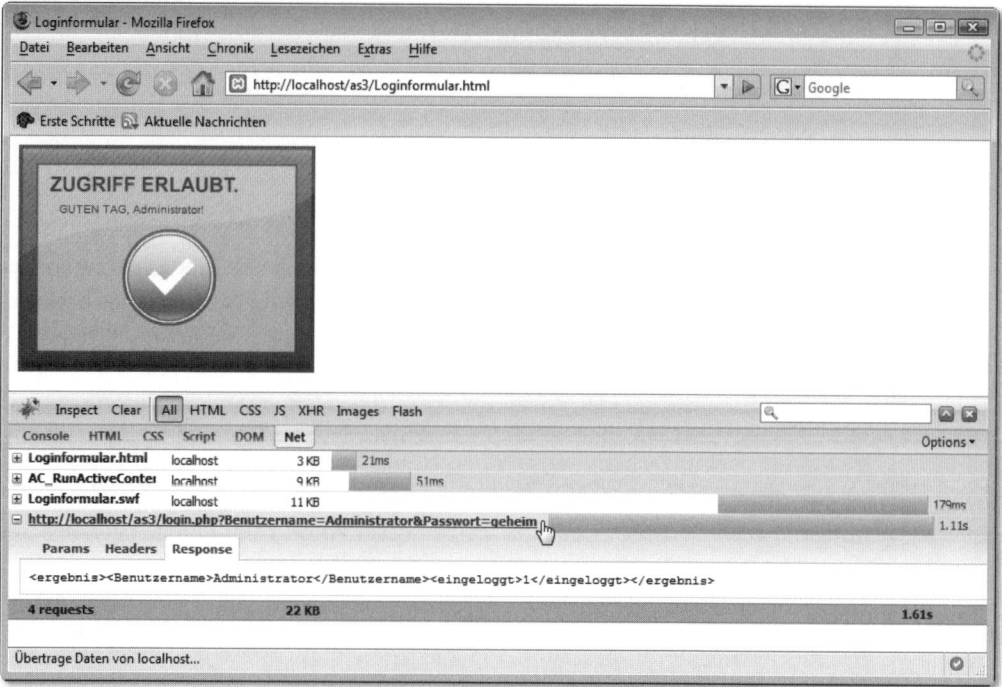

Abbildung 30.8 Die Anmeldung hat geklappt, Firebug zeigt die Daten.

Die Anwendung sieht auf den ersten Blick ganz patent aus, enthält aber mehrere Lücken, einige davon schwerwiegend, andere nicht ganz so gravierend. Wir zeigen im Folgenden, wie diese Lücken ausgenutzt werden können sowie welche Gegenmaßnahmen Sie treffen können. So lernen Sie sowohl, wie Angreifer zu denken, als auch, was Sie dagegen tun können (und müssen).

30.2.3 SQL Injection

Der erste Angriffsweg richtet sich gegen die Datenbank. Dazu müssen Sie die Datenbank-Abfragesprache SQL etwas genauer kennen. Werfen Sie einen Blick auf das Login-Skript. Die SQL-Abfrage, die dort erzeugt wird, sieht wie folgt aus:

```
SELECT * FROM users WHERE username='Benutzername' AND pass='Passwort'
```

Jetzt überlegen Sie mal, wie die SQL-Abfrage aussieht, wenn ein Benutzer – aus welchen Gründen auch immer – folgenden Benutzernamen angeben würde:

```
' OR 2>1 /*
```

Ein komischer Benutzername, oder? Wenn Sie in obigem SQL-Kommando aber `Benutzername` gegen die gerade gesehene kryptische Zeichenfolge austauschen, erhalten Sie Folgendes:

```
SELECT * FROM users WHERE username='' OR 2>1 /*' AND pass='Passwort'
```

Die Zeichenfolge `/*` bezeichnet einen Kommentar in SQL. Alles ab `/*` wird also ignoriert. Es bleibt letzten Endes Folgendes:

```
SELECT * FROM users WHERE username='' OR 2>1
```

Auf Deutsch: »Gib mir alle Benutzer zurück, die entweder einen leeren Namen haben (davon gibt es keine) oder für die 2>1 gilt«. Nun, Letzteres ist natürlich *immer* wahr. Die Abfrage gibt also alle Nutzer zurück. Das Login-Skript denkt dann, der Nutzer hätte sich erfolgreich eingeloggt.

Ein Blick in den HTTP-Verkehr mit Firebug (Register NET) bestätigt das. Der »extravagante« Benutzername wird übergeben, in der Rückgabe steht tatsächlich `<eingeloggt>1</eingeloggt>`. Der Benutzer wird also eingeloggt, und der »Benutzername« erscheint auch in Bild 10. Dieser Angriff hat einen speziellen Namen: *SQL Injection*.

Unter Umständen ist Ihr PHP-System so konfiguriert, dass vor Apostrophe und Anführungszeichen in bestimmten Szenarien ein Backslash eingefügt wird. Die PHP-Einstellung heißt `magic_quotes` bzw. `magic_quotes_gpc` und wurde einst als Schutz vor SQL Injections eingeführt. Leider ist der Schutz nicht perfekt, und in PHP 6 wird es keine »magischen Anführungszeichen« mehr geben. Sie benötigen also etwas Besseres.

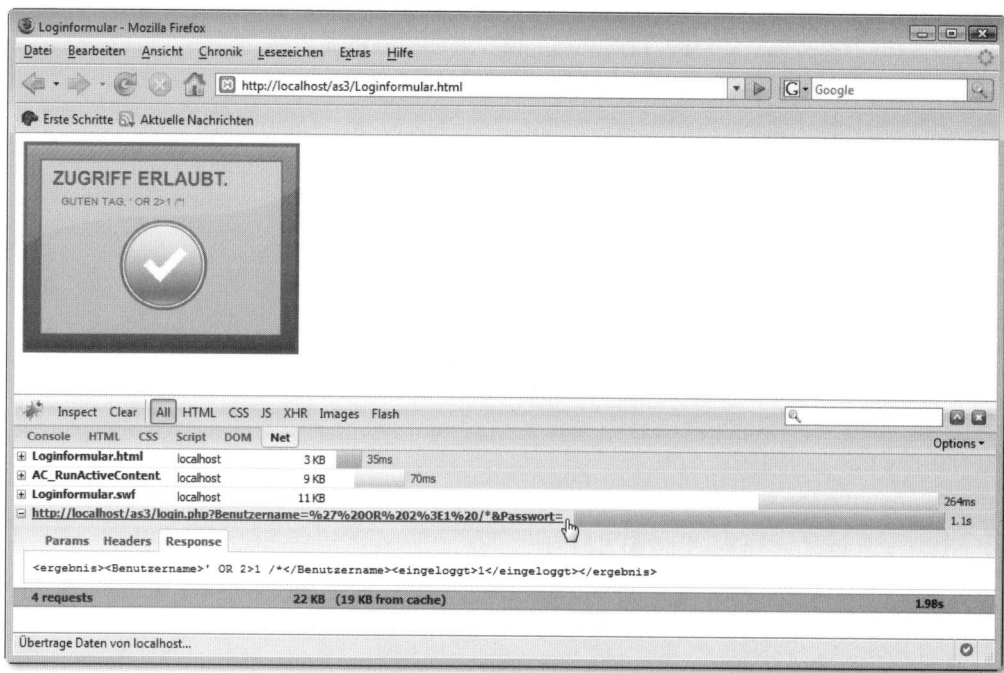

Abbildung 30.9 Die Anmeldung hat geklappt.

Es gibt in der Regel zwei Lösungsmöglichkeiten:

▸ Ersetzen Sie »gefährliche« Zeichen, wie etwa Apostrophe und Anführungszeichen, durch ungefährliche Entsprechungen. Dazu gibt es in PHP – in Abhängigkeit von der Datenbank – entsprechende Hilfsfunktionen, beispielsweise `mysqli_real_escape_string()` für MySQL und `sqlite_escape_string()` für SQLite. Nicht alle Datenbankerweiterungen (aber die meisten) unterstützen diese Möglichkeit.

▸ Verwenden Sie sogenannte Prepared Statements. Dadurch werden alle dynamischen Bestandteile innerhalb einer SQL-Abfrage durch Platzhalter ersetzt und diesen Platzhaltern dann entsprechende Werte zugewiesen. Auf diese Art und Weise kümmert sich die Datenbankerweiterung um die gefährlichen Zeichen, Sie brauchen sich dann nicht mehr damit zu beschäftigen. Nicht alle Datenbankerweiterungen (aber die meisten) unterstützen diese Möglichkeit.

Bei Anwendung der ersteren Alternative würde eine bessere (aber nicht perfekte) Variante von *login.php* wie folgt aussehen:

```php
<?php
  $db = sqlite_open('nutzerdatenbank.db');
  $sql = sprintf(
```

```
  'SELECT * FROM users WHERE username=\'%s\' AND pass=\'%s\'',
  sqlite_escape_string($_GET['Benutzername']),
  sqlite_escape_string($_GET['Passwort'])
);
$result = sqlite_query($db, $sql);
if (sqlite_num_rows($result) > 0) {
  $eingeloggt = '1';
} else {
  $eingeloggt = '0';
}
printf('<ergebnis><Benutzername>%s</Benutzername><eingeloggt>%s
</eingeloggt></ergebnis>',
    $_GET['Benutzername'],
    $eingeloggt);
?>
```

30.2.4 Cross-Site Scripting

Die zurzeit wohl häufigste Angriffsmöglichkeit gegen Websites nennt sich *XSS*.
Das steht für *Cross-Site Scripting*. Es gibt verschiedene Ausprägungen dieser Art
von Sicherheitslücken, aber die folgende Variante findet sich am häufigsten. Eine
Website kann dazu gebracht werden, dass sie fremden JavaScript-Code ausführt.
Das tritt am häufigsten auf, wenn dynamische Daten direkt ausgegeben werden,
etwa mit echo() oder print() – um beim PHP-Beispiel zu bleiben. In dem Login-
Skript steckt genau dieser Fehler:

```
printf('<ergebnis><Benutzername>%s</Benutzername><eingeloggt>%s
</eingeloggt></ergebnis>',
    $_GET['Benutzername'],
    $eingeloggt);
```

Der Wert der URL-Variablen Benutzername wird ungeprüft ausgegeben. Was passiert aber, wenn Sie beispielsweise folgenden Benutzernamen verwenden?

```
<script>alert("Erwischt!")</script>
```

Nun, das würde dazu führen, dass die Ausgabe ein <script>-Element enthält.
Der Webbrowser weiß sehr wohl, wie er das zu interpretieren hat: Es ist Java-
Script-Code! Wenn Sie also folgende URL im Browser aufrufen, wird der in der
URL übergebene JavaScript-Code ausgeführt:

http://servername/login.php?Benutzername=<script>...</script>

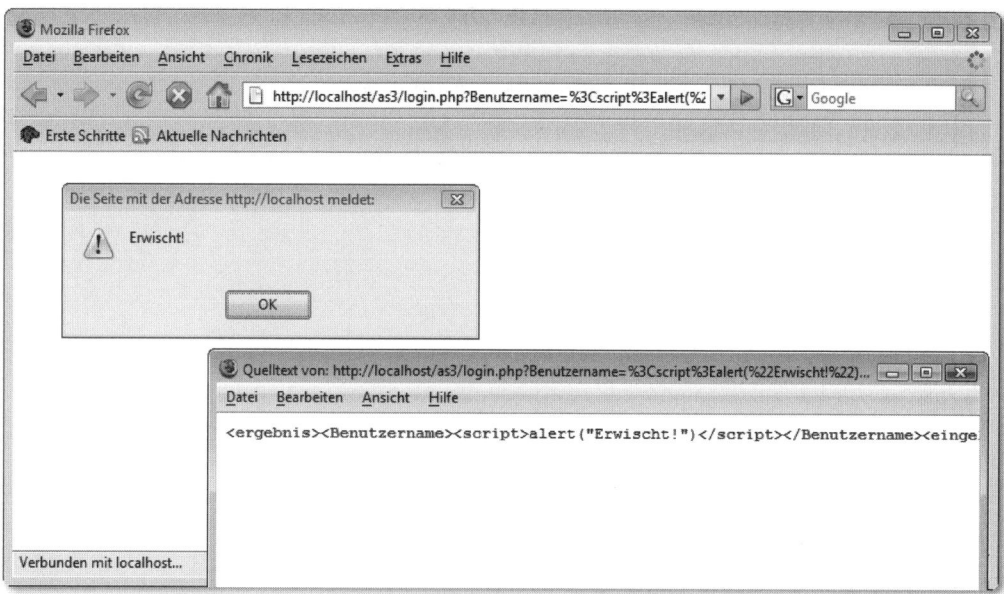

Abbildung 30.10 Der JavaScript-Code aus der URL wird ausgeführt, weil er 1:1 im zurückgegebenen Markup steht.

Worin besteht aber die Gefahr dieses Angriffs? JavaScript kann viel mehr, als lediglich Hinweisfenster ausgeben. Unter anderem sind die folgenden Angriffe möglich:

▶ Stehlen von Cookies

▶ Scannen des Netzwerks nach offenen Ports

▶ Umleiten auf eine andere Website (Stichwort Phishing)

▶ Umleiten von Formulardaten

▶ Anzeigen beliebiger Inhalte

▶ und vieles mehr …

Der Angriff geht in der Regel wie folgt vonstatten: Stellen Sie sich vor, Ihnen gehört die Domain *server.xy* und Sie haben dort das Login-Skript *login.php* abgelegt. Sie bekommen von einer unbekannten Adresse eine E-Mail, die besagt, dass eine Seite in Ihrer Webpräsenz in einem exotischen Browser nicht funktioniert. Praktischerweise schickt der Absender sogar einen Link mit.

Natürlich wissen Sie, dass Sie nicht auf verdächtige Links in E-Mails klicken sollten. Aber der Link geht ja auf Ihre eigene Website! Also vertrauen Sie dem Link, klicken darauf, und der (fremde) JavaScript-Code wird ausgeführt, der Schaden ist angerichtet.

Deswegen: Geben Sie nie dynamische Daten ungefiltert aus. Alles, was vom Browser als HTML (oder CSS oder JavaScript) interpretiert wird, muss gefiltert werden. Dazu gehören Apostrophe, Anführungszeichen, spitze Klammern und das kaufmännische Und (&). Die PHP-Funktion `htmlspecialchars()` ersetzt diese Zeichen durch die entsprechenden HTML-Entities, beispielsweise `&quot;` für doppelte Anführungszeichen. Hier die verbesserte Variante der Ausgabe:

```
printf('<ergebnis><Benutzername>%s</Benutzername><eingeloggt>%s
</eingeloggt></ergebnis>',
    htmlspecialchars($_GET['Benutzername']),
    $eingeloggt);
```

Normalerweise würde niemand auf die Idee kommen, die Seite *login.php* direkt im Webbrowser aufzurufen; der Flash-Film benötigt diese Seite nur zur Überprüfung der Zugangsdaten. Doch das soll keine Ausrede dafür sein, das Skript nicht nach Sicherheitslücken zu durchforsten. Und wie Sie gesehen haben: In einem anderen Kontext als vom Ersteller geplant ist das Skript tatsächlich verwundbar.

30.2.5 Weitere Fehler

Eine weitere typische Fehlerquelle besteht schon darin, wenn ein Skript dazu gebracht werden kann, eine Fehlermeldung oder einen Warnhinweis auszugeben. In Abbildung 30.11 sehen Sie, welche interessanten Informationen beispielsweise PHP-Hinweise enthalten können: Dateinamen, Zeilennummern sowie komplette Pfade. Letzteres lässt häufig Rückschlüsse auf das Serversystem zu (im Beispiel: Windows-System, XAMPP als All-in-one-Paket).

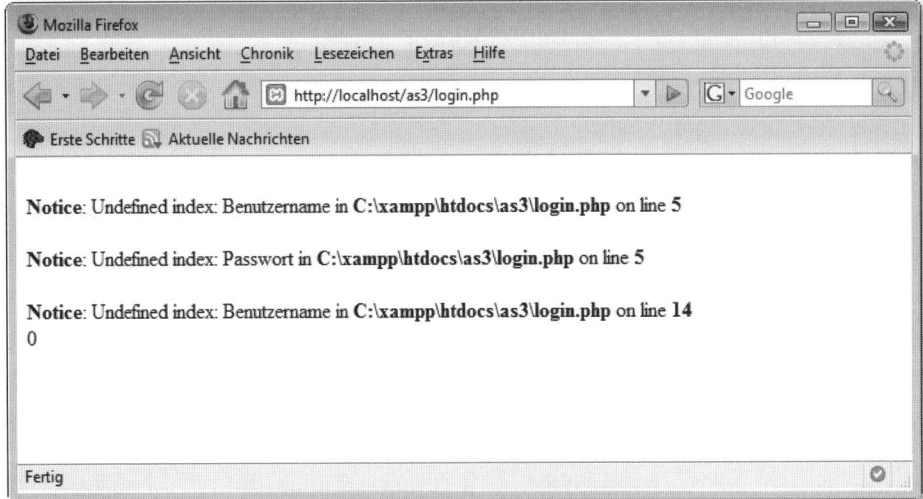

Abbildung 30.11 Ohne Parameter spuckt die Seite Fehler aus.

Wie kommt es zu einer solchen Warnmeldung? Werfen Sie einmal einen Blick auf folgenden Code:

```
printf('<ergebnis><Benutzername>%s</Benutzername><eingeloggt>%s
</eingeloggt></ergebnis>',
    htmlspecialchars($_GET['Benutzername']),
    $eingeloggt);
```

Der Wert von `$_GET['Benutzername']` wird verwendet. Was aber, wenn dieser URL-Parameter gar nicht übergeben worden ist? Je nach PHP-Konfiguration geschieht entweder gar nichts, oder es wird tatsächlich eine Warnmeldung ausgegeben. Die betreffende Konfigurationseinstellung heißt übrigens `error_reporting`. Sie müssen also vor dem Zugriff auf dynamische Daten erst einmal überprüfen, ob überhaupt etwas übergeben worden ist. Im vorliegenden Fall gibt es zwei praktische Hilfsfunktionen:

▶ `isset()` überprüft, ob überhaupt etwas übergeben wurde.

▶ `is_string()` überprüft, ob ein übergebener Wert ein String (oder etwas anderes, beispielsweise ein Array, was in bestimmten Situationen auch eine Fehlermeldung provozieren könnte) ist.

Also muss die Datei *login.php* noch einmal korrigiert werden:

```
<?php
  if (!isset($_GET['Benutzername']) ||
      !isset($_GET['Passwort']) ||
      !is_string($_GET['Benutzername']) ||
      !is_string($_GET['Passwort'])) {
    die();
  }
  $db = sqlite_open('nutzerdatenbank.db');
  $sql = sprintf(
    'SELECT * FROM users WHERE username=\'%s\' AND pass=\'%s\'',
    sqlite_escape_string($_GET['Benutzername']),
    sqlite_escape_string($_GET['Passwort'])
  );
  $result = sqlite_query($db, $sql);
  if (sqlite_num_rows($result) > 0) {
    $eingeloggt = '1';
  } else {
    $eingeloggt = '0';
  }
  printf('<ergebnis><Benutzername>%s</Benutzername><eingeloggt>%s
</eingeloggt></ergebnis>',
        htmlspecialchars($_GET['Benutzername']),
        $eingeloggt);
?>
```

Die Anwendung ist mit diesen Zusatzmaßnahmen schon ein gutes Stück sicherer geworden, aber immer noch nicht optimal. Zum einen sollten Sie sich überlegen, ob Sie die Zugangsdaten nicht codiert verschicken, denn unverschlüsselte HTTP-Kommunikation kann gerade in ungesicherten drahtlosen Netzwerken leicht abgehört werden. Außerdem ist noch nicht geklärt, was passiert, wenn der Benutzer eingeloggt ist. Stehen in Bild 10 des Films dann geheime Informationen? Dann sind diese Daten nicht geschützt, da der Film problemlos von einem Angreifer lokal analysiert werden könnte. Aus diesem Grund müssen die Informationen für angemeldete Nutzer wiederum vom Server geholt werden. Ein Angreifer hat nämlich keinen Zugriff auf den Server, weswegen Geheimnisse dort am besten aufgehoben sind. Voraussetzung dafür ist natürlich, dass der Servercode und die Serverkonfiguration keine Sicherheitslücken enthalten.

Natürlich gibt es viele weitere Angriffsvektoren. Für Flash-spezifische Angriffe hat Stefano di Paolas einen bemerkenswerten, aber leider noch nicht auf ActionScript 3 ausgerichteten Vortrag gehalten. Eine deutsche Version finden Sie unter *http://entropia.de/wiki/images/b/b6/Gpn6-flashsec.pdf*.

Dieses Kapitel hat sich im Hinblick auf Sicherheitslücken auf PHP konzentriert, da dies die beliebteste Webskript-Technologie ist. Die meisten Angriffe, allen voran SQL Injection und XSS, funktionieren aber auch bei anderen Technologien. Entwickeln Sie also umsichtig, prüfen Sie alle Daten, die Sie erhalten (oder nicht erhalten), und befolgen Sie die Maxime: Lieber paranoid als offline!

[+] | **Eingebaute Flash-Sicherheit**

Flash besitzt auch eingebaute Sicherheitsmechanismen, die allerdings nicht mit Codesicherheit (dem Thema dieses Kapitels) zu tun haben. Ein Punkt, über den Sie immer wieder stolpern werden, ist die Sandbox von Flash. Flash legt diese virtuellen Sandkästen an, innerhalb derer Flash-Filme alles machen dürfen. Allerdings kann die Sandbox nicht verlassen werden. Flash-Filme, die innerhalb des Browsers laufen, können also nicht beliebige Daten auf der Festplatte des Nutzers auslesen.

Weitaus häufiger stoßen Sie allerdings auf ein weiteres Sicherheitsfeature: sogenannte Cross Domain Policies. Per Konfiguration kann es Flash-Dateien unterbunden werden, auf bestimmte Server und Daten zuzugreifen. Um dies zu steuern, müssen Sie eine sogenannte Richtliniendatei namens `crossdomain.xml` im Wurzelverzeichnis des Webservers anlegen. Beim Zugriff auf fremde Server (wie beispielsweise in Kapitel 26, »Webservices«) versucht Flash, diese Datei aufzurufen. Gibt es sie, und steht der Server von dem die SWF-Datei kommt, nicht in der Liste der erlaubten Quellen, wird der Zugriff unterbunden.

Weitere Informationen rund um das Thema Sicherheit finden Sie in einem umfangreichen Whitepaper von Adobe unter *http://www.adobe.com/go/fp9_0_security_de*.

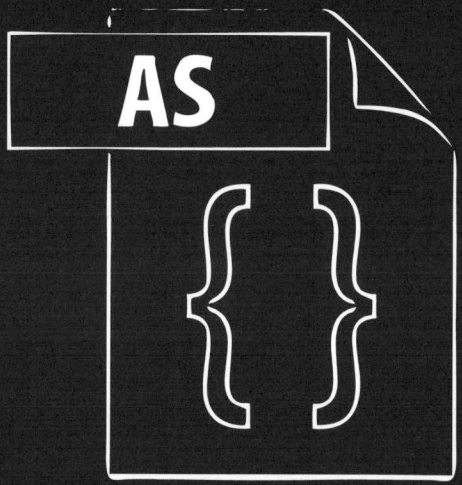

TEIL IX
Praxis

*»Die höchsten Kilometerkosten von allen Wagentypen
hat immer noch ein Einkaufswagen im Supermarkt.«
– Lothar Schmidt*

31   Warenkorb

Macromedia versuchte spätestens mit Flash MX, von seinem »skip-intro«-Image wegzukommen – und Adobe muss diese Bestrebungen fortsetzen. Das negative Image rührt daher, dass Flash am Anfang hauptsächlich zum Erstellen von Intro-Animationen für Websites verwendet wurde. Dankbare Designer haben in diese Animationen meist eine Schaltfläche »Skip Intro« eingebaut, mit der das Flackern übersprungen und zur eigentlichen Website vorgespult werden konnte.

Nach den Wünschen von Adobe soll Flash (das Programm) auch zur Programmierung von mächtigen Webanwendungen dienen. Vom reinen Designtool hin zum Programmiertool, so scheint das Ziel. Wer bereits mit einem »echten« Entwicklungstool gearbeitet hat, rümpft möglicherweise über den Code-Editor in Flash verächtlich die Nase. Dennoch, die Bestrebungen hin zur Applikationsentwicklung sind spürbar, und natürlich ist es ohne Weiteres möglich, Anwendungen mit Flash zu entwickeln. Grund genug, einen Ansatz dafür in diesem Kapitel vorzuführen.

Eine klassische Webanwendung ist ein Warenkorbsystem. Der Benutzer navigiert über diverse Produktseiten und kann Artikel in den Warenkorb legen. Der Warenkorb ist jederzeit einzusehen. Nach Abschluss des Einkaufs geht der Benutzer zur virtuellen Kasse, gibt seine Adressdaten ein und verschickt die Bestellung.

Im Rahmen dieses Kapitels zeigen wir Ihnen wichtige Techniken, die Ihnen bei der Realisierung des Warenkorbsystems helfen. Am Ende des Kapitels haben Sie eine komplette Anwendung. Natürlich sind noch viele Erweiterungen denkbar, aber mit dem Wissen aus diesem und den vorherigen Kapiteln dürfte es Ihnen leicht(er) fallen, diese umzusetzen.

31.1 Vorüberlegungen

[**o**] Zunächst einmal werfen Sie einen Blick auf die Ausgangsdatei des Films, *warenkorb-leer.fla* auf der DVD. Die folgenden Schlüsselbilder sind vorgesehen:

- ▶ Bild 1: die erste Artikelseite
- ▶ Bild 5: eine weitere Artikelseite
- ▶ Bild 10: der Warenkorb
- ▶ Bild 15: Eingabe der Lieferanschrift
- ▶ Bild 20: Übersicht über Warenkorb und Lieferanschrift
- ▶ Bild 25: Bestätigung der Bestellung

Der Benutzer startet seinen Einkauf in Bild 1 mit dem ersten Artikel und kann von dort auf Bild 5 (zweiter Artikel) springen. Sobald ein Artikel in den Warenkorb gelegt wird, springt der Film zu Bild 10 und zeigt den Warenkorbinhalt an. Von dort setzt der Nutzer entweder den Einkauf fort (zurück zu Bild 1) oder er leitet den Bestellvorgang ein und gibt seine Adresse an (Bild 15). Nun geht es weiter zu Bild 20, wo alle Daten noch einmal angezeigt und bestätigt werden. Bild 25 schließlich bedankt sich beim Kunden für die eingegangene Bestellung.

31.2 Artikelseiten

Wir beginnen mit den Artikelseiten. Wie Sie beim Film feststellen, sind sich Bild 1 und Bild 5 ähnlich; lediglich das Produktbild und einige Details in der Programmierung sind unterschiedlich. In einer großen Warenkorbanwendung beispielsweise gäbe es nur eine einzige Produktseite, und die jeweiligen Produktdaten werden dort aus einer Datenbank geholt.

Betrachten Sie als Erstes die drei Auswahllisten auf der linken Seite. Mit diesen kann der Nutzer in der Theorie zwischen den verschiedenen Kategorien, Marken und Artikelgruppen hin- und herspringen. »In der Theorie« deswegen, weil unser Beispiel aus nur zwei Artikeln besteht; lediglich die Auswahlliste für die Kategorie (Instanzname `kategorie1_cb`) ist aktiviert. Ein Blick in den Eigenschafteninspektor gibt Hinweise, wie das Ganze vonstatten gehen kann.

Dem Nutzer stehen die Kategorien T-SHIRTS und JACKEN zur Verfügung. Im `data`-Parameter finden Sie praktischerweise die Bilder, die zu den jeweiligen Kategorien gehören. Damit ist das Einrichten der Navigation relativ schnell geschehen.

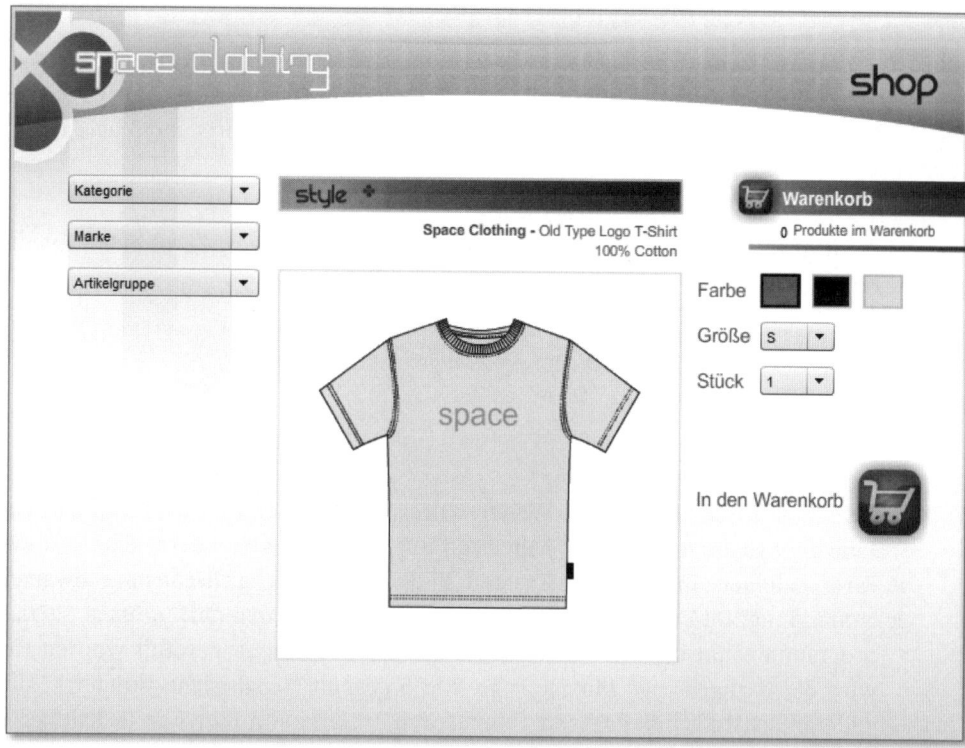

Abbildung 31.1 Eine Artikelseite

Komponenten	dataProvider	[{label:Kategorie,data:1},{label:T-Shirts,data:1},{label:Jacken,data:5}]
kategorie1_cb	editable	false
	prompt	
	rowCount	5

B: 152.0 X: 47.0
H: 22.0 Y: 130.1

Abbildung 31.2 Die Auswahlliste im Eigenschafteninspektor

Schritt-für-Schritt: Navigation der Artikelseiten

1 Auswahlliste mit Code versehen

Fügen Sie in Bild 1 folgenden Event-Handler für die Auswahlliste `kategorie1_cb` hinzu:

```
kategorie1_cb.addEventListener(Event.CHANGE, function(evt:Event) {
    var cb:ComboBox = evt.currentTarget as ComboBox;
```

```
    root.gotoAndStop(cb.selectedItem.data);
});
```

Die Bildnummer wird aus dem `data`-Parameter ausgelesen und an `gotoAnd-Stop()` übergeben. Wie Sie sehen, ist dieser Wert 1 bei T-Shirts und 5 bei Jacken.

2   Zweite Auswahlliste mit Code versehen

Auch in Bild 5 erhält die Kategorie-Auswahlliste (`kategorie2_cb`) einen Event-Handler zum Bildwechsel:

```
Kategorie2_cb.addEventListener(Event.CHANGE, function(evt:Event) {
    var cb:ComboBox = evt.currentTarget as ComboBox;
    root.gotoAndStop(cb.selectedItem.data);
}); ■
```

Jede Produktseite enthält des Weiteren drei Schaltflächen für die Produktfarben. Jede der Schaltflächen ist ein Movieclip mit zwei Schlüsselbildern: Bild 1 ist die Farbschaltfläche in normalem Zustand, Bild 5 zeigt die Schaltfläche mit schwarzer Umrandung. Da immer nur eine Farbe ausgewählt werden darf, müssen Sie das programmtechnisch umsetzen. Wenn eine Schaltfläche ausgewählt worden ist, wird der dazugehörige Movieclip zu Bild 5 gespult (Schaltfläche aktiviert). Alle anderen Schaltflächen dagegen nehmen den Zustand von Bild 1 an (Schaltfläche deaktiviert).

◢ Schritt-für-Schritt: Farbschaltflächen programmieren

1   Film analysieren

Die Movieclips für die drei Farben in Bild 1 heißen `farbe1a`, `farbe1b` und `farbe1c`. Analog heißen die Farbschaltflächen in Bild 5 `farbe2a`, `farbe2b` und `farbe2c`.

2   Farben initialisieren

Anfangs soll immer die erste, linke Farbe ausgewählt sein. Dazu wird der entsprechende Movieclip auf Bild 5 vorgespult, alle anderen auf Bild 1. Zudem speichern Sie die aktuell gewählte Farbe in einer String-Variablen. Der Code für Bild 1 sieht wie folgt aus:

```
stop();
var farbe:String = "grün";
farbe1a.gotoAndStop(5);
farbe1b.gotoAndStop(1);
farbe1c.gotoAndStop(1);
```

Bei Bild 5 des Hauptfilms geht das analog:

```
farbe = "rot";
farbe2a.gotoAndStop(5);
farbe2b.gotoAndStop(1);
farbe2c.gotoAndStop(1);
```

3 *Event-Handler einrichten*

Der Klick-Mechanismus für die insgesamt sechs Schaltflächen wird per Event-Listener realisiert. In Bild 1 benötigen Sie dazu den folgenden Code für die drei dortigen Schaltflächen:

```
farbe1a.addEventListener(MouseEvent.CLICK, wechsleFarbe1);
farbe1b.addEventListener(MouseEvent.CLICK, wechsleFarbe1);
farbe1c.addEventListener(MouseEvent.CLICK, wechsleFarbe1);
```

In Bild 5 sieht das ganz ähnlich aus:

```
farbe2a.addEventListener(MouseEvent.CLICK, wechsleFarbe2);
farbe2b.addEventListener(MouseEvent.CLICK, wechsleFarbe2);
farbe2c.addEventListener(MouseEvent.CLICK, wechsleFarbe2);
```

4 *Farben programmieren*

Ihnen ist sicherlich aufgefallen, dass nur zwei verschiedene Ereignisbehandlungsfunktionen zum Einsatz kommen: `wechsleFarbe1()` in Bild 1 und `wechsleFarbe2()` in Bild 2. Diese Funktionen müssen zunächst ermitteln, welche Schaltfläche überhaupt geklickt worden ist (das erfahren Sie aus der Eigenschaft `currentTarget`). Dann werden die entsprechenden Schaltflächen-Frames angesprungen. Beachten Sie, wie der Ereignisauslöser der Einfachheit halber in einen Movieclip gecastet wird:

```
function wechsleFarbe1(evt:Event) {
    var mc:MovieClip = evt.currentTarget as MovieClip;
    switch (mc.name) {
        case "farbe1a":
            farbe1a.gotoAndStop(5);
            farbe1b.gotoAndStop(1);
            farbe1c.gotoAndStop(1);
            farbe = "grün";
            break;
        case "farbe1b":
            farbe1a.gotoAndStop(1);
            farbe1b.gotoAndStop(5);
            farbe1c.gotoAndStop(1);
            farbe = "schwarz";
```

```
        break;
    case "farbe1c":
        farbe1a.gotoAndStop(1);
        farbe1b.gotoAndStop(1);
        farbe1c.gotoAndStop(5);
        farbe = "grau";
        break;
    }
}
```

Der Code in Bild 2 sieht ganz analog aus; Sie müssen nur darauf achten, die Schalt-flächen- und Farbnamen entsprechend zu ersetzen. Das Endergebnis kann dann folgende Gestalt annehmen:

```
function wechsleFarbe2(evt:Event) {
    var mc:MovieClip = evt.currentTarget as MovieClip;
    switch (mc.name) {
    case "farbe2a":
        farbe2a.gotoAndStop(5);
        farbe2b.gotoAndStop(1);
        farbe2c.gotoAndStop(1);
        farbe = "rot";
        break;
    case "farbe2b":
        farbe2a.gotoAndStop(1);
        farbe2b.gotoAndStop(5);
        farbe2c.gotoAndStop(1);
        farbe = "schwarz";
        break;
    case "farbe2c":
        farbe2a.gotoAndStop(1);
        farbe2b.gotoAndStop(1);
        farbe2c.gotoAndStop(5);
        farbe = "grau";
        break;
    }
}
```

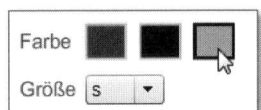

Abbildung 31.3 Auf Mausklick wird die Farbschaltfläche umrandet. ∎

31.3   Der Warenkorb

Wenn der Film zu einem neuen Bild springt, gehen die Zustände der einzelnen Flash-Komponenten beziehungsweise Movieclips verloren. Daher müssen Sie die Warenkorbdaten in Variablen zwischenspeichern. Dazu verwenden Sie ein Array. Jedes Feld im Array steht für eine Eigenschaft des Artikels. Hier die Zuordnung von Indizes und Werten:

Index	Beschreibung
0	Marke
1	Artikel
2	Farbe
3	Größe
4	Anzahl

Tabelle 31.1   Bedeutung der Indizes im Array `warenkorb`

Als Erstes initialisieren Sie den Warenkorb. Wenn ein Benutzer auf das Symbol IN DEN WARENKORB klickt, wird die Artikelauswahl in das Warenkorb-Array eingefügt.

Schritt-für-Schritt: Warenkorb-Funktionalität

1   *Warenkorb initialisieren*

Im ersten Bild müssen Sie den Warenkorb initialisieren, aber nur, wenn er zuvor nicht existierte:

```
if (warenkorb == null) {
    var warenkorb:Array = new Array();
}
```

2   *In den Warenkorb legen*

Bei Klick auf die Schaltfläche IN DEN WARENKORB (Bild 1) muss der aktuelle Artikel samt Größen- und Mengenangabe in das Array eingefügt werden. Dazu dient die Array-Methode `push()`. Ein Teil der Daten wird statisch ins Array gestellt (beispielsweise Marke und Artikel), andere Angaben wie die Größe werden aus den Formular-Komponenten ausgelesen. Die Farbe wiederum wird der Variablen `farbe` entnommen.

```
einkaufen1_
btn.addEventListener(MouseEvent.CLICK, function(evt:Event) {
    warenkorb.push(new Array(
```

```
    "Space Clothing", //Marke
    "Snowtech-Jacke", //Artikel
    farbe, //Farbe
    groesse1_cb.selectedItem.data, //Größe
    anzahl1_cb.selectedItem.data)); //Anzahl
root.gotoAndStop(10);
});
```

In Bild 5 sieht der Code ganz ähnlich aus:

```
einkaufen2_
btn.addEventListener(MouseEvent.CLICK, function(evt:Event) {
    warenkorb.push(new Array(
        "Space Clothing", //Marke
        "Snowtech-Jacke", //Artikel
        farbe, //Farbe
        groesse2_cb.selectedItem.data, //Grße
        anzahl2_cb.selectedItem.data)); //Anzahl
    root.gotoAndStop(10);
});
```

Nachdem der Artikel im Warenkorb liegt, springt der Film mit `gotoAndStop()` auf die Warenkorbseite (Bild 10).

3 *Artikelmenge aktualisieren*

In Bild 1 und Bild 5 befindet sich jeweils ein dynamisches Textfeld mit Instanznamen `warenkorb_txt`, in das die aktuelle Artikelmenge geschrieben werden soll. Das geht sehr einfach: Zunächst lesen Sie den bisherigen Wert aus und wandeln ihn mit `parseInt()` in einen Zahlenwert um – `warenkorb_txt` ist ja ein Textfeld und somit `warenkorb_txt.text` eine String-Variable.

Dann durchlaufen Sie das Warenkorb-Array und addieren die einzelnen Stückzahlen auf. Abschließend aktualisieren Sie das Textfeld. Den dazugehörigen Code lagern Sie in eine eigene Funktion aus und rufen sie direkt auf. So ist gewährleistet, dass beim Laden des Bilds stets der Warenkorb aktualisiert wird:

```
function aktualisiereWarenkorb() {
    var anzahl:Number = 0;
    for (var i:Number = 0; i < warenkorb.length; i++) {
        anzahl += parseInt(warenkorb[i][4]);
    }
    warenkorb_txt.text = anzahl;
}
aktualisiereWarenkorb();
```

Der Code in Bild 5 ist noch einfacher: Die Funktion `aktualisiereWarenkorb()` ist ja global, kann also auch von dort aus aufgerufen werden:

```
aktualisiereWarenkorb();
```

4   *Navigation komplettieren, Teil 1*

Auf der linken Seite gibt es ebenfalls eine Schaltfläche mit dem Warenkorbsymbol. Klickt ein Anwender auf diese, springt der Film zu Bild 10. Fügen Sie also in Bild 1 für die Schaltfläche den folgenden Code ein:

```
warenkorb1_
btn.addEventListener(MouseEvent.CLICK, function(evt:Event) {
    root.gotoAndStop(10);
    });
```

In Bild 5 müssen Sie lediglich `warenkorb1_btn` durch `warenkorb2_btn` ersetzen.

5   *Warenkorb füllen*

In Bild 10 müssen Sie die Warenkorbdaten ausgeben. Hier kommt es zu einer Einschränkung: Es sind nur die ersten zwei Posten im Warenkorb dargestellt. Zwar ist noch Platz für weitere Posten, aber auf der nächsten Seite nicht mehr. Mit den Hintergründen aus diesem Kapitel ist es aber ohne Weiteres machbar, das Beispiel an diesem Punkt zu erweitern.

Zunächst müssen Sie dafür sorgen, dass der Warenkorb auch wirklich zwei Posten enthält, damit in den Textfeldern nicht etwa `undefined` steht. Dazu wird die aktuelle Menge der Posten (`warenkorb.length`) zwischengespeichert und das Array gefüllt:

```
var laenge:Number = warenkorb.length;
while (warenkorb.length < 2) {
    warenkorb.push(
    new Array(" ", " ", " ", " ", " ")
    );
}
```

6   *Warenkorb ausgeben*

Nun geht es an die Ausgabe. Bild 10 enthält die dynamischen Textfelder `marke1_txt`, `artikel1_txt`, `farbe1_txt`, `groesse1_txt` und `anzahl1_txt` für den ersten Artikel. Wenn Sie 1 durch 2 ersetzen, haben Sie die Variablennamen für die zweite Artikelzeile. Um die Zuweisung leicht erweiterbar zu machen, erfolgt sie in einer Schleife. Über `_getChildByName("Feldname")` können Sie auf die einzelnen Textfelder zugreifen:

```
for (var i:Number=1; i<=2; i++) {
   getChildByName("marke" + i + "_txt").text = warenkorb[i-1][0];
   getChildByName("artikel" + i + "_txt").text = warenkorb[i-1][1];
   getChildByName("farbe" + i + "_txt").text = warenkorb[i-1][2];
   getChildByName("groesse" + i + "_txt").text = warenkorb[i-1][3];
   getChildByName("anzahl" + i + "_txt").text = warenkorb[i-1][4];
}
```

7 Warenkorb zurücksetzen

Abschließend entfernen Sie eventuell hinzugefügte Leereinträge im Warenkorb:

```
while (warenkorb.length > laenge) {
   warenkorb.pop();
}
```

Der gesamte Code wird dann noch in eine Funktion `zeigeWarenkorb()` ausgelagert; der Sinn dahinter offenbart sich an späterer Stelle in Bild 20.

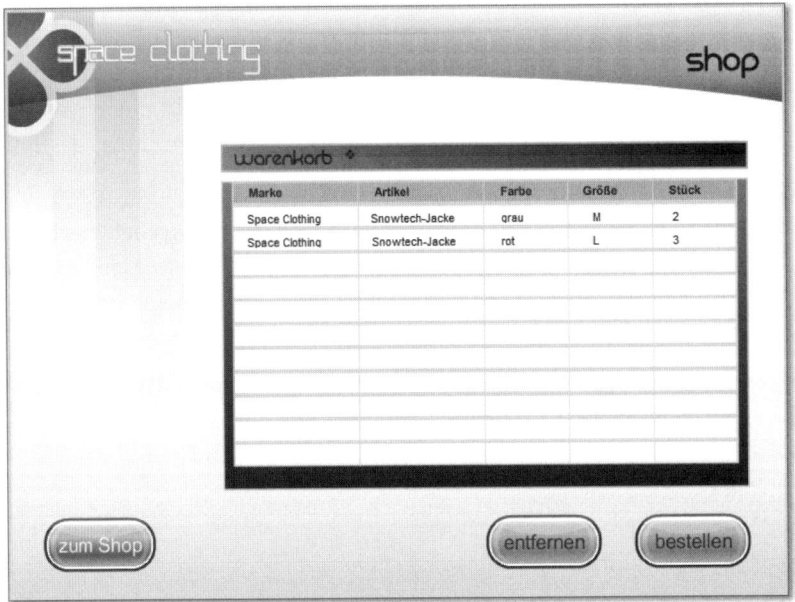

Abbildung 31.4 Der Warenkorb ist gefüllt.

8 Navigation komplettieren, Teil 2

In Bild 10 müssen Sie die drei Schaltflächen noch mit Funktionen versehen. Die ENTFERNEN-Schaltfläche ist funktionslos, sie deutet nur eine mögliche Erweiterung an. Bei Klick auf ZUM SHOP springt der Film zu Bild 1 zurück:

```
shop_btn.addEventListener(MouseEvent.CLICK, function() {
   gotoAndStop(1);
   });
```

Und bei Klick auf BESTELLEN springt der Film weiter zu Bild 15:

```
bestellen_btn.addEventListener(MouseEvent.CLICK, function() {
   gotoAndStop(15);
   }); ∎
```

31.4 Lieferdaten und Bestätigung

Im nächsten Schritt wickeln Sie die Bestellung ab. In diesem Beispiel verschicken Sie die Daten allerdings nicht an ein serverseitiges Skript, wie Kapitel 24, »Formulare und Daten versenden«, das gezeigt hat; wir beschränken uns auf die bloße Eingabe der Liefer- und Rechnungsdaten. Wichtig ist auf jeden Fall, die Daten zu überprüfen, denn ohne vollständige Angaben geht es nicht weiter.

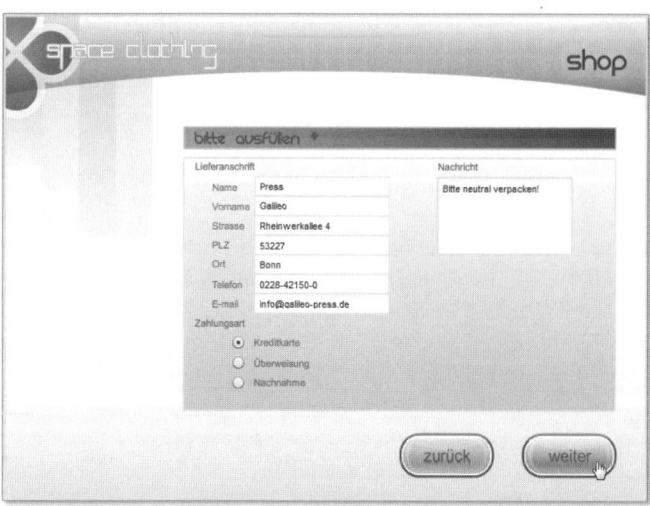

Abbildung 31.5 Die Angabe von Zahlungsart und Lieferanschrift

Schritt-für-Schritt: Lieferdaten aufnehmen

1 *Versand vereiteln*

Das Formular darf nur vollständig abgeschickt werden. Aus diesem Grund muss die WEITER-Schaltfläche anfangs deaktiviert sein.

```
weiter_btn.enabled = false;
```

2 Datenprüfung einrichten

Immer wenn sich der Inhalt eines Formularelements ändert, muss geprüft werden, ob das Formular jetzt vollständig ausgefüllt worden ist oder nicht. Das ist recht viel Code – ein Event-Listener pro Formularelement –, aber die Ereignisbehandlungsfunktion ist dafür immer dieselbe:

```
nachname_txt.addEventListener(Event.CHANGE, pruefen);
vorname_txt.addEventListener(Event.CHANGE, pruefen);
strasse_txt.addEventListener(Event.CHANGE, pruefen);
plz_txt.addEventListener(Event.CHANGE, pruefen);
ort_txt.addEventListener(Event.CHANGE, pruefen);
email_txt.addEventListener(Event.CHANGE, pruefen);
telefon_txt.addEventListener(Event.CHANGE, pruefen);
kreditkarte_rb.addEventListener(Event.CHANGE, pruefen);
ueberweisung_rb.addEventListener(Event.CHANGE, pruefen);
nachnahme_rb.addEventListener(Event.CHANGE, pruefen);
```

3 Versand ermöglichen

Mit der Funktion `pruefen()` lassen sich alle Formularfelder dahingehend überprüfen, ob sie ausgefüllt sind oder nicht. Die Namen der Felder entnehmen Sie dem Film oder direkt dem folgenden Code für Bild 15:

```
function pruefen(evt:Event) {
   var ok:Boolean = true;

   if (nachname_txt.text == "" || nachname_txt.text == null ||
       vorname_txt.text == "" || vorname_txt.text == null ||
       strasse_txt.text == "" || strasse_txt.text == null ||
       plz_txt.text == "" || plz_txt.text == null ||
       ort_txt.text == "" || ort_txt.text == null ||
       email_txt.text == "" || email_txt.text == null ||
       telefon_txt.text == "" || telefon_txt.text == null ||
       (!kreditkarte_rb.selected && !ueberweisung_
       rb.selected && !nachnahme_rb.selected)) {
       ok = false;
   }
   if (weiter_btn.enabled != ok) {
       weiter_btn.enabled = ok;
   }
}
```

Wenn alles in Ordnung ist, wird die WEITER-Schaltfläche aktiviert, andernfalls bleibt sie deaktiviert.

4   Navigation komplettieren

Fehlen nur noch die beiden Schaltflächen ZURÜCK und WEITER. Bei Klick auf ZU-RÜCK wird Bild 10 angesprungen:

```
zurueck_btn.addEventListener(MouseEvent.CLICK, function(evt:Event) {
    gotoAndStop(10);
    });
```

Über die WEITER-Schaltfläche geht es zu Bild 20. Allerdings sind einige Extra-schritte notwendig. Zunächst müssen die Formulareingaben gespeichert und somit »gerettet« werden, damit in Bild 20 auch darauf zugegriffen werden kann. Außerdem kann es sein, dass die Schaltfläche angeklickt wurde, obwohl sie deaktiviert ist. Dies muss noch separat abgefragt werden. Denn nur, wenn die Schalt-fläche aktiv ist, ist das Formular auch vollständig.

```
var adresse:Array = new Array("", "", "", "", "", "", "", "");

weiter_btn.addEventListener(MouseEvent.CLICK, function(evt:Event) {
    if (weiter_btn.enabled) {
        adresse[0] = nachname_txt.text;
        adresse[1] = vorname_txt.text;
        adresse[2] = strasse_txt.text;
        adresse[3] = plz_txt.text;
        adresse[4] = ort_txt.text;
        adresse[5] = email_txt.text;
        adresse[6] = telefon_txt.text;
        adresse[7] = kreditkarte_rb.selected ? "Kreditkarte" :
            (ueberweisung_rb.selected ? "Überweisung" :
            "Nachnahme");
        gotoAndStop(20);
    }
})
```

Pro und Kontra Bedingungsoperator   [«]

Ihnen ist sicherlich aufgefallen, wie im Event-Listener für `weiter_btn` der Bedingungso-perator ? (auch *ternärer* Operator genannt, weil er drei Operanden hat) verschachtelt eingesetzt worden ist. Im vorliegenden Fall ist das aufgrund der Einfachheit des Codes noch in Ordnung, aber bei komplexeren Anweisungen sollten Sie das Augenmerk auch darauf richten, den Code übersichtlich und lesbar zu halten – was beim Einsatz des Be-dingungsoperators nicht immer gegeben ist.

In Bild 20 werden die Daten aus dem Warenkorb sowie die Lieferangaben noch einmal ausgegeben. Hierbei lassen sich größtenteils alte Funktionalitäten wieder-verwenden. Das Füllen des Warenkorbs erledigt die Funktion `zeigeWarenkorb()`

aus Bild 10; die Textfelder in Bild 20 heißen nämlich »zufälligerweise« genauso wie dort. Die Adressdaten erhalten Sie aus der globalen Variable adresse, die in Bild 15 gefüllt worden ist. Der letzte Programmierungsschritt besteht dann noch darin, die restlichen Navigationspunkte abzuarbeiten.

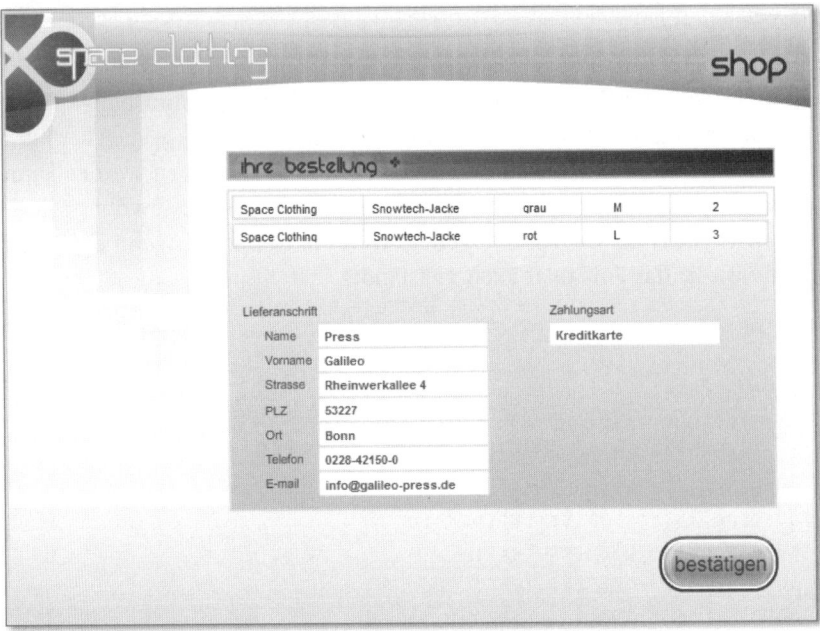

Abbildung 31.6 Die Bestell- und Lieferdaten auf einen Blick

Schritt-für-Schritt: Bestätigungsseite implementieren

1 Warenkorb füllen

Wie bereits erwähnt, können wir uns zur Anzeige des Warenkorbs bei einer Funktion aus Bild 10 bedienen:

```
zeigeWarenkorb();
```

2 Adressdaten ausgeben

Lesen Sie aus dem Array adresse die Adressdaten aus und zeigen Sie sie in den entsprechenden Textfeldern an.

```
nachname_txt.text = adresse[0];
vorname_txt.text = adresse[1];
strasse_txt.text = adresse[2];
plz_txt.text = adresse[3];
```

```
ort_txt.text = adresse[4];
email_txt.text = adresse[5];
telefon_txt.text = adresse[6];
zahlungsart_txt.text = adresse[7];
```

3   *Bestätigen-Schaltfläche*

Für die BESTÄTIGEN-Schaltfläche in Bild 20 erstellen Sie folgenden Event-Listener:

```
bestaetigen_
btn.addEventListener(MouseEvent.CLICK, function(evt:Event) {
    gotoAndStop(25);
    });
```

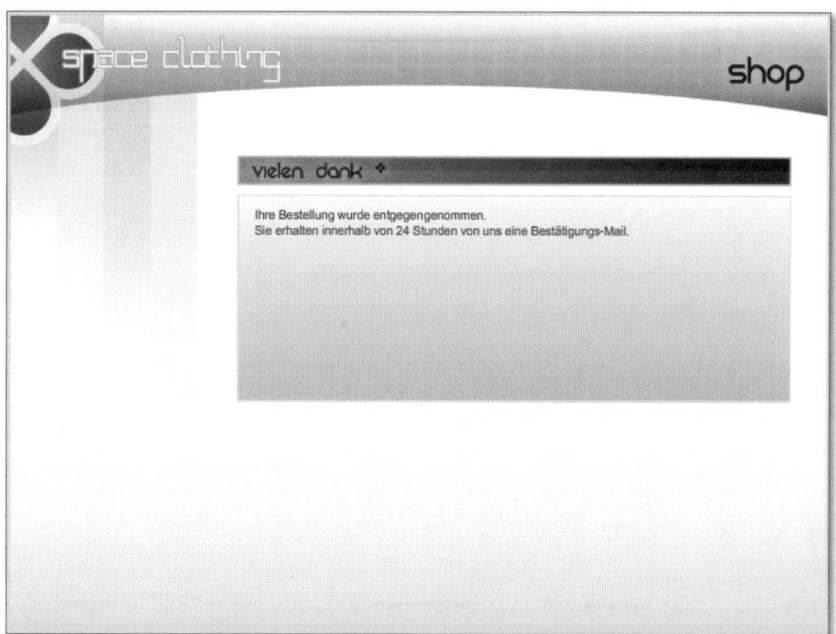

Abbildung 31.7   Die Bestellung ist abgeschlossen. ∎

Der hier erstellte finale Warenkorb befindet sich unter dem Dateinamen *waren-* [o]
korb.fla auf der DVD zum Buch. Der Warenkorb ist funktionsfähig, allerdings
sind zahlreiche Erweiterungen denkbar:

▸ Mehr Artikel sollen in den Warenkorb aufgenommen werden. Dazu müssen
   Sie auf der Warenkorb- und auf der Übersichtsseite weitere Textfelder einfügen.

▶ Die Unterstützung von mengenabhängigen Versandkosten sowie die Anpassung an verschiedene Länder (und Mehrwertsteuersätze) ist denkbar.

▶ Dynamisches Auslesen von Artikeldaten aus einer Datenbank kann ermöglicht werden.

▶ Versand der Bestellung per E-Mail oder Speicherung in einer Datenbank wird gewünscht.

▶ Aus Usability-Gründen sollte man von der Bestätigungsseite (Bild 20) aus auch zum Shop zurückspringen können – das ist aber ein wirklich trivialer Schritt.

Mit dem bisher erworbenen Wissen sollten Sie problemlos das erzielte Ergebnis gemäß Ihren Vorstellungen erweitern können.

»Ein kluger Mann macht nicht alle Fehler selbst.
Er gibt auch anderen eine Chance.«
– Winston Churchill

32   Fehler finden

In der Programmierung unterscheidet man im Wesentlichen zwei Arten von Fehlern: Syntaxfehler und logische Fehler. In Flash kommt noch ein dritter Fehler hinzu: der »dümmster-Benutzer«-Fehler. Das ist ein Fehler in der Bedienung, mit dem keiner rechnet, den ein sehr unerfahrener Anwender aber dennoch macht. Der nachfolgende Absatz enthält bereits »Programmierbegriffe«, da es sich bei den Werkzeugen zum Aufspüren von Fehlern eben um Programmierwerkzeuge handelt. Eine grundlegende Erklärung dieser Begriffe finden Sie in Kapitel 4, »Grundlagen der Programmierung«.

Generell bietet ActionScript 3 zwei Arten von Fehlern:

▶ Fehler, die das Kompilieren des SWF-Films verhindern. Sie werden im Bedienfeld COMPILER-FEHLER angezeigt.

▶ Fehler, die zur Laufzeit auftreten, beispielsweise weil eine externe Ressource nicht gefunden werden kann. Sie werden im AUSGABE-Fenster angezeigt.

Beide Fehlerarten können Sie beim Testen finden.

32.1   Testen

Die erste Grundregel zur Fehlervermeidung heißt: Immer wieder testen. Sie sollten Ihren Code schon in der Entstehungsphase öfter testen, damit Sie später nicht in umfangreichen Anwendungen kleine Fehler suchen müssen.

Die wichtigste Methode zum Testen ist natürlich STEUERUNG • FILM TESTEN; sie ist bei Syntaxfehlern eine gute Option. Sie dürfen vorher auch schon im AKTIONEN-Bedienfeld nach Syntaxfehlern suchen. Dazu können Sie die Schaltfläche SYNTAX ÜBERPRÜFEN verwenden. AUTO-FORMAT formatiert außerdem den Quellcode ordentlich. Sie erhalten dann die entsprechende Ausgabe im Fenster COMPILER-FEHLER.

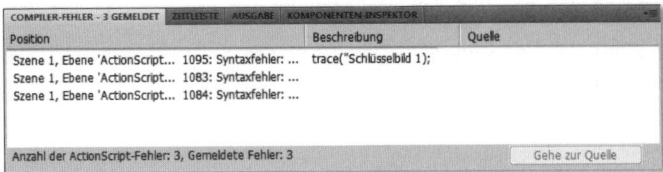

Abbildung 32.1 Das Fenster COMPILER-FEHLER zeigt ein vergessenes Anführungszeichen.

Mit dem Befehl STEUERUNG • SZENE TESTEN können Sie im Bedarfsfall nur eine Szene des Films testen. Im Menü, das auftaucht, wenn Sie einen Film testen, finden Sie noch einige interessante Optionen: Für das Debugging ist vor allem der Befehl DEBUGGEN aus dem gleichnamigen Menü DEBUGGEN von Bedeutung. Damit wird der Code mit dem Debugger aufgerufen.

32.2 trace() und die Ausgabe

Standard-Syntaxfehler lassen sich recht gut identifizieren. Ein wenig schwieriger wird es, wenn Sie sich nicht sicher sind, ob ein bestimmter Codebereich erreicht wird oder ob eine Variable den richtigen Wert erhält. Für solche Fälle eignet sich die trace()-Anweisung hervorragend. Sie liefert eine Meldung innerhalb der runden Klammern im AUSGABE-Fenster:

```
trace("Meldung");
```

Sie können damit beliebige Werte, die Sie bei der Programmierung erhalten, ausgeben und so diese Werte an bestimmten Stellen des Skripts testen.

[+] **Ohne trace() veröffentlichen**

trace()-Anweisungen sollten Sie zur Fehlersuche sehr oft einsetzen, da sie ausgesprochen praktisch sind. Allerdings ist es keine gute Idee, diese mit zu veröffentlichen da sie relativ viel Performance kosten. Sie können deshalb in den EINSTELLUNGEN FÜR VERÖFFENT-LICHUNGEN (zu erreichen über DATEI • EINSTELLUNGEN FÜR VERÖFFENTLICHUNGEN und dort Register FLASH) das Veröffentlichen von trace()-Anweisungen einfach ausschalten.

[+] **Ausgabe im Browser**

trace ist zwar praktisch, aber nicht im Browser sichtbar. Dem kann man Abhilfe schaffen und entsprechende Ausgaben zumindest in einer Logdatei ausgeben. Ein umfangreiches Tutorial finden Sie hier: *http://yourpalmark.com/2005/07/01/trace-from-the-browser-using-standard-trace/*. Praktischer und deswegen von uns im Projektalltag sehr geschätzt sind Logger für Firebug (*http://www.getfirebug.com/*), die Allzweck-Debugging-Erweiterung für den Firefox. Eine bekannte Lösung ist ThunderBolt (*http://code.google.com/p/flash-thunderbolt/*).

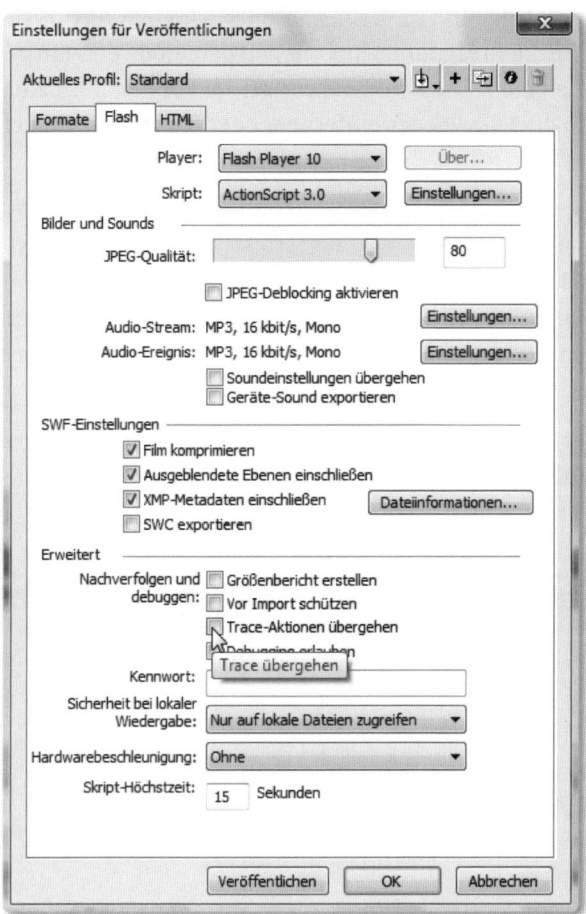

Abbildung 32.2 `trace()`-Anweisungen aus dem Flash-Film entfernen

32.3 Debugger

Wenn weder der Syntaxtest noch eine `trace()`-Anweisung in Verbindung mit einem Durchgehen des Codes die gewünschte Lösung bringt, ist es Zeit für den Debugger. Er verfolgt automatisch Variablen mit und erlaubt das schrittweise Ausführen von Code.

Bevor Sie aber den Debugger starten, benötigen Sie sogenannte *Breakpoints* im Code. Das sind Stellen, an denen der Debugger anhält, die aktuellen Variablenwerte preisgibt und Ihnen erlaubt, manuell einzugreifen.

Die Breakpoints setzen Sie entweder erst im Debugger oder schon im AKTIONEN-Bedienfeld ein. Dort fügen Sie die Breakpoints links neben dem Code ein. Ein gesetzter Breakpoint wird mit einem roten Punkt angezeigt; Sie können ihn natürlich über die DEBUGGING-Schaltfläche wieder entfernen, oder Sie klicken einfach erneut darauf.

Wenn Sie die Breakpoints gesetzt haben, wechseln Sie mit dem Menübefehl DE-BUGGING • DEBUGGING in den Debug-Modus ($\boxed{\text{Strg}}$+$\boxed{\triangle}$+$\boxed{\hookleftarrow}$). Dort sehen Sie dann verschiedene Bedienfelder in einer komplett neuen Registerkarte. Im oberen Bereich sind die ActionScript-Bereiche zu sehen und darunter der Code mit den Breakpoints. Hier können auch neue Breakpoints gesetzt werden. Der aktuell angesteuerte Breakpoint ist durch einen Pfeil ❶ im roten Punkt markiert.

Die VARIABLEN ❷ sind in der Übersicht in einem eigenen Bedienfeld aufgeführt. Die AUSGABE ❸ ist das gewohnte Fenster. Die DEBUG-KONSOLE ❹ erlaubt Steuerung und Springen von Breakpoint zu Breakpoint.

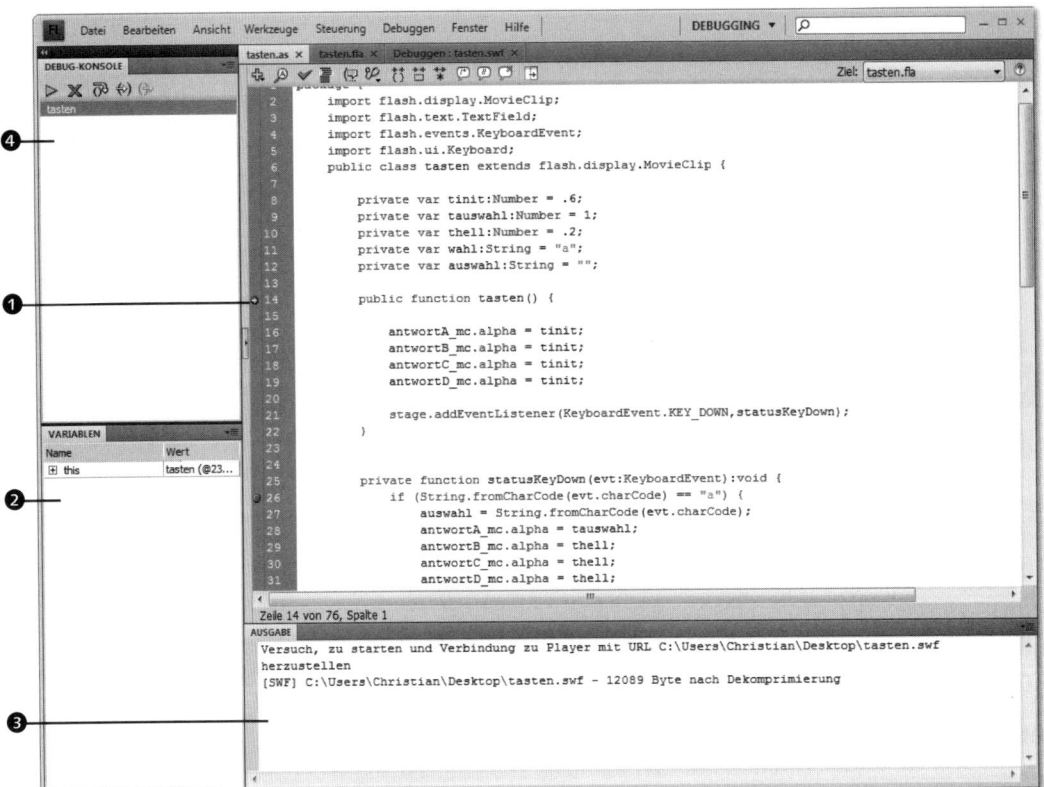

Abbildung 32.3 Die Debugger-Ausgabe

»Suche nicht nach Fehlern,
suche nach Lösungen.«
– Henry Ford

33 Barrierefreiheit

Einer der häufigsten Kritikpunkte an Flash-Anwendungen ist, dass sie nicht behindertengerecht seien. Flash-Verfechter halten dem entgegen, dass Flash schon barrierefrei (ein etwas exakterer Begriff als »behindertengerecht«) ist – sofern man es richtig macht. Die Wahrheit liegt indes irgendwo in der Mitte. Ja, Flash-Filme lassen sich zumindest zum Großteil barrierefrei machen. Allerdings ist das unter Umständen mit Aufwand verbunden. Und barrierefrei ist nicht gleich barrierefrei: Einige der Features, auf die Flash setzt, funktionieren nur mit modernen Anzeigeprogrammen. Sehbehinderte Nutzer beispielsweise verwenden häufig eine spezielle Benutzerschnittstelle, sogenannte Screenreader (Bildschirmvorlese-Programme). Aktuelle Versionen davon unterstützen sowohl Flash als auch die Barrierefreiheit-Features von Flash, sind aber teilweise sehr teuer, sodass nicht jeder in der Zielgruppe sie einsetzt. Man sollte aus diesem Grund pauschale Aussagen zur Barrierefreiheit möglichst vorsichtig machen.

33.1 Was ist Barrierefreiheit?

Der Begriff Barrierefreiheit ist eine Übersetzung des Vorbilds in der englischen Sprache, Accessibility, also Zugänglichkeit. Inhalte sollen somit für eine möglichst große Zielgruppe zugänglich sein; dabei soll es keine unnötigen Barrieren geben. Solche Barrieren könnten aufgrund von Einschränkungen des Benutzerkreises (etwa motorische oder körperliche Einschränkungen) oder von Einschränkungen von Soft- und Hardware (älteres Betriebssystem, älterer Browser, keine Maus) auftreten. Oder, um es etwas salopp aus dem Entwickleralltag zu beschreiben: Was auf dem eigenen, optimal ausgestatteten Rechner funktioniert, klappt noch lange nicht beim Kunden.

Sehr häufig wird barrierefrei auch mit behindertengerecht übersetzt. Und in der Tat besteht ein großes Anwendungsfeld für Accessibility darin, Anwendungen und Inhalte behindertengerecht aufzubereiten. Die Behinderungen können dabei verschiedenste Ausprägungen annehmen: Sehbehinderung und motorische Einschränkungen kommen einem wohl als Erstes in den Sinn. Aber eine Sehstörung, etwa bei älteren Nutzern, macht es oft schwierig, manche Inhalte (etwa Flash-Filme mit Minischriften) optimal wahrnehmen zu können. Dann gibt es noch spezielle Varianten, wie etwa Farbenblindheit, die ebenfalls besondere Anforderungen an die Gestaltung einer Anwendung stellen. Sie sehen bereits: ein weites Feld.

Die Zugänglichkeit von Webinhalten ist schon sehr lange ein Thema der verschiedenen Organisationen und Gremien im Webumfeld. Es hat allerdings in der Praxis sehr lange gedauert, bis das Thema überhaupt wahrgenommen wurde. Hierzu ein Beispiel: Einer der Hauptprotagonisten im Bereich Accessibility ist schon seit jeher das *World Wide Web Consortium (W3C)*, das eine eigene Arbeitsgruppe zum Thema Accessibility auf die Beine gestellt hat, die *Web Accessibility Initiative (WAI)*. Eine der Publikationen der WAI sind die *WCAG*, die *Web Content Accessibility Guidelines*, eine Liste von Richtlinien für barrierefreie Webinhalte.

Version 1.0 der WCAG erschien am 5. Mai 1999 und hat den Status einer Recommendation (der höchstmögliche W3C-Status). Unter *http://www.w3.org/TR/1999/ WAI-WEBCONTENT-19990505* finden Sie die Richtlinien; *http://www.w3c.de/ Trans/WAI/webinhalt.html* bietet eine nicht normative, aber immerhin semioffizielle deutsche Übersetzung. Bei der Vorstellung der wichtigsten Punkte der WCAG bedienen wir uns bei den Richtlinienüberschriften dieser Übersetzung.

Das WCAG-Dokument enthält 14 verschiedene Richtlinien, die teils einen groben Überblick der Anweisungen in Hinblick auf barrierefreie Inhalte geben, teils aber auch sehr ins Detail gehen und bestimmte Implementierungen vorschreiben. Der Fokus liegt dort zwar eher auf HTML, Flash ist aber auch teilweise betroffen, wie Sie im Folgenden sehen werden. Dies sind zunächst die Richtlinien:

1. Stellen Sie äquivalente Alternativen für Audio- und visuellen Inhalt bereit.
2. Verlassen Sie sich nicht auf Farbe allein.
3. Verwenden Sie Markup und Stylesheets, und tun Sie dies auf korrekte Weise.
4. Verdeutlichen Sie die Verwendung natürlicher Sprache.
5. Erstellen Sie Tabellen, die geschmeidig transformieren.
6. Sorgen Sie dafür, dass Seiten, die neue Technologien verwenden, geschmeidig transformieren.
7. Sorgen Sie für eine Kontrolle des Benutzers über zeitgesteuerte Änderungen des Inhalts.
8. Sorgen Sie für direkte Zugänglichkeit eingebetteter Benutzerschnittstellen.
9. Wählen Sie ein geräteunabhängiges Design.

10. Verwenden Sie Interim-Lösungen.

11. Verwenden Sie W3C-Technologien und -Richtlinien.

12. Stellen Sie Informationen zum Kontext und zur Orientierung bereit.

13. Stellen Sie klare Navigationsmechanismen bereit.

14. Sorgen Sie dafür, dass Dokumente klar und einfach gehalten sind.

Zahlreiche dieser Richtlinien sind so allgemein, dass sie auch problemlos auf Flash-Filme übertragen werden können – etwa bei der nicht-semantischen Verwendung von Farbe (Richtlinie 2) oder der klaren Navigation (Richtlinie 13). Auch auf das Nicht-Vorhandensein von Flash (beispielsweise in Richtlinie 1 angedeutet) muss entsprechend reagiert werden Das allerdings ist alles primär eine Design-frage und hat nichts mit der ActionScript-Programmierung zu tun.

Interessant wird es dann allerdings bei einigen der Richtlinien, die technische Vorgaben suggerieren. Beispielsweise Richtlinie 6: »Neue Technologien« sollen »geschmeidig transformieren«. Die etwas gestelzte Ausdrucksweise kann wie folgt konkretisiert werden: Ein Unterpunkt von Richtlinie 6 schreibt vor, dass bei Abschaltung von »Skripten, Applets oder anderen programmierten Objekten« – also auch Flash – die Seiten dennoch verwendbar sein müssen. Sprich, Sie benötigen für eine barrierefreie Flash-Site auch noch eine Entsprechung ganz ohne Flash. Aber auch Flash selbst sollte bestimmte Voraussetzungen erfüllen. Richtlinie 8 verlangt, dass eingebettete Benutzerschnittstellen (in Flash: Möglichkeiten der Eingabe wie Textfelder und Schaltflächen) auch direkt zugänglich sind. Mit anderen Worten: Die Bedienung der Flash-Anwendung soll von der Eingabehardware unabhängig sein. Das heißt: Der Flash-Film sollte auch per Tastatur steuerbar sein.

Diese Tastatursteuerung lässt sich für Textfelder, Schaltflächen und auch die meisten Komponenten aktivieren; standardmäßig ist sie nicht verfügbar. In diesem Kapitel erfahren Sie, wie Sie das Feature aktivieren können und was es dabei zu beachten gibt.

[!]

> **Adobe und Accessibility**
>
> Bereits Macromedia hat sich mit dem Thema Flash und Accessibility beschäftigt. Zwar gilt Flash in der Tat als Klassenprimus in Hinblick auf nicht barrierefreie Anwendungen, aber wie Sie in diesem Kapitel sehen werden, unterstützt Flash verschiedene Möglichkeiten, Inhalte zugänglich(er) aufzubereiten. Allgemeine »Best Practices« zu dem Thema finden Sie unter *http://www.adobe.com/resources/accessibility/best_practices/best_practices_acc_flash.pdf*; trotz der Macromedia-Autorenschaft (hat schon ein paar Jahre auf dem Buckel) sind die Hinweise dort immer noch eine gute Ausgangsbasis für die eigenen Accessibility-Planungen.

33.2 Barrierefreies Flash

Barrierefreiheit für Anzeigeobjekte wird in Flash zentral im Bedienfeld EINGABEHILFEN gesteuert. Sie finden es unter FENSTER • ANDERE BEDIENFELDER • EINGABEHILFEN. Daneben können Sie natürlich auch bei Text und anderen Inhalten darauf achten, dass sie vergrößert werden können und damit auch für Benutzer mit eingeschränkter Sehkraft gut zu erkennen sind.

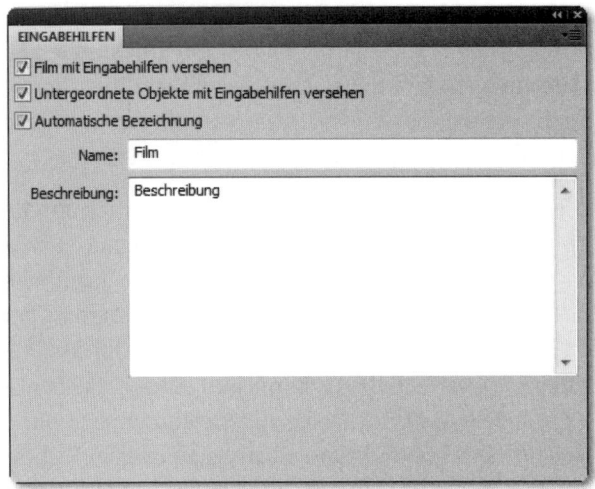

Abbildung 33.1 Das Bedienfeld EINGABEHILFEN für den Film

Das Bedienfeld ändert sein Aussehen je nach ausgewähltem Objekt. Für den Film gibt es andere Einstellungen als für Anzeigeobjekte. Die wichtigsten Einstellungen sind Name, Beschreibung, Kurzbefehl zum direkten Anspringen und die Reihenfolge, in der das Element von der ⇥-Taste erreicht wird. Gerade die zwei letztgenannten Methoden sind ein guter Weg, beispielsweise in Screenreadern auf Elemente zuzugreifen.

Die Einstellungen aus den EINGABEHILFEN lassen sich auch mit Eigenschaften und Methoden für Anzeigeobjekte festlegen. Die ⇥-Steuerung ist direkt Teil der `DisplayObject`-Klasse. Sie besteht aus zwei Eigenschaften:

▶ `tabIndex` gibt die Reihenfolgeposition an, die Sie auch im EINGABEHILFEN-Bedienfeld wählen.

▶ `tabEnabled` aktiviert und deaktiviert die Ansteuerung per ⇥-Taste.

Mit der Eigenschaft `tabChildren` für das `Stage`-Objekt oder einen `DisplayObjectContainer` können Sie die Tabulator-Funktion auch für alle untergeordneten Elemente deaktivieren. Dies ruft das Ereignis `Event.TAB_CHILDREN_CHANGE` auf.

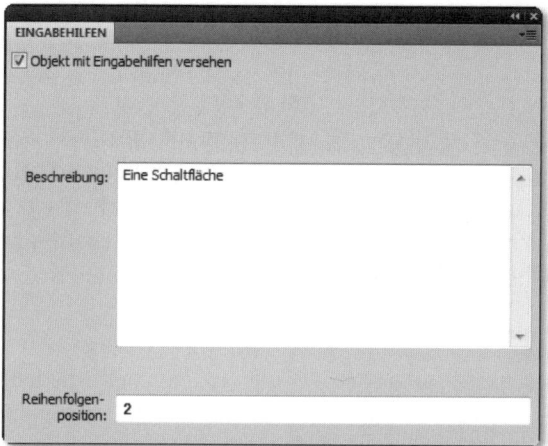

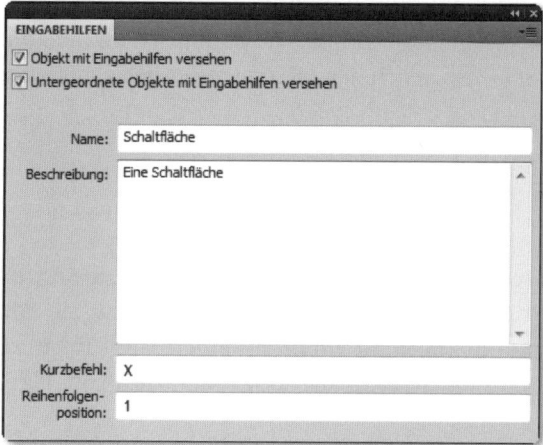

Abbildung 33.2 Das Bedienfeld EINGABEHILFEN für verschiedene Objekte

Die übrigen Eigenschaften sind Teil der Klasse `AccessibilityProperties`. Jedes Anzeigeobjekt besitzt ein entsprechendes Objekt dieser Klasse. Sie können darauf mit der Eigenschaft `accessibilityProperties` zugreifen:

```
trace(schalt_mc.accessibilityProperties.name);
trace(schalt_mc.accessibilityProperties.description);
trace(schalt_mc.accessibilityProperties.shortcut);
```

Sie können natürlich auch ein neues Objekt erstellen und dies einem Anzeigeobjekt zuweisen:

```
var aP:AccessibilityProperties = new AccessibilityProperties();
aP.name = "Neuer Name";
schalt_mc.accessibilityProperties = aP;
```

Vorsicht, dadurch werden alle vorhandenen EINGABEHILFEN-Einstellungen überschrieben.

Zu finden ist die Klasse `AccessibilityProperties` im Paket `flash.accessibility`. Dort findet sich noch eine weitere Klasse mit dem Namen `Accessibility`. Dabei handelt es sich um eine statische Klasse – Sie müssen und können also kein Objekt instantiieren. Sie liefert mit der Eigenschaft `active` einen Wahrheitswert, ob ein Screenreader oder Ähnliches aktiv ist, um Accessibility-Eigenschaften zu nutzen. Ob überhaupt eine solche Software installiert ist, erfahren Sie über:

```
trace(Capabilities.hasAccessibility);
```

Wenn Sie Eigenschaften der Klasse `AccessiblityProperties` für verschiedene Anzeigeobjekte ändern, müssen Sie zum Schluss diese Einstellungen bestätigen:

```
Accessibility.updateProperties();
```

Diese Methode liefert eine Fehlermeldung, wenn die Accessibility-Funktion auf dem Client nicht aktiviert ist. Deswegen verbinden Sie sie idealerweise mit einer Überprüfung von `active`:

```
if (Accessibility.active) {
  Accessibility.updateProperties();
}
```

Das Aktivieren der neuen Eigenschaften funktioniert global, sprich für alle Anzeigeobjekte. Sie sollten mit der Prüfung normalerweise kurz warten bzw. sie z. B. mit einem Timer oder `ENTER_FRAME` häufiger durchführen. Andernfalls kann es zu einer Zeitverzögerung kommen, bis ein Screenreader oder Ähnliches vom Flash Player erkannt wird.

33.3 Barrierefreie Komponenten

In Kapitel 22, »Formulare und UI-Komponenten«, haben Sie verschiedene der Flash-Komponenten kennen gelernt. Bei deren Implementierung hat Adobe (und seinerzeit auch schon Macromedia) sehr auf Accessibility geachtet. Das Ergebnis ist zwar nicht ganz perfekt, aber kann sich trotzdem sehen lassen. Die Action-Script-3-Klasse `AccImpl` (definiert in `fl.accessibility`) ist dabei der Name derjenigen Basisklasse, die Eingabehilfen für Komponenten zur Verfügung stellt. Je nach Art und Typ der Komponente wird eine der drei Unterklassen eingesetzt:

- `ComboBoxAccImpl` – für ComboBox-Komponenten
- `LabelButtonAccImpl` – für Komponenten mit Schaltflächen und Beschriftungen, mit folgenden Unterklassen:
  - `ButtonAccImpl` für `Button`-Komponenten
  - `CheckBoxAccImpl` für `CheckBox`-Komponenten, mit der Unterklasse `RadioButtonAccImpl` für `RadioButton`-Komponenten
- `SelectableListAccImpl` – für Listen mit Auswahlelementen mit den folgenden Unterklassen:
  - `DataGridAccImpl` für `DataGrid`-Komponenten
  - `ListAccImpl` für `List`-Komponenten
  - `TileListAccImpl` für `TileList`-Komponenten

Jede dieser Klassen – und natürlich auch die Basisklasse selbst – besitzt die statische Methode `enableAccessibility()`. Wird diese aufgerufen, werden automatisch die Accessibility-Features der jeweiligen Komponente frei geschaltet, bei `AccImpl.enableAccessibility()` alle Accessibility-Möglichkeiten für alle Komponenten. Das gilt dann automatisch für alle Instanzen der Komponente, Sie müssen das also je Typ nur einmal machen. Hier sehen Sie ein Beispiel:

```
import fl.accessibility.*;
AccImpl.enableAccessibility();
```

Wenn Sie eine Screenreader-Software wie etwa JAWS (siehe *http://www.freedomscientific.com/fs_products/software_jaws.asp*, deutsche Version unter *http://www.freedomsci.de/serv01.htm*) einsetzen und eines der Flash-Beispiele, wie etwa den Warenkorb aus Kapitel 31, »Warenkorb«, mit obigem Code ausstatten, können Sie per ⇥ durch die einzelnen Elemente springen und den Film per Tastatur steuern, inklusive der Auswahllisten.

Abbildung 33.3 Einer der bekanntesten Screenreader, JAWS

Abbildung 33.4 Die Warenkorbanwendung wurde barrierefrei(er) gemacht – beachten Sie das umrandete Warenkorb-Symbol.

Barrierefreiheit ist ein hartes Stück Arbeit und nie ganz optimal – und wenn es am Ende daran scheitert, dass sich ein Benutzer den aktuellen Screenreader nicht leisten kann. Die Anstrengungen für eine zugängliche(re) Website lohnen sich aber auf jeden Fall. In Deutschland beispielsweise müssen extern verfügbare Behördenwebsites eine bestimmte Teilmenge der WCAG-Richtlinien unterstützen (diejenigen mit Priorität 1), und auch, wenn Sie nicht für eine Behörde arbeiten: Die Benutzer werden Ihnen den Extraaufwand sicherlich danken.

Weitere Informationen rund um barrierefreie Flash-Inhalte finden Sie auch online bei Adobe unter *http://www.adobe.com/accessibility/products/flash/best_practices.html.*

Anhang

»Die beste Informationsquelle sind Leute,
die versprochen haben,
nichts weiterzuerzählen.«
– Marcel Mart

A   Websites und interessante Quellen

Mit diesem Buch haben Sie den Einstieg in ActionScript geschafft und entwickeln bereits beeindruckende und interessante Anwendungen, aber selbstverständlich tauchen gelegentlich beim Arbeiten Fragen auf, oder bestimmte Aspekte sind Ihnen nicht klar. Vielleicht wollen Sie auch in manche Bereiche tiefer eintauchen. Für diese Zwecke sammeln wir hier interessante Links und Quellen, die wir auch selbst gerne nutzen.

A.1   Foren und Tutorials

- *http://www.flashforum.de/*
  Die bekannteste deutsche Flash-Community von Marc Thiele und Sascha Wolter ist immer einen Besuch wert. Ebenfalls interessant: die vom Flashforum veranstaltete Flash-Konferenzen.
- *http://www.flashhilfe.de/*
  Forum mit vielen Tutorials und interessanten Informationen
- *http://www.moock.org/*
  Die Website des ActionScript-Altmeisters aus den USA

A.2   Blogs

- *http://blog.andre-michelle.com/*
  Umfangreiche und spannende Demos
- *http://www.video-flash.de/*
  Interessante News auf Deutsch

- *http://www.pixelfumes.blogspot.com/*
  Viele Themen rund um Flash

- *http://blog.papervision3d.org/*
  Blog zur 3D-Engine Papervision, die Sie für tolle 3D-Effekte in Flash verwenden können. Interessante Beispiele finden Sie u. a. unter:

  - *http://www.pablosbrain.com/flash3d/*

  - *http://carlosulloa.com/*

A.3 Tools

- *http://www.swishzone.com/*
  Eine Alternative zur Flash-Entwicklungsumgebung, allerdings mit weniger ActionScript-Funktionalität

- *http://away3d.com/*
  Eine 3D-Engine für Flash

- *http://fdt.powerflasher.com/*
  Ein ActionScript-Editor von den Powerflashern, der als Plug-in für die Entwicklungsumgebung Eclipse realisiert ist

- *http://www.flashdevelop.org/*
  Ein Windows-Editor für ActionScript

- *http://www.sephiroth.it/python/sepy.php*
  Ein interessanter ActionScript-Editor, der in Python geschrieben ist

- *http://code.google.com/p/swfobject/*
  JavaScript-Bibliothek zum Einbinden von Flash-Filmen inkl. Versionserkennung

A.4 Spannende Themen

- *http://blog.papervision3d.org/2007/04/08/wiiflash-released/*
  Flash und die Wii

- *http://blog.andre-michelle.com/2006/announcing-new-physics-engine-in-as3/*
  Physics-Engine mit ActionScript 3

- *http://blog.andre-michelle.com/2006/as3-audiocyclebuffer*
  Soundfunktionen

A.5 Video-DVD

»ActionScript 3« von Tobias Hauser, Armin Kappler, Galileo Press – die Video-DVD zu diesem Buch mit den Beispielen aus dem Buch von den Autoren erklärt. Einige Beispiellektionen zum Reinschnuppern finden Sie auf der Buch-DVD.

A.6 Literatur

- ▶ »Einstieg in Adobe Flash CS4« von Tobias Gräning, Galileo Design – der optimale Einstieg, um die Flash-Grundlagen noch mal nachzuvollziehen

- ▶ »Essential ActionScript 3.0« von Colin Moock, O'Reilly Media – der teilweise recht anspruchsvolle Klassiker

- ▶ »ActionScript 3.0 Design Patterns« von William B. Sanders und Chandima Cumaranatunge, O'Reilly Media – wer bunte Beispiele erwartet, ist hier falsch. Wer einen tieferen Einstieg in Objektorientierung und professionelle Programmierung mit ActionScript wagen möchte, ist richtig.

- ▶ »Advanced ActionScript with Design Patterns« von Joey Lott und Danny Patterson, Adobe Press – ebenso anspruchsvoll wie das Werk von O'Reilly, aber auch genauso gut

- ▶ »Foundation ActionScript Animation: Making Things Move!« von Keith Peters, Friends of ed – interessantes Buch mit vielen Anregungen

B   Die DVD zum Buch

Auf der beiliegenden DVD finden Sie einiges an Material, das Ihnen die Arbeit mit ActionScript und diesem Buch erleichtern soll. Die DVD enthält drei Ordner mit den folgenden Inhalten:

B.1   Beispielmaterial

Damit Sie alle Schritt-für-Schritt-Anleitungen im Buch praktisch nachvollziehen können, finden Sie in diesem Ordner alle Beispieldateien des Buchs. Aufgeteilt auf die jeweiligen Buchkapitel liegen hier in den einzelnen Ordnern genau die Materialien, auf die im Text des Buchs verwiesen wird. Die Beispiele liegen sowohl für CS3 als auch für CS4 vor.

B.2   Openbook

ActionScript 3 ist das Thema dieses Buchs, jedoch werden auch die beiden Vorgängerversionen ActionScript 1 und 2 noch eine Weile wichtig bleiben: Alte Projekte müssen gepflegt werden, und oft wird auch Abwärtskompatibilität noch eine Rolle spielen, sodass Sie auf diese Versionen ausweichen müssen. Damit Sie auch dafür bestens gewappnet sind, finden Sie in diesem Ordner das komplette Buch »ActionScript 1 und 2« als Openbook. Klicken Sie einfach die Datei index.htm doppelt und sie öffnet sich in Ihrem Standardbrowser. Dort können Sie – wie auf einer Website – durch den Inhalt navigieren.

B.3   Testversion

Dieser Ordner enthält eine Vollversion von Adobe Flash CS4 für PC und Mac. Kopieren Sie die entsprechende Datei einfach auf die Festplatte Ihres Computers und leiten Sie durch einen Doppelklick den Setup-Prozess ein.

Die Vollversion können Sie 30 Tage lang testen. Ist dieser Zeitraum abgelaufen, müssen Sie eine Seriennummer erwerben, um das Produkt zu aktivieren und weiter damit arbeiten zu können.

Die Video-Lektionen auf der Buch-DVD entstammen unseren Video-Trainings »Flash-Programmierung mit ActionScript 3« von Tobias Hauser und Armin Kappler (ISBN 978-3-8362-1181-9) sowie »Adobe Flash CS4 Praxis-Workshops« von Benjamin Bischoff (ISBN 978-3-8362-1281-6).

Sie finden folgende Filme:

B.4   Video-Lektionen

Flash-Programmierung mit ActionScript 3

Kapitel 1: Ein- und Ausgabe

1.1 Filmsteuerung .... (07:29 Min.)

1.2 Textfelder verändern .... (13:08 Min.)

1.3 Countdown... (12:22 Min.)

Kapitel 2: Multimedia

2.1 Soundmixer... (05:10 Min.)

2.2 Videos verändern .... (07:31 Min.)

Kapitel 3: Externe Daten

3.1 Externe Filme... (07:31 Min.)

3.2 XML und Web Services .... (05:38 Min.)

Adobe Flash CS4 Praxis-Workshops

Die Lektionen lassen sich über die *start.html* im Ordner */Video-Trainings/Flash_ CS4_Workshops* starten.

Kapitel 1: Adobe AIR

1.1 Die Fähigkeiten und Vorteile von AIR .... (02:14 Min.)

1.2 Die AIR-Laufzeitumgebung installieren....................... (01:04 Min.)

1.3 Newsfeeds einlesen.. (06:10 Min.)

1.4 Eventhandler implementieren .... (04:39 Min.)

1.5 Globale AIR-Einstellungen festlegen............................ (06:00 Min.)

1.6 Eine digitale Signatur hinzufügen .... (03:43 Min.)

1.7 Die AIR-Beispielanwendung installieren und starten .... (01:34 Min.)

Index

A

Abbremsen 322
Absolut 203
Abspielrate
  ENTER_FRAME 318
Accessibility 675
AccImpl (Klasse) 680
Action Message Format 600
ActionScript
  Strikte Typisierung 100
  Was lässt sich steuern? 75
  Wo? 59
ActionScript 3
  Ereignisse 86
  Fehlerfindung 83
  neue Datentypen 83
  Neue Funktionen 87
  Neuerungen 81
  Objektorientierung 84
  Sprachkern 83
  Zugriff auf Eigenschaften 86
  Zugriff auf Elemente 86
ActionScript Flash-Player-Version 81
ActionScript-3.0-Einstellungen 55
ActionScript-Cue-Points 419
ActionScript-Interpreter 93
ActiveX-Inhalte 445
addChild() 328
addChild() (Methode) 521
ADDED (Ereignis) 67
ADDED_TO_STAGE (Ereignis) 67
addEventListener () (Methode) 60
Addition 107
addPage() (Methode) 212
  Optionen 213
Adressierung
  Bildschirme 202
AIFF 389
AIR 608
Aktionen-Bedienfeld 41
  Aktion fixieren 41
  Auto-Format 48
  Auto-Format-Optionen 55
  Codehinweis zeigen 48

Aktionen-Bedienfeld (Forts.)
  Debug-Optionen 48
  Ersetzen 46
  Hilfe 49
  Menü 49
  Schnellzugriff 44
  Skriptfeld 44
  Suchen 46
  Syntax überprüfen 47
  Werkzeugleiste 44
  Zeilennummer 44
allowMultipleSelection (Eigenschaft) 507
alpha (Eigenschaft) 354
AMF 600
AMFPHP 600
Analoge Uhr 288
Anführungszeichen 137
Animationsgrundlagen 315
Anonyme Funktionen 67
antiAliasingType (Eigenschaft) 242
Anzeigehierarchie 75
Anzeigeklassen 76
Anzeigeliste
  wichtige Methoden 334
Anzeigeobjekt-Container 75
Anzeigeobjekte 29, 75
  dynamisch erstellen 328
applyFilter() (Methode) 451
Arithmetische Operatoren 107
Array 99, 140
  assoziativ 147
  bearbeiten 142
  Datentypen 142
  Index 141
  Methoden 142
  mit Schleifen 144
  multidimensional 147
  multidimensionales 661
  Zugriffsoperator 141
Array() (Funktion) 104
ASF 408
ASP.NET-Webservice 582
Assoziatives Array 147
Ausgabe-Fenster 672

Anwendungsentwicklung mit
Adobe AIR

Installation, Praxis, Referenz

Inkl. Sicherheit, Formulare,
Occasionally Connected Computing

Constantin Ehrenstein

Adobe AIR

Installation, Praxis, Referenz

Constantin Ehrenstein bietet einen umfassenden Einstieg in die neue
Technologie der Adobe Integrated Runtime (AIR) und erleichtert den
Übergang von bewährten Web-Technologien wie XHTML, CSS und
JavaScript oder Flash, Flex und ActionScript. Alle Bestandteile und
Besonderheiten von AIR werden anhand konkreter, kompakter Beispiele
vorgestellt.

ca. 400 S., mit CD, 34,90 Euro, 59,90 CHF
ISBN 978-3-8362-1208-3, Mai 2009

>> www.galileodesign.de/1817

Grundlagen, Werkzeuge, Frontend-Entwicklung

Serviceorientierte Architekturen (SOA) entwickeln

MXML, ActionScript, Datenkommunikation, Chartgenerierung u.v.m

Petra Waldminghaus

Adobe Flex 3

Das Buch vermittelt einen vollständigen Überblick über alle Sprachelemente von Flex 3 und den Umgang mit dem Flex Builder. Das Buch konzentriert sich auf die Entwicklung des Frontends und beschreibt die Schnittstellen, um Flex-Anwendungen an PHP, JSP oder .NET zu koppeln.

ca. 504 S., mit DVD, 39,90 Euro, 67,90 CHF
ISBN 978-3-8362-1117-8

>> www.galileocomputing.de/1630

Einstig, Praxis, Referenz

Dynamische Webseiten
realisieren

Für Einsteiger, Fortgeschrittene
und Profis

Christian Wenz

JavaScript

Das umfassende Handbuch

Neben einer gründlichen Einführung finden Sie in diesem Buch
unzählige praktische Beispiele, die Sie direkt für eigene Projekte
nutzen können. Neu in dieser Auflage: ein Kapitel zu jQuery sowie
die Neuerungen von Silverlight 2 und ASP.NET 3.5.

847 S., 9. Auflage 2009, mit DVD, 39,90 Euro, 67,90 CHF
ISBN 978-3-8362-1397-4

>> www.galileocomputing.de/2104